JN439978

산방설화(山房說話)

— 어느 여인의 산골 일기

산방설화(山房說話)

_어느 여인의 산골 일기

김인기

도서출판 한강

프롤로그

이 글은 일기(日記)다. 나의 일기가 아닌, 줄거리가 연결되어있는 소설 같은 일기다. 도시와 떨어진 강릉의 대관령 기슭 어느 조용한 시골 산사가 엎드린 호젓한 골짜기에 은거하는 외딴 산방 삶의 기록이다. 늘 유년 시절의 추억을 껴안으며 전개된다.

청산에 살어리랏다. 이슬처럼 맑고 꽃처럼 향기롭게.

40대 중반으로 접어드는, 뜻하지 않은 홀아비가 된 토박이 무열은 변방에 귀향한다. 글쓰기를 즐기는 그는 늘 싱그러운 자연을 빗질하는 시인이다.

인정머리 없고 정직하지 못한 도시가 생리에 맞지 않아 방황 귀향을 꿈꿀 때, 불량배에게 끌려가는 초등학교 여선생을 구출한다. 그 서울 태생의 반지가 신춘문예 당선된 무열의 사진을 보고 깜짝 놀라 인연처럼 만남이 이루어진다.

세기 반 전 도성서 강릉으로 피신한 조락가문의 오대 독자라는 것과, 국가대표 축구선수여서 전지훈련을 자주 왔던 강릉이 좋아 정착한 아버지 따라온 노처녀 은 반지, 그들은 사랑이라는 단어를 촉촉하게 만지작거린다.

2008 무자년 한 해의 삶.

시오 리 끝 산사 아래 십 리쯤 산자락 아담한 산방에 전원의 꿈이거나 은둔의 세월이 펼쳐지는 고향 절골. 대관령이 둘러싼 강릉의 아름다운 강설 풍경을 스케치하며, 봄을 맞는 그들은 계절이 돌아오는 청산에 묻혀 순한 짐승처럼 욕심 없이 살아간다. 한바탕 밀월 몸살을 겪고 난 반지는 봄꽃이 만발한 산궁(山宮)에 휩싸인다. 서툰 몸짓으로 뙈기밭 농사도 돕고 산나물을 즐겨 뜯는, 신(新) 농가월령가를 읊조리며 차분히 산다. 가난하게 얻어지는 메마른 수입으로 부자인 듯 살며 십 리 산문 밖과 유리가 없다.

개똥벌레 나는 여름밤을 꿈꾸며, 잉태한 낭보에 산방은 기쁨이 어린다. 언제나 분수껏, 늘 자제하며 청산에 달, 바람, 물, 메아리, 이슬, 산짐승을 노래한다. 감자, 강냉이랑 머루, 다래, 송이랑 버섯, 꿀도 따며 도토리도 줍는다. 글을 쓰고 글씨를 써야할 안팎의 겨우내 양식이다.

단풍이 온통 골짜기를 누비면 유민처럼 밀려드는 가랑잎과 도랑에 흘러내리는 손봉숭아 들인 단풍과 낙엽들이 떠나가는 계절에 달 걸어놓고 서정에 젖는다.

세월은 오기보다 가는 것.
찡그리는 미움 없이 살았음으로 해맑고, 비린내 나는 욕심 없이 지냈음으로 향기로운 한해였노라고, 눈 내리는 산창을 내다보는 무열과 반지 뱃속의 태동이 힘차다.

불륜이나 살인, 음모와 배반, 불신이 판을 치는 세태에, 어떤 복잡 기발한 사건이나 극적 반전이 없는 산중의 진부한 소소한 전개, 살아가는 일상의 소품적인 내용이지만 지루하지 않은 지극히 짧은 단편, 순수한 에세이 같은 이야기다. 현대인이 망각하고 있는 향수를 불러일으키는 고운 품성을 일깨워 순화시키는 줄거리다.

하여 아련한 유년시절의 추억을 토해 반추(反芻), 현재와 연결 잔잔한 일기형식을 취했고, 문장 더러더러 변변찮아 알려지지도 않은 본인의 시구(詩句)가 서술로 인용되었음을 밝힌다.

목차

01 산방설화 1월 일기

산문(山門) _____ 1, 1.

차디찼다. 비수처럼 시퍼런, 유리알같이 맑은 물에 눈 씻고 소상하는 지느러미 전에 없이 힘찼다.

너울너울 파도타기에 골몰하는 짠물이 늘 반겨 춤추며 달려와 출렁대는 남대천 하구 안목(安木). 그 푸른 줄기 따라 강을 따라 물살을 휘감았다. 산맥이 바지랑대 높다랗게 괸 대관령 옷자락을 늘어뜨려 널브러진 벌, 이육사의 음률이듯 골골마다 굽이치는 전설이 알알이 들어와 박혀 주렁주렁, 참으로 포도원마냥 뒤덮은 그윽한 강릉이다. 부드러운 선이 낭창거리는 여운 물방울 튀어 촉촉한, 봉긋봉긋 흘러내린 맨드리 산자가 꿈꾸는 아기자기한 고을. 문밖을 나서기만 해도 지천에 가득 푸른 솔밭이 향긋한 예스런 고향이다.

해마다 청산이 싱그러운 그 오월, 뻐꾸기 메아리 파랗게 맴을 도는 풋풋한 단오의 숨결이 맥박 치는 태초의 남대천을 쏜살같이 거슬러 지느러미를 곧추 세웠다. 회산솔밭을 옆구리에 끼고, 흙벼루를 휘돌아 곧잘 넓은 금산벌, 대관령을 오르는 마을 성산을 들러 문득 왼쪽 물줄기로 잽싸게 꼬리를 쳤다. 물길은 산세가 곧잘 가파른 협곡으로 망설임 없이 내리흘렀다. 골골마다 젖줄 물리는 그 물길 따라 골짜기 굽이 돌아 늘씬한 몸뚱아리에 비늘 번뜩여 마주치는 계류로 멋진 유영을 했다.

오봉호수 아래 빙빙 몇 바퀴 돌았다. 조금은 거친 숨 고르다 이내 힘차게 박차 허공을 냅다 튀어올랐다. 번쩍, 치솟아 내리꽂는 호수에 주름 펴는 파문을 일으켜 거침없이 도마천을 힘차게 갈랐다.

산문이다.

언제나 가슴 속에 잠겨있는 고향 부연동(浮蓮洞). 맑은 물 맴도는 짙푸른 호수가 아름다운 산촌, 50여 집들이 납작한 이마를 맞대 도란도란 꽃피는 마을이다. 행정동은 도마리지만 마치 연꽃이 떠있는 형국이라고, 풍수사만 아닌 고승같이 나이 높으신 어른들도 훨씬 그 이전부터 전설처럼 전해 들었기에 더러는 부연동으로 비축, 부르는 내력이었다.

낙관이 예스런 한 폭의 산수화였다.

나의 태를 묻은 본적지가 또아리 튼 면사무소가 있고, 눈을 틔워 세상을 열어준 학교가 가갸 거겨를 낭랑히 읊었다. 젖내 풍기는 어릴 적, 또래들과 엉겁결에 참외 서리하다 들켜 푸줏간 가는 소처럼 불안에 떨며 끌려가 울보처럼, 바보인양 꽤나 혼이 났던 파출소랑, 갈래머리 영이가 첫 편지를 보내와 처음으로 어설픈 답신을 부치러 가서 무작정 설렜던 작고 낡은 우체국도 기억을 더듬어 쟁이는가, 두엇 음식점과 두셋 가게도 챙겨놓은 동네였다.

어려서부터 사서삼경에 통달했다는, 출입이 넓고 풍채 우람한 어른이 요즈음 들어 부쩍 아프다는 잦은 소문이더니, 기어이 장자집서 번쩍번쩍 웬 응급차가 두리번거려 고샅을 나와 내달렸다.

호수 위 왼 골짜기는 남대천 발원지가 있는 삽당령을 넘는 도로가 제법 깊은 물길 따라 굽이굽이 이어져있고, 시내버스 종점 곁에는 술집과 슈퍼가게가 피붙이인 양 딸렸다. 뒤켠으로 무척 오래되어 고풍스런 서낭당이 조금 물러나 자리 잡고 있는 퍽이나 너른 오래였다. 아이가 띄우던, 파란 승천을 꿈꾸던 가오리연이 재수 없게 완강한 가지에 걸려 꼬리를 파닥이는 천년 당솔 고목이 당당했다.

그 서낭당 옆구리를 휘감아 흘러나오는 지류, 용화산 기슭 절골 물이 뜻밖에도 많아 껑충하니 무릎 걷어 올린 다리가 놓였다. 그 다리머리에 산불조심이라는 붉은 글씨의 낡고 때 묻은 깃발이 여전히 펄럭이는 감시초소 겸 입산통제소가 창을 열어 두리번거려 내다보았다.

누리에 퍼진 햇살을 서둘러 거둬들이는 시린 저녁때.

어디 더운 밥 짓는 내음이 코끝에 스치는 시장기가 돌았다. 아늑한 불빛 드리운 창 따뜻한 구들 아랫목이 그리웠다. 모두는 깃이 포근한 귀가를 서둘렀다. 삽당령 올라가는 버스가 시루에 콩나물이듯 몇 움큼의 사람들을 하차장에 뽑아놓은 뒤, 목청 돋워 시커먼 매연을 침 뱉고 때 묻은 꽁무니를 달고 달렸다. 날을듯 딱정벌레들이 잽쌌다.

연화교를 건너 산문을 밀쳤다.

눈딱부리에다 퍽이나 우스꽝스럽고 익살스런, 비바람에 젖어 시커먼 채로 말 이빨마냥 드러내 웃고 있는 구부정한 장승이 길손을 기다리는 옆에, 『정토사(淨土寺) 오시는 길』이라고 쓴 아담한 안내판이 도우미로 눈을 깜빡였다. 『자연생태보존지역』이라는 또 다른 동무의 입간판이 뒷짐 진 채, 주춤주춤 곁에 맴을 돌며 지나는 사람들을 훑는 날선 눈이 예리했다. 그 모롱을 휘돌았다.

골짜기를 쓸고 내려오는 낮은 바람이 시렸다. 쌀쌀했다. 완강한 강철같이 허옇게 얼어붙은 도랑의 물소리가 청랭했다. 길옆 복숭아 원두막이 봄을 기다리다 지쳐버렸다. 금방이라도 쓰러질듯 비스듬히 기울어갔다.

하루를 뼘 잰 해가 떨어졌다.

불현 듯 세상이 시시하고, 문득 요동치는 바다가 걷잡을 수 없이 울컥 그리울 때, 더러는 맥 빠져 한없이 무료할 때, 산방을 벗어나 슬그머니 남대천 하구 안목으로 헤엄쳐 갯내음을 물씬물씬 묻히곤 했다. 해맑은 유년으로 모래자락에 철없이 뒹굴다 지느러미 흔들어 물살 가르는, 먼 부연동 절골 산문 안으로 회귀하는 한 마리 고기였다.

낮은 산방 ____ 1, 2.

더없이 고즈넉한 하루였다.

어릴 적, 소나기 끝 산 너머에 박힌 무지개 좇으러 쫄랑거리는 삽사리랑, 거북이로 엎드린 돌다리 건너 달려가던 고개 내민 산모롱. 그 모롱들을 돌아 감돌아 숨은 깊은 산사에서 장작 패는 소리 탕, 탕, 종일 빈 가슴을 쓸어내렸다. 꿰어 찬 주머니를 풀어 잘도 엮어주던 아득한 옛날 나무꾼 이야기처럼, 참빗 하나 사다 준 총각이 있어 남몰래 은근히 기다리는, 문설주에 기댄 눈 먼 소녀인 듯 자꾸 호젓했다. 하늘이 한 뼘, 재 높은 산골짜기에 어스름이 자욱할 때쯤, 저녁 종소리가 은은한 차향을 몰고 내려와 맴을 돌았다. 이내 누리에 나래 접어 똬리 틀었다.

송아지 딸린 소 풀어놓고 꼴 베다 쉴 참에, 수풀 속을 뒹굴어 새집 찾던 고향은 젖내 가득 풍기는 어머니의 품인 양, 깃털 걸린 둥지인 양 언제나 안온했다. 터 괜찮은 낮은 산방을 꾸려 때 맞춰 연기 피워 올렸다. 꿀벌 마냥 치고 주루막 짊어지면 버섯도 따는 첩첩 청산이어서, 더덕 지천인 산자락으로 어쩌다 젊은 나이에 아내 무덤 하나 끌어안고 다독이는 귀향.

늘 쓸쓸했다.

물길 따라 십 리 먼 숲속의 수많은 나목들이 비탈에 가득 시린 발 묻고 동안거에 든 산문 안은 그지없이 휘휘했다. 후루룩 후루룩 날던 작은 멧새들도 어둠을 쪼아 물고 깃을 찾아들었다.

두레박 깊은 우물 아래 고인 적막.

눈만 큰 촌닭이 처음 차를 타고 먼 시내 장거리에 간 날, 어머니가 사주던 그 호루라기를 한 입 물고 경기처럼 깜짝깜짝 불어 젖히고 싶도록 가라앉았다. 체로 걸러낸 앙금 같은 마음 애잔했다.

바람이 시렸다.

사라지는 아쉬움 못내 잊을 수 없는 미련이 깊어 골짜기 응달에 누더기 같은 눈은 겨울을 움켜쥔 채 단단히 버티었다. 여태 싸늘한 휘파람 불던 억새 입술이 부르텄다. 조금은 야윈, 그래도 조잘거리며 오래를 한 바퀴 휘돌고 헛간 처마의 품을 찾아드는 가슴 작은 참새들이었다. 개똥벌레랑 이웃한 청개구리들은 어디에서 떨고 있는지, 몹쓸 추위 타는 웅크린 굴뚝새의 잠꼬대가 깊어가는 맹위를 떨치는 겨울이었다.

어디쯤일까.

할머니가 들려주던 먼먼 날의 아스라한 이야기처럼, 파란 해조음을 기다려 듣는 소라처럼 봄이 오기에는 아직도 차디찬, 자꾸만 만지작거리는 까만 꽃씨의 꿈을 더 꾸어야 하고, 몇 쪽의 일기를 더 엮어야, 그래서 그을린 아궁이에 군불을 더 지펴야 했다.

메마른 가랑잎소리가 아직도 바스락거렸다.

바깥 천장에 드리운 흔들개비 초롱초롱 별들을 켜놓은 밤이었다. 별똥별이 휙 과녁을 향해 미리내를 건너고 있었다.

메아리 ____ 1, 3.

"꾸욱."
"꾸욱."
"얘, 누구니?"
"얘, 누구니?"

목소리 가득 해맑은 또래였다.

꾸욱, 목청 돋우면 꾸욱, 엎드려 샘물 마시다 말고 벌떡 일어나 냉큼 뛰쳐나와 반겨 목을 뽑아 빙그레 웃었다. 도랑 건너 앞산 푸르른 숲에 숨어 산방 오래를 맴도는 퍽이나 귀 밝은 아이였다.

기별도 없이 어느 날, 훌쩍 곁을 떠나간 세 치 장수하늘소를 기다리는 늘 외톨이었다. 고조부부터 댕댕이덩굴 가는 외줄기로 아슬아슬 용케 뻗어 내려온 오대 독자였다. 더욱 물굽이 산굽이 휘돌아 깊은 산골, 오래에 이웃 하나 없는 외딴 산방에 살았다. 십 리 먼 산문 안 깊숙한 곳이어서 옷깃 털어 줄 동무 하나 없었다. 불알 맞잡고 뒹굴 귀여운 동생도 개구쟁이도 없었다. 언제나 혼자 종일 심심했다. 벌건 알가재 잡다 수달에 놀라고, 새집 뒤지다 바위 위에 엎드려 해바라기하는 도마뱀 붙들어 목에 감는 장난도 시시했다. 원숭이보다 빨리 나무에 올라 매달려 짓 흔들어도 시들했다. 곡조도 없는 휘파람을 마구 불었다. 일하는 어머니한테 치근대다 퉁바리맞고 길가 애먼 돌멩이만 걷어찼다. 이골이 나 혼자 놀았다. 그지없이 심심했다.

그저 학교 간 누나를 기다리며 무심코 소리 질렀다.

"토순아?"

"토순아?"

누군가 앞산에서 대꾸했다. 흉내 톺는 앵무새였다.

외로움에 젖은 아이였다.

메아리.

우리는 눈만 떨어지면 불러내 돌아쳤다. 어울려 이슬 내린 풀밭을 헤치고 노루, 토끼 뛰노는 산속을 뒹굴었다. 쇠똥딱지도 덜 떨어진 조무래기들이 그래도 뭔가를 아는 듯 오줌줄기 내뻗치곤 괜히 깔깔거렸다. 아무렇게나 벌렁 누워 흘러가는 구름을 바라보다 전설 굽이치는 어디 머나먼 데를 동경하기도 했다. 몹시 궁금했다. 밤에는 살금살금 도랑가 반석에 나와 별을 헤아리다, 누나 같은 달마중하다 아쉬워 헤어지곤 했다.

슬픈 넋은 목이 긴 새가 되고 향기로운 꽃은 못다 핀 한이 사무쳐 곱다는데, 엊그제 아이 묻은 어미는 물 긋는 청산에 엎드려 우느니, 부르면 튀어나오는 혼령 가슴 시린 동자승이 되었다는 메아리였다.

머리가 굵어지고 목소리가 공명을 울릴 때쯤, 바다가 출렁거리는 그렇게도 꿈꾸던 강릉으로 동무해 길 떠나자 했다. 난처해하다 못해 몹시 슬픈 표정을 지었다. 태어난 산골짜기를 차마 떠날 수 없다고 내 손만 만지작거리며 어쩌지 못해 안타까워했다. 지병이 깊어 멀리, 아니 산문 밖만 나서도 어지럼증과 실어증을 앓았다. 대처에 나가 큰 일꾼이 되어 소담스런 귀향하거든 잊지 말고 불러달라는 애달픈 당부뿐이었다. 마냥 서운한 가슴 끝끝내 달래며 힘없이 손을 놓았다. 이내 모롱 돌아 숲속으로 들어가 버렸다. 납작한 뒤통수가 못내 쓸쓸했다.

그토록 바라던 산문 밖 세상은 황량했다. 광풍에 회오리마저 일었고 굽이치는 빠른 유속에 소용돌이 휘몰아쳤다. 쉴 새 없이 질주를 채찍질하는 몸서리치는 황야의 누리였다. 질풍이었다. 지성이 변절 혹은 둔갑, 판을 치는 술수가 횡행하고 정이 그윽한 인성은 아예 사치한, 메말라 있어 삭막했다. 속박하거나 종속된 노예를 만들어 휘몰아쳐야 직성이 풀리는 뒤틀린 이승이었다. 마침내 이빨 성큼한 사냥개나 비정한 전사가 되어야 숨을 쉴 수 있었다.

너그러운, 영악스럽지 못해 관절마저 꺾여 표류했다. 밀려 자꾸만 밀려 늪에서 허우적거렸다. 부평초처럼 꽤나 긴 세월을 방황했다. 끝내 상처투성이의 지친 몰골 끝내 견디지 못해 절뚝거려 쓸쓸한 귀향을 슬퍼하기는커녕 노래했다.

그리운 벗 동자승.

꾸욱, 문 빠꼼히 벌려, 귀 활짝 열어놓았다. 솔바람 끌어당겨 베고 낮잠 즐기다 공중 벌떡 일어나 꾸욱, 청아한 목소리로 헐레벌떡 뛰쳐나왔다. 모롱을 돌아 늘 그 바위 위에서 뻐드렁니가 매력인 웃음을 환하게 지었다. 여전히 해맑은 가슴이었다. 벗은 여전히 배꼽이 큰 예 그대로 동자처럼 천진했다. 또르르 쟁반에 구르는 구슬인데, 나는 푹 쉬어 탁한 찌들대로 찌들어 맑지 못한 목소리였다.

샘물가에 앉아 두 손으로 움켜 퍼마시며 서글픈 귀향의 변을 울음처럼 들려주었다. 배불뚝이마냥 욕심 가득한 세상, 양보할 줄 몰라 엄청난 충돌을 바라는 속세, 싸늘한 적의에 찬 경쟁에 쓰러지고 사라지는 참담한 이승이기에 무욕이 아름다운 청산이 몹시도 그리웠고, 벗이 하 보고 싶었다고 손을 꼭 쥐어 조몰락거렸다.

"동무야. 너 없는 동안 무척이나 심심했어. 또 얼마나 보고 싶었는지 몰라. 참으로 잘 왔어."

"미워하지 않고 받아줘 고마워. 우리 머루랑 다래 주렁주렁한 청산에 살자. 응? 정말 앞으로 다시는 안 갈 거야."

"그래. 이 세상 다할 때까지 손잡고 살자."

"물소리, 솔바람소리, 새소리랑 풀벌레 속삭이는 소리가 귀를 간질이는 청산에 푹 묻혀 허우적거렸으면 좋겠다. 구름 지나는 소리, 달 치마끈 끄는 소리 솔깃 듣고 너랑 나랑 이슬 먹고 비린내 씻어내자."

꾸욱.

"내 올 줄 알았어. 그래, 풀밭에 소 풀어놓고 피리 불며 청산에 뒹굴자. 지렁이 노래도 즐거운 청산에 뒹굴며 살자. 동무야."

"오랜만에 오줌줄기 누가 더 멀리 가나, 고추 꺼내 내기할까?"

깔깔깔.

꾸욱.

"고산은 정겨운 벗 다섯을 곁에 두고 풍류를 즐긴다지만 나의 벗은 산문 안 물 흐르는 청산에 있어. 때 되면 계궁항아가 노니는 달이 등 너머 올 적, 바람이 돗자리를 깔아. 청청한 솔이랑 뚝심 미더운 바위가 여기저기 와있는 숲속이야. 산방에 물 길러 오가는 어여쁜 계집 곧 오리니. 청산에 뒹구는 너랑 나랑 푸르게 살자."

늙은 청마(靑馬)의 벗은 바위에 앉아 원숭이마냥 이나 잡고 홀로 산다지만, 내 고향 오래 동무는 산모롱 돌아 숨바꼭질하며 살았다. 오늘도 꾸욱, 가슴 언저리에 동자승이 파고들어 숨었다.

고해성사 ____ 1, 4.

날마다 하는 면도 솔직히 귀찮다. 입에 오르내릴만한 털보는 아니어도 축에 들만큼 더부룩했다. 부연동 이장 선거가 있는 날이어서 다른 날보다 더 깨끗이 밀고 제법 말쑥하게 다듬었다. 속된 말로, 아니 솔직한 말로 때 빼고 광냈다. 결벽증일까, 원래 지저분한 것은 그야말로 딱 질색이었다. 누나의 채근처럼 희멀끔하고 산뜻해야 여자들 눈길을 받는다는 주문이었다. 꾀죄죄한 몰골 자칫 게을러질 수 있는 홀아비이기 때문에 툭하면 하는 소리이고 잔소리였다.

이제 토하는 속내지만 끝없이 비참한, 새파란 젊은 놈이 갑자기 홀아비라는 소리를 들었을 때, 참말로 당황스럽고, 다림질할 수 없을 만큼 형편없이 구겨진 인생이라는 엄청난 절망과 암울을 맛보아야 했다. 문득 뜨거운 물에 느닷없이 튀를 당한 비애였다.

산문 밖 은행나무거리 언덕 노인정에는 벌써 동민들이 모여들었다. 웅성 웅성 여기저기 고아대는 연기가 자욱했다. 현관에는 아무렇게나 벗어놓은 신발들이 젖을 실컷 빤 강아지로 이저리 뒹굴어 잠자느라 어지러웠다. 마당 한켠에는 벌써 꽤 큰 무쇠 가마솥을 걸어놓고 여자들이 장작불을 때 쬐며 소곤거렸다. 이따금씩 팝콘 튀는 웃음을 날리기도 했다. 김이 한창 피어오르는 온천이었다.

까짓 이장이야 선거라는 이야기가 쑥스러울지도 모를 일이다. 그렇기는 했다. 이장이 뭐 그리 무게가 있는 것도 아닌데 임명하면 될 것을 아직은 괜한 소모다 싶다. 그러나 한편으로는 아니었다. 그 많은 예산을 떡 주물러서 훑어 처먹을 궁리부터 먼저 하는 관선거가 아닌 바에야 편하게 마을 잔치쯤으로 여기면 되었다.

이장의 임기가 끝나 새로운 두 사람이 출마를 했다. 둘 다 똑같이 서른일곱 먹은 달선이와 진필이, 동갑내기였다. 젊은 일꾼이지만 굳이 가름해 보았다. 집안이 많고 일처리가 늘 투명해 칼이라는 별명을 지닌 달선이인 반면, 진필이는 발이 넓고 사내답게 호탕하고 통이 컸다. 밀밭 근처도 못 가는 달선이와 두주불사도 마다 않는 진필이. 청산유수의 달변 달선이와 뚝심 듬직한 진필이. 달선이 아내는 시내 태생으로 곧잘 미인이고, 진필이 아내는 앞집 뒷집 사이로 소문 자자한 연애결혼으로 적극적이었다. 객관적인 예상은 갸우뚱하면서도 진필이가 어쩜 우세하다는 말인즉 남몰래 솔깃했다.

알 수 없었다.

선거 때만 되면 신문이 어지러이 나뒹굴고, 온통 피부병이 도져 가려웠다. 깊숙이 은닉된 가슴은 난청을 앓고, 입술 부르튼 난세에 돋보기가 꿈꾸는 모반 가늠할 수 없었다.

골목으로 이사 온 상당한 예쁜 미망인이어서 질투 꽂는, 그 미장원서 쪼아대는 소문은 차라리 청량한 현처럼 솔깃한데, 수캐 같은 사나이들이 설쳐대는 세상 밖은 음흉한 자객들과 비정한 저격수들로 들끓었다. 거리에는 온통 바람이 휘몰아치고 황사가 자욱했다. 여의도 사육장서 뛰쳐나온 이빨 성큼한 똥개새끼들이 죽기 살기 독기 품은 침을 질질 흘려 냄새와 흔적을 찾아 맹렬히 짖어댔다. 바야흐로 천하를 도모하는 중원 영웅호걸들이 말 달렸다.

세상 끝으로 내몰린, 안경을 콧등에 걸친 유민은 음험한 혁명을 고대하며 고장난 천평 첨예한 신경 이어놓은 뒤, 개표 방송 앞에 다가앉는 새로울 것도 없는 익숙한 선거 풍경이었다.

한때 판을 치던 우리의 저질스런 자화상.

아버지, 할아버지 시대는 막걸리, 고무신, 세탁비누로 표를 마구 매수하여 줄을 서 국밥집으로, 국밥집으로 선심을 썼다지만 지금은 비정하리만큼 영악해서 감쪽같이 은밀하게 현찰박치기 돈봉투를 돌렸다. 능수능란 아주 교활했다. 누구는 선거 내내 잘 얻어먹고 주머니도 불룩하게 채웠다고 은근슬쩍 자랑이 늘어졌다.

나는 그런 뒷이야기를 귀만 밝은 탓에 무수히 듣기만 했다. 돈 주는데 싫어할 얼간이가 어디 있을까만 세상 물정에 약지 못한 골통 숙맥이었다. 부정한 욕심은 싫었다. 줄 누구도 없고 혹 주어도 받지도 않지만 뭐 별로 신통치도 않은 데에다 꼬장꼬장하기만 한 청빈 글쟁이는 꺼렸다.

이장의 지난 해 결산보고가 서둘러 끝나고 곧바로 투표에 들어갔다. 마흔한 명이었다. 모두 말은 안 해도 은근히 바라는 마음들. 선거는 아무도 모르는 봉인된 함이었다. 그 웅숭깊은 지략이라기엔 너무나 천박한 음모와 엉뚱한 비밀 오리무중인 뚜껑을 열어봐야 알 수 있었다. 야바위같이 궁금해서 선거는 재미있는 법이었다.

소꿉놀이 같아 숨죽인다는 표현보다는 호기심으로 기다렸다. 푸른 칠판에 이름 따라 너도 한 표면 나도 한 표. 사이좋게, 사이좋게 바를 정(正) 자를 붙여 늘려나갔다. 마을 잔치지만 저마다 자라목들이 슬그머니 빠져나오기 시작했다.

똑같이 바를 정 자 넷.

달랑 하나 남은 마지막 화살의 과녁은?

"총 투표 마흔 한 표 중 김달선 스무 표, 박진필 스무 표, 무효 한 표가 나왔습니다. 똑같이 동 수가 나왔지만 동수일 때는 연장자를 당선인으로 한다는 원칙에 따라 생일이 더 빠른 김달선씨가 이장이 되었음을 선포합니다."

그랬다. 공교로운 참으로 묘한 상황이었다. 누가 강제로 시켜도 되기 힘든데 탄성을 지를만했다. 두고두고 재미있는 낙수거리가 될 운수여서 한참 웅성거렸다.

달선이와 진필이가 나란히 손을 잡았다. 격려와 환영, 박수가 터져나왔다.

"달선이 하고는 고향 토박이이자 앞 도랑에서 고기 잡으며 물장구치던 불알친구입니다. 말씀 드리기가 좀 그렇지만 달선이 불알에 꽤 큰 새카만 점이 있는 것을 아는 사람은 달선이 처 말고는 저입니다. 우스갯소리지만 그 불알점이 복점인가 봅니다. 참마음 담아 축하, 축하합니다."

순간 폭소가 터져나왔다.

말하는 진필이도 싱그레 웃으며

"달선이가 이장이 되었다는 사실이 우리 부연동으로는 참으로 다행한 일입니다. 새벽별을 제일 먼저 보는 부지런한 농부입니다. 우리는 꾀부릴 줄 모르는 농부이지 추악하기 그지없는 정치가가 아닙니다. 거짓말과 비리를 밥 비벼 처먹듯하는 여의도 개사육장의 똥개도 아니고 북악산 복마전귀도 아닌 그저 순하데 순한 농사꾼입니다. 올해도 풀 한 포기 더 뽑고 모종 한 포기 더 심어 논밭을 기름지게 하는 게 우리의 본분입니다."

그래도 조리있고 뼈있는 말이 상큼했다. 이 나라 정치하는 놈들은 참으로 미친개만도 못한 종자들이었다. 늘 마땅찮은 불만에 체증을 느꼈는데 시원했다. 곧잘 정곡을 찌르는 풍자였다.

뒤이어 달선이의 소감이 좌중을 더 웃겼다.

"제 별명이 팔삭둥이, 어렸을 때 팔삭둥이라고 친구들한테 적이 놀림도 받았습니다. 아마 선견지명이 있어 우리 어머니가 오늘의 선거를 위해 저를 미리 낳았는지 모르겠습니다. 참으로 익살 같은 이야깃거리입니다. 하지만 오늘 선거는 제가 졌습니다. 지금처럼 양심이라는 말에 대해 깊이 사고해 본 적이 없습니다. 정말 부끄럽습니다. 유혹을 뿌리치지 못해 창피하게 그만 제가 저를 몰래 찍었습니다. 나라에서 치르는 선거에 출마한 후보들은 과연 누구를 찍었을까 하는 의문을 사탕 입에 문 아이처럼 이따금 아니 늘 가졌는데, 항상 맑게 닦아내는 제 양심에 먹칠하고 말았습니다. 벼슬이 그렇게도 좋은가요. 감투도 아닌 감투에 욕심을 낸 인간 김달선이도 어쩔 수 없이 비린내 나는 속물임을 깨달았습니다. 부질없는 욕심입니다. 이런 꼼수를 부리는 놈이 봉사, 무슨 알찬 봉사를 하겠습니까. 내가 이렇게 미울 수가 없습니다. 정작 마을에 필요한 괜찮은 친구에게 정말 미안합니다."

인사말이 끝나자 웅성거렸다. 진필이가 정치가들은 자기 아닌 남을 찍었을까요? 반문하면서 인간 박진필이도 술 좋아하는 박진필이를 찍었노라고 실토해 모두는 한바탕 질펀하게 웃어젖혔다.

지극히 맞는 말이었다. 숱한 선거에 출마한 후보가 자신 아닌 상대 후보에다 멋들어지게 찍었다면 참으로 신사다운 인간이 사는 아름다운 강산이지만 새빨간 거짓말이었다. 믿을 놈 하나 없는 세상이었다. 만일 그런 병신 머저리가 있다면 밥 빌어 죽도 못 처먹을 인간이라며 술수라는 정치의 묘한 속성을 짓밟아 뭉개었다.

기다린 듯 이어 소품 같은 막걸리가 대접을 찾는 점심 푸짐한 국밥상이 차려졌다. 마침 면장이 궁금해 어슬렁거려 왔다가 막걸리 두 말 넘게 털리고, 부인들의 성화에 못 이겨 나훈아의 뺨을 후려치는 노래 솜씨에 덩실덩실 신이 났다.

삽화처럼 마냥 소박했다. 정이 메아리쳐 아름답기만 한 산촌의 흐뭇한 풍경이 하루 종일 내걸린 날이었다.

오리바위의 물개들 _____ 1, 5.

산문을 벗어난 조랑말은 이맛불을 훤히 켠 채 내달렸다. 차가운 새벽바람을 헤치고 경포해변 주차장의 이 빠진 틈을 찾아 치열 맞춰 고르게 끼웠다. 잠이 덜 깬 아직도 어둠은 웅크려 컴컴했지만, 여태 수평선을 지킨 물결은 서서히 희붐한 여명을 틔우기 시작했다. 허연 갈기를 휘날리는 해마가 줄기차게 달려오고 연이어 밀려왔다. 숨이 차 백사장에 나뒹굴었다. 잠시도 쉬지 않는 파도를 켜는 바다가 가슴 가득 출렁거렸다. 해조음을 양탄자로 깔았다.

『오리바위 물개들 해맞이 수영잔치』

붉은 문구 큰 그 밑에 세강열단(洗江烈團)이라고 쓴 현수막이 바람 따라 줄을 잡아당겨 펄럭거렸다.

불이 희미한 임시로 만든 천막 안에는, 벌써 단원들과 같이 따라 온 아내나 자식들이 한데 어울려 벌건 난로를 빙 둘러싸 울타리를 엮었다. 마치 개찰을 기다리는 시골 낡은 역 대합실 같이 웅성거렸다. 훈훈한 열기가 휘돌았다. 의례적이긴 해도 뒤섞여 돌아다니며 새해 덕담을 반갑게 나누었다. 친구도 있고 이름깨나 익은 단원과 악수를 나눴다. 이내 펼쳐놓는 근황에 안도하는 흐뭇한 표정에 김이 피어오르는 커피로 몸을 녹였다. 나른 몽롱했다.

짐작대로 어제 뉴스에 나왔던 보물 도난 사건의 전모가 도마에 올라 난도질당했다. 철부지한 치정에 얽힌 복수와 지칠 줄 모르는 타락한 욕망이 빚어낸, 자부심 강한 강릉을 깡그리 먹칠한 희대의 한심하고도 부끄러운 일이라고 하나같이 흥분했다. 가뜩이나 더러운 세상에 재활용이 안 되는 쓰레기의 독소라는 끝이 없는 괜한 논쟁거리였다.

찬찬히 가라앉혀 단원 점검이 끝났다.

가난한 사람들에게 무료변론으로 은근히 질시 당한다는, 옛날에 축구와 잠깐 수영을 했던 것으로 좀 알려진, 조금은 배불뚝이인 망설이지 않는 직설적이라는 초대 단장의 성깔 띈 인사말이 나왔다.

이름하여 오리바위 물개들은 내 자신의 건강을 다지는 순수 친목단으로 결연히 창립, 무엇보다 썩어 문드러진 정치색을 완강히 배제한다고 강조했다. 그간의 과정을 토하며 단원 39명. 윤리나 도덕적으로 깨끗한 나름대로 엄선이다 보니, 모가지에 힘깨나 주는 관료나 방자한 정치건달과 빈 깡통 졸부들은 줄줄이 낙엽으로 쓸어냈다는 고백이었다. 그런 쓰레기 같은 종자와 망나니 같은 무뢰한들이 의외로 많아 갈수록 심각하게 더러워지는, 어느 곳보다 보배로운 강릉을 솔향이 솔솔 일도록 산뜻하게 씻는다는 의미로 해마다 정초 첫 새벽, 날렵한 물개인 양 저 오리바위, 십리바위로 헤엄쳐 내 몸을 정갈하게 다스린다는 상징 아닌 결의고 허울 벗는 몸부림이라 했다. 꿈을 키우는 우리 아이들이 곱게 자라는 어느 곳보다 수려한 터전 강릉의 안녕과 번영을 기원하는 세강열단이 있어 건강한, 조촐한 잔치가 되기를 바란다고 가름했다.

언제부터인지 모르나 막연하니 뭐 빼어나게 신통한 말재주도 없으면서, 치밀한 논리의 변호도 아닌 그저 엉성한 몇 마디로, 착하고 무지몽매한 소송인에게 거액을 강도와 다름없이 악발로 챙긴다는, 어쩌다 뒤틀린 인식과 혐오에 달갑잖은 변호사였는데, 거침없이 토하는 깊은 울력을 비로소 보았다. 구겨지고 빗나간 마음을 스스로 다림질했다.

아침 운동이나 산책 나왔던 구경꾼들이 궁금해 하나, 둘, 모여들어 울타리를 쳐 켜켜이 지켜보는 눈들이었다. 신문 방송사에서도 기웃거렸다. 사건이 터지기를 은근히 바라는 쏠쏠한 기사거리가 되는지 제법 분주히 들락거렸다.

옷을 벗기 시작했다. 모두 수영 팬티로 미리 갈아입고 왔다. 밖으로 나서자 차디찬 기운이 확 온몸을 따갑게 뚫고 들어왔다. 부르르 떨리고 소름이 내끼쳤다. 애써 가슴을 펴지만 급속히 움츠러들었다. 지긋한 나이라 패기와 오기로 버티는 모습이 역력했다. 허연 입김이 무럭무럭 피어올랐다. 운동으로 다져진, 혹은 혹독한 훈련을 겪은 특수부대 출신들이 많은 건장한 체격이었다. 어설펐지만 구령에 맞춰 몸을 풀고 준비운동도 했다. 천천히 바닷물을 몸에 찍어 바르고 적셨다. 누군가 확 뿌리는 물장난에 화들짝 놀라기도 했다. 별동대 시절, 얼음 둥둥 뜨는 강물에 미친 듯이 몰아넣고 뜨거운 목욕탕에서 물장구친다 생각하라던 충직한 조교의 다그쳐 지랄 같은 목소리가 아련히 들려왔다.

젊은 날의 돌고래 같거나 강철 같은, 그 환상의 몸매라기엔 참으로 부끄럽고 턱도 없는, 그 무쇠 근육이 슬그머니 빠져나가 이제는 곡선이 부드러운 통통한 개구리 모습이거나 복어였다.

잠수를 기다리는 물개들.

보란 듯 파도가 달려와 모래밭에 거침없이 나뒹굴었다. 약을 올렸다. 불그레, 붉게 물들던 구름과 하늘은 점점 밝아와 수평선이 활짝 열렸다. 이글이글 타는 해가 치솟아 올랐다. 늘 쥐고 있는 쥘부채를 거침없이 쫙 폈다. 강렬한 햇살이 누리에 퍼졌다. 과녁을 향한 화살이었다. 찬란했다.

드디어 장엄한 해오름.

달래 여태 참고 있던 호루라기소리와 함께 와! 우렁찬 함성을 질렀다. 은근한 눈길로 바라보던 가족들이 응원의 박수를 힘껏 쳤다. 휘파람 소리까지 냈다.

안달이었다. 일제히 뛰어들었다. 사정없는 물방울이 얼굴에 마구 튀었다. 정신이 번쩍번쩍 났다. 뼈가 끊어지는 듯 시렸다. 헤엄쳐 나갔다. 그저 앞서거니 뒤서거니, 꽁무니에 꽁무니 야단이었다. 객기인가, 호기인가, 송장치기의 자만, 개구리헤엄을 치는 여유, 우스꽝스런 개헤엄에 칼치기로 난도질하는 민첩함이 번뜩였다. 그래도 아직은 녹 쓸지 않았다는 관록이 팽팽한 탄력으로 출렁거렸다. 기함할 정도로 춥지만 내색 않고 젊은 날의 실력을 믿고 헤엄쳤다. 시퍼렇게 살아있는 사나이들의 기백이었다. 생활에 짓눌려 발산하지 못한 자유와 억눌린 광기였다.

접근 금지 통제구역이듯 산더미 같은 파도를 뚤뚤 말아 갈기를 휘날려 거침없이 밀어닥쳤다. 거대한 탱크의 캐터필러같이 깔아뭉개려는 기세였다. 탱크 심장 같은 소용돌이 속을 뚫고 포탄처럼 육탄으로 여지없이 파고들었다. 누군가는 휩쓸려 깔렸다. 흰 거품이 일었다. 안고 뒹구는 백병전이었다. 기세를 꺾어 돌파했다. 중간쯤인데 벌써 헉헉대는 단원도 있었다.

물개라는 별명답게 잠수해 앞으로 쭉쭉 미끄러져 오리바위에 득달같이 상륙했다. 숨이 찼다. 손을 흔들었다.

물이 온몸에서 뚝뚝 떨어졌다. 그냥 지나치던 바람이 달려들어 냅다 후려쳤다. 견디기 어려울 만큼 지독하게 따가웠다. 젊었을 때 쉽게 오갔던 오리바위 그리 만만히 볼 일이 아니었다.

물에 잠길듯 바위에 가득 상륙한 물개들.

머리카락이 얼고, 입술이 퍼렇고, 벌건 코, 벌벌 떨면서도 해낸, 해냈다는 환희에 서로 껴안는 우정이 등 푸르렀다.

너울너울 충만한 평정 너머 저만치 나앉은 십리바위가 또 손짓했다.
상륙한 전사들은 이글이글 타는 태양을 향해 일제히 강궁의 시위를 잡아당겼다.
세강열단, 만세! 만세! 만세!

겨울꽃 _____ 1, 7.

그저께는 경포 오리바위 해맞이 수영잔치에, 어제는 종일 장작을 팼다. 좀 고단했다. 언제 잠들었는지도 몰랐다.
독서하는 새벽에 눈이 내리기 시작했다. 나이 마흔줄이면 그리 적은 숫자도 아닐 터지만 아직도 매번 눈만 오면 철없는 아이마냥 괜히 마음이 들떠 반겼다. 읽던 책을 덮고 얼른 나갔다. 쫄랑거려 뒹구는 삽사리였다.
펑펑 함박눈이 신나게 쏟아졌다. 내 어릴 적, 갖고 싶었던 만큼이나 참으로 무수히 내리는 눈, 쓸쓸한 겨울 풍경에 하얀 나비의 몸짓이었다. 천사의 날개였다. 세상으로 하늘하늘 사뿐히 내려앉았다. 순결한 나래짓이었다. 머리에, 어깨에, 살갑게 내렸다. 고개를 젖혔다. 가득했다. 얼굴에도 달려들어 간질였다. 얄밉게 눈썹 위에도 내려 시치미를 떼고 걸터앉았다. 손을 펴 벌렸다. 뱅글뱅글 맴을 돌다 내려앉았다. 가쁜 숨을 몰아쉬었다. 고운 몸짓 아름다운 여정이었다.
뉘의 희디흰 영혼인가.
세상은 천차만별이라고 푸념도 하고 투덜대기도 하지만 그래도 공평한 순리인지도 모를 일이었다. 태양이 작열하는 열풍 휘몰아치는 사막에 푸른 오아시스가 있어 방울소리 아득한 낙타의 노래가 한 줄기 소나기를 부르고, 장막보다 더 어두운 캄캄한 밤에 둥근 달이 유정해 풍류를 읊는 잔 띄운 술에 취하듯, 서슬 퍼런 칼보다 예리한 꽁꽁 언 겨울엔 흰 눈이 다소곳한 신부로 내려와 설레게 하는, 세상은 그래서 견딜만하고 어디 보습이라도 있어 삭막하지 않아 그윽했다.

조용한 축제이고 따뜻한 은총이었다.

며칠 전부터 좀처럼 보기 드문 족제비가 돌 틈으로 더러 드나들고, 쥐들이 나와 찍찍거리며 몰려들었다. 밤에 아련한 그리움의 촉수 뾰족하게 뿔 돋우는 노루가 도랑가로 내려와 서성거리는 우수에 찬 날궂이나, 새치름하게 춥더니 기다린 듯 기어이 눈이 내렸다. 세상 가득 내리려나, 대설경보가 아닌 특보가 부뚜막에 껑충 뛰어오른 개처럼 내렸다.

쌓였다. 마당에 모여들어 금방 하얀 융단을 만들어 깔았다. 앙상한 숲과 나무도, 메말라 바람에 여태 시달리던 풀잎도, 포근한 솜이불을 덮었다. 집으로 들어온 가느다란 전선줄도, 전당포 같은 편지함 홍부의 작은 지붕과 산방, 변방의 보초병인 양 벌통 주저리에도, 아내의 무덤에도, 까치의 둥지에도, 그리고 장독대랑 키 작은 앵두나무에도, 앙상한 가지 끝에 까지도, 가득 순한 아이처럼 하얗게, 하얗게 온통 푹 뒤집어쓰고 명상에 젖었다.

도시의 눈은 미운 오리새끼라 했다. 차를 끌고 나갔다 오느라 미끄러져 하마터면 접촉사고 날 뻔 했다는 골칫덩이라 했다. 하지만 좋아 어쩔 줄 모르는 반지였다. 나와 어울려 눈장난하고 싶다 했다. 내려와 같이 눈사람을 만들자고 응석이었다.

마당 지나 모가지 뽑은 나지막한 외등이 비껴서있는 길을 밟았다. 돌돌거리는 도랑 건너는 나란한 돌다리 위에도 앙증스레 소복했다. 우두커니 서서 휑한 산문을 내다봤다. 한 폭의 고요가 어루만지는 기다림.

풍경 하얀 여백에 나의 발자국을 배 띄워 낚시를 하는, 낙관처럼 찍었다.

포근했다. 아스라이 내렸다. 사르륵사르륵 누웠다. 종일 내렸다. 메마른 겨울을 모자이크를 했다.

가난한 산촌에 눈이라도 오는 날, 창으로 치잣물 밴 불빛 드리우고 오랜 연인인 양 하얗게 지새워도 좋으련만.

소식 뜸한 누군가 그리운 눈이었다.

옷 벗는 소리 ____ 1, 8.

끊임없이 오늘도 쉬지 않고 기세 좋게 내렸다. 이틀째였다. 무릎을 훨씬 기어올라 엉덩이 밑까지 바싹 차올랐다. 서역 어디 전설의 소금산인 듯, 무진장 하역하는 항구의 사태진 설탕인 듯, 하늘에 웬 맥분관이 터졌다. 미련없이 실컷 쏟아져내렸다. 세상이, 세상의 깊이만큼 묻혀버렸다.

황량한 오래가 아늑했다. 털북숭이 화가가 참 좋아하는 수묵화였다.

골짜기가 부여니 줄기차게 내렸다.

마당을 지나 샘우물이랑 돌다리 건너 큰길까지 길을 다시 쳐올렸다. 길을 내고 돌아서면 또 묻혔다. 어쩌면 토끼길이었다. 뒤란 장독대 가는 길, 땔나무가리와 헛간, 채 스무 평도 안 되는 비닐온실 길도 뚫고 털었다. 손이 제법 시렸다. 눈을 털고 장작 몇 아름 미련스레 안아다 부엌에 쌓아놓고 아궁이를 벌려 가득 다질렀다. 보일러실에도 이왕 더 쟁여놓았다. 담배를 가득 문 골초 굴뚝이 연기를 모락모락 피어올렸다. 유정한 무늬였다.

심심한 하루 삽사리처럼 돌아치며 넉가래로 눈을 소일 삼아 종일 쳤다. 등이 젖었다.

꾸욱,

대답이 없었다. 동자승이 파묻혔나 보다.

눈이 허리에 차오르는 저녁, 또 궁금한 모양이었다. 임영아파트 망루 같은 14층 아래 13층에서 눈 내리는 도시의 풍경을 넋 없이 내려다본다는 반지.

도시는 한껏 납작 엎드려 졸음에 겨운 듯 자우룩하다고 했다. 비둘기가 평화로이 맴을 돌고, 이별을 울음 토하는 유선형의 기차가 황량한 철교를 막 지나 미끄러지듯 어디론가 그렇게 떠나는 여울 속, 오랜만에 강 건너 이웃 성당의 종소리가 게을리 들리는 자욱한 풍경이라 했다. 휘돌아 흘러내려 여전히 안목 하구로, 하구로 굽이치는 남대천. 사람들은 마치 눈 나라 요정처럼 앙증스럽고 차량들은 털강아지처럼 뒤뚱거린다 했다. 불들이 막 들어와 참으로 아롱한 꿈꾸는 도시라 했다. 늘 대관령이 품어 안아 아늑한 강릉 설경이 더없이 포근한 솜으로 덮는데, 용화산 밑 외딴 산촌 호젓한 산방의 근황이 궁금해 슬며시 물었다.

"반지야, 반지야? 지금 산방 오래에는 흰 눈이 아니라 오색, 칠색 눈이 내리고 있어. 아니면 내 눈이 희한해졌나봐."

"예?"

"털북숭이 화가가 여태 희디흰 눈만 뒤집어 쓴 은은한 수묵화를 즐겨 치다 왠지 아까부터 이상해졌어. 돌았나 봐. 느닷없이 말도 안 되는 분홍, 상상만 하던 분홍빛 눈을 정말로 그려. 지금 분홍빛 고운 눈이 꿈결로 내리고 있어. 깜짝 놀랐어. 정말 너무 아름다워. 천지가 아니 절골이 온통 분홍으로 물들었어. 생각지도 못한 세상이야. 신기하다 못해 무엇에 홀린 기분이야. 한 뼘만큼 솔솔 내리 뿌리다가 어허, 이번엔 연두빛 눈을 마구 뿌려주고 있어. 와! 어떻게 말할 수 없어. 연두빛 세상. 아! 분홍, 연두, 그 위에 또 노란 눈이 꽃가루인 양 펑펑 내려. 마냥 노란빛 세상이야. 너무 아름다워. 차곡차곡 한 뼘 쌓아놓고 또 빨강 눈, 한 뼘 파랑, 주홍 눈으로 켜켜이 그리고 무지갯빛 눈이 내리고 있어. 눈, 이리도 쟁여 내린 아름다운 눈을 차마 칠 수 없어. 가슴이 벅차 터질 것 같아. 듣고 있어?"

"정말요?"

"응. 정말. 참말이야."

"너무 아름다운 꿈나라네요."

"아, 가만. 웬 은은한 목소리가 들려. 잠깐만."

잠깐 말이 없었다.

"음악이어요? 목소리이어요?"

"하늘나라에서 내려오는 음악을 발 드리운 목소리야. 앞 만월폭포 선녀탕에 목욕하러 왔던 선녀야. 산방에서 산문이 보이는 대추나무 모롱이에서부터 정토사 가는 길 여우바위 있는 데까지만 알록달록 내려준대. 산방의 나무꾼이 선녀의 옷을 절대 감추지 않는다고 상제가 명경(明鏡)을 들여다보며 말했대. 믿음은 그 나무꾼에게는 옷 벗는 여인이 이미 점지되어있기 때문에 뿌려준대."

"누굴까요? 점지된 그 여인."

"글쎄. 나도 모르는데 누굴까? 반지는 알아?"

"그럼요. 알고말고요."

"누구야?"

"왈(曰)자를 총애하는 비밀이어요."

"입을 굳게 다문다, 몹시 궁금한데. 아, 지금은 보랏빛 눈이 아스라이 내리고 있어. 고개를 젖혀 쳐다보면 뱅글뱅글 맴을 돌며 솔솔 내리는 눈발 간지러워 못 견디겠어. 현란한, 아니 휘황찬란한 설경이야. 나, 만화경을 들여다보고 있는 것 같아. 이리 보면 산방이랑 오래의 솔밭이 금빛이다가 눈 깜빡이고 저리 보면 커피빛으로 변해. 통나무 산방엔 빨주노초파남보 무지개가 드리웠어. 쌓인 눈을 칼로 자르면 켜켜이 안친 저 선명한 빛깔의 백설기야. 장난꾸러기처럼 눈을 휘삶으면 아롱아롱 프리즘이 일어 나다닐 수 없어. 그토록 바라던 어릴 적 그윽이 꿈꾸는 동화의 나라, 눈 나라의 풍경이야. 반지야?"

들떠 숨이 찬 듯 줄곧 조잘거렸다.

"풍부하기도 하지만 상상이 어쩜, 아니 꿈이 어쩜 그리도 고상한가요?"

"늘 꿈꾸었어, 그런 세상을. 꿈은 언제나 현실의 반대라는데. 마음대로 꿀 수 있는 바람과 이루어지지 않는 삶과의 괴리가 빚어내는 상상이야. 그래서 속세라고도 하는가 봐."

"맞아요. 고달픈 세상이라 반지도 예쁘고 아련한 꿈 참 많아요."

"내가 산중에 작은 벌레처럼, 순한 짐승처럼 은거하는 이유도 이룰 수 없는 꿈 그 좌절인지도 몰라. 세상이 온통 삭막해지고 더없이 더러워졌어."

"지금은 어떤 눈이 내리나요?"

희디흰 눈 날리는 밤이 깊었다.

삭막한 도시의 어느 모롱을 돌아 외등 희미한 외딴 골목길에도 울컥 솟는 그리움으로 눈이 내릴 때, 머나먼 숲속 등성이 너머 외딴 집에 고운 여인의 옷 벗는 소리 들릴듯 솔깃 귀 기울이고 싶다.

난파선 _____ 1, 9.

밤새도록 휘몰아치던 바람, 미쳐 날뛰던 파도가 언제 그랬냐는 듯 능청스레 시치미를 뗐다. 느긋하고 담담했다. 태양은 타오르고, 물이 뚝뚝 떨어질 듯 하늘은 짙푸르렀다. 누군가 가벼운 솜털 흰 구름을 한결 운치있게 띄워 놓았다. 나부끼는 바람이 상쾌했다. 잔잔한 파도 속삭이듯 낮게 들려오는 해조음이 쟁그러웠다. 멀리 수평선이 빙 둘러친 금빛 모래자락이 반짝거렸다. 감히 함부로 찾아 올 수 없는 나의 작은 섬이었다. 풀빛 파라솔을 비스듬히 꽂고 그 아래 돗자리 깔은 그늘에 누워 콩나물대가리를 줍는 해조음을 당겨 들었다.

태양의 화살이 사정없이 내리꽂히는 한낮.

외딴 섬 물새들의 발자국이 낙관처럼 혹은 상형문자로 여기저기 찍혔다. 파도는 금모래, 은모래를 곱게 일어 섬자락에 쨍 말리는 터였다. 청동 근육으로 단련 몸매가 제바람에 은근히 그을렸다. 자꾸만 물새소리가 까무룩, 까무룩 귓속에 누워 잦아든 어느 때쯤.

웬 난파선?

괴이한, 돛대마저 무참히 꺾여나간 가없이 초라한 배였다. 기분 좋은 오수에 젖은 사이 수평선을 뚫고 완강히 몰아치는 파도에 부대끼며 억지로 밀려와 일렁거렸다. 멍이 든 몰골에 아린 관절을 주무르는 폐선보다 메말랐다. 앙상했다.

화들짝 놀랐다.

형편없는 배 안에는 머리카락이 헝클어져 보기에도 딱한 젊은 여인이 주검처럼 누워있지 않은가. 다급히 부르며 흔들었다. 기척이 없었다. 어찌 옷마저 걸치지 못할 만큼 공포에 시달렸을 민망스런 희멀건 알몸뚱아리, 가슴에 귀 대었다. 미동보다 더 가늘어 겨우 뛰는 심장, 파리해진 입술 바짝 말라 조글조글했다. 불러보고 흔들어 보았지만 기척이 없었다. 황망히 들쳐 업고 파라솔 아래 조심스레 뉘였다.

적신 큰 타월로 익어 부풀은 알몸을 얼른 감쌌다. 숨을 쉬지 않는 듯 황급히 코를 막아 입으로 숨을 불어넣었다. 어설프고 서툴렀다. 예상은 했지만 좀처럼 깨어나지 않았다. 정신없이 문지르고 가슴을 눌렀다 놓았다. 주물렀다. 다시 숨을, 숨을 불어넣고 불어넣었다. 에누리 없는, 역시 절망과 함께 당황스러웠다. 온몸이 땀범벅이 되었다. 사명감에 지쳐버린 마음을 힘껏 추슬러 다시 불어넣어도 미동이 없었다. 다급히 불어넣고 체념이듯 입을 떼었을 때 푸! 발작적으로 숨을 토해냈다. 꿈틀 근육이 되살아났다. 움직였다.

용케, 용케 숨을 들이쉬는 여인.

볼을 두드렸다. 눈을 애써 뜨다 힘겨워 감다가 문득 깨어났다.

아득한 절망을 밀어낸 기쁨, 어떻게 표현할 수 없는 기쁨이 온 핏줄을 타고 정신없이 겅정거렸다. 그제야 흐르는 땀을 닦았다. 여인의 이마며 손, 발에 맥박이 불안했지만 고르게 뛰었다. 온 몸을 문질렀다. 체온이 돌았다.

실오라기 하나 걸치지 않은 알몸뚱아리를 알아챈 여인은 소스라쳐 냅다 비명을 질렀다.

어머나!

벨소리였다.

“곧 선녀탕에 하강할 거예요.”

밤새도록 내리고 있는 눈으로 지새운 새벽에도 줄기찼다.

백설기 _____ 1, 10.

스무 몇 해 전인가, 세상이 떠들썩할 만큼 상상을 뛰어넘는 엄청난 눈이 내렸었다. 예로부터 강릉은 미련스레 눈이 많이 내리는 오랜 전통과 결코 얕잡아 볼 수 없는 화려한 전과를 거머쥐고 놓아주지 않았다. 겨울엔 장그턱으로 무모했다. 시시하거나 감질나게 찔끔찔끔 내리지 않았다. 통이 컸다. 왔다 하면 소문이 날 정도로 배짱 좋게 왕창 다부지게 내렸다. 내린 눈이 처마와 맞닿았으니 어떤 말도 필요 없었다. 늘 익숙해져 있기에 천박스레 호들갑을 떨거나 그다지 놀라지도 않는 일상이었다. 큰 바위 밑에 가재가 치이지 않고 살듯 짐짓 느긋한 여유로 덤덤한 순한 백성들은 길을 내고 소통했다. 와중에 담담히 맛난 음식도 도르어 나누었다.

지칠 줄 모른 채 끊임없이 줄곧 내렸다. 어제 친 눈길이 정강이까지 묻혔다. 또 쳐올렸다. 귀찮기는 해도 신나는 눈발이었다. 강릉다웠다.

향언(鄕言)에 대관령에 눈이 세 번 내려야 비로소 강릉바닥에 첫눈이 나부낀다, 한 두 자 오는 눈은 축에도 못 든다, 라는 말에 그냥 웃으며 끄떡거렸다. 한해 네댓 번 와야 직성이 풀리고 그제야 겨우 보통이었다.

들뜬 장정들은 썰매를 신고 노루나 돼지사냥을 가거나, 아이들은 헛간 뒷벽에 여태 걸어두었던 설피를 신고 숲속을 뒤져 토끼사냥을 가곤 했다. 장정들이 어쩌다 돼지라도 잡는 운 좋은 날엔 움구덩이의 무를 한 삼태기 꺼내와 잔뜩 썰어넣고, 가마솥으로 가득 푸짐하게 끓였다. 선창을 한 사냥꾼의 우쭐한 무용담이 전설이 될 때쯤 동네는 보기 드문 한바탕 신명나는 잔치였다.

먹을 게 없어 인가 부근으로 내려오는 짐승이어서 큰 장설이 지는 해엔 부지깽이 들고 노루 때려잡는 계집이라는 말도 비치돼 있는 곳이었다.

청탁 원고를 다듬다 내다보았다. 눈이 발돋움해 내 서재를 제법 기웃거려 뽑아올린 목으로 어렵잖게 들여다보며 눈동자를 굴렸다. 마당엔 어디론가 실고 곧 떠날 하역장의 물건처럼 임시 야적돼 엄청났다. 자그마치 명치를 더듬어 어깨에 육박하는 높이였다. 대충 다섯 자 하고도 네 치가 넘을듯 싶었다. 좀 전에 친 토끼길이 쪼르르 돌다리 건너갔다. 전장의 교통호였다.

"이 눈난리에 멀고 외딴 산방의 나무꾼이 용케 살아있어 다행이어요. 은근히 걱정했어요."

손전화의 안부였다.

"물론. 아직 선녀의 옷을 훔치지 못했는데 일나고 탈나면 어떡해. 나만 억울하지."

변방으로 귀향해 나무나 하며 집 앞 만월폭포 선녀탕에 목욕하러 내려오는 선녀를 기다려 몰래 옷을 훔쳐야겠다고 너스레를 떤 뒤, 그냥 장가 못간 가난한 나무꾼이 되어버렸고, 반지는 선녀가 되어 목욕하러 가야겠다고 장난기로 짐짓 맞받아쳤던 터였다.

전기는 멀쩡하느냐? 밥은 제대로 챙겨 먹었느냐? 길은 치고 방은 따뜻? 이 닦고 세수했느냐? 당돌하게도 목욕하고 속옷을 갈아입었느냐? 일일이 챙기며 시시콜콜 참견했다. 기분 나쁠 만큼 상당히 건방질 것 같은데 아내나 어머니 같이 왠지 싫지 않았다.

"아니, 이 눈이 언제까지 온대?"

"반지가 그걸 어찌 알아요."

"하늘나라 선녀라면서?"

"반지는 목욕 갈 때 입을 예쁜 옷 만드느라 바빠서 못 물어봤어요."

까르르 웃음소리가 여운을 남겼다.

시내도 교통이 전면 마비 다투어 휴교령이 내리고 직장은 출근 시간을 늦추는 등 혼란스럽단다. 둔치에는 아예 눈을 뒤집어쓰고 잠을 자는 게으른 차랑들이 깰 줄 모른단다. 도시 모두가 조용하기가 끝이 없다고 했다.

괜히 궁금하고 심심했다.

"아래 송도집이래요. 윗집 절에는 별일 없지요?"

"네. 걱정해 주신 덕분에."

"전기는요?"

"어머니가 광대를 보고 있으니, 아직은."

"다행이죠 뭐. 오늘이 벌써 나흘째 이젠 이쯤해서 그쳤으면 좋겠는데."

"작년에도 뜻밖에 꽤나 왔지만 눈 많이 내리는 강릉이라는 소문 익히 알아 그렇거니 했는데, 눈이 이렇게 산더미 모양 많이 올 줄 미처 몰랐어요. 금방이라도 집이 무릎 꿇고 무너질까 은근히 겁이 나네요. 눈을 이고 있는 게 애처롭고 버거워요. 꼼짝없이 갇혀 감옥살이하게 생겼어요."

"감옥살이? 죄명은 제설작업 미 실시래서 그래요."

"그런가요. 곧바로 항소할 거예요."

손전화에서 빠져나오는 비구니의 웃음 띤 목소리가 한 근심 털어낸 여유로 밝았다.

이웃이지만 산문 밖은 너무 먼 거리라 드나들기 힘들어 지금의 헛간 옆에 작은 디딜방앗간 하나 만들었었다. 명절이나 제사 때쯤에 아버지랑 할머니, 누나와 나도 먼 날의 태초의 이야기를 들으며 쏟아지는 잠을 쫓아내 찧곤 했다.

어느 해인가, 엄청난 눈에 짓눌린 방앗간이 안쓰러워 아버지가 올라가 빙 돌아가며 조금씩 칠 요량으로 반쯤 막 돌아가는데, 방앗간이 기울어 폭삭 무너지고 만 우화가 장설이 지면 감초를 곁들였다. 자라보고 놀란 가슨 소댕보고 놀라듯이, 혹시나 싶어 지붕의 눈은 절대 치지 말고 가만 두라고 당부, 당부했다.

춥고 삭막한 시절에 눈이 내리면 오래는 이불처럼 포근했다. 그 속에서 벌레처럼 기어나와 삽사리랑 뒹굴다 눈밭으로 휘삶아쳤다. 한쪽 눈 먼 토끼라도 잡을까 하고 설피를 신고 까불기도 했다. 고무총으로 어쩌다 운 좋게 참새 한 마리 잡는 날엔 영웅이 되었다. 가난했지만 오대 독자이기에 늘 나의 주머니에는 할머니가 볶아준 고소한 콩을 꺼내 먹으며 종일 눈장난에 골몰했다. 쌓아올린 눈에 에스키모의 이글루 같은 굴을 파거나 손을 호호 불며 마당 한 녘에 부도 같은, 아니 살집 좋아 통통한 동자승 눈사람을 만들어 보초를 세웠다. 세수대로 모자 씌우고 솔잎과 숯으로 눈, 코, 입을 우스꽝스레 박았다.

고요했다. 새들이 날아들었다. 후루룩 털썩, 후루룩 퍽, 뒷산에 겨운 눈 떨어지는 소리가 들렸다.

오늘밤 깊어 시루에 안쳐 백설기를 찌려나. 여태 고운체에 걸러 내린 쌀가루로 푸른 나물이랑 버무려 둔 흰 눈이었다.

동맥경화 _____ 1, 11.

몹시 지루했다. 아침에 눈을 떴을 때도 여전히 내리는 양을 보고 지겹기까지 했다. 천덕꾸러기였다. 한 두 끼니일 때 별식이듯 이젠 눈 같지 않았다.

방송에서 피해 사례가 생각보다 심각하게 보도되었다. 다행히 인명은 무사한데 축사와 하우스의 붕괴, 가옥 파괴, 전기통신 두절에 있는 대로 호들갑을 떨었다.

그래서일까. 그 줄기차게 쏟아지던 눈이 미안했던지, 이른 아침 슬그머니 그쳤다. 쇄빙선이 헤치고 간 자린 듯 일사불란하던 짜임이 무너져 구름이 흐트러지고, 파란 하늘에 태양이 나타났다. 뛰쳐나갔다. 여태 억울하게 억압당한 듯 바람 나부끼는 해방이라는 말이 제법 실감났다. 꽤 여러 날 만이었다. 햇볕이 쨍, 현기증이 다 일었다. 눈을 뜰 수 없을 만큼 부셨다.

장관이었다. 엄청난 눈에 사방이 푹 파묻혔다. 망각의 도시 폼페이처럼 절골의 최후라는 단어가 문득 생각날 만큼 숲은 아예 사태져 뭉개어진 민둥산이었다. 산방은 하얀 복슬강아지이듯 눈만 빼꼼히 내밀어 두리번거렸다. 하루 네댓 번씩 눈을 털어준 보람에 용케 무너지지 않은 밭가 비닐온실은 거의 묻혀버렸다. 득달같이 빙 돌아가며 쳤다. 돌다리 건너 흥부집은 아예 이불 푹 뒤집어쓰고 한잠이었다. 애마가 들어앉은 마구간도 목만 겨우 뽑아 내다보고 버거워했다. 마당에 서면 앞이, 앞이 안 보였다. 순례의 도시 가로

막아 있는 통곡의 벽 앞에 서있는 듯했다.

눈 속에 솟아난 특이한 버섯이듯 고개를 뽑아올리고 까치발을 해야 앞이 겨우 보였다.

여기저기 소나무가 하얗게 부러지고 꺾였다. 오상고절 청청한 세월을 견뎌온 꼿꼿함이 아니던가. 과욕이 화를 불렀다. 사태질 만큼 눈의 무모함에 억울하니 쓰러진 잔해였다. 처연했다.

눈 온 뒤 거지가 빨래하는 날, 까치가 하늘을 날며 깍깍거렸다. 멀리 까마귀도 우는 소리로 살아있음을 알렸다.

비닐온실 문 양쪽을 열고 자리를 펴 깔았다. 쌀, 보리, 강냉이랑 수수, 조를 슬쩍 흩뿌렸다. 얼마 지나지 않아서 박새랑 참새들이 반겨 드나들었다. 귀여웠다.

불쑥 육중한 헬기가 나타나 한바탕 요란스레 악을 쓰며 절골을 더듬어 올라갔다.

발바리 승돈이는 벌써 대추고목 모롱 돌아 조금 아래 부도탑 있는 데까지 왔다는 반가운 전갈이었다. 눈이 내리면 그 즉시 절까지 눈차로 밀어내 길을 뚫었다. 산문 밖 길도 꽉 막혀있고 호젓한 산사도 키 한 길 쌓여 파란 하늘만 보였다.

눈 떨어지는 소리가 심심찮게 들렸다.

어쩜 구세주같이 위대해 보이는, 드디어 눈치는 승돈이가 경적을 울리며 나타났다. 우리는 마치 오랜 기다림에 젖던 계집애처럼 껴안고 법석을 떨었다.

참 부지런한 친구였다. 예절 바르고 싹싹하기 그지없었다. 혼자된 맏형수를 타지에 나가있는 자식들도 나 몰라라, 돌보지 않는데 막내 시동생인 승돈이가 모셨다. 조실부모한 탓에 형수 젖을 먹고 자랐다. 어머니와 다름없는, 뜻하지 않은 교통사고로 불편한 형수의 대소변을 얼굴 한 번 찡그리지 않고 받아내며 손수 목욕까지 시키는 진국이었다.

설통바위 벌통에 막힌 구멍을 헤쳐놓았다고 했다. 미안했지만 부탁했었다.

기상청이 생긴 이래 최고의 강설량을 기록한 엄청난 눈에 대한 이야기와 희끗희끗 부러진 숱한 설낙목을 바라보며 안타까워했다. 주술적이기는 하나 떠도는 옛말을 꺼내 곱씹기도 했다.

준비한 보온병에 따끈한 커피를 따라 주었다. 준 듯이 맛있게 자시고는 담배를 물고 후 내뿜는 여유도 멋졌다.

망균이가 물 건너 영식이 밭 천 평을 샀고, 일하기 싫어하는 영식이는 시내로 이사 간다는 얘기랑, 혼자된 철형이 그 예쁜 고모가 승돈이 이종형과 결혼한다는 소식이랑 궁금했던 소문을 털어 모아 말동냥, 귀동냥했다.

늦은 네 시쯤 마지막 모롱을 돌아 눈에 파묻힌 산사가 빠끔히 보였다. 신나게 경적을 한참이나 울렸다. 이미 내다보고 기다리는 비구니, 그 노모와 오빠, 셋이 흰 눈에 판화처럼 찍혀있었다. 방울 같은 기다림이랑 반가움을 접어 손끝에 달아 마구 흔들었다. 흐뭇한 환희였다.

관통.

꽉 막혔던 콧구멍이 열리고, 답답한 가슴이 뚫리고, 시원하게 굴이 통했다. 가슴 탁 트이는 맥이 뛰는 핏줄이었다.

소통이었다.

어둠이 깔리는 저녁, 늘 물들인 검은 광목을 찢고 숨어 내려다보던 초승달이 눈썹 곱게 그리고 오랜만에 나왔다.

송도집 _____ 1, 13.

답답하게 꽉 막혔던 눈길이 열리자마자, 제비 같은 우체부가 득달같이 날아와 그 동안 쌓였던 박씨를 한입 물어다 가난뱅이 흥부집에 넣어주었다. 신문, 초대장과 엽서, 몇 권의 책 그리고 편지가 손아귀에 쥘 만큼 꽤 찼다.

소통의 즐거움이었다.

강원도강릉시왕산면도마리절골송도집.

심행금아우님.

겨우겨우 글을 깨우친 옛날 어르신들의 글씨였다. 맞춤법이야 응당 무시되어 발음 나는대로 썼고 띄어 쓰지 않아 틈도 없이 바짝 붙여 썼다. 연필이었다면 할머니처럼 침을 발라가며 썼을 삐뚤빼뚤 또박또박 눌러쓴, 처음 받아보는 편지였다.

가는 세월에 그냥 처박아두었던 기억 깊숙한 저편, 용화산 정토사 보살님이었던 단양댁이 보낸 편지였다. 반가우면서도 야릇한 기분이었다.

어렴풋한 어릴 적, 어쩌다 정토사에 가면 나보다는 두세 살 위였던 웬 아이가 더러 보이기도 했던, 꿀 섞은 다식을 주던 그 보살이었다. 때 되면 영철이라는 이름의 아이와 같이 하다못해 무엇을 꼭 먹여 보내야 직성이 풀리던 인정스런 어른이었다. 나이도 높았지만 어머니와 자매같이 친했다. 스님의 막내 제수, 스님이 곧 시아주버니인 아이의 큰아버지였다.

원양어선을 탔던 신랑은 해난사고로 먼저 가 정토사에 잠시 몸을 의지했다. 한동안 정 들자 이별이라는 유행어인 듯 어느 날, 친정 오라비가 홀연히 데려갔다는 소문만 내걸려 휑덩하니 펄럭이었고 이내 보이지 않았다.

먼지 털어낸 참으로 오랜 기억이었다.

송도집.

산방 택호, 백년이 넘도록 처음부터 불렸던 이름이었다. 어머니 치맛자락 붙들고 산문 밖에 나가면 내 머리를 쓰다듬었다. 송도집 강아지라거나 방앗공이라는 소리를 흔히 들었다. 송도집, 혹은 개성집이었다. 산문 밖에서는 사대부집이었다는 사실과, 철종 때 고향을 북에 두고 온 실향민으로 아는 이가 별로 없었다.

아득히 먼 세월 오래 전 오대조부가 송도, 지금 개성에서 왔다고 하여 산문 밖 남들은 송도집, 개성집으로 굳건히 불렀다, 할머니가 산북리에서 시집을 오고부터는 잠시 산두집으로 불리다 어머니 때에는 친정 경포집으로 불렸다. 또 집터가 시시한 예사 터가 아니고 필유발복 큰터라 하여 모두 한터집이라고도 기억했다.

승돈이 집은 사천서 이사 왔다 하여 사천집, 산부인과 의사인 영순이집은 어머니가 그 먼 충청도 예산서 어찌 시집 왔다. 예산집, 혹은 충청집이라 불렀다. 주문진의 신리집, 양양집, 삼척이 친정인 맹방집, 함경도서 이사 온 관북집으로 불렀다.

참 재미있었다. 벼슬을 하면 판서집이나 진사, 참판집으로 불리고 오래 묵은 큰 나무가 곁에 있으면 배나무집이라든가, 은행나무집, 향나무집, 느릅나무집으로 자연스레 불렀다.

우리집의 또 다른 택호는 모두가 한마디씩 하는 집 앞의 아담한 만월폭포가 있다하여 폭포집이라 부르기도 하지만, 그 밑에 온통 말간 차돌 암반이 가마솥같이 빙 둘러 파인 거의 두 길이나 되는 넓고 깊은 소가 있어 선녀가 내려와 목욕을 한다는 선녀탕집이었다. 그리고 솔밭집, 호랑이가 마신 샘우물이니 호천집이라는 덤으로 붙여주었다.

부르는 택호에 그 집의 전해오는 내력이나 간직된 인품을 가늠할 수도 있었다. 굴피집이거나 대밭집, 청석집은 평민이었다. 무당집이나 백장, 점쟁이 집은 변변히 내세울 것 하나 없는 지리멸렬 멸시받는 천민이었다. 고목이 된 대추나무집이나 수백 년 묵은 박달나무집은 토호족이거나 토착민이었다. 감찰집, 감사집은 권세깨나 부려 근방을 떵떵 울리며 한 시절 영화로 뻐겼던 뻐대 우려먹는 양반집이었다.

오랜 세월이 뒤척거렸는데도 잊어먹지 않고, 반듯 송도집이라 적을 수 있다는 게 자못 신기했다. 고맙기까지 했다.

어젯밤 송도집이 훨훨 타 폭삭 재만 남은 꿈을 꾸다 발을 동동 굴렀다며, 변변한 인사 한 마디 못하고 쫓기듯 떠나와 일흔 반을 넘긴 여태까지 죄스러웠다는 마음을 담았다.

아들은 직원 서른 남짓 거느린 괜찮은 사장이 돼 부처님께 은덕을 바친다는 은근히 자랑투였다. 그러면서 누나와 내가 몇 살이고 무얼 하는지. 손, 외손은 몇인지 두루두루 궁금하다는 일상이었다. 지금도 쇠북소리를 듣고 있는지. 오는 초파일 때 한번 다녀올 짐작인데 그때 손 한 번 잡아보자는 바람이었다. 솔깃하지만 아린 약속이었다.

오대조부 고향을 찾아보고 싶다고, 어쩌다 술 한 잔 걸치면 버릇으로 늘 푸념하고 애잔해 하시던 아버지. 그리도 그렸지만 채 가보지도 못하셨다.
골짜기에 솔바람소리 잦아들고 뜬구름은 재를 넘는데, 세기 반이 흘렀어도 송도집은 예 그대로이었다.

와불 _____ 1, 16.

절골 눈길을 뚫은 다음날인 닷새 전이었다. 면에서 굶주린 야생 짐승에게 먹일 양식을 실어 정토사 옆구리를 돌아 으슥한 도장골을 헤치고 먹이를 놓아주었다. 뭇 짐승들의 오가는 길목 가운데 하나였다. 여러 동치미의 건초와 시래기, 밀이랑 보리, 옥수수와 감자를 면직원 셋과 정토사의 비구니 오라비랑 푹푹 빠지는 눈길을 설피로 오가기를 네댓 번, 땀깨나 흘려 무진 애깨나 썼다. 드문드문 대엿 군데 자연스럽게 뿌려놓았다.
그리고 설레는 마음으로 그저께 가보았다. 알뜰히도 먹어치웠다. 눈 위에 함부로 얼룩진 똥오줌을 싸고 숱한 발자국이 어지럽게 도장 찍혔다. 이골저골 푹푹 빠져 헤쳐 내려온 짐승은 고라니, 멧돼지, 토끼였다. 산새들도 왔다 간 흔적을 남겨놓았다.
멋진, 그리고 뿌듯한 구휼이었다.
헬기가 사방 돌아다니며 먹이를 뿌려주기도 했다. 오늘도 한 차 싣고 가 훌훌 뿌려주고 피하듯 나와 정토사에 들렀다. 가분수처럼 눈으로 뒤덮인 산사는 마치 인디아 어디 혈거처럼 보였다. 그윽한 풍경소리를 음미하며, 따뜻한 차 한 잔의 공양이 한기를 녹였다.
얼마나 배고팠을까. 얼마나 굶주렸을까.

눈물이 날 만큼 가여웠다. 게걸스런 인간처럼 하루 세 끼가 아닌 한 끼조차도 먹지 못했으니 오죽할까. 네 것 내 것이란 소유가 없는, 아니 욕심을 모르는 그들의 어처구니없는 전생의 업 비극이었다. 그 착한 짐승의 업이 무엇인지.

돈 많이 벌어라, 부자되세요, 인간은 태어나면서부터 소유의 의미를 줄기차게 배우고 있다. 갖지 않으면 갖은 자에게 비교, 멸시되고 낙오되어 도태되기 마련이었다. 도태되지 않으려 끝없이 대비 경쟁해야 했다. 절박했다. 살기 위한 최소한의 몸부림이었다. 하지만 지나치면 집착이고 소유가 곧 욕심이었다.

얼마 전에 조그만 회사를 가지고 있는 친구가 결국 구속되는 사건이 벌어졌다. 노무자의 월급을 갖은 핑계를 대 반년 넘게 주지 않았다. 연행되어 매우 송죄하는 척 지불하겠다고 천연덕스레 약속은 했지만, 조롱하듯 차일피일 미루다 끝내는 추악한 악덕업주라는 오명으로 영어의 몸이 되었고, 회사는 해체 공중 분해되었다.

노임을 못 줄 만큼 영세하기는커녕 오히려 자본금이 튼실했다. 수단이 좋아 일거리가 넘치는 기업이라 소문이 자자하게 돌만큼 탁탁한 데도 욕심쟁이 천성이었을까, 늘 죽는 소리에 배우를 능가하는 엄살이었다. 그러면서 뒷구멍으로는 고급차에 고급 옷, 고급 요정으로, 골프장으로 쥐새끼 모양 드나들며 엽색행각까지 벌인다는 부풀려진 헛소문까지 거품 일었다. 마땅히 주어야 할 구렁이 알 같은 노임마저 뭉그적거려 내 소유로 차지하였다. 분수를 모르는 소유는 만족할 줄 모르게 마련이었다. 끝없는 소유가 부른 파멸이었다.

왜 그러는지. 지금 때가 어느 때인데 어쩌면 재벌들의 지난날 구태를 그대로 답습하는지. 죽도록 부려먹고는 생계에도 못 미치는 쥐꼬리 노임을 주지 않았는가. 교묘하게 다 빼돌리고 의도적으로 부도를 내지 않았는가. 기분 나쁘겠지만 솔직히 말해 피를 빨아먹고 자란 흡혈 재벌임엔 틀림없었다. 그런데도 그들은 역겨운 내 풍기는 거품을 품어 매도라는 단어로 벌컥 화를 내 들먹이며 완강한 손사래로 부인, 아니 한 방 치려하는 완력을 행사할지도 모를 일이다. 이 나라 경제를 일으킨 게 누구인데, 누구 때문에 이만큼 살게 되었는데, 한껏 핏대를 올려 항변하기에 급급 오만했다. 경제를 일으키고 윤택해진 살림의 공을 부정하는 게 아닌, 고귀하고 피땀 어린 힘든 노동력을 착취했다는 사실이었다. 지나친 이윤에 환장한 돈벌레들의 추악한 생리를 탓하는 것이다. 더는 뻔뻔해질 수 없고 자유로울 수 없는, 몸에 낀 이끼를 털어내라는 충고일 뿐이었다.

무소유.

그들에게는 몰수이고 족쇄, 저승사자, 그리고 날벼락이 아닌가. 앓느니 죽을 일이다.

새삼 법정스님의 고결하고도 대쪽 같은 부르짖음이 아니더라도 진정 정갈한 참뜻이었다.

무소유.

샘물같이 청량하다. 하지만 요즈음같이 복잡다단한 세상에 영 맞지 않는 현실이다. 의식주 그리고 아이들의 교육, 누구나 다 분수껏 살아야 하는 기본 소유의 틀 밖 무소유이어야 했다. 돈 없으면 거지요, 권세 잃으면 끈 떨어진 갓인 묘한 세상에 무조건이 아닌, 이것이 오늘날 무소유의 본질인 듯싶다. 기본 소유에 만족, 그 밖의 넘치는 나머지 소유는 환원의 윤리이고 양심이어야 했다. 사치나 넘침을 검소로 거품을 빼는 건 물론 절실했다. 기본 소유마저 충족되지 않는 삶은 현실이 아닌 또 다른 다툼이었다. 함부로 질타할 것도 아니었다.

결코 매력적인 직업이 아닌 주위에 고물상을 경영하는 선배는 기본 소유 뒤 얻어지는 이익은 전부 베풀었다. 불우한 청소년들에게 학자금으로 희사 봉사하는 멋쟁이였다. 생색이나 내려는 국회의원이나 사회사업가라 자처하는 놈들이었다면, 벌써 신문을 장악 온통 구린내 나는 방귀를 뀌었을 것인데 까마득히 10여 년 동안 누구도 몰랐다.

이런 사람들이 진정 실천하는 무소유가 아닌가.

나무가 우거진 산 4만 평과 산방에 딸린, 채 천 평도 안 되는 메마른 밭뙈기. 그리고 숫자가 왜 그리 인색한 빈대 통장이 나의 재산 목록이었다. 내가 가난한가? 결코 가난하지 않다. 마음 가득 부자였다. 만족을 느낄 때 무욕 무소유의 아름다움이 있다. 어느 재벌이 죽었을 때 숱한 오명과 욕심으로 벌어놓은 그 많은 재산 한 푼도 가져가지 못하는 공수거(空手去)의 그 서글픈 광경을 보았다.

조용히 살고 싶다. 순리대로, 있는 그대로 욕심 없이 지내고 싶다. 모자라거나 목표를 세우는 계획은 한낱 욕심이거늘, 내 가진 것이 모두이고 한껏이면 무리할 이유가 없으니 욕먹지 않고 소박하게 소풍 온 듯 세월을 쓰다듬을 심산이다. 모자라면 모자라는 그대로 유유자적하지만 그런 기특한 꿈은 늘 꾸었다. 하지만 말처럼 실천하기가 무척이나 어렵다고들 했다. 절대빈곤을 벗어나 상대 빈곤의 우위를 차지하려는 욕망 빌딩같이 치솟는 촉수 때문이었다.

쥐코밥상이 아닌 아침을 든든히 먹고도 염치없는 시장기라니.

세상은 가히 아비규환으로 들끓고 종말이 가까웠다는 맹랑한 유언비어를 말끔히 다스리고 편히 잠들 와불, 그런 고귀한 와불은 진정 없는지.

고드름 _____ 1, 19.

제법 따뜻한 날씨였다. 외딴 산방이 나른한 한낮에 마냥 졸았다. 참새가 부쩍 날아다녔다. 비닐온실에 새 먹이를 갖다놓았는데 다 쪼아 먹고 없었다.

거실 좌탁에서 책을 탐하다 불을 끄고 누웠다. 야심한데 누군가 창을 두드린 듯싶어 졸리는 눈을 다시 떴다. 귀를 열었다. 말 많은 친구 동자승이 아닌, 앞산 재를 너머 와 싱그레 웃는 말없는 친구 둥우런 달님이었다. 반가움에 겨워 문을 밀었다. 명주 도포자락 휘감아 두른 은은한 달빛이 눈 덮인 골짜기에 가득했다.

아, 그랬구나.

몰래 찾아와 지붕 낮은 산방 처마 끝으로 엮어놓은 수정 고드름을 보란 듯 저만치 물러서 있지 않은가.

포근한 낮 어쩌면 금방 쓰러질듯한 초가지붕에 눈이 녹아내리다 은근히 쌀쌀한 저녁이면 처마 끝으로 흐르던 물이 얼음이 되어 거꾸로 매달리는 고드름 참 고혹적이었다. 요즈음은 초가지붕이나 처마가 아예 무시되어 볼래야 볼 수 없어 안타까웠다. 아쉬웠다. 다행히 나의 산방은 처마를 길게 두른 기와지붕이어서 그런대로 서정 그렁한 고드름이 그럴듯하게 곧잘 열렸다. 물을 지녀 천천히 흘러야 자랐다. 오늘도 처마를 빗는 낙숫물이 종일 떨어졌다. 가슴 차디찬 눈이 따뜻한 햇살의 품에 안겨 눈물을 흘렸다. 애태우던 해후였다. 고즈넉한 하루에 빠져 허우적거렸다. 그 많고 많던 눈이 잦아들어 오래의 시커먼 흙들은 더러 눈을 벗었다.

고드름이 열리는 때 낮밤의 차가 심해 고뿔이 도졌다.

아홉 살 쯤 밤똥 자주 눌 적, 새벽에 변소 갔다 오다 보면 초가 처마 끝으로 팔뚝만한 고드름이 할아버지 수염처럼 길게 한발씩 자라 늘어뜨려 대뜰까지 마치 발을 친 듯, 황태 덕장의 북어를 두름 엮은 듯, 동굴 종유석 달린 듯 풍경이 참 호젓했다. 낮에는 다투어 녹아내리는 낙숫물이 실로폰을 치고 요정이 스텝을 밟는 듯 쟁그러운, 손바닥을 간질이는 촉감이 재미있어 물을 받으며 누나와 장난을 쳤다. 그럴 때마다 손에 사마귀가 돋는다고 막바지로 길쌈하던 어머니가 말렸다. 그래서인지 사마귀가 난 장난꾸러기가 그때는 퍽이나 많았다.

오드득 오드득 씹히는 소리가 즐거워 말간 것을 골라 뚝 꺾어 먹기도, 꺾어 칼싸움 흉내도 냈다. 기껏 놀다 시들하면 짓궂은 심사에 견디지 못했다. 지개작대기를 들고 옆으로 사정없이 냅다 후려쳐나갔다. 차르륵 차르르륵 무참하게 쏟아져 핏줄을 건너뛰는 짜릿한 희열. 그때마다 고드랫돌 넘기던 아버지가 문을 벌컥 열어젖혀 올 농사 안 된다고 고함을 쳤다. 파대소리에 놀란 철새마냥 저만큼 달아나기도 했다.

한낮 햇볕 가득 모여 끓는 대뜰이었다. 볕이 참 따뜻했다. 고드름 녹는 소리를 들으며 가부좌를 틀고 아버지랑 같이 웃통 벗어 소머리 같은 이마를 맞대 이를 잡기도 했다. 그러다 슬그머니 장난기가 동하여 아버지 젖 주위에 난 꼬불거리는 털을 하나 냅다 뽑곤 아버지를 파고들어 껴안고 씨름이듯 레슬링하듯 뒹굴었다. 그러다 결국 꼬맹이 고추가 포로로 잡혀 꼼짝 못하고 항복했다. 그리고는 앞니가 빠져 우스꽝스런 웃음을 흘리며 넙죽한 등에 업힌 채 목을 껴안았다. 그럴 때마다 무릎에 앉혀놓고 등을 긁어주는 마디 굵은 인자한 손이었다.

지금은 그런 초가 처마도 없거니와 있다한들 날 따스하고 날 아니 추운 시절이니, 그 삼한사온이 몰래 주는 덤 고드름의 운치있는 수묵담채는 더 이상 가슴 깊은 추억일 뿐 감상할 수 없었다.

그때쯤 새치름하니 추운 겨울밤에는 할머니가 나의 유일한 장난감이었다. 아기가 통통한 젖을 빨고 품을 떠나면 포동포동하던 젖도 사랑스러워 못 배기는 신랑의 애무에 표주박마냥 매달려 곰삭는 세월, 손길마저 뜸해 축 처져 늘어진 흡사 헉헉거리는 개 혓바닥 같은 빈 젖을 조몰락거려 장난을 치거나 와락 달려들어 물고, 송아지처럼 쿡쿡 받는 젖가슴 그 품이 그리도 따뜻했다.

그럴 때마다 수수께끼를 풀곤 했다.

우리 손자 방앗공이는 말 잘 듣고 위로 쑥쑥 잘도 크는데, 말을 안 듣고 잔나비마냥 처마에 매달려 거꾸로만 크는 고씨 성을 가진 아이는 누구개?

아득히 먼 산골 늙은 돌배나무가 서있는 어느 모롱 돌아 외딴 초가집. 종일 낙숫물 지다 해지면 초경 치른 계집아이 잠꼬대 깊은 꿈 주렁주렁 열리는 밤, 그 산창 앞에 발을 드리워 찬바람을 막는다는 수정 고드름.

소녀는 고뿔을 자주 앓곤 했다.

신발이 혼자 웅크려 자고 있는 대뜰에 고드름 그림자가 어려 고즈넉했다.

멀리 부엉이가 울었다.

한생 _____ 1, 22.

어느 때쯤인지는 몰라도 밤이 꽤 깊었다.

반지의 메일을 읽었다. 따분한 마음 왠지 미지의 세계를 한번 휘돌아보고 싶다 했다.

친분이 돈독한 장민호의 시 몇 편이 실린 특집을 보는데 전화가 적막을 깼다. 상포계 총무의 쉰 듯한 목소리였다. 전혀 생각지도 않았던 길상이 할아버지가 아주 먼 길 떠났다는 전갈이었다. 며칠 전 대수롭지 않은 고뿔로 누워 계셨는데 자정 지나 삼경에 운명했다는 안타까운 비보였다.

언젠가는 가야하는 목숨인 향년 아흔 셋, 흔히 말하는 어쩜 파란만장한 여정의 삶이었다. 미쳐 발악하던 일정 때, 개 모양 끌려가 만주 관동군으로 복무했다. 중국 공산당 유격대원들과 전투를 일삼아 벌였고, 어쩔 수 없이 내 배달겨레인 만주 독립군 소탕 작전에도 참전 죽을 고비를 수없이 넘기도 했다. 쪽발이놈들이 패망하여 귀국, 다시 국군으로 빨갱이들과 백병전을 벌인 낙동강 전투, 뒤돌아 평양에 입성 초산까지 진격했던 역전의 용사였다.

술이 거나하게 취하면 으레 단골로 등장하는 병영일기나 격투, 공산당 계집 능욕하던 이야기였다. 간담이 서늘한 무용담을 마치 영웅이나 된 듯 부풀려 기고만장하는 비릿한 남자들의 본성 수캐 뭐 자랑했다. 새까만 우리들에게도 스스럼없이 들려주는 풍류를 조금 아는 그는 한량이라 할만 했다. 지저분하기가 끝이 없는 똥돼지 같은 팔로군이며, 되놈들 이야기를 조금은 과장하여 지루하지 않게 들려주며 지긋지긋했던 일본 군가를 절도있게 부르거나, 지금 군대는 군대도 아닌 돈만 받아먹는 월급쟁이거나 수용소의 팔자 좋은 포로와 다름없다는 호기를 잔뜩 부리던 어른이었다. 대추방망이처럼 아주 단단한 체구는 전형적인 무사형 전쟁영웅이기도 했다.

전쟁은 인간이 만든 최고의 걸작품이었다. 활극 맹렬히 소용돌이치는 장쾌한 놀이이고 끝없는 열락이며 넘치는 전율이었다. 환상적인 정복의 야욕에 끝내는 처절한 파멸을 불러 돌이킬 수 없는 망각 속으로 사라진 숱한 나라들은, 사나이들이 이끈 수레바퀴의 궤적과 발자국 그 질곡이었다.

사나이.

계집은 사랑을 뜨개질하고, 사나이는 영웅을 꿈꾼다. 전쟁의 대서사시로 천하를 정복, 태양마저 낚아채는 끝없는 야망과 유희의 화신이었다.

배운 것이라곤 명심보감 밖에 없다는 어른은 이따금씩 깜짝깜짝 놀랄 어휘와 명언을 은근슬쩍 쏟아냈다.

때를 잘못 타고 났다고 그리고 많이 배웠더라면 높은 한 자리 톡톡히 해먹을 어른인데, 모두들 늘 아쉬워하고 아까워하는 한 마디였다.

특히 엎치락뒤치락 영웅들의 변화무쌍한 일대기를 좋아해 삼국지를 훤히 내리꿴다지만, 백제의 계백장군이 출정에 앞서 치욕스런 전리가 되느니, 차라리 처자의 목을 치고 결연히 황산전투에 나섰다는 서릿발 같은 그 기백을 최고로 찬양했다. 근래에 장엄한 전설이 되어버린 이스라엘 특공대의 엔테베작전을 꿈에 젖어 이야기했다. 박식하기에는 그렇지만 곧잘 논리가 있고 정연해 늘 부르짖는 외침이 있었다.

역사는 강자의 칼날과 약자의 피, 그 탁본이다.

객기였을까, 한 때는 뉘 홀어미와 대단한 염문을 뿌렸다. 그 배 다른 아들 몸에서 난 손자가 길상이었다. 겨우 똥오줌 가리던 시절엔 쐐기니, 뭐 뻐꾸기새끼라느니 철없이 놀리기도 했다.

지금껏 지게질을 하시던 꼬장꼬장한 어른이셨는데 세월과 나이 앞에는 어쩔 수 없이 순리를 따라야 하는 한없이 무릎 나약한 인간이었다.

벌써 짐을 챙겨 북망산천이 건너다보이는 황천강 주막에 여장을 풀고 있을 어른은 씨름선수이기도 했다. 순전히 행운이었다는 말을 자주 앞세우지만 강릉 단오 때, 황소도 한 마리 거뜬히 거머쥐었다는 풍문과 함께, 어디서 주워들었는지 대충 알고 있는 야담도 풍부해 만만히 볼 길상이 할아버지가 절대 아니었다. 걸맞게 입담도 좋고 줄기찼다. 특히 야담은 아주 흥미로웠다. 능수능란한 말주변이 아닌, 어눌한데서 끌리는 묘한 마력이 있었다.

늘 그랬던 것처럼 쌀 열 가마를 태우는데 값을 쳐 현금으로 부조하기로 했다. 장지는 선영이고 도립의료원에 안치되어 삼일장, 내일 드장날에 만나기로 했다.

풀잎에 매달려 반짝이던 이슬이 떨어졌다.

근황 _____ 1, 23.

그저 간단한 점퍼 차림을 즐기는 체질이지만 도리가 아니었다. 목이 비비틀리듯 어색하지만 예의를 갖추느라 검은 양복을 갖춰 입었다. 웅성거리는 영안실 대기실에는 벌써 계원 반절쯤 여덟 정도 모였다. 다시 가다듬고 계수, 총무와 같이 문을 밀쳤다.

잔칫집에는 어쩌다 피치 못해 못 가도 그다지 흉이 아니지만, 상갓집 조문에 빠지는 것은 예가 아니라고 아버지가 말씀 많이 했다.

향 피는 내가 은은했다. 벽에 붙은 긴 의자에 이야기를 나누던 건을 쓴 손자 길상이랑 당내 복인 모두 일어나 반겼다. 빈소에서 허겁스레 곡소리가 들렸다. 저마다 근조기가 무겁게 달려있고 화환이며 조화다발이 어지러이 진열된 양이 우중충한 분위기에 침울했다.

쭈뼛거리며 빈소로 올라섰다. 문상을 마치고 나오는 조객과 뒤엉켰다. 제멋대로 벗어놓은 신발이 어지러웠다.

말 탄 기분으로 채찍질하는 게 인생이라는 말을 자주 쓰시던 길상이 할아버지가 영정에 영락없이 갇혀 우리들을 말없이 그저 내려다 볼뿐 슬픈 표정이었다. 촛불이 흔들려 그림자가 일렁거렸다. 요즈음 보기 드물게 뜨더귀 굴건제복을 입은 상주들의 계속되는 곡소리가 왠지 메말라 있었다. 원숭이가 다 된 어느 노인의 푸념처럼 신물이 나도록 가득 살만큼 살아서 그런가, 애통하다거나 절통하다는 진정이 없는 듯했다. 그저 소란하다는 의미뿐 수심이 보이지 않았다.

계수가 향을 사르고 잠깐의 묵념을 올렸다. 이어 계원들은 공손히 절을 올렸다. 상견례를 끝낸 맏상주가 불효를 용서하시라며 울먹였다. 늘 느끼지만 경사스런 잔치에는 아무런 말을 해도 그다지 허물이 되지 않는데, 슬픔에 잠긴 상주들과는 무슨 말로 위로를 해야 할지 미처 잘 떠오르지 않았다. 늘 느끼지만 비록 나만의 생각이 아니었다.

"아닙니다. 효도를 듬뿍 안고 부름을 받아 가시는 길이옵니다. 다들 알아주는 효가문인데 그 무슨 당치도 않은 말씀을. 애통해 마십시오. 드문 호상이고 호상입니다."

참말로 꾀 떨어지면 죽는다는 계수다운 매끄러운 말이었다. 어눌한 나로선 미처 엄두도 못낼 궁리여서 꽤 멋지다고 절로 수긍했다.

끌날 같은 오 형제와 사위 둘인가 셋은 참으로 위풍당당했다. 넷의 빈소 전체를 압도했다.

조문객들이 제법 드나들었다.

빈소 맞은 편, 문상객이 가득한 넓은 방에 식사하러 들어가 옛날 기억을 떠올렸다. 마을에 상사가 나면 대개 오일장이거나 칠일장이지만 형편이 어려우면 삼일장이었다. 그때는 궁핍한 시절이어서 동네가 합심하여 상갓집 일을 끼니 해결의 의미도 있었지만, 품앗이로 여겨 내일같이 도와주었다. 드장날 저녁에 사방 불 밝히고 마당에 멍석을 깔아 저녁을 먹고, 상군들이 큰틀 행상을 운구할 동아줄을 틀곤 했다. 왁자지껄 꽤 붐볐다. 상여꾼이 된 아버지를 따라 가기도 했다. 몫의 봉궤(封饋)를 받아 가지고 오는 재미였다.

차려진 저녁을 들었다. 옛날처럼 떡국이 아닌, 밥에 미역국이었다. 죽은 자만 억울하지, 포동포동한 마누라 배 위에 청개구리마냥 올라탈 절륜한 발기 달랠 놈은 악착같이 먹어야 한다는, 뉘의 농담에 웃으며 모두는 꾸역꾸역 들이켰다. 술이 좀 거나해졌다. 말들이 많아졌다.

누군가 유창한 달변가인 장작골 달수 선배가 왜 안 보인다고 운을 띄우자, 아주 경멸하는 투로 말도 안 되는 황당한 사기를 치다 쇠고랑 찬지 벌써 네 달이나 지났단다.

끼 많은 여자들에게 은근했던 곱살한 동생 친구 응진이는 암 말기로 곡기를 끊고 오늘내일하는 대천명중이라는 전갈에, 언제 적부터 죽는다, 뒈진다 소문이던 장작같이 깡마른 코주부는 여태 똥 누는, 여전히 수없는 계집만 밝힌다는 잔병백수 골골천수를 누리며, 어느 유부녀와 아슬아슬한 간통 실화를 무척 억세고 심한 토박이의 지독한 사투리로 실토하는 바람에 한바탕 뒤집어졌다.

여기저기 시끌벅적 무논이듯 와글와글했다.

어느 빈소에선 엄숙한 스님의 낭랑한 독경이 목탁소리와 함께 향을 피우는데, 훼방인가, 경쟁이라도 하듯 그 옆에는 요단강 건너가셨네, 장송곡인지 찬송가인지를 불러젖히는 문상객들이 뒤엉켜 정신이 없었다. 후끈 열기가 돌았다.

폐부 깊숙이 휘돌고 나온 자욱한 담배연기가 매캐해 곰을 잡는 형국이었다. 어디 문상객들의 폭소가 화점 높이 날렸다. 두리번거리며 들어오는 사람 나가는 사람들로 부산했다. 오랜만에 만나는 친구, 얼마만이냐고 기억에 가물가물했던 선배들도 만났다.

원양어선 타는 누구는 그 숙맥 같은 마누라가 늦바람나 불알 벌건 아이를 팽개친 채 머나먼 도망을 갔다지만, 우리는 그래도 물굽이 휘돌아 어디쯤 돌아올 남대천 연어를 노래했다.

앞짱구 뒤짱구 도끼뿔짱구, 꽤나 놀렸던 심한 짱구이어서 기막힌 천재 철수는 철학관을 열어 도사인 척한다고 욕했는데 결국 싹둑 베어낼 놈, 소문만큼 자자한 참말로 반반한 제 사촌을 꿰차고 해외로 건너뛰었다는 귀 씻을 더러운 소문이 추깃물이듯 새어나왔다.

길상이 아버지의 단짝 친구 정균 어른이 안 보인다 했다. 어쩌면 라이터돌에 치어 죽었다고, 되게 재수 없어 교통사고를 당해 그 자리에서 절명했다는 안된 소식이랑, 재산 문제로 형제간에 칼부림하지 않나, 현금 사백만 원을 두고 내린 손님 돈가방을 찾아 주었더니 대뜸 백만 원이 더 있었다고 우기는 바람에 늘씬하게 두들겨 패 반 잡다 말았다는, 하마터면 도둑으로 몰릴 뻔 했다는 택시기사의 세상 인심을 탓하는, 탈도 많고 말도 많은 이승, 비린내 역겨운 고달픈 산문 밖이었다.

심심한 듯 또 곡소리가 들렸다. 갑자기 여자의 대성통곡하는 소리가 문밖서부터 들려왔다. 액세서리거나 체면 같은 것은 아예 아랑곳하지 않고 팽개쳤다. 전라도 어디 산다는 길상이 할아버지 막내 여동생이었다. 아이고, 데고, 영정 앞에서 까무러쳐 한바탕 난리를 떨었다.

침울한 분위기 속에서도 한켠에는 화투치는 소리가 뒤엉킨, 같이 밤을 새우며 도와주는 보별(俌別)손인지, 상습 투전꾼인지, 상심한 상주를 달래는 익숙한 풍경이었다.

삼 대 외줄기 종손인 맹호는 네 공주만에 떡두꺼비 아들을 얻었다며 은근히 좋아 나의 안부를 물었다. 구름 도는 변방 양지녘 낮은 산방 하나 짓고 청산에 들어 샘물 마시며 나물 뜯는다 했다.

어제 죽은 자가 그토록 갈망한다는 오늘.

영안실은 마치 황천강을 건너가는 마지막 주막이었다. 꾸역꾸역 나그네들이 전송 차 모여들었다. 죽은 자만 서럽다는 아직 개똥밭을 구르는 이승이었다. 잠깐 들렀다 지팡이와 짚신, 둘러메었던 봇짐 벗어놓고 숟가락 빼면 그뿐이었다. 덧없는 인생을 한하다 가는 출렁다리 놓인 물 건너 아득히 보이는 안개 낀 북망산으로 훠이훠이 길 떠나야 하는 불귀의 황천객이었다.

곡소리에 끌려 면장이 신발을 벗고 영정 앞으로 가고 있었다.

서수필(鼠鬚筆) _____ 1, 26.

제일 노른자 땅인 임당동 쌍인서실에 갔다. 향그런 묵향이 은은히 퍼지는 넓은 서실엔 수강생들이 뒹구는 강아지 모양 여기저기 앉아 붓 끝에 힘을 쏟아부었다. 돋움해 걷는 발자국소리도 거스릴듯 조용했다. 어쩌면 이방인 같은, 침입자처럼 내가 두리번거려도 눈길 한번 주지 않는 진지한 모습들이었다. 분위기를 깰까 싶어 가만히 지켜보았다. 저만치 무릎 꿇고 글씨를 쓰는 쳇바퀴 모양 동그란 반지가 환하게 보였다. 와락 달려가고픈 마음이 솟구쳤다. 작아서도 그렇지만 단정히 앉아 무아경에 빠졌다.

원장실에 들어갔다. 늘 반기는 오재영 여사였다. 신춘문예에 당선되었을 때, 글씨를 좀 쓰는 축에 이름을 올렸던 조부님의 손자라는 것을 알아 각별히 아껴주었다. 여사도 옛날엔 맹렬 문학도였다는 사실을 은근히 비추기도 했다.

이내 나를 이끌고 서실에 들어갔다. 가다듬어 큰 기침을 두세 번 했다. 모두들 시선이 집중되었다.

"잠시만요. 이분이 김무열 시인이십니다. 들어 아시죠? 우리 서실에서 손에 끼었던 은반지를 잃어버렸답니다. 좀 찾아주세요?"

그리곤 빙긋이 웃었다.

모두 무슨 영문인지 몰라 멀뚱멀뚱했다.

"은반지요?"

"예."

"금반지가 아니고요?"

"예. 은반지예요."

모두 의아해하는데

"무열씨!"

반지가 천천히 일어섰다.

"아, 있네. 은반지의 임자예요."

순간 원장의 장난기 서린 재치에 깜빡 속았다는 것을 알아차리곤 모두 웃음을 머금었다.

"기별도 없이 어떻게?"

가뜩이나 동그란 눈을 더 크게 뜨고 나왔다.

"반지를 찾았습니다. 여기 있습니다."

남이야 보거나 말거나 거리낌 없이 당겨 껴안았다. 한 달만의 해후였다. 순간 박수가 터져나왔다. 반가워 어쩔 줄 모르는 몸짓이었다.

원장실에 들어온 우리는 원장의 재치있는 깜짝 연출에 놀라기도 했지만 꽤 유쾌한 기분이었다. 사과마냥 뺨이 사뭇 붉은 반지였다. 원장도 덩달아 흐뭇한 양이었다.

차를 한 잔씩 나눈 뒤, 가지고 간 조금은 기다란 소포 꾸러미를 자랑하듯 반지에게 건넸다. 나에게 온 소포 뜯지도 않은 그대로였다.

이년 전 서울서 열렸던 권위를 자랑하는 전국 휘호 백일장에서 차하로 입상할 때, 대쪽으로 소문난 전라도의 필방장 노옹의 느닷없는 칭찬과 황송한 격려에 예를 갖춰 부탁한 것이었다. 나도 궁금했다. 떨리는 기색으로 개봉한 것은 다름 아닌, 말만 들은 그렇게도 귀하다는 서수필 세 자루였다. 동봉된 편지를 읽더니 눈이 휘둥그래졌다. 감격하는 얼굴이었다.

붓을 찬찬히 살피던 원장이 한마디 거들었다. 천하제일이라고 후세 사람들이 부르는 명필 왕위지가 쓴 난정서(蘭亭序)도 서수필로 썼다는 일화를 들려주었다. 워낙 고품이고 흔치 않은 명품이어서 갖고 있는 사람이 몇 손안에 꼽을 만큼 귀한 보물이라면서, 경지에 올랐다는 평을 듣도록 요번 서예전에 마음먹고 한번 멋지게 써내라고 격려해 주었다. 미처 흥분을 가누지 못하는 작은 가슴이었다.

반지가 서실에 문방사우를 정리하러간 사이

"왜 반지를 손에 끼지 않아? 내버려두면 남이 끼어. 은근히 탐하는 손가락이 있어. 얼른얼른 서둘러? 예전에는 호밀밭에 개똥참외를 맡은 자가 임자라고 했지만, 지금은 하도 영악스러운 세상이어서 냉큼 따먹는 자가 임자고 장땡이래, 뭐 알아. 그리고 무엇보다 외로운 아이야. 죽고 못 산다면서."

안타까운 목소리였다.

"얼른 짝지어 들어 앉혀. 기다리는 눈치야."

요즈음 좀 시들 의기소침해 있고 우울한 수색이 어려 명랑한 얼굴이 아니라고 귀띔했다.

절정일 때 떠나고 아쉬울 때 잊으라는데.

심연 _____ 1, 28.

이름도 흐릿한 당옥이었다. 펜팔이 한창 유행 맹렬히 전염되던 시절, 충주 어디로 시집갔다는 풍문만 기억에 약간 남아있을 뿐인 사춘기 시절 착착이 벗이었다. 설레는 마음으로 십 수 년 만에 막상 친정에 오니, 옛 친우들은 뿔뿔이 다 흩어지고 없어 공허에 사무쳤다는 첫 마디였다. 웬일인지 문득 나를 생각해 냈다는 호들갑이었다. 모처럼 만나자는 제의에 반가웠다. 맨 토종 물고기 구수한 매운탕을 얼큰하게 끓일테니 얼른 오라는 재촉이었다. 유리, 지영이, 면소거리에 대복이, 시내 명동이도 온다는 제법 들뜬 목소리였다.

수몰민이었다. 지금은 시퍼런 물이 출렁거리는 강릉의 젖줄인 오봉호에 묻혀버린 마을 가리손에 살았다.

개발이라는 미명의 횡포 아래 턱도 없는 보상금을 받아 쥐고, 쫓기듯 정든 고향을 떠나야 했던 서글픈 사연을 꼬깃꼬깃 간직했다. 다행히 호수 상류 끝자락 새재 밑, 지금 살고 있는 터로 이사를 왔다. 초등학교 5학년 때 아래 성산학교에서 부연동 학교로 전학 온 댕기머리 소녀였다.

새재 밑 다리를 건너 모롱 돌면 안에 몇 집이 옹기종기 모여 사는 물가였다. 물론 당옥이 친정이기도 하지만, 그 옛날 복령 잘 파는 도사로 알려진 선배 영수형 집이었다. 모두 오랜만에 만나는 일이라 한바탕 소란스러웠다. 어쩔 수 없는 삶의 무게에 눌려 어릴 때의 천진스런 모습과 세월에 시달려 노련해진 어투들이 묘한 기분을 불러일으켰다.

영수형이 끓이는 매운탕은 맛이 구수하니 일품이지만, 경기할 만큼 지독하게 매워도 묘하게 얼큰했다. 술이 한 순배씩 돌고 왕뚝배기 가득 진한 매운탕을 땀 흘리며 후후 불어 먹었다. 입안이 개운했다. 제대로 된 토종 맛이었다. 간판은 없지만 매운탕 추렴을 자주했다. 제법 알려지고 인기가 있어 시내에서도 예약하는 미식가들을 확보 재미가 짐작보다 쏠쏠했다.

저마다 짊어지고 온 이야기 보따리를 있는 대로 풀어놓았다. 만나면 그

이야기가 그 이야기인데도 궁한 듯 늘 우려냈다. 취기가 좀 어린 영수형이 합세, 여태 숨기고 있던 수몰된 가리손 그 아린 전설에 숙연했다.

창밖에는 허옇게 얼어붙은 호수가 질펀했다. 버들순이 뒤엉킨 마당 바로 밑까지 차오르는 오봉호 물결 늘 무심하다고 했다.

삽당령 골짜기에서 흐르는 물과 닭목령서 흐르는 물이 그리운 연인이듯 얼싸안아 만나는 곳이 가리손이었다. 협곡이어서 부연동과 왕성골로 가는 시멘트 다리가 딛고 있고, 산 밑에 집이 대엿 채가 이마를 맞대고 비비적거렸다. 승하차장이기도 하고, 풍광이 좋아 사철 천렵꾼이 꾸역꾸역 모여들기에 눈먼 장님이 묘하게도 꾸려가는 조그만 가게도 생겼다. 나머지 세넷 집은 몇 평 땅을 부쳐 겨우겨우 먹고 사는 빈농이었다.

물론 영수형도 별 수 없었다. 그래도 워낙 근한 아버지 덕으로 전 재산인 눈 큰 황소 한 마리를 붙들어 매고 살았다. 어느 비 오던 날 밤, 부모가 큰집에 제사 보러 간 새에 누군가 감쪽같이 훔쳐간 얄궂은 사건이 벌어졌다. 경찰이 조사에 나섰지만 오리무중인 채 그렇게 세월에 묻혀갔다.

여전히 숱한 사람들이 몰려와 노닐다 가고 오고했다.

그해 가을 맨 위에 사는 삼판꾼의 젊은 여자가 자꾸 이상한 낌새를 채게 하더니, 결국 웬 트럭 운전기사 따라 야반도주했다는 소문이 콩죽 끓다 말았다.

쥐꼬리만한 이주 보상비를 받고 떠나던 날, 한자리에 모여 이별주를 독약이듯 목구멍 너머 털어 넣었다. 모두는 침통했고 그 동안 정들었던 고향을 뒤돌아보며 눈물을 훔쳤다. 벌써 점령군의 탱크처럼 중장비가 땅을 파헤치는 모습을 한없이 바라보다 기우는 해를 따라 그림자 거둬 어디론가 가버렸다.

그날 저녁 가재손 육손이 어머니가 영수형집에 찾아와 소도둑 사건을 늦게나마 밝혔다. 그 트럭 운전사와 달아난 삼판꾼 마누라는 전남 고흥반도에 숨어 살고 있다는 것을 전해 들었다는 전갈이었다. 같이 소를 훔쳐 판 트럭 운전사의 아이 둘을 낳고 그마저 헤어졌다는 요즈음 고변이었다.

가리손.

거대한 호수에 수몰돼 흔적조차 없는, 이제는 빛바랜 어느 향토지의 한 귀퉁이에 초라하니 채집되어 있을 법한 이름이었다. 하지만 기억했다. 포장이 안 된 자갈길을 십발이차가 무법자마냥 내달리면 먼지가 구름처럼 부옇게 일던 길 옆 가난에 찌든 게딱지 몇 채. 그 앞에는 맑은 물이 굽이쳐 휘돌아 나왔다. 물자락에는 금빛 모래랑 하얀 조약돌이 유난히도 널려있었다.

모내기 끝이거나 여름 일 끝, 혹은 계 때에 천렵을 가는 데가 가리손이었다. 강가에 지고 온 솥을 걸어놓고 불을 때는 한편, 한패는 부연동 쪽에 한패는 왕성골 쪽에 반두로 고기를 잡았다. 주로 버들개, 꾹저구(동사리), 모래무지, 기름종개 등이 다래끼로 가득했다. 납작한 바위 위에 손질한 고기를 쏟아놓고 밀가루로 짓버무려 고추장을 풀어 시뻘겋게 펄펄 끓는 물에 훌 털어넣었다. 대궁이 허여멀건 청파 몇 단을 손으로 빙 틀어넣고 통마늘을 바가지 듬뿍, 달걀도 푸짐하게 깨뜨렸다. 그리고는 기분 좋게 부어지는 말간 소주잔을 얌전히 기다려 기울인 뒤, 횟거리로 남겨둔 굵은 씨알의 고기를 초장에 찍어 먹었다. 바람은 시원 햇살은 짜랑한 강촌이었다.

곰의굴, 멍석바위, 청강소, 말굴이골, 늘앗, 이름만 들어도 가슴이 찡한 단어들이었다. 그 가겟집에 살던 장님은 지금 어디에 가 살고 있는지.

우리는 조금씩 조금씩 차오르는 물을 바라보며 그 서글픈 기억들을 서서히 털어냈는지 몰랐다. 아니 기억 저켠으로 밀쳐놓았을 뿐이었다.

틈을 타 술잔이 돌았다.

물만 들어찬 호수였다. 고기들로 가득했다. 영수형은 몰래 고기를 잡아 팔았다. 요즈음 한창 그물을 놓는 빙어가 가득 솟아올라오고, 씨알이 굵은 송어가 엄청나게 떼 지어 헤엄치는 그림자가 보인다고 했다. 깊은 밤에는 물고기가 튀어올라 떨어지는 소리가 철벙철벙 정적을 깨운다고 들려주었다. 언젠가 새벽녘에 이름 모를 황금빛 고기가 모탕보다 큰 작두바탕만한 것이 걸렸는데 무서워 다시 풀어줬다는 거짓 같은 숨은 이야기를 들려줬다. 비가 오거나 고요한 날 밤에는 이상한 소리가 음산하게 들린다고도 하고, 달 밝은 밤에는 어쩌다 머리 빗는 인어 같은 것도 보았다고 했다. 분명 환상은 아니었다고 단언했다.

이야기가 무르익어 세월을 노래하면 전설이 굽이쳤다.

왁자지껄 한 때의 미식가들이 들이닥쳤다.

주문진 애가 _____ 1, 31.

우스개로 흔히들 강아지는 옵서버, 아이들은 외가, 아내는 친정인 처가에 갔다. 늦어 철이 드는가, 괜히 가고 싶었다. 세상사는 일이 다 그렇다고 말하지만 늘 마음은 있으면서도 어쩔 수 없이 궁색하고 번한 핑계처럼 자주 찾아뵙지 못했다. 아마 게으른 탓이었다. 뜻밖의 방문에 조금은 놀라는 장모님이 황급히 반겼다. 처음 장가갔을 때처럼 맨발은 아니어도 못지않게 끌어당겨 맞았다. 절을 올릴까 싶어 억지로 끌어 앉히는 분이었다.

지겨운 눈 고생은 안했느냐, 운을 떼며 혼잣손에 밥은 어찌 제때에 꼭꼭 챙기는지, 홀아비의 서글픈 수심을 기워 다독였다. 한창 계집을 품어, 정을 풀어 뜨겁게 안아도, 안아도 턱없이 모자랄 나이에 짝 잃은 청승스런 나를 보면 참말로 억장이 무너진다고 나의 등을 두드렸다. 오죽 했으면 옆구리에 낀 무덤 지키는 그 속이 속이겠느냐는 푸념을 늘어놓다 끝내 울먹였다. 다 타고난 팔자이고 운명인데 괜히 죄스러워했다.

백년손인 사위가 왔다고, 당신 손수 김이 무럭무럭 나는 더운밥을 지어 새 주발에 담아주었다. 모처럼만에 마주한 겸상이었다. 이것도 자셔보라, 저것도 자셔보라, 깊은 맛이 우러나오는 반찬을 밥숟갈 위에 자꾸 얹어주기도 했다. 참, 어찌 거절치 못해 수북이 담은 한 그릇 거뜬히 비웠다. 채변치 않고 잘 먹는 내가 기특해 궁둥이를 툭툭 두드려 주기도 하는 유달리 인정 많은 어른이었다. 주문진이라 들릴 때마다 어물 같은, 무엇을 손에 꼭 들려 보내야 되는 안달난 사람이었다. 젊어 혼자된 막바지 고희의 등성이를 오르는 꼬장꼬장한 분이었다. 얼핏얼핏 아내의 그림자를 떠올리곤 했다.

머나먼 솔롱고를 찾아나선, 처갓집 잘 둔 덕에 몽골리아에 간 처남은 다행히 사업이 잘 된다는 소식이었다. 올해 고등학교에 들어가는 처조카는 며칠 전에 출국해 없었다. 방안이 훈훈했지만 거들어 난방비 아끼지 말라 부탁했다. 이제 얼마 남지 않은 여생 살면 얼마나 더 숨 쉬겠느냐며 궁색 떨지 말고 등 따스하게 지낼 것을 원했다.

문득 일어섰다.

"벌써 가려는가? 더 놀잖고."

처갓집 쌀독에 쌀이 거덜날 때까지 파먹을 작정이라고 너스레를 떨며 장모님 앞에 등을 돌려대었다.

"어부바"

팔을 뒤로 벌렸다.

"김서방."

하곤 멈칫거리다 마지못해 일어서는 장모님을 삐딱하게 얼른 들쳐업었다.

"독 사시요, 독을 사. 벗님네들, 독 사시요, 독을 사?"

장모님 친구분들 옆으로 흥얼거리며 지나갔다.

어느 해 장모님 생신 때 동네 친구분들 모신 가운데 장모님을 업고 질탕하게 한바탕 웃긴 이후 툭하면 업어드렸다. 그리 싫어하지 않는 은근한 기색에 맞장구나 추임새를 곧잘 넣는 슬거운 양반이었다.

한 노인이 독을 두드려보듯 장모님 이마에 꿀밤을 주며

"여물었나, 여물었나, 안 여물었나. 에이, 아직 덜 여물었으니 다른 데 가 보세요. 독장사 양반."

그러면서 주는 술을 받아 자셨고 어지간히 흥겨웠다.

"우리 사위는 재미라고는 만고에 없는 참나무 장작이면 여간, 삼대 구년 만에 만나도 반갑다고 손도 한번 안 잡아보는 멋대가리라곤 없잖는가."

누군가 푸념을 했고 몹시 부러워했다.

흔들흔들 방안을 몇 바퀴 돌았다.

"벗님네들, 독사시오, 독을 사."

"이 사람아, 됐네, 됐네. 이젠 내려주게. 어지러워."

"하하, 세월은 빨라 해도 벌써 서산으로 기울었구나. 오늘은 날이 저물어 늦었으니 오는 장에나 내다 팔아야겠구나."

조심스럽게 내려놓았다. 붉은 빛이 도는 얼굴이었다.

"내 자네 마음 다 아네. 장모라 여기지 말고 젖 먹던 어머니로 생각하게. 장모라 부르지 말고 남들처럼 그냥 어머니라든가, 어머이라고 부르게. 그게 더 듣기 좋고 정답네. 어머니 정이 잔뜩 그리운 사람이야. 거리낌 없이 실컷 응석도 부리게. 틈나는 대로 와 더운 밥 달래 먹고 뭐 뒤져도 먹고 지금처럼 실컷 업어도 주게나."

작심한 듯 손을 잡고 다독였다.

맞았다. 늘 업어드리고 싶었다. 어머니도 일찍 가셨기에 가슴은 언제나 허전했다. 이렇게 장모님을 업어드리는 버릇은 어머니의 정에 굶주린 조그마한 한이었고 녹지 못한 앙금이었다. 울컥 치솟는 눈물을 보이기 싫어 장모님을 껴안았다. 참으로 못난이였다.

"지지리도 박복한 년."

죽은 아내, 딸 영화를 탓하는 독백이었다.

"저, 죄 많은 놈입니다. 참으로 면목 없습니다. 너무나 억울하고 불쌍합니다. 영화가 내 가슴에 파고 앉아 날마다, 날마다 울고 있습니다, 어머니."

끝내 울음보를 터뜨렸다.

언젠가 이웃 참한 여인과 맞선을 주선할 만큼 애태우는, 결국 새 장가가겠다는 약속을 받아내고야 잡았던 손을 놓았다. 뒤돌아서며 눈물을 훔치는 장모님을 멀리 두고 돌아오는 길은 가슴이 영 시렸다. 우울했다.

산방설화 2월 일기.

멧돼지 _____ 2, 1.

그 지겹도록 많고 많던 눈도 세월 앞에 맥을 못 추었다. 쌀쌀하지만 봄바람이 불어 양지쪽에는 다 녹아 시커먼 땅이 갈색 썩은 낙엽이랑 거뭇거뭇 보었나. 정남향인 산방 뒷산과 오래는 벌써 녹았다. 살금살금 다가오는 봄기운 그 지열에 서둘러 사라져갔다. 응달에는 완강히 버티는 기세이나 서슬이 무뎠다. 퇴락했다. 때가 끼어 영락없는 누더기였다.

골짜기로 들어갈 수록 눈이 두꺼웠다. 용화산 정토사는 콧김 같은 봄기운 은커녕 아직도 흰 눈으로 꽁꽁 얼어 마냥 그대로 덮인 한겨울이었다. 한낮에는 뒷산으로 낙엽 밟는 소리가 곧잘 들렸다. 보나마나 꿩이고 노루나 고라니, 일찍 깬 너구리가 먹이 찾아 눈 녹은 데를 뒤지고 다녔다. 길이 반지르르 나 있었다.

입동 때 텃밭에 구덩이를 파고 무를 묻은 움구덩이를 지난밤 멧돼지들에게 진상하듯 남김없이 고스란히 털렸다. 크지도 작지도 않은 알맞은 한 마흔 뿌리 남짓 정성스레 묻곤 추운 겨울 심심할 때나 궁금할 때, 꺼내 깎아 먹는다고 바람 들지 않게 정성스레 묻었었다.

빨치산 같은 아니, 들은 말이지만 사변 때 쓸데없는 무슨 영수증을 써주어 믿게 하곤 민간인 소를 그냥 마구 잡아 처먹고 내빼고, 주둔지 부녀자를 위협 좆 꼴리면 강간을 자행했다는 한심한 국군 같은 산돼지가 내려와 파헤쳐 잔치를 벌이고 달아났다.

확구덩이처럼 마치 포탄 터진 자리였다. 더 정확한 표현을 빌리자면 면례였다. 좋은 자리 찾아 수습해 간 흡사 구광터였다. 배고픈 아니 여태 굶주린 멧돼지들이 뜻밖의 횡재 맞은 듯 쾌재를 불렀으니 얼마나 좋았을까. 먹이 귀한 때, 꿈에 그리는 보물섬을 찾은 셈이었다. 파헤친 흙 위에 거리낌 없이 찍힌 발자국. 어미돼지가 너덧 새끼를 거느리고 온 어지러운 흔적이었다. 엄청난 폭설에 먹을 것을 찾지 못해 인가로 내려왔다.

요즈음 돼지의 마리 수가 늘어서 마을로 내려와 농작물을 형편없이 마구

해친다고 하지만 아니었다. 조금은 늘었겠지만 그보다는 먹을 것이 없기 때문이었다. 봄이면 짐승들이 먹어야할 나물들을 사람들이 찾아다니면서 깡그리 뜯어가고 씨를 말렸다. 그뿐 아니었다. 돼지가 좋아하는 약초나 도토리를 사람들이 약삭빠르게 가로챘다.

그럼 무엇을 먹는단 말인가.

어쩔 수 없이 죽음을 담보로 최후의 분쟁을 각오하고 마침내 인간 영역으로 함부로 침범하기 마련이었다. 더욱이 무성해야할 숲에는 인간들에게만 유용한 나무들만 세워놓고 가꾸었다. 다른 열매 맺는 잡나무들은 가차 없이 베어냈다. 잡초라 하여 칡이나 구근 잡풀을 벌초하듯 베어낸 곳은 초토화 아무도 없었다. 우거진 자연 그대로 버려두어야 순리였다.

“밤에는 나다니지 말아요. 잘못 돌아치다 불알 물려요. 옛날처럼 요강 들여놓고 자요.”

우체부가 왔다가 이 광경을 보고 눈이 동그래졌다.

“난 걱정 말래. 총각 불알만 좋아한대.”

“그럼 어디 가서 처녀를 보쌈해 와야겠네요.”

“너의 집 물 건너 종국이 딸 월향이 있잖아. 보쌈해. 고, 아주 탐나도록 예쁘더라.”

“애걔! 이제 열여섯이래요, 뭐 알아요? 자다 어떻게 월향이 이름은 들어가지고. 히히.”

짐승은 사람을 공격하지도 않지만 더욱 먼저 공격하지도 않았다. 없는 먹이를 찾아 접근하는 것이고 위협을 느낄 때 공격을 가했다.

돼지들이 힘들여 가꾸어 놓은 탐스런 농작물을 쑥대밭으로 만들었다거나, 뉘 산소를 형편없이 파헤쳐 화전을 일궜더라는 소문 심심찮게 들었다. 그때마다 신이 난 건 사냥꾼이었다. 포획 허가증을 모가지에다 내걸고 닥치는대로 노루며 고라니, 너구리, 토끼, 꿩, 비둘기를 그냥 보는 족족 몰살시키는 잔인한 유희를 즐겼다. 갈 수록 인간들은 타락하고 이기적 욕망을 채우는, 짐승만도 못하다는 생각을 떨쳐버릴 수 없었다.

어떤 한 부분이 전부를 말할 수 없지만 증언처럼 더러 보았다. 스킨스쿠버 동호인이라면서 탐사하는 척 해물 도둑질은 맡아놓고 하고, 희귀식물보존회라면서 개떼거지로 몰려다니면서 다 파다 팔아 처먹고, 조수애호동아리라면서 서식처를 알아내 다 잡아 처먹는 무리들이 친구들 숲에도 버젓이 고개를 휘젓고 다녔다. 나도 털면 먼지가 났다. 지독한 산나물꾼이 아닌가.

"저 로또복권 사러 갈래요."

우체부가 돌다리를 건너가며 하얀 이빨을 내보였다.

동초망(冬哨網) _____ 2, 3.

심심해하다 언뜻 나를 보자 무언가 팽개쳤다. 그리고 뒤처질까 다투어 우르르, 우르르 달려왔다. 마음이 급한 나머지 넘어지며 자빠지며 그만 들고 오던 맥주를 엎질러버렸다. 질펀한 거품이 하얗게 일어 내번졌다. 뒤이어 아무렇게나 휩쓸려 나뒹굴었다. 만나면 그렇게 반가워 춤을 추고 즐거워 야단인 파도였다.

솔바람다리 아래 죽도봉을 도는 안목 남대천 하구.

바다와 강이 피붙이로 만나 서로 부둥켜안고 정겨운 강강수월래하는 그리운 만남의 장소였다. 신이 나 출렁거리는 이리도 맞이하는 기꺼운 무도장이었다. 끼룩대는 물새랑 갈매기떼들이 어지러이 낮게 혹은 높이 비잉 맴을 돌아내리고 솟아올랐다. 만선의 기쁨을 안은 깃발이 펄럭이는 통통배들이 아이들과 아내가 기다리는 아늑한 항구로 들어오며 손짓을 했다. 비릿한 갯바람이 기분 좋게 나부꼈다.

삽당령 어느 계곡 그 해맑은 작은 옹달샘물이 발원하여 골골마다 들마다 들러 젖줄을 물리고 어르는 남대천은, 강릉고을을 양옆에 끼고 바다로 흘러

들어갔다. 굽이쳐 온 오랜만의 해후 하구에서 기다리는 안목이었고, 항상 뜨거운 피가 고동치는 놀이터였다.

산중에 숨어 나물이나 뜯고 지게 걸머진 나무꾼은 더러는 울적할 때, 저 깊은 어느 골짜기를 훌쩍 떠나 죽도봉 벼랑에 해조음 간지러운 음률을 듣고 해국이 슬그머니 피어나는 하구에 왔다. 넘실대는 해원이 탁 트여 벌렁거리는 가슴 버릇처럼 달려오곤 했다. 자크처럼 채워진 수평선 열고 저 너머 끝없이 돌고래마냥 예쁜 곡예를 하고 싶었다.

계절은 이미 껍질 같은 낡은 겉옷을 벗어 기지개를 켜느라 분주했다. 바다를 미끄러져 달려온 봄은 수평선을 뚫고 안목으로 상륙했다. 이미 첩자인 양 몰래 상륙해 시내로 침투한 흔적이 역력했다. 들에, 산에, 꽃나무들과 풀들은 벌써 연둣빛 꿈을 오려 접기 시작했다. 그 무겁고 우중충하던 빛깔을 긁적긁적 문지르고 산뜻한 수채화를 위해 맨드리 단장 중이었다. 이제 머지않아 곧 푸르름이 쏟아져 사태지는 봄으로 처절하니 함락될 것이다.

대관령을 뒤덮어 흐르는 눈이 아직도 잠꼬대 깊은 허연 한잠인데, 여태 우울에 처박혀있던 사진사들이 놀라 허둥지둥 달려와 재빠르게 찰칵찰칵, 수상한 낌새를 포착 여지없이 눌러대느라 법석이었다. 난공불락 철저한 동초망(冬哨網)이 허망하게 뚫렸다. 부드러운 바람이 기분 좋게 돌파하는 녹쓸어 널브러진 철조망이 주검으로 뒹굴었다. 처연했다.

찻집에는 두꺼운 외투를 벗어던져 물기 젖은 연둣빛 부름켜를 찾는 많은 사람들이 몰려들었다. 탁자마다에 마주 앉아 김이 오르는 진한 커피로 언 몸을 녹이는 민감한 눈초리였다. 이른 상춘객들의 냄새가 풍겼다.

안목 하구 건너 남항진을 건너는 솔바람다리를 걸었다. 종잇장 같은 푸르른 기운이 나부꼈다.

햇볕이 내리쬐는 오후, 나른한 졸음이 언뜻 겨운 풍경이었다. 강 건너 마을과 도시가 한가로웠다. 그 뒤로 넉넉하게 멀리 겹겹이 둘러서고 주춤주춤 내려선 산들이 높은 대관령 준령으로 빙 둘러 병풍을 쳐 껴안은 강릉이었다.

허리까지 잠긴 하구, 갯바람에 새까맣게 탄 낚시꾼들이 드문드문 게으른 시간을 낚아 손질하는 풍경이었다. 모래톱 가득 철새들이 군락을 이뤄 날개를 다듬느라 꽥꽥거렸다. 양안에는 지난해 화려하게 웃자란 억새랑 갈대가 허리 꺾여 주저앉은 채 사납지 않은 세월을 감았다.

내 집 앞을 흘러 흘러간 산골 물이 끊임없이 달려온 바다.

어릴 적, 두꺼운 솔보굿을 웅숭깊이 파 예쁜 배를 만들어 돛대까지 세우고, 그 끝에 송도집 주소를 적은 꼬리표를 달아 개미 몇 마리를 태워 아래로, 아래로 멀리 떠나보냈던 하구. 막연하나마 미지에 대한 동경의 푸른 꿈을 실어 보내 괜히 며칠을 잠을 이룰 수가 없어 궁금했던 안목. 벗어나 머나먼 대양을 출렁거려 그토록 바라던 보물섬으로 지금도 항해하는, 이제 곧 머지않아 푸른 봄은 안목에 전격 상륙 작전을 감행, 강릉을 수복한다는 타전이었다.

털북숭이 화가의 레지스탕스 _____ 2, 6.

통나무 산방이 있는 절골은 어느 곳 보다 아름다웠다. 산세가 제법 억센 남성미가 불끈 흘러넘치는 깊은 계곡이어서 조금은 힘차고 가파른 듯했다. 하여 여인의 치맛자락 같은 평평한 땅이라고는 거의 없는 물과 나무숲, 적당한 암석으로 이루어진 그럴듯한 골짜기였다.

이 수려한 풍경에 몹시도 반해 미친 사람이 있다. 가늠할 수 없을 만큼 언제부터인지는 모르나 훨씬도 더 오래 전에 이미 뿌리내려 정착한, 빼어난 산수에 빠져 신들린 듯 그림을 그리는 털북숭이 화가였다.

초목들이 다투어 푸른 잎 돋워 물 머금은 줄기에 붉고 노란 꽃을 피워올리는 봄을 기다리는 해맑은 수채화. 뭉게구름인 양 피어오르는 짙푸른 녹음향이 진동하는 뜨거운 여름날 언저리로 걸어놓는 짙은 유화이다가, 비 며칠 맞고 몸살 앓다 어느 날, 문득 우수에 젖어 낙엽 밟는 소리 들리는 수묵담채이던가, 언 손을 호호 불어가며 떠나고 없는 우울한 수묵화를 치는 이 겨울.

남들처럼 치사하고 조잔한 꼼수 속내 들여다보이는 새빨간 거짓까지 보태는 화려한 전력이 없어 한없이 초라하지만 홀가분한, 하 청산이 좋아 두더지가 들쑤셔 땅굴을 파는 초야에 파묻혀 끝까지 산수화만 고집했다. 우주의 한 점 여백이 곧 배경이라는 알쏭달쏭한 말을 자주 토하는 그의 화실에서 고뿔 걸린 기침소리가 부쩍 자주 들리는 요즈음 모처럼 부산한 모습이었다.

그 털북숭이는 어떤 사상이나 주의에는 아랑곳 않는 화가로 교묘히 위장, 누구도 모르는 비밀의 단단하고 매끄러운 껍질로 휘감았다. 이 골짜기를 점령한 겨울을 끊임없이 몰아내는 은밀한 탈을 쓴 광대였다.

늘 을씨년스런 바람소리 삭막한 나목들을 즐기다 얼마 전엔 한 길 넘는 설경을 치더니, 나비처럼 날아온 엽서 한 장이 얼음장 밑으로 스며오는 동백꽃 붉은 남도 소식을 묻혀왔다고 즐거워했다. 난수표였다.

버릇처럼 붓을 귓바퀴에 걸친 채 낡은 난로에 장작을 집어넣다 말고, 수척한 얼굴을 쓰다듬는 그 윤기 빠진 털북숭이 수염이 몹시 길었다. 늘 과음이었다. 또한 골초내 찌든 심한 끽연이었다. 해 묵은 불치의 불면이었다.

어제도 밤 늦도록 깜빡이는 불이 그렇게 켜져있었다.

그의 산수화에는 언제나 외딴 산방이 게딱지처럼 납작 엎드려 꿈꾸었다. 물굽이 산굽이 휘돌아 숨은 용화산 아래 정토사도 마음을 씻는 독경을 두드렸다.

겨울 풍경 수묵화가 켜켜이 쌓이기 시작하는 길목 창고 뒤켠, 누군가를 기다리고 있는 계절은 몰래 수채화를 준비했다. 흡연 나비의 날개 같은 몸짓이었다.

바람이 아직 매정하고 날씨가 새치름하니 추웠다. 어렴풋이 짐작은 했지만 새벽에 눈이 내렸다. 싸락눈이었다. 가벼운 바람이 흔들릴 때마다 싸르륵 싸르륵 창에 부딪쳤다. 왠지 정겨웠다.

지겹도록 내리고 내린 전번 눈이 거의 다 녹았다 싶었는데 또 쏟아졌다.

눈 풍년이 졌는데 또 내렸다. 하지만 싸락눈의 천성은 많이 안 내렸다. 기껏 발목에 겨우 차는 늘 자국눈이었다.

예전에 아버지는 아침 일찍 서너 말 들이 팥 자루나 콩 자루, 아니면 깨 자루를 지게에 지고 부연동까지 나가 차편으로 시내 장거리에 갔다. 해는 지고 골짜기가 어두워오면 모두 고개를 빼물고 기다렸다. 희미한 석유 등잔에 시커먼 그을음꽃이 오르고 벌불이 일도록 심지 돋웠다.

그때도 오늘처럼 갑자기 눈이 내렸다. 잔뜩 불린 떡쌀 같은 싸락눈이 자욱하게 쏟아졌다. 은근히 애가 마르는 어머니는 귀를 나발통처럼 열어놓은 채, 화로에서 자꾸만 졸아드는 뚝배기를 매만졌다. 안절부절 어쩌지 못해 자주 문을 열어 산문 쪽을 내다보았다. 아버지를 껴안고 크레용 사 오라는 아양을 떤 누나와 나는 지쳐 고개를 떨어뜨려 염치없이 졸기 일쑤였다.

집안으로 몰려드는 골방쥐들이 이따금 찍찍거리는 밤, 여러 해 묵어 귀신이 다 되었다고 할 만큼 눈치 빠른 삽사리가 컹컹 정적을 깨는 반가운 기척에 모두는 화들짝, 용수철인 듯 튀어나갔다. 가느다랗게 새어나온 불빛에 아버지는 눈을 듬뿍 뒤집어 쓴 채 지게뿔에는 얼어붙은 북어 두름이 매달려 달그락거렸다. 그렇게 바라던 크레용은 젖을까 싶어 아버지 안주머니에 들어가 체온을 돋웠고, 애성이 끓는 어머니는 지쳐 쓰러지기까지 했다.

산골에는 아직도 버릇없는 날씨가 변덕스럽고 심술궂었다. 폭설과 추위에 창백하게 떨고 있어도, 시내는 벌써 해방군같이 진주한 봄이 움직였다. 겉으로는 아직, 하지만 줄기찬 레지스탕스의 두더지 노래 그 환희의 물결을 보았다. 점령군의 몹쓸 패악에 분연히 유격하는 은밀한 레지스탕스.

이 머나먼 절골에도 척후병이 왔다 갔다. 발 빠르게 레지스탕스와 접선도 몰래 끝났다. 비탈에 서있는 숱한 나무들도, 돌돌거리는 도랑가 버들순, 개나리도 은밀한 지령을 받았다. 눈짓하고 손짓했다. 서서히 눈망울을 틔우는 참이었다. 고대하던 기별에 오래의 과일나무도 눈들을 가만가만 뜨고 내밀했다. 삼엄한 한파 속에 붓을 든 레지스탕스의 넋은 바야흐로 사월 혁명을 꿈꾸었다.

외등 ____ 2, 8.

밤이 깊었다. 별세(別歲)하려는 듯 잠이 좀처럼 오지 않아 뒤척였다. 머리엔 숱한 잡생각들로 꽉 들어차 온통 어수선했다. 터질듯했다. 자정이 지났는데도 눈은 점점 말똥말똥 오기를 부렸다. 겨울 마른 물소리가 만월폭에서 들려왔다.

알 수 없었다.

모두가 다 내 곁을 저만치 훌쩍 떠나있는 시간과 사람들. 문득 천년을 잠들고 넋마저 날 수 없는 응고된 토용이었다. 진시황이 깨어나기를 바라는 목이 긴 전사처럼, 병마용갱(兵馬俑坑)의 까마득한 세월 그 어두운 침묵.

그 밝히는 횃불은 어디 있는가.

세상이 사뭇 쓸쓸했다. 안개 같은 비애가 온 몸뚱이를 휘감아내렸다.

'철새의 이륙은 별리인가요? 귀향인가요?'

뜻 모를 문자만 액정에 홀로 띄워놓고 어제도 불통이더니, 오늘도 여전히 띄우는 응답이 없었다. 하루에 몇 번도 더 수다처럼 마냥 조잘거렸다. 하루에 두세 번 넘게 재치있는 재롱을 떨던 반지가 영 받지 않았다. 답답했다. 아니 이젠 이상한 생각마저 마구 들었다. 어디 아픈가. 겨워 지쳤는가. 하지만 고집 부려 굳건히 믿어 아니었다. 그럼 잠적? 그럴 이유 맹세코 없었다.

어느 낯선 행성으로 가버렸는가, 검푸른 우주의 공간으로 사라진 뒤, 초라하게 떠오른 문자가 갑자기 유고의 부유물처럼 보이는 방정맞은 망령에 사로잡혔다.

곤히 잠든 전화를 짜증스럽도록 울리던 벨도 나 몰라라 코를 골았다. 끽 소리 하나 없었다.

철부지야.

홀연히 밖의 외등을 켰다. 요즈음 왜 밝히는지 모르겠다. 집과 돌다리 건너는 도랑을 비추는 나지막한 외등은 커다란 눈을 졸음에 겨운 채 껌벅거렸다. 길옆에 비껴 서서 시린 발 묻고 누군가를 기다렸다. 인기척을 낚았다.

이 야심한 밤에 무슨 곡절로 산중으로 찾아드는 멀쩡한 사람이 있어 웃자란 목을 뽑아 익은 발자국소리 듣는가. 괜한 청승이지 풍경은 아니었다.

귀가를 기다리는 가난한 도시의 골목길 외등.

발정 난 고양이 울음이 앙칼진 지붕 낮은 집 담켠에 서서 좁은 어귀를 자주 내다보며 집 나간 남정네를 기다려 마중하는 여인이었다.

가르마 같은 변두리 골목길.

얼룩무늬 제대병이 기별도 없이 돌아와 생각지도 않던 식구들이 놀란 듯이 반가워 온통 덜렁했다. 동네 개들이 한바탕 짖었다. 군밤 봉지 쥔 젊은 사내 휘파람 불며 가고, 뒤이어 가난한 연인 그 애틋한 그림자가 떨어질 줄 몰라 서성이었다.

연탄수레 오가고 김장수레 겨우 오갔던 그 옛날 고달팠던 지금도 여전히 곤궁한 골목길.

첫 아이 업고 왔다더니, 뉘 친정집 창이 늦도록 훤하기도 했다. 나른한 하품이 무시로 일 때쯤 깨나 주워들은 개똥철학을 곧잘 풀고 다닌다는, 어떤 취객이 참았던 오줌을 담벼락으로 흔들거려 아무렇게나 누면서 문득 아첨하는 이 세상을 향해 저주, 썩은 세상이여, 활활 신나게 맹렬히 불타라, 거침없이 저격하는 울혈을 토했다.

그래도 쏟아지는 별이 용케 보이는 골목길.

깊어 발길 뜸했다. 막차를 타고 내린 듯 누군가 고단한 그림자를 끌고 외등의 조명을 받아 스쳤다. 창에 불들이 하나, 둘 어둠 속으로 기어들어갔다. 큰길에서 들려오는 찻소리도 잦아들었다. 그 오래 전 시절, 찰-떡, 찰-떡 사려, 고학하는 학생의 외침이 공허할 때쯤, 웬 굶주린 발바리가 무심히 지나갔다.

사뭇 몸이 떨렸다. 시린 발에 쥐가 내리고 차가운 장딴지가 저렸다.

소경이 점을 치고, 맨드리 고운 한복 간판이 드문드문 걸린 조붓한 골목길.

고요했다. 바람이 뒤척였다.

근심어린 외등은 함부로 담배꽁초 버려진 담 아래 노란 봄을 오려 깁는 손 시린 민들레를 자주 내려다보았다.

엊그제 누군가 털렸다 수군거리는 소문 애써 털어냈다. 거적귀신이 내려와 치는 거미줄에 휘감겨 혼곤한데, 어디선가 곤두선 호루라기소리에 소스라쳐 펄쩍 놀라는 외등, 언제나 말이 없는 그녀는 도둑의 아내였다. 기다리다 지쳐 점점 굳어가는 망부석이었다.

이 깊은 산중에도 어울리지 않게 잠 실린 눈 비벼 뜨고 있는 외등.

한 대의 늦은 차가 휘몰아 산사로 갔다. 그뿐이었다.

곁을 맴돌다 훌쩍 떠난 텅 빈 자리, 그 텅 빈 가슴 심연 깊숙이 자꾸만 가라앉는 고요. 침몰했다. 앙금이었다.

반지가 가까이 없다는 사실에 갑자기 세상이 삭막해짐을 느꼈다. 숨이 막힐듯 진저리쳤다. 마치 아득히 먼 바다에 빠져 홀로 버려진 떠도는 섬이었다. 차디찬 유배였다. 산방에 꼼짝없이 갇혀 갈 수 없는 격리였다.

그리워 새삼스레 그리워 거센 해일이 일었다. 외로움을 주체하지 못해 휘청거렸다. 둥지인 양 망막에 들어오는 낯 익은 예쁜 초점이 사라졌다. 철저하게 차단되고 매몰차게 거부당한 느낌이었다. 슬그머니 화도 났다. 믿음을 깨는 배신이 온몸을 휘감지만 제풀에 꺼지고 말 서글픈 거품이었다. 그래도 빛깔을 입혀주기를 바라는 발가벗은 스케치처럼 무엇을 찾아 아직 방황하는 못난 영혼이었다.

전화를 만지작거리는 어쩔 수 없이 애타는 손끝이었다.

차가운 공기에 잔기침을 토하며 늦도록 떠는 청승. 견딜 수 없는 외로움에 자맥질했다. 뻥 뚫린 산문을 내다보았다. 처연한, 목이 아팠다. 휑하니 빠져나간 대님끈 찻길만 허전해 보였다. 빨간 마티즈를 몰고 경쾌한 경적을 울리며 쪼르르, 쪼르르 달려오는 환상에 젓다 흔들어 깼다.

아무도 찾아오지 않는 텅 빈 설날.

우물 파던 양지발 노인은 누군가를 몹시도 기다리는 토용하나 세워놓고 어디로 가버렸다.

테러리스트와 연어 이야기 ______ 2, 14.

선배는 한때 잘 팔리는 유행가수 모양 유명했고 대단한 인기였다. 아니 세상을 떠들썩하게 했다. 불타던 학생운동에 이름을 당당히 올린 그는 선동의 귀재라 불리는 전설이었고 끝없는 만고의 영웅이었다. 경찰의 올가미에 숱해 걸려들어 영창 문지방을 메주 밟듯 드나들 적마다 쌓이는 관록, 붉은 전과가 화려했다. 서울 거리를 거침없이 질주하던 야생마였다.

세상이 꼬이고 뒤틀려 무언가 잘못됐다는 시국을 알아차릴 때쯤, 그 우상이던 선배를 시내 허름한 술집에서 운 좋게 알게 되었다. 운동권 학생에 열광하던 우리는 행운이라는 단어를 거침없이 떠올릴 만큼 벅찼다. 영광이었다.

유창한 화술은 상대를 꿰뚫어 꼼짝 못하게 휘어잡는 묘한 마력을 지녔다. 날카롭고 변화무쌍한 입담은 답답한 가슴을 여지없이 저격하는 원천이 솟았다.

이름 하나로 세상을 울리던, 하지만 그도 어쩔 수 없이 상아탑이 반짝이는 거리를 떠나 거대한 조직이 버티고 있는, 애드벌룬 띄운 사회라는 문을 힘주어 두드렸다. 부푼 바람과 달리 비정하고 싸늘했다. 보기 좋게 번번이 거절 배척당했다. 누구도 함부로 모방할 수 없는 그 화려한 학생 운동의 전력으로 치명상을 안았다. 무모한 선택의 실수였다.

최루탄을 마시며 저항하던 동기들은 핍박받는 재야로, 야당을 방패막이로 잽싸게 잠입, 정권이 바뀌자 국회로 혹은 요직으로 약삭빠르게 혹은 야비하게 안착했다. 배짱 좋게, 아니 치밀한 계산보다는 통 큰 직행이 엉뚱한 사대문 밤길이었다. 예나 지금이나 끗발 좆끗발 없고, 뒷줄 없으면 묻혀버리듯 산더미 같은 울분을 안고 어쩌면 초라한 퇴역 쓸쓸히 귀향했다.

좌절은 급류처럼 휩쓸려 소용돌이로 타락해갔다.

참으로 어울리지 않게 국방색 미제 야전점퍼를 새카맣게 때가 타도록 즐겨 입었는데, 그것이 그렇게까지 멋있어 보일 수 없었다. 씻지 않아 부스스한 머리와 더부룩한 수염을 깎지 않아 몸에서는 지독한 골초냄새가 들썩거려 역겨웠지만 그 또한 묘한 매력으로 받아들였다.

몇 잔의 술에 거나하면 이 세상을 향해 저주, 대정부 비판은 아슬아슬할 만큼 망설이지 않고 거침없는 무차별 독설이 낭자한 핏빛으로 물들었다.

비정하고 싸늘한 저격수였다.

테러리스트였다.

고독한 테러리스트를 위하여.

그럴 때마다 우리는 아낌없는 박수갈채를 보냈다.

신비에 싸인 그 테러리스트가 어느 날, 피 끓는 필화로 경찰에 끌려갔다 며칠 뒤 석연찮을 만큼 쉽게 풀려났다. 그 광기 서린 차디찬 독설이 아니라, 귀를 의심할 만큼 변절에 가까운 실언을 마구 쏟아냈다. 하나, 둘, 의구심을 품으며 곁을 떠나갔다.

그런 선배가 몽유병환자인 양 정치에 환멸을 느껴 문득 쓰레기 나라 난지도에서 뿜어져나오는 작은 가스발전소를 세운다느니, 머나먼 남미 어디 고대 사원이 고스란히 잠자고 있는 정글로 들어간다느니, 메마른 아프리카 오지에 펑펑 솟는 우물 파러 간다느니, 횡설수설 급속히 해체되어가는 모습이 측은하기까지 한, 그저 안타깝게 바라보았을 뿐 어디론가 훌쩍 떠나고 사라졌다.

가슴에서 그 우상의 이름마저 삭아내린 가물가물한 세월 뒤, 느닷없이 게릴라로 출몰 어떻게 알고 누추한 산방으로까지 들이닥쳤다. 그 지저분하던 것과는 아주 딴판으로 말쑥한 차림으로 나타나 지나는 바람에 옷자락을 날렸다. 꽤 고급스런 향수 냄새까지 풍겼다. 모 재벌의 보증 덕에 해외지점장으로 파견 철저히 숨어있다, 다시 정권이 곤두박질치자 부사장으로 전격 승진 혜성처럼 나타났다.

그런 야망을 가슴 깊이 불사르고 있는 그가 하잘 것 없는 내 산방까지 찾아왔다는 엄연한 광경을 무엇으로 설명해야 할지. 풋풋한 냄새가 풍긴다는 나의 시를 좀 좋아하던 그는 그토록 부정하던 사고를 예리하지만 인정 어린 긍정으로 돌린, 이제야 막 정신을 차렸다는 어설픈 이야기에 철칙 같은 주장이야 그렇지만 설파하던 진리도 변할 수 있는가.

숱한 대화중에 아내가 종잡을 수 없는 가출을 했고 벌써 7년째라는 여태 숨겼던 고백에 머리가 띵했다.

조부가 심었다는 매화 등걸에 꽃이 다투어 피던 날, 시장 보러 간 알뜰한 아내가 해가 저물어도 이내 늦은 밤에도 돌아오지 않았다. 입질 없는 빈 물결처럼 파고드는 불길한 징조에 고스란히 밤을 새운, 애가 바싹 마른 가슴으로 참버섯귀 달아 수소문해 봐도 목덜미로 흘러내린 긴 머리에 맵시 얌전한 아내는 보이지 않았다. 남들이 먼저 부러워하는 금슬 좋은 안팎이었는데, 어디로 훌쩍 날아가고 없는 덤불 속 휑덩한 둥지에 사랑스런 소꿉놀이는 자취 없고, 들끓는 해괴망측한 소문만 팽창했다. 마누라 간수 제대로 못하는 꼴 사나운 병신 머저리가 되어 배신과 울분에 신열이 돋았다.

아이들이 웅크린 방을 뛰쳐나와 비정하게 훈련된 교활한 첩자인 양 여태껏 숨겼을지도 모를 의심스런 과거를 애써 불을 켜 염탐하고, 보무도 당당한 진주군같이 잘난 척 낯 선 도시 깊숙이 파헤쳐보지만, 처참하게 무너져 내리는 절망의 허탈과 오기에 찬 살기가 뒤범벅이 되어 삭이지 못하는 증오의 냉가슴으로 화석처럼 굳어갔다.

휘황한 환락가를 기웃거리며 은밀한 무도장에서 흐느적거리고 비릿한 사창가를 더듬어 보아도, 그 옛날 향기 가득한 꽃집 소녀는 없었다. 아무 데에도 없었다. 행방이 묘연한 아내의 가출은 도저히 풀리지 않는 수수께끼로 헝크러져 심연한 미궁에 빠져들어 얄궂었다.

쓰러져 뒹구는 빈 술병처럼 지쳐버려 가고 아니 오는 야멸친 세월을 체념, 온통 더부룩하니 자란 수염을 훑다 문득 쳐박아둔 그물을 챙겼다. 수만리 아득한 끝없이 넓은 검푸른 북태평양, 꿈과 낭만, 자유가 좋아 유영을 즐기는 몸뚱아리로 온갖 교태로 꼬리를 치는데 불쑥 치밀어오르는 반역의 심한 입덧, 유년 시절의 얼음 풀린 남대천은 조약돌 가득한 물굽이던가. 불현듯 잊어버렸던 고향산천이 못 견디게 그리워 아련한 기억으로 먼 길 되돌아오는, 산그림자 지는 계곡 갈대 스산한 하천 길목에서, 담배 내음 찌든 헝크러진 머리 수척한 자화상을 핏발 선 눈으로 어디쯤 오르는 연어, 연어를 기다렸다.

아직도 기다린다지만 포기하고 있었다. 갓 돌 지난 손자까지 본 지금, 한낱 티끌 같은 욕심과 미련을 털어내고 닦아냈다. 하지만 부조리에 대한 저항은 꼿꼿했다. 방아쇠를 당기는 손가락 끝 조준은 완강한 저격이었다.

고독한 테러리스트.

이 개 같은 시대에 태어난 우리는, 이 개 같은 놈들에게 걷어차여 살면서, 이 개 같은 시대의 좆대가리를 핥으며, 이 개 같은 시대의 똥자루나 치면서, 이 개 같은 시대의 깃발에 충성을 바치며, 이 개 같은 시대를 목이 쉬도록 부르짖으며, 이 개 같은 시대에 쓰러지고 피 흘리며, 이 개 같은 세상을 찬양한 한 잔 술이여, 이 개 같은 개똥철학이나 풀다가, 풀다가, 이 개 같은 시대를 살다갈 압박받는 이 개 같은 군상들이여. 개 같은.

한편의 시처럼 읊던 선배는 나더러 얼른 재혼하라고 일렀다. 전처에게 못다한 한을, 짊어진 빚을 고스란히 베풀라는 뼈저린 경험담이기도 했다. 여자를 만나는 것도 다 때가 있는 법인데, 마침 교제중이면 솔개처럼 서슴없이 낚아채 창공을 훨훨 날으라 했다. 세상에서 제일 편안한 유희는 잠자는 일과 섭식, 배설이고, 세상에서 제일 즐거운 유희는 오락과 아내의 꽃밭에 물 주는 일이라기에, 세상에서 제일 슬프고 아픈 것은 무엇이냐고 물었다.

가슴앓이, 마주앓이라고 말했다.

굴곡 많은 시련을 겪어서인가, 선배는 환멸이라는 단어를 입에 자주 올렸다. 속세의 근성인 줄 알지만 분연히 떨쳐 서지 못하는 군중들을 보고 증오하다 못해 이젠 좌절을 느낀다는 것이었다.

강요처럼 같이 일해 보자고 왔는데, 아예 생각을 접었다고 말했다. 골 깊이 돌아앉아 외면하고 은거하는 산방을 잘못 찾아왔다는 못내 아쉬워하는 변이었다.

이제 초인은 오지 않는다고 했다.

안부 ____ 2, 15.

무열씨.

외로움, 아니 고독이라고도 하지요. 무열씨는 그 외로움에 목을 맨 적이 있나요. 거리에 나서면 저마다 삶을 찾아 헤매는 숱한 사람들이 있지만, 반지를 아는 사람 하나 없어 낯선 이방인처럼, 왜 그리 어울리지 못해 떠돌다 물에 빠진 섬처럼, 넘실대는 바다에 내맡겨진 가여운 쪽배처럼 떠밀려만 다니네요. 상심하여 끝없이 방황하다 지쳐 깃에 들면 허우적거리는 늪처럼 아, 질식할 것만 같은 외로움이 휘어감네요. 쓸쓸하다 못해 녹아내리듯 서글퍼요. 청승맞은 울음 말아 쥐고 몸서리치고 싶어요. 감추고픈 고백이지만 지치도록 실컷 울기도 여러 번이었어요.

아무도 모르는 타향의 거리에서 문득 자살을 동경했어요.

자살.

얼마나 슬플까요? 아니 얼마나 아름다울까요. 그리고 얼마나 황홀할까요?

늪으로 빠져드는 그 동경에 화들짝 놀라 깨어나면 천 길 낭떠러지 허망이 회오리치고 지나가요. 폐허 같은 적막이 너울거리다 병인 양 도사린 그리움이 성난 해일로 밀어닥치네요. 저항이 아닌 운명으로 여겨 순종하고 싶네요. 여지없이 휩싸여 고스란히 익사하겠지요. 슬픈 작별, 그 작별을 꿈꾸며 가슴에 오랜 동안 쟁여 갈무리한 누군가의 이름이 떠올라요. 가슴 찢어지도록 목 놓아 부르고 싶어요. 하지만, 하지만 입술만이 바르르 떨려요. 미더웠지만 많이도 미웠어요. 그래도 사랑하나 봐요.

여기 남도에는 계절이 벌써 봄을 오려 접고 있네요.

참으로 애타던 기별이었다. 머리와 가슴에, 온몸에, 그리고 산방과 오래에 불이 켜졌다. 끝 간 데 없이 환했다.

내 바싹 마른 가슴 활활 불 지르고 팠다. 미친 듯 소리치고 팠다. 오기만 하면 사랑스럽고 귀여운 것 차마 두들겨 패지는 못하고 코피 탁 터트려놓고픈 애증, 그 애증이 이리도 기쁠 줄이야.

편지.

우리들에게 그냥 하찮은 것 같지만, 하찮은 일이어도 참으로 정겨운 소꿉놀이가 한 잎 편지였다. 미리내 건너 직녀에게 보내는 견우의 그리움이었다. 높은 담장 너머 철창에 깊숙이 갇힌 어느 죄수의 가슴에 안기는 복음이었다. 안부와 소식을 담은 바구니이기에 뚜껑을 열면 사연 가득 기다림이요, 편지는 예쁜 입 꼭 다문 꽃봉오리이기에 입술 벙그면 향기 품은 반가움이었다. 끝내는 사랑이었다.

고향을 떠나 멀리 가있어도 이름 석 자 가슴에 안고 용케 찾아왔다. 절골 송도집. 이 가난한 산골에 흥부집이 있어 제비가 물어다 준 박씨.

그토록 애 끓이던 반지 소식이었다. 용케 살아있었다.

누군가 나에게 안부를 물어온다는 일은 진정 설레고 즐거웠다. 더욱이 귀 열린 전화보다는 또박또박 수놓아 눈이 마주치는 글자가 더 친근해 마음이 뛰었다. 도시를 떠나 훠이훠이 머나먼 변방 외딴 데 있어도 상큼한 소통. 하루에 세 네 번쯤 문자가 찍히고, 일주일에 한 번쯤 엽서랑 편지가 날아들고, 한 달에 한두 번 반가운 사람이 찾아오면, 정 주고픈 소망만큼이나 풋풋한 기쁨에 젖어 소박한 운치가 아스라이 피어오르는 것이다.

몸피나 크단 말인가, 여태 남 모르는 마음고생에 지쳤을 반지. 자꾸 그물에 걸리는 서글픈 사연이 비늘을 떨며 파닥였다. 비수가 되어 가슴에 꽂혔다.

서낭제 ____ 2, 17.

애물단지 반지도 무사히 왔겠다, 근심 턴 좋은 기분이어서 흥에 취한 휘파람을 슬슬 불었다.

엇저녁 산눈 밖 부연동에 갔다. 며칠 전부터 준비해온 서낭당 제사를 올리는 날이었다. 철마다 으레 청소를 하지만 한 번도 돌보지 않은 듯 그 동안의 너저분한 것들을 한껏 쓸어내고 다듬었다. 당청의 먼지도 훌훌 털어냈다. 여태 바람에 날려 퇴색한 묵은 금줄을 거미줄마냥 걷어내고, 쌓였던 낙엽들을 말끔히 치운 서낭당은 겨우내 우중충했던 풍경을 싹 씻어냈다. 산뜻했다. 새로 친 금줄과 부적들이 춤추듯 바람에 한들거렸다.

해마다 그랬던 것처럼 서낭당 옆에 차일을 쳤다. 전기를 끌어들여 어둠을 걷어내 훤하게 휘장을 쳐 밝혔다. 그리고 마른 장작을 한 아름 안아다 불을 맘껏 지폈다. 활활 타올라 밤공기를 덥혀주었다. 다행히 날씨도 온화하고 부조하듯 황소처럼 드러누운 바람이 꿈쩍 않았다. 동네 사람들이 가마솥을 걸어놓고 허연 김을 무럭무럭 뽑아올려 음식을 분주히 끓였다. 어쩌다 잠이 늦는 이웃 아이들도 몰래 빠져나와 불을 쬐며 좋아 구경을 하느라 한데 어울려 붐볐다. 제법 분위기가 달아올랐다. 당제사에는 여자들이 얼씬할 수 없는지라 어설픈 남정네의 몫이었다. 자정이 넘어서 촌장어른이 손수 절차를 지시하며 정성껏 장만한 음식을 진설했다.

정월 설을 쇠고 첫 정일(丁日)에 제사를 올렸다. 한 스무 남짓 되었다. 도포를 챙긴 유사들과 동민들이 당청 앞에 엄숙하게 서서 절을 올렸다. 마을의 안녕과 무탈무병, 풍년을 기리는 소박한 신앙이고 건전한 예절, 아름다운 민속이었다. 불빛에 멀찌감치 물러나 있는 어둠이 지켜보았다. 알 수 없는 절차를 따라 잔을 진상하고 목청 좋은 재원 어른의 근엄한 고축 뒤이어 배상이 끝났다.

친구들과 나는 아직 졸병이라서 아이들처럼 심부름을 했다. 차일 안에 멍석을 펴고 상을 놓고 그 위에 잘 빚은 술과 더운 음식들을 날랐다. 얼마 전에 돌아가신 길상이 할아버지 뒤를 이은 촌장 어른이 하늘에 별들을 한참 바라보다가, 무엇을 주문하는 듯 점괘가 괜찮다고 수저를 들었다. 술잔이 한 바퀴 돌고 부산스러웠다.

시국이 편안해야 한다는 기원이야 일상이지만, 단연 화두는 학산집 응걸이가 사법시험에 합격했다는 장한 칭찬과, 질세라 친구형인 당두집 달섭이의 장군 진급도 부연동이 생긴 이래 아주 큰 드문 경사라 자축했다.

보잘 것 없는 조그만 회사 사장이지만 세계를 석권한 기술 하나로 훈장을 받은 승철이, 축구 국가대표 성필이가 앙숙인 대일전에서 해트트릭을 세운 짜릿하고 통쾌한 뒷이야기를 풀어놓았다. 이것이 다 부연동의 천년 맑은 정기를 받은 융성이라고 입을 모았다.

특히 마무리로 불혹이 다 되도록 장가를 못가 애 태우던 태현이가 열 번째 만의 선에 성공 곧 색시를 맞아들인다는 기분 좋은 소식이었다. 덧붙여 송도집 홀아비 무열이도 새장가를 가야한다고 빼먹고 있다 생각난 듯 누군가 문득 말했다. 수식어처럼 늘 따라 붙는 홀아비라는 서글프고 청승스런 단어가 늘 거슬리긴 했으나, 내처 틀림없이 갈 것인 즉 축의금이나 두둑이 마련하라고 너스레를 떨었다.

천년을 묵은 서낭당 고목이 우리들의 이야기를 쟁이며 고개 꺾어 내려다보는 품새였다. 언뜻 그 너머로 별똥별이 찬란하게 활을 쏘고 지나갔다. 이따금씩 밤차가 지나갈 뿐 야심한 밤공기가 찼다. 절골 물소리가 차가웠다.

'주무시나요? 잠이 안 와요. 반지, 재워주세요.'

또 문자였다.

남실남실 떠있었다. 즐거웠다.

'아니, 조금만 기다려. 반지가 내 품에 매일 잠들게 해줄 게. 곧.'

서낭당, 소름이 끼치도록 무서웠다. 머리끝이 곧추서는 두려움의 대상이었다. 어릴 적, 학교로 오가며 그 앞을 지날 때는 겁에 질려 피하듯 걸음을 재촉 언제나 뛰었다. 필통에 연필이 달그락거리는 소리를 숨 가쁘게 들으며 한참을 뛰고 나서야 뒤를 돌아보았다. 거대한 당솔들과 울긋불긋 금줄이 늘 펄럭거리고, 빙 둘러 쌓은 돌담의 푸른 이끼와 담쟁이가 뒤덮어 금방이라도 귀신이나 무시무시한 구렁이가 튀어나올 것만 같은 을씨년스런 풍경이었다.

으스스했다.

심지어 안개가 스르르 몸에 척척 달라붙는 음습한 밤엔 귀신 우는 소리가 들린다느니, 도깨비들이 나타나 엽전을 헤아린다느니, 언젠가 누가 지나는데 칼을 입에 문 소복여인이 피 흘리며 하소연하더라는 둥 숱한 괴담이 쏟아져 나왔다.

회상하면 웃음이 절로 나오는 옛날이었다.

세월의 앙금이 켜앉은 이 나이에 집을 멀리 떠났다 지쳐 고단한 고향 낯익은 길목에 서낭당을 보면, 오히려 마음이 한없이 안온한 것은 무슨 뜻일까. 마주 안아도 손이 안 닿는 하늘을 찌르는 청청한 고목, 예닐곱 그루가 모여 늘 푸른 산수화 한 폭이었다. 골골마다 마을을 지키는 토속 서낭당이 불혹의 나이에는 참으로 푸근했다.

궁금해 문자를 넣었다.

'반지는 예쁜 자물쇠인가 봐. 언제부터인가 내 주머니에 주둥이 내민 열쇠가 꼼지락거리고 있어.'

'열어 주세요.'

슬그머니 돌 하나를 옆 돌무지에 얹었다.

철새의 꿈 _____ 2, 18.

갈 수록 허허한 마음, 진정 허허한 심정으로 떠나 늘 악연 같이 비늘로 달라붙는 미련을 훌훌 털어버리려 했는데, 애증처럼 칭얼거려 그냥 동행했어요. 밤 늦어 지친 새벽에 돌아왔어요. 아무도, 아무도 마중오는 따뜻한 누구 하나 없어 괜히 서글펐어요. 반지를 끔찍이도 여기는 그대가 있지만 조용히 오고 싶었어요. 썰렁한 방에 몸뚱이 홀로 팽개쳤어요. 반지 나이 서른하고도 여섯. 깜짝 놀랐어요. 조금씩 아니 울컥울컥 세월의 무게를 느끼는 가녀린 어깨였어요. 하지만 누군가의 가엽다는 안타까운 동정에도 이젠 익숙해졌어요.

여독을 풀 겸 '변방의 달' 닮아버린 그대 시집을 중독처럼 읽다가, 뒹굴다가 문득 경포호반에 갔어요. 바람은 아직 차도 얼음이 모두 녹아버린 물결엔 철새들이 하나, 둘, 이륙이 한창이었어요. 그 머나먼 여정, 아니 두고온 산하 아득한 북으로의 아득한 귀향을 서두르는 흰 고니들이 어쩌면 그리 처량할까요. 그들이 떠나간 자리에는 온기 아직 남아있는 깃털 하나 뽑아놓고 훌쩍 가버렸어요. 불현 듯 거울처럼 나의 우수어린 자화상을 보았어요.

무열씨.

깃을 떠나 왔기에 다시 돌아가야 하는 숙명의 굴레를 벗을 수 없나요? 어쩌다 불시착한 철새의 영원한 깃은 어디에도 없나요? 그럼 떠나야 하나요? 진정 내 머무를 곳으로 떠나겠어요. 자맥질 즐거웠던 호수와 강릉. 언제나 텃새의 꿈을 꾸는 미련, 티눈보다 더 깊이 박힌 미련인가요?

바람이 부는, 저만치 숨어 우는 갈대가 흔들리고 있네요.

통나무찻집 ＿＿＿ 2, 19.

환장하도록 감감 무소식이었기에 고대하던 기별을 받고 마냥 서둘렀다. 참으로 떠날지도 모를 조바심에 내정신이 아니었다. 괜히 허둥댔다. 황급히 산문을 빠져나와 물굽이 휘돌아나가는 남대천 둔치로 달렸다. 쭉쭉 뽑아올린 몸뚱아리 허연 포플러가 가득 빽빽한 숲, 마치 밀림이었다. 거대한 수목으로 자라 고풍스러움까지 자아내 운치가 있었다. 봄가을엔 시화전, 현수막 시화전이랑 자주 열리는 꽤 알려진 명소였고, 그럴듯한 휴식처였다. 드문드문 가로등도 달아놓고, 투박한 벤치도 무릎을 내어주어 사람들이 자주 찾아들었다. 아무렇게나 지은 통나무 찻집이 움막처럼 낮게 엎드렸다. 사색이 깊었다. 수목 사이로 언뜻언뜻 보이는 푸른 물이 한가로운 강촌의 풍경이 어디 낯익은 산수화였다.

도시는 이제 막 불을 당겨 반짝반짝 빛나는 보석 알갱이로 수놓아 진열하기 시작했다.

'회상의 강가에서' 찻집 문을 조급히 밀쳤다. 조는 불빛이 가라앉아 흐릿했다. 낙관이 희미한, 무슨 내용인지 알 수 없는 한시 액자가 예수로 박제되어 벽에 걸려있었다. 그 아래 관상어 수조가 현란한 불을 밝혀 공기방울을 끊임없이 밀어올렸다. 복판쯤 궁둥이 까고 앉은 톱밥 난로에서 뿜어져 나오는 훈훈한 열기에 몇몇 사람들은 정물처럼 앉아 지그시 눈을 감고 사색에 빠졌다. 흘러간, 이미 추억의 사연들이 수놓아 진 옛날 노래의 분위기에 빠져 허우적거렸다.

누나가 꽤나 좋아하는 스카브로의 추억이 은은했다.

강물이 보이는 창가에서 기다리는 반지가 일어서며 손을 흔들었다. 순간 뜨거운 무엇이 울컥 치밀어 올랐다. 가슴이 설렜다.

"애물단지야"

마주 앉아 와락 손을 끌어당겼다. 그대로 낚아채 안아 펑 터뜨리고 싶었다. 측은히 바라보았다. 지켜보는 침묵이 거북했다.

"잘 지냈어요? 많이 보고 싶었어요."

안타까움에 그만 눈시울이 뜨거웠다.

"그리운 불씨 끌어안은 정이 시름 깊어지면 신열이 돋고 신열 돋는 기다림에 하 많은 세월 지피다 까맣게 타버린 가슴이 숯이야."

"시인가요?"

"아니. 내 애물단지의 애증, 애증이야."

뜻밖의 가출한 애물단지라고 놀리곤 미처 헤아리지 못해 미안하다는 말로 자책했다.

"호호, 반지 가출소녀 아니어요. 또 애물단지도 아니고요."

"많이 미웠지? 내가."

"아뇨. 결코 밉지 않았어요. 반지만 사랑하는 거 저 알아요. 누구도 차지할 수 없는 소중한 나의 것이잖아요. 늘 그리웠어요, 오랜 갈증에 젖은 환자처럼."

조금은 어색해진 분위기에 애써 빙그레 웃음을 띄워보였다. 쓸쓸했다. 허전한 듯도 했다.

김이 오르는 따끈한 커피가 나왔다. 한 모금씩 마셨다.

왠지 울적하여 아무도 몰래 잠적해 보고픈, 그냥 바람 쐬러 한 바퀴 휘돌아 왔노라고 굳이 태연한 척 속내를 감췄다. 이 가냘픈 몸매에 휘감긴 고독을 견디지 못해 몹쓸 생각까지 했다니.

지쳐버린 미움이었다. 야멸친 저항의 우화였다.

믿음직한 행동은 없고 말로만 사치한 액세서리마냥 죽고 못 사는 사랑이라는 나의 교활한 이중성과 우유부단을 가차 없이 힐난 증오했다. 좀 더 가까이 곁에서 미처 자상히 챙기지 못한 무정이었다.

"편지처럼, 고독을 털어버리고, 미련을 털어버리고, 훨훨 이륙할 거야?"

"예."

"그럼, 착륙할 곳은 있기는 하고?"

"기다리다 지쳐 굳어버리는 망부석은 싫어요. 꿈꾸던 작정한 곳으로 이젠 막무가내 착륙할래요."

"어디?"

"철새니까 경포호수를 떠나, 타향이니까 임영아파트를 이륙…."

"그만!"

가슴이 철렁, 나도 모르게 버럭 화를 내듯 손사래쳤다.

"철새가 경포호수를 떠나, 반지가 임영아파트를 이륙, 갈 곳은 딱 한 곳 오로지 절골 지붕이 빨간 나의 산방이야. 다른 어떤 곳으로는 절대 착륙할 수 없어."

잽싼 반사였다. 발작이었다. 신경질 같은 갑작스런 행동에 의아해 놀라는 눈이었다. 커피잔을 입술에서 떼는 멍한 표정이었다.

이어 다그쳐

"나의 산방은 나래 접은 텃새, 이 순간부터 무조건 반지의 둥지야. 알아?"

완력같이, 명령같이 선언했다.

커피로 입술을 축인 반지가 재빨리 입을 열었다.

"맞아요. 지난 연말 반지가 산방에 갔을 때, 아침은커녕 점심도 안 먹었다는 소리, 언젠가는 쥐코밥상을 놓고 멍하니 청산을 바라보는 청승을 보고 아내가 되기로 결심했어요. 더욱이 우리는 사랑보다는 먼저 아픈 상처를 쓰다듬어 주었잖아요. 그 동정이 사랑보다 더 진했어요. 하지만 이번 여행에서 다짐했어요. 곧 이륙, 내처 곧바로 산방에 무조건 착륙해야겠다고. 저 무열씨 곁을 영원히 떠날 수 없어요."

즐기는, 흘러간 노래 어느 소녀에게 바친 사랑이 흐느낄 때쯤 우리는 슬그머니 빠져나왔다. 포플러 숲속을 거닐었다. 나무들의 검은 그림자가 어른거렸다. 어둠이 내리 쌓이고 강물이 소근소근 밀리는 소리뿐 고요했다.

드문드문 벤치에 연인들이 앉아있거나 껴안고 속삭이는 다정한 모습이 보이기도 했다.

오랜만에 손을 꼭 잡았다. 꼼지락거렸다. 끌어당겨 외투자락으로 반지를 냅다 감싸 안았다. 품에 파묻혔다.

"아까 깜짝 놀랐잖아. 깍쟁이. 이제부터 우리는 달걀이야. 난 기꺼이 노른자위를 껴안은 흰자위가 될 거야."

내처 아름도 넘는 포플러 나무 등에 탱크처럼 밀어붙였다. 미친 듯, 전격 입술을 더듬어 포갰다. 격렬한, 소용돌이 거칠게 휘몰아쳤다. 박찼다. 막무가내로 질주하는 야생마의 박동 거센 회오리였다.

동글납작한 머리통을 움켜쥔 채 피할 틈도 없이, 겨를도 주지 않고 뾰족한 혀를 맹렬히 빨아들였다. 깊숙이 넣었다. 숨바꼭질했다. 질식하는 숨결 할딱거렸다. 버티다 견디다 못해 척 늘어졌다. 혼절이었다.

등을 다독였다. 체온을 나누었다. 숨소리가 고르고 편안해졌다. 다시 꼼지락거렸다. 새카만 눈동자를 굴려 가만히 올려다보았다. 고개를 숙였다. 가만히 내미는 새부리. 촉촉했다. 입술을 들이미는 촉수였다.
"무열씨가 반지를 따스하게 포란하는 동안 삐약삐약 병아리소리를 들었어요."
돌개바람이 꿈틀거렸다. 뒹굴던 가랑잎들을 쓸고 지나갔다. 반지의 머리카락이 휘날렸다.

화신 _____ 2, 20.

반지예요.
어떡하죠?
얼굴을 들 수 없어요. 내숭이 아니어요. 아니 낭창스런 내숭이었으면 차라리 좋겠어요. 차마 마주 바라볼 수도 없고요. 아직도 남아 서린 여운 이리 화끈거리는 순수였나요?
그대는 맹렬하니 팽이 치는 짓궂은 악동이었어요. 아직도 뱅뱅 돌아가는 늘 어지럼증을 앓는 팽이. 이젠 쓰러지지 않을 거예요. 반지에게도 악동이 있잖아요.
정신없이 집에 와서도 가슴을 진정시키느라 파닥이는 붕어처럼 애꿎은 물, 물갈이 많이도 마셨어요. 생전 처음 그대에게 가녀린 손목을 꽉 잡혀 쥐였을 적, 경포 해변에서 또 포근하게 껴안겼을 때에는 참 신선한 감흥이었어요. 그 뒤 참으로 긴 세월 하지만 오늘, 부드럽고 격렬한 첫 키스 세례는 어쩌면 길들일 수 없는 거친 야생마의 본능이었어요. 고스란히 당한 전격 도둑 키스의 짜릿한 전율, 끝내 가눌 수가 없었어요. 거친 투우가 성난 듯, 바지랑대에 괴어 바싹 매달려 걸린 빨래였어요. 바람과 함께 사라지다의 클라크 케이블과 비비안 리처럼 반지가 그토록 바라던 꿈같은 입맞춤이었나요?

그대의 입술은 흰 종이를 찾는 낭자한 도장이었어요. 반지가 뜬 탁본이었어요. 가슴이 작은 반지, 소나기 흠뻑 맞은 화초같이 생기가 파랗게 돋아요.

무열씨.

반지는 아까부터 여태 새끼손가락을 보고 있어요. 유난히 작아 송편만한 손으로 그대 손가락에 바싹 매달려 걸어 맺은 언약. 너무 귀엽고 앙증스러워요. 고 손끝에 촛불을 파랗게 파라니 붙이고 싶어요. 옹달샘이듯 솟아오르는 기쁨을 아나요?

참, 반지한테서 향기가 솔솔 피어올라요. 나비가 날아와 꼭 다문 꽃봉오리를 터뜨렸거든요. 더덕향처럼 다가온 숨결 그대 입술이었어요.

그리고.

반지는 장난꾸러기의 따뜻한 품 주머니에 들어앉은 팽이 하나.

이마에 미열이, 온몸에 조금씩 신열이 돋아요.

무열씨.

수혈과 수유 _____ 2, 21.

엊그제는 대동강 물도 풀린다는 우수.

제법 따뜻한 낮이라 뒷골 곰바위 있는 데로 갔다. 곁에 아름드리로 자라는 몇 그루 고로쇠나무들이 모여있는 곳이었다. 해마다 이맘때쯤 수액을 채취했다. 챙겨간 드릴로 나무 밑동에다 적당히 구멍을 냈다. 기다린 듯 물이 내피며 천천히 흘러내렸다. 말간 호스를 고무꼭지에 씌워 구멍으로 단단히 끼워넣었다. 늘어진 호스 끝을 한 말들이 물통에다 꽂아넣었다. 드디어 마알간 수액이 흘러내려 통으로 떨어지는 울림이 참으로 경쾌했다. 핏줄에 환희 같은 것이 맴돌았다. 거룩한 수혈이었다.

업무 출장 중 대관령을 넘다 청천벽력과도 같은 급보를 받았다. 그 상황에 누구는 경황이 있을까만, 허겁지겁 쏜살같이 달려와 응급실 문을 황급히 밀쳤다. 아내는 의식불명으로 온 몸이 피투성이였다. 하행 고속버스가 깜빡 졸다 중앙선을 침범, 상행하는 아내의 차와 정면으로 충돌한 사고였다. 응급처치는 했어도 조그만 몸은 짜놓은 행주 꽤기 모양 일그러질대로 일그러진 만신창이었다. 더없이 참혹한 훼손이었다. 무엇보다 심한 출혈로 생명이 경각에 달려 대롱거렸다.

걸대에 덩그렇게 매달린 채혈주머니에서 똑똑 가쁘게 흘러내려 가녀린 손목으로 수혈되는 피. 생명을 건지려 핏줄을 타고 힘차게 들어가 온 전신을 샅샅이 퍼져 일깨우는 중이었다. 손 모아 비는 간절한 마음으로 다시금 생명을 받갈이하길 얼마나 기다렸던가. 그 애타는 염원을 아랑곳하지 않은 채, 점점 잦아드는 맥박으로 정을 자아내는 온기가 싸늘하니 빠져나갔다. 단단히 움켜쥔 끈, 아내의 촛불은 끝내 허망하게도 꺼지고 말았다.

어찌 보면 수액 채취가 참으로 잔인했다. 차마 못할 짓이었다. 마치 진드기처럼 남에게서 고귀한 피를 도둑질하는 날강도 같은 느낌이었다. 어쭙잖은 항변은 절대 도혈이 아니라 사랑이거나 자비의 헌혈이라고 웃어넘겼다. 인간들은 해마다 그래왔던 것처럼 당연히 죄의식이 없었다.

어릴 때부터 아버지 따라 철되면 맛맛으로 받아먹던 곳이고 제단이기도 했다.

흡사 소풍 가는 아이인 양 다른 날보다 일찍 잠이 깼다. 아마 어제와 밤새 흘러내린 고로쇠물이 궁금해서일 게다. 새벽공기가 선듯 파고들어 몹시 찼다. 기분은 상쾌했다. 입김이 허옇다. 낙엽에 파묻힌 실핏줄 가느다란 오솔길을 따라 숲으로 들어갔다. 바스락거리는 소리가 골짜기에 부풀어 올랐다.

모롱을 휘돌았다. 곧장 하얀 물통이 덩그러니 저 위에서 내려다보고 있었다. 아니 손짓했다. 얼마나 찼을까. 괜히 가슴이 설렜다. 마음이 급해 헉헉거리면서도 넘어질듯 미끄러지며 자꾸만 서둘러 올라갔다.

거기, 거기에는 웬 아기가 엄마젖을 빠느라 정신이 없었다. 지난 밤 추위를 둘러막은 채 아기동자를 품에 안고 젖을 물린 엄마, 동자는 살이 통통했다. 제 아이에게도 젖을 물리지 않는 어찌된 요즈음 세상인심이 아닌가.

방울방울 떨어져 이리도 가득 고여 넘치기까지 하는 물.

학산에 한 처자가 집 앞 석천수를 떠 마시려다 해가 들어있어 버렸다. 다시 떴다. 해가 또 들어있기에 그냥 무심코 마셨는데 귀신이 곡할 태기를 느꼈다. 그 뒤 아기를 낳았지만 혼인도 안한 처자가 아이를 낳았다는 따가운 눈총과 갖은 등쌀에 견디지 못해 앞산 바위 자락에다 애를 끊는 마음으로 버렸다. 하지만 어쩔 수 없는 모정이었다. 며칠 지나 남몰래 가보니 웬 백학이 여태 아기를 돌보고 있는 게 아닌가. 무슨 붉은 구슬을 입에 먹이기까지 했다. 눈을 의심 비볐다. 이에 범상치 않음을 알고 부리나케 데려와 다시 키웠는데, 그가 훗날 범일국사인 즉, 강릉단오제의 주신인 국사성황신이었다.

낙엽 위에 아무렇게나 궁둥이를 까고 앉아 득달같이 컵에 따라 거푸거푸 마셨다. 단맛이 은근히 입 안으로 퍼져갔다. 입맛을 다셨다. 시원했다. 창자가 온통 뒤틀려 요동치듯 청량했다. 기운이 마구 치솟았다.

"야호!"

힘찬 외침이 골짜기를 싸늘하게 울리며 고요에 빠졌다. 거푸 힘차게 토했다.

모든 나무들이 눈 쌓인 겨울에 동안거중이건만 고로쇠나무 혼자만 물을 길어 올리는 게 못내 신기했다. 산중이어서 만끽하는 신선놀이같이 썩 괜찮은 일거리였다. 빈 통을 갈아 끼우고 가득 든 두 통을 둘러메고 썰매 타듯 하산하는데, 빽빽한 나무들이 사이를 나눈 비탈에 그렇게 서있었다.

공주의 성 ____ 2, 22.

임영아파트 101동 1301호.

어쩌다 임영아파트를 지나칠 적마다 반드시 쳐다보았다. 반지가 튼 보금자리였다. 늦은 밤 창에 불이라도 켜져 반짝이면 늦도록 무엇을 할까, 보고픈 마음을 못내 달래던 시간들이었다.

엄지손가락에 간지럽게 배꼽을 눌린 엘리베이터가 부끄러운 듯 분사했다.

누군가 개똥 지천이던 야산을 밀어내거나 헐벗고 굶주린 달동네 사람들을 똥개처럼 내쫓은 뒤, 거대한 성으로 쌓아올린 높은 건물 숲 아파트였다. 마치 창공 아득히 쏘아올리는 비밀스런 우주선 같기도 하고, 구름 너머 선녀의 목욕물 퍼올리는 달 밝은 밤 두레박 같은, 피뢰침 꽂아놓고 지하 깊숙이 엄청난 광맥 심장을 뚫어 금은보화 가득 실어올리는 도깨비 요술방망이 같기도 했다. 불야성 찬란한 환락의 아방궁 같기도 했다.

허황된 망상이었다.

눈 뜨면 완강한 현실과 타협해도 끝내 거부당해 굴복해야하는 구차한 가난에 수은주 알맞은 눈금으로 층층 방방마다 양계장 그 수지맞는 사업을 떠올려 봐도 아니었다. 결국 오랜 방황으로 지친 심신이기에 단아한 자태 은은한 향 감도는 난 화분인 양 옮겨놓은 아늑한 둥지로 오르내려 촉 틔우는 사내, 승강기였다.

스르르 멎어 스르르 열렸다. 반지의 집이었다. 괜히 가슴이 떨렸다. 두근거렸다. 남몰래 숨겨놓은 아늑한 둥지를 방문하는 왕자인가. 어엿한 왕자였다. 누구도 초대받지 않아 무늬 없는 길에 나 보란 듯 당당히 걸어 들어가는 왕자의 발자국이 선명하게 찍히는 공주의 성이었다.

딩동, 네, 나가요 대답과 함께 내처 뛰어나오는 발자국소리에 가슴이 뛰었다. 드디어 비밀을 간직한 성문이 여태 기다린 듯 삼가 열렸다.

새옷을 차려입고 금방 손질한 머릿결이 파도치는 어여쁜 공주였다. 와락 달려들어 안기며 쓰러졌다. 이내 나의 가슴을 쳤다. 나를 맞이하기 위해 십년을 넘게 기다렸다는 어리광 섞인 투정을 했다. 아린 애증이었다. 홀로 외로워 그토록 체취가 그리운 고독한 반지였다.

남자로서는 첫 방문이었다. 오래전부터 금남의 집이라는 소문 익히 알았기에 그리워하는 연인이 되고도 그 풍문의 덫에 질식 아예 생각을 접었던 터였다. 작심하고 월담도 하는 영악스런 세상인데, 지금 생각하면 지지리도 약지 못한 순수 멍청한 신사였다. 다독였다. 으스러지도록, 으스러지도록 껴안았다. 나의 심장 박동을 듣는 반지였다. 오랜 갈증에 시달린 해후, 그 격정을 용케 식히는 자태였다.

말끔히 정돈된 거실 벽에는 반지의 낙관이 찍힌 나의 시가 표구되어 산뜻하게 걸려 뽐냈다. 솜씨가 한창 물이 오른다는 소문은 익히 들어 알고 있는 터였다. 반지가 즐겨 쓰는 한시도 걸려있어 아늑한 분위기였다.

입처럼 다문 문을 열자 상큼한 내음이 코끝을 휘감았다. 예쁜 침대와 포근한 이불이 반듯 개켜있었다. 곁에는 인형 코알라가 졸았다. 장난감 같은 갓등이 머리맡에 지켜보고 있는 참말로 요정이거나 공주였다. 맞은편에는 화장대랑 장롱이 근엄하니 좌정했고 작은 창에 커튼이 장난스레 들여다보는 햇살을 가로 막았다.

서실은 상당히 많은 책들이 빙 둘러선 책장에 정리되어 나를 맞이했다. 묵향내가 피어났다. 창문 앞에는 낮게 들인 책상, 그 위에는 컴퓨터와 가지런한 메모지, 코주부 같은 사진기가 나의 행동을 주시했다. 방바닥에는 군대모포 몇 장을 포개 펴놓았다. 그 위에 글씨를 연습하다만 한지랑 벼루에 걸쳐져있는 붓이 반지를 기다리는 눈치였다.

참으로 깍쟁이였다. 남자 친구 어느 누구도 더욱이 사랑하는 나조차도 난공불락의 방문을 허용치 않더니, 청혼을 받아들인 뒤, 성벽 높은 문을 비로소 열어주었다. 순결을 지키기 위한, 단아한 품위를 위한, 방향을 간직하려는 매운 정절이었다. 자폐증이라고 할 만큼 철저했다.

기다렸다는 듯 여태 간직한 온기 남아있는 따뜻하고 요술 같은 열쇠를 건네받았다. 기분이 묘했으나 썩 괜찮았다.

철조망 둘러쳐진 북녀여.
미리내 가로막힌 직녀여.

유배지의 세마(歲馬)로 돌아온 탕아에
두드려도 돌아앉아 빗장 지른 문이여.
불러도 메아리 거두는 또아리 튼 가슴이여.
수절 붉은 미망에 서러운 애증이느니
그대 옷고름이 그립소.

베란다 밖, 13층이라 아찔한 만큼 전망은 푸른 바다가 보이는 멀리 수평선까지 끌어다 놓았다. 태백산맥이 용솟음치다 흘러내린 장엄한 대관령은 강릉을 풀어놓았다. 내가 그리워 대관령 기슭을 그렇게도 바라보곤 했단다. 아직도 눈이 희끗희끗 보이는 게으른 겨울이었다.

바로 앞 코 밑에는 남대천이 유유히 흘러내렸다. 강 건너 빌딩들은 발 돋워 키재기하며 회오리치는 숲으로 변해갔다. 아파트 옆구리 왼쪽에는 기찻길이 강북으로 황량하게 건너고, 오른쪽에는 남대천 광제(廣濟)교를 끼고 있는 반지의 보금자리였다.

사람들이 개미만큼 작게 보였다.

곱씹었다. 인형처럼, 예쁜 공주처럼 살아온 반지가 달콤한 전원의 꿈을 꾸며 따라 귀향해 거칠게 살 수가 있을지. 억센 비바람을 맞아보지 않은 온실에서 자란 화초가 아닌가. 삶이란 어쩔 수 없이 현실과 환경의 대치 속에 타협해야하는데 은근히, 아니 영 걱정이었다. 이미 오래전에 그런 환상에서 깨어나 야멸치게 다짐했다지만 불안했다. 그럴듯한 핑계야 반지를 끔찍이도 아껴주는 내가 곁에 있으면 얼굴이 새까맣게 타도 동행할 수 있다는데 그만 박정치 못했다. 아름다운 반려, 그 미련이었다.

생각보다는 꽤 강단이 있고 딴판으로 당찬 면을 가진 애바리이기도 해 애써 믿었다. 서울깍쟁이와는 달리 뜻밖에도 편벽증이 없는 소박했다. 얄밉지 않았다. 결벽증인 듯 깔끔하고 상냥한 까다롭지 않아 적이 마음을 놓긴 했다.

임영의 성, 그 성 안에 천년을 잠자던 공주를 깨운 백마 탄 왕자가 방명록에 이름을 휘날렸다.

귀거래사 ___ 2, 24.

변방으로 물러나 앉은지 몇 해가 흘렀다. 찌든 도시생활을 훌훌 털고 보헤미안인 양 찾아든 세월에 조금은 익숙해진 듯했다. 생각보다 빨리 시골 삶이 편해졌다.

흔히들 높은 관직에 있다 벼슬을 그만 두고 시골 내려가 조용히 초야에 묻히거나, 어지러운 세상을 피해 돌아서서 지조를 지키며 은자의 길을 택하는 낙향은 틀에 박힌 고전이었다. 요즈음은 젊어서 대처로 뛰어들어 억척스레 부지런히 살며 아이들을 자립시킨 뒤, 고단한 몸을 추스르는 낙향을 노래했다.

높은 벼슬도 싫고 누리에 퍼지는 명예도 마다하는, 충절 붉은 상소 꺾인 상탁한 이 세상 거저 준대도 조랑말에 얹혀 천 리 낙향한다는, 어느 재상이 꿈꾼 자리는 어디일까.

높은 재 넘는 구름 지나는 하늘 몹시 청청하고, 우로에 웃자란 수풀이 제 멋으로 겨운 샘물 넘쳐 조잘거리는 골, 칡순 입에 문 노루 바람 쐬고 붓꽃 피는 청산 깊이 칩거하는 초막이네. 더러 옛정이 그리우면 강나루 건너 아득령 너머 모롱 휘도는 산문 열어젖혀 불러 주게나. 시절 타고 앉아 벌도 칠 제 아이가 냉큼 뛰어나가겠네.

뿐만 아닌 젊은 나이에 요절한 불쌍한 누이동생 때문에 썼다고도 하는, 도연명의 귀거래사를 곧잘 아는 척, 굳이 들추지 않더라도 전원을 벗 삼아 노래하는 낙향은 깃처럼 포근하고 솔깃했다.

참으로 얌전한 아내를 뜻하지 않게 교통사고로 잃고, 예 살던 고향으로 돌아온 나. 세상 어디 돌아앉은 곳에 강냉이, 감자 무성하게 키우고, 청개구리 업은 창포 우물도 치며 풀물 밴 짚신 털 때쯤 띄워놓은 솔개 거두는 해 저무는 하루가 얼마나 좋은가.

미련이 없었다. 변변찮은 회사도 수박덩이처럼 팽개쳤다. 돈과 권력, 탐욕으로 얼룩진 그렇게 얽이고 설긴 추한 인간들이 역겨웠다. 냄새 고약한 세상사 다 잊고 싶었다.

어머니가 저 세상으로 가버린 뒤부터 비워두었던 고향집 옆 양지바른 터에 아내마저 묻고 한동안 실의에 빠져 헤매던 어느 날, 문득 무덤을 찾아갔다. 저승에 갇혀있다 누구 기다리는 사람이 있어 바람 흔들리는 이승의 세상으로 나온 듯한 할미꽃을 보고 흠칫 놀랐다. 가여운 아내의 시린 잔영을 저미듯 보았다.

그 뒤 뒤란에 노란 그 천엽황매가 환하게 피고 송홧가루 청산에 꿈길이듯 날려 현기증이 일었다. 갈잎이 다투어 피고 하루 종일 뻐꾸기 구슬프게 울던 날, 못 잊어 아내의 무덤을 찾았다. 못 견디게 서글펐다. 그럴 때마다 실언한 듯 정 그리운 독백을 뿌렸다. 붉은 노을이 스러지고, 초승달을 띄워놓고도 차마 돌아서기 안쓰러워 어스름을 휘감아 서성이기도 했다.

팔월 어느 오후, 그 산모롱을 돌아 감돌아 십 리 길에 소나기 한 줄기 맞으며 찾아갔다. 찌는 폭염에 자지러지도록 우는 매미소리가 맑은 유리알마냥 넘치도록 쌓여 골짜기에 온통 사태져 내렸다. 주인이 떠나고 없는 빈집을 홀로 지키며 참배는 가지가 휘도록 주렁주렁 매어달려 한창 익어갔다. 무심한 세월이었다.

발악하던 일정 말에 절골 가득한 소나무를 베어내려 도로를 닦던 중 집 앞 200m 아래서 중단되었다. 제국주의의 말로 패망이었고 광복이었다.

마침 사년 전 농어촌 도로확충계획에 힘입어 정토사 까지 길을 만들고, 시원하게 포장되는 덤으로 득달같이 아담한 산방 하나 지었다. 수정 같은 유년의 기억이 고스란히 갈무리되어있었다. 풋풋한 추억이 꿈틀거리는 고향이어서 문지방 밖 천리 멀리 떠나있으면 그렇게 그리웠다. 멍석만한 땅뙈기, 마당만한 산자락을 다루며 아내 무덤 돌보는 은둔, 귀향을 서둘렀다.

지붕 빨간 통나무 산방. 이 작은 산방에 반지를 맞을 때가 무르익었다. 반지를 독차지 챙기면서도 정작 망설인 것은 먼저 간 아내에 대한 배려이거나 죄책감인지도 몰랐다. 하지만 굳이 아니었다. 그보다 먼저 한 번 결혼했던 허물 많은 내가 감히 꽃 같은 반지를 주제를 모르고 탐한다는 자괴일 수도 있으나, 아깝지만 참으로 아끼는 채찍이었다. 이제 그것은 태만이었다. 한낱 엉성한 푼수였고 건방진 사치였다.

반지 ____ 2, 25.

묘한 끌림이 줄곧 맴도는 작은 엽서 한 잎 주웠다.

'변방의 달'

신춘문예 당선 시였다.

명주달빛 은은한 외딴 산방, 불 밝히는 개똥벌레와 노래하는 청개구리가 살다 묻힐 무덤이라 하였는바, 만나 뵐 수 없나요?

몹쓸 호기심이 발동 솔깃했다. 수평선이 뚜렷한 바다가 생솔가지 사이로 보이는 현대호텔 커피숍에서 그녀는 얼른 알아보고 손짓하며 일어서 곱게 안내했다. 늦었지만 참으로 부러운, 때문에 질투어린 축하드린다는 깍듯한 예의를 갖추었다.

"은반지예요."

변변치 못해 금은 못되고 겨우 은반지가 되었다는 애교 띈 너스레였다. 그래도 구리보다는 품격이 좀 높을 거라 농담을 조심스레 던졌다. 금반지는 금방 싫증이 나도 은반지는 은근하다는 재치로 미소를 머금었다.

암만 후하게 가늠해도 조금은 작다 싶은 키였지만 앙증맞았다. 아담했다. 상냥하고 꽤 붙임성이 있어 그런가, 흡사 인형처럼 만져보고 싶을 만큼 무척 귀엽다는 생각을 못내 떨쳐버릴 수 없었다. 그러면서도 어딘가 향기 이는 무늬의 귀티를 휘감고 있는 은근한 몸매였다. 어디서 스친 듯, 낯익은 듯 조개볼이 깜찍했다. 그리고 동그란 큰 눈.

"정말 죄송해요. 그때 구렁텅이로 빠지는 순간에 구해준 하늘같은 은인인데, 전화라든가, 이름이라도 챙기지 못한 불찰을 용서하세요."

"아, 이제 생각나네요. 어디서 본 듯한 얼굴이다 싶었는데 그 아가씨네요. 허허 참. 이리 다시 만나다니 묘한 인연인가 봅니다."

"정말 묘한 인연이고 좋은 만남이기를 바랄 게요."

까마득히 잊고 있었지만 몇 해 전 어느 날 땅거미가 막 지는 저녁때였다. 우중충하고 컴컴한 성남동 철다리 밑을 지나는데, 덩지 우람한 불량배 세넷이 술내를 확확 풍기며 웬 젊은 여자를 둘러싸 끌고 가고 있었다. 그녀는 뒤돌아보며 화급한 구원을 요청했다. 아니 소리쳤다. 하지만 누구 하나 선뜻 나서서 호통치는 사람은커녕 말리는 사람 하나 없었다. 비열하게 피해버리는 어처구니없는 순간이었다.

결코 맞아 죽는 한이 있어도, 보고는 못 배기는 참을 수없는 분노가 울컥 치밀어 올랐다. 불의도 불의지만 자부심으로 똘똘 뭉친 명색이 유단자이고, 명예로 자부하는 별동대 출신이라는 관(冠)이 굴레처럼 옥죄어 정의라는 뇌관을 사정없이 들이쳐 폭발했다. 신들린 듯, 미친 듯, 흔히 우쭐해 말하는 찌뿌드드한 몸을 한 번 풀었다. 낚아 올린 고기처럼 늘씬하게 제압, 아가씨를 구출 임영아파트까지 데려다 준 적이 있었으나 일과로 여겼다.

늘 죄스러워했는데 신춘문예에 난 내 사진에 진정 깜짝 놀랐고, 궁지에서 구출해준 은공을 감사드리려 왔다고 했다. 결국 이렇게 만남이 이루어졌다.

"변방의 달이 지켜본다는 산방은 거처인가요?"

"개똥벌레집이에요. 산속에 아늑히 안긴 통나무 산방이래요. 문을 열면 울멍줄멍 산자락이 굽이쳐 가슴으로 쏟아져 들어오고, 철마다 산새소리에 잠들고 잠 깨는 굽이 휘돌아 납작 숨은 작은 외딴 집이래요. 십리 반절 오리 끝에는 그림 같은 산사가 있고요."

빙긋이 웃었다.

"시인께서 그리 말씀하시니 그 산방 더욱 가보고 싶네요."

"언제든 오세요. 은반지양 만큼은 환영할게요."

"그럼 산방에 개똥벌레와 청개구리는 무얼 하나요?"

"개똥벌레는 장작 패는 나무꾼이고 청개구리는 물 긷는 나물꾼인데, 나무꾼의 짝꿍 나물꾼은 아직 없어요. 외로움을 많이 타요."

"아, 그런가요? 비록 못난이지만 감히 저 은반지가 어때요? 어린아이처럼 가보고 싶어요."

그저 유쾌하게 웃음을 날렸다. 옴폭옴폭 찍히는 볼우물이 눈에 꼭꼭 밟혔다.

문학에 대해서만은 단연코 문외한이라는 반지와 고리끈 같은 인연을 맺게 되어 허무가 옥죄어오는 외로움에 휘청거리던 우리는 고삐를 쥐고 채찍, 질주하는 잦은 만남이었다. 자연스러웠다. 왠지 마주하기가 서로 편했다. 바보처럼 소탈하다며 잘 따랐다.

서울 토박이로 이름을 날리던 축구 선수였던 반지 아버지. 고등학교와 대학 시절과 대표 시절, 동계전지훈련을 강릉에서 많이 했다. 그때 강릉이 아름다운 곳이라는 것을 알았다. 국가대표로 활약 화려한 은퇴 뒤 사회에 진출했다. 장사 수완이 있어 무역업에 종사 상당한 부를 축적했다. 하여 평소 생각했던 강릉에 아주 정착했다. 영국 유학을 마치고 갓 선생이던 반지를 어찌 손을 써 강릉으로 불러내렸다. 한 가족이 오롯이 모인 행복한 세월이었다.

세상일이 다 그렇듯 호사다마라는 말처럼, 시기하는 못된 무엇이 있어 아버지가 외국출장 중 뜻하지 않은 비행기 추락 사고를 당했다. 가뜩이나 배타적이라고 소문난 강릉에 정착하기란 더욱 쉽지 않았다. 특히 알 수 없는 투박한 사투리에 질렸다. 방황까지는 아니지만, 이방인처럼 떠돌 때 나를 만나 그나마 위안을 삼았다. 오빠처럼, 피붙이의 정을 느끼는 듯했다.

그 뒤 아내를 잃어 슬픔에 휘청거리는 숨은 비밀을 찾아내곤 여태 측은한 정으로 지켜 무던히도 달래준 반지였다.

운명이었을까, 해를 넘겨 뇌졸중으로 투병하던 반지 어머니마저 저 세상으로 훌쩍 갔다. 낯선 땅에 남겨진 눈물 많은 반지. 가녀린, 참으로 가녀린 길 잃은 철새였다. 그때 반지가 나에게 측은한 정을 주었듯이 시리데 시린 동정을 입혀 업었다. 늘 추위에 떨던 우리는 어느 날, 가슴이 따뜻한 사랑을 확인하는 서글픈 연인들이었다.

결혼을 선뜻 결정하지 못한 이유는 지울 수 없는 때 묻은 흠결이 있는 홀아비라는 것과 고명딸 같이 아끼기에 해맑은 반지가 어머니, 어머니처럼 변방 구석에서 속절없이 썩어진다는 안타까움, 순진한 처녀를 꼬드겨 훔친 도둑놈에다 사기꾼이라는 농반(弄半) 세평(世評)이 왠지 싫어 망설였다. 점잔이 지나쳐 우유부단한 망설임이 반지에게는 얼마나 큰 상처를 주었는지 미처 몰랐다.

장작 패다 ____ 2, 26.

모아두었던 통나무를 썰어 장작을 후려 팼다. 윗옷을 벗어젖힌 런닝인 채 신나게 패면서 산문 밖을 일삼아 내다보았다. 휑하니 뚫려있었다. 모탕에 올려놓은 나무 한 토막을 도끼를 들어 막 내리찍으려는 찰나, 그토록 익은 경적소리 울리는 빨간 마티즈 딱정벌레가 헐레벌떡 급히 기어 올라왔다.

팽개치고 삽사리마냥 돌다리 건너 뛰어갔다. 차는 내 애마 곁에 스르르 섰고 문이 열렸다. 흘러내린 목덜미 하얀 반지가 배를 잔뜩 불린 까만 비닐 봉지를 들고 내렸다. 덜렁 껴안아 가벼운 뽀뽀를 했다. 수줍어하는 반지의 냄새가 득달같이 휘감았다. 그리웠다.

돌다리 건너는 것을 무척 즐기는 소녀만 같았다.

더러 친구들을 데리고 스스럼없이 오는 편이어서 주방에 익숙, 서둘러 반찬을 손수 찾아 마련한 상을 부엌으로 내왔다. 깔아 편 멍석에 앉힌 철통에다 미리 숯을 피워놓고 기다리던 터였다. 그 동안 정그레 위에 납작한 돌판이 마냥 달궈졌다.

삼겹살이 자글자글 노릇노릇 구워졌다. 반지가 상추에 따끈한 삽겹살을 참기름에 적셔 얹고, 마늘이랑 파를 곁들여 고추장 찍어 쌈을 싸들었다. 아, 하고 입을 벌리라고 했다. 조금은 열없었지만 아가인 듯 벌리자 쏙 집어넣었다. 받아먹는 양을 보고 마치 아기새의 귀여운 모습이라 했다. 즐거운 얼굴이었다. 그리곤 술잔을 들어 쨍 건배를 했다.

정오 쉬는 참에 해바라기했다. 헛간이며 비닐온실 안, 오래를 새삼 둘러보는 곧 안주인이 될 반지였다.

옛날, 윤사월 해 긴 날 아버지가 탕, 탕, 장작을 패면 종일 한가로이 멀리까지 들리던 기억이 어렴풋했다. 참나무는 다른 나무와 달리 결이 곧고 강해서 날 선 도끼를 번쩍 들어 내리찍으면 쩍쩍 잘도 갈라졌다. 모탕에 올려놓고 힘을 실어 사정없이 힘껏 내리칠 때마다 휙휙 휘파람이 일었고, 여지없이 갈라지는 소리 탕, 탕, 산문 밖으로 퍼져나갔다.

"어머, 와!"

갸우뚱, 도저히 패질 수 없을 것 같은 힘이 벅찬 토막이 에누리 없이 해체되는 광경을 물끄러미 바라보던 반지가 연신 박수를 쳤다.

사방으로 퍼지는 나무향이 풋풋했다.

조금은 비껴 맴돌다 재빨리 틈을 타 흐르는 땀을 싹싹 닦아주었다. 근육 불끈거리는 무쇠 같은 팔뚝을 부끄럼 없이 만져보며 대견스러워했다. 그리고는 원숭이처럼 매달렸다. 한 바퀴 빙글 두세 바퀴 돌려주었다.

곁에서 기다리다 장작이 갈라질 때마다 재빨리 차곡차곡 쌓아올리는 반지, 어쩌면 그 시절 흐뭇해하던 어머니의 모습이었다. 부엌 아래쪽에 모탕이 있어 해마다 담장 키 만큼 높이 쌓아올린 장작이 열두 평 넘어야 했다. 그래야 추운 겨우내 구들이 쩔쩔 끓게 군불도 넣고 이듬해 돌까지 충분했다. 아버지는 때기 좋게 자잘한 멸치장작으로 다시 패 땔나무 고생은 않았다.

참이랍시고 아궁이에 묻은 감자를 꺼냈다. 동글동글 반지 주먹보다는 큰 알맞았다. 시장하던 차 노릇노릇하게 잘 익어 군침 돌았다. 이마를 맞대고 벗겼다. 김이 오르는 감자를 호호 불었다. 분이 뽀얀, 몹시 팍신했다. 깨소금을 찍어 먹여주었다. 병아리였다.

"선녀가 드디어 나무꾼과 산방에 살며 한 이불 덮고 사나요? 한 솥밥 먹고 물 긷고 나물 뜯나요?"

슬그머니 옆구리로 파고들며 기쁨에 겨운 말이었다. 아릿한 감정이 실린 음성이었다.

"하지만 변방에 들어 산다는 게 그리 만만하지 않는데 고리타분하게 견뎌낼 수 있겠어? 어찌 보면 막막한 시골에서 속절없이 썩어진다고 표현할 수 있는데."

"아뇨. 나무꾼과 선녀, 때 묻은 인형미가 아닌 얼마나 풋풋하고 참신한 이름이어요. 시처럼 아름다운, 에세이같이 해맑은, 그리고 소설마냥 재미있는 제목이잖아요. 항상 곁에 맴돌아 그 메아리치는 전설을 꿈꿀래요."

포플러 숲 그 통나무찻집에서 청혼을 받던 날 밤, 반지는 침대에 엎드려 알 수 없는 울음을 영각켜듯 실컷 토했다고 했다. 얼마나 마음 조인 시간이었고 얼마나 기다린 나날이었는지 나는 모른다고 단언했다. 원망은 왜 아니 했겠느냐며 참으로 야속했다는 푸념이랑 투정이었다. 내세울 것 변변찮은 가문에 집안도 없고 부모마저 일찍 여읜 외톨이 한없이 외롭기도 했다. 가뜩이나 낯선 타향이어서 끝 모를 방황과 표류에 미칠 듯 몸서리쳤지만, 이젠 그토록 꿈꾸던 항구에 정박했고, 선녀탕에 와 옷을 훔치는 나무꾼에게 안겼다.

담배를 꺼내 물었다. 한 모금 깊숙이 빨아 당겼다. 무심코 흘러가는 구름을 보거나 말없는 청산을 내다보는 무아경 보다는 무심, 오늘은 반지가 강아지처럼 곁에 있어 허전한 기운이라곤 없는 평온이 감쌌다. 한 모금 빨아 당겨 반지 얼굴에 후 뿌렸다. 콜록콜록 기침을 했다.

얼마 남지 않은 장작을 마저 팼다. 가린 이 장작으로 더운 밥 짓고 구들이 쩔쩔 끓게 군불도 넣고 따순 물도 가득 덥히는 일만 남았다. 힘들이지 않고 패 얹어 자그마치 한 아홉 평쯤 되었다.

해는 벌써 산등성이에 올라서서 나무들 그림자를 서서히 뽑아냈다. 쌀쌀했다.

부엌 아궁이에 군불을 지폈다. 앞에 나란히 궁둥이를 깔고 앉아 불을 쬐었다. 따뜻했다. 볼이 발갛게 익었다.

옛날 재래식 아궁이가 좋아 집을 새로 지을 때, 방에 주방이 있지만 달랑 솥 아궁이와 가마 아궁이만 있는 작은 부엌을 일부러 만들었다. 이따금 옛날이 그리워지면 장작을 한 아름 안아다 곰처럼 지피고 난 뒤, 감자랑 고구마를 구워 먹곤 했다. 친구들이 고기를 잡아오면 매운탕을 끓여 먹기도 하고 오늘처럼 고기를 굽기도 했다. 묘미랄까, 몹쓸 향수를 느끼는 누나는 오면 반드시 무쇠솥에다 밥을 했다.

이글이글 타오르는 불꽃을 무심히 바라보다

"우리 언제 꽃잠 잘까?"

얼굴이 화끈했다. 보채는 듯 느껴졌다.

"꽃잠?"

못 들은 척 나에게 되물었다.

"응, 꽃잠."

"아이, 반지가 어떻게…."

"그럼 곧 봄 오는 삼월? 아니면 사월 꽃 필 때?"

이내 붉어지는 부끄러움이 가득했다.

아무 말 없이 팔을 벌렸다. 스러지듯 안겼다. 당장도 좋지만 삼월은 좀 빠르다는 속삭임이었다. 무릎에 앉혀 휘감아 깍지 끼었다.

불길이 맹렬히 타올랐다. 그 춤추는 불길에 그림자가 등 너머 흔들렸다. 가마에는 허연 김이 무럭무럭 올랐다.
안겨 숨길만 내뿜던 반지가 꼼지락거렸다.
"무열씨. 김무열이라고 깊숙이 새긴 반듯한 도장으로 지금 콩콩 뛰는 반지 가슴에 꼭꼭 눌러 찍어 주세요. 호(號)도 같이요. 그리고 청개구리 같은 두인 나무꾼과 선녀, 앙증스레 찍어요."
이마에다 뽀뽀를 했다.
"반지 이마의 뽀뽀가 무열씨 그림에 찍는 낙관이예요. 반지는 이제 무열씨의 소유예요."
이어
"반지, 반지의 그림에다 낙관 찍을래요."
하더니 나의 볼에 뽀뽀를 진하게 했다. 선명한 입술 자국.
꽃살림을 차려 산방에서 우리의 피붙이 살붙이 아이들이랑 종일 뛰어 놀고 싶다는 순한 꿈이었다.
모임 때문에 서둘러 배웅한 산문 밖을 멍하니 바라보았다. 반지가 차려놓은 저녁상에 김이 피어올랐다.

보물섬 _____ 2, 27.

연인.
그리워 사랑하는 가슴앓이고 그리워 애틋한 마주앓이의 과녁이었다. 늘 아쉬워 모자라듯 기다렸다. 아리따웠다. 참으로 설렜다.
반지 그리고 나.

가슴에 늘 바람개비를 아이처럼 돌렸다. 소나기가 씻어 내건 초원에 무지개 좇아 뒹굴었다. 숨바꼭질했다. 까꿍.

어릴 적, 온갖 환상에 그토록 들뜨게 했던 보물섬.

진귀한 보물로 가득 찬, 이 세상 어딘가에 있는 그 전설의 보물섬을 찾아가기로 오래 전에 손가락 걸었다. 뒤져 먼지 앉은 예 해도에도 감추어져 없는 전설만 웃자란 수평선 너머 아득한 그곳. 추억을 쟁이고 낭만을 위하여 마지막 여정의 끝을 향했다.

뚝딱거렸다. 오래전부터 배를 만들었다. 어딘가를 알고 있지만 비밀을 지키는 벙어리 나침반과 돛이 앙증스런 작은 배를 오랜 세월 모서리를 쪼아 다듬어 만들었다. 수평선 넘는 항해, 벅찬 마음 가까스로 달랬다. 동화책을 읽은 꿈꾸는 아이들이었다.

보물섬.

누구도 모르는 섬을 찾아 너울대는 물결 위를 미끄러져갔다. 씩씩하고 어여쁜 두 연인 머리카락이 멋들어지게 날렸다. 청잣빛 하늘은 맑고 물새들이 곡예비행으로 장도를 축하했다. 고기들이 지느러미를 흔들었다. 귀여운 돌고래들이 늘씬한 유영으로 따라왔다. 멋진 배웅이었다. 뱃전에 하얗게 부서지는 파도 우리는 휘파람을 불었다.

난바다를 지나 끝없는 항해였다. 긴긴 해가 수평선 넘어 잠수하고, 모포를 덮은 밤에는 아스라이 많은 별들을 목이 아프도록 헤아리며 먼 옛날이야기를 속삭였다. 참으로 아름다운 꿈을 꾸는 머나먼 길이었다. 해조음이 장엄했다.

하루 이틀, 그리고.

갈 수록 머리 위에는 작열하는 태양이 사정없이 내려쬐었다. 타는 갈증 얼굴이 검게 그을었다. 시원한 아이스크림을 먹고 싶었다. 부드러운 솜사탕을 핥고 싶었다. 문득 떠나온 비린내 짙은 포구가 그리웠다. 뒹굴어 상큼한 흙냄새 실컷 맡고 싶었다.

거칠었다. 점점 세차고 줄기찬 산더미 같은 파도가 포말을 일으켜 배를 금방 집어삼킬 기세로 돌변했다. 으르렁거려 달려드는 용이었다. 불어닥치는 강풍과 눈을 뜰 수 없이 맹렬히 퍼붓는 폭우에 팽이인 양 여지없이 회오리치는 배였다. 울컥 토하는 천지가 맴을 도는 멀미. 상어들이 주위를 맴돌았다. 입술 퍼런 추위까지 엄습해 사나운 바다였다.

무모한 것인가, 갈등처럼 후회했다. 어리석음인가, 바보 같은 뚝심으로 밀어붙이기도 했다. 이 난감하고 암울한, 고독한 항해였다. 까맣게 타버린 얼굴, 갈라진 살결, 부르튼 입술 축였다. 등을 다독이고 가슴을 비벼 체온을 나누었다. 다시 추슬렀다. 한사코 저지하려는 악몽 같은 풍랑을 헤쳤다. 오기도 배짱도 지쳤다. 초췌하고 깡마른 얼굴에 이제는 포기한 무기력과 무너지는 절망, 탈진한 기력이 박제되어갔다. 표류였다.

유령처럼 어리는 불길한 난파의 그림자.

오, 신이여.

나침반마저 고장났는가, 공포가 엄습하는 어둠 속에 지쳐 멈췄다. 방향 알 수 없는 정지된 침묵이었다. 아직도 꿈틀거려 잠꼬대 깊은 바다는 혼미한데, 홀연 껍질 벗는 어둠이 물러갔다. 먼동이 트는 새벽 끼룩거리는 새들이 뱃전으로 날아왔다. 예리한 창끝처럼 뻗쳐오르는 맹렬한 희망, 바람이 산들거렸다. 돛을 올렸다. 미끄러져갔다. 멀리, 멀리 가뭇한 점 하나 가물가물 보였다. 햇빛을 가리고 바라보다 미친 듯 환호하다 와락 껴안았다. 눈물이 핑 돌았다.

보물섬.

마침내 닻을 내렸다. 그토록 바라던 드디어 상륙했다. 널브러진 해변 모래도 이야기로만 듣던 금모래, 번쩍이는 금가루, 금싸라기, 금자갈, 금덩이, 금바위 뿐인 금섬이었다.

순진한 촌놈처럼 깨물어 보았다. 금이었다. 보물이었다.

첫 발자국, 내 딛기가 감히 두려웠다. 손잡고 걸었다. 금 발자국이었다. 껴안아 뒹굴었다. 금모래가 옷에 달라붙어 반짝이였다. 한줌 움켜 훅 뿌렸다. 반지도 한 움큼 안아 훅 뿌렸다. 금가루가 반지 머리카락을 물들이고 얼굴에도 달라붙었다. 모자이크였다. 금가루 투성이었다. 바보처럼 하얗게 노랗게 웃었다. 섬이 온통 금은보화였다. 기분 좋은 바보처럼 금모래 깊숙이, 더 깊숙이 파봤다. 섬이 통째로 온통 가득 금이었다. 어느 것 하나 보물이 아닌 것이 없었다. 황홀해 넋을 잃었다.

파도는 종일 금모래를 일었다.
가슴앓이 마주앓이 깊은 긴 여정의 종점이었다.
예쁘고 예쁜 숱한 보물을 놔두고 바보같이, 참으로 어처구니없는 바보같이, 버럭 화가 날 만큼 굳이 고집하는 겨우 은반지 하나 달랑 골랐다.
혼인반지.
손가락에 꼭 끼워주었다. 광채를 삼갔다.
보물섬을 한 바퀴 휘돌아 발자국을, 얼굴을, 금모래에 판화처럼, 낙관이듯 찍어놓고 멀리 수평선을 단단히 둘러쳐 채운 뒤 몰래 빠져나왔다. 보물섬이었다.

군밤 ____ 2, 28.

자형이 퇴근길 횡단보도를 건너다 승용차에 부딪혔다. 의식을 잃은 채 병원으로 실려 갔다는 비명 같은 전갈에 황급히 내려갔다. 천만다행으로 멀쩡히 깨어났고 검사 결과 약간의 타박상일 뿐이라는 의사의 거침없는 소견에 안도했다. 간단한 응급처치 뒤 귀가했다.
핑계 김에 반지를 불렀다. 뜻밖의 부름이라 아주 좋아죽는 어투였다. 금방 나왔다. 어제 낀 혼인반지를 보이며 남의 눈은 아랑곳하지 않은 채 다짜고짜 나의 팔을 꼭 끼고 걸었다. 어제 봤는데 또 보고 싶었다고 재롱을 부렸다.
꽤 오랜만에 시내 밤거리를 배회하는 터였다. 만조처럼 가득찬 숱한 군상들이 출렁거렸다. 거리마다, 상점마다, 창마다, 가로등이랑 네온싸인마다 휘황찬란한 불빛을 끊임없이 쏟아내고 뿜어냈다. 발정난 고양이처럼 불을 켜고 질주하는 차량들의 행렬이 분주했다. 차량과 군상, 조명이 뒤섞여 시끌벅적 활기가 넘쳤다.

조그마한 눈길로 가만히 살펴보면 이 도시에는 벌써 푸른빛을 간직한 봄이 스며들었다. 계절은 여인의 옷에서부터 온다 했다. 어여쁜 아내로 우화하는 곁에 반지의 옷도 벌써 봄을 채색했다. 옷차림이 한결 밝고 화사했다. 봄길 뒤 저켠에는 순리를 밟고 조용히 떠나는 늦겨울의 뒷모습이 처량해 연민의 정이 일었다.

학창시절 손을 비벼가며 술병을 쳐내던 포장마차 김 오르는 불빛이 희미했다. 삭막한 계절, 전투가 치열했던 전방 고지에 동장군이 집결 기어오르던 더듬이도 숨죽인 한파가 전격 진주하고, 동해에 명태가 만선으로 상륙했다는 급박한 상황을 신문에서 오려내면 점령군인 양 진주하는 포장마차.

빙점이 점령한 계엄에 저항하는 우리들의 뚝심이 완강, 공화국 비망록을 뒤적이며 누군가 혁명을 노래할 때쯤 등이 자꾸만 고꾸라지던 그림자 정겨웠다.

추운 겨울 깊은 밤 창문을 열었더니 길 건너 모퉁이에 소녀가 파는 호떡집에 불이 났더라는, 그 후 그 소녀는 영영 보이지 않았다는 어느 사춘기 소년의 일기가 문득 생각나는 포장마차.

구수한 국물이 목구멍을 데우는 어묵이랑 매콤한 떡볶이집, 콧구멍이 시커멓게 그을려도 목청만은 좋던 따끈따끈한 군고구마 아저씨의 포장마차도 먼 여정의 길을 떠나야 했다. 친구랑 동아리, 반지와 같이 누비던 추억이 이렇게 그리웠다.

반지도 이 거리를 이륙 곧 떠나야 한다.

군밤장수 포장마차에 들러 한 봉지 샀다. 한 톨 집어 잽싸게 나의 입으로 구슬처럼, 아니 여의주처럼 넣었다. 반지도 집어 먹으면서 조잘거렸다. 지난밤 내가 달콤한 꿀을 먹여주는 꿈을 꾸었다는 등 어제 끼워준 은반지를 보며 우리가 찾은 보물섬은 아무도 모른다는 등 전에 없이 무척 명랑해진, 가슴에 고이기 시작하는 봄을 곱게 물들여 채색했다.

운전면허시험 코스처럼 만나면 나란히 걸었던 아직도 여운이 남아있는 추억의 거리를 느릿느릿 더듬어 한 바퀴 돌았다. 코끝이 시렸다.

아쉬운 듯 서성이다 문득 철길에 올라섰다. 어디론가 나란히 뻗어간 끝모를 철길 손잡고 깡충깡충 침목을 건너뛰었다. 이 세상 끝까지 가자 다짐했다. 숨이 찼다. 반지를 끌어당겼다. 고개를 숙였다. 빤히 쳐다보는 눈길, 나의 귀를 꼬옥 쥐고 바싹 매달렸다. 이내 비집고 들어오는 뜨거운 입술 달뜬 숨결이었다. 맹렬했다.

귀 세운 바람이 칼을 갈고 어디 다급한 응급차 경적이 쏜살같이 지나갔다. 불면을 톺는 도시의 하늘엔 차가운 달이 걸린 듯 포개진 희미한 그림자가 있었다.

뚜우.

갑자기 그 육중한 기차가 두리번두리번 이맛불을 멀리 비추며 시커먼 굴을 빠져나온 광부처럼 강 건너 저만치서 철교를 달려오는 덩지였다.

화들짝 놀랐다. 나의 혀를 굴리느라 정신없는, 달떠 놓아주지 않아 입을 물린 채 바짝 매달린 반지를 달랑 끌어안고 부리나케 철둑을 비켜섰다. 여전히 목을 감싸안고 재롱떠는 입술이었다.

지나는 바람처럼 휙, 철마의 발굽소리가 황량했다. 화들짝 놀라 그 꽁무니를 바라보며 쓰러지도록 웃어젖혔다.

다시 침목을 깡충깡충 건너 뛰어 디뎠다.

설낙목 ＿＿＿ 2, 29.

지난 폭설에 견디지 못하고 무참히 쓰러진 설낙목을 수습했다. 기계톱이 종일 호곡을 토했다.

가파른 고지를 향해 광란으로 돌격하다 총성에 나뒹구는, 구릉에 참혹하게 널브러진 전사의 시신이었다. 붕대를 허옇게 칭칭 감고 있는 곧 죽어가는 부상병이었다. 이름 없는 능선 여기저기 미처 버려진 처참한 몰골이었다. 피비린내 진동하는 야전병원이었다.

청산에 살어리랏다. 곧은 몸뚱아리 꼿꼿이 세우는 청청한 절개에 굴복은 발작으로 싫은 완강한 뚝심이 무참히 꺾여 고고한 속살이 처연했다. 뒷산에도 드문드문 이산저산 비탈에도 희끗희끗 부러지고 쓰러졌다. 세월의 길목에서 마주치는 비바람 안아 맞으며 노승처럼 깡마른 고사목을 그토록 바랐던 꿈이 산산이 흩어졌다. 듬직한 대들보, 어깨 강한 동량이었다.

박제되어가는 붉은 가지랑 푸른 솔가리를 당돌하게도 감히 쳐냈다. 다듬어 드러누운 큰 몸통을 더듬어 잘랐다. 허연 뼈대들이 꿈틀거려 톱밥으로 뿜어져나왔다. 결코 썩지 않는 품성 짙은 향기가 일었다. 비린내 배척한 순한 체취였다. 육신마저 기꺼이 화목으로 불태우는 한 줌의 넋이었다.

무수한 설낙목이 지던 그해, 오랑캐 자주 꾀는 변방은 어김없이 난리를 겪었고 까마귀 심히 울어 몹쓸 괴질이 창궐하던 여름, 몹시 더위 타는 아버지에게 치잣물 고운 삼베옷 한 벌 입혀드린 북망길이었고, 위대한 사상가로 추앙받던 어른이 백주에 저격당하는 변고가 일어났다는, 오래 전 어느 눈 많이 내리던 해의 잦은 변고를 할머니로부터 들은 기억이 무심코 떠올랐다. 저 푸르디푸른 소나무들의 사변 같은 죽음을 보고 무슨 생각을 아니했을까. 불길한, 암울한 징조거나 예시로 받아들여 걱정하는 한없이 나약한 인간의 뒤숭숭한 물무늬였다.

허리 꺾여도 고집처럼 줄곧 버티어선 나무를 달래 안락사 밑동을 베어 뉘었다. 여태 깔고 앉았던 그루터기를 차마 넘겨주고 조용히 마지막 눈을 감았다. 참으로 반듯하고 선 굵은 나이테였다. 고스란히 가슴 깊이 간직한 생애 그 오랜 세월의 앙금이었다. 냉정하리만큼 절제된 비망록이었다. 아직도 못다 이룬 청청한 꿈이어서 마냥 공허했다. 범상치 않아 감히 외경스러운 나이테였다.

등성이 넘어온 바람이 골짜기를 쓸고 지나갔다. 무심했다. 적막이 드리웠다.

폐허, 그 몸서리치는 고지를 사수한 전쟁터였다.

소용돌이에 휩쓸려 숨져간 주검을 송진 묻은 손으로 소렴하고, 유품처럼 남겨진 그루터기에 탁본된 나이테를 흙으로 덮어 묻었다. 텅 빈 그 자리에는 낮달 띄운 파란 하늘 서너 평 남겨놓고 가버렸다.

산방설화 3월 일기.

에밀레종을 위하여 _____ 3, 1.

"형, 우리집 옆 야산 있지. 거 왜 맨 다른 건 없고 버려둔 칡덤불 숲 말이야. 거기를 밭을 만들려고 하거든. 그래 오늘 포클레인을 불러다 정리하고 있어. 형, 독칡 알아? 엄청나게 커. 여간해서 보기도 힘든 생전 처음 구경하는 진짜 독처럼 생긴 칡이 하나 나왔어. 욕심나더구만 처가 형한테 선물하자고 해 꾹 참고 내놨어. 빨리 와. 독칡이야."

석봉이었다. 참으로 삼대 구년 만에 걸려온 전화였다. 평소에 안부나 근황 따위는 아예 없었다. 조금은 무례한 듯 하지만 잊지 않고 있다는 마음씨였다. 예닐곱 아래지만 어정쩡한 반말이었다. 날만 보면 괜히 좋아 주먹을 쥐고 격투자세를 취하는, 밉지 않은 응석을 부리곤 하는 알려진 짓궂은 장난꾸러기였다.

도저히 이루어 질 수 없는 행세깨나 하는 도도한 집 처자와 결별의 그림자를 강요하는 힘겨운 연애를 할 때, 팔자에도 없는 중매쟁이 노릇을 한 인연이 있었다. 그녀의 오빠를 잘 아는 사이여서 얼떨결에 횡수로 아슬아슬 용케 성사가 되었다. 그래도 머리가 트인 수완있는 놈이어서 다행히 하는 일이 잘 풀려 나가는 형편이라 찍소리 없이 밀알진 형제를 낳아 남부럽지 않게 살고 있으니 망정이지, 다시금 생각해도 무리수였는데 아찔했다. 아마 보은인 듯싶었다.

그냥 흔한 칡도 아닌, 신비에 쌓인 독칡. 보지도 못해서 귀하기에 전설이 되어버렸다.

거기는 동네에서 알아주는 칡덤불 우거진 황무지였다. 옆에 사는 석봉이가 거저 줍다 싶은 헐값에 산 땅이었다. 벌써 벌처럼 윙윙대는 포클레인이 꿀꿀거리는 돼지마냥 칡을 파냈다. 저절로 땅이 평평해졌다.

눈딱부리를 묘하게 번득거리는 석봉이가 나의 몫으로 골라놓은 독칡을 으스대듯 손가락질했다. 넓적다리 같은 게 아니라 참말로 말로만 듣던 전설 같은 통통한 독칡이었다. 입이 딱 벌어졌다. 저리 큰 칡은 태어나 처음이었다. 누나가 이고 다니던 물동이와 맞먹기에는 퍽이나 큰 덩지였다. 누가 볼까 싶어 자루에 얼른 넣어 차에 실었다. 손을 턴 뒤 시치미를 뚝 떼고 구경하는 척했다.

기계가 좋기는 그만이었다. 칡뿌리 있는 데를 슬슬 긁어내고 바가지로 푹 떠내면 되었다. 장정 넓적다리만한 것에서부터 홍두깨 같은 것, 제법 굵은 장딴지만한, 바싹 마른 장작 같은 것들이 벌거벗은 채 잠자다 놀라 투덜대며 기어나왔다. 삽이나 괭이, 곡괭이로 칡 한 두어 뿌리 파자면 손에 물집이 생기도록 엎어져 멧돼지마냥 한나절을 파헤쳐야 하거늘, 힘 안 들이고 공짜로 얻었으니 나에겐 횡재였다.

암칡과 수칡. 암칡은 전분이 다량 함유된 갈근인데 가루가 많이 저장되어 독처럼, 단지처럼 통통하다 하여 독칡, 단지칡이라 부르기도 하고, 콩가루 같은 전분이 많다하여 콩칡이라고도 불렀다. 오늘 나온 독칡은 말 그대로 독처럼 거의 같게 생겼다. 딱 한 번 캐보았다는 아버지가 말씀하던 꿈의 칡이었다.

수칡은 전분이 없거나 빈약한 것이었다. 가루라곤 없고 입천장이 찔릴 만큼 뻣뻣한 심만 있어 씹으면 쓴 물만 나온다 하여 물칡이었다. 바라는 건 암칡이지만 좀처럼 드물었다.

득의에 차 괜히 기분이 좋았다. 아무 거도 아닌 그깟 살찐 칡뿌리 하나에 매달린 즐거움이 풍요로웠다. 진기하기에 욕심이, 아니 호기심이 생겼다.

나는 귀농은 아니다. 손바닥만한 밭이 있는 고향이긴 하나 쟁기 다룰 줄 몰랐다. 다만 호미, 괭이, 삽, 쇠스랑이 고작이었다. 따라 쟁기도 없다. 기껏 씨 뿌리고 매 가꿀 줄만 알았다. 그렇다고 금의환향, 나에겐 어울리지도 않거니와 지독하게 사치한 단어였다.

낙향. 옛날 은퇴한 청려 조장을 짚은 노정승이 여생을 위한 진정한 낙향은 거룩하고 아름답기까지 했다. 하지만 요즈음같이 무작정 어느 시골에 으리으리한 별장 같은, 궁전 같은 집을 뚝딱 지어 거처를 옮기는 낙향 참으로 가소로웠다. 돈 좀 벌었다는 과시고 유행이었다.

반해 견딜 수 없는 향수에 지친 조용한 은둔이 좋아 쫓기듯 변방 작은 산방 제자리로 돌아온 담백한 귀향일 뿐이었다. 하여 늘 소박하고 융통성이 없어 검소하고 궁핍한 청빈한이었다. 배운 재주가 돈도 안 되는 한껏 하찮은 글 쓰는 것 밖에 욕심이 없어 조그만 일거리가 그래도 즐거운 보람이었다.

싹 씻은 칡뿌리를 가마못에서 톱으로 켜고 조막 도끼로 찍어냈다. 산돼지를 잡아 젖힌 원시인 같은, 얼핏 밀도살 백장 같다는 생각이 그럴듯했다. 조각 하나 떼어 씹었다. 육즙처럼 빠져나오는 전분의 달착지근 쌉싸래한 맛이 입안 가득 터지도록 돌았다. 코끝에 쏟아지는 향기가 쏴했다. 잘게 자르면서 연신 질겅질겅 씹어 단물 빼먹곤 함부로 뱉었다.

소쿠리에 수북 담아 부엌으로 갔다. 두 소쿠리였다. 벌써 물이 맹렬히 끓기 시작하는 가마에 우르르 쏟아부었다. 푸짐했다. 들은 풍월은 있어 궁합이 맞다는 대추와 당귀 뿌리랑 몸에 좋을 것 같은, 나뒹구는 약초를 있는대로 무조건 집어넣고 아궁이를 자주 들여다봤다. 남은 일은 밤새도록 푹 고아 달이면 되었다.

칡뿌리 파먹던 황량한 시절, 산삼 뿌리였으면 좋겠다던 칡을 이산 저산 더듬어 애써 파와 작두로 잘게 썰었다. 절구에 짓찧어 물에 가라앉혀 전분을 걸러내고, 며칠 쓴맛을 우려내어 멍석에 널어 말리는 등 손질하기가 여간 조련찮았다. 아버지야 남자니 그렇지만 어머니 손은 시커먼 칡물이 반한 틈 없이 들어 안쓰러울 만큼 흉측스러웠다. 그 손을 안아 쥐고 바보처럼, 덩지 큰 짐승처럼 우시던 아버지는 좋다는 크림 몇 통 가여운 마음으로 사다 쥐어주곤 다시는 칡 일을 못하게 했다. 아버지 혼자 했다. 그때는 목구멍이 포도청이라서 어쩔 수 없이 팠지만 지금은 몸보신을 위해 혹은 재미있는 소일거리로 팠다.

아내의 암 치료를 위해 축사의 윤기 흐르는 황소 스물 댓 마리를 팔아야 했다는 절박한 사연에는 끄떡거려 동정은 가도, 몸에 좋다고 사골 굽듯 칡 진액을 바라는 화상은 암만 봐도 영악스러웠다. 남들은 인진쑥을 고고 느릅나무 껍질을 고듯, 뒤란 장독대에는 길가 지천인 꿀풀이랑 흔치 않는 약쑥, 노화방지에 좋다는 방아풀을 해마다 큰 독에 가득 넣고 설탕에 듬뿍 재인 원액을 장만했다. 몸에 좋다니까 오래도록 갈무리할 셈이고 작정이었다. 물론 올해도 베어 넣을 것인즉, 참으로 극성스러웠다.

목적을 위하여 강요된 희생이 아닌가.

조국을 위해 산화하는, 처자를 위해 몸 바치는 일은 세월이 흘러도 거룩했다.

피붙이 살붙이인 그 어린아이까지 절박하게 삶아야했던 봉덕사종이 문득 머리를 후려쳤다.

에밀레, 에밀레.

혼자 밤새도록 푹 고고 있는 화상이여.

동창계 _____ 3, 4.

어제부터 영동지방에 건조주의보가 또 내렸다. 봄이 거침없이 밀려온다는 뜻이었다. 협조를 부탁한다는 산불감시원이 휑하니 다녀가고, 이리저리 분주한 것을 보면 분명 봄이 기지개를 켰다. 겨우내 얼어 검게 멍들었던 솔잎들이 천천히 밝은 초록으로 변해갔다. 바람이 슬슬 불어 올 한해 농사도 단단히 준비해야 하는 계절이 왔다. 아는지 모르는지, 아직도 잠꼬대 깊은 절골이었다. 도랑에 그 두껍게 얼어붙었던 얼음은 어느새 녹았지만 바깥 날씨는 을씨년스러웠다. 손끝이 찼다.

나들옷을 걸치고 산문 밖 부연동으로 갔다. 두 달에 한 번씩 하는 초등학교 동창곗날이었다. 늘 모이는 음식점 욕쟁이 할머니집에는 벌써 먼저 온 친구들이 부산을 떨었다. 모두들 말쑥한 차림으로 반겼다. 진하기도 한, 능글맞은 농담도 구렁이 담 넘어가듯 분위기있게 받아넘기며 수선들을 떨었다. 그 건장하던 멋쟁이 동창 형섭이가 갑자기 죽어 별 구구한 억측이 돌아서인지, 요즈음 안부를 챙기며 건재하니 살아

있다는 반가운 얼굴이었다. 이야기가 궁하면 이미 알려진 사건을 재탕 삼탕으로 학동 시절에 있었던 이야기를 끄집어내거나, 여태 숨겼던 아린 비밀을 폭로하며 한바탕 웃어젖혔다. 즐거웠던 아련한 추억을 떠올려 곱씹었다.

강릉만큼 계가 많은 곳도 드물었다. 얼마나 많으면 셋만 모여도 계를 만든다는 이야기에 웃곤 했다. 방귀 좀 뀌고 행세깨나 하면 으레 열 밑에 들었다. 보란 듯 전국 최고를 자랑하는 금란반월계(金蘭半月契)가 강릉에 있지 않은가.

팔 다리 쑤신다 엄살같이 일삼아 짓주무르지만 차만 타면 종일 춤추는 팔도 유람 관광계, 어쩌다 술 먹고 치고 박고 싸움질이나 하는 동창계, 슬픔을 나누는 상포계, 아이들 결혼을 위한 반지계는 기본 틀이고 갑자계, 독신계 등 다양했다. 친목을 위한, 사회진출을 위한 목적의 계가 대부분이었다. 참 재미있는 계도 있다. 풍광 좋은 냇물에 고기를 잡아먹으면서 풍류를 즐기는 맹랑한 꾹저구(동사리)계가 솔깃 귀를 간질였다.

동아리나 단체의 연대로 서로 서로 돕는 좋은 점이 있다. 하지만 자칫 텃세 사나운 감정으로 흐르기 쉬웠다. 그래서 이방인 아닌 이방인으로 떠도는 가장 배타적인 도시가 강릉이라는 오명을 훈장처럼 달았다.

제법 많이 모여들었다. 별명이 코흘리개인 정철이. 버섯 농장을 경영해 재미가 쏠쏠하다는 학호. 반에서 언제나 일등을 지키던, 지금은 시내서 신발가게를 하고 있는 명구도 왔다. 영 너머 대규모 감자 채종포를 가지고 있는 알부자 억척 상민이. 아내가 효부상을 받아 칭찬이 자자한 진만이. 어디 조상 묘를 하나 그럴듯하게 써 부연동 작목반장이라도 한다는 우스개에 억세게 지랄하던 개구쟁이 남준이. 산부인과 여의사 영순이도 오랜만에 고급차를 몰고 왔다. 품행이 별로 좋지 않게 들리는 이쁜이 행자. 아들이 외무고시에 합격한 나이가 지긋한 금숙이. 주정뱅이한테 시집가 죽을 고생하는 재옥이. 벌써 손자를 본 할머니 춘월이. 딸부자 오 공주 끝에 용케 얻은 아들이라 천지에도 없다하는 순복이랑 늦어 승돈이도 합세, 한 열 대엿 명이 무릎을 맞대 자리했다.

이내 고기 굽는 냄새에 연기가 자욱했다. 더욱이 담배까지 곁들여 매캐한 생솔가리 지피는 형국이었다. 술이 몇 순배 돌자 얼큰한 분위기가 무르익어갔다. 들뜬 듯 말이 많았다. 그동안 쌓인 숱한 사연들을 한꺼번에 토하느라 왁자지껄했다. 응당 단골로 등장하는 차림표는 살아가는 얘기서부터 자식 키우는 일, 고부간의 알력이며,

부부간에 미묘한 갈등과 애정 문제, 이런 것들이 다 개도 안 물어가는 그놈의 돈 때문이라고 누군가 흥분했다. 그런지도 모를 일이었다.

경제가 안 풀리는 이유 가운데 첫 손 꼽는 하나는 정치가 잘못되어서 그런 것이 아니라 정치를 못하기 때문이라는 그럴듯 아리송하게 덧칠했다. 그저 추악한 협잡질에 뒷구멍으로 돈이나 받아 처먹는 종자들. 똥만도 못한 개새끼들이고 시정잡배만도 못하게 내몰아 무자비하니 질타하며 욕을 한바탕 질탕하게 퍼부었다. 끝내는 모조리 끌어내 총살 여의도든 청와대든 폭파시켜 날려보내야 한다고 단순한 열정으로 목에 불끈 힘줄을 돋웠다.

그렇다. 여태 정치하는 개새끼들이 저지른 부정부패로 얼룩진 틀림없는 역사였다. 정치를 하려면 우선 거짓말부터 배워야 살고, 죽어도 오리발 내미는 뚝심이 있어야 한다고. 어쭙잖지만 여지없이 정곡을 후려치는 가상하면서도 무지막지한 욕설과 파안대소가 어우러져 답답했던 속내가 조금은 후련했다. 더러운 똥개새끼들.

술이 좀 취해서일까, 학창시절엔 말도 못할 만큼 못 말리는 개구쟁이었던, 지금은 늘 점잔은 남준이가 웬일로 숨은 끼를 한껏 발산했다. 요즈음 한창 유행하는 성대모사였다. 물론 유명 인기인도 인기인이었지만, 그보다는 부연동 몇 사람들의 묘한 어투와 특이한 몸짓을 어쩜 그리도 똑같게 구사하는지, 모두는 데굴데굴 들이 굴고 내굴었다. 뒤집어지다 못해 벌개진 얼굴로 기침까지 토하는 난장판에 아수라장이었다.

평소에도 소질을 더러 보였지만 진만이의 모창 또한 탄복했다. 특히 나훈아, 배호의 노래는 영락없었다. 숨은 재주꾼이었다. 덧붙여 다음 계 때는 나의 악기 연주 솜씨를 좀 듣자는 성화로 끝마무리를 멋있게 장식한 셈이었다.

후끈한 열기가 어느 정도 가라앉을 즈음 느닷없이 행자가 입찬말을 참으로 암팡지게 뱉었다. 무열이 넌 웬 새파란 여고생과 놀아난다고 소문 자자하더라는 비아냥처럼 불쑥 나무랐다. 홀아비의 심정을 누구보다 더 이해한다는 여유를 부려 어른인양 그럴듯한 훈계까지 했다. 어이가 없었다. 머리가 띵했다. 시선이 쏠려 당황 얼떨떨했지만 얼토당토 않는 금시초문에 뭐라고? 짐짓 얼음장보다 싸늘하게 되물었다. 자칫 불미스런 분위기를 직감한 승돈이가 가로막았다. 아니고, 마흔이 다 된 동안의 여인 열성팬이라고 해명했다.

겨 묻은 개를 나무라는 똥 묻은 개의 내숭인가. 선수인가.

소문을 안주로 다시 술이 돌았고 어색한 분위를 느낀 행자가, 얼른 장가가라는 뜻으로 그렇게 말했다고 느닷없이 나의 볼에 뽀뽀하는 바람에 모두는 만담이듯 웃고 말았다. 소문의 꼬리를 끊지 못하는 그녀는 취했다.

연화교를 건넜다. 골바람이 모롱 돌아 쏟아져나왔다.

굴뚝새와 비구니 _____ 3, 7.

정녕 봄은 오는가 보다. 머리를 쑤셔 박으면 잠이 언제 들었는지도 모르고 뺨도 붙이면 내쳐 잠들었다. 아침에 깨기가 고단하고 나른했다. 한일도 없는데 꿈까지 꾸었다.

무심하거나 하찮거나 아니면 몹시 바빠 한 동안 잊고 지냈던 기억을 지난 밤 꿈에 문득 만났다. 시 몇 줄을 적느라 끄떡이다, 학동 시절 학교를 파하고 호수에 나가 헤엄치다 물에 빠져 죽은 명철이가 왠지 느닷없이 생각났다. 뇌리 속에 사라져 가물가물 까마득한 벗이었다. 물을 즐기던 그는 이다음에 대양을 누비는 멋진 선장이 되겠다고 특유의 코를 찡긋 실룩거리던 천진한 아이였다.

아무리 헤아려 짐작해도 얄궂었다.

아침에 집 앞 만월폭포 옆 찔레덤불서 송편만한 새까만 굴뚝새를 보았다. 나를 보자 고 작은 몸을 흔들어대며 꽁지깃을 바짝 치켜올려 반가이 울었다. 평소에도 잘 보이지 않는 굴뚝새가 내 눈에 띄다니. 아마 봄을 맞으러 나온 모양이었다. 참새보다 작아도 울음소리는 뜻밖이었다. 당돌하게 힘찼다. 오들오들 떨며 웅크린 이 추운 겨울 어디서 견뎠을까. 미처 너를 망각하고 지냈다는 미안한 마음을 못내 지울 수 없어 씁쓸한 여운이 일었다. 벗을 만난 듯 즐거웠다. 한참을 바라보자니 버들가지 사이로, 덤불 사이로 들락날락 포르릉포르릉 날아다녔다. 나들이 나온 회색빛 길로 푸른 봄이 어른거림을 느꼈다. 이 조용하다 못해 호젓한 골짜기에도 봄기운이 꿈틀거렸다. 하잘 것 없는 굴뚝새도 외출을 나왔으니 계절은 참으로 신통했다.

그뿐 아니었다.

겨우내 꼼짝 않고 들어앉아 민들레 포자마냥 후 종소리만 날려보내던 산사의 비구니도 운전을 마다하고, 훌쭉한 빈대 바랑을 짊어진 채 산문 밖으로 행차하는 길이었다. 파르라니 깎은 머리통이 어쩜 저리도 예쁘고 동그란지, 만지고 싶었다. 공손히 합장하고 조심스레 안부를 물었다. 호수에 파문처럼 조용한 미소를 띠우며 동안거에 정진했노라는 낮은 목소리였다. 나의 얼굴을 물끄러미 바라보다 말고 뜬금없이 어쩜 곧 좋은 일이 분명 생길 것 같다는 덕담을 아끼지 않았다. 동갑이라는 사실에 무척 좋아하던 그녀. 올해 첫 행속이었다.

젊은 비구니.

정토사 스님이 열반에 들자 얼마 지나지 않아 남자도 아닌 대단한 미모의 비구니가 몰래 왔다. 열 두 소문은 명문 최고 학부를 나와 어느 중소기업사장의 아내였는데, 뜻하지 않은 몹쓸 투병에 미망인이 되었다는 수근거림이었다. 상당한 재력도 갖춘 여인이었다. 좀 모자라는 팔푼이 큰 오라비와 음전한 노모를 모시고 정토사에 왔다. 더욱 작은 오라비가 정부 요직에 있는 배경이 튼튼하다는 알 수 없는 도무지 의문투성이 비구니였다.

몇 년 전 농어촌 도로확충 계획 때, 누가 보아도 다른 곳의 계획이 더 절실했는데도 엉뚱하게 우리집 앞을 지나 시오리나 되는 산사까지 길을 훤히 닦고 말끔한 포장을 한 것을 보면 헛소문만 아닌 다분히 신빙성이 있는 말이었고 추측이었다. 보이지 않는 지렛대였다.

씨 뿌리는 봄이 오는 길목인가.

소담스런 박씨를 부쩍 자주 물어다 주는 제비였다. 숱한 이야기를 가슴에 안고 앵두 입술을 꼭 다문 편지, 연지곤지 찍고 몸뚱아리 돌돌 감은 소포들이었다. 먼 데 소식을 정다운 이웃에게 제비로 날아가 전해주는 앙증스런 소꿉놀이였다. 아득히 바다 건너 혹은 전운이 감도는 천리 변방이거나, 나처럼 은거한 산중에 무슨 인연이 있어 마다않고 용케 찾아와 기별하는 천사였다.

반지의 편지였다. 배를 간질였다. 나의 손길에 참다못해 사연 머금은 꽃봉오리를 까르르 터트렸다. 향기, 반지의 냄새가 부챗살처럼 이내 방안에 퍼졌다. 눈과 코,

귀, 심장이 꿈틀거렸다. 담뿍 들이마셨다. 반지의 편린이었다.

새해 들어 문운을 빈다는 어느 문우의 때 늦은 연하장과 또 다른 몇 초대장, 엽서, 스님처럼 산중에 칩거만 하지 말고 얼굴 좀 보자는 뜸했던 지인들의 안부 편지. 아담한 처녀시집을 묶어 예쁜 바구니에 담아 보낸 병아리 시인의 조심스런 향기와 낯선 이름표를 달아 보낸 뉘의 귀거래사적 잔잔한 수필집 온기, 침묵으로 일관해 절필인가 했는데 추한 인간 군상들의 심리, 특히 정치하는 개새끼들을 예리한 칼로 난도질해 자칫 필화를 입을 수도 있는 어쩌면 문제작일지도 모르는 광기 번뜩이는 소설, 스스로 흑산도에 유배되었다는 친구의 절규가 분출해 열기로 자욱했다.

모두, 모두가 살아있었다. 살아있다는 증거 그 증거를 확인하는 나 또한 고르게 숨쉬고 있지 않은가. 마음이 그윽했다.

번데기로 고치 속에 조용히 은거해 있다 산문 밖을 나들이 나서는 비구니도, 용케 때를 알고 어두운 둥지를 박차고 나온 굴뚝새도, 기억 저편에 나타난 벗도, 모두 핏줄을 타고 퍼져오는 새날의 맑은 정기가 맥박 쳐 뒤척이기 때문이었다. 그것은 봄, 바람이었다.

산문 안 털북숭이 화실에 들렀다. 겨우내 굳게 닫혀있던 문이 빼꼼히 열려있고, 방안은 제법 따스한 햇살이 뒹굴었다. 냉혈한 동장군의 위용에 감히 한 뼘 열기로 가로 막아 힘겹게 저항하던 나무 난로도 싸늘히 식어, 벌겋게 녹 슬은 고철덩어리처럼 우중충해 보였다. 진한 커피를 타 주던 주전자도 찌그러진 채 궁둥이를 까고 게을리 앉아 졸았다.

방금 배달되었는지 소인이 선명하게 찍힌 마분지 상자에서 숱한 물감들을 골라 정리하느라 털보는 여념이 없었다. 연두와 초록, 노랑, 빨강 물감들이 튜브 안에 가득 통통했다. 살이 쪘다. 이제 머지않아 뿜어내야할 봄을 기다리는 아직은 말랑말랑한 번데기였다.

밖을 훤히 바라볼 수 있는 창에는 꽉 차있는 묵직한 화폭이 보였다. 절골 풍경을 그리는 터였다. 얼마 전 만해도 을씨년스런 사뭇 부연 잿빛이었는데, 누군가 정사 뒤 내버린 속곳 같은 남루한 누더기 잔설도 보이지 않고 도랑에 얼음도 그려 넣지 않았다. 열린 듯 하늘이 상큼했다. 산등성이 계곡마다 빼곡한 숲 숱한 나뭇가지들은 서서히 윤기 도는 불그스레한 빛이 은근히 돌았다. 그 추위에 떨며 용케 웅크리고 살아있는 어느 핏줄이인가. 싸늘하던 몸에 체온이 올라 가지마다에는 조용히 움과 순을 톡톡 틔우는 소리 들렸다.

이제 곧 봄을 노래하는 꽃과 새, 요정과 넋들이 강산으로 밀려올 것인 즉.

바람이 일었다.

찌든 담뱃내 털고 다시 붓을 잡아 저 우울한 회색빛을 훔쳐내는 날을 기다린 듯 맹렬히 우화하는 번데기들. 서슬 퍼런 계엄령에 억압되었던 털보는 남몰래 그 번데기들을 사육하고 있었다.

모녀 _____ 3, 10.

주문진 장모님께 결혼하고픈 여자가 있다고 머뭇거리듯 전화를 했다. 너무나 미안하고 죄스러워 쭈뼛거리는데 뜻밖에 반겨 기뻐했다. 혼사는 서둘러야 하는 법, 진작 했어야 했다는 책망까지 했다. 반지에 대해 소상히 아뢰었더니 언제 한번 데리고 오라는, 그래서 혼자 생각에 모녀의 연을 맺으면 좋겠다는 마음이었다.

자신이 없어 이 뜻을 여태 미루다 엊저녁에야 비로소 반지에게 조심스레 전했다. 글쎄요, 끄는 듯한 여운이 싫다 좋다 하기에 앞서 상당히 난처한 눈치였다. 성급하기도 했고 괜한 말을 했다 싶었다. 내처 이해했다. 그러는 나는 뭐 알까만 아직 인간사 깊이를 모르는, 세상사 얽혀있음을 느끼지 못하는, 묘한 세월에 닦이지 않은 청순한 노처녀였다.

어쩌면 고리타분하다는 생각을 곰곰이 씹었지만 그보다는 몹쓸 여자, 언니의 자리를 가로챈 앙큼한 년으로 여겨질 것 같아 지금도 개운치 않아 망설인다는 반지였다. 인연이면 피붙이인 소영이 이젠 미우나 고우나 모녀 사이지만, 내키지 않아 선뜻 말이 나오지 않았다는 고백이었다. 어머니가 없어 옆구리는 텅 비어 늘 허전한데 있으면 오죽 좋겠느냐는 새벽 전화였다.

못내 불안해하는 반지가 머리를 매만졌다. 영 내키지 않으면 가지 말자 했다. 그러면서도 애마는 벌써 시내를 뚫고 이미 김동명 파초시비 앞을 벗어나 내달렸다. 번쩍, 연곡을 뒤로 밀어젖히며 신리천을 지나 읍사무소 옆 골목으로 꺾었다.

어쩜 요리도 귀엽고 동안이냐고 나의 등을 툭툭 두드렸다. 절을 받고 난 장모는 못다한 소영이 어미의 몫을 이어줘서 김서방 볼 면목이 이제야 선다며 여태 매만진 마음을 눈물로 흘렸다. 출가하면 그리운 것이 친정인데, 불행하게도 어머니가 없다는 소리에 문득 망령 같은 생각으로 색시의 어미가 되어 서로 의지하는 모녀가 되었음 싶었다는 속내를 조용조용 털어놓았다. 괜히 심란하게 했다면 그냥 안 들은 걸로 여기라고 했다. 분위기가 좀 어색했다.

장모의 손을 슬그머니 쥐고 약간 뜸을 들이다

“그럼 우리 목욕 가요? 저 더러운 때 많아요. 빡빡 밀어주세요?”

하곤 이내 얼굴을 화사하게 폈다. 행동이 가벼워지고 가까워졌다.

처음엔 무슨 뜻인지 몰라 어리둥절 머뭇거리다 이내 알아챘다. 마음을 열어 끈을 이었다.

뜻하지 않게 장모와 반지는 곧장 목욕탕으로 간 뒤, 조금 전 반전되어 잘 풀린 상황에 적이 안도했으나 깜짝 놀랐다. 재치와 기지가 더러 번뜩이는 줄은 진작 알았지만 속된 말로 꾀 떨어지면 죽을 반지였다. 팔자에 없는 귀여운 암여우를 사육하게 생겼다고 고개를 끄덕거렸다.

대학 3년 봄 인문대 축제. 수백 명이 들어찬 큰 강당에서 학생들이 지니고 있는 장기자랑과 노래자랑이 벌어졌었다. 재치 발랄한 개그와 만담, 어쩜 똑같은 모창과 성대모사, 탄성을 아니 지를 수 없는 무술과 묘기가 백출 짐벙지게 벌어졌다. 감히 생각지도 못할 참으로 자유분방한 연출이었다. 후끈한 열기의 열기였다. 아낌없는 갈채 속에 장기자랑이 끝났다.

곧 이어 노래자랑으로 들어갔다. 중간에 찬조 출연이었다. 무대에 섰다.

제법 신경을 써 귀족스러운 의상을 하고 색소폰과 트럼펫을 어쩌면 멋들어지게 불어젖혔다.

가수 빰치는 노래자랑 축제가 끝났을 때 전산과 송영화라는 2년차 여학생이 찾아왔다. 들어 소문으로 알기에 진작 만나고 싶었는데 영광이라는 단어를 거북하게 들먹였다.

트럼펫을 좀 불었다는 소영이 엄마였다.

괜찮은 얼굴에 무던한, 우리는 급속히 친해졌다. 잘 따르기에 남매처럼 다정히 돌아다녔다. 어느 비 오는 날, 막차도 끊겨버린 늦은 밤새도록 걷자고, 등 푸른 낭만을 꿈꾸자고 채근하기에 휩쓸려 걸었다. 흠뻑 젖은 채 자취방으로 들어오고야 말았다. 결국 입영 전날까지 영화를 품에 안는 격렬한 비망록을 몰래 지녀야 했고, 아름다운 추억을 낙관으로 찍어 숙명이라는 그림을 표구했다. 그리고 배웅을 받으며 후조처럼 별동대로 훌쩍 떠났다.

상큼하게 목욕을 한 장모와 손을 꼭 쥔 반지랑 갯내음이 확 끼치는 어판장을 한 바퀴 돌았다. 이내 단골 횟집에 갔다. 고급회를 시켜놓고 먹었다. 서로 싸 먹이고 받아먹고 즐거웠다.

반지가 화장실 간 사이 장모님이 가까이 다가와 속삭였다.

"김서방, 각시 작은 얼굴에 복이 꽉 찼어. 두고 보게."

마늘 같은 복코에 나비 같은 부처귀, 손덕이 있고 귀티가 가득한 인상이라는 귀띔이었다. 싫지 않은 기분이었다.

반지가 차에 오르려다 말고 다시 내려 쪼르르 달려갔다. 배웅하는 장모 볼에다 뽀뽀를 냅다 하곤 꼭 껴안았다.

"엄마."

처음 부르는 소리였다.

"응? 으응."

"엄마! 사랑해."

"오냐. 천생 내 딸이다!"

손을 흔드는 장모 얼굴이 환했다.

경칩 ──── 3, 13.

엊저녁 늦게 경포 외갓집 건너에 사는 막역한 벗이 모처럼 전화를 주었다. 절골 촌놈이 중학교서부터 만나 고등학교까지 그리고 대학교 학과까지 같이 붙어 다니던 따스한 동무였다. 말이 좀 조리가 없는 것으로 봐 약간은 취기가 어린 목소리였다. 이런 저런 얘기 끝에 지금도 여전히 악기를 매만지고 있느냐면서, 집 앞 고래실논에 우렁이가 많으니 수일내로 날 잡아 한번 오라는 안부였다.

외할아버지 제사가 이맘 때였다. 어머니 따라 외갓집 가는 일이 약지 못한 촌놈에겐 그리도 즐거웠다. 손잡고 가는 기분이란 해방이고 자유였다. 아니 탈출이었다. 모두 방앗공이 외손을 귀여워해 주는 칙사 대접이었다.

연탄가스로 젊어서 죽었지만, 또래 외사촌과 나는 자루를 하나씩 들고, 무릎을 바싹 걷어 올려 수렁이 도사리고 있는 집 앞 고래실에 황새처럼 어청거리며 달걀만한 우렁이를 한 자루씩 줍곤 했다. 허리까지 빠지며 기어나오며 얼굴은 형편없는 흙투성인 채 그렇게 기뻤다. 그것을 삶아 살을 빼내 양념에 초고추장으로 버무려놓으면 술안주로는 정말 멋진 일품이었다. 쫄깃쫄깃하고 향긋해 감칠맛이 돌았다. 그럴 때마다 외할아버지는 방앗공이, 이리 온, 하고 애 썼다며 외사촌과 나에게 꽤 쓸만한 돈을 쥐어주곤 했다.

수화기를 내려놓자 거적귀신이 슬슬 내려왔다. 하품이 입을 벌렸다. 거적을 뒤집어썼다.

"꼬르륵꼬르륵, 호륵꼬륵 호르륵."

환청인가.

"호르륵 꼬륵호륵, 꼬르륵꼬르륵."

냉정한 겨울이었지만 아쉽게 보내고 따뜻해오는 봄날이기에 바빴다. 겨를이 없었다. 어제는 노총각 태현이 결혼식에 갔다 왔다.

『해람시 봄맞이 낭송의 밤』

해마다 이때쯤 빠지지 않고 꼭 초대장이 산뜻한 맵시로 찾아왔다.

봄이 흔들어 깨우자 사방서 꿈틀, 문학계 동아리들도 기지개를 켜는 긴 하품을 했다.

아직도 손이 시린 아침에 도랑으로 갔다. 물이 늘 고여있는 웅덩이를 들여다보았다. 환청이 아니었다. 주체할 수 없는 기쁨이 온몸에 물벼락쳤다. 보란 듯 투명한 방울막 안에 까만 점이 들어가 박힌 개구리알 덩어리가 꽃송이처럼 사방 가라앉아 부화를 기다렸다. 고리처럼 동그랗게 말린 말간 대롱 속에 든 도롱뇽알도 보였다.

災從春雪消 (재종춘설소)
福隨夏雲興 (복수하운흥)
재난은 봄눈처럼 사라지고
행복은 여름 구름처럼 일어라.

할아버지, 아버지는 입춘방을 써 해마다 기둥에 붙인 얼마지 않은 동안, 해마다 우수 경칩 때쯤이면 으레 봄을 알리는 전령사였다.

산사 깊은 고요로운 시절, 산방 감도는 오래엔 아지랑이 일었다.

한나절 내내 난데없는 웬 봄 안개가 꿈결처럼 끼었다 사라졌다. 계절이 꿈틀대는가. 괜히 기분이 들떴다. 설렜다.

개시였다. 마당가 두렁바위 옆 묵고 묵은 매화 고목 등걸이 은은한 한 폭의 탁본이듯 첫 꽃피웠다. 향기 짙은 오래이었다.

둥근 수박인 듯 벌써 지난밤을 가른 보름날이었다.

굴뚝새랑 박새가 나들이 나와 덤불이랑 숲 사이로 분주히 오가며 포르릉거렸다.

재롱둥이 수달이 숨어있을 뿐 아무도 아닌 듯, 거기에는 이리 뒤척 저리 뒤척 멋대로 휘늘어진 버들가지가 토실토실 살찐 아기를 업고, 하늘의 천기를 헤아렸다. 설을 쉰 뒤 여태 봄을 기다렸다. 요 며칠이 아닌 퍽이나 오래 해동 전부터 벼른 역력한 흔적이었다. 매서운 물바람 골바람에 행여 고뿔 들릴까 둘둘 비단옷으로 감싸고, 고깔모자 눌러 쓴 채 조금씩, 조금씩 기어오르는 버들강아지였다. 자꾸 추슬러 올리는 가는 허리가 겨워 휘청거렸다.

용화산 기슭 정토사의 종소리가 내리고 어둠이 밀려오면 눈은 반짝 뜨여 동산을 바라보았다. 이마가 달아오르는 신열이 돋았다.

숱한 밤을 그렇게 기다린 보름.

아프도록 고개 젖혀 바라보는 월궁항아의 전설이 태고로운 임이시여.

유정한 임이시여.

가는 허리 제겨 딛고 휘영청 달맞이하는 버들강아지, 봄의 요정이었다. 명주빛 막을 드리운 즐거운 밤을 새도록 노래하고 춤추다 지금은 등에 업혀 곤히 잠든 아침이었다.

이제 곧 부름켜 가득 물 올리는 날, 그대 입술 고운 노랫소리를 머지않아 들을 것인즉.

버들이 물결에, 바람에 낭창거렸다.

깊은 골짜기 양지 도랑에 버들강아지 따먹는 배고픈 노루가 화들짝 놀라 잔솔밭을 뒷다리 탁탁 차며 뛰어 달아나기도 하는 계절이었다. 초봄이 오는 그때쯤 곰처럼 돌멩이를 일으키면 벌건 알가재를 종다래끼에 하나 가득 잡아오곤 했다.

어디 양지쪽 산모롱에서 꿩이 제바람에 놀라 산등성이를 푸드득 날아 넘는 한나절. 메주 뜨는 내 진한 해동, 산문 밖 부연동에 뉘 상여소리가 멀리 처량하게 들렸다. 땅문서까지 잡힌 누렇게 뜬 투전꾼도 지쳐 맥이 풀리는 봄잠이 하 많은 해동이었다. 탁발 스님이 어스름 이끌고 용화산 든지 오래.

아버지는 윗방에서 자리를 매고 어머니 길쌈하는 이슥한 밤, 할머니 빈 젖을 아프도록 조몰락거리며 어쩌지 못해 고양이처럼 까불다 까무룩 잠이 들쯤, 누나가 소리쳤다.

"가만. 어머, 개구리다, 개구리. 개구리가 울어."

고요의 길목을 여태 잠복해 낚아챈 듯 기다리던 은근한 기별이었다.

"호르륵 꼬륵호륵 꼬르륵."

모두 멈추고 귀를 열었다. 귀를 비집고 들려오는 새 탄생의 소리였다. 눈이 동그래지는 얼굴은 더없이 기쁜 표정들이었다. 깊은 잠에서 깨어난 첫 울음소리는 상서로운 묘한 감정을 불러 일으켰다. 그럴 때마다 어머니는 움구덩이 속의 무가 바람이 든 것을 보면 때를 용케 알아차리는 섭리를 신기해했다.
“이보게, 아범. 낼 해 뜨기 전에 바지게다 거름 한 짐 잔뜩 져 밭에 내어다 붓게.”
올해도 농사가 여전히 잘 되게 해달라는 기원이었다.
마누라야 업어주면 품안이 재롱인데, 지게는 업어주면 일철만 내다다른다고, 아버지는 은근슬쩍 흥얼거려 문을 활짝 열어보곤 했다. 몰래 뒷물 친 밤 동산엔 둥근달이 푸르던 시절이었다.

꽂삽 _____ 3, 14.

“자고로 여자를 사로잡는 방법은 멋진 기술이 아니라 현란한 예술이야. 일 더하기 이는 삼, 이런 수학 공식이 아닌 정성 즉 마음이기 때문에 우아한 꾀를 써야 되는 거야. 어쨌든 여자를 감동시키고 굴복시키는 능란한 기교의 한 방법으로 뭐니 뭐니 해도 선물, 벌써 포장부터 심상치 않은 선물이어야 돼. 분위기와 돈에 맥을 못 쓰는, 아름답기에 생명과도 같은 허영에 찬 여자의 약점을 아프도록 파고드는 거야. 특히 몸치장을 하는 반지라던가 디자인 감각이 뛰어난 귀걸이, 목걸이, 브로치, 머리핀을 선물하거나 아니면 최신 유행을 입고 나래 펴는 옷, 그것도 좀 비싼 옷으로 과감히 공략하는 거야. 내가 옷 팔아먹으려고 하는 속 보이는 소리가 아니고 귀하게 골라 한 벌 쫙 입힌 뒤, 정말로 멋지다고 참으로 놀라는 척 껴안아주며 미리 준비한 화려한 머리핀 하나쯤 꽂아주면 완전 환심, 환상에 빠지는 거지.”
상당히 큰 양품점을 경영하는 구렁이가 다된 선배의 치밀하고 능란한 설교였다. 하지만 어쩐지 영 간지러웠다. 그것이 장사꾼의 노련미에서 뿜어지는 독심술이었다. 달랑 불알 두 쪽만 달고 시작했다는, 소문에 빌딩이 두 채나 있는 장사 수완이 대단한 누가 뭐라던 분명 성공한 사람이었다. 덧붙여 상당한 미남이었다.

금방 보물섬에 들러 주머니에 손을 질러넣고 나와 옷가게 골목에 이르자, 구김살이라곤 없는 해맑은 반지가 두리번거렸다. 고사리 같은 손을 흔들며 강아지처럼 달려와 반겨 팔짱을 꼈다. 가게마다 휘황찬란한 조명이 진열장을 전시하며 사람들을 기다렸다. 참으로 예쁜 옷들이 저마다 뽐내느라 유혹했다. 아무런 이야기도 없이 문득 나오라는 이유가 궁금했는지 쳐다보며 채근했다. 아내 될 반지에게 옷 한 벌 사주지 못해 은근히 미안, 짐처럼 지고 다녔다.

거리 중간쯤 간판도 당당한 선배의 가게 '귀부인'으로 들어갔다. 꽤 비싸다고 소문난 고급 매장이었다. 여전히 손님이 북적거렸다. 점원들이 반기고 선배가 능청스럽게 너스레를 떨었다. 조금은 쭈뼛거려 반지를 소개했다. 무엇보다 인상이 너무 좋다는 다분히 아첨인 칭찬에 꽤나 수줍음 타는 반지였다.

따끈한 차 한 잔으로 속을 데운 뒤 진열대를 한 바퀴 돌았다. 나 어때요, 예쁘죠, 걸린 옷들이 귀를 간질이여 속삭였다. 너무 잘 나와 어느 것을 골라야 할지 갈등이 생긴다는 즐거운 비명이었다. 부러워하는 얼굴이었다. 같이 한참을 왔다 갔다 했다.

늘 눈여겨 보아왔지만 화려함보다는 튀지 않는 산뜻한 단색, 결코 요란한 성미는 아닌 듯 싶었다. 한참만에야 어찌 맘에 드는 옷 두 벌을 가지고 휘장 친 안 거울 앞에서 입어보았다. 어린애처럼 좋아하며 어떠냐고 빙빙 돌아도 보고 맨드리를 만들어 보기도 했다. 이것저것 망설이다 파격적인 것보다 디자인이 은은한 옷을 골랐다. 새옷을 가져와 단정히 입고 나왔다. 역시 탁월한 안목이라고 선배가 다가오며 좀 느끼한 아양을 떨었다.

계단이 있는 둥근 무대 위로 걸어 나왔다. 뭇 시선이 따가운 바늘처럼 쏘아보았다. 갑자기 웬 경쾌한 음악이 운동회 날 터트리는 박에서 무수히 쏟아지는 오색 종이처럼 아스라한 팡파르였다. 조명이 집중 훤히 비춰졌다. 날아갈듯 예뻤다. 천천히 올라가 삼단 같은 머리에 사뿐히 내려앉는 나비핀을 꽂았다. 참으로 귀여웠다. 살짝 껴안아 뽀뽀를 했다.

"박수! 손 뒀다가 뭣합니까? 갈채를 보냅시다, 아낌없이."

재치와 순발력이 있는 선배가 놓치지 않고 소리쳤다. 점원과 손님들이 일제히 박수를 쳤다. 후끈했다.

행복하게 잘 살아야 한다는 선배의 배웅을 뒤로 하고 이웃에 있는 산채 음식점으로 갔다. 아늑한 방을 찾았다.

여자한테서 선물을 받아본 적은 있어도 남자에게서 받아보기는 참말 처음이라는, 더욱이 팔베개 베어주는 남편으로 뒹굴어 사랑받는 사람에게서 의미 깊은 선물을 받는다는 게 너무나 기쁜 마음을 아이처럼 토했다. 나의 마디 굵은 손을 끌어당겨 쥐고 알듯 모를듯 웃음을 날렸다.

"맘에 들어?"

"네. 쏙. 그러잖아도 봄옷 한 벌쯤 사야겠다고 망설였는데 너무 기뻐요."

"옷이 참 예뻐. 난 넓은 가슴 벌어진 어깨 때문에 정장보다는 편하고 풍덩한 점퍼가 어울려."

"맞아요. 언젠가 겨울 경포바다에 갔을 때 벗어 입혀주는 점퍼 때문에 반지는 강보에 싸인 애기처럼 보였어요. 무열씨가 그때 처음 반지를 꼭 껴안아 품었어요. 기억하시나요?"

"그럼. 며칠 전엔 혀가 얼얼토록 키스 한 것도 아는데."

조개볼이 앙증스런 뺨이 한창 붉었다. 익은 사과였다.

꽃모종 가게에 가면 그 숱한 꽃들이 하고 많지만 내게 눈맞춤하는 꽃을 보잖아. 눈에 드는 예쁜 꽃을 찾지. 향기로운 꽃을 고르면 나의 꽃이기에 물주고 가꾸어야 하는 나비의 꿈이야. 참으로 잘 골랐으니 곱게 키워야할 꽃, 이제 곧 절골 송도집으로 가져가야하는데, 조심스레 꽃삽으로 떠 화분에 옮겨 심는 중이야. 맴을 도는 나비가 보여?

속으로 은근히 뇌까렸다.

진정 한 떨기 꽃이었다. 나비가 날아와 앉았다. 달콤한 입맞춤이었다.

약속 _____ 3, 17.

3년.

쩔쩔 끓는 온돌같이 유난히도 등이 따슨 아빠 곁을 차마 떠나 고향 강릉을 등지고, 조국의 흙 한 줌 안고, 낯선 땅에 발자국 찍은지 벌써 세 해나 훌쩍 지나갔네요.

아빠.

어릴 적 재롱둥이가 생각나나요. 그 울보 소영이 지구 저편 유학왔네요. 이젠 익숙해진 생활에 공부가 재미있어요. 눈이 파란, 노란. 머리가 붉은, 노란. 갈색 피부가 하얀, 검은 숱한 벗도 많이 사귀고 탐방도 즐겨하고 잘 어울리는 천성에 외로운 이방인이 아니어요. 드넓은 세상이라는 두루 사회 경험을 쌓기 위해 아르바이트하는 돈으로 올해는 저 웅장한 그랜드캐년 대협곡을 경비행기로 탐승 족적을 남길 거예요.

참, 오늘 끼니 제대로 챙겨 드셨나요. 오늘도 썰렁한 쥐코밥상 앞에 놓고 청산 위 지나는 흰 구름 보고 계시나요. 어떤 때는 망설임 없이 모든 것을 팽개치고 달려가 짭짤한 반찬에 더운밥 지어드리고 싶고, 아랫목이 눌도록 군불 피워 드리고 싶어요. 아빠 곁을 맴돌아 응석부리며 참새처럼 말동무가 되고 휘파람새 모양 노래도 불러주고 싶은데, 그래서 엄마 잃은 허전한 옆구리를 채워 드리고픈데 안타까울 뿐 잔뜩 애가 말라요. 늘 불효한 것은 젊은 나이에 혼자 된 아빠를 인정머리 없이 야멸치게 홀로 두고 철새처럼 훌쩍 떠나온 가슴이 저리고 아파요. 이따금 문득 고향이 그리울 때면 청승맞을 아빠가 불쌍해 남몰래 눈물 흘려요. 방랑하는 객 향수병에 실컷 울어요.

아빠.

흔적처럼 혈육 한 점 남기고 가신 엄마 생각 이젠 나래 접어요. 쏙 빼 닮은 소영이 있잖아요. 아빠의 속죄하는 마음 그만하면 됐어요. 지은 죄가 없어 속죄할 일도 아닌데 너무 안쓰러워요. 얼마 전 주문진 외할머니한테 전화를 드렸더니, 네 어미가 복이 한껏이라 그렇지, 네 아비가 무슨 죄냐. 시퍼런 나이인데 재혼 안 한다더냐. 일삼아 채근하라고 하셨어요.

어렴풋이나마 이제는 알 것 같아요. 엄마의 아빠를 다른 여자에게 고스란히 빼앗긴다는 생각에 견디기 어려울 만큼 무척 밉기도 했어요. 누군가가 새 엄마로 들어온다면 죽이고 싶을 만큼 용서가 안 되었어요. 돌아가신 엄마가 몹시도 불쌍했어요. 원망스러웠어요. 그래서 아빠 보고 재혼 못한다고 철없는 앙탈을 부려 말뚝을 박았잖아요. 하지만 늦게나마 이해하고도 남아 누군가에게 거슬러 드릴 만큼 더없이 성숙했어요.

참말로 소영이 바램 하나 있어요. 부녀간의 연이 끊어질만큼 절박해요. 전에도 말했지만 마음에 둔 여인 있으면 망설이지 말고 깨소금 살림차리세요. 저 질투 투성이인 것 아시죠. 언제 마음 변할지 몰라요. 오래지 않아 훗날 귀국했을 땐 새 엄마랑 귀여운 동생, 남동생 손 맞잡을 수 있는 멋진 추억 하나 만들어주세요. 재혼할 때까지 감히 귀국 보류하고파요. 엄포가 아니예요.

김무열씨,

호호호, 아빠 이름 부르니 나풀나풀 뛰어다니던 유년 시절이 생각나네요. 무동을 태워주며 솜사탕 들려주던 아빠.

에이스 캐논보다 니니 로소보다 더 멋진 연주하는 김무열씨.

약속.

소영이가.

산더덕 ＿＿＿ 3, 18.

좌청룡 줄기를 가로 질러 너머 간 오솔길 따라 골짜기로 들어갔다. 사뭇 바스락거리는 가랑잎 헤치는 소리, 바위를 타고 넘는 맑은 물소리, 여유로운 산새소리, 마침 골을 훑고 내려오는 무심한 바람소리가 귓전에 몰려들었다. 봄 언저리지만 아직 추위에 떠는 앙상한 나무들은 까칠했다. 한참을 오르다 도랑 건너 비탈진 잡목 숲 양지쪽에 다다라 둘러 멘 박제된 거북이 주루막을 벗어놓았다.

더덕밭이었다. 겨울 약초 사냥은 마와 더덕, 하수오, 둥굴레뿐이었다. 지난해 감고 올라갔던 말라비틀어진 줄기가 아직도 남아있기에 캘 수 있었다.

가랑잎을 헤쳤다. 이불처럼 끌어 덮은 듯 촉촉한 부엽토를 걷어냈다. 땅속에 쏙 들어가 숨었다. 누군가 연을 띄우다 끊어먹은 실처럼 줄기를 이끌고 오다 나뭇가지에 빙빙 둘러 걸쳐 들어갔다. 흙을 헤쳤다. 연을 띄우던 파르라니 깎은 머리 통통한 동자승이었다. 자애를 손에 쥔 채 겨우내 움츠려 주름진 번데기가 되었다. 콜콜 겨울잠이 깊었다. 약괭이로 살살 캐도 깰 줄 모르는 발가숭이였다.

씨알이 훨씬 잘고 볼품마저 없는데도 재배 더덕이 아닌 유독, 신토불이만을 고집하여 찾는 사람이 꽤나 있었다. 향이야 재배 더덕은 감히 비교가 당초 안 되었다. 더욱이 더덕만한 향이 또 어디 있을까.

더덕향을 제일 좋아했다.

그때 초가을 누나 따라 같이 동무했다. 톡 건드리기만 하여도 기다린 듯 내뿜는 단장한 체취, 안개처럼 골짜기 가득 뒤덮는 향에 취해 진저리쳤다. 지천이었다. 연신 코를 벌름거려 좋아라 캐던 누나의 눈에 흙이 튀어 들어갔다. 따가워 징징거렸다. 비벼도 소용없는 일 어쩔 수 없이 불어달라고 했다. 새카만 동그란 눈까풀을 크게 벌려 훅훅 불어도 끄떡없었다. 혀로 눈을 씻어달라는 말에 곤혹스레 망설였지만, 어쩔 수 없이 두 귀를 꼭 말아 쥐고 지렁이 꼬리 같은 뾰족한 혀를 이리저리 굴려 씻어냈다. 근심스런 표정으로 물었다. 깜빡깜빡하더니 신통하게도 괜찮았다.

어쩌다 흙이 또 들어갔다.

귀를 움켜쥐었다. 혀로 가만가만 닦았다. 기분이 이상했다. 문득 몹시 예쁘다 느낀 순간, 누나의 봉긋하니 붉은 앵두 입술을 냅다 짓 버무려 훔쳤다. 그리곤 다람쥐마냥 잽싸게 저만치 피했다. 손가락을 볼에다 대 뱅글뱅글 돌려 놀렸다. 알나리깔나리 뽀뽀했대요.

"개구쟁이, 너 김무열, 천금 같은 오대 독자니 누나가 꾹 참는다."

뭐도 모르면서 어설픈 첫 춘정이었다. 참으로 엉뚱한 저지레였다. 그때부터 여자에겐 진한 더덕향이 난다고 지금도 철석같이 믿는 우직에 길들여졌다.

손 귀한 독자는 대개 내 마음대로였다. 못 말리는 고집불통, 못된 버릇인 억지, 싸움꾼, 떼쟁이, 망나니지만 나는 그렇지 못했다. 독자기 때문에 아버지보다 엄한 어머니의 빈틈없고 에누리 없는 질타와 가르침이 칼날같이 무서웠다. 그런 어머니였지만 누구도 못 말리는 귀여운 응석에 명랑한 장난꾸러기였다. 못된 짓은 절대 안했고 여섯 살 넘도록 젖을 먹여주었다. 엄마가 일하는 밭고랑에서 품에 안겨 젖을 파먹었기도 했다.

심심하면 상대도 안 되는 아버지와 씨름을 한답시고 허리춤을 거머쥐고 밭다리를 걸어 매달리거나, 괜히 깔아뭉개 뒹굴기도 했다. 그러다 무언가 물컹한 유난히도 큰 고추를 놀램 결에 쥐어보곤 다람쥐처럼 달아나곤 했다. 그리곤 할머니에게 가서 아버지 고추가 엄청 무지하게 크다고, 큰 발견이라도 한 듯 고자질을 하기도 했다. 엄마의 치마를 뒤에서 갑자기 들어올린다든가, 누나의 고무줄 왜바지를 잡아당겨 희멀건 궁둥이를 보고 놀려대는 게 일상이었다. 아니면 큰 개구리를 누나 젖가슴 안에 집어넣고 멀찍이 달아나 놀라 기절하는 양을 보고 데굴데굴 굴었다. 대를 잇는 독자라 엉큼하지 않은 웃기는 장난에는 늘 관대 귀여워했다. 하여 덩달아 누나도 끔찍이 여기는 독자는 다 그렇거니 여겨 위해주었다. 후견인 할머니가 든든한 뒤 배경이었다.

무료할 적, 머리를 식힐 때마다 간단한 차림으로 산사냥을 갔다. 생활에 보탬이 아니라 풀 뜯는 짐승처럼 그렇게 숲속을 돌아다녔다. 몸에 밴 버릇이었다. 어디 심이라도 몇 뿌리 돋우고 하수오도 몇 근 짜리 횡재인 듯 캤으면 좋겠다. 이따금씩 더러더러 심심찮게 갈증을 해소하면 오죽 기쁘련만. 고요한 산방에 은거하면 산사람이 다 되어가는 법이었다. 욕심을 침 뱉는 한 번쯤 꿈꾸는 순수였다.

동자승이 띄우던 연은 어디 있을까.

봄비 ____ 3, 19.

새벽녘에 뒤척이다 문득 깨었다. 고요한 천지에 물방울 떨어지는 소리가 귓바퀴 돌았다. 처마의 낙숫물이었다. 부엉이 울던 엊그제 밤 잠 못 이룬다 싶었는데, 올해 들어 처음 내리는 봄비였다. 은근히 기다리던 반가운 손님이었다. 겨우내 가문 산야에 촉촉이 내리는 보습이었다.

거친 북풍의 더러운 티끌을 씻어냈다. 메마른 대지가 온통 드러낸 가슴으로 흠뻑 맞느라 명상에 잠겼다. 오랜 잠에서 기지개를 켰다. 햇순을 마련한 나뭇가지도 물방울을 뚝뚝 흘렸다.

아무도 모르게 봄을 준비한, 솜옷 잔뜩 입혀 모자를 씌운 아이 업은 버들가지 가느다란 등허리도 적셔주고, 개나리 등도 간질이며 찔레덤불에도 속삭이듯 스며들어 내렸다. 불어난 물소리 더욱 정겹게 돌돌거렸다. 돌다리도 젖어있었다. 건너 흥부집도 젖은 채로 서있고 빙 둘러 보초를 서고 있는 벌통에 씌운 차양 넓은 고깔도 차분했다. 벌써 돋아난 양지쪽에 풀들도 한 방울의 비를 팔 벌려 그냥 맞아 들였다. 숨어있는 쑥, 달래와 냉이도 파란 혀를 내밀어 빗방울을 핥았다.

뒤질세라 밤새 젖은 마늘, 파가 생기를 돋우고 더덕이랑 도라지, 마가 움을 희끗 틔우는가, 다투어 맨 아래 머위밭도 서둘렀다.

나무와 풀들만이 아니었다. 고스란히 맞는 나, 마음자락에도 비가 내렸다. 잠 깨는 소리, 생명이 꿈틀거리는 소리가 들렸다. 봄의 서곡이요, 화음이었다. 향연이 아니던가.

봄나들이를 위한 기초 화장이었다.

빨간 마티즈를 끌고 반지가 왔다. 첫 봄비가 내리면 정토사까지 걷기로 얼마 전에 손가락 걸었다. 커다란 박쥐우산을 들었다. 곁에 바싹 붙였다. 우산에 떨어지는 빗방울소리가 경쾌했다. 추녀 끝으로 뚝뚝 빗줄기를 이루었다. 반지 옆구리를 안았다.

연인의 우산 아래 나란히 비 오는 날의 낭만을 즐기고 싶다고 했다. 우산을 같이 쓴 그 다정한 연인들 행복해 보였고 무슨 말을 속삭일까? 걷고 싶었다고 했다.

공기가 찼다. 손이 시렸다. 껴안 듯 몸을 밀착시켰다. 모롱을 돌았다. 굽이를 돌았다. 도랑물이 불었다.

떨었다. 별안간 재채기를 했다. 점퍼를 벗어 입혔다. 소매가 손을 덮었다. 우스꽝스러운 아이였다. 반외투였다. 주머니를 뒤지더니 쌔 웃었다. 더러 사놓고 먹는 말랑한 유과를 꺼냈다. 비닐종이를 벗기고 껌이듯 잘도 씹어 먹었다. 아기 원숭이였다. 또 하나 꺼내 씹다 내 입에다 막무가내 혀로 밀어 넣어주었다.

정토사가 보이는 모롱을 보고 돌아섰다. 반지를 껴안아 올렸다. 우산을 낮춰 가리고 입을 오래도록 맞췄다. 유과냄새가 솔솔 났다.

콜록콜록, 반지가 기침을 했다.

그러께인가 오월 어느 날, 반지랑 뒷산에 올라갔었다. 그 하고 많은 꽃 중에 몹시도 가냘프고 작은 꽃대를 보았다. 멈춰 붙박여 섰다. 조로롱 투명한 소리가 들리는 은은한 은방울꽃이었다. 그해 가을 잊지 않고 파다 꽃밭에 조용히 옮겨 심었다. 그렇게 좋아하는 은방울꽃. 귀를 간질이여 속삭이는 비가 내렸으니 청순한 새순이 올라오는 기다림을 접기 시작했다.

메마른 가슴이었는데 아쉬워 기다린 갈증이 촉촉해졌다. 버짐이끼 오른 과묵한 바위는 아예 궁둥이를 훌렁 까고 퍼질러 앉아 비를 맞는데 나는 박쥐 나래를 펴 들었다.

유과를 까는 귀여운 원숭이 한 마리를 위하여.

열쇠 _____ 3, 20.

어둠이 채 가시지도 않은 호랑새벽에 기별도 없이 불쑥 왔다. 유리창을 똑똑 두드려 독서하는 서실을 들여다보고 까꿍, 내처 이빨 하얗게 웃었다.

반지였다. 얼른 나가 덜렁 껴안아 빙글빙글 돌았다.

여태 고리타분한 홀아비 냄새나는 집안을 청소하러 왔다. 오자마자 서둘러 마즙을 내 한 컵씩 마셨다. 낯설지 않게 아침밥을 했다. 골고루 섞은 여러 밥밑에 순 잡곡이지만, 편식처럼 좋아해 늘 안쳐 먹는 뒹굴뒹굴 구르는 달리 많이 넣는 밤밥이었다. 오래뜰에 숱해 줍는 밤 말고도 해마다 몇 말 사다 안쳐 먹었다.

장맛이야 달기로 예부터 소문이 났다. 장국도 구수하게 끓였다. 참으로 오랜만에 마주하는 겸상이었다. 김이 무럭무럭 올랐다. 홀아비살림일 땐 어쩔 수 없이 썰렁했다. 그러지 말아야지 매번 다짐하고는 귀찮아서 청산과 마주하는 쥐코밥상이었다. 아니면 끼니를 건너뛰기 일쑤였다.

햇살이 따스했다.

팔을 걷어 붙였다. 깨끗한데도 창문마다 활짝 열어젖혀 새로 말끔히 닦고, 깔끔이 씻고, 훌훌 털어 정리했다. 때 묻은 싱크대는 닦고 냉장고와 꽤나 큰 과채냉장고를 뒤져 때를 벗겨냈다. 홀아비의 살림이어서 형편없을 줄 짐작했는데, 핀잔이 아닌 은근한 칭찬이었다. 결벽증이라 믿었다. 괜히 부끄러웠다.

차 한 잔의 여유를 즐겼다.

마음에 안 드는 것이 있으면 며칠 남지 않은 꽃잠 전에 단장을 권했다. 주방에서 쓰는 그릇만은 마음에 드는 것으로 새로 장만하기를 원했다. 그 밖의 모두는 다 멀쩡하다는 단언이었다. 나의 냄새가 좋다고 했다. 그 냄새에 흠뻑 젖어 살고 싶어서 굳이 바꿀 것 하나 없는 그대로가 좋다니 달리 둘러댈 이유가 없었다.

실은 반지가 신경을 쓸까 싶어 걸려있던 죽은 아내의 사진과 앨범들, 손때 묻은 옷들을 불태우려고 하다 된통 핀잔을 들었다. 소영이가 귀국하면 엄마의 흔적을 찾을텐데, 반지는 현대판 계모가 아니라고 몹시 불쾌한 표정이었다. 거실 장롱 한 칸에다 정성스레 간직했다.

반지 컴퓨터는 내 것 옆에 신랑 각시처럼 나란히 놓는다고 돋워 말했다. 비워두었던 작은 방을 깨끗이 청소해 반지 서예실로 만들기로 했다. 아담한 서랍장과 한지첩, 벼루랑 연적, 붓걸이대를 장만하고 반지의 모포를 가져와

깔기로 했다. 은근히 좋아했다.

아늑하고 향기로운 침실은 수줍음이 따라치기에 은은한 핑크색 조명등 하나 달기로 했다. 내가 씩 웃었다. 부끄러운지 내 가슴을 치고 이내 얼굴을 묻었다. 새색시의 꿈이 조붓했다.

화장실 거울도 반짝반짝, 세면대와 변기, 욕조도 반짝반짝 케케묵은 바닥 때도 에누리 없이 박박 문댔다. 상쾌했다.

뒤란 장독대 뚜껑을 일일이 열어보았다. 고추장, 막장, 간장을 찍어 맛을 음미했다. 맨 뒤쪽에 있는 장아찌독들을 열어보고 입을 딱 벌렸다. 송이, 머위, 누룩치며 산마늘, 마늘과 고추장아찌가 가득 박혀있는 알찬 것에 자못 놀랐다. 누나의 솜씨였다.

항상 잠겨있는 부엌 구석에 작은 광을 열었다. 늘 궁금했다고 했다. 반지가 처음 보는 턱이었다. 빙 둘러 사 층 선반이었다. 그 위에 아직도 일곱 병이나 진열된 토종꿀, 망사에 포장된 말린 송이 셋, 또 다른 숱한 버섯 포장들, 대추, 적하수오, 밀가루에 담긴 인진쑥 반대기 둘, 머루 세 통자와 꿀풀, 방아풀 원액 담은 큰 통자 각 다섯, 조금은 귀한 약쑥 원액 아홉 통자, 좀 구하기가 힘든 약초 자루 등 진열된 귀중식품 창고였다. 효험을 알고 귀히 여기는 사람이 제법 있어 곧잘 팔렸다. 꽤나 묵었다. 아침 저녁으로 꿀풀, 방아풀과 약쑥 원액에 인진쑥 환을 먹여주어야 하는 애기가 생겼다.

처마 밑을 빙 돌아가는 대뜰은 황토흙이었다. 뽀얀 흙질을 곱디곱게 했다. 달빛 가득 쏟아지는, 하얀, 까만 신 나란히 잠을 자는 고즈넉한 예 시골 초가집 대뜰을 보았는가.

홀가분했다. 후련하게 마치고 햇살이 끓는 아내 무덤가에 앉아 해바라기 했다. 눈 감으라 했다. 슬며시 손목을 잡아당겼다. 손 안에 돌반지 주머니처럼 복 자가 새겨진 빨간 두루주머니를 쥐어주었다. 눈을 뜬 반지가 반겨 열어보았다. 물끄러미 바라보더니 뒤돌아 아내의 무덤을 향했다.

"언니. 저 반지예요. 언니한테 차마 짓지 못할 죄를 지었어요. 그토록 못잊어 하는 무열씨를 챙기다 어쩔 수 없이 사랑했어요. 그리고 곧 결혼해요. 그냥 수더분한 여자예요. 하지만 어떡해요. 무열씨 없으면 못 살아요. 무열씨는 언제나 언니 남편이고 반지 또한 무열씨 아내예요. 부족하지만 언니의 자리 언니의 몫을 정성껏 할게요. 사랑해요, 언니."

여태 마음의 부채를 지고 있다고 뇌까렸다. 작심한 고백에 명랑한 독백이었다. 보란 듯 내게 매달렸다. 휘감기고 옥죄어드는 굴레를 벗어냈다.

열쇠였다.

봄눈 _____ 3, 21.

지난밤 눈이 왔다. 천지가 새하얗게 남몰래 내린 자국눈이었다. 봄이 오는 길목을 가로막는 시새움인가. 뒷걸음쳐 다시 겨울로 돌아온 듯했다. 어디론가 떠나다 문득 뒤돌아 찾아온 사람처럼 못 잊을 사연이라도 가슴에 품어 미련과 아쉬움 버리지 못해서일까. 따슨 봄이 그리워서일까. 이리도 머무르지 못해 서성이는 가슴이 시린 아픈 사연일 줄이야.

폐부를 씻어내는 청량한 박하향 상쾌했다. 솜이불을 뒤집어 쓴 듯 포근했다. 시린 손 호호 불며 밤새 만든 은빛 세상. 아침 햇살이 반기자 이카루스인 양 이내 녹아버리고 마는 가녀린 꿈이었다. 버릴 수 없어 남겼던 앙금이었다.

며칠 전 친구 여동생이 숨을 거두었다. 채 서른도 못 채운 스물 아홉 한창 무르익는 꽃다운 시절에 저 세상으로 갔다. 유방암과 타협하지 못해 끝내 결별한, 뜨다 만 털스웨터 한 자락과 사내아이 하나 피붙이로 남겨놓고 홀연히 먼 길 떠나갔다. 푸른 솔가리섶에 매달아 꿈 가득 하얀 집을 짓는 고치처럼 닫지 못한 문이 휑했다. 바람이 쓸쓸한 허공이었다.

막 끝난 무대.

그녀는 온몸으로 연기하는 처절한 배우였다. 장막이 드리우는 어두운 병동에서 마지막 꺼져가는 촛불을 지키든 처연한 소망이었다. 바람이 창을 몹시 두드리고 간 뒤, 조용히 다가온 의사의 차마 뱉어 전하지 못할 말에 그렇게도 움켜쥔 온기가 썰물지는 창백한 얼굴이었다. 이 젊은 나이에 한이야 애틋한, 그 호호 불던 몹쓸 정마저 버리지 못해 식어가는 심장 쓸어안은 채 체념하고 절망하다 쓸쓸히, 쓸쓸히 집으로 돌아와 남편 품에 안겨 새도록 하룻밤을 만지작거려 접다 손을 놓고 끝내 눈물로 가버렸다.

손끝마다 유리상자마다 마냥 기도하던 종이학.

천 번을 접어야 학이 되어 날아오르는 꿈, 천 마리의 나래로 내려앉은 시린 넋이었다.

2 막, 그리고 3 막을 고스란히 남겨둔 채 장막을 드리우고 어디로 훨훨 날아갔는가.

머무르는 그곳은 어디이뇨.

기억마저 희미한 종이학이여.

추락한, 다시 날아오르렴. 이카로스의 날개여. 소박하기만한 꿈으로 날아오르렴.

허무. 참으로 허망했다. 인연이었거든 차라리 맺지나 말고 그렇게 빨리 녹으려면 내리지나 말지 어쩌자고. 기별 한 줄 긋지 않고 봄눈은 잠깐 머물다 이내 사라졌을 뿐이었다.

햇살이 누리에 퍼졌다.

가슴앓이 마주앓이 _____ 3, 23.

할아버지의 정을 잊지 못해 서둘러 찾아온 매화. 마당가에 서성이는 매운

수절이 붉었다. 해마다 들러 치마폭에 받아내는 한시의 품위를 추억하는 매화였다.

안개 몇 번 번지고 먼 산골짜기서 눈 녹은 물이 흘러내리는 이맘때쯤 기다림에 젖었다. 궁핍했던 시절, 할아버지 제삿날을 기다리는 것도 아니었다. 내 생일을 고대하는 일은 더욱 아닌, 어디 숨겨둔 반반한 여인이 있는 것도 아니었다.

문지방 너머 서면 사뭇 지천인 노란 동백꽃.

거친 풀들도 망설이는 아직 해동길이지만 수취인이 없어 수북히 쌓인 엽서를 헤쳐 읽으며 이 허허로운 산중으로 찾아온 늘 첫 나들이었다. 곁에 다가와 서성이었다. 겨우내 만지작거려 접은 한 아름 꽃을 안고 왔다. 체취가 물씬 풍겨 휘감았다. 아침저녁으로 쌀쌀하기가 그지없는데 서둘러 길목에서 기다리는 단아한 자태가 한 점 흐트러짐 없이 고결하기에 그렇게 안쓰러웠다. 아린 가슴이었다.

누군가 기다리는 일은 그대를 향한 가슴이고 소망하는 그리움이었다. 그리움은 참으로 애틋한 가슴앓이었다. 마주앓이었다. 어서 봄을 맞아 은근히 그대를 기다렸다. 지치도록 참다못해 문을 박차 돌다리 건너 뛰어 나갔다. 시린 발 묻은 숲속의 해후였다.

부정한 죄 목칼 찰지언정 열려문은 싫어요. 은근한 속살 바늘로 찔러 견딘 서릿발 삼동, 절인 단심 물려받은 은장도 어찌하나요. 황사 이는 바람에 봄앓이 걸린 가슴 돌로 짓이긴대도 수절 못하겠어요. 빗장 뽑을래요.

그리던 봄길 따라 동백꽃이 피었다. 화려하지도 초라하지도 않은 서늘한 그림자 어렸다.

벌건 대낮, 남의 눈이 두려워 와락 껴안지도 못하는 주변머리에 숫기 많은 우리는 끝내 살가운 말 한 마디 변변하게 제대로 할 수 없었다. 저고리 고름 풀고 치마끈 한 번 당겨보지도 못한 채 그저 바라볼 뿐이었다. 소식만 귀띔했다.

정성으로 할머니의 안부를 물었다. 해마다 동백기름을 챙겨 건네주었다. 쪽진 머리 동그란, 그 머릿결 이야기로 먼 옛날의 추억을 만지작거렸다. 할머니도 가고 없는 지금에야 무슨 이야기를 해야 하는지. 유정의 실례마을 그 점순이는 어디로 시집을 갔는지.

타도록 그리운 정에 어찌 겨우 잡은 차가운 손 더듬다 산등성이로 너머가는 치맛자락을 휘감아 찢어지도록 부여잡지 못했다. 살 저미는 자책 통곡한들 뭣하랴, 늘 그렇게 용렬스러웠다.

저만치 소월을 기다리는 정한의 여인아. 진달래 그 뒤 꼭지도 이리도 서러웠다.

보낸 뒤 가냘픈 떨림으로 저려오는 가슴앓이 마주앓이 깊어 몸살나는 날, 못내 부연 황사 바람꽃 속을 헤매다 종일 딸꾹질만 했다.

박새 _____ 3, 24.

새집을 달아주었다. 반지가 늘 오래에 새집을 드문드문 달아주면 참 좋겠다고 은근히 흘렸다. 못 들은 척, 관심도 없는 척 했지만 몰래 목공소에 가 맞추었다.

전화가 왜 안 온다고 막 투덜거리려는 참에 설레는 기별을 받았다고 했다.

열 채나 되는 작고 귀여운 그 새집을 찾아 싣고 연화교 앞 산불감시초소에 다다르자, 무열씨 색시라며 그냥 통과시켜주더라는 이야기를 토했다. 흐뭇한 양이었다. 나의 색시라는 말에 싫기는커녕 기분이 싸하게 기뻤다는 마음 들뜬 작은 새였다.

나의 산방에 깃을 접을 파랑새.

오래 주위가 아늑해 보였다. 반지가 살 산방 곁으로 산새집이 오밀조밀 모여 날마다 창문 열고 까꿍, 까꿍. 저물도록 지저귀는 메아리가 쟁그러운 낙원이었음 좋겠다는 꿈을 은근히 바랐다.

산방에 들어와 살면 배고픈 겨울에 먹을 새 먹이인 수수 나 조를 몇 줄 심겠다고 했다. 가을되면 길가에 무진장인 질경이와 강아지풀 씨를 가득 받아 둘 거라고 마냥 부풀어 있었다.

흔히 공원이나 숲 속에 더러 새집이 걸려있기는 해도 별반 쓸모가 없다. 단순히 멋만 든 액세서리일 뿐이었다. 새의 습성이나 특징을 무시하거나 아예 몰라서 깃을 틀지 않는 게 당연했다. 오래에 참새는 물론 박새, 딱새, 뱁새가 많았다. 작은 새들은 주로 덤불 같은 데 집을 짓고 살았다. 드나드는 구멍과 비상구멍이 있어야 하고 크기와 위치도 달랐다. 둥지를 틀 내부도 생각해야 했다. 보기 좋으라고 새집을 예쁜 색으로 칠하지만 눈에 띄면 안되는 것 물론이었다.

곁에 붙어 거들어주며 꽃말처럼 접동새나 뻐꾸기, 두견이의 슬프데 슬픈 한 서린 전설을 숱하게 줄곧 들려주었다. 마당가 우물터 옆 네댓 그루 거대한 고목 상수리나무 허리에 하나 단단히 매달았다. 뒤란 참배나무에도 숨은 듯 달았다. 나무마다 주렁주렁 달아주고픈, 마당 앞 모과나무 등에도 고즈넉하니 업혀주었다. 비탈 치성바위 옆 박달나무에도 그리고 아내무덤 옆 등굽은 느릅나무에도 붙여놓았다.

반찬새, 칼도마새, 쪽쪽새라고 부르는 쏙독새의 전설을 들려주며 새가 날아와 깃을 틀까. 채근하고 졸랐던 반지는 내내 걱정이었다.

서울 변두리나 달동네에 비가림만 겨우 할뿐 형편없이 낡아빠진 움막 같은 게딱지촌. 그래도 쪽방, 셋방, 사글셋방으로 나누어 더불어 용케 살아가고 있다. 내일이라는 희망의 씨앗을 잉태한 곳이었다.

남산 공원에 누군가 마침 달아준 새집에 박새가 새끼 치는 양을 보고 참 신기해했다. 어느 나무인가, 평평한 그릇을 달아 해바라기 씨를 뿌려놓았는데 이따금 몰려와 물어가기도 했다. 그 광경에 공생이라는 단어를 곱씹었다.

작년이었다. 부연동 덕칠이 경운기에 딱새가 둥지 틀어 알을 낳는 통에 어찌할 수 없어, 남의 경운기를 빌려 써야했다는 얘기에 우리들 모두는 무언가 감동했고 코끝이 찡했다. 그뿐 아니었다. 위대하다기보다 멋진 자비 아름다운 박애였다. 스케치 같은 가벼운 이야기들이 얼마나 큰 기쁨을 주는지는 미처 몰랐다.

승돈이 집 뒤란 벽에 말아 걸어놓은 멍석 구멍에 박새가 새끼를 쳤다는 얘기도 들었다.

자난 해에는 병꽃나무 숲에, 찔레 덤불 속이랑 칡덤불, 느릅나무 가지에 예쁜 둥지를 보았다.

마저 매단 뒤 빙 둘러 살폈다. 홀가분했다.

날 새면 배고픈 슬픔, 어두우면 집 없는 설움이다.

"새야, 예쁜 새야. 곧 봄이 온단다. 아담한 집을 지을 거지. 집 한 채 줄게. 집이 너무 예뻐. 임대도, 전세도, 사글세도 아닌 복권당첨처럼 그냥 줄게. 어디 어여쁜 색시 맞아 보금자리 트렴. 그리고 귀여운 알 낳으렴. 응? 이 반지도 송도집, 개성집, 한터집으로 살러온단다. 김무열씨의 예쁜 아내되어 아기 낳고 살 거야. 우리 다정한 이웃으로 잘 사귀어 보자, 까꿍."

동화 속에 갇혀 꿈을 꾸는 씨앗을 심고 있었다.

민들레 _____ 3, 26.

컴퓨터와 문방사우, 코주부 사진기, 모포, 화장품, 오는 봄에 입을 몇 옷가지를 챙겼다. 살림살이는 그대로 두고 우선 대충 필요한 것만 실었다.

강릉에 정착하면서 내내 살았던 때 절은 집이었다. 아버지, 어머니의 흔적이 곳곳에 묻어있는 정겨운 보금자리였다. 착잡한 가슴이었다. 말이 없었다. 슬그머니 손을 잡아주었고 등을 다독였다. 아파트 마당을 벗어나자 뒤를 한

참 돌아보는 눈시울에 안개가 짙게 어렸다. 뉘 집 담장 곁에 하얗게 핀 목련이 무심으로 한창이었다. 두고 온 북방을 그리는 호마인 양 철새처럼 떠나는 마음 짐작했다.

운명이었다. 가슴 아리고 마음 짠했다. 이 세상 모든 딸들은 때 되면 그렇게 떠나야 했다. 꿈 오려 접은 잠재운 일기장을 한 송이 꽃피워 올린 사진첩 위에 포개고, 도톰한 비망록으로 가지런히 덮은 채 찾아온 나비 날개짓에 순결한 면사포를 썼다.

민들레였다. 바람 나부껴 참으로 좋은 날, 온기 따뜻한 때 절은 둥지를 망설이다 차마 멀리 날아갔다. 멍하니 서성이는 텅 빈 꽃대를 보았는가.

연화교 산문 안으로 굽이 돌자 표정이 밝아졌다. 폭포 위 도랑으로 차를 몰아 마당까지 들이댔다. 반지가 얼른 문을 땄다. 컴퓨터는 서재 창문 앞으로 길게 들인 탁상 위 내 컴퓨터 옆에 나란히 손잡을 수 있도록 가까이 앉혔다.

서예방에는 쓰던 모포 네 장을 털어 반듯하게 깔고 새로 산 붓걸이에 붓을 잔뜩 걸었다. 벼루와 원앙연적을 모포 곁에 단정하게, 딱 어울리는 서랍장을 뒤켠에 두었다.

혹 반지를 미워하면 서실에 들어와 문을 걸어 잠그고 울 수도 있겠다고 했다.

새 화장대는 침실에 놓고 결코 화려하지 않아 순한 소박한 화장품을 요리조리 한참을 진열했다. 그리고 바라던 핑크빛 예쁜 조명등 하나 달았다.

새로 산 예쁘고 반짝이는 그릇을 저마다 제자리를 찾아 앉혔다. 화사한 분위기 산뜻했다.

정리가 다 되고 설거지가 끝났다는 반지를 덜렁 들어 침대에 눕혀 뒹굴었다. 팔베개 베였다.

"앞으로 호칭은 어쩌죠?"

무열씨라고 부르긴 했어도 이젠 지아비인데 좀 어색하다는 섬세한 마음씨였다.

"응, 당장 여보 당신은 안될테고. 자기, 그냥 자기라고 편하게 불러. 말도 낮추고. 어때?"

“대신 자기는 언제나 반지라고 불러줘. 응? 반지라고 불러야 응석 부릴 수 있어. 응석 부리고 싶어 몸살날 같애.”
“그래? 다 받아 줄 게. 강짜도 부려. 괜찮아.”
“자기야, 닌 인전 내 끼야, 뭐 아나.”
느닷없이 강릉사투리를 뱉으며 나를 껴안았다. 사투리에 진저리친 서울 여자인데 웃기는 순간이었다.
“코알라는?”
“일부러 안 가지고 왔는데 가슴이 좀 시려. 꽃잠 날에 업고 올 거야.”
“그럼 우리 꽃잠 자는 거 빤히 볼텐데.”
“어머나! 어떡해?”
“돌려놓으면 돼”
손뼉을 쳤다.
절골 산방 오래로 날아온 한 떨기 민들레였다.

꽃샘추위 _____ 3, 27.

우리들 모두는 아기일 때 방바닥을 설설 기다 어느 날, 엎어지며 자빠지며 넘어질듯, 넘어질듯 오뚝이처럼 용케 따르마를 하는 게 순서였다. 인간이 되기까지는 사춘기라는 지독한 열병과 알 수 없는 반항을 겪어야 어엿한 청년이 되기 마련이었다. 꽤나 긴 세월 누구에게나 닥치는 시련이고 과정이었다.
따슨 계절이 오기까지는 얼어붙은 혹독한 겨울을 녹여야하는 머나먼 기다림이 있었다. 언 손을 호호 불며 봄을 펴고 다림질했다. 아름다운 꽃을 접었다. 하지만 세상사 곱게 놔두지 않았다. 순탄치 못했다. 이상하리만치 헤살과 질투가 발호했다.

뜨거운 여름날에 우박 쏟아지듯 날벼락같이 간밤 갑자기 몹쓸 추위가 엄습했다. 어찌 순리대로 오는가, 요행을 바랐지만 통한의 위화도회군처럼 서슬 퍼런 모반을 감행했다. 도랑에는 살얼음이 제법 끼고 봄의 향연 그 화음을 자랑하던 개구리 울음도 뚝 멈췄다. 바람이 찼다. 가슴앓이 마주앓이 깊은 버들개지랑 동백꽃이 봄을 만났는데 안타까이 그만 얼어버렸다. 화사한, 그 웃음 띤 얼굴이 시커멓게 변해버린 애처로운 피폭이었다. 동백꽃, 진달래 아장아장 봄나들이 설레는 길에 이 어찌 처참한 시새움이란 말인가. 참으로 가혹하고 가련했다.

기우뚱, 섭리가 일그러지는 순간이었다. 그래도 억척스레 다시 일어서는 위대한 자연의 순리. 마디에 옹이처럼 마치 쫓기는 게릴라의 작폐 같은 잠시 시련일 뿐 미데기(海溢) 만큼이나 밀어닥치는 푸른 봄이 출렁거렸다. 해마다 심한 몸살에 걸리는 봄꽃이었다.

코끝이 시린 이 새벽에 굴뚝새가 힘차게 소리치며 꽁지깃을 짓 흔들어 꽃샘을 쪼는 주둥이였다.

두꺼운 옷 꺼내 입으라는 반지의 채근이었고, 군불도 많이 넣으라는 걱정이었다.

관계 _____ 3, 29.

7층에서 내려 카페 '관문'의 문이 묵직한 무게로 실려 있어 힘을 주어 밀었다. 꼼짝없이 갇혀있던 소리들이 우르르 쏟아져 나와 잽싸게 달아났다. 안에는 어림잡아 100여 명 가까운 많은 사람들이 앉아있거나 혹은 서서들 담소하느라 조금은 부산스러웠다. 다가오며 가며 반겼다.

『해람시 낭송의 밤』

벽에 걸린 휘장이 눈에 확 뜨이도록 가슴을 내밀어 빼기듯 걸렸다. 낮은 음향에 은은한 조명이 드리워 꿈꾸는 분위기를 자아냈다. 그 옆에는 기타 동아리와 조금은 생소한 오카리나 동아리들이 자리했다. 해마다 이맘때쯤 빠지지 않고 열리는 잔치였다.

수평선을 그어놓은 짙푸른 안목 바다가 배 몇 척 한가로이 띄워놓고 하얗게 맥주거품을 밀어붙였다. 귓등 너머엔 대관령이 백폭(白幅) 병풍을 둘러쳐 강릉을 부화(孵化), 마침 어둠이 막 내려앉은 도시는 사뭇 불야성을 이루어 현란했다. 빙 둘러 그리고 한눈에 시원스레 내다보이는 괜찮은 전망이었다. 풍경이었다.

비유하는 별만큼 반짝인다는 시인들이 많이 왔다. 선배님에게 찾아가 일일이 인사를 드려 근황을 여쭙고 후배들과도 너스레를 떨며 손을 비볐다.

잔잔한 음악이 감미로웠다. 단아하니 차려입은 낭송가들이 오가며 웃음을 날렸다. 향기를 뿜어냈다. 마주앉은 탁상에는 달콤 바삭한 다과 접시와 음료수, 공깃돌만한 예쁜 떡, 은은한 커피잔들이 김을 머금었다. 꽤 운치있는 조촐한 분위기의 자막이었다.

노련미가 물씬 배어나는, 가녀린 듯한 회장의 인사말과 함께 내빈 소개가 있었다. 문학과는 아주 담을 쌓았을 시장이 참석했다는 이유 하나만으로도 한 토막 화제였다. 시장도 젊었을 때는 감수성 예민한 문학도였다고 응수했지만 왠지 분위기를 의식한 땜질, 선거를 염두에 둔 선전이었다.

변호사인 세강열단장(洗江烈團長)도 소개되고 덧붙여 나도 회원이라는 알

림과 세강열단의 내용도 설명했다.

다행히 요즈음 내놓은 책이 한창 판매가 가파르게 급상승한다는 수필가 남명우도 곁에 자리를 해주었다. 안면이 있는 듯 없는 듯 낭송시첩을 뒤적이는 사람들의 얼굴이 한껏 부풀었다.

꽤 깊은 변방에 산방 하나로 칩거하며 끝없이 청산을 노래하는 시인, 뚝심 하나로 이 혼탁한 세상을 읊는다는 그 김무열씨가 오늘 어쩌다 도시로 나왔다고 했다. 도시의 빠른 궤적에 적응치 못해 어질어질 현기증을 앓는 청산거사라고 소개했다.

산골 물소리 같은, 쟁반에 구슬 같은 참으로 고운 새소리로 맴돌았다. 해와 달이 숨바꼭질하는 싱그러운 숲속이었다. 조로롱 방울새가 날아다녔다. 호젓한 휘파람새가 가곡을 읊조리고, 하늘 높이 쏘아올린 종달새가 떠 있었다. 은방울꽃 향이 일었다. 더덕향이 일었다. 뻐꾸기의 넋이던가, 꾀꼬리의 메아리가 맴을 돌았다. 물총새 앉은 가지 끝에 여름은 푸르고, 굴뚝새가 쪼아 문 어둠 한 조각에 시장기를 느끼는가, 쪽박 든 두견새의 피토하는 절규가 메아리지고, 소쩍소쩍, 접동접동, 소쩍새의 청승이 깊은 숲속이었다. 토담 기어오르는 애호박 따 부지런히 반찬 써는 쏙독새의 칼도마질 소리 호젓한 토장국 끓이는 초저녁 낭송이었다. 가슴을 적시는 꿈결 같은 창 밖에서 들려오는 세레나데였다. 깊숙이, 심연 깊숙이 빠져들어 자맥질하는 저 꿈속을 헤매는 몽유병자들이었다. 깨어나고 깨어나곤 했다.

청아한 오카리와 경쾌한 기타 연주도 흥을 돋웠다.

단연코 인기를 몽땅 끌어 모은 것은 유명 애송시를 번안하여, 시민 스타 이청림과 조경미의 능청스레 낭송한 강릉사투리시와 사투리 구연에 모두는 배꼽을 움켜쥐고, 폭소 한바탕 뒤집어지고 엎어지고 난리 법석 소란스러웠다. 늘 그랬다. 도토리인가 싶어 다람쥐가 와서 물어갈지도 모르니, 떨어진 배꼽을 얼른 주우라며 사회자가 잠시 분위기를 정리할 만큼 돋보였다.

꿈에 젖은 청중에게 낭송의 기회가 주어졌다. 누군가가 나갔다. 얄밉도록 매끈하니 잘했다. 모두 두리번거리는데 곁에 있던 반지가 늘 웃는 얼굴로 나갔다. 전번에 사 준 옷을 단정히 입었다. 시를 무척이나 좋아하는 단골손님이라며 속삭이는 듯한 타고난 음색이라 했다. 웃음을 살짝 띠운 뒤 몸과 마음 호흡을 가다듬더니, 이내 나의 시 달무리를 낭송했다. 틀릴까 마음 조렸지만 용케 음률이 꼬이지 않고 마무리 제법이었다. 오히려 낭송가보다 더 좋았다고 추켜세웠다.

향토서정이 그윽한 해마다 김무열씨 시만 고집스레 낭송하는데 무슨 감추어진 이유라도 있지 않겠느냐는 은근한 물음에 서슴없이 말했다.

우리는 오래전부터 사랑했고 곧 결혼한다고 했다. 아니 폭로했다. 이때를 놓칠세라 와와 축하 박수 세례가 터져나왔다. 어쩔 수 없이 일어나 인사를 올렸다. 화끈거렸다.

"저는 서울서 태어난 깍쟁이 교사였어요. 강릉이 좋아 먼저 정착한 부모따라 강릉으로 전근한지 얼마 안 돼 큰일 날 뻔한 사건이 터졌어요. 어느날 밤 좀 어두운 시내 철다리 밑을 막 지나 황망히 낯선 귀가를 서둘렀어요. 무언가 불쑥, 가슴이 철렁하도록 난데없이 험상궂고 황소만한 부랑아 세넷이 목탁덩어리만한 저를 막다른 골목이듯 가로막아 빙 둘러싸 우악스레 붙잡는 거였어요. 앙탈을 부려봤지만 허사, 사람 살려요, 사람 살려요, 하고 막무가내 소리쳐도 누구 하나 거들떠보지도 않고 피하듯 달아나는 거였어요. 요즈음 세상 인심이 그래요. 앞이 캄캄했어요. 이미 당할 재간이 없는 그 완력에 의해 개 끌려가듯 지저분한 물건들이 드문드문 쌓여있는 으슥한 골목 같은 안 공터로 질질 끌려가는 참이었어요. 여러분은 인연을 믿나요? 참으로 인연이었나 봐요. 때마침 웬 점퍼를 입은 별로 신통찮아 보이는 수수한 신사가 불쑥 나타나 완강하게 말렸어요. 들을 리 만무한 그 부랑아들은 가소롭다는 듯 코웃음치며 그 점잖은 신사를 고양이가 쥐 어르듯, 툭툭 쳤어요. 그러나 신사는 씨익 웃으며 말렸지만 또 한방 맞았어요. 그래도 내색 않고 준엄하게 꾸짖으니 발칙한 발길질이 날아왔어요. 더는 못 참겠다는 듯 점퍼를 벗어 팽개쳤어요. 사뭇 근육덩어리뿐인 떡 벌어진 가슴을 헐크인듯 불끈 부풀리더니 호랑이와 사자로 돌변했어요. 순식간에 한 놈을 잡아 번개처럼 메어쳤어요. 무엇을 어찌 했는지, 태를 친 개구리처럼 완전히 뻗어 바르르 떨고 있었어요. 얼마나 고소하던지, 박수를 칠 뻔했어요. 나머지와 엉켜 붙었어요. 붙들려 빙 둘러 싸여 치고 박고했어요. 아, 이젠 맞아 죽겠구나, 암담한 짐작과 불길한 예상뿐이었어요. 순간 눈을 의심할 만큼 전광석화 같이 한 놈을 붙잡자마자 느닷없이 박치기를 냅다 했어요. 통나무처럼 앞으로 푹 쓰러졌어요. 다급해지자 몽둥이와 쇠파이프를 주워든 잔당들과 백병전이 벌어졌어요. 후다다다닥! 부딪히며 가격하는 둔탁한 소리, 하이얍! 폭발하듯 엄청난 기합소리, 외마디 소리가 범벅이 되어 활극인 양 난무했어요. 펄펄 날았어요. 누군가 아아! 비명이 터지고 아이쿠! 소리가 났지만, 정작 나가떨어진 건 신사가 아니라 고릴라 같은 부랑아들이었어요. 눈, 코, 입이 터져 유혈이 낭자 피범벅이 된 채 벗어진 신도 채 못 신고 꽁지가 빠지도록 달아났어요. 피해있던 구경꾼들이 모여들어 칭찬하며 고소해 했어요. 참으로 대견스러웠어요. 역시 남자는 유사시 상대를 보기 좋게 제압할 수 있는 강력한 힘과 기술이 있어야 한다는 것을 절실히 느꼈어요. 손을 툭툭 털던 신사는 벌벌 떨며 웅크리고 있는 내 손목을 꽉 잡고 집 앞까지 무덤덤하니 데려다 주었어요. 그때는 경황이 없어 인사도 못 드렸거든요. 고리의 끈이라는 인연을 믿기 시작했어요. 그해 함박눈이 내리던 날, 신춘문예에 어딘가 낯익다 싶은 얼굴이 큼직하게 났어요. 깜짝 놀랐어요. 나를 구해준 바로 그 사람이었어요. 시도 쓰는 운동선수, 그래 득달같이 만나 더없는 팬이 되었어요. 하지만 불행하게도 언니를 저 세상으로 보낸 참으로 슬픈 과거에 흐느적거리는 시련을 지켜보아야 했어요. 겉은 강건했지만 속마음은 너무나 여렸어요. 방황하고 휘청거릴 때, 그림자처럼 따라 다니며 챙겨 다독였어요. 연민의 정, 아니 숙명이었는지도 몰라요. 갈 수록 사랑으로 변했어요. 제가 무열씨에게 바보처럼 반한 이유는 강릉 사람 특유의 점잖은 뚝심이었어요. 그 점잖은 뚝심에다 단련된 몸매, 그리고 남을 편안하게 하는 배려였지만 결정적인 것은 언젠가 밥 사달라고 철없이 졸라 근사한 음식점에 갔어요. 항상 숟가락으로 밥을 뜨지 건방진 느낌이 드는 젓가락으로는 안 떴어요. 지켜봐서 알아요. 어찌 밥을 뜨다 그만 밥알들이 떨어져 흩어졌어요. 그것을 보고 마디 굵은 손으로 태연히 그 작은 밥알 하나하나 알뜰히도 주워 먹는 거였어요. 하마터면 방정맞은 웃음이 터져나올 뻔했어요. 투박하지만 소탈했어요. 그 본성이 뚝배기 같은 어찌나 토속적이던지, 그것이 지금도 무열씨의 정확한 자화상인 줄 알고 있어요.”

박수갈채가 터져나왔다. 부러운 눈으로 축복했다. 반지의 발그레한 얼굴은 사뭇 기쁨으로 가득, 충만했다. 들떴다. 나는 좀이 아니라 당황스러울 만큼 쑥스러웠다.

"그럼 김무열씨가 은반지씨의 무엇이, 어디가, 그렇게 좋아서 사랑할까요?"

"언젠가 그랬어요. 제가 예쁘진 않대요. 내가 봐도 그래요. 다만 옴폭옴폭 파이는 조개볼이 예쁘대요. 인형처럼 잔뜩 귀엽게 생긴 대로 아담한 행동하는 게 맘에 들었지만, 응석받이 말투에 남들이라고 다 하는 귀걸이를 전혀 하지 않는 이 은반지가 순수하대요. 저 귀여움 덩어리예요."

실은 김무열 시인에게는 특별한 부탁을 했다며 일격의 격살술과 무술이 9단이지만, 미처 몰랐던 대단한 솜씨를 지니고 있는 색소폰과 트럼펫 명수라는 사실을 뒤늦게 알아 생떼를 썼다고 말한 사회자가 기대에 가득 차 연주를 청했다.

학창시절엔 샌님같이 골치 아픈 공부 보다는 색소폰이랑 트럼펫, 격술과 호신술에 미쳤던 지난날을 양념이듯 들려주었다. 그렇다고 공부를 못한 것도 아니라고 슬쩍 강변했다. 한때 아버지한테 배척당해 버림까지 받았다고 실토했다. 다만 얽매이는 것을 싫어한 자유분방한 성격 때문이었다.

조심스레 낮은 배경 음악에 맞춰 누구나 익은 추억 같은 슬픈 로라와 적막의 블루스를 연주했다. 혼신이랄까, 입술을 고루 축여 청승스러울 만큼 불었다. 모두 애절한 분위기에 휩싸여 넋이 빠졌다. 모두 일어나 아낌없는 찬사를 보냈다.

전송을 받으며 안목 하구 죽도봉으로 돌아갔다. 솔바람다리 난간에 기대었다. 반지 머리카락이 날렸다. 밤바람이 찼다. 외투로 감쌌다. 흰자위 속 노른자위였다. 불면의 파도가 철썩거렸다. 멀리 별들이 깜빡이고 뒤척이는 물새들의 잠꼬대가 들렸다. 해조음이 깔린 바닷가 늦은 달이 얼굴을 건지느라 수평선이 희끄무레 밝아왔다.

눈이 새까만 반지가 발돋움으로 혀를 들이 밀었다.

눈 녹은 물 ____ 3, 31.

며칠 꽃샘추위로 심술을 부리더니 변덕스레 그저께부터인가, 오늘까지 줄곧 햇살이 따스하다 못해 자못 화창했다. 응달에 오싹하니 성큼한 서릿발이 처참한 몰골로 무너지고 작년에 지은 집이 있는 난치나무 가지서 비둘기가 게으르게 구구거렸다. 오래뜰에 벌들이 낮놀이하느라 가득 하늘을 뒤덮어 새카맣게 윙윙거렸다. 마냥 정신 사나웠다.

뒷산이 자글자글 끓어 아지랑이가 피어올랐다. 꿈결처럼 아롱거렸다. 머리에 인 파란 하늘은 구김살 눌러 꼭꼭 다림질한 듯 유리알처럼 맑고, 용화산 골짜기 깊은 능선 자락에 엎드린 눈이 멀리 태고로웠다.

햇살이 뒹구는 나른한 오후.

흙을 떠이고 새파랗게 올라온 마늘밭을 맸다. 가지런했다. 푸슬푸슬한 흙이 부드러웠다. 헤치면 지렁이가 꿈틀대었다. 오랜만에 맡아보는 흙냄새였다. 바람이 나들이 나와 훈훈하니 어슬렁거리고, 지나는 솔개 그림자가 휙 어렸다. 개굴개굴 배불뚝이 개구리들이 풍선 벙그렇게 부느라 한창이었다. 신이 났다.

대추고목 모롱을 돈 오토바이가 달려와 멈추었다. 제비가 흥부집에 박씨를 물어다 주고 정토사로 곧장 올라갔다.

우편물 꺼내러 갔다. 무심코 도랑에 다다르자 폭포소리가 힘찼다. 난데없이 엄청난 허연 물줄기가 거칠게 내리꽂혀 곤두박질치느라 아우성이었다.

아, 도리넘이, 도리씻이었다.

오전 한나절 내내 낌새라곤 전혀, 멀쩡하던 도랑물이 오후 들어 갑자기 불어 돌다리를 철철 흘러 넘쳤다. 먼지 앉은 돌다리를 씻느라 여념이 없었다. 빠져 허우적거리며 자맥질을 했다. 탄성이 절로 나왔고 무척이나 반가웠다. 까마득히 잊고 있던 터였다.

이틀쯤, 문득 더운 날 먼 산골짜기에서 눈 녹은 물이 아기 엄마 젖 불듯 잔뜩 불어 미처 흐르지 못해 눈에 잠겨있다, 다음날 반드시 따슨 오후, 마냥 넘치는 무넘기였다. 채 한 시간도 안 되는 범람이었다. 그 맹랑한 범람으로 해마다 이맘때면 작은 도랑은 서둘러 도리넘이, 도리씻이를 했다. 갈 수록 예뻐지는 계집아이의 몰래 하는 달거리같이 산골짜기가 숨긴 깜찍한 비망록이었다.

어쩔 수 없이 신발을 벗어놓고 맨발인 채 건넜다. 뼈가 시렸다. 저렸다. 짜릿했다. 용화산 기슭에 눈 녹아내린 물이라 참으로 맑았다. 어쩌다 도리넘이 때, 하학 십 리 먼 길이라 돌다리를 대엿 개 건너야 했다. 집으로 올 때 세 살이나 위인 누나가 나를 업어 건넨다고 설치다 그만 둘 다 물에 빠져 생쥐 꼴이 되었던 기억을 우려내곤 피식 웃었다.

도리넘이, 도리씻이.

오래 전에 사라진 강릉 방언이지만 몹시도 정겨운 이름이었다. 눈 녹은 물이 넘쳐 돌다리를 넘는다는, 돌다리를 씻는다는, 이 얼마나 향수가 찰랑대는 이름이고 쟁그라운지.

소나기 쏟아지고 청산에 무지개 서면 돌다리를 넘치지만 그것은 도리씻이, 도리넘이가 아니었다.

숱하게 많지만 내 즐겨 아끼는 강릉 방언 중에 메아리를 동자승, 팔자걸음 하는 사람을 이슬치기, 장마 중에 잠깐 나타나는 해를 사돈의 궁둥이, 안사돈의 궁둥이가 있다. 순메밀국수를 콧등치기, 그리고 눈 녹아 도랑 넘치는 물을 도리넘이, 도리씻이, 조약돌마냥 매끄럽지는 못해도 이 얼마나 풋풋한가. 얼마나 번뜩이는 재치인가.

아득히 먼 산골 외딴 초가집 앞 일여덟 개의 돌다리가 놓여있는 도랑. 바구니 들고 나물하는 새색시가 때마침 불어난 도리씻이에 어쩔 줄 몰라 서성일 때, 장작 패다 쪼르르 달려 나와 업어 건너는 나무꾼 서방,

그 옛날 어머니와 아버지의 설화를 부러운 듯 들었다. 지금도 아득한 향수에 젖었다.

내년에도 어김없이 도리씻이하면 반지를 업어 건널 게 아닌가.

산골 물소리 졸졸거리는 도랑에 아무렇게나 놓인 납작 디딤돌, 나비처럼 나풀나풀, 깡충깡충 토끼처럼 건너고 싶은 돌다리. 쫄랑거리는 삽사리랑 건너 물동이 오가는 색시, 나뭇짐이 건너오는 아련한 돌다리였다.

날 따슨 날, 차디찬 도리씻이에 놀라 여기저기 숨었던 가재들이 물가로

허겁스레 기어 나왔다. 누나랑 다래끼 가득 주워 담던 추억이 살아났다. 버들가지가 도리썻이에 겨워 낭창거렸다. 굴뚝새 포르릉포르릉 날았다.

세월이야 가면 그뿐 무심하지만, 잔정 많은 계절은 못 잊어 못내 다시 돌아와 해마다 도리썻이를 했다.

산방설화 4월 일기.

산방 가는 길 ____ 4, 1.

산문 밖 부연동 종점.

벌써 어두워져 집집마다 핏대 세운 빨간불이 몰려드는 어둠을 문전박대 내쫓느라 눈을 부라렸다. 해질 때까지 앙금을 가라앉히듯 하루 종일 기다렸다. 설렜기에 더 지루했다. 하지만 누군가를 마중하는 일은 그다지 싫지는 않았다. 지칠만도 했지만 몇 해를 은근히 속 태우며 다소곳이 기다린 반지였다. 목을 빼 내다보는 아래쪽 큰길을 미련스레 덩지 큰 버스가 곧장 미끄러져 들어왔다. 나를 먼저 발견한 반지가 조갑지 손을 흔들었다. 이내 문이 열리고 저마다 보따리를 든 사람들이 대엿 내렸다.

손을 낚아채 재빨리 어둠 속을 헤쳐 성황당을 지나 연화교를 건넜다. 산문 안은 편안했다. 반지가 거북이가방을 둘러메었다. 그 속에는 상아빛 코알라가 쏙 들어가 목을 내밀어 생소한 풍경과 낯선 나를 자꾸 살폈다.

"어, 코알라 데리고 왔네."

"응. 차마 두고 올 수 없어 업고 왔어."

껴안겨 자는 듬뿍 정이 든 피붙이였다. 머리를 쓰다듬어 주었다.

밤공기가 찼다.

산뜻하다기보다는 팔다리를 모두 잘라내 무자비하다는 느낌이 선뜻 오는 가지치기를 마친 복숭아과원 옆을 빙 돌아들었다. 이제부터 집으로까지 구부렁거리는 길 십 리 산협이었다. 불빛 하나 없는 어둠이 시커먼 곰인 양 버티고 있을 뿐 차가운 물소리만 골짜기를 내리훑었다. 수풀도 길을 내어주고 비탈에 비켜서서 말이 없었다. 산이 높고 골이 깊어 한 뼘 하늘에 별들을 무수히 흩뿌려놓은 밤 휘휘했다. 꼬불거리는 산길을 돌아 도란도란 걸었다. 한 모롱을 돌아 감돌아들면 여전히 감돌아드는 소라 속 같은 산 첩첩 계곡이었다.

"무서워?"

"아니."

"옛날에는 무서웠어. 일본놈들이 길은 넓혔지만 도망간 뒤 다시 수풀이 꽉 우거차 사람들이 겨우 피하는 오솔길일 때는 이슬 젖은 풀들이 옷에 척척 감기면 머리끝이 쭈뼛했어. 누군가 발을 걸어 넘기는 같은, 뒷덜미를 확 움켜 잡아당기는 것처럼. 지금은 길이 넓고 포장이 돼 있어 차가 오가니 괜찮아. 그 옛적엔 호랑이도 나왔었대. 터가 센 골짜기야"

반지가 슬그머니 다가와 착 달라붙었다. 잡은 손을 더욱 꼭 쥐었다.

돌배나무가 서있는 물굽이 따라 돌았다.

"여기가 어딘지 알아?"

멈춰 서듯 살피더니

"돌담이 보이는 걸 보니 앵두꽃이 홀로 피던 그 빈 집터 같아. 아, 맞아. 무궁화 고목도 있네 뭐. 맞지?"

"빈터야. 소꿉친구 정임이 집이었는데 어려서 죽고 그 나머지 식구들은 어디로 갔는지 통 소식을 모르겠어."

사람들은 무궁화 고목이 백년도 더 넘었다고 추정하고 있었다. 동네에서 기념물처럼 애지중지하고 있는 터라 부근을 정리 기념물 간판을 세웠다.

또 한 모롱을 막 돌아서면 처녀바위가 나왔다. 호랑이 담배 피우던 시절, 부연동 장자집에 처자가 얼마나 미색이었는지, 호랑이도 탐을 낸다는 소문이 돌았다. 어느 날 까무룩 어두운 저녁 잠깐 밖에 바람 쐬러 나갔던 처자가 들어오지 않았다. 뜬눈으로 새운 이튿날 동네 사람들이 찾아 나섰는데, 지금의 그 자리에 처자가 반지르르 단장된 채 상처도 없이 죽었다. 호랑이가 물어다 놓았다는 추측이었다. 어머니가 달려와 와락 껴안자 이내 돌이 되었다는 이야기. 그 뒤 이상하게도 장가 못간 사람들이 몰래 와서 껴안거나 오줌을 싸면 색시를 얻는다는 엉뚱한 속설이 전해왔다.

"그럼 자기도 저 처녀바위에 쉬 했어?"

"응, 어릴 때 참 예뻤던 내 짝꿍과 결혼하게 해 달라고."

"요즈음엔?"

"요즈음? 얼마 전에 참말로 누었어."

"왜?"

"반지를 데려오겠다고."

깔깔거렸다. 다 큰 사람이 처녀바위에다 쉬하는 모습을 생각하니 도저히 견딜 수 없다고 연신 웃었다.

여기 절골만이 아니라 마을마다 골짜기마다에는 그 지형에 맞게 그럴듯한 재미있는 전설을 꾸리 엮어놓았다. 어릴 적, 할머니로 부터 전해 내려오는 아득한 옛날이야기를 솔깃 귀 세워 들었다. 아스라한 꿈이었다.

"아, 요 위에는 산골 약물터인데. 맞지?"

약물터 위 골짜기에는 산골이 나오기도 해 꽃이 필 때쯤 사람들이 많이 몰려오기도 했다. 약물 속에 하늘의 별들이 내려와 있다고 신기해했다.

산문 입구 연화교를 지나 극락교에 왔다. 다리가 놓이지 않았을 땐, 며칠 장마가 지면 어쩔 수 없이 학교는 갈 수가 없었다. 왜 그리 길던지 그런 날은 심심하다 못해 하루 종일 따분했다. 누나와 나는 산골에 갇혀 소 먹이고 꼴을 베었다.

"두 번째 다리 극락교를 지나면 무엇이 있는지 알아?"

"음, 용소. 발톱이 성큼한 시커먼 이무기가 산다는 용소잖아. 명주실꾸리 하나가 다 풀리고도 모자란다는 깊은 소. 시퍼런 물이 빙글빙글 소용돌이치는 게 무서워. 승천하다 떨어진 심술궂은 이무기가 확 끌어당길 같아. 언젠가 그 깊은 소에 자기는 물안경 쓰고 자맥질해 팔뚝만한 고기를 작살 하나로 참 많이 잡아 올렸잖아."

"그때 신나게 많이 잡았어. 지금도 많아."

"다음엔, 응. 모롱을 돌기도 전에 벌써 굉음이 들리는 쌍둥이 폭포."

"쌍폭이지만 우리 집 앞 만월폭만 당초 못해. 만월폭포는 흰 광목을 늘어뜨리는 길 반 물줄기가 멋있어. 아담하고 예쁜 폭포가 드물어."

"응. 그 폭포와 선녀탕이 너무 좋아. 송도삼절처럼 절골삼절이 무엇인지 알아? 만월폭포, 선녀탕, 그리고 김무열이야. 호호호. 두 모롱인가, 세 모롱 돌면 홍예문이 나오는데."

숨었던 한 줄기 골바람이 쏟아져 나왔다.

길 옆 멍석반석에 다다랐다. 반석 옆에는 커다란 노송이 있어 항상 시원한 그늘을 만들어주었다. 지나가는 사람이면 누구나 쉬어가는 편안한 데였다. 그 옆구리에는 하나, 둘, 돌을 주워 쌓아올린 석탑이 노적가리만한 게 가부좌 틀었다. 참으로 많은 소원을 빌은 켜켜이 쌓인 세월의 단층이었다. 언제나 혼자 다니는 길에 어쩌다 산사로 가는 불자들이 이 바위에 쉬어갔다. 학교를 일찍 파한 날은 도랑에서 자맥질하다 나와 쉬거나 한숨 늘어지게 자다 누나를 만나 동구 밖 과수원길을 부르며 나란히 걷곤 했다.

"다리 아프지?"

"아니. 천천히 걷는데 뭐."

반석에 걸터앉았다. 떡시루만한 반지를 무릎에 올려놓고 꼭 껴안아 몸을 기대 녹이며 하늘을 쳐다보았다. 깜빡이는 참으로 많은 별들. 홱 별똥별이 창던지기를 했다.

"저 별들 중에 우리 엄마 아빠별은 어느 별일까?"

"보고 싶어?"

"응. 저 세상으로 가면 밤하늘에 별이 되어 반지를 꼭 내려다본다 했어. 외로운 반지가 지금 사랑하는 자기 따라 가는 걸 보고 있을까?"

꺾인 듯 뒤로 젖힌 목이 가냘팠다.

"그럼. 기뻐하고 흐뭇하실 거야."

"저 하늘나라 별나라와 통화할 수 있었으면, 편지도 보낼 수 있었으면."

"그런 때가 곧 올 거야. 지금은 아득한 환상이겠지만 일상으로 꿈은 이루어질 거야."

말이 없었다. 그리움에 젖었다.

"반지 가슴이 왜 이리 설레지. 꽃잠 자는 게 좋은가봐. 귀 대어봐."

가슴을 내밀며 내 목을 아래로 안아 대었다. 콩닥콩닥 뛰었다.

"떨려?"

"조금."

침을 넘기고 이어

"우린 참으로 오래 기다린 그리운 연인들이었어."

"곁에 있으면서도 가슴 태웠어."

"미운 정 고운 정 물들인 애증의 세월이기도 했어. 밉기도 했고 야속하기도 했어."

"어부바."

냉큼 들쳐업었다. 팽이인 듯이 한 바퀴 빙 돌았다. 손을 뒤로 돌려 반지 궁둥이를 받쳐 깍지 끼었다. 마치 당솔에 붙은 매미였다.

"반지 만날 업어줘. 아기처럼."

"등에 붙은 예쁜 매미 한 마리. 실컷 업어줄게."

"좋다. 맴맴맴."

기쁨을 감추지 못했다.

"반지 아직 아무 것도 몰라. 초경 갓 치른 소녀만큼이나 어려. 나무꾼이 들려주는 싱그러운 풀꽃 이야기랑 꽃잠 달콤한 자장가가 그리워. 강아지처럼 졸졸 따라 다닐 거야."

처음 남자의 등에 업힌다는 반지는 가슴을 착 붙였다. 등이 이리도 넓고 듬직한 줄은 처음 알았단다. 보금자리마냥 포근하다며 매일 응석을 부릴 거라고 좋아했다.

반지를 추슬러 올렸다.

"어디까지 왔개."

반지가 문득 나의 눈을 두 손으로 가리고 머리를 좌우로 운전하며 물었다.

"여우골까지 왔다 꽁."

백년 묵은 여우가 살았는데 둔갑을 얼마나 잘하는지 사람을 홀려 간을 빼 먹기도 했고, 소금장수를 꾀어 하룻밤 동침하여 인간의 탈을 쓰고 갖은 악행을 하다 도술하는 스님한테 발각되어 멀리 달아났다는 황당한 얘기였지만, 그땐 무척 무서워 밤길을 몹시 꺼려했다.

한참 오다 조잘거렸다.

"어디까지 왔개."

"장군바위까지 왔다 꽁."

어렸을 적, 어머니가 장에 늦는 날 아버지는 나를 업고 마중 갔다 오면서 주고받았다. 그때도 별이 총총했었다.

"어디까지 왔개."

"홍예문까지 왔다 꽁."

"어디까지 왔개."

"설통바위 밭까지 왔다 꽁."
"어디까지 왔개."
"부도탑까지 왔다 꽁."

대개 절 경내에 있지만 이 탑만은 정토사와는 멀리 떨어졌다. 사연인즉, 흉년 든 어느 해 탁발 나갔던 스님이 눈 오는 그 먼 길을 헤치고 오다 절을 지척에 두고 지쳐 그만 얼어 죽은 그 자리에 부도탑을 세웠다는 안타까운 사연이었다.

멀리 부엉이 울음소리가 호젓했다.

오래 묵은 대추 고목이 길가 양쪽에 턱 버티고 선 모롱을 휘돌았다. 산방으로 가는 마지막 모롱이었다.

"와! 꽃잠 자는 반지 산방이다."
"어머, 다 왔네. 반지, 어떡해?"

산방이 빨간불을 켜고 납작 엎드렸다. 개똥벌레마냥 불 밝혀 반지를 데리고 오기를 오래전부터 바랜 그토록 기다린 시간들이었다. 아늑한 둥지였다.

선녀를 업고 오는 나무꾼.

폭포소리가 힘찼다. 차돌 선녀탕엔 물이 가득 출렁했다. 돌다리를 건넜다. 키 낮은 가로등이 고개 숙여 새색시 반지를 바라보았다. 샘우물을 지나 마침내 마당에 들어섰다.

강냉이 _____ 4, 2.

지난 밤 하얗게, 하얗게 지새운 꿈을 꾸었다. 참으로 아리따운 꿈 달콤한 여운이 파고들어 진저리쳤다.

꼭꼭 여민 초록 저고리 고름 풀었다. 몰래 숨은 치마끈 당겼다. 헤쳤다. 한 겹 두 겹. 얼비치는 하이얀 속적삼 벗겨내렸다. 수줍어, 수줍어 부끄러운 미소 넘치는 구슬 이 고운 몸뚱아리 싱그러운 풋내 무르익은 강냉이, 마냥 쓰다듬었다.

아롱다롱 피어오르는 순결한 꽃잠.

병아리떼 _____ 4, 4.

꽃잠 잔지 사흘.

얼굴을, 그리고 시선을 자꾸 피했다. 조금은 허둥댔다. 부끄러워했다. 귓불이 달아오르고 뺨이 붉었다. 수줍음이 가득 고였다. 한 송이 꽃이었다.

도랑가에 개나리가 피었다. 멀리 떨어진 변방의 외딴 골짜기라 시내보다 한 이레쯤도 더 늦어 피었다. 그 쌀쌀한 날에도 언제 그리 만지작거렸는지, 아찔한 현기증처럼 온통 노랗다. 산문 안 절골 도랑 따라 내려가며 마치 따뜻한 등롱을 드문드문 매달아놓은 듯 훤했다. 덤불로 밝혔다. 작은 새들이 날아와 신기한 듯 조잘거리며 갸우뚱거려 드나들었다.

어릴 때, 연화교 건너 과수원 옆 모롱을 돌아 거의 다 쓰러져가는 초가집이 있었다. 그 집에는 내 친구 정임이랑 조무래기가 여섯이나 자랐다. 늘 배고픔에 젖어 구차했다. 아버지는 집안일은 아예 돌보지 않는 천하에 소문난 바람둥이였다. 당찬 날개를 힘차게 치며 목청을 한껏 돋워 가락 휘감는 수탉처럼 우람한 풍채에 코가 멋진 한량이었다. 만날 뉘 홀어미를 품는다는 소문이 솔깃 자자해도, 또래 어머니는 그래도 기다리는 이제나 저제나 속없이 착한 순대기라고 말하기도 했다. 그리 방탕하다 어찌 돌아와서는 아이 하나 만들어 놓고 간다는 말이 유행어처럼 퍼지기도 했다.

자꾸 늘어나는 아이들이 어머니에게 매달려 칭얼거렸다. 그때는 보통 세넷은 응당 기본이고 방방마다 가득 채웠다. 오 형제, 육 형제, 심지어는 십일 남매도 넘었지만 징그럽지 않았고 기절하지도 않았다. 그게 다 몹쓸 정, 하늘이 주는 복인 줄 알았다.

반지를 껴안았다. 눈을 감고 있었다. 달려드는 고추잠자리처럼 비눗방울인 듯 퐁 터뜨리고 싶었다. 볼수록 사랑스러웠다. 갈수록 귀여웠다. 봄내음, 꽃내음이 일었다. 밤꽃내 버무린 반지향이 솔솔 났다.

알나리깔나리.

지천으로 피어있는 개나리를 보자 그 조무래기 친구들과 어머님이 생각났다. 해동은 멀어 아직 차가운데, 뉘 마중 나온 제비꽃도 입술 파리한 울섶 양지쪽에 쪼그려 앉아 초라하게 수심 엮었다. 순해빠져 잔뜩 펴내지른 철없는 아이들이 둥지 가득 쏟아져 나와, 어미 어깨며 날갯죽지랑 등허리에 함부로 기어올라 무동으로 조잘거리는 병아리처럼 활짝 핀 개나리 모습이었다. 언뜻 솔개 그림자 어른거리면 어미와 병아리들은 쏜살같이 내달려 숨었다.

내일 모레 제삿날은 돌아와 서성이는데 끼니거리 대롱대롱 달거리마저 없는 근심에 젖은 정임이 어머니였고, 거위는 왜 그리 성하든지, 핑 돌아 천지가 샛노란 배앓이가 심하던 시절이었다.

반지 머리에 개나리를 꽂아주었다. 꽃길을 걸었다. 개나리 한 묶음 꺾어 안은 반지를 업었다.

개나리 필 때쯤 나이라는 무게에 짓눌려 옷 벗는 겨울을 지탱하지 못해 청산으로 떠난, 산문 밖 고래등 같은 장자집 어른 그 꽃상여소리가 산부리 휘돌아간 골짜기에 달구질 타령이 멀리 처량하게 들리기도 했다. 이맘때쯤 방안에는 메주 뜨는 내음 코를 마냥 건드려 들쑤셨다.

"알나리깔나리, 반지는 꽃잠 잤대요. 알나리깔나리, 무열이랑 꽃잠 잤대요. 알나리깔나리, 알나리깔나리."

돌다리를 나풀나풀 건너 왔다. 처산에 예쁘게 꽂아주고 거실 둥근 좌탁에 꽃병을 정물처럼 올려놓는 새색시였다.

뿌리 깊은 나무 _____ 4, 5.

밀월.

이제 겨우 닷새째였다. 꽤 오랜 세월 숱한 군상들과 부대끼며 왁자지껄 북적거리는 도시에 살다, 갑자기 감옥처럼 갇힌 듯 사는 산방이 무료할 것 같아 바람 쐬러 나섰다. 뜨거운 커피를 담은 보온병과 코주부 사진기만 달랑 둘러멘 채 돌다리 건너 앞산 가랑잎 폭신한 오솔길로 접어들었다. 낮은 산 너머 선영으로 향했다. 어린아이처럼 기뻐했다.

지난 설에 누나가 챙겨준 차례 제물을 들고 성묘를 갔었다. 내가 생각해도 참 딱할 만큼 달랑 혼자 참배했다. 불효라는 무게의 죄스러움이었을까. 왠지 도망가듯 부랴부랴 너머 왔었다.

오늘은 기분 썩 좋았다. 오랜만에, 퍽이나 오랜만에 나란히 선영으로 가는 셈이었다. 벌써 넘어지며 자빠지며 깔깔거렸다. 등성이에 올라서자 모두 발 아래 엎드린 산야가 이어져 파도쳤다. 반지가 할딱거렸다. 심호흡을 했다.

어제가 청명 오늘은 한식이었다. 옛날에는 칼같이 차사도 지냈지만 이제는 잊혀지고 사라져 가 갈 수록 퇴색했다. 산방의 여인이 되어 참배 차 첫 나들이었다. 흘린 대님끈 같은 오솔길 밟고 등성이를 넘었다.

선영이었다.

한 줄기 낙맥이 힘차게 흘러내린 혈을 감싸 안은 양 날개가 절묘한 명당이라고 근동에 알려졌다. 출렁거리는 산맥들을 다스려 첩첩한 앞을 탁 튄 멀리 문향 강릉 시내가 아스라했다.

오대조님이 누워 계신 아래 차례대로 금잔디 이불을 덮어 주무셨다. 그 조부께서는 삼 형제 가운데 맏이로 송도에서 태어났다. 약관에 급제 벼슬길에 올라 도성에 터를 잡았다. 대쪽 같은 성격에 욕심이라곤 없었다. 두둑한 배짱에 아첨을 모르는 장골이었다고 전해 들었다.

때는 철종, 안동김씨 패악과 세도가 하늘을 떠이고 서슬 시퍼렇던 시절이라지만 열흘 붉은 꽃을 보았는가. 더럽고 아니꼬운 안동김씨를 감히 탄핵하는 상소문을 올렸다. 벌떼같이 달려드는 무리들에 쏘여 여지없는 파직이었다. 달걀로 바위를 치는 어처구니없는 자충수를 왜 몰랐겠는가. 자고 나면 누군가 매일같이 쏘아댄 화살에 협박하는 편지가 달려있었다. 신변의 위협을 느껴 어느 비오는 야밤에 의도적으로 북쪽 숙청문을 빠져나왔다. 내처 말머리를 돌려 엉뚱하게 몰래 변방 아득한 강릉으로 피신 은둔했다. 마침 뜻을 같이 했던 정토사 스님과 해묵은 인연에 절골에 숨어들었다. 잠잠할 때까지 성명을 감추고 타인 행세를 했다고 들었다.

비바람에 마모된 문인석과 이끼 내린 비문이 그 오랜 세월을 아리게 톺아낼 뿐, 파란 하늘에 흰 구름이 무심히 흘러갔다.

김춘추 태종무열왕 6세손인 강릉김씨 시조 주원(周元) 할아버지 39세손 남(南) 자 항렬 무열이었다. 30만 종친이 버티고 있는 강릉 대토호족이었다.

다소곳이 절을 올렸다. 김문에 당당한 식구가 된 반지였다. 필연이기에 맺어준 인연이었다. 은근히 부러워하는, 이내 기뻐하는 눈치였다.

“그럼 우리의 애기가 태어나면 40세손이야?”

“응. 돌림자는 래(來) 자.”

“반지, 얼른 애기 낳을 거야.”

볕 바른 양지쪽이어서 햇살이 종일 끓었다. 화창했다. 나른하니 해바라기하다 숲으로 들어갔다. 견뎌낸 겨울만큼이나 봄을 기다려 맞느라 분주했다. 눈을 틔우고 새싹을 밀어올리는 소리가 힘찼다. 경쾌한 심장 박동이었다.

눈을 뚫고 피는 복수초가 벌써 시들었다. 병력이 있어 늘 입술 파란 제비꽃이랑 연분홍 얼레지도 피었다. 저만치 나앉아 쫑긋한 분홍 노루귀는 아직

귀걸이를 하지 않았다. 그저 경외스러워 하는 반지였다. 참으로 예쁘다는 둥, 가슴이 시려 가엽다는 둥 어쩔 줄 모르는 찬사였다. 그때마다 찰칵 사진을 살그머니 찍었다.

굽이굽이 휘도는 산천으로 흩뿌려놓은 단심. 차가운 봄길을 가만가만 밟고 오는 손님, 소월의 꽃 진달래가 지천이었다. 사랑조차 억누르려는 옛 여인들의 슬픈 정서를 달래는 정한이 깃든 꽃이었다. 해마다 잊지 않고 찾아오는 변함없는 정성은 나에게 작은 꿈이었고 기쁨이었다. 기다림이었다. 스치는 바람에 가녀리게 흔들렸다.

매화에 이어 동백꽃 뒤 따라 온 소월의 꽃. 한 송이 꺾어 반지 머리에 꽂아주었다.

햇볕이 끓는 대추 고목 앞에 앉아 꽃술내기를 했다. 서로 꽃술을 걸어 잡아당겨 끊어지는 쪽이 이마에 꿀밤을 맞았다. 반지가 꿀밤 몇 대를 톡톡히 맞자 약이 바짝 올랐다. 재미있다고 대고 달려들었다. 슬그머니 졌다. 와! 만세와 함께 함성을 질렀다. 회심의 반격, 탱! 몹시 야무진 소리였다. 거푸 져주고 져주었다. 좋아 어쩔 줄 몰랐다. 아프냐고 이마를 문지르며 호 입김을 불어주었다. 또 꿀밤 한 대. 안쓰러워하면서도 신이 났다.

엎어지며 자빠지며 숲속을 들뜨게 돌아치다 허리까지 차는 가랑잎 쌓인 구렁에 벌렁 누웠다. 상쾌하다 못해 포근했다. 갑자기 반지를 와락 끌어안았다. 뒹굴었다. 신났다. 깔깔거리는 웃음소리가 메아리쳤다. 하늘이 파랗다.

찬 바람결에 골골마다 피어나는 꽃. 마중이었다.

쑥 그리고 ____ 4, 6.

개구리 우는 초봄 해마다 되풀이되는 이야기였다.

박달 원시림이 무성한 어떤 굴에 쑥을 먹는 곰 전설을 하품 잦은 어릴 적, 꿈결 저편 어디서 아득히 듣곤 했다. 참으로 궁핍하고 고단한 시절이어서 오랑캐가 울부짖는 북풍이 산맥을 넘어 진주하면 헐벗고 황량한 이 나라 이 강산 이 땅은 골 깊은 유배지였다. 인동초 백성은 움켜쥔 뼈마디가 앙상했다. 그렇게 연이어 가뭄이 깊었다. 굶주린 유민들이 내몰리는 황사 이는 해동이라 절박한 전선으로 박차고 나가 수양버들 늘어진 강호에 풍운이 휘몰아쳤다.

천하를 도모하는 영웅 호걸들.

밀고 밀리다 마침내 전선을 돌파한 승냥이, 불개미떼들이었다. 거침없이 밀어닥쳐 천지를 뒤흔드는 함성이 미쳐 날뛰는 황산벌 최후의 대결전이었다. 까마귀가 울부짖어 음산한, 온통 하늘을 뒤덮어 타는 불길 맹렬한 말발굽에 짓밟힌 저 광야로 떨어지는 별을 본 계백은 오, 신이여, 내 알토란 같은 처자들이 치욕스런 전리가 되느니, 차라리 목을 베었다. 핏빛 처절한 향기.

쑥을 캤다. 분 겨우 바르고 바삐 나온 듯 연두색에 솜털이 뽀얀 해쑥을 뿌리 바싹 칼로 도려내 바구니에 담았다. 옹송그린 어린 쑥, 가난한 백성의 애환이 깃든 구황초, 배곯은 세월이었다. 그랬다. 해동 때 곡식이 떨어지면 쓰디쓴 쑥을 마구 캐어다 밀가루도 귀한 탓에 메밀가루에 묻혀 쪄먹고 연명했다.

새 주둥이같이 차양 긴 모자를 깊숙이 눌러 쓰고 밭둑으로 덤불 속을 헤치며 달래, 씀바귀, 냉이, 머위 등을 용케 찾아내곤 소리치는 양이 영락없는 누나였다. 누나는 손발 몹시 트는 초봄 얼굴 타는 것쯤은 아랑곳 않고, 개구리처럼 다만 뛰쳐나갈 수 있다는 탈출이 마냥 좋아 바구니 옆구리에 끼고 온 사방을 싸돌아다녔다. 발끝에 밟히는 것마다 나물이었다. 신으로 자꾸만 기어오르는 눈 녹아 물 밴 흙을 일삼아 털어냈다. 하나 가득 푸짐하게 파오면 갖은 양념으로 버무려 저녁 밥상에 듬뿍 올렸다.

메주내 퀴퀴하게 뜨던 방안은 절로 상큼한 봄향기가 가득 채워져 향기로웠다. 하루 종일 쏘다니느라 고단한 누나는 베개도 베지 못한 채 나가떨어져 뜻 모를 잠꼬대가 깊었다. 허연 속곳이 보이는 줄도 모르고 뒤척였다. 자유였다

불을 피운 훈훈한 부엌 아궁이 앞에 멍석을 깔고 마주앉았다. 제법 수북한 나물에 잡티를 골라 깨끗하게 다듬었다. 시내 중앙시장 난전에 쑥 조금, 달래 조금, 냉이 조금을 무더기, 무더기 지어놓고 파는 몸도 불편한 할머니들을 동정으로 이야기했다.

무료하거나 울적할 때, 엄마랑 다정히 손잡고 중앙시장 난전이나 남대천 둔치 새벽시장에 나가 열심히 팔고 사는 풍경을 스케치해 돌아오곤 했다는 반지였다. 그럴 때마다 아버지 생각에 몰래 눈물 흘리던 어머니였지만, 때문에 충만한 삶의 의욕을 새삼 담아가지고 온다는 이야기였다.

언 손으로 한 줌 햇살 받아 파랗게 돋아나는 나물. 가녀렸다. 싱싱해 향기로웠다.

달래를 송송 썰어넣고 기름 살짝 친 간장, 쑥을 넣어 보글보글 끓인 장뚝배기, 초고추장에 조물조물 묻힌 냉이와 씀바귀, 왠지 어울릴 것 같은 보리밥을 지어 쓱쓱 비벼 오랜만에 포식했다. 얕은맛 은은히 도는 입안이 가쁜개운했다. 가난한 쥐코밥상이어도 기름진 수라상은 빛 좋은 허울이요 화려한 사치였다.

시내에 살 적, 어쩌다 산방에 들르면 때를 거른 것을 볼 때마다 거두지 못해 늘 속이 짠하고 마음이 걸렸다는 반지였다. 평생 더운 밥 지어 같이 먹을 수 있어 다행이고 더없이 행복해했다.

껴안아 연속극을 보았다. 자꾸 눈을 스르르 감다 토끼마냥 깜짝 놀라 깨었다. 이마를 짚었다. 미열이 일었다. 더운 목욕을 시켜 달랑 들어다 침대에 뉘었다. 이불을 목 밑까지 덮어 주었다. 이내 콜콜 잠드는 천사였다.

하루 종일 꽃신 신은 아이마냥 돌아치더니.

인연 _____ 4, 7.

의논한대로 새벽 일찍 전화를 걸었다. 한밤중이나 신새벽에는 대개 일상이 아니기에 화급한, 괴이쩍어 의아한 시간이서 무슨 일이라도 났는가 싶어 놀라는 누나였다. 여태 숨겨 사귀던 여인을 집에 데려왔다고 쭈뼛거렸다. 혈육이야 하나뿐인데도 미처 상의 못해 미안하다고 운을 떼었다. 어쩌다 보니 벌써 이레가 다 되는데 소개시키겠다고 했다.

이제나 저제나 늘 갈망해 기다리는 소식이었지만, 갑작스레 닥친 일이라 다시 확인하고는 그제야 몹시 반색하는 눈치였다. 어디 여자냐기에 서울, 새끼들이 줄줄이 달린 근본도 모르는 술 먹고 담배 피우는 홀어미가 아니냐는 어처구니없는 망령 같은 물음에 핀잔하듯 조롱하듯 환갑 지난 숫처녀, 몇 살이냐? 서른 여섯, 성은 행주 은씨, 뭐하던 처녀냐기에 교사 출신이라고 또박또박 일러주었다. 혹시나 했던 기우를 걷고 안심한 듯 이러고 있을 때가 아니라 했다. 지금 더운 밥, 찬밥 가릴 형편이 아닌 급한 마음에 당장 자형이랑 올라오겠다고 냉큼 끊어버렸다.

싫다고 하면 어떡하느냐는 곁에서 듣고 있던 반지는 약간 긴장했다. 까다롭게 구는 누님이 아니니 분명 좋아할 거라고 등을 다독여 안심시켰다. 서둘러 방청소를 했다. 아침 준비하느라 부산을 떨었다. 알맞게 화장하는 반지였다.

날이 훤하게 밝아오자 자주 산문을 내다보았다. 기다렸다는 듯이 상아빛 승용차가 잽싸게 올라왔다. 우리는 돌다리 건너 주차 공터로 마중 나갔다. 이제는 좀 통통하다 느껴지는 누나가 조급히 내려 우리를 빤히 보았다.

"애! 반지야?"

갑자기 눈이 호동그래진 누나였다. 목소리가 분명 반가움과 놀라움에 뒤섞였다.

잔뜩 움츠리듯 굳어있던 반지가

"당실이 언니."

누가 먼저랄 것도 없이 달려가 얼싸안고 법석이었다.

뭐? 당실이. 지금 연기하는가, 얼떨떨하게 바라보다 독백하는 자형과 나는 그저 관객일 뿐이었다.

"이게 어찌된 거니? 그럼 무열이가 데려왔다는 각시가 바로 너였니? 세상에, 세상에나."

오히려 내가 어리둥절했다. 둘이 반가워 어쩔 줄 모르는 얼굴들이었다. 손을 붙들고 껴안았다 다시 봤다 떨어질 줄 모르고 계속 조잘거리는 분위기를 식힌 뒤, 자형에게 반지를 인사시켰다.

훈훈한 방으로 들어와 좌탁에 둘러앉았다. 재빨리 나온 뜨거운 커피가 진한 향을 뿜어 김이 모락모락 피어올랐다.

어쩌면 사건인 자초지종을 풀어냈다.

그때 벌써 교사직을 사표내고 요리학원 다닐 때, 싹싹한 붙임성이 있으면서 품위가 있고, 귀여운 얼굴에다 착 감기듯 응석스런 말투에 친하게 되었고, 터울 껑충한 큰언니처럼 나를 따르니 끝까지 내내 단짝이 되었다. 때문에 무열이 각시에 대한 청문회는 할 이유가 없다고 선언해 웃었다.

"그런데 너희 둘은 어떻게 만났고, 어떻게 그리 감쪽같이 시선을 따돌려 도둑연애를 했니. 참 묘한 인연이다. 내가 무열이 각시 삼으려고 동생이 하나 괜찮은 놈이 있는데 올케가 되어달라고, 달라고 백년 묵은 여우 꾀듯해도 미꾸라지마냥 얄밉게 그리 빼더니 결국 올케가 됐네. 반지야, 예뻐 죽겠다."

다시 손을 꼬옥 쥐고 알 수 없는 한숨을 내쉬는 누나였다.

"언니가 그때 동생이 무열씨라고 살짝 귀띔만 했으면 마다 않고 군말 않고 시집을 왔지요. 그때 우린 벌써 사랑이 깊었는데."

슬쩍 분위기를 살핀 뒤

"언니, 언니가 반지를 싫어하면 벌써 임신 5개월이 되었다고 야무지고 당차게 둘러대려 했어요."

재치있는 말짱한 꾀에 우리는 한바탕 웃어젖혔다. 반지 얼굴이 발그레했다.

"참말로 5개월이었으면 더욱 좋겠다."

어머니 병간호를 위해 사표를 낸 사실까지 아는 누나는 내가 오대 독자라는 것을 반복해 이르며 그저 밤낮으로 응석부려 얼른 덜컥 아기부터 가지라는 주문이었다.

어제 캔 봄나물 반찬으로 아침을 먹는 동안 내내 기쁨이 넘쳤다.

빨리 날 잡아 결혼식을 올리자는 성화에 작심한 듯 반지가 맞받았다. 결혼식은 올리지 않겠다는 각오 단단한 이야기에 적이 놀랐다. 물론 여자라면 칠보장식 족두리나 날개 같은 드레스를 입어 보고픈 게 틀림없는 마음이지만, 소리 소문 없이 조용히 산방에 살며 사랑 받고 한솥밥 먹고 아이 낳는 게 간절한, 그 이하도 그 이상도 아닌 그저 작은 소망이라 했다. 절대 일시적 기분이나 허세가 아니라는 마음을 쏟아놓았다. 굳이 싫은 이유는 어쩌면 사치이기도 하지만, 불행하게도 먼저 간 언니에 대한 반지의 작은 배려며 버릴 수 없는 예라고 말했다. 모두가 귀여워해주는 뜻은 내내 알지만 마음을 좀 헤아려 달라 했다.

의외였다. 갑자기 숙연해졌다. 누나도 역시 허사였다. 자형이 점잖게 한마디 내놓았다. 거짓 흉내라도 내는 것이 혼인인데, 정 그러면 정토사에 가서 아주 간단한 예만 올리자는 제의에 뜸을 들이다 쾌히 응락했다. 매사에 적극적인 누나가 곧바로 정토사에 가 택일을 받아왔다.

당장 내일 모레.

"올케."

와락 끌어안았다. 눈물을 흘렸다가, 금방 웃다가, 교차되는 감정이었다.

"언니."

"난 내 올케가 은근히 바라던 반지래서 더 이상 할 말이 정말 없어."

"언니. 본 이름이 토순이인데 왜 당실이라고 불러요?"

"촌스러워서 살짝."

"이름이 다르니 토순이, 토순이 해도 몰랐잖아요."

그 소리를 듣고 내가

"당실아?"

"아니야, 이젠 토순이야."

"자형? 토순이랑 당실이랑 각시 둘 양 팔 베여 데리고 살자면 꽤나 고달프겠어요.”
“아니, 난 여복이 있어서 왼팔엔 토순이 오른팔엔 당실이 껴안고 살아.”
기분이 몹시 좋은 누나였다.
“무열아, 반지를 만날 업어줘. 복덩이야. 하는 양을 보면 얼마나 예쁜 재롱둥이인지 모른다. 뼈가 살살 녹는 잠자리를 지치도록 챙겨.”
멈추는가 싶더니 짐짓 속삭일듯 반지 귀에다 대고는 모두 들으라고 큰 소리로 또박또박
“반지야, 이젠 꼬리도 통통 치고 아양도 팍팍 떨어. 누가 뭐래도 무열이는 반지 거야.”
늘 얌전한 자태인데 너스레를 늘어놓았다.
바람인 듯 휑하니 빠져나간 산문을 한참 바라보았다.
청개구리인가, 매미인가, 등에 어느새 반지가 업히기 시작했다. 반지에게 재롱 같은 버릇 하나 생긴 듯 했다.

밭갈이가 한창 _____ 4, 8.

엊그제 밤새 내린 비로 세상이 몰라보게 달라졌다. 마치 마술이었다. 때를 만난 듯, 길섶에 풀들이 신들린 듯 올라왔다. 윤기 없고 메마른 나무들이 벼르던 차 스며든 물을 뽑아올려 연둣빛으로 단장했다. 우중충하던 잿빛 숲들이 꿈틀거려 일제히 일어서기 시작했다. 빨대처럼 가는 줄기로 빨아들인 봉오리들이 망울지고 잎들이 눈을 틔웠다. 지나는 바람이 흔들어 깨웠다. 뭇새들이 속삭여 노래했다. 출렁거리는 환희의 물결이 넘쳤다.

털북숭이 화가가 술을 삼가고 담배를 줄이고 자주 내다보며 채색했다.

가슴을 적신 흙은 부드러워 촉촉했다. 보다 밝은 햇살이 두꺼웠다. 양지쪽엔 아지랑이가 아른거렸다.

비닐온실에 쌓아두었던 비료와 계분을 꺼내 밭마다 훌훌 뿌렸다. 감자와 강냉이를 심을 밭이었다. 뒤이어 승돈이가 트랙터를 끌고 와 금방 시원하게 갈아엎고 가지런하게 골을 켜주고 갔다. 굼벵이, 지렁이들이 꿈틀거렸다. 상큼한 흙냄새가 폐부를 씻어냈다.

옛날엔 길이 잘 든 암소 어깨에다 쟁기를 지켜 하루 종일이다 싶게 갈았다. 때마침 탯줄이 아직도 떨어지지 않은 철없는 목매기는 다리에 힘 올리느라 오래를 이리저리 뛰어다녔다. 한가한, 목가적 풍경이 한없이 정겨웠다.

묻어두었던 토란을 꺼내 샘우물이 넘는 물꼬 아래 채소나 과일, 김장을 씻으려고, 둥그렇게 만든 가마못을 넘쳐흐르는 물줄기 따라 창포 숲 부근으로 내리 심었다. 그 넓고 시퍼런 잎들이 이국적이었다. 고국을 떠난 파초 같았다. 추탕, 매운탕 끓일 때, 지난 해 손질해 둔 묵은 줄기를 넣으면 한결 부드러운 게 제격이었다. 꽃밭에는 달리아 세 포기를 작년에 심었던 그 자리에 옮겨다 주었다. 물을 주던 반지가 얼굴에 웃음을 환하게 밝히며 나의 손목을 잡아끌었다. 영문도 모른 채 따라갔다.

"새가, 새가 들었어, 작은 새야."

"어디?"

쭈욱 가리키는 손끝을 보았다.

거실에서 바로 내다보이는 마당가 모과나무에 달아준 새집에 새가 드나들었다. 까만 머리, 녹회색 등, 하얀 배가 앙증스런 고 작아서 귀여운 박새였다. 며칠 전부터 날아와 갸우뚱거리며 살피더니 암수가 재잘거렸다. 드디어 둥지를 틀어갔다. 깃털이나 짚오라기를 물고 포르릉 들어갔다 나와 나뭇가지에 잠깐 앉았다. 짝이 날아오면 반기다 이내 포르릉 날아가곤 했다. 주먹을 쥐고 가슴 조이던 반지가 나의 목을 껴안았다. 고대하던 꿈이 이루어져 핏줄이 경둥거렸다. 즐거워 연신 웃음을 머금었다. 새집을 달아주면서도 그리 기대는 안했다. 다만 풍경이 보기 좋아서 달았다. 고 작은 새가 들어 이웃이 되다니 참으로 기쁘고 놀라웠다.

둥지.

짐승이나 사람이나 나만의 세계가 담겨있고, 나만의 매만지는 꿈을 도배할 수 있어 그렇기도 하지만, 소중한 것은 아마 나만의 비밀을 고스란히 간직하는 어여쁜 공간이기 때문이었다. 그렇다. 철책을 둘러친, 둑처럼 보호하는 경계였다.

철없던 시절 새들이 훨훨 날으는 이산저산 흔한 덤불 속에 꽁꽁 숨어있는 둥지를 용케 발견하곤 뛸듯이 쾌재를 불렀다. 너무나 앙증스런 둥지에 파란 혹은 하얀 알들이 오롯이 기대어 숨을 토하는 것을 보면 참으로 신기했다. 햇살이 두꺼워지는 어느 날인가 몰래 들여다보면 털도 없는 발가숭이 새끼들이 태어나 기척을 낚았다. 꿀종지 보다 별로 크지도 않은 옹송깊은 둥지에 몸을 비벼 체온을 나누는 가슴들이 맥박쳤다. 눈도 뜨지 못한 채 고 작은 노란 주둥이 가득 벌려 먹이를 받아먹는 모습은 어느 무엇보다 아름다웠다. 경건하기까지 했다.

반지가 왔다. 늘 고즈넉하던 둥지에 파랑새가 날아들었다. 가슴앓이 마주앓이 깊은 세월, 코알라 인형을 껴안고 꿈만 꾸다 끝내 팔베개가 즐거운 짝이 되었다. 무언가 채우지 못해 텅 빈 가슴이 풍선인 듯 둥둥 떠올랐다.

창이 예쁜 둥지를 드나들며 청산을 노래하고 하늘을 향해 끝없이 지저귀는 파랑새. 가슴이 호젓해 대추나무 가지 끝에 포근한 깃을 달아놓았더니, 기웃거리다 용케 찾아들었다. 창 밖에 벌써 메아리 켜는 세레나데가 간절했다. 익은 발자국소리 낚아 내미는 주둥이 달뜬 입맞춤 낭자한 탁본, 그 도장 속에 이름 석 자 둥지 튼 은반지였다.

둥지에서 밤마다 만지작거려 꽃을 접었다. 꽃잠 향기로운 밀월이었다. 귀여워 못 배기는 몸살이 일었다. 족두리꽃이 밀어올린 신부. 나는 꽃밭에 물 주는 아이였다.

어디 솔밭에서 딱따구리 나무 쪼는 소리 청아했다. 뒤란 처마 밑에 달아 준 집에도 붉은 딱새가 들락거리는 낌새가 보였다. 꽁지를 바르르 떨다 쪼르르 벌레를 찾아 다녔다. 오래에는 비둘기가 구구거리고 앞 뒷산 어느 모롱이에서 장끼소리가 메아리쳤다. 솔개 그림자가 어른거렸다. 구름이 닦는 바다를 거꾸로 매달아놓은 하늘이 말갛다.

봄비의 작은 나눔에 골짜기는 싱그러웠다. 하루가 마냥 푸르렀다.
과일나무 꽃망울들이 터질듯 부풀어 올랐다.
청탁 원고를 부치러 우체국에 갔다. 산문 밖 들에는 밭갈이가 한창이었다.

꽃도둑(花賊) ____ 4, 9.

언제나 청결한 산사였다. 풍경소리가 늘 한가로웠다. 향내는 은은하고 고요로왔다. 고적하기까지 했다. 염불과 목탁소리가 낭랑했다.

반지와 나는 한복을 정갈하게 입고 부처님 앞에 공손히 섰다. 향불이 은은히 피어오르는 법당에 비구니 스님이 합장 경건한 예불을 올린 뒤, 낭랑하게 예식을 주선했다. 우리는 맞절을 했다. 하객이라야 자형 안팎, 주문진 장모, 그리고 비구니모친과 오라비, 승돈이 안팎과 신도 여남은 이들이 고작이었다.

모든 것이 생략된 참으로 간단한 예물 교환이었다. 누나로부터 건네받은 토실한 금붙이 덕섬상(德蟾象)을 반지에게 주었다. 한 200년도 넘는 역사가 고스란히 깃들어있다고 했다. 부모가 며느리에게 주는 전통이요 대물림이었다. 흔히 말하는 떡두꺼비였다. 아들을 낳으려는 바람과 대를 이으라는 상징이요, 불과 잡귀를 물리친다는 주술적인 의미가 담긴 물건이었다.

반지는 장모로부터 넘겨받은 계영배(戒盈杯)를 나에게 선물했다. 거북형 주전자 위에 앉혀진 잔은 칠할 정도만 차고, 술이 그 이상 차면 에누리 없이 밑에 받혀진 거북형 주전자로 모두 새어버리는 의기였다. 과음을 경계하라는, 즉 과욕을 부리지 말라는 잔인데 연대를 알 수 없는 몇 백 년은 족히 될듯한 보기 드문 미려한 청자였다. 반지 아버지가 하나 뿐인 딸이 시집갈 때 사위에게 준다며 고이 간직했다는 보물이었다.

가슴 조인 긴 세월이었습니다. 부끄러움 몹시 타는 붉은 꽃이었습니다. 숲속에 숨은 듯 청초하니 피었습니다. 숱하게 지나는 나그네 그냥 지나쳤습니다. 인연이 예쁜 이름 불러주지 않았습니다. 귀 기울여 기다렸습니다. 이슬 함초롬히 머금은 터질듯 맺힌 꽃을 접었습니다. 더없이 고왔습니다. 아, 드디어 고대하던 나비, 나비가 날아왔습니다. 인연을 물고 왔습니다. 꽃과 나비, 선녀와 나무꾼이 짝 짓는 날입니다. 나비가 맴을 돌아 내려앉았습니다. 기쁨 가득 꽃잎이 활짝 벙글어 향기 그윽합니다.

한편의 시를 낭송, 음송하듯 스님이 나지막한 목소리를 멋지게 뽑아내곤

"신랑 김무열과 신부 은반지의 결혼을 축하합니다."

모두 아낌없는 박수갈채가 한참 쏟아졌다.

생략되어 간소한, 끝이었다. 하객에게 큰절을 올렸다. 짓궂은 장난에 달랑 껴안아 뽀뽀를 했다. 가슴 뛰는 혼례를 경건하기 보다는 잔잔히 치렀다.

승돈이가 시키는 대로 반지를 덜렁 업고 마당에 나왔다. 마당 한복판에는 벌써 멍석을 깔아놓았다. 반지를 내려놓자마자 빙 둘러 서있던 하객들이 낄낄거리며 달려들었다. 나의 오른 발목을 준비한 밧줄로 옭아매어 누군가 키 큰 사람이 어깨로 둘러메었다. 나의 몸은 거꾸로 바싹 높이 매달렸다.

"본 법당은 아리따운 꽃 은반지를 훔쳐간 희대의 화적 김무열을 체포 징치하노라. 죄목은 예를 일으키기도 전에 아야아야 예쁜이를 아프게 한 죄와 아울러 속도위반죄, 미풍양속을 파괴한 죄가 심대하므로 이에 족장타박죄를 적용, 장작으로 이십 대를 때리지 말지를 말아라."

꽤 굵은 참나무 장작을 든 서넛이 돌아가며 한 대요, 하니 탁! 두 대요, 하니 탁! 세 대라, 네 대도 탁! 아이고야 아프구나 탁! 다섯…. 돌아간다 열 한 대라, 탁!

"뇌물 먹었느냐. 약하다. 더 세게 때려라."

낄낄거려 부추기자 곧잘 묵직한 파열음이 내처 들렸다.

"화적은 어디 있더냐?"

"여기 있도다, 탁! 열 닷 대라."

"어여차 하니 고개를 넘는구나, 탁! 하명 받은 족장타박 이십 대 집행하였음을 타박과장 아뢰오."
"화적은 들으라. 훔친 꽃은 잘 가꾸는가?"
"네. 그러하나이다."
"어찌 가꾸는고?"
"낮에는 낮거리, 밤에는 밤꽃 향기 뿌려주옵나이다."
"오호라! 기특한지고!"
이어
"신부는 어디 갔는고. 죄인을 인수하라."
웃음 가득한 반지가 달려들어 밧줄을 풀어냈다. 박수가 터져나왔다.
간단한 신랑달기였다.
어렸을 적만 해도 동네 청장년들에게 꽤 유행했던, 아니 지금도 명맥을 유지하고 있는 짓궂은 장난이어서 아련한 향수에 젖었다. 그리운 추억들을 떠올려 재미있어했다.
단출한 잔칫상이 마련됐다. 떡과 과일, 식혜, 국수가 전부였다. 모두가 기뻐해 주었다. 준비랄 것도 없지만 잔치 준비는 누나와 스님이 애썼다.
부처님께 합장하고 마당에 나섰다. 봄기운이 온 경내를 휘돌았다. 누님이 반지를 오래도록 껴안았다. 장모도, 신부도 손을 꼬옥 쥐고 눈물을 뺐다. 소꿉놀이하듯 아기자기 아들 딸 한 방 가득 낳으라고 속삭이곤 장모를 태우고 떠났다.
"각시 몸에 점지된 범상찮은 광채가 보인다우. 삼신할미도 이 늙은이의 눈은 못 속인다우."
스님 모친의 속삭임이 귀에 쟁쟁거렸다.

꽃동산 _____ 4, 11.

그저께 살구꽃이 봄을 조몰락거리더니 뒤질세라 복숭아꽃도 다투어 피었다. 여기저기 개살구, 개복숭아도 같이 어우러져 골짜기를 가득 채웠다. 밭둑과 도랑 사이 비스듬히 누운 넓은 둑, 오래를 돌아가며 빙 둘러 온통 웃음을 날렸다. 황홀하게 늘 꿈꾸던 꽃대궐이었다. 멀미가 일듯 눈이 아롱거렸다. 뻥 팝콘을 튀긴 듯, 함박눈 내린 듯, 불쏘시개에 불을 마악 붙인 듯, 초경 치른 소녀의 부끄러운 마음처럼 붉었다.

장독 가득한 뒤란에는 입술 곱다는 앵두가 하얀 면사포를 살포시 썼다. 뒤이어 필 천엽황매가 노란 단추를 다닥다닥 매달기 시작했다.

온 세상이 꽃 휘장을 둘러친 듯했다. 눈이 시렸다. 코끝이 향기로웠다. 파란 하늘이 화창한, 새들이 아득히 날아올라 지저귀었다. 나비가 몰려오고 벌이 윙윙거렸다.

꾸욱, 오랜만에 친구 동자승을 불렀다. 꾸욱.

아름다운 꽃.

꿈꾸는 뒤안길 얼마나 많은 기다림이었을까. 겨우내 언 손을 호호 불며 봄을 오려 접은 꽃. 가녀린 꿈이 숨 막힐듯 사태졌다.

한없는 꽃대궐에 조는 듯 아스라한 산방이었다. 취한 듯 박새마냥 드나드는 반지 볼이 붉었다. 쉴 새 없이 들락거리는 기쁜 하루였다.

까만 밤을 오려 고이 접으면 그 또한 꽃이 되는 반지였다.

이 땅에 생명들은 누가 가르치지 않아도, 시키지 않아도 용케 때를 알았다. 인간이야 물론, 하잘 것 없는 미물 그 중에서도 꽃나무보다 아주 작은 풀꽃들이 더 잘 알았다. 정말 귀여웠다. 차디찬 땅 속에서 용케 살아남아, 고 작은 손바닥으로 한 줌 햇살 은총으로 받아 스며든 물기로 파란 잎 돋워가는 꽃대 밀어올려 어여쁘거나 가녀린 꽃을 앙증스럽게 접는 양을 보면 참으로 경이로웠다. 아무도 오지 않는 산중 찬 얼음 속에서 뜨개질한 복수초나 마릴린 몬로의 새로 지어 입은 자색 치마를 날리는 아름다운 얼레지, 늘

숨이 차다는 입술 파란 제비꽃이랑 뉘 영혼을 달래는 할미꽃이 해동을 마름질했다. 추운 새벽부터 길목에 나와 떠는 모습이 가련했다. 아직도 귓불 시린 바람이 찬데 꽃나무랑 어울려 꽃대궐 잔치였다.

누구를 기다리는가.

꽃씨를 묻었다. 메마른 겨우내 웅숭깊은 뒤웅박 속에 꼼짝없이 갇혀있다 출소하여 맑은 공기를 쐬는 씨앗들. 와 함성이 들렸다. 심장 박동이 두근거렸다. 꾹 참고 있다 촉촉한 흙내음에 가슴 부풀고 따슨 햇살에 껍질 벗겨내는 꿈을 꾸었다. 실비에 입맞춤 향기 자아올리는 마냥 아름다움을 단장할 것이니.

돌다리 건너 집으로 들어오는 길 양옆에는 해바라기를 나란히 묻어주었다. 태양을 우러르듯 나를 바라보는 반지의 거울이었다. 해바라기와 해바라기 사이에 키 낮은 땅꽃 채송화씨를 새끼줄 띄우듯 가득 뿌렸다. 도종환의 시를 읊조리며 아내 무덤가에 접시꽃씨를 넣었다. 봉숭아는 마당가에 묻었다. 반지 손톱에 예쁘게 꽃물 들여주어야 하는 꿈을 간직했다. 도랑 건너 찻길가에는 과꽃씨를 잔뜩 풀어놓았다.

보드라운 흙을 덮어 다독이는 소망은 기다림이었다.

오래 여기저기 노란 민들레가 갓 피어났다. 웅크려 해바라기에 조는 듯했다.

마침내 명령이 떨어졌다. 숨죽인 바람이 일어서자 일제히 고공 낙하로 침투했다. 여지없이 함락 빠르게 공격 변방까지 점령했다. 모반은 이미 오래전 해동부터 벼른 거사 늘 짓밟히고 핍박받는 세월이어서 작전명은 광개토(廣開土) 그 사월 혁명을 꿈꾸었다. 초록 들녘 아스라이 벌 나비 이는 노란 꽃밭 지천인 나라. 밭갈이가 한창 해맑은 하늘 머리에 인 아이들 웃음 메아리지는 마을.

저만치 봄을 캐는 아가씨야.

깃발 휘날리는 광장이야 사치한 욕망일 때, 재는 한 뼘 가득 햇살 내리는 어디 발자국소리 귀담아 낚는 정겨운 길섶에 키 낮게 머무를 뿌리 깊은 영토를 노래했다. 땅 한 평 없어 늘 길가로 밀려 나앉는 꽃.

그리움에 젖었다.

나풀나풀.

누군가 겨우내 쓴 편지 한 장 반으로 고이 접어 마중 나온 다소곳한 그녀에게 건넸다.

감자놓다 _____ 4, 12.

감자 놓는 날이었다.

아침 일찍 누나 안팎이 왔다. 지난밤 미리 와서 편안히 자라고 했더니, 우리의 밀월을 방해하고 싶지 않다는 그럴듯한 핑계를 댔다. 오자마자 술과 음식 장만은 누나가 도맡았다. 농사일을 전혀 경험하지 않은 반지가 모르기도 하나, 숨은 뜻은 신혼인 올케가 힘들거나 어디 다칠까 싶은 염려이었다. 선언이듯 올해는 그저 얌전히 지켜보라는 배려였다.

농사라고 할 것까지 조차 없는 골짜기 깊은 어쭙잖은 밭농사. 너그럽지 않은 계곡이어서 절골의 농토는 산방이 깔고 앉은 용케 평평한 산자락과 산문으로 나가다 설통바위 앞 땅이 고작이었다. 천 평도 안 되는 한 900 평. 산방 대지가 꽤 넓어 연이은 바로 앞에는 마늘, 파 등을 가꾸는 텃밭 아래 비스듬히 내려가면서 다락밭, 또 다락밭, 맨 아래 막내 다락밭과 산문 가는 길 옆 설통바위 밭 조금, 두 필지였다. 맨 아래 다락밭은 이미 더덕과 도라지와 마가 심어졌다.

오늘은 텃밭 아래 첫 다락밭에 감자를 놓을 참이었다. 나에게는 생명줄이나 다름없는 너무 고마운 땅이었다.

산문 밖 부연동에서 친구 승돈이가 품앗이 울력 왔다. 간단히 술과 커피,

음식을 먹으며 농담이 오갔다.
"얻은 소는 쉬게 하지도 않고 얻은 일꾼은 오줌도 안 누인다는데."
운을 뗐다.
"무열이 넌 요즈음 한창 꿀 빼 먹느라 날 새는 줄 모르고 밤마다 탕난했을 터 문지방 넘어갈 힘이나 뭐 있겠나? 정 힘들면 도랑에 가서 가재나 잡아와. 내 혼자 다 심어줄게. 장담하지."
친구가 만만찮게 대꾸했다.
"오늘은 품값을 주는가? 처남."
거들어 자형이 너스레를 떨었다.
"일 비척이가 밥 장정이라는데, 자형 지금 배고프죠?"
고약한 인심이라 손에 맥이 풀린다 했다. 누나를 데리고 가야겠다는 우스갯소리였다.
"무열이 자형은 감자를 놓아보기는 했소? 만날 책상에서 펜대나 놀렸을 같은데요."
"천만에."
"해마다 모시중도 하고, 왔다 갔다 술심부름은 맡아놓고 했겠지요 뭐. 히히."
고단한 삶의 애환이 담긴, 노동의 힘든 순간을 잊으려는 농담은 진통제라니, 청량제거니, 그래서 즐거웠다. 강릉사람들 특유의 억세어도 소박한 사투리와 투박한 어투에 알통 근육 같은 뚝심이 있었다.
한창 꽃피는 병풍 둘러친 산촌은 한가로웠다. 풍경 아름다운 전원이었다.
가볍게 술과 커피를 마셨다. 담배 한 대를 피우곤 밭에 들었다. 다래끼를 둘러메고 엎드려 골골마다 감자를 놓아나갔다. 배가 좀 나온 자형은 감자를 놓다가 허리가 아픈지 자주 주저앉았다.
"화전놀이하는 것만 당초 못한데. 며칠 있으면 아까운 꽃이 다 질텐데 화전놀이하고 놓세."
열심히 놓는 우리들을 물끄러미 바라봤다.
"오분 일하고 오십 오분 쉬고도 한 시간 일했다더니, 무열이 자형은 좀 있다 설사가 난다 핑계대며 변소를 펄럭거리면 돼요."

"난 변비가 심하거든."
"생콩 갈아먹으면 되는데."
"예끼!"
농에 허허 웃을 뿐이었다.
할미새랑 딱새가 우리 부근을 맴돌며 낮게 날아다녔다. 벌레를 찾느라 분주했다.
땀도 나고 허리도 아프고 갈증이 일었다.
산간오지의 먹을거리가 감자와 강냉이, 조, 호밀이었다. 박토에도 그런대로 잘 자라는 이유였다. 주곡이었다. 그땐 누구나 없이 모두 그랬지만 어렸을 적에는 매일 감자를 쪄 먹었다. 달리 다른 난알이 없었다. 학교에 가면 다른 아이들 몇몇은 기름기 자르르 도는 허연 쌀밥이나 보리밥인데 나는 늘 부끄러워한 까슬한 노란 조밥과 감자였다. 어쩌면 죽지 못해 살고 먹지 못해 먹었다. 하긴 그것도 없어 못 먹던 지긋지긋한 시절이었다. 질렸다.
하지만 입맛이 변했다. 서른 중반쯤 되자 그 지겹던 감자가 은근히 그리워졌다. 겨울 깊은 밤 화로에는 버릇처럼 감자 몇 톨 빠짐없이 묻었다. 노릇노릇 익어 구수했다. 아마 쌀밥만 먹는 염치없는 입의 반란인지도 모를 일이었다.
가뜩이나 힘이 드는데 부름을 받자 얼씨구, 잽싸게 들어간 자형이 자리와 술병 꾸러미를 들고 누나는 새참, 반지는 커피를 담은 보온병과 누나가 사온 찐빵을 들고, 밭가 살구꽃 그늘 밑에 터를 만들어 앉았다. 술 한 잔이 도는 사이에 차려진 새참은 갓 만든 자장면이었다.
살구꽃잎이 떨어졌다. 착각같이, 어쩌면 화전놀이 온 기분이었다.
일이 힘들거나 몸이 고단하면 이놈의 해가 남의 집에 머슴을 안 살아봤나, 하는 농담이 나오기 마련이었다. 뜻하지 않은 자형 안팎의 울력으로 오후의 일을 일찍 마쳤다. 쇠스랑으로 감자를 묻던 것을 승돈이가 가져온 극젱이로 골을 타 묻었다. 애써 곱게 다듬었다. 쉽게 일을 마쳤다.
낚시광이기도 하지만 투망의 도사인 자형이 한창 펄펄 뛰어오르고 있는 남대천 황어를 열 마리도 넘을 듯 가져왔다. 푸짐했다. 맛깔스런 물회였다.
해가 뉘엿뉘엿 기우는 저녁 때, 울력꾼들을 보낸 뒤 갓 심은 감자밭을 바라보았다. 묻힌 감자들은 부지런, 부지런 흙냄새를 맡고 뿌리를 내려 싹을 틔울텐데 풍성한 수확을 기다렸다. 힘들어도 흐뭇했다. 옆에 선 반지가 나의 손을 만지작거렸다.

골짜기가 연두빛으로 밝아오는 계절이 가득했다.

곡우 ____ 4, 13.

어제 감자 놓고 난 뒤 곧바로 곡우를 받았다. 집 뒤 치성바위 부근에 우뚝우뚝 선 몇 그루 회백색 붉은 박달나무 밑동 수피에 구멍을 뚫어 말간 호스를 끼웠다. 나무 둘에 각기 구멍을 뚫어 끼운 호스를 합쳐 Y자로 연결 아래 마당에까지 길게 늘어뜨려, 두꺼운 판지를 받힌 허리까지 치닫는 푸른 플라스틱통에 넣었다. 다섯 줄을 넣었다. 물방울이 똑똑 제법 빠른 속도로 떨어졌다. 고이기 시작했다.

반지는 처음 그 모양을 보고 영 안타까워 마음을 빗더니 이젠 감정도 무디어 덤덤했다. 오히려 재미를 느껴 신기하다는 투였다. 해마다 이맘때쯤엔 잊지 않고 곡우를 받아먹곤 했다. 요즈음은 그 폐해가 너무 심하여 산림감시원들이 극성스레 단속에 나설 지경이 되었다. 하지만 누가 뭐래도 나의 산이기에 까탈은 없었다.

곡우 한통에 얼마, 돈머릿수야 은근히 입맛 당기지만 보통 힘든 게 아니었다. 곡우를 받을 수 있는 나무는 대개 가파르고 험준한 고산 지대에 분포되어 있었다. 곡우 몇 통을 받아 내려오자면 여간 고생이 아니었다. 미끄러지고 내리 굴고 자빠지고 엎어지고 상처투성이가 되기 십상이었다. 다치기도 했다. 곡우 장사 삼년에 골병이 든다고까지 했다. 또한 남모르게 해놓아야 하는 불법이었다.

나는 다행히 짚 옆인 내 산 오래에 있어 그런 고생은 안 하는 행운이 틔었고 복이 터졌다. 재미가 그런대로 쏠쏠했다. 그래서 몇 해 전부터 작심하고 오래에 고로쇠, 자작, 박달을 많이 심어 두었다.

곡우가 고스란히 고일 동안 반지가 밭둑에서 나물을 하는 둥 마는 둥 왔다 갔다 했다. 꽤나 큰 곡우통 안이 자못 궁금한 모양이었다.

늦은 오후쯤 돼서 좀 높은 받침대를 깔은 곡우통을 들여다보았다. 칠 부쯤 고여 차올랐다. 붉은 듯 빛이 도는 곡우. 푸른통 아래에 구멍을 내 짧은 호수를 박아 구멍을 여닫는 나사를 만들었다. 나사를 틀고 곡우를 한 쪽박 받아 들이켰다. 달콤 향기로운 맛이 빙그르 돌아 입맛을 짝짝 다셨다. 기운이 버쩍 났다.

반지는 이런 풍경을 처음 보는지라 무척 경이로워했다. 쪽박으로 받아 벌떡벌떡 마시다 떼고 황급히 숨을 확 토했다. 은은한 향이 이는 곡우에 국수를 말아먹으면 좋겠다거나, 더덕잎순을 뜯어 채를 쳐 타 먹으면 그만이겠다거나 잣알과 대추살을 띄운 화채를 해먹으면 정말 어울리겠다고 조잘거렸다. 어떤 해는 곡우가 잘 내리면 밤새도록 고여 아깝게 흘러넘치기도 했다. 즐거웠다.

아니나 다를까. 사람들이 전화를 받고 금방 왔다. 부탁하는 사람들이라 얼마씩 받았는데 오늘은 이미 몇 사람이 반갑게 왔다 갔다.

누나도 기별 없이 왔다. 반찬거리랑 반지가 먹을거리를 잔뜩 사왔다. 우리를 보고 뜬금없이 욕심 없이 사라고 지껄였다. 그러면서 바글거리는 도시의 삶이 참 고단하다고 알 수 없는 독백처럼 뇌까렸다.

더러운 꼴 안 보며 변방에 묻혀 신선이듯 사는 우리가 한없이 행복해 보인다며 털어놓는 내막이었다.

자형이 인사승진에서 또 해산(解産)했다는 이야기였다. 도저히 상상할 수 없는 새까만 후배가 치고 올라갔다. 당사자도 아닌 다른 직원들이 먼저 분통을 터뜨리는 불신으로 모두 술렁거린 상황이었다. 지난해에 승진 대상이었지만 부탁하기에 양보까지 했는데, 어찌된 영문인지 한 마디 해명도 없이 밀려났다. 배신에 떨었다. 그 대단한 성깔의 본때로 근거를 대라며 한바탕 책상을 뒤엎는 난리로 쩔쩔 매도록 소란을 피운 모양이었다. 여차하면 자해까지 망설이지 않은 자형이었다. 오래전부터 비밀스런 첩보에 귀 기울였다. 미리 낌새를 알고 치밀하게 수집한 정확한 정보를 공개하며 만천하에 터뜨리겠다는 엄포에 급기야, 그놈이 그놈인 부시장이 수습에 나서 착오와 오보였다는 개도 웃을 어설픈 변명으로 정정, 기분 몹시 더러운 승진이었다. 증거야 부패한 뇌물의 철저한 위력이었다.

어차피 이 세상은 우리가 바라던 꿈은 사라진지 오래, 내가 너를 짓밟고 넘지 않으면 내가 짓밟혀야 하는 이전투구 사생결단의 아비규환인 걸 아직도 몰랐느냐고 핀잔이듯 슬쩍 비꼬았다. 권투면 12회전이고 전쟁이면 제 3차 세계대전, 백병전의 전술을 써야하는, 전우를 시체로 밟고 넘고 넘어야 간신히 사는 세상이라고 풍자하는 인심이었다. 비둘기도 꿩 잡으면 재주 좋은 매가 되는 세상, 어찌 비둘기가 매를 잡는단 말인가. 부패의 극치였다.

참으로 순진한 아니 멍청하다고 힐난했다. 그러면서 이제 기껏해야 일회전이라 독려했다. 세월이 험악해서 무슨 사상이 아니라 무슨 전쟁 속에 우리는 살고 있는 것이다.

누나가 벌컥벌컥 곡우 한 쪽박을 받아 철철 흘리며 독기를 품었다.

“그래, 이제 겨우 탐색전인 일회전이야. 이회전은 내가 꿩을 잡아 무자비하게 난도질할 거야.”

중앙에 있는 끗발 좋은 친구의 남편을 염두에 두는 듯 이를 갈았다. 서서히 독종이 되어가고 악바리가 되어갔다.

곡우 한 통을 실은 누나의 사라지는 모습을 본 반지가 불안한 얼굴을 했다.

꼭꼭 뚜껑을 덮었다. 산 그림자가 지고 대뜰에 꿀벌이 조용했다. 포릉포릉 날던 박새도 석양 한 조각 물고 깃으로 들어갔다. 어둠이 깔리고 산사의 범종소리가 퍼졌다.

곡우에 국수 말아먹은 하루.

뜬 구름 잡는 세상은 이미 얼룩져 좌절하는 시절, 반란을 획책하는 시절, 순수한 꿈마저 물들까 싫어 사람들의 기억 속에 까마득히 잊어진 은둔을 택했고, 세상 밖 귀 걸어 잠근 채 산과 물 그리고 달이 좋아 청산에 뒹굴고 있으니, 이 얼마나 멋진 수양인가. 더욱이 따르는 계집 하나 덤이 아닌 행운으로 용케 딸렸으니.

우화(羽化) _____ 4, 16.

퍼뜩 눈을 떴다. 반지가 몹시 아픈 신음소리를 냈다. 이마에 손을 대자 펄펄 끓는 불덩어리였다. 부리나케 흔들어 깨웠다. 눈을 꼬옥 감고 정신을 못 차렸다. 땀이 온통 흥건했다. 품에 안겨 사랑을 노래했는데 어느새 아팠을까. 허겁지겁 해열제를 먹였다. 더운 물에 꿀을 진하다 싶게 달래어 먹인 뒤 병원에 가자해도 상비약을 먹자 해도 막무가내였다.

새벽 4시.

그저 해맑고 싹싹한 붙임성과는 달리 고집스러울 만큼 불통이었다. 무슨 일을 하면 똑 부러지게 하고야 마는 거기에다 조금은 결벽증까지 있어 늘 깔끔했다. 살 섞고 살아봐야 안다더니, 이러다 병이 나지 싶었다.

찬 수건을 이마에 얹혀주고 잣죽을 묽게 끓였다. 안 먹겠다는 걸 껴안아 무릎에 앉혀 호호 불어 억지로 떠 먹였다. 밤새 앓아서인지, 어찌 열이 꽤 내려 다독여 재웠다.

서재에서 창밖을 내다보았다. 골짜기 숲은 죽은 잿빛에서 폭 눌러 쓴 붉은 고깔모자를 벗어던지기 시작했다. 잎새를 돋우느라 바야흐로 연두 짙은 빛으로 차올랐다. 갈 수록 햇살이 따사로웠다.

나물 캐던 바구니가 반지를 기다리며 대뜰에서 뒹굴었다. 종이배 같은 작은 신도 인기척을 낚았다.

그때가 저녁 무렵이었다. 거북반석 옆 상수리나무에 기어오르다 붙은 굼벵이 형상인 매미 애벌레를 보았다. 붉은 듯한 등이 세로로 갈라지기 시작했다. 그 속에 몸뚱아리가 나오려고 안간힘을 썼다. 머리가 나왔다. 자꾸 꿈틀거리며 몸을 뽑아냈다. 조금 조금씩 빠져나왔다. 구겨진 날개가 펴지면서 마침내 이 세상 맑은 공기를 마셨다. 천천히 기면서 몸을 말리며 날개를 다림질했다. 부르르부르르 날개짓을 했다. 금방 멋진 맨드리를 갖추더니 휙 오줌을 싸며 멀리 날아갔다.

탈바꿈한 참으로 고귀한 우화였다.

반지가 막 깨어났다. 나를 보자 칭얼거렸다. 곁에 있으라는 주문에 팔베개로 껴안았다. 이불을 끌어 덮었다. 어리광을 부렸다. 아니 세 살 먹은 아기의 투정이었다.

"왜 약 안 먹어? 먹으면 금방 안 아플텐데."

"앞으로 태어날 우리 애기에게 해가 될까 싶어서."

"참, 우리 애기 언제 낳을까?"

"언제긴. 당장 낳고 싶은데."

"몇을 낳을까? 하나면 외로워 아무래도 적고, 둘이면 시끄럽고 많아?"

"아니, 펑펑."

"펑펑?"

"응. 이만큼 낳을 거야"

고사리 같은 손을 쫙 펴보였다.

"와! 난 죽었다."

마냥 꿈에 젖어있었다. 예쁜 반지의 반, 건강한 나의 반을 반죽 곱게 빚어 총명한 아가를 낳을 거라고 풍선만큼이나 부풀어, 부풀어있었다. 와락 안고 냅다 뒹굴었다.

"죽 먹여줘. 배고파."

툭툭 털고 일어났다. 가뜩이나 크고 까만 눈이 칠십 리나 쑥 들어가 퀭했다. 끈적거려 목욕을 원했으나 잘 때까지 참으라고 했더니 이번에 업어 달라는 떼였다. 큰 타월을 꺼내 반으로 접어 포대기로 감싸 안아 업었다. 어찌 보면 매미이고 어찌 보면 코알라 같고 어찌 보면 청개구리였다.

밖으로 나왔다.

박새가 드나드는 집을 보고 즐거워했다. 뒤란 딱새집 그리고 한창 단추를 다는 천엽황매를 보고, 비닐온실에 가 채소 모종이 올라오는 것을 보고 기뻐했다.

꽃밭에 들러 은방울꽃이 노란 싹을 밀어올리는 것을 보고 아니 금낭화, 매발톱, 얼마 전에 묻은 달리아 새순도 보고 좋아 어쩔 줄 몰라 했다. 사뭇 즐거웠다.

맨 아래 다락밭 더덕, 도라지와 마, 새싹도 보았다. 생명의 신비, 그리고 경건함을 느꼈다.

반지의 목욕하는 소리 들렸다. 업었던 타월 포대기가 거실 한녘에 매미 껍질처럼 놓였다.

우화한 밀월 몸살이었다.

첫 편지 _____ 4, 17.

아직 초봄이라 산중은 저녁이면 꽤나 추웠다. 해 일찍 반지가 부엌 밖 아래쪽에 패 가린 묵은 장작을 한 아름 안아다 군불을 지피는 걸 보고 은근히 웃었다. 도저히 산속 깊은 곳에서 살 여자가 아닌데 자연스레 즐거워했다. 기특하기도 하지만 묘했다. 아궁이에서 불이 활활 탔다. 아무렇게나 궁둥이를 깔고 조가비 손을 부채마냥 펴 어린아이처럼 쬐는 것을 좋아했다. 동글납작한 얼굴이 발그레 피어올랐다.

숨은 듯 산방이 마음에 든다고 했다. 과묵하지만 황소같이 믿음직한 내가 이유 없이 좋다고 했다. 반지를 아기 키우듯 호호 불기에 팔베개 베어 응석부릴 줄도 알았다. 가슴 넓은 한 남자의 어여쁜 여인이 되어 귀여움 받는 아내. 깃털 뽑는 파랑새의 둥지 산방이었다.

산방.

도성에서 강릉으로 숨어든 어느 날, 오대조께서 이 골짜기 용화산 기슭 정토사로 과거 인연이 있어 스님 찾아 찾아가는 길이었다. 스님은 천기를 거역하는 왕정을 폐지하자는 개벽이나 다름없는 정혁(鼎革)이나 과감한 혁파(革罷), 삼족을 멸하고 문중이 멸할 피비린내 나는 또 하나의 사화(士禍)가 되었을, 엄청난 금기를 감히 서슴없이 발설한 칼날 같은 분이라 했다. 불이 지펴지길 바라며 재빨리 피신했다. 관북으로 가 두만강 건너 연해주로 도망갔다고 소문을 흘려놓고 엉뚱한 개명으로 짠 배를 타고 이곳으로 감쪽같이 숨어들었다는 극도의 기별을 비밀로 간직했다.

헤치고 살피다 마침 곁에 있는 조금은 평평 밋밋한 땅이 보였다. 거북바위 밑 실한 샘물을 발견 풍족히 마셨다. 앞이 확 터지고 주위가 곧잘 넓은 지라 여유롭게 가늠했다.

어디서 부스럭 소리와 함께 몇 발치 앞 숲에서 웬 거대한 여산대호가 골이 쩌렁쩌렁 울리는 포효를 했다. 본디 담이 컸다는 할아버지가 그 독기 품은 강렬한 시선을 마주 쏘았다. 녹일듯 이글거리는 시선으로 덮치려 출렁거리는 근육을 웬일인지 슬며시 풀며, 곁에 있는 상수리나무에다 꼬리를 통통 몇 번 치고는 불끈 치솟은 줄기 주산으로 냅다 비월 사라졌다.

정토사를 찾아 여러 만 평이나 되는 사찰림을 어찌 얻어 호랑이가 누웠던 자리에 터를 잡고 산방을 지어 은거 밭도 일궜다는 이야기를 할아버지, 아버지로부터 내려오며 귀에 두께가 앉도록 들었다. 결코 해코지 않는 산군이 더러 나타나 어슬렁거리다 갔다는 전설이 되어버린, 야담이 되어버린, 산문 밖에서도 심심찮게 줍기도 했다.

산군이 왔다 간 해에는 반드시 좋은 일이 생겼다고 했다. 내가 태어나던 해에도 산군이 포효, 포효했다고 했다.

좌청룡 우백호가 힘차게 둘러친 맹호포효(猛虎咆哮). 늘 서기가 어리는 보기 드문 명당이라 서슴없이 맥이 뛰는 자리였다. 아늑한 그리고 가슴이 탁 트이는 햇볕이 모여드는 양지터였다.

이제 곧 나뭇잎들이 다투어 피는 봄맞이, 파랗게 올라 온 풀들을 헤쳐 의젓하게 나물하는 반지였다. 밭둑, 길섶으로 찬찬히 살피며 바구니에 봄향기를 캐 담았다. 어린 송아지처럼, 강아지처럼 함부로 돌아치는 모습이 분명 해맑았다.

샘우물을 청소했다. 마당가에는 멍석보다 더 넓은 납작한 거북바위 주위에 떨어진 삭정이를 걷어냈다. 그 바위 곁으로 둘러선 거대한 네댓 상수리 고목이 매미소리 토해내는 여름이면 시원한 그늘을 만들어 그 거북바위에서 자리나 멍석을 깔고 팔자 좋게 피서하는 곳이었다.

바위 바로 밑에서 솟아오르는 석천수 샘우물을 다 퍼내 씻었다. 부엌과 주방으로 연결된 수도관 얼망을 새로 갈아 끼웠다. 우물 물꼬 넘어 아래 물받이 가마못도 새로 싹싹 씻고 싹싹 닦고 싹싹 법석을 떨었다. 표주박도 새로 갈아 놓았다. 샘줄기가 참 실했다. 해맑은 물 한 바가지 떠마셨다. 언제나 향긋하고 달착지근한 물맛이 시원하다 못해 창자가 다 시렸다. 부르르 오한이 일었다. 그래서 산방 택호가 호천(虎泉)집으로도 불렸다.

뒷산 비탈에 치성바위도 깨끗하게 손질하고 만월폭포 떨어지는 선녀탕 앞 건너는 돌다리도 점검했다. 산방이 훤해 산뜻했다.

처음, 처음으로 반지 이름 석 자가 또박또박 적힌 편지 한 통이 날아왔다. 여간 기뻐하는 눈치가 아니었다. 좋아하다 못해 나에게 넌지시 읽어 달라고 내밀었다.

강릉시 왕산면 도마리 절골 송도집
은반지 앞.

봉두군(蜂頭君) _____ 4, 19.

단골이라는 말이 좀 우스꽝스럽지만 그래도 해마다 곡우를 중독처럼 즐기는 분이 때를 용케 알고 기별이 왔다. 아침 일찍 아홉 통자를 배달했다.

임영 아파트에 들러 1301 편지함에 잔뜩 쌓인 우편물을 챙겨 반지가 그리도 좋아하는 꽃게장을 사왔다. 맛있어하는 양이 재롱둥이 수달이었다. 시내 깊숙한 소식을 들으려고 이것저것 내내 궁금해 물었다.

산문 밖 벌마을은 이미 잔뜩 초록으로 물들었는데 산방은 느지막하니 이제 피는 게으름뱅이였다.

집으로 드나드는 길 양쪽에 심은 해바라기랑 채송화가 흙을 떠이고 파릇파릇 올라왔다. 앙증스러웠다.

꽃나무에 벌이 왕성했다. 꿀 따느라 가득 잉잉거렸다. 살폈다. 서른 가까운 통. 절골은 토봉만 키우는 곳이었다. 대뜰에 세 통, 뒤란에 다섯 통. 아내 무덤 옆에 여섯 통, 치성바위 앞에 일곱 통, 산문 가는 길 옆 밭가 설통바위에 일곱 통이었다. 얼핏 변방을 지키는 초병이었다.

아버지가 한때는 쉰 통 가까이 쳤다. 벌통도 꽤나 보쌈 당했다. 그런 자 잘되는 일 없고 참수당할 무경(無頸)자식이 난다는 말씀을 많이 했다.

얼마 전까지는 토봉통이 원통이었으나 만들기 어렵고 힘들어 지금은 됫박처럼 짜 쌓아올리는 네모진 통도 더러 보였다.

몹시도 벌을 타는 반지가 따라 나섰다. 그물이 씌워진 벌모자를 쓰고 장갑에, 비닐옷에 요란스레 휘감아 싸맸다. 마치 우주 비행사였다. 이따금 벌이 반지 그물 모자 바로 눈앞에 붙으면 발을 동동 굴려 어쩔 줄 몰랐다. 벌통 앞을 지날 때는 늘 움츠렸다. 언젠가 처녀 때, 산방에 들렀다가 냅다 손등에 한 방 쏘여 나 죽는다 엉엉 울며 엄마를 불렀다. 금방 퉁퉁 부은 벌건 손을 냉찜질에 일삼아 핥아주었다. 그때 벌써 반지의 숨은 어리광 엄살을 보았다.

옛날 어느 임금이 사주팔자가 임금과 같은 사람이 있으면 수소문하라고 전국에 방을 내렸다. 용케 사주가 꼭 같은 촌로 하나가 붙들려왔다. 초라한 행색을 보다 못한 임금이 위엄을 갖춰 물었다. 분명 틀림없었다. 해서 임금이 짐짓 준엄하게 이르기를 태양은 둘일 수 없는 법, 억울하겠지만 그대는 마땅히 학생부군이 되어야겠노라고 호통을 냅다 쳤다. 그러자 촌로는 눈썹 하나 까딱 않고 아뢰는 말이 흔들림 없이 꼿꼿했다. 마찬가지로 한 나라에 임금 또한 둘일 수 없는 터, 꼭 죽어야할 방도 밖에 없는지요. 임금님과 사주팔자가 같은 소인은 그래서 도성에서 천리 멀리 떨어진 오지에 나앉아 하찮은 벌이라도 치라고 한 삼백 통을 다스리나 봅니다. 그래도 심기 꺼림칙하고 마땅찮으시면 기꺼이 새남터로 가겠다고 진언했다. 이에 임금은 껄껄 웃더니, 과연 그러하이. 그대가 이름하여 진정 봉두군일세, 그려.

아버지가 들려주던 이야기였다.

모자도 안 쓰고 맨손으로 벌들을 헤쳐도 쏘이지 않자, 반지는 조마조마해 하다못해 한 마디 했다.

"벌이 봉두군을 알아 모시네. 반지는 중전이고 국모인데. 자기야, 맞지?"

웃으며 고개를 끄덕였다.

"봐라."

벌을 향해 으쓱했다.

밝고 밝은 세상에 거짓말이라 펄쩍 뛰겠지만 아버지가 돌아가신 다음 날, 그 많은 벌들이 한나절쯤 벌통 안에서 윙윙거리는 것을 참말로 보았다. 몸통에 하얀 띠를 두른 기이한 현상이었다. 어떤 우연의 일치인지는 모르겠으나 사실이었다. 고전이나 야담에는 더러, 하지만 보았고 겪었다.

신물이 올라올 정도로 그 잘난 체하는 인간보다 가장 조화롭고 질서가 활기찬 벌들이기에 정직했다. 자연과 벗 삼아 벌치는 일은 꿈이 어린 낭만이었다.

배신을 꿈꾸는 자(雌)들 _____ 4, 22.

절골 연화교 옆 산불감시초소에 입산 신고하는 웬 승용차가 버릇없이 삐딱하게 멈춰 길이 막혔다. 인원을 확인하던 요원이 시내에 곡우를 갖다 주고 오는 나를 보자 잰걸음으로 다가왔다.

"송도집을 찾아가는 손님들이라는데요."

빨간 모자를 고쳐 쓰면서

"이 양반 따라 가면 돼요. 낭군이거든요."

인계하듯 물러났다.

곧잘 어울리는 안경을 쓴 불혹을 넘긴 듯 지긋한 여자가 기분 좀 나쁘게 쭈욱 살피다 차에서 내려 인사를 건넸다. 문득 생글거리며 내게로 왔다.

"은반지를 훔쳐간 시인 도적, 김무열씨인가요?"

"예?"

"맞나요?"

무언가 짚이는 것이 있어 낌새챘다.

"아니, 도적이면 번쩍거리는 금반지를 훔치지 그깟 개도 안 끼는 은반지를 슬쩍 하겠어요. 도적이라면 그건 한참 모자라는 우화일 거고, 금반지가 아무리 좋아도 남의 것이면 절대 거들떠보지 않는, 베옷도 꿰매 입는 산방거사입니다. 때문에 산방거사가 끼고 있는 은반지는 훔친 게 아니라 어느 무엇보다 더없이 아끼는 소유주가 분명한 내 은반지예요."

"그건 조사를 해 보면 알 터이니 변명은 그만 하시고 안내 좀 하실 수 있나요, 기분 상하겠지만."

"그러죠 뭐. 무시무시한 분들이라 정중히 그리고 굽혀 모시겠습니다."

씨익 웃었다. 자연스레 악수를 나눴다.

"반지 친구들이예요."

"그럼, 그 대단한 악명 드높은 콧대 센 독신자(獨身雌) 동아리?"

연화교를 건너 산굽이를 돌아들었다. 후사경에 하얀색 차가 엄마 치마꼬리 잡고 바싹 따라 붙는 아이처럼 보였다. 극락교 지나 홍예문교를 빠져 한참을 굽이쳐 돌아 휘돌아 집이 보이기 시작하는 대추고목 곁을 지나면서 경적을 힘껏 울렸다. 속력을 내자 깜짝 놀란 듯 뒷차도 발발거렸다. 흥부집이 있는 공터에 능숙하게 차를 세웠다.

아무 것도 모르는 반지가 돌다리를 폴짝폴짝 건너왔다. 보란 듯 달랑 껴안아 뽀뽀를 하고 잽싸게 업었다. 그리고 뒷 차에서 나오는 사람들을 향해 선언처럼 우렁차게 말했다.

"보세요. 은반지는 분명 제가 끼는 반지입니다."

멈추다 이어 목소리를 낮췄다.

"도적의 소굴로 오신 것을 반지랑 환영합니다."

"언니."

"반지야."

다섯 여자가 얼싸안았다. 어우러진 덤불이었다. 한참 동안 법석 떠는 해후, 눈물까지 보였다.

일여덟 엎드린 거북이 돌다리를 보자 아련한 예 시골 풍경에 어울린다고 어머! 전체가 온통 야무진 차돌인 폭포와 맑은 물 가득한 선녀탕을 보자 아름다운 선계에 들어온 착각을 일으킨다고 어머! 샘우물과 거북 바위와 거대한 상수리고목을 보자 어머! 여기저기 서있는 벌통을 보고 외갓집에 온 분위기라고 어머! 곡우를 받는 그 아니 신선이느냐고 어머! 꽃이 어우러지고 새들이 지저귀는 청산에 아담한 통나무 산방과 잘 어우러진 오래를 보고 어머! 진정 묵향 이는 산수화가 아니면 무엇이겠느냐고 연신 취해있었다.

죽어도 아니 결단코 시집을 안 간다더니, 어찌 늙은 처녀가 방짜에다 봉을 잡았는지 모르겠다는 은근한 부러움에, 발그레한 반지가 방으로 안내했다. 들어와 이방 저방 뒤져보다 침실에 우르르 들어가서는 참깨 들깨향이 진하다느니, 밤꽃냄새가 은은하다느니, 꿈속에서 왕비처럼 산다고 짐짓 투정을 부렸다. 즉흥으로 반지 몸이 짓눌려 전에 없이 아주 납작해진 넙치의 사설을 늘어놓았다. 한참을 놀리다 살림살이며 주방, 뒤란 장독도 열어보는 양이 마치 어디 무슨 실사를 나온 거들먹거리는 사람들 같았다.

여지없이 부엌 아궁이에 불을 피웠다. 공기가 더워졌다. 전통이 되어버린 우리집 손님을 대접하는 잣 띄운 맑은 칼국수를 끓였다.

독신자(獨身雌) 동아리.

남자를 배척하고 미워하는 목적이 아니라, 독신자가 됨으로 순결한 육체를 유지함은 물론 자기 능력을 발휘, 보다 질 높은 삶을 이루자는 뜻에서 결의에 찬 15명의 자신에 찬 회원이 있었다. 그러나 이상하게 하나 둘 짝을 찾아 슬그머니, 슬그머니 규약을 어겨 이탈하기 시작, 지금은 달랑 네 명 뿐이라는 지리멸렬 처참한 상황이었다. 규칙을 어기고 이탈하면 주홍글씨처럼 배신자라는 누명을 씌웠다고 했다. 하지만 태초의 인간은 불행하게도 분리 헤어져 반쪽을 찾아 그리워하는 정과 사랑이 있음에 독신자들은 순리를 감히 거역, 억압한 심한 역풍을 맞고 있다고 진단했다.

기록은 깨어지기 위해 존재하고, 법은 어기기 위해 제정되고, 죄는 짓기 위해 벌칙이 있다고 강변하는 일행 중 마흔 두 살 먹은 우인숙이라는 여자가 은근히 합리화를 도배했다. 그녀도 곧 결혼할 조짐이 감지되고 풍문이 돈다는 것이었다. 존폐의 기로에서 다급한 나머지 네 사람이 소리 소문 없이 이탈한 반지집을 견학하기로 했다는 우스개에 한바탕 하얀 이를 드러냈다. 살짝 뉘의 덧니도 매력으로 보였다.

배신자의 말로를 은근히 기다렸을지도 모를 그녀들이었다. 남편에게 구속되지나 않나, 말처럼 참말로 부부생활이 달콤하느냐, 살림은 원활한가, 보려고 왔다는 노처녀들이었다. 아까처럼 잘 업어주느냐는 언칭 청문회에 반지는 한 술 더 떴다. 귀여워 호호 불며 밥도 먹여주고 아기 하나 키운다 하더라는 유쾌한 답변과 낭창스런 어투에 닭살 돋는다고 팔을 문질렀다.

새끼손가락 건 사랑이야, 마주 보고 마주 보다 먼 훗날, 정든 행성을 떠나 수억 광년 그 빛 속으로 영원한 동행을 꿈꾼다고 암팡지게 말했다. 어찌할 수 없는 사랑의 포로라고 호들갑이었다. 곁에서 멀리 아주 멀리 떠나 기억을 잊으려고 했던, 꽃잎유서를 써놓고 죽으려고도 했던 반지가 횡재 캤다고 부러워하는, 그 찬사 속에는 자신들도 모르는 질투가 담겨있지 않는가.

딱딱딱, 따닥딱딱, 나무에 구멍 파는 딱따구리의 산울림이 청아했다.

지단이꽃 필 때면 _____ 4, 25.

깊은 잠에서 깨어났는가, 뒤란 장독대를 빙 둘러 천엽황매가 드디어 노란 단추를 활짝 다느라 여념이 없었다. 오래에 매화, 살구, 복숭아꽃이 부지런히 여태 피우느라 깜빡 잊고 있던 털북숭이 화가가 이제 기별을 넣었나 보다.

지단이꽃.

그 옛날 초가 시절 집집마다 뒤란에는 파다 심으면 아들을 낳는다고 득남초라 불리는 원추리와, 돌과 진흙을 섞어 친 담 곁에 심는다 하여 축장화(築墻花)가 변해 죽단화, 지단이꽃이라 불리는 천엽황매가 꼭 있었다. 참으로 순박 수더분하고 조금은 촌스러운, 어디 내 세울 만큼 그리 화려하고 날씬한 꽃은 아니었다. 가늘게 휘늘어뜨린 푸른 줄기마다 촘촘히 큰 단추를 매단 듯 보였다. 남 앞에 잘 나서지 못하는 수줍은 색시마냥 뒤란에 숨어 꽃을 접었다. 그 수수한 지단이꽃이 왠지 정이 갔다.

이맘때쯤 어머니와 할머니는 겨우내 씨름한 길쌈을 익혀 집 앞 폭포에 늘어뜨려 곱게 씻어 헹궜고, 종일 밭에서 쟁기질하는 아버지는 일손이 바빴다.

누나와 같이 햇살 내리쬐는 뒤란에서 소꿉놀이를 했다. 그 노란 지단이꽃을 따 반찬을 만들기도 하고, 꽃을 따 누나 머리에 꽂아준 뒤 나는 신랑이 되기도 했다. 아버지 어머니의 흉내를 냈다.

그때쯤에는 부연동 아이들이 어김없이 다래끼 들고 봄가재 잡으러 떼거리로 우르르 몰려와 나를 불러냈다. 가뜩이나 식상해있던 소꿉놀이를 팽개치고 누나를 아랑곳하지 않고 버려둔 채 선택된 양 휩쓸려 골짜기로 들어가 벌건 알가재, 왕가재 잡느라 골몰했다.

그날 토라진 누나는 그 잘해주던 숙제를 끝내 해주지 않았다.

때 되면 관솔불 밝혀 도랑으로 갔다. 밤엔 가재가 나와 기어다녔다. 정신없이 금방 다래끼에 주워 담아 왔다. 간장을 뿌리고 밀가루로 묻혀 쪘다. 벌겋게 익은 가재를 아작아작 씹어 먹는 수달이었다.

지단이꽃이 필 때쯤에는 경포 외할머니가 오시곤 했다. 아버지의 생일이 들었기 때문이었다. 어머니와 아버지랑 으레 부연동 차부로 마중 나갔다. 떡과 그 귀한 쌀 불룩한 한 자루에 옷이랑 육, 해물들을 가져오셨다. 누나랑 나는 살판났지만 아버지는 외할머니를 꽤나 어려워했다.

무지렁이가 봐도 괜찮은 집터에 매료되어 좋다고 부러워하시다가도 하루나 이틀 자고 가시는 날, 모녀가 산문 밖 차부까지 가면서 더러 다투기도 했다. 아무리 육조(六曹)를 배판(背板)하는 명당터라지만, 내가 당장 잘 살아야지 팔자가 좋은 법이라며 독백처럼 외할아버지를 함부로 나무라셨다. 고명딸을 배고프고 험한 곳에다 두고 가는 어미의 애타는 마음이었다.

소꿉놀이도 시들해지면 바구니에 꽃을 따 말렸다. 치자가 없고 귀했던 터라 대신 그 노란 지단이꽃으로 풀을 쑤어 삼베 물 들였다.

뒤란이 온통 훤했다. 모두 금빛으로 물들었다. 어머니도 청산가고 누나도 뉘의 아내가 되어 가버리고 나만 홀로 옛 추억을 되씹었다.

때 맞춰 하얗게 핀 고목 참배꽃 그늘이 서늘했다. 지금은 평생 소꿉놀이 해야 하는 반지가 장독 소래기를 열어놓고 어느새 내 등에 업혀있었다.

벌 나비가 분주했다.

강냉이 심다가 _____ 4, 28.

감자 심은 밭 아래 내려앉은 다락밭에 찰강냉이를 심었다. 땅을 다스려 골까지 켜놓은 지라 좁씨 뿌리듯 훌훌 뿌렸다. 예전엔 허리춤에 종다래끼를 차고 고랑마다 호미로 파고 씨앗을 넣고 다시 묻었다. 지금은 노동력도 없을뿐더러 그저 힘들이지 않는 쉬운 방법으로 줄뿌림을 했다.

만날 밥하고 반찬 만드는 데에만 골몰하다가 나 혼자 땀 뻘뻘 흘리며 하는 일이 내내 안쓰러웠던가 보다. 반지가 차양이 긴 모자를 눌러쓰고 장화를 신고 나서는 양이 우스꽝스러웠다. 장갑까지 끼었다. 반지도 이상했던지 살짝 웃었다. 볼우물을 옴폭옴폭 지으며 유난히도 하얀 이를 드러내 반짝거렸다.

"할 수 있겠어?"

"못하니 배우려고."

"아예 아서. 얼굴 타니까 배우잖아도 돼. 손발도 거칠어지고 잘못하면 허리 다쳐. 나 혼자 해도 한참이면 마치니 물가나 숲에 들어 나물이나 해."

"아니, 얼굴 타면 자기가 오이 붙여주면 되지."

반지가 극젱이를 댈 줄 알면 내가 멜빵을 메고 두둑을 타면 쉽건만, 어쩔 수 없이 두둑의 흙을 발로 툭툭 쳐 골에 뿌려진 강냉이를 묻어 나갔다. 반지도 따라 했다. 한 고랑을 묻고 뒤돌아보았다.

"어머, 반지 발자국이다. 너무 예쁘다. 자기 발자국은 미련한 곰발자국이고 반지발자국은 귀여운 강아지 발자국이야."

천진스러웠다.

"자기야. 밭고랑에 발자국이 띄워놓은 작은 조각배 같아. 조각배, 그지."

"응?"

"발자국이 조각배야."

호수나 강에 띄운 낚싯배 같다고 문득 뇌까렸다.

순간 무엇인가 불똥처럼 튀었다.

자국눈이 왔을 때, 눈에 찍힌 발자국을 보고 한 줄 그어야 하는데, 그 영감이 영 떠오르지 않아 막막하니 끙끙거렸다. 늘 잔뇨를 느꼈었다.

틀림없는 조각배였다.

고마운 표시로 반지를 껴안아 몇 바퀴 돌았다. 무슨 영문인지 모르면서 기뻐하는 눈치였다.

"왜 그래?"

"그냥, 꼭 깨물고 싶어."

"예뻐?"
"응. 몸살 나게 예뻐. 못 견디게 사랑스러워. 못 배길 만큼 귀여워."
좋아 뽀뽀의 답례가 득달같이 왔다.
"감자는 왜 아직 안 올라와?"
"5월 초순경쯤 돼야 올라와."
"그럼 지금 심는 강냉이는?"
"한 일주일 정도."
"7월이 오면 하모니카 실컷 불겠네."
오늘은 심을 밭의 삼분의 일 밖에 안 되었다. 한 열흘 간격으로 늦춰 차이를 두고 이어 심을 계획이었다. 그래야 칠팔월 내내 풋강냉이를 따 먹을 수 있었다.
몇 골을 남겨둔 채 반지가 커피를 가져왔다. 밭섶에 아무렇게나 물러앉아 쉬었다. 풀들은 다투어 올라와 파란 물감을 진하게 풀어냈다. 수풀은 연두를 막 벗어나 급속히 어우러지기 시작했다. 바야흐로 산벚꽃이 피어 여기저기 분홍으로 번져나가고 골짜기는 온통 솜사탕처럼 부풀어 올랐다. 마치 동화책 표지같이 아름다웠다. 채색이 아침 다르고 저녁이 달랐다. 내일은 얼마나 푸를까.
강냉이를 묻으며 얼핏얼핏 마당가 모과나무를 살폈다. 박새 안팎이 날아간 틈을 탔다. 냅다 반지를 낚아채 끌다시피 모과나무 있는 데로 갔다. 영문을 모르는 반지를 아찔하게 무동을 태웠다. 새집을 들여다보게 했다.
"어머! 알 낳았어, 알. 하나, 둘, 어머, 다섯 알이야. 자기야, 어떡해."
반점이 박힌 하얀 알.
확인을 하곤 무동인 채 얼른 밭으로 내려왔다.
"아주 예쁜 조약돌 같아. 너무너무 예뻐."
반지가 아직도 흥분을 가라앉히지 못해 숨이 찼다.
강냉이를 마저 묻고 방으로 들어와 동정을 살폈다. 우리가 염탐한 줄도 모르고 포르릉포르릉 날아와 고개를 갸우뚱갸우뚱 드나들며 주둥이를 맞대비볐다.
궁금했던 박새의 근황이 멀리 소영이한테 까지 전해지고 반지는 일기를 쓰다 잠이 들었다.

발자국.

쓰다 접어둔 시를 무심코 지껄인 반지의 덕택으로 마무리했다. 낙관 같은 마침표.

일출산 월출산 ____ 4, 30.

수줍어 저만치서 서성이던 연두빛이 곁으로 바싹 다가와 푸른 연녹음으로 변해갔다. 골짜기로 거품처럼 차오르던 계절이 출렁거렸다. 우거졌다. 싱그러운 풋내가 그윽했다. 종일 문을 활짝 열어젖혔다. 해마다 그렇지만 제법 재미를 본 곡우 받던 도구도 말끔히 치워 설거지했다. 작년보다 수입이 꽤 많았다.

마침맞은 버들가지를 꺾었다. 가지를 쥐고 조금씩 조금씩 빙 틀었다. 물이 오른 부름켜가 잘 돌아갔다. 대궁을 뺐다. 칼로 자른 뒤 한 쪽 끝의 겉껍질을 살짝 벗겼다. 떨판이었다. 버들피리였다. 같이 불었다. 짧은 건 응애, 긴 건 뿡, 화음이었다. 씩 웃었다. 처음 불어본다는 삘릴리삘릴리 담배 모양 연신 입에 물고 돌아쳤다. 밭가로 뱅뱅 돌며 나물을 하다 혼자 옆 작은 골짜기로 들어가 어리고 연한 머위잎을 한 바구니 해왔다.

저녁은 꽁보리밥을 해 일부러 박바가지에 퍼 담았다. 데친 향미 짙은 봄나물과 연한 머위잎, 들기름 붓고 고추장을 떠 넣어 훌 비볐다. 일부러 상도 없이 무릎 앞에 놓고 이마를 맞대 먹었다. 반지도 신이 났다. 볼이 미어지도록 퍼 먹었다. 매워 호호거리면서도 박박 긁어 먹었다. 빨리 물 달라 소리쳐 받아 급히 벌떡벌떡 마시곤 부끄러워했다.

아내 무덤 곁을 지나 솔밭 사이 낙엽 부서진 조붓한 산길, 오솔길 따라 시나브로 아주 시나브로 걸었다. 반지를 앞세웠다. 부른 배를 꺼져 내리기 위해서였다. 이미 어둠이 짙어 숲은 호랑이처럼 웅크렸다. 산맥의 준령이 굽이쳐 흘러내리다 불끈 치솟아 흘립, 좌청룡 우백호로 갈라지는 주산인 집 뒷산 봉우리로 느릿느릿 올랐다. 호랑이가 천하를 호령 포효하는 곳이라 했다. 낮이면 일출봉, 밤이면 월출봉이라 불렀다.

언뜻언뜻 솔 사이로 비치는 별들. 뿌려진 별들이 반짝반짝 발아했다.

고운 어둠이 정제된 고요한 밤이었다. 카펫처럼 깔린 세상이었다. 색소폰이 아닌 오랜만에 가지고 간 트럼펫의 맺힌 울혈을 풀기 위하여 입술을 축였다. 나무에 기대어 허공을 향했다. 적막의 블루스, 그 음률을 애절하게 토했다. 골짜기로 흘러내려 아득히 메아리쳤다. 보슬비 오는 거리가 가슴을 적셨다. 그리고 과수원 길로 동심에 빠졌다. 반지가 취해 멍해있었다. 이내 가만히 다가와 껴안아 주었다.

꽤 큰 바위에 올라앉았다. 멀리 내려다보았다. 강릉. 그 밤 풍경이 아스라이 보였다. 산방 골짜기에는 아직도 많지만 어릴 적, 그 많고 많아 지천이던 개똥벌레가 어디 갔을까 안타까워했는데, 맹랑하게도 저 강릉에 모여 겨울을 보내고 있을 줄이야. 밤이면 개똥벌레 서식지인지를 미처 몰랐다.

초등학교 시절 심심하면 올라와 강릉의 밤 풍경을 보고 한없는 꿈에 젖어 부풀었다. 꼭 강릉 갈 거라고. 그러다 어찌 강릉 가는 날이면 종일 배고프지 않았다.

바위 위에 나란히 앉았다.

"지금은 없겠지. 군밤, 군고구마장수가. 뒤통수 보이며 겨울 따라 갔을 거야. 우리가 걷든 그 골목 어귀에 포장마차도 아쉽게 떠나갔을테고, 그지."

"고향으로 돌아가 푹 쉬며 오는 겨울을 준비하겠지, 아마."

"우리가 기대어 첫 키스하던 포플러 숲도 물감 엎지른 듯 확 푸르렀을 거야. 멀리 갈매기 우는 안목 등대 가슴에 김무열, 은반지 몰래 왔다 간다고 무동을 한 채 아슬아슬 높이 쓴 낙서가 지금도 있을까. 남대천에 올해도 그 많은 황어떼들이 실컷 올랐겠지. 그리고 천주교 옆 낡은 벽보판 앞에 서서 꿈을 꾸는 미친 아저씨도 여전하고, 중앙시장 철다리 가까이 전화부스 옆에 다리 잘린 여자 오늘도 나왔을까. 밤이니까 모두 집으로 들어갔겠지만."

반지는 개똥벌레 서식지를 물끄러미 바라보며 혼잣말처럼 중얼거렸다. 추억이 잠긴 그리움이었다.

"여전히 나왔을 거야. 숱한 사람들이 끊임없이 오가는 중앙시장 보물이고 중앙시장 풍경인데. 가도 가도 끝이 없는, 그 옛날 대중가요를 게을리 흥얼거렸어."

"맞아. 가도 가도 끝이 없는."

거리 풍경, 세상 풍경, 사람 풍경이 하 보고 싶어 나온다는 소문이었다. 시집 가 아들 하나 낳았는데 몹쓸 병에 두 다리 무릎까지 절단 버림받았다는 귀띔이었다. 개조한 휠체어를 아침 저녁으로 밀고 오가는 늙은이는 친정아버지였고, 언제나 전화부스 옆에 붙박여있었다. 머리 위에는 비가림 지붕과 차양이 예쁘게 드리워져있고, 가슴 앞 탁상에는 늘 켜져있는 아주 작은 라디오와 메모지랑 볼펜, 마른 과자가 담긴 바구니가 놓여있었다. 몇 해 전 신문으로, 전파로 전국 방송된 '군상' 이라는 수필집을 내 곧잘 잔잔한 감동을 일으킨 여인이었다.

"경포 가고 싶다. 팝콘 튀기던 벚나무가 늘어선 호수에 봄이 출렁하겠지. 줄풀이랑 갈대가 무릎만큼 파랗게 자랐겠다. 개개비가 꽈리 불며 날아오르고 있을 거야. 지금쯤 고기들이 번쩍 튀어 올라 내리는 소리 철벙, 정적을 깨겠다, 그지? 머지않아 보리가 누렇게 익어갈 때쯤 호수에 부새우(곤쟁이)가 부옇게 떠 다닐테고. 달이 뜨면 경포 가고픈데."

"그래. 문득 문득 그리워. 술 받아들고 오월 풍류 즐기러 가자."

반지가 산방에 든지 한 달.

새벽에 온전한 아침을 받아 무사히 하루를 접었다. 오늘을 하얗게 마무리하는 이 밤은 어디로 가는가. 새도록 내일로 가다 문득 어제의 길로 마무리 안내하는 이정표 찾는 켜켜이 세월이었다.

김인배의 석양을 아련하게 불러 젖혀 허공을 일깨워 마지막을 장식했다. 일어섰다.

어깨가 젖고 한기를 느꼈다. 손을 잡았다. 천천히 걸었다.

"남대천을 옆구리 낀 임영아파트 101동 1301호엔 오늘도 빨간 불이 들어오지 않았겠지. 그 여자는 어디 갔을까? 참 예뻤는데. 바람 같은 소문처럼 웬 형편없는 건달 따라 갔다는 소문이던데. 불쌍하다, 그지?"

반지 흉내를 내 꿈꾸듯 독백을 흘렸다.

"어느 날인가 몰래 그렇게 반 완력으로 끌려갔다는데."

"완력으로 끌려갔다면 더욱 안 됐어. 어디 갔을까?"
"풍문에는 용화산 어디 절골이라던가, 옷을 훔쳐간 나무꾼 산방으로 갔다던데."
"아, 그랬구나. 잘 살아야 할텐데."
"그 건달 이름이 뭐 무열이라 했지 아마."

우리는 손을 잡고 멈춘 채 깔깔깔 웃었다.

어디서 너구리 우는 소리가 들려왔다.

산방설화 5월 일기.

산문 밖 _____ 5, 1.

연화교를 지나 산문 밖으로 나섰다. 산불감시초소를 스쳐 성황당을 지났다. 큰길에 접어들자 반지 눈이 몹시도 반짝거리며 사방을 살피느라 참새처럼 조잘거렸다. 만면에 즐거운 빛이 가득했다. 들떴다. 호숫가 산굽이를 안고 꼬불꼬불 돌아갔다. 관성에 스러지는 몸을 내맡긴 채 바람을 들이마셨다. 산방에 갇혀 한 달만의 외출, 아니 탈출이 어울리는, 끈을 놓쳐버린 풍선처럼 부풀어오른 자유의 지느러미 늘씬한 헤엄을 쳤다. 이내 성산을 지나 내처 금산벌을 질주했다. 언제 봐도 아름다운 소나무 가로수를 헤쳐 시내에 잠입 남대천 다리를 휘감아 돌아 얼마 전에만 해도 불 돋우던 아파트에 도착했다. 발그레한 얼굴에 약간은 두근거리는 긴장이 끼었다. 13이 쓰여진 엘리베이터 배꼽을 누르곤 비실거리다 나를 껴안았다. 정신없이 돌아가는 도시의 일상에 왠지 갑자기 현기증이 인 모양이었다.

문을 땄다. 방안이 썰렁하고 적적했다. 휘 살피고는 버릇처럼 베란다에 나가 밖을 내다보았다. 강 건너에는 끝없이 막 치솟기 시작하는 빌딩숲, 꼬리에 꼬리를 물고 오가는 차량들, 수없이 많은 인파들이 섞여 살아가는 괜찮은 터전이었다. 황량한 지난 겨울 심한 갈수기를 앓던 남대천은 완치되어 저 푸른 물결에 물 반, 고기 반 황어떼가 오르는가, 은어가 튀어오르는가, 낚시꾼들이 한가로웠다. 뚜우 기차가 지나갔다. 조금씩, 조금씩 생경스러워 낯설어지는 느낌을 감출 수가 없었다. 이방인으로 대관령 기슭 어디 산방에 근거를 두고 몰래 침투한 염탐꾼처럼 느껴졌다.

반지를 풀어놓았다. 굴레도 없고 고삐도 없었다. 그 동안 뜸했던 벗들과 깊은 해후를 위해 낭만이 파도치는 경포로, 커피가 맛있다는 하구 안목으로 바람 쐰다고 했다. 친구들과 오랜 만남을 기다려왔다. 내내 전화에 불이 나고 웃음소리가 여우 해골 파는 듯 즐거워했다.

으레 뽀뽀를 하곤 산방으로 돌아와 도랑가 밭둑에 뒤덮은 연한 돌나물을 바구니 하나 가득 뜯었다. 잔잔한 물에는 새카만 올챙이들이 떼지어 몰려다녔다. 바위 난간 나뭇가지에 물총새가 털을 고르느라 무아경에 빠졌다.

따슨 날이었다.

비닐온실로 들어가 채소에 물을 주었다. 열기가 후끈했다.

새집을 살폈다. 마당가 모과나무와 뒤란 처마 말고도 아내 무덤 옆 새집에도 새가 들었다.

아는 불자인가, 용화산으로 오르며 차가 경적을 크게 울렸다. 손을 맞흔들었다.

반지가 문득 예쁜 장난감처럼, 애물단지처럼 여겨졌다. 없으니 심심했다.

많지 않은 나무를 장작 패고 모탕 부근을 정리했다.

왠지 기운이 빠졌다. 썰물이 일었다. 밀물을 기다리는 허전함이 맴돌았다. 뭇 새들이 종일 지저귀었다.

해가 노루 꼬리만큼 남았을까.

무쇠솥에 매운탕을 한 가득 끓였다.

벗들과 실컷 놀다 정든 아파트에 하룻밤 자고 오라, 또 그러마고 좋아했는데 갑자기 데리러 오라니. 은근히 아니 왜 이리 좋은지. 조랑말이 신났다. 과속으로 내려달렸다. 해는 져 이미 땅거미가 덮였다. 불들이 들어와 떠돌던 숱한 군상들이 고단한 몸을 이끌고 무심히 귀가하는 길이었다.

마치 집 없는 아이처럼 아파트 앞에 혼자 동그마니 서있었다.

나를 발견하고는 반가워 쪼르르 달려왔다. 내려 한참 껴안았다. 작은 보퉁이를 들고 타자마자 다짜고짜 뽀뽀, 환한 웃음을 거침없이 날렸다. 참으로 재미있는 시간이었고 즐거웠다고 했다. 집에서 하룻밤쯤 자려고 했지만, 여태 텅 빈 쓸쓸한 온기 없는 집에다 팔베개에 따뜻한 품이 그리워 밤에 도저히 견딜 수 없을 것 같아 얼른 기별을 넣었다는 속내였다.

빚쟁이마냥 몰려드는 허전함에 그 콧대 높던 반지가 맥없이 김무열한테 푹 빠져 쇠뇌되었다느니, 안팎간의 사랑이 이렇게 달콤한 줄 미처 몰랐다느니, 반지의 생생한 증언으로 독신자 동아리가 무참하게 해체되었다고 숨차게 고자질했다.

배가 고프다기에 매운탕을 구수하게 끓였다고 했다. 꽤나 반겼다.
요즈음 왠지 얼큰한 매운탕이 부쩍 입맛 당긴다고 예쁜 부리가 나의 부리를 문질러 속삭였다. 처음엔 하도 매워 진미를 몰랐는데 이제는 한 뚝배기 먹고 나면 입안이 개운하고 거뿐하다는 것을 알기 시작했다. 아내로, 주부로 변신이 진중했다.

틈도 없이 이어 독신자 누구와 누구가 몰래 앙큼스럽게도 벌써 동거에 들어갔는데도 까마득히 몰랐다는 정보였다. 그래서 한 마디 경고를 날렸다고 했다. 찬물도 위

아래가 있는 법, 반지 보다 먼저 아기 가지면 순서 위반죄와 질서 교란죄로 혼날 줄 알라고. 괜히 으쓱했다는 소리에 한바탕 웃었다.

조랑말이 큰 눈을 뜨고 더듬거려 산문으로 들어섰다. 굽이 돌아 대추고목 모롱을 들자 산방의 불빛이 두 그림자를 찾느라 눈을 훤히 떴다. 어릴 때 어쩌다 늦으면 발자국 소리 듣고 이만큼 쫓아나오던 삽사리 생각이 났다. 돌다리를 건너자 매운탕 냄새가 솔솔 난다고 마늘코가 끙끙거렸다.

우리는 임무를 완벽히 수행하고 몰래 귀환하는 게릴라였다.

두릅 _____ 5, 2.

아침 일찍 서둘렀다. 산문 나가는 길 옆 산골 약수터에 조랑말을 세웠다. 반지도 등에는 거북이 배낭을 둘러메고 등산화로 무장했다. 도랑 건너 모롱 돌아 골짜기로 들어갔다. 물소리가 돌돌거렸다. 있는 듯 없는 듯 가랑잎에 묻힌 길을 헤쳤다. 다행히 누군가 지나가지 않아 안심이었다. 사방을 둘러보았다. 연둣빛 잎사귀들이 뾰족뾰족 푸른 물감을 잔뜩 찍어 머금었다. 짓흔들면 금방 초록 물결이 뚝뚝 떨어질 기세였다. 싱그러웠다.

어디 비둘기가 한가하게 울었다. 비탈이라 미끄러지고 엎어지기 일쑤였다. 손을 붙들고 끌어당기면서 소걸음했다.

푸드득!

"어머나!"

잠자던 장끼가 기척에 화들짝 놀라 화급히 공중 치솟아 올랐고, 반지는 소스라쳐 엉겁결에 외마디 소리를 냅다 토했다. 털썩 주저앉아 말을 잇지 못했다. 만만찮은 입산 신고식이었다.

장끼 날아간 능선 위의 하늘이 파랗게 쏟아져내렸다.

눈길 더듬는 양지쪽은 그대로였다. 누군가 한발 늦은, 다행히 따 가지 않아 고스란히 온전한 두릅. 아기들이 팔을 겨우 쭉 뻗쳐 지나가는 구름, 달님, 해님을 서로 만지려는 듯 서로 고 작은 손을 막 펴는 몹시 귀여운 모습이었다. 딱 알맞았다. 부드럽고 실했다. 너무나 천진스러웠다. 보자기를 어깨에 빗걸어 매고 두릅순을 조심스레 땄다. 똑, 똑, 따는 소리가 경쾌했다. 반지가 신이 났다. 함부로 덤벙거려 달려들다 가시에 찔려도 아랑곳 않았다. 한참을 딴 한 보따리이었다. 제법 안을 만큼 불룩한 보퉁이 배불뚝이였다.

“몇 개월 됐어요? 펭귄 아줌마.”

“육 개월요, 댁은요? 호호호.”

“다음 달이 해산이래요.”

“몇 째인가요?”

“무녀리예요.”

“많이 힘들겠네요.”

“힘든 거야 어쩔 수 없잖아요.”

“무 뽑듯 그저 쑥쑥 순산을 해야 하는데”

깔깔 웃어젖혔다.

뒤뚱뒤뚱 내려와 물 한 움큼 마시고 내처 설통바위 골짜기로 들어갔다. 두 보퉁이 땄다.

옛날, 어느 절 부근 골짜기에 두릅이 별로도 많았다. 춘곤증에 잠이 많았던 동자승을 보고 따오라 했지만 번번이 헛걸음치기 일쑤였다. 말인 즉 산문 밖 웬 아가씨가 와서 다 따가더라는 고변이었다. 해마다 때가 되면 일어나거라, 두릅밭에 봄처녀가 들겠다, 사실은 잠꾸러기 그 어린 동자승이 처녀에게 마음을 뺏겨 구경만하다 왔다는 불가의 이야기이기도 하지만, 남보다 약빨라야 따기 마련이었다. 작년인가 산골 약수터에 왔을 때, 조롱하듯 이미 누군가 따 가고 없어 허탕을 쳤다. 그럴 때마다 씁쓸했지만 허허 공허하게 웃곤 게으름을 탓했다. 올해는 용케 땄다.

다락밭 끝 머위밭 골짜기로 들어갔다. 참으로 오부숑하니 땄다.

김밥 한 줄 나누고 커피를 꺼내 마셨다.

아기 다람쥐가 소풍 나왔다. 바위 위에서 신호인 양 찍찍 소리치다 염불을 하곤, 나무에 쪼르르 오르내리다가 가까이 다가와 갸우뚱거리다 돌 틈으로 사라졌다.

점심엔 살짝 데친 두릅을 초장에 찍어 먹었다. 봄내음이 피어올랐다. 어느 해인지 몰라도 싱싱한 타래를 사다 마음껏 잔뜩 먹었다가, 엄마랑 번갈아 밤새도록 화장실에 들락거린 기억이 있었다는 비화를 들려주어 웃었다.

그늘이 지기 시작하는 감나무 아래 멍석을 깔았다. 쏟아부은 두릅이 바지게에 수북한 꼴 한 짐 분량을 넘쳤다. 퍼질러 앉아 세월없이 서두르지 않고 엮었다. 크기와 굵기를 골라 타래를 만들었다. 야무지게 엮어져 윤기가 자르르, 자르르 흘렀다. 열 다섯 타래였다.

득달같이 산문 밖을 빠져나와 중앙시장 단골 월순네 가게에 넘겼다. 한 타래는 누나에게 선물했다.

“뭐 먹고 싶어?”

마수로 돈 벌었다고 으스대며 반지의 전화를 깨웠다.

“많이 벌었어? 반지가 예쁘면 시원한 물회, 미우면 꼼치.”

“왜 꼼치야?”

“미운 못난이잖아.”

“반지보다 미운 못난이는 이 세상엔 없어.”

“그럼 꼼치라도 감지덕지 얻어먹어야겠네.”

지하 어시장에 가 잔잔한 오징어, 쫄깃한 가자미, 향미 그윽한 우렁쉥이랑 화한 해삼, 고소한 붕장어, 유난히 밝혀 즐기는 썬 횟거리를 받아들고 아프도록 잔뜩 젖 불은 어미인 듯 조급히 치달렸다. 해는 벌써 산마루에 올라앉았다. 굽이 돌아 산방이 빼꼼히 보이는 대추고목 모롱을 고개 내밀면서 경적을 짓궂게 울렸다.

굴뚝에 모락모락 연기 피워올리다 뛰어나오는 반지. 돌다리를 나풀나풀 건너 왔다.

“회 샀어?”

“아니. 반지처럼 미운 꼼치 샀어.”

목을 빼 보따리 속을 깊숙이 들여보다 씩 웃었다.
산그림자가 떨어지고 있었다.

갈잎이 피면 ____ 5, 3.

산골짜기의 녹음이 갈 수록 진하게 가득 우거졌다. 비탈에는 거의 참나무가 차있어 갈잎이 손바닥을 펴면 곧바로 신록이었다. 뭉실뭉실 피어올랐다. 그 푸른 숲속에는 연한 산나물이 숨어 돋아났다. 이때쯤엔 노루, 토끼 혓바닥이 풀물이 들어 한동안 퍼랬다.

"꾸욱."

메아리의 푸른 대답이었다.

여태 산에 기대어 살았다. 산나물과 열매, 약초를 부지런히 꺾고 뜯고 캤다. 나에겐 시절이 한창이었다. 바빴다. 문지방만 넘어서면 천지가 나물밭이고 나물이 지천이었다. 여린 손 말아쥔 고사리를 비롯 고비, 다래순, 횟잎, 오가피잎, 당귀잎, 잔대, 참취, 수리취, 분취, 원추리, 개두릅, 풀솜대, 쥐오줌풀, 양지쪽이나 중순쯤엔 곤드래, 곰취, 곤달비, 그리고 깊은 산에 숨은 누룩치, 뭐 숱하게 많았다.

아침 일찍 도랑가에 드럼통을 반 잘라 만든 아가리에 양은솥을 걸었다. 작년 그 자리였다. 산나물 대부분 시내 단골이 오면 그냥 통째 넘기지만 고사리나 고비는 삶아야 하기 때문이었다.

완전 무장시킨 반지에게 보자기를 어깨에 빗걸어 매 나물칼을 갖춰 앞산 비탈로 들어갔다. 온통 새잎들로 가득 찼다. 풋내가 상큼했다. 가뜩이나 밤에 몰래 내린 비로 숲은 더없이 싱그러웠다. 어쩜 순한 아내 몰고 청산에 들어 나물 뜯었다. 고사리가 여기저기 손짓했다. 연한 줄기를 꺾었다. 반지는 어머, 어머, 연신 즐거움을 토했다. 내가 하는 양을 따라 덤비듯 달려들어 꺾었다. 한 움큼 되면 익숙하게 보자기 안으로 넣었다. 원추리밭이었다. 군락으로 돋아나기 때문에 앉아 칼로 도렸다. 횟잎은 훑고 다래순은 따고 잔대는 뜯었다. 보자기가 제법 불룩한 보퉁이였다. 신났다. 즐거웠다.

그저 골몰에 빠져 신이 나 돌아치던 반지가 으악! 외마디 소리를 지른 채 벌렁 넘어졌다. 보퉁이는 버려둔 채 내처 일어나 뛰어왔다. 새카맣게 질린 얼굴이었다. 눌렸던 용수철이듯 반사적으로 쫓아갔다. 다짜고짜 덥석 안겨왔다.

"배, 배, 뱀, 뱀!"

말을 잇지 못했다. 뜯었던 나물을 팽개친 데를 보니 유혈목이인 꽃뱀이 스르르 미끄러져갔다. 아무렇지도 않은 듯 쫓아냈다.

무서워 나의 몸에 착 달라붙었다. 아니 어느새 매미같이 등에 업혔다. 가까스로 가슴을 진정시킨 뒤, 나물을 하긴 했지만 환영이 어려 눈을 두리번거렸다. 그래도 간신히 다래순도 따고 꽤 많이 했다. 둘러멘 반지 나물 보퉁이는 볼록, 내 나물 보퉁이는 터질듯 불룩 모두 뚱뚱이가 되었다.

"어머나!"

또 비명이었다.

산개구리가 펄쩍 뛰는 것을 보고 화들짝 놀랐다.

시간도 잊은 채 저마다 앞가슴에 오늘 낼 하는 만삭의 여인마냥 둥우런 나물 보퉁이를 불쑥 내밀고 더듬거리듯 찻길에 내려섰다. 마침 행속하는 비구니가 이 광경을 보고 거리낌 없이 웃어젖혔다. 참, 귀한 풍경이라고 덤비듯 사진을 찍었다. 차를 몰고 휑하니 달리는 스님보다 고달픈 듯 적요한 행속이 진정 정겨워 보였다.

선녀탕에 다다랐다. 보퉁이가 앞을 가려서 돌다리가 안 보였다. 벗어놓으래도 말을 안 듣고 망설이던 반지가 당차게 돌다리 위에 올라섰다. 비틀거리며 하나 용케 건너 디뎠다. 비틀비틀 두 번째, 건너 네 번째도, 그리고 가늠하다 어어어, 어떡해? 이미 풍덩! 실감나는 인당수의 심청이었다. 배꼽을 움켜쥐고 한참 깔깔거렸다.

오후엔 오래 주위를 뱅뱅 돌아 만삭의 한 보퉁이를 해산했다.

고사리, 고비를 삶아 널을 때 나물치는 아줌마가 들러 갔고 풀물 든 장갑을 빨아 널었다.

집앞 찔레덤불 속의 파란 새알이 오롯한 비밀이듯 둥지를 이야기하며 쓴 오가피와 화한 당귀잎으로 푸른 쌈을 쌌다.

월순네 _____ 5, 4.

어제 나물하다 뱀을 보고 기절하던 반지여서 나 혼자 갈 셈이었는데 막무가내 졸졸 따라 나섰다. 속된 말로 바람이 났다. 기특했다. 동무해주는 것도 한 몫이었다. 겪어보면 보기와는 달리 산사냥이 꽤나 고되었다. 다리 근육이 엉켜 뻐근하고 무거웠다.

몸에 척척 휘감기는 나뭇가지들을 헤쳐 뒷산 너머, 너머 골짜기로 갔다. 맡아놓고 다니는 나물밭이었다. 어치가 낯선 침입자의 출현에 분연 깩깩 이리저리 낮게 날아 시위를 했다.

골짜기 전체가 지질펀펀한 곳이어서 곰취와 곤달비가 지천이었다. 누군가 시루를 앉혀 키운 듯 쑥쑥 웃자랐다. 깊은 곳으로 갈 수록 좋은 나물이 수두룩하니 많지만 많은 것만큼 가져오기가 힘들었다. 아무도 해 가지 않은 고스란히 온전한 나물밭에 들면 괜히 눈길이 바빴다. 아니 기분이 상쾌했다. 마음 놓고 뜯기 때문이었다. 이슬에 젖어 쓰러질듯 손을 편 해바라기 잎만 했다. 부채였다. 마음 같아선 낫으로 베었음 싶었다. 기분 좋게 손아귀에 착착 감겨오는 대궁 한 움큼씩을 꺾어놓고 놓고 또 꺾었다. 참으로 짐벙졌다.

반지가 걷어가 펴놓은 보자기에 차곡차곡 쌓았다. 나물 싼 보퉁이를 멜빵을 만들어 걸었다. 솜 보따리인 양 덩그런 집채만 했다. 반지는 베개덩어리보다는 그래도 큰 보퉁이 짊어지고 강아지처럼 따라만 와도 다행이었다.

얼굴이 벌겋게 익었다. 도랑물에 얼굴을 씻었다. 근질근질 달아오르던 열기가 가셨다. 시원했다.

무심코 돌멩이를 일으키던 반지가

"어머! 가재가 있어, 가재."

벌건, 벌건 알가재였다.

또 하나 일으켰다. 이번에 왕가재였다. 돌멩이마다 가재였다.

무릎을 걷어 시원하게 발을 식힌 반지에게 그래도 베개덩이보다는 좀 큰 보퉁이를 지켰다. 곧잘 나그네 행색이었다. 수건을 목에 걸치고 짊어졌다. 등에 가득했다. 비탈이라 비틀비틀 천천히 소걸음을 했다. 어쩌다 간수 못해 문득 방귀를 뀌었다. 몹시 암팡지고 야무진 소리였다. 기회다 싶었는지 방귀쟁이라고 냉큼 불렀다. 언젠가 까무룩 잠이 들었는데, 어디선가 무슨 당찬 소리가 나서 자다 말고 얼결에 네, 하고 일어났더니 그냥 코 고는 소리만 들렸다고 했다. 나중에 안 즉 방귀소리였다는 단언이었다. 이젠 체면도 접고 그저 궁둥이를 덜렁 들고 뿡뿡거린다고 했다. 방독면이 필요치 않아 다행히 안겨 잔다며 에잇, 방귀쟁이.

껄껄 웃었다.

흥건한 땀, 헉헉거려 산 고개에 올라섰다. 마침 지나는 바람기가 있어 땀을 들였다. 파란 하늘 아래 골짜기는 푸르름이 뭉게뭉게 피어올라 어우러지고 우거지는 싱그러운 계절이 한창이었다.

고적한 산방 삶이 그저 이런 것, 따분하지 않느냐고 넌지시 뇌까렸다. 따분하기는 커녕 뜻밖의 즐겁고 무엇보다 재미있다고 답했다. 얼핏 보기에는 단조로울 것 같은데 모든 것이 새롭고 신기하다 했다. 산방 생활이 능숙해지고 익어가는 중이었다.

결혼에 대해선 단호했다. 한때 너무 사랑한 나머지 자결을 마음먹었던 반지를 상기시켰다. 바보같이 그냥, 그냥 내가 무조건 좋아죽는 불치의 병이 깊다고 했다.

재롱이 앙증스러워 만날 업어주고 응석 다 받아 줄 것인즉 아프지 말고 건강하자고 다짐했다. 몸은 밑천이고 돈은 생활, 명예는 품격에 사랑은 꿈이다, 좌우명 같은 나의 잠언 가운데 하나를 읊었다. 사람이 살아가는데 중요한 네 가지였다. 병 없는 몸과 욕심 지진 알맞은 돈, 더럽히지 않은 깨끗한 이름과 아기자기 달콤한 사랑, 후회 없는 나날을 다짐했다.

뒷나절에 산방 비탈이랑 냇둑에 드문드문 꽤나 심은 개두릅을 땄다. 반들반들 싱그럽고 부드러운 개두릅순을 엮어냈다. 채 열댓 타래가 안 되고, 새벽에 앞산 너머 선영 부근에서 따온 참두릅 여섯 타래랑 곰취 열 두 타래를 늘어놓았다.

풀물이 꺼멓게 든 손가락을 보며 기다렸다. 볼 수록 호기심이 가는 묘한 월순네 아줌마였다. 시시한 남자 뺨치는 시원시원하고 화끈한 성격에 입담도 징그럽지 않을 만큼 철저하게 절제 적당히 걸었다. 함부로 대할 보통내기가 아니었다.

풍문은 전라도 어디 시집을 갔는데 건달에, 깡패에, 바람둥이인 망나니라고 불리는 신랑이 동네에서 몰매를 맞아 죽었다. 속아 시집을 갔던 것이다. 떠나 고향으로 돌아와 억척스레 장사를 했고 착실한 사진사를 만나 결혼까지 한 억순이었다.

차가 마당까지 들어왔다. 반지가 재빨리 꿀이랑 잣을 띄운 마즙을 쟁반에 담아왔다. 준 듯이 게걸스레 먹고는 개두릅이랑 참두릅, 곰추 타래를 들어 척척 실었다. 나물을 보자 입을 딱 벌렸다. 정말 싱싱한 최상품이라고 좋아했다. 아주 만족하는, 언제나 산방거사 혹은 청산거사님이라고 부르는, 학창 시절엔 될성부른 여자 축구 선수였다는 상당한 풍문의 월순네였다.

"산방 생활이 즐겁지요? 한 3, 4년 되나요?"

"예. 곧잘 익숙해졌어요. 그런대로 살만도 하고요."

"나도 거사님처럼 조용한 시골에 들어가 살고픈데 사는 게 무언지 그리 안 되네요. 그저 마냥 바쁘기만 하고요."

"돈 버는 재미로 살아야죠 뭐."

"소문만 났지, 벌리지도 않아요. 거사님은 예쁜 아내를 맞았으니 소꿉친구 단짝 신혼이니 살맛나지요 뭐."

"단짝이 아니어요. 또 하나 있어요."

"예?"

눈이 꿀종지 만큼 둥그레졌다. 반지 말고 또 다른 웬 여자가 있는 줄 알고 나를 주시했다.

"꾸욱."

문득 앞산을 향해 소리쳤다.

꾸욱.

맞받아치는 메아리였다.

"언제나 부르면 냉큼 나오는 저 건너 산속에 사는 파란 얼굴을 한 내 친구 메아리랑 셋이 같이 살아요."

"아____, 네에!"

고개를 갸우뚱 의아해하다 씩 웃었다.

"역시 산방거사 다운 경지에 들었네요."

빠닥빠닥한 신사임당과 세종대왕 영정을 쏠쏠하게 받은 반지가 생광스러워했다. 흐뭇한 양이었다.

내일 올라오겠다는 약속을 남발하고 휑하니 빠져나간 산문을 바라보는 내 손에는 부탁해 건네받은 등 푸른 임연수어 한 손이 걸린 채 바다를 토해내고 있었다.

나물이 한창 ____ 5, 5.

반지도 이젠 나물을 제법 알아 기억했다. 곰취와 곤달비를 바보같이 구별하지 못했다. 거기에다 독초인 동의나물까지 가세해 혼란스러워했다. 정토사 가는 길 중간쯤에 늘 맡아놓고 다니는 원추리가 무진장 내밀린 골짜기로 들어갔다. 어제 월순네 아줌마가 특별히 부탁을 했다. 쇠지도 않은 마침맞게 딱 자랐다. 탐하듯 달려들었다. 도려 담은 한 아름 넘는 두 보퉁이를 길옆 세워둔 조랑말에 실어놓고 다른 골짜기로 이동했다.

잡나물이 많았다. 삽주 따가운 잎도 먹느냐, 붉나무잎도 먹느냐, 심지어는 상상도 못할 참옻순을 따는 것을 보고 놀라기도 했다. 그저 툭하면 넘어지기 일쑤고 괜히 엄살부리느라 바빴다. 그러다가도 피어나는 예쁜 꽃을 보면 정신을 빼앗겨 어김없이 한참이나 들여다보다 이만큼 달아난 나를 부르곤 허겁지겁 달려와 숨을 몰아쉬었다. 나물을 한다기보다 호기심 많은 말동무 구관조였다.

잠깐 쉴 참에 샘물터로 갔다. 넓은 칡잎을 오그려 깔때기 만들어 주었다. 홀짝홀짝 펴 마시게 한 뒤, 두 손을 짚고 엎드려 벌컥벌컥 소처럼 들이마시고는 쓱 문대며 바위 위에 앉았다. 새소리, 물소리, 바람소리의 산발음(山發音)이 해조음처럼 배경을 깔았다. 우거지는 숲 사이로 파란 하늘이 흘렀다. 닦아놓은 듯 해맑았다.

누가 그랬던가. 나물 먹고 물 마시고 숲에 누웠으니, 사나이 요만하면 부러울 게 없다는, 더욱이 나의 등에, 나의 품에 예쁜 계집 하나 업히고 안겼으니 어떤가.

참깨랑 기름 치고 누룩치 장아찌를 넣어 꼭꼭 뭉친 주먹밥을 먹었다. 샘물을 또 마셨다.

"자기 얼굴이 탔다. 너무 탔어. 쿤타킨테의 검둥이야. 어떡해?"

안쓰러워했다. 얼굴을 보듬었다.

"건강미가 넘쳐 좋잖아. 사내가 기생오라범마냥 말간 얼굴 안 좋은 거야. 검둥이보다는 흰둥이가 좋아?"

"내 사랑 검둥이."

"나는 쿤타킨테 후손이다!"

팔을 벌려 골짜기가 울리도록 한껏 소리쳤다.

건조한 봄바람이 불기 시작하면 얼굴이 때를 알고 새카맣게 탔다. 그러다가 여름 접어들면 없어졌다.

"온지약버텀(오늘저녁부터) 쿤타킨테 시컴뎅이(검둥이) 낯반데기(낯)는 이 은반지가 마커(모두) 책음(책임)진다, 뭐 아나?"

느닷없이 사투리를 애교스레 토해냈다.

한 보퉁이 더하느라 점심 때 지나 훨씬 늦어 집에 왔다. 그늘지는 거북바위에 너르게 폈다. 그냥 보퉁이 째로 놓아두면 뜨끈뜨끈 금방 뜨기 때문이었다.

쉴 사이도 없이 비닐온실에 갔다. 그 동안 정성스레 기른 채소 모종을 텃밭에 옮겼다. 냉채가 시원한 오이 아홉 포기, 반지가 좋아한다는 가지 다섯 포기랑 토마토 열 포기, 응가하면 씨가 고스란히 나오는 노란 참외 열댓 포기, 수박 열 포기를 심고 물을 주었다. 이만하면 여름내 초가을까지 떨어지지 않고 이어 먹을 수 있었다. 곧 시퍼렇게 너풀너풀 춤추며 어우러질 일이었다. 때마다 반지가 바구니 들고 드나들 거리였다. 냇둑엔 드문드문 열두 남짓 구덩이에 박과 호박, 단호박을 심었다.

드디어 감자가 흙을 떠이고 나비넥타이 파란 싹을 내밀어 세상 밖으로 나왔다. 꽤 오랜 기다림이었다. 기뻤다. 골골마다 나란히, 나란히 서서 손을 흔들었다. 질세라 아래 다락밭 강냉이도 파랗게, 파랗게 올라왔다.

마침내 박새집에 새끼가 태어났다. 아직 털도 안 난, 따라 눈도 못 뜨는 새끼 다섯 마리였다. 매일 살피지만 벌레를 입에 문 박새를 보았다. 예외 없이 무동을 태워 보여주었다. 어미가 번갈아 벌레를 물고 올 적마다 어찌 기척을 알고 뒤질세라 일제히 노란 주둥이를 내밀어 새빨간 목구멍까지 벌리고 짹짹거리는 한없이 귀여운 모습이었다.

"까꿍."

반지는 좋아 어쩔 줄을 몰랐다.

월순네가 왔다. 플라스틱 푸른 음료수 물통에 석천수 샘우물도 가득 담아 갔다.

어쩜 순한 아내 몰고 청산에 든 하루, 나물이 한창이었다.

싫은 소리 ____ 5, 6.

아직 일천하지만 살다 보면 언짢은 일로 기분상하는 때가 좀이 아니라 종종 있는 게 세상사는 일이었다. 나중에 보면 참 별 것도 아닌데, 그렇게 날을 세우고 침이듯 뾰족하게 내뻗쳐 얼굴을 붉혀 아옹다옹했음에 부끄러워하고 후회하기도 했다. 더없이 좋아 만난 안팎인데도 그러기 일쑤였다. 어찌 보면 사람의 기분은 흡사 날씨였다.

계속 나물하러 따라다니느라 힘든데 오늘은 좀 쉬면서 그 동안 뜸한 서예나 아니면 강릉 내려가 바람 쐬고 오라 했다. 왠지 냉큼 시원한 대답이 없었다. 자꾸 머뭇거렸다. 뭔가 말 못할 사연을 숨기는 눈치였다. 직감에 파물었다. 세상에 원. 고쳐 백 번도 이해하지만 그게 그렇게도 못할 말인가 싶었다.
오늘이 장인 기제일이었다.
버럭 화를 냈다. 순간 눈물이 폭 쏟아지도록 된통 나무라기로 작심했다.
"어찌 보면 내가 챙기지 못한 불찰이 더 크다. 미안하다. 하지만 반지가 내 아내가 맞아? 김무열이가 지아비가 맞아? 살 비비고 사는 안팎이 맞긴 한 거야? 반지 말처럼 내가 싫어할 것 같아서? 아니면 미안해서? 아직은 지아비가 아닌 같은, 이 김무열이가 그리도 형편없는 놈인 같아서야? 하지만 반지의 친정이 지리멸렬 사라지는 것이 안타까워 그것만으로도 가슴 아프고 힘없는 사위라도 어찌 일으키려고 부화하지 않는 무정란이듯 늘 품고 있었는데, 오늘에야 이 김무열이가 형편없이 무능력하고 형편없이 쓸모없다는 걸 가슴치고 싶도록 서운하다, 정말."
이어 분하고 서글프다는 투의 과장되고 흥분된 말을 거침없이 쏟아 퍼부었다.
그게 아니고, 사실은 하고 변명할 틈과 여유를 주지 않았다. 모질게 박정했다. 그러면서 잘한 게 있으면 뭐 말해 보라 했다. 약간의 핀잔을 주어 무안하지 않게 넘어갈 일이었지만, 짐짓 위엄을 보이기 위한 연극이었다. 그렇게 막말처럼 퍼붓고 나니 너무했나 싶었다. 미안했다. 후회마저 들었다.
억울하다는 듯 그만 두 손으로 얼굴을 가리고 엉엉 우는 반지였다. 내가 그지없이 좋아 응석 부리며 재롱을 떨어 곁에 붙어사는데 흐느끼는 가냘픈 어깨를 보니 측은했다. 약간의 뜸을 들이다 다가가 가만히 껴안았다. 이번 일은 반지가 너무나 잘못했다고 조용히 일렀다.
그 동안 제사는 안 지내고 기제일에 성묘만 더러 갔다 오곤 했다는 고백이었다. 나물이고 너물이고 열일 젖혀 서둘러 강동 깊은 골짜기에 터 잡은 장인 내외 산소로 가 나란히 고했다. 엎어져 꽤나 서럽게 우는 반지였다.
제사 준비를 했다. 자초지종을 듣곤 누나는 나의 등을 두드려 기특하다 했다. 축 쳐져있는 반지를 달랬다. 서러웠던지 누나를 안고 한바탕 눈물을 뽑아냈다. 시장에 들러 제기와 제물을 장만 휘돌고 휘돌아 산문 안에 들었다.
요즘 세상이야 참 편리해서 음식을 쉽게 맞출 수도 있지만 후손들의 정성을 담아 올리는 뜻에서 손수 기름질을 했다. 더욱이 남이랄 수도 있어 남의 눈이 무서워 대충 흉내를 낸다 싶은 처부모 기제일이기에 정성을 더 쏟아야 했다. 옛날 할아버지 제사 때 기억이 떠올랐다. 밤 늦도록 불린 콩 가느라 맷돌질이었고, 가마에 끓여 두부를 만들었다. 아버지와 할머니는 뭉글뭉글 순두부를 양념 쳐 후루룩 한 대접씩 자시기도 했다. 그때는 며칠을 준비했다. 새벽제사가 원칙이나 편리한 대로 저녁제사를 지내기로 하고, 아버지, 어머니처럼 장인 기제일에 장모님도 같이 기리기로 했다.

의리 빼면 시체라는 자형도 일부러 일찍 시간을 내어 기꺼이 왔다. 지방은 딸인 반지가 손수 쓰고 새로 장만한 촛대며 향로, 제법 푸짐한 제물을 조심스레 진설했다. 촛불만 흔들릴 뿐 엄숙했다. 사위인 내가 조심스레 향을 사르어 강신 제주를 올려 합배 후 자형이 고축했다. 마음이 상해서인지, 아니면 절손의 서글픔인가, 말이 없던 반지가 잔을 올리고 재배를 하다 폭 고꾸라져 통곡을 했다. 서러움에 북받친 울음이었다. 굳이 말리지 않았다. 잠시 기다렸다가 누나가 진정시켜 범벅이 된 얼굴을 닦아주었다.

갱을 가는 동안, 생전에 공 차던 장인의 참으로 통쾌했던 해트트릭을 새삼 떠올렸다. 질풍노도처럼 거침없이 내달리는 적토마라는 별명답게, 초원의 치타답게 허를 찌르는 중거리 슛의 명수였다. 늘 시원했다는 회고담이었다. 반지가 장모님을 쏙 빼닮은 꼴이라고 추억을 뇌이었다. 보태 이젠 울지 말라고 속 끓이지 말라고 한마디씩 위로했다.

사배가 끝났다.

제물과 함께 국밥을 먹었다. 자형이 반지에게 손이 없으면 사위가 제사를 올리는 것이 예이고 법이라 일렀다. 절대 부담 가질 이유 없는 사위도 자식이라는 말을 했다.

국밥을 마친 뒤에 응당 그렇듯이 모처럼 모였는데 그냥 헤어질 수 없었다. 기분이 가라앉은 반지 마음을 풀 겸 화투판이 벌어져 짐벙지게 웃어젖혔다. 자정이 넘도록 놀다 자형을 배웅했다.

느릿한 인공위성이 지나는 검푸른 하늘이 꽃밭이었다.

“아빠. 엄마랑은 아직도 은하 별나라로 가는 중일까?”

“거의 다 갔을 거야”

“밤도 깊었는데 안착해야 할텐데.”

“장인어른께서 양주를 과음하셨지만 기분 좋은 술잔이어서 괜찮을 거야.”

“엄마가 있잖아. 아마 엄마가 조종할 거야.”

“맞아.”

등에 업혀 별이 총총한 하늘을 쳐다보는 떨어질듯 가느다란 목이었다.

소원 _____ 5, 7.

정토사로 올라갔다. 스님이 방으로 안내하기에 짐작은 했다. 꽤 오래전에 이미 이야기했던 거였다. 그 행사에 드는 비용은 걱정하지 말라는, 그리하여 뭇 사람들에게 엄숙하기만한 불교에 대해 한 발자국이라도 가까이 다가올 수 있는 친근하고도 유익 신통한 빌미를 만들어보자는 즐거운 놀이였다. 그날에 다만 소문인 줄로만 알았던 청와대에 스님의 작은 오라범이 남몰래 왔다 간다고 슬쩍 귀띔도 했다. 확인이었다.

불자들이 손수 손질한 예쁜 연등과 전구 달린 전깃줄, 단단한 끈을 조랑말에 잔뜩 싣고 부연동으로 갔다. 큰길에서 연화교 건너까지 한 200m와 그 위 100m 정도 연등을 달았다. 몇 해를 해본 솜씨기 있어 망설임 없이 그대로 답습했다. 약간 모자라는 스님 큰 오라범이 곁에서 도와주어 한결 수월했다. 해마다 빌리는 전기를 꽂고 점검했다. 반짝 모두 눈을 떴다. 연꽃이 피었다. 오라범이 싱긋 게으르게 웃었다.

하는 김에 훼손된 길도 고치고 쌓인 흙을 걷어내고 깔끔하게 낙엽도 치웠다. 떨어진 삭정이도 주워냈다. 깨끗하게 다듬었다. 훤하고 시원했다.

스님 오라범이 좋아했다. 유배인 듯 갇혀있어 나들이처럼 집 밖으로 나오는 것을 언제나 즐겼다. 반겨 나를 몹시 따랐다. 이유야 핑계처럼 많았다. 그가 해오는 나무를 얼른 가서 기계톱으로 금방 잘라주기도 했고 응대를 즐거이 받아주었다. 가는 길을 가로막아서까지 무엇을 주지 못해 안달이고 무엇을 먹이지 못해 성화였다. 말동무도 해주고 절에 무슨 큰일이 있을 때마다 거들어주면 그렇게 신이나 했다. 아침 일찍 일어나 마당 쓸고 오래를 말끔히 가꾸었다. 겨우내 탕, 탕, 장작 패는 그였고 시계보다 정확한 타종도 그의 몫이었다.

어릴 때 산삼을 과다하게 먹여서 저리 되었다는 오라비. 참으로 가식이란 잊을 수 없는 절대 천진스런 웃음은 그 누구보다 더 편안했고 자비로웠다. 고분고분 순종은 잘하지만, 나쁜 일은 억지로 시켜도 해할 줄도 모르는 털끝만치의 욕심이라고는 없는 부처이고 부처였다. 저 부처에게 어느 누가 죄 많은 업을 짊어지켰는지 잔인하고 답답했다. 그럴 때마다 우리는 그저 알량하게 전생을 탓했다.

한 줄기 물바람이 옷깃을 스쳤다.

샘물 떠먹고 길 가운데 아무렇게나 털썩 주저앉아 쉬었다.

참으로 수려한, 이 수려한 계곡의 산뜻한 길에 달마다 계절마다 시화현수막 몇 폭 만들어 드문드문 내걸고 싶은 바람이 은근히 끓었다. 꽤 어울리는 풍경이 아닐까. 작정했다.

웬 은빛 승용차가 모롱을 돌아오다 슬그머니 멈추었다.

"송도집 시인 양반이 올해도 여전히 애 쓰시고 수고를 하시네요. 안녕하세요?"

이름은 모르지만 차창을 내리고 얼굴을 내민 오십대쯤 되는 보살은 낯이 많이 익은 분이었다. 어느 공기업 부사장 부인이라는 소리는 얼핏 들은 기억이 났다.

"아이고, 안녕하세요? 오랜만에 뵙습니다. 바로 아랫집인데 응당 도와드려야죠. 마음을 씻고 업을 씻고 죄를 씻는 쇠북소리를 젤 먼저 듣는데요."

"참, 그렇겠네요. 어쨌거나 고맙네요."

"아이, 별 말씀을."

"우리 딸이 김시인님의 시를 그렇게 좋아하잖아요. 시를 읽으면 아득한 꿈꾸는 듯 착각에 빠진다고 입버릇처럼 말했어요. 해맑은 서정이 가득하다고도 했고요. 언제 한 번 틈을 좀 내주세요."

"쑥스럽네요."

"아뇨. 어느 초청모임에 가서 김시인님의 꾸밈없는 진솔한 이야기를 들었다고 했어요. 잔잔한 가운데 뭔가 꿈틀거리는 꿈과 완강한 뚝심이 있더라는 거였어요. 강연하는 사람들 대개 은근슬쩍 양념을 치듯 자기 자랑을 하는데 김시인님은 소탈, 훈훈한 인정이 있더라고 아주 반했던데요. 그것도 아주 홀딱."

"좋게 봐줘서 그렇지, 알맹이가 없다는 얘기지요 뭐"

"아이, 천만에. 김시인님은 예절이 참 바르고 겸손이 너무 지나쳐요. 지나치면 결례라는데"

"그렇지 않아요. 저가 화났다 하면 누구도 못 말려요. 하늘에 옥황상제도 겁을 먹고 부엌 아궁이로 머리를 쑤셔 박고 숨어 궁둥이만 하늘로 치뻗히고 있어요."

"그래요? 참, 재미있는 표현이네요."

호호, 웃음을 흘리며 용화산으로 올라갔다.

산방 앞 나무에도 스무 송이를 달았다. 반지가 무척 좋아했다. 마침 쉴 참이자 반지가 얼큰한 떡볶이를 금방 만들어 내왔다.

절에 올라가 경내외 이리 저리 줄을 띄워 등을 달고 이름표도 붙였다. 밖에는 큰길 양쪽으로 나란히 꽤 멀리 내리 달았다. 마치 운동회하는 기분이었다. 어릴 때 꿈꾸던 궁전인가 싶었다. 스님이 플러그를 꽂자 여태 잠자던 은은한 등들이 일제히 깨어났다. 누구랄 것도 없이 박수를 쳤다.

벌써 정토사에는 불자들이 많이 찾아와 기거했다. 거의 연로하신 여자 보살님들이었다. 모두 하나같이 내 집안의 안녕과 번성을 기원했다. 모두의 바람은 크지도 많지도 않은 소박한 복을 지성으로 가득 기도 합장했다. 붐볐다. 욕심 부리지 않고 이웃 정을 나누고 베푸는 마음, 그 마음이 곧 정토인 줄 알면서도 툭하면 불개미마냥 지지고 볶고 싸우고 또 싸우는 고단한 속세였다.

저녁 종소리가 내리자 불을 켰다. 광채가 없는 은은한 연등이 누리를 밝혔다. 반지를 업고 마당에서 바라보았다.

평화, 그윽한 평화였다. 부처님의 자비가, 이웃 예수의 박애도 메아리졌으면 좋겠다.

꽃밭에 수수꽃다리 향내가 마당을 서성거렸다.

장원이라니 ____ 5, 9.

아버지의 권유로 어려서부터 썼지만 선생으로 강릉에 부임하면서도 줄곧 끈질기게 공부한 서예, 반지의 꿈은 소박했다. 명예를 얻기 위함보다는 살아가는데 취미로 그냥 조금은 고상하게 지내려 는 뜻이었다. 원래 강릉이라는 데가 예향, 문향의 도시라 열기는 그 어디보다 극성스럽고 강한 지역이었다. 삼십 년 가까이 실력을 연마해 왔다. 그러면서 당찬 국전의 최고상에 한 번 도전해 보고픈 당찬 마음을 은근히 내비쳤다.

강원 서예대전 심사 결과 발표와 시상식 날이었다. 욕심 없이 출품했다는 데에 의의를 둔 반지는 소양강쯤 여행한다는 마음으로 즐거워했다. 그러다 재수 틔어 상이라도 하나 어찌 얻어걸리면 괜찮은 덤이고 다행이라고 욕심내지 않았다. 아침부터 오재영 학원원장이 전화, 누나랑 언젠가 산방에 왔던 음전한 우인숙 독신자 여인도 전화를 걸어왔다.

물안개 피는 아침에 출발 대관령을 너머 달려 좀 지루할 때쯤 춘천 문화예술회관에 닿았다. 벌써 숱한 사람들이 모여 웅성웅성거리며 작품 관람의 무아경에 빠졌다. 여념이 없었다. 타잔처럼 출품작들이 그네에 매달렸다. 전시장 중앙에는 의젓한 시상대가 마련되어 있고 소전시실에는 조촐한 다과가 준비되었다.

누나와 오영순 원장, 그리고 독신자 동아리 그 여인도 만났다. 얼굴에 웃음이 가득 피었다. 그녀의 출품작에는 벌써 입선이라는 리본이 꽂혀있어 기꺼워했다. 그녀의 집안사람들이 많이 왔다. 곁에는 신랑될 아담한 신사가 붙어 따라다녔다. 학원은 다르지만 나란히 서예를 하는 우아한 여인이었다. 꽤 오래전부터 몰래 동거 곧 결혼식을 올린다는 반가운 소식이었다.

어느 절의 주지승인가, 거침없이 시원한 대머리 심사위원 한 분이 드디어 나타나 마이크를 잡았다. 버릇으로 기침 몇 번을 했다.

이번에 출품작은 총 112편이었고 입선은 9명, 참방이 18명, 이미 붉은 꽃리본을 꽂아놓았고 이제 남은 6 명중에 장원 1 명, 차상 2, 차하 3 명은 심시위원장이 손수 꽂기로 했다고 방송했다.

그의 손놀림은 틀림없는 왼손잡이였다.

아니 땐 굴뚝에 연기 날까, 특이한 점은 무언가 분명 잘못되어 아무렇게나 이는 잡음을 없애기 위하여 강원도 사람은 완전 배제, 전라남도 낯선 서예가들이 멀리서 와 어느 고택에 갇혀 힘든 심사를 했다는 다행함보다는 서글픈 이야기였다. 얼마나 썩었으면, 그리고 얼마나 부정이 가득했으면, 믿지 못하는 풍조가 이 지경에까지 이르렀는지. 공정을 위한다는 수사는 결국 공정치 못했다는 제 발등을 찍는 도끼가 아니고 무엇이란 말인가. 비단 서예뿐이 아니었다. 예술, 문화 전반이, 아니 사회가 몽땅 부패했다. 만고에 부러울 것 하나 없는 대통령 싸가지도 들어 처먹는, 어쩜 믿을 놈 하나 없는 세상을 보는 거울이었다.

이어 배불뚝이 늙은 심사위원장이 차하 작품에 리본을 달 때마다 여기저기서 기쁨의 함성이 터졌다. 질렀다. 끓어올라 흥분되는 순간이었다. 오재영 원장이 침울한 듯 고개를 갸우뚱거렸지만 오히려 담담한 반지였다. 얼른 소양강으로 가자고 미련을 버린 채근했다. 마이크를 든 심사위원이 이제 마지막 최고 작품 문광부장관상 장원은 어느 분일까요, 라는 추임새를 넣듯 분위기를 한껏 돋워 긴장을 끌어올렸다.

웅성웅성 수군거렸다. 누구는 꽤 알려진 율산(栗山)의 작품을 드러내놓고 자신있게, 대항하듯 더러는 원로 월파(月波)의 작품을 맞대응 당당하게, 그러다 지켜보던 점잖은 분 몇이 고개를 완강하게 저었다. 그다지 알려지지 않았지만 반지의 신선한 작품을 강력하게 입질했다. 모두는 낚싯대를 겨눠 쥐었다. 찌가, 찌들이 흔들렸다. 촉각을 곤두세웠다. 숨을 멈추었다. 순간 팽팽한 전율이 일었다.

이어 심사위원장은 은근히 뜸을 들이며 어느 작품에 찾아가 꽂는 듯하다 휙 돌아서서 뭇 시선들을 향해 씨익 웃곤 내처 뛰듯 장원이라고 쓴 황금빛 리본을 상촌(象村) 신흠(申欽)의 한시 동천년노항장곡(桐千年老恒藏曲)을 쓴 출품작에 탁 갖다 붙였다.

낚았다. 잽싸게 아니 얼떨결이었다.

와! 아낌없는 박수가 터져나왔다. 생소한 조금은 신인이기에 장본인이 누군가, 모두는 목을 빼 두리번거려 살폈다.

이 혼탁한 세상에 꿋꿋한 지조를 찬양하는 글에 여지없는 찬사였다. 아까부터 예상하며 가슴에 담아두었던 아주 돋보이는 작품이라고 그제야 와, 수긍하며 다시 몰려들어 새로이 음미했다. 법석이었다. 차상은 받아 봤어도 장원은 생전 처음이었다.

桐千年老恒藏曲

오동나무는 천년을 묵어도 제 곡조를 간직하고

梅一生寒不賣香

매화는 평생을 춥게 지내도 그 향기를 팔지 않는다

月到千虧餘本質

달은 천 번 이지러져도 본 바탕은 변하지 않고

柳經百別又新枝

버들가지는 백 번을 꺾여도 새 가지가 돋는다

이게 웬일인가. 소양강 구경이나 하고 올 심산이었지만, 그래도 혹시나 하고 초조하게 기다리며 나의 손을 꼭 쥐고 있던 반지가 나무 등걸처럼 그만 푹 쓰러졌다. 정신을 잃었다. 황급히 껴안아 흔들고 주무르고 한참 난리를 치고서야 겨우 깨어났다. 모두 다가와 축하와 격려의 말을 건넸다. 오재영 원장 눈에는 그렁한 눈물이 어렸다.

우르르 취재진들이 몰려들었다.

부처님 오신 날 ____ 5, 12.

사나흘 전부터 연화교를 건너는 불자들이 곧잘 보이더니 꽤 많이들 왔다. 마치 물꼬 아래 웅덩이에 모인 고기처럼 보였다. 욕심이라곤 보이지 않는 소박한 염원에 찬목 타는 중생이었다. 스님의 염불, 목탁소리가 은은히 퍼져 절 안은 엄숙했다. 추임새마냥 한가한 풍경소리가 조심스러웠다. 밤새 불 밝히느라 매달린 연등이 미풍에도 흔들렸다. 많은 불자들이 부처님 앞에 절을 올리며 외는 불경은 피어오르는 향으로 정갈했다.

흰 광목 차일을 쳤다. 마당 한복판에 높다란 나무기둥을 세워 가득 받쳤다. 흡사 파오거나 게르거나 대형 우산이었다. 시원한 그늘이 졌다. 그 아래 마당에 멍석을 깔고 간격이 맞게 기다란 반을 드문드문 놓았다. 차와 수정과 다식이 담긴 쟁반이 정물처럼 담아 안았다. 불자들이 둘러앉은 웃음이 즐거웠다.

여태 교통이 불편한 어느 이름 없는 골짜기에 있는 듯 없는 듯 또아리 틀고 있는 한적하고 아담한 절이었던 탓에 남들처럼 시끌벅적 불자가 많지 않았다. 그저 절 마당에 오롯하게 모이면 더없이 조촐하지 않은가. 낯익은 부연동 사람들과 미처 알지 못하는 내 이웃 불자들과 경건한 합장 가슴에 꽃을 달아주며 근황을 물어 담소하느라 환한 표정들이었다. 오늘만큼은 만족하고 소망하는 기쁨이었다.

성불하십시오.

참으로 흐뭇하고 보기 좋은 것은 천주교 신도와 수녀님 서른 남짓 초청되어 아무렇지도 않은 듯 스스럼없이 웃고, 같이 어울려 봉축한다는 사실이었다. 아직도 시퍼런 날을 세우는 이교도와는 무조건 배타적 갈등의 속세였다. 서로 서로 가슴들을 열어 축복하고 격려 껴안고 있으니, 참으로 고결했다.

모두 기다린 듯 타종을 알렸다. 과앙, 하고 천년을 간직한 정토 긴 여운으로 울려 온 누리에 퍼져나갔다. 가슴 저 밑바닥에서 헤매던 알 수는 없지만 그 무엇이 치밀어 올랐다. 이내 순화되어 가라앉는 그것은 자비였다. 타종은 연세가 가장 높으신 불자, 전쟁에 남편을 바친 미망인인 임순덕 할머니와, 초청된 천주교 신도 한 분과, 누군가 궁금했는데 젊은 그리고 풍채깨나 거느린 신사는 정토사 스님 둘 째 오라범이라 소개되었다. 청와대 무슨 기획예산부라든가 하여튼 실세라는 풍문이었다. 수행원도 없이 조용히 왔다며 온 세상이 오늘만큼만 순해졌으면 좋겠다는 덕담으로 답했다. 조금은 의아해하던 수군거림이 그제야 끄떡끄떡 수긍하는 눈치였다.

흡사 동네 사랑방 같은 분위기에 귀히 고빙한 어떤 분의 정통 진리의 설법 보다는, 해학 풍자 가득한 설법에 우리는 파안대소했지만 더욱 공감했다. 비아냥투로 말하는 부처교, 목탁교, 나무아미타불은 현대 사조를 외면 내지 거부한 고리타분한 융통성이 없는 불교를 교묘히 비꼬았다. 현실 불교를 개척해야하고 공세라는 적극 불교가 되어야 한다 했다. 그래서 산에 은거 나홀로 유유자적하는 신선으로 착각하는 오인을 불식시키고, 안주가 아니라 보폭을 넓혀 고달픈 속세로 충돌처럼 파고들어 대중불교를 과감히 일으켜야 한다는 논지였다. 시골 사랑방 이야기처럼 지루하지 않았다.

막간을 이용하여 지난 한 해 정토사를 빛낸 불자들을 소개했다. 구정면에 사는 누구는 계리사 시험에 수석 합격, 조은희 아드님이 광주 부시장으로 승진, 김명기 아드님이 미 하바드대에 당당 입학, 바로 아래 송도집 김무열씨 부인 은반지는 강원서예대전에서 장원을 했다고 했다. 기분 좋은 박수가 터졌다.

아무래도 경건 엄숙한 행사이어서 긴장을 풀어주는 청량제가 늘 필요했다. 어쩌면 제사같이 고리타분한 분위기를 즐거운 잔치처럼 재미있는 유희를 생각했다. 강한 곳에 부드러움, 부드러운 곳에 강함일 때 균등이라는 매끄러운 조화를 이루기 마련이었다.

강릉사투리하면 다 아는 시민스타 이청림이 나왔다. 박수부터 터져나왔다. 열선이 꽂힌 여전한 인기였다. 유행이었다. 십만양병설을 진언한 이율곡의 심한 강릉사투리를 선조대왕이 미처 알아듣지 못해 결국 유비무환이 아닌 무비유환으로 임진왜란이 일어났다는, 특유의 질박하고 구수한 향수를 자아내는 구연에 불자들 모두는 왕창 뒤집어졌다. 뒤이어 나이 지긋하신 천주교 신도 한 분이 강릉사투리 시 낭송을 너무나 능청스레 엮어 그 또한 처참한 난파였다.

참으로 즐거워했다. 실성한 사람처럼 웃던 스님 오빠가 운전기사의 귓속말을 듣곤 끝까지 같이 있지 못하는 불경을 용서하라며 죄스런 표정으로 서둘러 빠져나갔다.

부처님 오신 날이었다.

성당에서 온 수녀님들과 천주 신도님들이 찬송가 대신 찬불가를 가슴 가득 부를 때 아찔한 전율을 느꼈다. 불자들 모두는 일어서서 진정 더없는 갈채를 폭죽마냥 보냈다. 눈물이 핑 돌았다. 참으로 가슴이 벅찼다. 모두 달려가 손을 맞잡고 포옹을 했다. 사회자가 울먹거릴듯 거릴듯 용케 참아 거들었다. 더없이 아름다운 광경을, 더없이 고결한 이 풍경을 보았느냐고. 진정 심장이 터질 같은, 잡은 손이 이렇게도 따뜻한 줄은 미처 몰랐다고 감격스러워했다. 속세의 삶이 고달프고 험하지만 너와 나 오늘 하루만이라도 꼴사나운 모습 보이지 않았으면 싶다.

유년의 즐거움을 위하여 오늘의 마지막 행사 보물찾기를 했다. 아련한 동심으로 돌아가 여기저기 분주히 웃으며 뒤졌다. 승돈이는 두 개를 찾아 천주교 신도분에게 한 장 주었는데, 그것이 세탁기일 줄이야. 승돈이는 겨우 찬합이었고 반지는 개꿈이라도 꾸었는지 분쇄기 하나를 탔다. 그 외 모두에게는 고급 수저 한 벌씩 선물했다.

어찌 알고 왔는지, 느닷없이 시장 패거리들이 헐레벌떡 우르르 몰려왔다. 닭 쫓던 개, 한 발 늦었다. 참, 추한 몰골들이었다. 비구니 오라범이 급히 떠난 이유를 짐작할만 했다.

한번 다녀간다던 영철이 어머니 단양댁 보살이 이내 오지 않아 섭섭했다.

귀소(歸巢) ＿＿＿ 5, 13.

초파일 정토사에서 꽤 많은 불자들의 공양을 준비했던 반지가 시내로 갔다. 강원서예대전에서 장원을 한 죄로 한턱내러 학원에 갔다. 웬일로 버스를 타고 갔다. 가는 길에 부연동 승차장까지 태워주고 산문 연화교에 내걸었던 초파일 현수막, 연등을 걷었다. 해마다 뒤처리하는 일과였다. 정토사와는 피신한 선조와 남다른 인연으로 맺어졌기도 하지만 인정상 지척에 있는 이웃이었다.

텅 빈 산방이었다. 사람 하나 들고 남이 이런 것인가. 반지가 아내로 왔을 땐 산방 안이랑 밖이 그야말로 그윽한 물결에 출렁거리는 기쁨을 느꼈는데, 가버린 것도 아닌 반지가 산문 밖으로 잠깐 나갔다는 사실에 찬바람 일듯 썰렁하기 그지없었다. 그물 사이로 빠져나가는 물처럼, 바람처럼 종일 허전했다. 착착 감겨 재롱을 떠는 모습이 얼른 보고 싶었다.

햇살이 뜨거웠다. 앞산 능선 위 하늘에 구름이 오락가락 넘나들었다. 꾹 짜면 푸른 즙이 뚝뚝 떨어질 것만 같은 녹음이 짙었다. 골짜기도 짙푸르렀다. 감자, 강냉이

순도 파랗다. 제법 자랐다. 마늘이 치솟고 두 이랑에 핀 파꽃이 허옇다. 나비들이 날아와 붐볐다. 모종들도 이젠 땅냄새를 맡아 지나는 바람에 일렁거렸다. 밭들도 곧 푸른 융단으로 깔 기세였다. 풋풋했다. 며칠 전만 해도 참새 혓바닥 같은 감잎이 숟가락잎 만큼 폈다. 감꽃눈이 적당히 맺혀 숨어있고 꽃잔치를 즐겼던 살구, 복숭아, 배, 사과, 자두도 그런대로 결과가 좋았다. 다행이었다. 곡식과 벌은 주인이 오가는 발자국소리를 듣고 자란다는 아버지의 입버릇이었다.

조용했다. 모두 제자리에 서서 늦봄 초여름을 엮는 참이었다.

박새새끼 소리가 제법 크게 들렸다. 오래에는 벌이 드나드느라 윙윙거려 어지러웠다. 하늘이 새까맣다. 나른했다. 벌통을 손보았다. 올해도 분봉을 억제하기로 했다. 네 통만 늘릴 심산으로 나머지 왕대를 꺾었다.

심심했다. 길섶에 지천인 민들레가 꽃대를 뽑아올려 폭죽을 터뜨린 꽃씨가 종일 바람에 날렸다. 무심했다. 기다려졌다. 돌다리 건너 흥부집에 신문이랑 책을 꺼내오다 마당 옆 샘물 한 바가지 떠 벌컥벌컥 마셨다. 그래도 속이 개운치 않았다. 산문 밖을 자주 내다보았다.

저녁때.

종일 열었던 문을 왠지 아쉬운 듯 닫았다. 벌이 들어가고 그제서 해가 기울었다. 종아리에 흙을 턴 새들도 깃을 찾고 서서히 어둠이 먹물을 갈았다. 지독한 골초가 굴뚝에 모락모락 연기 뽑아올렸다.

당겨 불을 켰다. 외등에도 불을 주었다.

막차 시간에 맞춰 부연동으로 마중 갔다. 밤길을 나란히 걷고 싶다고 했다. 이내 차가 헐레벌떡 달려와 사람들을 쏟아놓았다. 반지가 얼른 달려와 손을 잡았다. 어둠 속인데도 누가 볼까 피하듯 연화교를 건넜다. 건너자마자 와락 껴안고 입술을 더듬었다. 타는 갈증이었다. 쏴, 소나기가 쏟아졌고 쏴, 소나기를 퍼부었다.

손을 쥐었다. 꼬물거렸다.

강릉에 이름깨나 날리는 어른들이 와 축하해주었다는 이야기와 근사하게 한턱냈다는, 그리고 김무열의 아내 은반지라고 가슴을 쓱 내밀었다며 한껏 참새 부리가 되었다. 그러다 연신 달려들어 목을 껴안고 뽀뽀를 했다. 보고 싶어 죽을 뻔했다는 애교였다. 곰보다 진정 여우였다.

물길 따라 길 따라 산모롱을 휘돌아 극락교 건너 돌아들었다. 어지간히 걸었던지라 짐짓 춥다고 했다. 업히려는 응석에 꾀가 들어찬 재롱이었다. 매미가 붙었다. 감추듯 가지고 간 큰 타월을 덮어 싸안은 뒤 꼭꼭 여며 띠를 감아 맸다. 두 손을 깍지 끼어 동그란 궁둥이를 받쳤다. 내 목을 휘감아 참으로 아기처럼 좋아했다. 못 배기도록 귀엽고 몸살날 만큼 사랑스러워 호호 불며 어쩌지 못하는 나에게 아양이 아닌 재롱을 떨었다. 그 재롱이 만날 업어달라는 응석이었다.

시내엔 사람들이 너무 많고 차도 너무 많아 아찔 어지러웠고 멀미가 났다는, 그래서 이익만 밝히고 양보를 모르기에 훈훈한 정이라고는 없더라는 미주알 고주알이었다. 다행히 그런 도시를 탈출, 달이 유정한 산방에 숨어든 자신이 영리해 보였단다. 머무르지 못하던 철새가 이쯤에 텃새로 변했다. 한창 밤꽃 피는 둥지로 가는 길이었다. 대추 고목이 선 모롱을 돌았다. 토장국 내 풍기는 산방에 반딧불이 반짝거렸다.

들배꽃 피던 날 ＿＿＿ 5, 14.

고요한 새벽길이었다. 산문 밖 부연동에 크게 하우스를 하는 친구에게 부탁한 고추 모종을 싣고 왔다. 설통 앞밭에 종묘를 내려놓고 땡삐 고추 스무 남짓 텃밭에 심었다. 올 여름내 풋고추를 따 먹을 요량이었다. 남들은 비닐 멀칭 재배를 하지만 나는 안했다. 물론 그런 기술도 없지만 순리를 거역 강요하는 욕심만 같다는 생각이 못내 들었다.

호스와 물통, 호미와 삽 등을 조랑말에 싣고 내려갔다. 벌써 부연동서 설통 앞밭에 도와 줄 일꾼 셋이 이미 와있었다. 늘 거들어주는 승돈이 처와 그 친구 분들이었다. 구덩이를 파나가고 구덩이에 물을 흠뻑 줘나가고 모종을 앉혀나갔다.

포트에 실려있던 모종들이 얼른 얼른 튀어나오려는 듯 나풀거렸다. 기다린 듯 구덩이마다 쏙 들어가 앉았다. 그리곤 손짓했다. 너무나 쟁그러웠다.

반지는 그저 일꾼들의 잔시중을 들었다. 늘 웃으며 즐거워하는 모습이어서 은근히 안심이었다.

하늘이 한없이 맑았다. 시절이 푸른 오월. 밭가로 빙 둘러선 들배 하얀꽃이 한창 다투어 피었다. 온밭이 훤했다. 너무나 화사해 밤에도 훤하니 보인다 하여 야광나무라는 별칭을 여분으로 가졌다. 영서에는 많지만 영동에는 어찌 여기뿐 다른 데는 없었다. 벚꽃보다 더 좋았다. 산방 짓던 해에 어린 나무 몇 그루 폭포 주위로 심어놓았다. 이제는 내 키보다 더 높이 자랐다.

바람이 지날 때마다 수술마냥 흔들어 향기를 쏟아냈다. 벌이 살판났다. 모두 코를 벌름거렸다.

갑자기 경적을 울리는 누나가 올라왔다. 시내서 장만 첫 참을 가지고 왔다. 쪼르르 달려가 맞았다. 화사한 웃음을 지으며 인사를 나누었다. 다 아는 고향 친우였다. 밭 옆 넓적한 바위에 오순도순 모였다. 향긋한 참나물을 넣고 시큼한 묵은 김치 찢어 넣은 메밀전과 족발을 장만해왔다. 일은 힘들어도 먹을 수 있는 짧은 순간이 있어 즐거웠다. 그 순간 때문에 하루가 지루하지 않았다.

참이 끝나자, 가슴에 담고 있던 이야기가 알밤 쏟아지듯 했다. 별의별 소식 가운데 산문 밖 따르릉한 소문은 학주 어머니가 믿기지 않는 임신한 사실이었다. 환갑도 넘겨 느긋한 예순넷의 느닷없는 괴변에 낄낄 웃기도 했고 혀를 끌끌 차기도 했다. 일흔이나 먹은 늙은이의 왕성한 근력을 부러워하기엔 창피한 노망이라 했다. 하지만 그 나이에도 소꿉놀이듯 사랑과 정의 즐거움을 달콤하게 나눌 수 있다는 힘을 모두는 은근히 부러워하는 눈치였다.

또 있었다.

종수집 소가 흰색 송아지 쌍둥이를 낳았다는 횡재였다.

웬 일로 비구니 스님의 뜬금없는 전화가 슬그머니 왔다. 또 꿀풀, 방아풀 원액이 있느냐는 뉘의 전화, 그리고 원고 청탁이었다.

해마다 고추는 굳이 나에게서 가져가는 누나였다. 지독한, 과다한 농약 투성이어서 믿을 수 없는 세태 때문이었다. 단골이었다. 정토사서도 가져갔다. 어찌 보면 거절할 수 없는 정이고 이웃이었다. 나머지는 반지와 내가 먹을 양이었다.

점심을 가져 왔다. 벌들이 잉잉대는 들배꽃 흐드러지게 핀 훤한 그늘 반석에 앉아

들었다. 식후경이 아니라 식후면이었다. 저마다 이리 뒤척 저리 뒤척 낮잠에 빠져드는 동안 벌통을 점검했다.

거의 다 마쳐갈 때쯤 정토사 스님이 들러 합장을 했다. 일하는 모습이 너무나 평화롭고 정겹다고 했다. 마침 출출하던 차 먹기에는 너무나 아까운 아주 예쁜 떡도시락을 하나씩을 빙 둘렀다. 고급 수건과 향수 비누 한 장씩도 선물했다. 지난 번 초파일 때 거들어준 고마운 답례였다. 같이 어울려 맛있는 공양이었다.

호젓한 산촌. 오월 어느 하루도 이렇게 저물어갔다.

하얀 들배꽃이 바람에 눈이듯 날렸다.

애련(哀戀) _____ 5, 15.

산문으로 나가다 중간쯤 여우골에 들어갔다. 그 골은 이상하게 소나무가 거의 없었다. 별의별 잡목들이 자리다툼하듯 우거졌다. 나물이 많기도 했다. 유독 당귀가 흔했다. 당귀가 이른 나물인데 쇠응달 북향이어서일까, 여우골 당귀는 늦게 돋았다. 물 흐르는 언저리에 꼴이듯 낫으로 내 노릴 만큼 내밀렸다. 잎사귀 하나 물어 씹으며 향을 맡았다. 목에 걸어 빗두른 보자기가 금방 가득 불룩했다. 한참만에 커다란 네 보퉁이 했다.

땀을 들였다. 허리에 찬 수건으로 얼굴을 닦는데 이름 모를 나무에 이름 모를 새가 알을 품다 놀라 푸드득 날아올랐다. 능선 위로 넘어가는 흰구름이 보송보송했다.

애초 오지 말았어야 했는데, 침이 뾰족한 노간주 고목 옆 이끼 옷을 입은 큰 바위가 힐끗 보였다. 분명 나물하러 왔는데 어쩔 수 없었다. 잊자고, 잊자고 해마다 그렇게 다짐하면서도 홀린 듯 바위 바로 밑으로 오고야마는 그리움이었다. 삿갓을 내려놓은 듯 봉긋한 흙 위에 표시처럼 돌 몇 개로 눌러놓은 애총이었다.

정임이.

산문 안 모롱 지나 무궁화 고목이 있는 터에 살았다. 그녀는 나보다 한 살 위였고 어려도 남의 입을 탈 만큼 드물게 참말로 예뻤다. 하얗다기보다 유난히 창백한 얼굴이었다. 외진 곳에 이웃도 없는 나는 산문 밖 거의 다다르는 지경에 까지 놀러 다녔다. 소꿉친구였다. 정임이가 우리 집으로, 내가 정임이 집으로 시계추인 양 왔다 갔다 했다. 정임이가 우리 집에 오는 날은 어머니가 대단한 손님으로 그렇게 즐겨 반겼고, 식구가 많은 구차한 집 아이어서 정성으로 점심이랑 간식을 챙겨 먹였다. 헤어질 때는 이 아래까지 배웅해 모습이 사라질 때까지 손을 흔들어주었다.

만나면 소영이 엄마 산소 터 양지쪽에서 종일 소꿉놀이를 했다. 지금 생각해도 정임이는 무언가를 알았다. 늘 아내였고 난 돌가루밥과 풀잎 반찬을 먹는 나무꾼 남편이었다. 툭하면 잘 토라지는 편이어서 정임이 하자는 고집대로 군말 없이 들어주어야 놀이가 순탄 편했다. 삐치지 않고 집으로 가지 않기를 종일 바라는 나는 전전긍긍했다.

어쩌다 정임이가 엄마가 되는 날엔 나는 어김없이 아가가 되어 배고파 우는 흉내를 냈다. 그럴 적마다 정임이는 나를 껴안고 젖을 먹였다. 언젠가는 우는 나에게 옷을 빠끔히 열어 가슴에 사마귀만큼 불거진 듯 만 듯 수수낟만한 젖을 참말로 물리기도 했다. 처음엔 망설였지만 또 삐칠까 싶어 성화에 못 이겨 겸연쩍게 빨았지만 곧 익숙해졌다. 어렸지만 그때 느꼈다. 젖을 물리는 정임이는 몸에 퍼져오는 짜릿한 듯 묘한 그 무엇에 젖어 나를 바싹 끌어안아 혼몽했다. 어떤 때에는 젖꼭지도 없는 젖을 잘근잘근 깨물어보라기에 살짝 깨물었다. 요놈의 자식, 나의 궁둥이를 때리는 어머니 시늉까지 했다. 그런 행위가 잦았다.

어른 되거든 예쁜 아이 낳아 살자고 손가락까지 걸어 약속을 했다. 여우 홀리듯 살살 아양을 부리며 내 무릎을 당겨 베고 낭창을 떨었다. 골몰에 빠져있다가 급해서 뱅뱅 돌아치다 아무 데나 쉬를 했는데 살피듯 유심히 바라보던 정임이었다.

비 며칠 온 뒤 어느 날, 좁쌀과 감자를 안쳤던 누룽지 한 덩이 싸들고 설레는 마음 달래 홍예문 지나 극락교 건너 산모롱을 돌아 헐떡거리며 뛰어갔다. 보이지 않았다. 마당에는 바지게가 괴어져 있었다. 이어 소문난 바람둥이인 아버지가 웬 거적으로 둘둘 말아 아구리를 동여맨 것을 안고 나와 얹어놓았다. 식구들이 엎어지며 자빠지며 뛰쳐나와 통곡을 했다. 침통한 아버지는 말 한마디 없이 짊어지고 정임아, 정임아, 어미와 아이들의 울부짖는 소리를 뒤로 꾹꾹 눌러 들으며 여우골을 향했다. 애총 골짜기였다.

심상찮은 광경에 멍한, 그만 누룽지를 떨어뜨린 줄도 몰랐다.

나중에 알았지만 이름 모를 병에 갑자기 앓다가 죽었다.

그날 참으로 쓸쓸히 돌아왔다. 며칠 전 소꿉놀이터에 꽂았던 진달래, 개나리가 말라 비틀어 쓰러져있고 옹기조각 그릇도 흩어져 을씨년스러웠다

인간에게 따라 다니는 죽음의 그림자를 막연하나마 그때 알았고 처음 공포라는 심리를 가슴에 담았다.

다음날 발맘발맘 여우골로 갔었다. 노간주나무 옆 큰 바위 앞 황토에 봉긋 묻혔다. 정임이는 없었다. 저 차디찬 땅 속에 누웠다. 소꿉놀이 친구, 나에게 천연덕스레 젖을 물리던 영악스런 계집아이, 초생달 같은 기억 한 조각 띄워놓곤 가버렸다. 그 애달픈 심사가 흐느적거려 어느 해 지천으로 흐드러지게 핀 진달래를 한 아름 꺾어다 꽂고, 몰래 가지고 온 참빗 하나 놓고 왔다.

황순원의 소나기가 아닌 김무열의 참빗이었다.

청초 우거진 골에 자는다 누웠는다. 홍안은 어디 두고 백골만 묻혔느뇨, 그 아린 절창처럼 해마다 무심히 오는 봄 붉게 타는 산천이면 그냥 가보곤 했다. 세월 가도 못 잊는 참으로 몹쓸, 몹쓸 정이었다.

송홧가루 날리다 ____ 5, 16.

해동머리 첫새벽부터 가지 끝마다 마다 조금씩, 조금씩 솔순을 뽑아올려 꽃주머니

를 오려 붙이더니 며칠 전부터 벙글듯 잔뜩 부풀렸다. 순한 소식이랑 기울여 먼 데 정갈한 바람소리 낚는 열어놓은 귓바퀴였다.

고즈넉했다.

아름드리 소나무들로 빽빽한 절골은 해마다 이맘때면 참으로 고혹한 풍경을 내걸었다. 자고나면 밤새 지천에 송홧가루가 온통 끝없이 날렸다. 마당에도 발자국이 날 정도로 온통 마냥 노랗다. 몰래 오소리랑 너구리, 고슴도치가 밤새 몰래 딛고 지나갔다. 뒤란 장독소래기에도 손을 스치면 손바닥에 거침없이 묻어났다. 풀밭을 지나면 옷자락에 형편없이 묻어났다. 벌통에도, 아주 작은 풀잎 위에도 은총처럼, 말갛던 유리창이랑 대뜰에도, 신 안에도, 우물에는 물감을 탄 듯, 반지가 폴짝폴작 건너는 돌다리에도 페인트칠을 했다. 누군가 콩가루를 뿌려놓았다. 흐르는 도랑물도 콩가루를 푼 듯 노란 송홧가루가 바위에 묻어있었다. 골짜기는 사뭇 진한 솔내음으로 가득 질탕했다.

한 사나흘은 빨랫방망이소리가 매일 났지만 빨래는 보이지 않았다. 문 꼭 닫힌 방에다 널었다.

산등성이에 꾀꼬리가 해종일 울었다.

때가 되면 송홧가루 날리는 아련한 꿈길을 걸었다. 휘파람 불며 학교에서 올 때 산모롱을 빙 돌아들면 기다린 듯 짓궂은 송홧가루가 부옇게 쏟아져 내리곤 했다. 십리 산길은 송홧가루 뿌려진 길이었다. 그때마다 땀에 젖은 깃 노랗게 고스란히 뒤집어 쓴 채 집에 오면 재 묻은 강아지라고 털어주는 어머니의 머리에도 영락없이 내렸다.

그럴 때마다 옷을 내처 벗어 빨아 방안에 널었고 강제로 목욕을 시켰다. 진득거리는 송진 기가 있기 때문이었다.

오월을 뒤적이는 비망록이었다.

지금도 꿈결인 듯 아스라했다.

할머니 따라 오래된 서낭당이 있는 새재를 너머 산북리 진외가 선영에 성묘 가는 길이었다. 뒷산 좁은 오솔길로 접어들었다. 빽빽한 소나무가 가득 들어찬 산골짜기에 여간한 가물에도 물이 마르지 않는 작은 도랑이 구불구불 산모롱을 휘돌아갔다.

도랑 따라 산굽이 따라 조각보 같은 다랑논이 층층으로 나있었다. 쉰뱀골이라 불렀다. 어떤 농부가 이슬비 오는 날에 논을 분명 쉰 배미를 떴는데 암만 헤아려보아도 한 배미 모자라는 마흔 아홉 배미였다. 이상타 여기면서 잘못 셈 했는가 싶어 체념, 그냥 무심코 삿갓을 들었더니, 그 밑에 한 배미가 웅크려 숨어 있더라는 싸한 이야기로 훠이훠이 걸었다. 하나같이 논배미는 멍석뙈기만한, 가마니뙈기만한, 작은 논이었다. 그래도 한 번 심어만 놓으면 병 없이 결실이 야무진 땅이어서 여태 짓는다고 했다.

휘 바람이 불었다. 노란 송홧가루가 현기증을 쏟아냈다. 어디 피할 데라곤 없어 고대로 뒤집어썼다. 이제 모살이하는 다락논은 노랗게, 노랗게 진탕 물들었다. 그 쉰 뱀골 모롱을 휘돌아 끝 논머리 샘물 옆에 비스듬한 초가집이 나른히 졸았다. 진외가 친척이고 마름이라는 아, 거기엔 목월의 시처럼 너무도 예뻐 애달픈 눈먼 소녀가 있었다. 귀가 웃자라버린 청맹과니였다. 문설주에 기대어 서있었다.

송홧가루 날리는 꿈결 아련한 한나절이었다.

꽃가루 공해니 알레르기니 나발 부는 까다로운 도시인들은 얄밉다 못해 미련스레 콱 쥐어박고픈, 풍류와 운치, 정서라곤 눈곱만치도 없었다. 메마른 가슴들이었다.

어머니가 은근 슬쩍 멍석을 펴고 그 위에 광목천을 깔아놓으면 아버지가 슬그머니 찍어오는 생솔가리를 쌓듯 늘어놓아 며칠 말렸다. 툭툭 털어 가득 안은 송홧가루를 받았다. 보드라운 체에 걸러 몇 됫박씩 장만했다. 꿀 버무린 송화다식거리였다.

오후 햇살이 따가웠다. 나른했다. 고요하다 못해 호젓했다. 졸음처럼 자꾸 잦아들었다.

멀리 한 줄기 바람소리가 아련히 들렸다. 산모롱을 돌아 감돌아 등성이 너머 산방 뒷산 솔밭을 한바탕 간질이고 산문으로 빠져나갔다. 노오란 송홧가루가 구름처럼 일어 온 골짜기를 온통 부옇게 뒤덮었다. 새들도 놀라 날아오르고 오수에 들었던 노루도 화들짝 놀라 재 너머 갔다.

이 생경스런 솔밭에 든 반지는 고개를 젖혀 팔을 벌린 채 맴을 돌았다. 노랗게 쏟아졌다. 허우적거렸다. 눈썹이 노랗다. 머리를 염색한 듯 했다. 송홧가루 날리는 오래, 아련한 꿈길이었다.

길섶에 민들레가 후 꽃씨를 띄워 보내는 하루.

청기와 끝 흰 구름 ____ 5, 19.

예쁘디예쁜, 곱디고운 맨드리를 자랑하다 문득 어느 날, 바람처럼 사라지면 나들이 나선 계절이 오고갈 뿐, 피고 지고 또 피었다가 말없이 지고 무심히 보내는 줄로만 알았다. 가슴엔 늘 고즈넉한 그리움이 고여있었다. 피워올리는 그 작은 몸짓들을 영원히 잊고 사는가, 아련히 떠오르는 기억으로 기다리는 해마다 다시 돌아와 피어나곤 했다.

꽃.

이 세상에서 가장 아름다운 것이 사랑이고 꽃이었다. 푸른 풀만 무성한 산야를 한번쯤 생각하면 참말 삭막했다. 고요한 호수에 가득한 물일 뿐 흰 돛배 하나쯤 띄워야할 서정이라곤 일지 않는 얼마나 메마를까. 체취를 내뿜어 향기로운 그래서 모두는 꽃을 좋아하는지도 모른다. 반지가 꽃을 무척 사랑했다. 길을 가다 난생 처음 보거나 좀 색다른 꽃을 발견하면 쪼르르 달려가서 뭐라고 조잘거렸다. 천진스레 뽀뽀도 해주고 볼도 보드랍게 비비며 귀여워 어쩌지 못했다.

길섶에 무진장으로 자라는 꿀풀이랑 질경이와 민들레, 제비꽃, 골짜기에 지천인 방아풀과 물가에 피는 개나리, 산에 피는 동백꽃과 진달래, 오래와 들에, 묵정밭에 지천으로 피는 개망초랑 숱한 꽃들은 자기 몸을 가꾸고 매만졌다. 영생을 그리는 씨앗을 얻기 위한 처절한 몸부림을 우리는 그저 고운 시처럼 알량하게 읊기만 했다. 달리아, 해바라기, 봉숭아 등은 대중적 아첨과 예쁜 인기 덕에 해마다 초대되는 꽃밭의 단골이었다. 한 송이 꽃으로 불러질 때까지의 수많은 날들을 오려 접었다.

화왕이라고 칭송하는 모란이나 장미는 참으로 화려하고 아름다웠다. 마치 범접이 어려운 귀부인의 자태였다. 남들이 우러러 보는 시선에 익숙한 꽃이 있는가 하면, 생긴 대로 수수한 그저 번식을 위한 남의 눈은 전혀 의식하지 않아 그 소박한 이름 하나 없는 꽃도 아름다운 자태쯤은 간직했다.

풍류를 즐기는 선비들과 마주 앉아 화답하며 고고한 기생의 절개를 빗질하는 난, 추운 눈발 속에서 피어도 결코 향기를 팔지 않는다는 설중매, 차디찬 서리의 회유와 박해에도 의지가 고상한 국화랑 통촉하라는 노정승의 저 꼿꼿한 충직이 칼날 같은 대, 그 매운 지조와 단심의 사군자도 있지만 늘 향기로운 맨드리 은장도 품은 듯 매운 단아한 꽃도 있다.

세상에는 정말 향기 그윽한 예쁜 꽃도 많고 흔했다.

광철이 아내가 참 예뻤다. 그녀는 꽃이 좋아 네거리 모퉁이에 아담한 꽃집을 열어 아기자기하게 꾸렸다. 광철이가 같이 근무하는 직장에 미인이라는 소리 곧잘 듣는 콧대 높은 아가씨에게 멋지게 청혼하려는 심산으로 무심코 눈앞에 띄는 새로운 꽃집에 들렀다. 하지만 그 꽃집 처녀를 본 순간 앞뒤 생각해 볼 겨를도 없이 한눈에 반해버렸다. 넋 나간 듯이 물끄러미 바라보다 문득, 이 세상에서 제일 아름다워 탐이 나는 여인에게 선물할 가장 예쁜 꽃을 다발이 아니라, 있는 대로 한아람 단아하게 묶어 달라고 넌지시 주문했다.

이 꽃을 받는 그 아가씨가 누군지는 몰라도 참 행복하겠다며 꽃집아가씨는 몹시 부러워했다. 정성스레 건네 받아든 꽃다발을 대뜸 그녀의 가슴에 덥석 안기면서 이 세상서 더없이 아름답고 예쁜 꽃은 그대이노라고.

맑은 술에 꽃잎 배 미풍에 띄우고 달님마저 두둥실 미향이 없으니, 어디 갔느뇨. 그대여.

아름답게 피는 꽃이지만 향기가 있어 꽃이었다.

저주와 증오를 거침없이 뿜어내는 악의 꽃이라고 격렬히 분노한 보들레르는 다만 질투의 화신일 뿐이었다. 얼토당토 않는 악의 꽃은 없다. 고뇌하는 연꽃이나 수련처럼 영혼이 맑디맑았다. 향기가 아니던가.

유난을 떨며 멀미를 일으키던 봄꽃이 벌써 씨방이 통통했다. 이어 나리, 패랭이꽃, 동자꽃, 초롱꽃 같은 여름꽃은 소문도 없이 그저 조용한 편이었다.

마당 꽃밭에 함박꽃나무라지만 그보다 더 익숙하게 부르는 산목련이 한창 피어올랐다. 탐이 날 만큼 잘 커 언제부터인가 보아두었던 나무였다. 산방 짓던 해에 파옮겨 심었고 마음 쏟아 가꾸었다. 수수꽃다리랑 은방울꽃을 좋아하는 반지처럼 내가 아끼는 꽃이었다. 잎이나 나무줄기가 어딘가 품위가 배었다. 범상치 않은 깔끔 단정했다. 어른들의 말씀처럼 개소리, 닭소리 들리지 않는 산속 깊은 곳에 숨은 듯이 자라는 고고한 천성을 휘감고 있는 자태였다. 안개 도는 골짜기 맑은 이슬로 몸단장했다. 다들 고개를 쳐들고 얼굴 내밀어 자랑하며 뽐냈다. 하지만 천성이 부끄러움이 많아서인가 고개를 살며시 숙여 조신했다. 눈이 부시도록 소복 단장을 즐겨 입었다.

여인의 체취가 상큼했다. 맵시가 한없이 고왔다. 도시인의 손길에 아양을 떠는 목련과의 비교조차 불쾌했다.

산목련.

푸른 먹 찍은 붓 끝으로 맺혀, 날다람쥐 들른 어느새 꽃망울은 하얗게 깐 마늘쪽인 듯 싶은, 아니 곱게 빚은 뽀얀 송편인 양 벙그는 가슴 감싸 여미다, 은은한 풍경 울린 지난 밤, 꽃잠 향기로운 치맛자락 날리는가, 수줍어, 수줍어 고개 숙였다.

하늘이 한 뼘 재 너머 호젓한 산사 청기와 끝 흰 구름이었다.

박새를 보내며 ____ 5, 22.

참으로 귀여운, 며칠 전부터 박새 새끼들이 부쩍 바깥나들이가 잦았다. 이 가지에서 저 가지로 아슬아슬 위태롭게 나는 연습을 했다. 먹이다툼도 치열했다. 정든 집을 떠나려는 낌새였다.

드디어 낮에 포릉포릉 어미랑 집 주위를 몇 바퀴 돌아 익히고는 이내 포르릉 숲속으로 날아갔다. 반지가 손을 흔들었다. 그 모습을 바라보는 눈이 서글퍼 보였다. 박새가 날아와 둥지를 틀 때 가슴 벅찼던 모과나무가 업은 박새집. 그 다섯 마리가 오롯이 모여있던 둥지 비비대던 온기마저 없어 휑했다. 정표로 남긴 깃털만 남아 쓸쓸했다.

집 뒤 처마에 딱새는 기별도 없이 날아갔고 다른 데에는 며칠 걸릴 같은 모습이었다. 오늘 두 번째로 무탈하게 새끼를 잘 쳐 우리 곁을 훌쩍 떠나갔다. 허전했다. 기껏해야 한낱 미물이지만 정이 들었다. 끝내 눈물 보이는 반지였다.

정신없이 나물을 하느라 바빴다. 하루쯤 쉬기로 했다. 나물 뜯느라 무심했던 밭을 돌아봤다. 감자잎이 이젠 숟가락잎만 해져 천천히 땅을 덮어나갔다. 초록 융단을 짜는 터였다. 가지런한 강낭이도 한 뼘 자라 잎들이 나풀거렸다. 더덕이랑 도라지, 마도 무섭게 어울렸다. 별로 더 마늘이 독이 올라 검푸르게 반들거렸다. 매운 냄새가 나는 듯 햇살을 있는대로 받아냈다.

그뿐 아니었다. 밭둑에 드문드문 심은 호박이랑 박순이 푸르다 못해 먹장이듯 약이 올랐다. 순을 쳤다. 반지가 기다리는 토마토, 참외와 수박순도 땅에 넙죽 엎드리기 시작했다. 덩굴손을 마련하는 걸 보면 본격 내 뻗을 참이었다. 한 스무 포기 남짓 심은 고추도 죽살치지 않고 땅냄새를 맡아 기운 차린 듯 파랗다.

해마다 서른 접 넘게 너끈히 따는 감도 망울지고 살구, 복숭아, 모과, 자두, 앵두, 열매도 두루두루 조롱조롱 매달려 젖을 물고 빠느라 눈길도 주지 않았다.

아내 무덤가에 심은 접시꽃, 푸른 매듭단추를 다는 양이 머지않아 다투어 필듯 기세가 완강했다. 길섶으로 심은 해바라기들이 가로수마냥 목을 뽑아 무성하게 자랐다. 밑에 채송화가 나 좀 보라고 산새소리 같은 애교였다.

반지랑 같이 밥 지어 먹고 사는 산방을 빙 둘러 짙푸른 녹음으로 우거져 덧칠하는 채색이 바빴다. 더운 땅기운이 서렸다. 풋풋한 풀향이 일었다. 마냥 쏟아지는 햇볕이 따가웠다. 곡식을 심어 가꾸어 보면 마음이 경건해졌다. 낟알 귀한 줄 저절로 알게 마련이었다. 소꿉장난 같은 농사지만 재미가 쏠쏠했다.

시내에 가자고 했더니 뜻밖이었다. 산문 밖을 나가고 싶지 않다고 했다. 금속성이나 조형적인 풍경이 싫고 왠지 점점 쫓기듯 여유 없는 삶에 어지럼증을 앓는다고 했다. 조금은 불편한 변방 생활에 익숙해져가는 반지였다.

새벽에 나가 어항을 건져왔다. 꾹저구(동사리)랑 버들개, 퉁가리가 우그르르 낮에 매운탕을 얼큰하게 끓였다. 매운탕, 추탕만큼은 자신했다. 올챙이배처럼 잔뜩 들이켰다. 더웠다. 훌러덩 웃통을 벗어젖혔다. 거실에 아무렇게나 뒹굴어 구들뼈를 졌다. 낮잠도 꼭 나의 팔을 당겨 베고 품에 안겨야만 콜콜 자는 반지였다.

환경의 지배를 받으면 어쩔 수 없는가. 더욱이 깍쟁이 서울 태생에다 햄버거나 피자맛에 듬뿍 빠지고 거울과 씨름하는 몸단장이랑 최신 유행을 좇는 의상을 걸쳤을, 여태 도시생활에 길들여졌던 습관을 어렵게 털어버렸다. 그 조잘거리던 욕심도 부려놓았다. 욕심을 달래면 세상은 참으로 아름다워 보였다. 마음이 비좁지 않고 호수처럼 편안했다.

반지랑 같이 단 하나 소박한 꿈은 있다. 가난해도 좋다. 예쁜 아이 낳아 알뜰히 살고 싶다. 반딧불처럼 작은 불 밝히고 싶고 산새처럼 지저귀고 싶어 노루 토끼처럼 뛰놀아 살고 싶다. 아름다운 시, 예쁜 글씨 나란히 쓰고 싶다. 그리하여 사랑스런 이름 석 자 해맑은 이슬에 헹구고 싶다. 체념이 아닌 초연해지고 싶다.

변방 산문 안 깊숙이 은둔이나 칩거한다 해서 단절은 아니었다. 스스럼없이 어울리는, 어디까지나 이웃이고 사회인이었다. 고단한 나그네가 지나다 들르면 기꺼이 맞아 샘물 떠주고, 식은 밥 한 덩이라도 나누어 욕심 내지 않고 조용히 살고 있을 뿐이었다. 살림은 나물과 약초를 캐 형편대로 꾸렸다. 문화라는 편리한 장치와 함정에 빠져 원시의 자연으로 돌아가지 못하는 현대인의 치명적인 고통을 치유하는 중이었다.

꼭두새벽 서실 묵천혈에서 우화를 꿈꾸던 반지가 폭포 앞에서 빨래를 했다. 편한 세탁기에 넣을 법도 한데 때가 잘 빠지게 펑펑 방망이질을 곧잘 해 빨랫줄에 널었다. 마음까지 시원하다고 했다.

삐이____, 삐이____.

호랑지빠귀가 종일 호젓하게 울었다.

모락모락 연기 피워올렸다. 쪼르르 텃밭에 들어 뜯어온 치마상추에 보리밥을 떠놓았다. 그 위에 뚝배기장이나 양념간장 발라 만두를 빚는가, 주머니마냥 오그려 싸 한입 가득 볼이 터지도록 밀어넣었다. 밥숟가락 위에 새콤한 국물이 잘박한 떡잎이 붙은 연한 열무김치를 척 얹어 한 입 가득 우벼 넣어 우적우적 씹어 먹었다. 반찬이라야 쫀득쫀득한 머위장아찌랑 더없이 신선한 흔한 산나물, 찬 냉수 한 그릇 쥐코밥상이었다.

천년 솔바람 ＿＿＿ 5, 24.

4월 스무날.

해마다 음력 4월 오늘은 강릉김씨 시조 주원공 할아버지 능향대제일이었다.

바쁘지 않는데도 일찍 서둘렀다. 왠지 괜히 설레는 마음이었다. 무쇠골에 오는 비는 비값에 못 든다는, 보광리로 힘차게 향했다. 호수를 껴안고 달리다 놓아두고 성산을 접어들어 좌측으로 꺾었다. 대관령을 오르다 다리를 건너기 직전, 반대로 우측 구불구불 감돌아들었다. 한창 모내기를 시작하느라 분주했다. 늘 뜸하던 산골길인데 사람들이랑 차량들이 꼬리에 꼬리를 물고 줄줄이 휘감아 따라왔다.

할아버지의 수많은 후손들이 전국에서 구름처럼 모여드는 날이었다. 아니 그보다 더 바다 건너에서도 온다는 사실에 정말 놀랐다. 그 광경을 새겨 보고 있노라면 가슴이 뭉클 벅찼다.

핏줄이 그렇게도 소중하고 무서운 것인가.

언제나 그렇지만 내 몸에 강릉김씨의 맑고 붉은 피가 힘차게 흘러 용솟음치고 있다는 거역할 수 없는 긍지가 불끈거려 참으로 자랑스러웠다. 30만을 매김하는 종중이었다. 저마다 내 종중을 감히 범접할 수 없는 아득한 신화를 만들어 식지 않는 자부심을 가지고 있어 뜨거웠다. 자라는 후손들에게 박동 거센 심장을 안겨주는 뜨거운 요람이고 등 푸른 전설이었다.

태종무열왕 김춘추의 손으로 내려오는 강릉김씨였다. 숱한 일화와 야담에 회자되는 다섯 살 신동 매월당 김시습, 천재 시인 이상 김해경 쯤은 알고 있지 않는가. 자랑이 아니었다. 뭐 그다지 자랑할 것도 아니지만 그래도 그만하면 으쓱할 만했다. 강릉 대토호족이었다. 흔히 강릉은 강릉김씨 때문에 될 것도 안 된다는 우스갯소리가 나돌았다. 다분히 세력이나 텃세를 뜻하는 흔하다는 우화적 표현이었다.

주차장에는 이미 만원 상태였다. 붐볐다. 겨우겨우 어찌 대고 능으로 올라갔다. 능형전 너른 뜰에는 응달을 만드는 현대식 차일을 빼곡히 쳐놓았다. 그 속에 참배객들이 가득 가득 모여앉아 담소를 즐겼다.

수천 평되는 능 경내는 경건하고 엄숙했다. 천년을 묵은 아름드리 고목이 빙 둘러서 있어 고풍스럽고 이끼 낀 석물들이 의연했다. 장중한 분위기에 압도된 듯 나의 손을 만지작거리는 반지였다.

"할아버지가 이 예쁜 반지가 온 줄 알까?"

"아무렴, 알고말고."

"그럼, 문안인사, 아니 알현해야지."

일러서 그런가, 참배객이 오르지 않았다. 모두 삼갈 뿐이었다. 우리는 개의치 않고 올라갔다. 옷깃을 여며 능 앞에 나란히 섰다. 예쁜 합장을 하고 사배를 올렸다. 골똘한 눈으로 오랜 세월에 마모된 비문을 곧잘 읽어 내려가는 반지였다. 고개를 끄덕이며 읽더니 쪼르르 능 앞으로 다가가 다시 엎드렸다.

"할아버지? 시조 할아버지."

들뜬 듯 아뢰기 시작했다.

"저 이름은 반지예요. 성은 은가, 은반지예요. 강릉김씨 39세손 김무열의 아내입니다. 김무열씨가 오대 독자예요. 할아버지, 저의 간절한 꿈 들어주세요. 소원 이루어주세요. 그리고 희망 간절히 채워주세요. 저에게 독자가 아닌 많은 아기 점지해 주세요. 민들레꽃씨처럼 사방으로 퍼져 나갔으면 하는 원이 제 작은 가슴에 가득 가득 찼어요. 터질 것 같아요. 할아버지, 우리 은씨도 이젠 사돈이잖아요. 반지가 진정 예쁘고 귀여우면 대가 끊긴 친정 은씨 가문도 돌봐주세요, 할아버지. 사랑해요."

천진스런 아이처럼 그렇게 종알거리곤 손을 들어 머리 위로 올렸다. 심장을 흉내냈다. 그리곤 나에게 달려와 나란히 전경을 바라보았다.

삼왕능산(三旺陵山).

경파지국(庚破之局)의 좌단지(左短指)라, 왼 엄지 위 웅혈에 할아버지의 천년 능소, 우거찬 송림이 청청한 나머지 네 손가락이 빙 둘러 에워싼 대단한 명당이라 했다. 대관령 산자락이 모두 동해로 뻗어내려 산소 거의가 해원을 향해 미끄러져 활강 내달리지만, 따라 힘차게 잠수하는 듯하다, 돌연 굽이쳐 고개를 완강하게 틀어 대관령을 치솟아오르는 용의 혈기, 필히 제왕을 꿈꾸는 모반의 피가 흐른다는 향담을 심심찮게 듣곤 했다.

그렇다. 요즈음 세상이, 세상이 아니었다. 질식하는 세상이었다. 강호가 콩죽 끓듯 어중이 떠중이가 여기저기 발호하고 패악이 천지를 횡행하는 난마로 뒤엉킨 시국에 감히 뒤엎어야할 정혁, 아니면 개벽이 이미 진작 있어야 했다. 미쳐가는 세상, 이대로는 절대 안 될 일이었다. 초인이 없다면 부패한 저들이 침 튀겨 말하는 역적, 역당이라도 우리 문중에서 한 번쯤 울분을 떨쳐 포효했으면 좋겠다. 구더기 무서워 장 못 담글 졸문이 아닌바, 멸문 겁날 것도 없다. 두 번 죽는 것도 아닌, 일을 치는 자 또 일치기 마련이었다. 줄기차게 도모하고 싶은, 역사는 이론이 아닌 행동이고 그 기록이 아닌가.

그저 회룡고조지(會龍顧祖地)라는 샌님 같은 소리 답답했다.

김문이여.

권토중래를 도모하고 있는가.

북진을 주도하고 있는가.

잃어버린 고토 아득한, 내처 북벌을 염두에 두고 있는가.

천하를, 나아가 화성 침공도 꿈꾸고 있는가.

떨쳐 일어서라. 위대한 김문이여.

실패하는 역당이 그렇게도 두려운가, 병신들이여.

태산 같은 배짱 위대한 모반을 도모하라.

신라 김씨 알지의 21세손 강릉 김씨 시조 주원(周元) 할아버지. 태종무열왕의 6세손이었다. 불운하여 왕위에 즉위하지 못한 할아버지는 외가인 강릉에 와 터를 잡았다. 관향을 강릉으로 분파했다. 김씨 중에서도 첫 분파이기도 하지만 우리나라에서 첫 분파의 효시라고도 했다.

"어, 강김(江金)이야?"

"항렬은?"

"파는?"

여태 막역하게 그냥 알고 지냈던 친구가 같은 한 할아버지의 손이라는 데에 핏줄의 뿌듯함을 느끼는 순간들이었다.

제례음악이 흐르며 식이 거행되었다. 장관과 국회의원, 지사가 오고 시장이 와 조금은 지루했다. 천명을 넘나드는 종중 참배객의 염원을 보았다. 언제부터인가 끈질기게 기다렸다. 접어 오리는 꿈이었다. 등불 같은 희망이요, 나아가 누리에 들끓는 거침없는 야망이었다. 가슴마다 간직한 불씨가 활활 타올랐다. 샘솟아 가득 피어오르는 원대한 꿈이었다. 푸른 서슬이었다. 땅 속 깊이 울려퍼지는 공명을 가슴에 담았다.

마치 콩나물시루에 가득 차오르는 푸르른 기운, 물을 흠뻑 뿌려주고 싶은 풍경이었다.

천년의 솔바람이 일었다.

여백 _____ 5, 27.

날이 한동안 더웠다. 조금은 가문다 싶었는데 밤을 뒤척일 때쯤 기도처럼 비가 내렸다. 시 한 편을 오려 접으려 앉은 창가를 두드렸다. 고즈넉했다. 대뜰의 벌통도 깊은 잠에 빠져들었다.

옷깃을 열었다. 가슴이 메말라 까칠했다. 빗방울이 떨어졌다. 촉촉하게 젖어들었다. 이내 고였다. 차올랐다. 퐁퐁 빗방울소리가 났다. 동그란 파문이 일었다. 울렸다. 손을 맞잡고 율동이 이는 화음을 냈다. 천진스런 합창이었다. 공명이 쟁그러웠다. 가득 찼다. 쏟아냈다. 다시 퐁퐁 우르르 몰려들었다. 텅 빈 가슴에 다시 고이는 빗방울. 오로롱 조로롱 굴러다녔다. 숲속의 요정들이었다. 건반을 딛고 다녔다.

저 투명한 요정에게 옷을 입혀주고 싶었다. 노란 물감을 떨어뜨렸다. 솜털 병아리 세상 삐약삐약 조로롱 몰려들었다. 따뜻한 개나리 숲이었다. 쏟아내고 빨간 물감을 알맞게 풀었다. 활력이 넘쳐 주체를 못했다. 울컥울컥 높은 건반을 쾅쾅 밟는 정열적이지만 자칫 충돌할까 거칠어 무서웠다. 순하고 심장이 약한 요정이 아우성이었다. 얼른 하얀 물감을 물들여 휘저었다. 백조의 넋이 어리는 더없이 깨끗한 순백, 그 맨드리였다. 고요는 즐겨도 무의미한 금방 시들해져 영혼이 없었다. 끝내 창백했다. 고독을 즐기는 갈색 물감을 떨어뜨렸다. 우수에 젖는 감성으로 깊은 사색에 젖어 아예 오지도 않았다. 잔잔한 왈츠에 나에게 시선을 거두는 요정이었다. 감춰두었던 초록 물감을 은근 슬쩍 담아주었다. 용케 냄새를 맡고 넘어지며 달려드는 환희에 찬 빗방울 그 요정들. 우르르, 우르르 가득 차도록 모여들어 캉캉 춤을 신나게 추었다. 캉캉캉 즐거운 열정이었다. 사뭇 숨을 몰아쉬는 마냥 파란 얼굴이었다. 정신없이 몇 번이나 번갈아 추다 시간이 되었다며 다음을 약속, 저마다 산으로 숲으로 날아가버렸다.

막이 내렸다.

지켜보던 고요가 몰려들었다. 피곤했다. 심연 깊숙이 빠져들어 또아리 틀었다. 이내 고른 숨으로 망각을 안고 잠이 들었다.

하얀 원고지 위에는 여태 한 줄도 긋지 못한 쪽빛 가슴이 메말라 둔감한 만년필이 고뇌하다 쓰러졌다. 함정으로 도사리고 있는 원고지의 음험한 칸들이었다. 완강히 거부하는 여백이었다. 밤마다 캉캉캉 춤을 추는 푸른 요정들의 무도장이었으면 좋으련만.

비는 하염없었다.

날 새면 지난밤 초록 요정들과 캉캉춤을 춘 감자밭에도, 강냉이밭에도, 오래에 나가 봐야겠다.

꾸욱, 메아리 동자승도 불러내야겠다.

분봉 _____ 5, 29.

갈수록 날이 달아오르고 골골마다 가득 하얀 아카시꽃들이 한창 피어 밀향을 내뿜었다. 때를 기다린 벌들이 신이 나 분주했다. 아침에 일어나면 산방은 쉼 없이 역사하는 꿀벌로 어지러웠다. 윙윙거리는 소리로 가득했다. 다리마다 몸통마다 부연 꽃가루를 무거운 듯 통통하게 달고 모여들었다. 정신이 없었다. 행여 쏘일까 아직도 몸을 움츠리는 반지였다.

분봉 시기였다.

지금은 사람들이 약아서 미리미리 대비를 잘 하지만 예전엔 그러지 않았다. 새끼가 날 때쯤이면 집 주위에서 어정거리며 일을 했다. 그러다 누군가가 벌이 나왔다고 고변을 하면 하던 일을 팽개치고 달려와 받곤 했다. 다행히 손쉬운 낮은 나무나 용이한 곳에 붙으면 수월했다. 하지만 어떤 해는 거북바위 곁 거대한 상수리나무 상상꼭대기에 치붙어 아버지가 까마득히 올라가 벌을 몰아 받아 내리느라 가슴 조이기도 했다. 덮개 뚜껑에다 뒤룽뒤룽 매달려있는 벌들을 쑥비로 조심스레 쓸어 모으는 풍경은 참으로 진지했지만 조마조마했다.

벌이 언제쯤 날것인가를 미리 가름 기다렸다. 그리고 벌통 부근 나무가지에 굴피를 뚜껑처럼 만들어 줄을 매 여기저기 나무에 매달아 놓았다. 재수가 좋아 다행히 벌이 붙으면 조심조심 끌어내려 벌통에 털어넣으면 되었다. 올해도 한 열 군 데 매달아 기다리는 터였다.

벌통에 귀 기울였다. 마당을 깔은 서재 창 앞 대뜰에 있는 벌통이 소란스러웠다. 심상찮았다. 치성바위의 벌통도 마찬가지였다. 뒤란에 있는 벌통은 조용했다. 얼른 가까이 있는 집소반(集巢盤)에 서너 군데 꿀을 묻혔다. 아마 벌이 살림날 것 같은 강력한 징후였다. 벌이 소란스러운 것도 낌새지만 반지 온몸에 벌이 새까맣게 달라붙어 소스라쳐 놀랐다는 반지의 꿈이야기가 뇌리를 쇠뇌시켰다.

대뜰에 있는 통의 벌이 한참 분주히 쏟아져나와 낮놀이하듯 공중으로 새까맣게 날아다녔다. 여왕벌이 나왔는가, 새참 때 드디어 내몰리기 시작했다. 참호에서 맹렬히 뿜어져나오는 마치 기관총 쏘듯, 발칸포 쏘듯 벌들이 곡선을 그렸다. 하늘을 뒤덮었다. 문득 미래의 우주전쟁 같다는 느낌이었다.

그물망 모자를 쓴 반지는 놀란 토끼처럼 불안한 얼굴로 움츠린 채 가만히 지켜보았다.

조마조마해 살피는데 꿀 바른 집소반에 벌이 붙었다. 다른 데 붙으면 고생 좀 하겠다 싶었다. 천만다행 주먹을 불끈 쥐며 쾌재를 불렀다. 벌이 엉겨붙었다. 떨어질듯 디룽디룽 매달려 장관이었다. 어느 정도쯤 끈을 늦춰 집소반을 내려 뚜껑을 잡았다. 쑥비로 벌을 헤쳐 왕벌을 확인했다. 조심하면서도 마당가 매화 고목이 있는 옆 둥근

바위로 빙 둘러 세워둔 새 벌통으로 얼른 몰아 앉혔다. 휴 한숨이 나왔다. 옷이 땀에 젖어있었다.

분봉하는 광경을 처음 보는 반지가 그물망을 벗으며 가만히 다가와 껴안았다. 이내 내 목을 깍지 끼곤 뽀뽀를 선물했다. 벌을 주무르는 양이 기특하고 대견스러웠던 모양이었다.

벌처럼 조직화되고 일사불란한 사회도 없었다. 여왕을 중심으로 똘똘 뭉쳐있었다. 그렇다고 강압이 아니었다. 천연덕스레 소통이 잘 되었다.

이 세상을 지배 향유한다는 인간은 어떤가. 속된 말로 개판 오분 전이었다. 서로 믿지 못하고 속이고 마주쳐 싸우고 심지어 나랏님을 저격 시해까지 하는 명분 없는 모반의 세상이 아닌가. 도덕과 양심이 말라버린 황량한 아비규환이었다. 하여 우리는 허황되게 초인을 바라고 개벽을 원하는지도 모를 꿈이었다.

벌이 또 하늘을 날기 시작했다. 집 뒤 비탈 치성바위 벌통서 분봉이었다. 야속하게도 세 개의 집소반을 마다하고 박달나무가지에 내붙었다. 키 네 길도 넘는 높이였다. 전봇대처럼 매끄러운 나무였다. 그 전공처럼, 원숭이인 양 나무를 탔다. 용케 발을 가지에 디뎌 버티면서 벌을 천천히 쓰다듬어 집소반으로 몰아붙였다. 세력이 막강한 강군이었다. 손끝이 묵직했다. 신호하고 집소반을 가만히 놓았다. 디룽디룽 겨우 매달려있었다. 가지에 걸친 줄을 조금 떨어져서 잡고 있는 반지였다. 내려가 흔들리는 집소반을 마침내 잡았다. 다리가 후들후들 떨렸다. 아슬아슬했다.

"봉두군 전하. 감축드리옵니다."

내내 가슴 졸이다 안도의 숨을 쉬며 박수를 치는 반지였다.

"중전, 가을에 꿀 마음 놓고 실컷 자셔도 좋소."

"각골난망 황공무지로소이다, 전하."

즉흥 연극, 기분이 썩 괜찮았다.

아까 받았던 새 벌통 옆에 또 하나 나란히 털어넣었다. 물끄러미 바라보았다. 따로 살림난 벌들의 이착륙이 왕성했다. 네 통인데 두 통은 들고 며칠 뒤 다 채워지면 분봉은 끝이었다.

길 옆 비탈로 조팝꽃이 흐드러지게 피고 온통 아카시아 내음이 골짜기를 뒤덮었다.

산방설화 6월 일기.

동자승의 우산 ____ 6, 1.

산촌에 녹음은 뭉게뭉게 피어 완연히 어우러졌다. 싱그러운 자태가 물씬물씬 묻어났다. 점점 높이 올라가야하는 깊은 산에 나물이 한창 자라는 채취 시기였다. 절정이었다. 이제는 아무 골짜기로 들어가도 숱했다. 한 몇 해를 노루마냥 산을 더듬었던지라, 어느 골 어디쯤 무엇이 있고, 어느 산 어디쯤 무엇이 나는 것을 눈 감고도 훤히 알았다.

흔히 개당귀라고 알려진 독초 지리강활을 며칠 즐겨 뜯었다. 살짝 데쳐 물에 한 이틀쯤 우려내면 대접받는 일미였다. 청채는 안 되고 말린 나물로 판매하면 쏠쏠했다. 모두 뜯지 않기 때문에 지천이었다. 좀 안다고 건방을 떠는 듯 자칭 전문가였다.

어제 오후엔 도랑가나 둑, 습한 비탈로 다니며 흔한 머위순을 찾아 나섰다. 두 짐이나 베어두었다.

더러는 나물을 채취해 삶을 꾸려갈 수 있을까, 우습게 보기도 했다. 말인 즉 그렇다. 그만한 풍채에 참말 어울리지 않는 그림이라 했다. 상관 않았다. 무작정 푸르른 자연이 좋은 데야 어쩌랴. 그 속에 들어가 장난기 많은 아이처럼 뒹굴면 그만이었다. 참으로 고르지도 못하고 구더기 들끓는 더러운 속세의 이꼴 저꼴 안 보고 사는 산방이 십상이었다.

참말로 꼴같잖은 지식인인 체, 교수도 아니면서 교수 행세하는 좀 거들먹거리는 영준이는 은둔이라던가, 칩거라는 단어를 들먹이며 시골에 들어와 사는 나를 몹시 경멸했다. 고고한 척, 잘난 척한다는 것이다. 다만 도피의 위장이라고 심히 헐뜯었다. 그렇게 함부로 욕할 수 있는 출중한 자가 왜 제자의 논문을 표절, 도용한 그 더러운 얼룩을 씻지 못하는지. 보태 성추문은 액세서리인가.

하지만 그는 명색이 교수고 나는 나물꾼. 늘 모자라기에 나는 지식인 축에 애초 들지도 못한다. 다만 한해에 150 권 이상 독서를 즐기는 책벌레일 뿐이었다. 생리상 젤 싫어하는 비겁한 도피가 아닌, 남한테 피해 안 주는 조그만 노동으로 소박한 뚝심을 가꾸는 의젓한 귀향일 뿐이었다. 어쩌다 곧잘 멋도 부리는 글을 쓸 수 있어 안성맞춤이었다. 다행이었다.

오늘도 다락밭 맨 아래 지질펀펀한 자락에 아무렇게 잘 자라는 머위밭에 갔다. 생전에 아버지가 꽤나 아끼던 소중한 나물이었다. 들로, 물가에 있는 머위를 일부러 파다 빼곡히 심기도 했다. 밭이라 할 만큼 넓었다. 빈틈없이 꽉 들어차 마치 밀림마냥 무성했다. 엉덩이까지 차오르는 넓은 잎 때문에 소나기 쏟아지면 흡사 동자승이 뽑아 쓰는 우산 같기도 하고, 재빨리 피하는 청개구리 차일 같기도 했다.

쭉쭉 뻗어오른 잎줄기가 희멀겋다. 조심해 다루어야할 만큼 연하고 부드러웠다. 달려들어 베어냈다. 반지는 손에 검은 물이 들까 아예 장갑을 끼고, 숫제 자리를 쭉 깔고 태평스레 앉아 흥얼거리며 칼로 잎을 쳐냈다. 꼼지락거렸다. 흡사 가락엿이었다. 바지게에다 수북이 두 짐을 져 날랐다.

마지막 한 짐 턱 남은 것을 마저 지러 왔을 때, 칭얼거렸다. 둑에 있는 뽕나무의 오디가 새카맣게 매달려 익은 것을 따 달라고 성화였다. 한창 누에를 칠 적엔 뽕나무가 꽤 많았는데 다 베내고 이젠 돌보지도 않는 한 그루인가 두 그루 밖에 없었다. 아이 두 셋 낳은 어미의 젖꼭지와 흡사했다. 가지를 휘어 한 움큼씩 따주면 한입 가득 넣곤 달콤해 진저리쳤다. 어쩜 무슨 주둥이라더니, 입술이며 이, 혓바닥이 마련없이 시퍼렇게 멍이 들었다. 히쓱 웃기는 왜 그리 헤픈지, 영락없는 바보였고 영구였다.

도랑가에 걸어놓은 큰 양은솥에 불을 지폈다. 물이 펄펄 끓었다. 적당히 집어넣었다. 김이 한 차례 신나게 오르고 뜸들이다 또 한 차례 슬쩍 데쳐냈다. 데치는 족족 옆에 단단한 시렁을 만들고 그 위로 깔아놓은 발처럼 엮은 싸리채반에다 나란히 골고루 폈다. 데치고 널어 펴기를 여러 번 거듭했다.

지금도 그렇지만 옛날에는 머위 줄기 껍질을 벗겨내느라 귀찮았고 분주스러웠다. 우리는 그대로 박았다. 나중에 먹어보면 질기지도 않았다.

자형이 편식하는 아이처럼 쓴 머위쌈이나 고소한 볶음, 머위장아찌를 워낙 좋아하기 때문에 해마다 누나가 왔다. 오늘은 집안에 피치 못할 사정이 있어 좀 늦는다는 기별이었다. 우리가 장아찌 박을 양만큼, 누나가 박을 양만큼 충분히, 그리고 몇 끼 먹을 반찬 정도 데쳐냈다. 한 이틀 간 적당히 말렸다가 실로 묶어 따로 장만한 고추장독에 깊숙이 박으면 되었다. 그러다 오랜 동안 잊은 듯 무심히 지내다 어느 날 문득 꺼내 먹으면 별미였다.

나머지 데치는 모두는 곧바로 월순네가 가져가는 몫이었다.

점심 전에 누나가 왔다.

"영준이 얘기 들었니?"

"무슨?"

"재임용에서 탈락했대. 연구논문도 제출 못했고 또 추문."

"어찌 잠잠하다 했는데 제 버릇 개 주나. 재심 요청하며 돈가방이 오가겠구만."

"처가 이혼소송을 제기했단다."

"갈 수록 태산이네."

거품 같은 욕망과 분수의 무지였다.

문득 풀잎에 매달린 이슬이 생각났다. 수풀 속 옹달샘이 생각났다. 늘 맑고 해맑았다. 그리고 작은 이름 없는 꽃을 떠올렸다. 향이 은은했다. 씨라는 단어를 곱씹으며 동그라미가 예쁘다 느꼈다.

늦봄 초여름이었다. 소나기 내리면 청개구리가 다급히 머위 잎에 올라 청아한 기별 토하는 계절이었다.

못밥 _____ 6, 2.

심어주게, 심어주게, 심어주게. 원앙의 줄모를 심어주게.
원앙의 줄모를 못 심거든 오종종 줄모를 심어주게.

써레질로 잘 다스린 논에 엎드려 모내기하는 농부들은 슬슬 뒷걸음치기 시작했다. 목청 좋은 누군가 오독때기의 운을 떼면 너도 나도 이어 불러젖혔다. 텁텁한 막걸리 같은 컬컬한 목청이 구성지게 퍼져 마을로, 산기슭으로 굽이쳐나갔다. 이모방극이었다.

이제는 다만 간직한 아련한 추억이고 현대판 농가월령가일 뿐 어릴 때 풍경이었다.

부연동 승돈이가 모내기를 한다는 소식이었다. 와서 심부름도 좀 해달라고 했다. 말이 심부름이지 못밥 먹으러 오라는 기별이었다. 망설일 이유 없이 기꺼이 가마고 했다. 한 이십 년쯤 되는 그 이전 옛날 모내기 음식을 그대로 장만한다는 얘기였다. 남들이야 그까짓 못밥이 무슨 대수이냐고 하겠지만 그리운 듯 아득한 향수가 냅다 일었다. 특히 새댁도 반드시 같이 오라는 소리에 못밥이 무언지도 모르면서 설레는 우리집 재롱둥이였다. 특별히 생각해서 하는 초대 얼마나 고마운가.

부지런한 신농씨의 열 마지기 기름진 문전옥답이었다. 일꾼이라야 논머리 양쪽에 모판을 날라다 놓는 달식이 아버지 혼자 거들뿐이었다. 거기에다 생각지도 않았던 나, 승돈이와 친구 사이인 면장이 머슴꾼처럼 그럴듯하게 옷을 무릎까지 걷어올리고 어정거렸다. 우리는 마치 거미 같은, 흡사 게 같은 이앙기가 미치지 못하는 구석이나 논둑가로 백로처럼 엉거주춤 서서 어설프게 심었다. 땜질이었다. 면장과 나는 모내기를 할 줄 모른다는 동지 의식에 개잘량 깔고 앉듯 마음이 편했다.

밭둑에 오디가 새카맣게 익어갈 때쯤 모내기가 한창이었다. 누에치는 아낙네들이 뽕보따리를 덩그렇게 목까지 눌러, 눌러 이고 종종 걸음쳐 바삐 오가는, 단오가 성큼 다가와 경사진 밭에 감자순이 브로치를 만드느라 골몰했다.

논이 없는 아버지는 보름 가까이 부연동서 모내기를 울력했다. 모꾼들이 식전에 뜨끈한 국수와 막걸리로 속을 덥힌 뒤 담배를 꼬나물었다. 바짓가랑이를 치걷어올리고 못자리판에 뛰어들어 모를 버쩍버쩍 잡아당겨 떠 모춤을 소댕짝만하게 척척 묶어냈다.

부연동의 논들은 고래실이 아니기 때문에 그 징그러운 거머리가 없어 다행이었다. 경포 외갓집 논에는 거머리가 온통 득시글득시글했다. 어쩌면 양식장이었다. 잠깐 사이 장딴지에 새카맣게 달라붙어 피를 빨아먹었다. 해서 모꾼들은 스타킹 두세 켤레를 신고 논에 들었다.

널브러진 논벌 경포에서 가난한 산골로 시집온 어머니는 이따금 잠꼬대처럼 못밥이 먹고 싶다고 했다. 외갓집 모내기하는 날엔 아버지랑 같이 다녀오기도 했다. 깊은 체념 속에 푸념하던 기억이, 지금은 왜 예리한 가시가 되어 여린 가슴에 박히는지. 어쩌면 유배처럼 살았던 어머니였다.

지금은 이앙기로 심기 때문에 그 옛날 정감어린 그런 모습은 볼 수 없었다. 안타깝고 허전했다. 촉촉한 정서가 없었다. 논둑에 드문드문 모판을 갖다놓는 것 밖에는 구석으로 손모를 심는 일이 고작이었다. 몇 포기 꽂고 허리 편다는 핑계로 나와 구경 온 동네 어른들과 노상 대작이었다.

뜻밖의 사고로 하반신을 못 쓰는 곧 칠십이 되는 승돈이 만형수도 휠체어를 타고 나와 그윽이 바라보는 풍경에 환한 얼굴이었다.

어영부영 때가 되었다. 시원한 감나무 그늘에는 멍석 여러 잎을 내어다 깔아 그 위에 벌써 점심상을 가득 차려놓았다. 어머니가 그토록 먹고 싶어했던 추억의 못밥이었다. 얼마 만에 보는 못밥이고 얼마 만에 먹는 못밥인가. 밥을 지은 가마에 삶은 강낭콩이나 팥을 다문다문 섞은 그냥, 그냥 간단한 못밥. 그 옛날엔 주토를 칠해 벌건 두가리에 멍덕수덕 담았다. 미역국과 때마침 나는 귀한 산나물 누룩치 무침, 산도라지 자반, 끈이 죽죽 달리는 알 가진 꽁치 토막, 누덕나물이거나 튀각이었지만 참으로 맛이 있었다.

논 한 평 없던 봉춘이 모친이 마지막 임종 때 못밥 먹고 싶다는 서글픈 유언을 남겼다는 말에, 모두는 지지리도 어려웠던 그 옛날을 회상했다.

불편한 승돈이 형수가 못밥이 먹고 싶다고 하여, 그래 예 추억을 생각 형수를 위로하려고 준비했다는 변이었다. 어머니나 다름없는 분이라며 내 죽기 전에는 어찌 잊을 수 있느냐고 울먹였다. 승돈이를 낳다 절명한 어머니였다. 삼촌, 조카가 한 달 차이라, 내 낳은 자식보다 시아주비인 승돈에게 먼저 젖을 물렸다는 사실을 동네가 먼저 안다고, 끝내 붙들고 울었다. 어머니를 죽게 한 살모사 같은 놈이라고 늘 자신을 저주하며 산다고, 여태 한번도 불러보지 못한 어머니라고 불러 울부짖었다. 숙연했다.

일꾼보다 객이 더 많았다. 이웃댁과 어른들, 지나든 우체부도 불러들여 먹였다. 모두 즐겨 반기는 얼굴들이었다. 배가 부른 것보다 마음이 더 풍성했다.

돌아오는 길에 승돈이 처가 싸 준 보따리를 헤쳤다.

"어머, 누룽지네."

꼬드득, 꼬드득 잘도 씹었다. 밥을 푼 가마 바닥으로 붙은 누룽지에다 칼로 바둑판처럼 그어 뚜껑을 덮고 불을 살짝 지피니, 누룽지가 저절로 일어나더라는 것이었다. 꽤나 신기한 볼거리였다고 했다. 못밥을 배불리 먹은 뒤 후식 같은 구수한 잔정이 담긴 누룽지였다. 속삭이듯 바삭바삭했다. 노릇노릇 맛깔스레 구워졌다.

못밥.

나에겐 지울 수 없는 추억이고 향수지만 가난했던 어머니에겐 한 서린 서글픔이었다. 울컥 목이 메었다.

산방엽신 _____ 6, 3.

스님 오라비는 절대 멀리 안 갈뿐더러 믿음이 없으면 죽어도 동행하지 않는 천하의 황우 고집이었다. 누구도 안 믿는데 나는 의심하지 않았다. 용화산 높은 비탈을 타고 골짜기를 넘었다. 키 큰 나무가 별반 드물어 파란 하늘이 머리 위에 맴돌았다. 관목 같은 낮은 나무들 숲이었다.

그런 곳에 곤드래가 지천이었다. 군락이 아니라 드문드문 계속 내밀렸다. 느긋한 마음으로 뜯었다. 보퉁이로 가득 싸 자그마치 커다란 네 보퉁이씩 나누었다. 낑낑거리며 날라 조랑말에 싣고 풀밭에 벌렁 드러누웠다. 맥이 났다. 해마다 한 사나흘 애를 썼다.

"우리 법당에 박새가 새끼를 깠어."

"그래요? 몇 마리?"

"네 마리 다."

몹시 궁금했다. 가보자 채근하여 서둘러 정토사로 내려왔다. 여전히 법당 문은 활짝 열어젖힌 채였다. 부처님이 가부좌를 틀고 깊은 명상에 들었다. 향불도 피우지 않은지 퍽이나 오래된 것 같았다. 걸러지고 걸러진 고요가 멸했다.

포르릉, 고 작은 박새가 먹이를 한 입 물고 법당 상 위에 있는 목탁에 앉았다. 이내 그 구멍 속에서 새끼들이 노란 입을 찢어질듯 벌려 떨었다. 입안이 온통 새빨간 목구멍 깊숙이 넣어주는 어미는 잠깐 나래를 쉬느라 새끼를 요리조리 살폈다. 갸우뚱갸우뚱 부처님을 바라보다 먹이를 잔뜩 문 짝꿍 박새가 날아오자 포릉포릉 반기다 나갔다.

참으로 맹랑한, 도저히 믿기지 않는 풍경이었다.

초파일 얼마 뒤였다. 한낮에 웬 박새가 법당 안을 기웃거린다 싶었다. 하지만 어느새 벌써 상 위에 놓여있는 큰 목탁 구멍에 둥지를 틀고 있었다. 집 지을 곳이야 하 많을텐데 숱한 곳을 마다하고 하필이면 좁아빠진 목탁 속일까, 차마 내쫓을 수 없었다고 했다. 부처님의 자비로 여겨 할 수 없이 여태 문을 열어놓았다.

인간과 가장 가까이 지내는 새야 처마 밑 제비와 참새였다. 그밖에 오래를 돌아치는 박새, 딱새였다. 뉘 집 선반에 둥지를 틀고 새끼를 쳐갔다거나 걸어둔 뒤웅박 안에 깃을 틀었다는 깜찍한 소문을 심심찮게 듣긴 했다.

기다림에 지친 듯 궁금해 얼마 전 무심코 들여다보니 점이 가뭇가뭇 박힌 붉은 빛이 감도는 알 네 개가 오롯이 숨을 쉬고 있었고, 엊그제 갓 깨어났다는 전갈이었다.

비구니 스님이 더없이 기꺼워하는 눈치였다. 뺨이 발그레 상기되어 화사했다. 숨어 보살피느라 아주 골몰에 빠져버렸다. 숱한, 그리고 번듯한 절도 수두룩한데 초라하기 그지없는 용화산 기슭 정토사 법당에 맴도는 경사였다. 파문 다독이는 설렘이었다.

주둥이에 벌레 가득 문 어미가 또 날아왔다. 일제히 입을 벌리는 눈도 못 뜨는 새끼들. 잘도 받아먹고 하얀 배설을 하려 궁둥이를 내밀자 어미가 날름 받아 물고 잽싸게 날아갔다. 믿음일까, 사람도 무서워하지 않는 영리한 박새였다.

암만 생각해도 얄궂은, 이 얼마나 아름다운 모습인가.

한 치의 양보도 없는 살벌한 삶속에서 공생이라는 단어를 캐내 매만지게 했다. 개미와 진딧물같이, 악어와 악어새같이, 여기 목탁 속의 새 둥지처럼 세상은 잠시 훈훈했다.

최상의 정점에 군림하는 인간들은 서로를 원수처럼 배척했다. 포옹은커녕 오락인 듯 타격의 싸움과 피비린내 나는 전쟁을 일으켰다. 말살이 주목적이었다.

흰둥이와 검둥이의 반목, 동양과 서양, 남과 북의 끝없는 충돌, 쪽발이와 반도인의 견원지간, 종족간의 살육, 경상도와 전라도의 앙숙, 앞 뒷집간의 불언, 형제간의 의절. 친구간의 불신, 가진 놈의 행패와 없는 자의 증오가 뒤엉켜 극단으로, 극단으로만 치닿는 험악한 세상에 지푸라기 같은 욕심 놓아두고, 갈라 쥔 끈을 놓을 수는 없는지.

오랜만에 아름답고 신나는『산방엽신』을 보냈다.

낚시를 떠났더군
입질 쏠쏠타는 기별 풍문으로 듣는다네
어탁이 어디 그리 쉬운 일이던가
부디 도성 장강에 대어를 낚으이

나야 뭐 늘 산방 유충일러니
청개구리 이웃한 개똥벌레 지천에
시절이 갓 초여름
순한 아내 몰고 나물 뜯으러 청산에 든다네

세상을 좀 아는가
굽이 감돌아 반 십 리 끝자락 용화산
굴피 암자 법당 목탁에
웬 작은 새가 둥지 틀어 새끼를 친다네
참으로 아리따운 풍경이거늘

오로롱 조로롱
은방울꽃 이슬 떨어지는 소리에
베잠방이 다 젖어
돌다리 건너오는 아침 나들이일세

베적삼과 잠방이 ____ 6, 4.

산문 나가는 길섶에 지천인 찔레꽃이 하얀 눈처럼 날리고 있어. 해마다 그리워 못 잊는 이맘때면 시린 소복으로 돌아와 진토된 넋에 가슴대고 귀 기울이는 애달픈 여인 같은 찔레꽃.

반지야.

털북숭이 화가가 초록 물감을 쏟아부어 수채화를 그리느라 불러도 대답이 없어. 어디쯤 풀잎에 튀어 오르는 청개구리를 그려넣는 계절이 성큼 다가온 여름이야. 갓 끝난 부연동의 모내기로 목구멍인 듯 물꼬마다 막걸리마냥 따르는 물 넘어가는 소리가 돌돌 거려 쟁그랍게 들리는 듯하다.

풀밭에 쇠뜨기 한바탕 푸르게 휩쓸고 간 뒤, 둑이나 길섶에 지천으로 피어나는 자줏빛 꿀풀이랑 불 끈 대낮이어서 흰 초롱꽃, 노란 애기똥풀, 밭가에 가득한 노란 씀바귀꽃, 분홍 메꽃이랑 하얀 노란 인동꽃 덤불, 마냥 지천인 쑥들, 식초보다 더 시어빠진 괭이밥, 털북숭이 화가의 물감을 훔치듯 대담하게 찍어 바르고 있어.

연화교 건너 산천에는 무슨 사연이 그리워 먹을 잔뜩 찍은 붓꽃이랑 경포 처녀가 숫총각 따라 절골로 시집오던 날, 꼬불꼬불 산모롱 돌 때마다 빠꼼히 내다보는 싸리꽃이 한창 피더라는 시절, 칡순이 고개를 쳐들고 어디론가 기어가고 있어. 저만치 산나리가 붉어.

반지야.

내 어머니처럼 사월 초하루 무열의 등에 업혀 산방 들어 꽃잠 향기롭던 날이 엊그제인 듯싶은데 어느새 유월이야. 내가 아버지처럼 반지도 어머니의 그 길을 걷는가봐. 길 잃은 철새가 아닌, 이제는 날개가 퇴화된 텃새로 깃을 떠나지 못하는 반지. 점점 더 더운 날 하늘이 해맑은 나의 그늘에 있잖아.

반지야.

햇살이 점점 뜨거워. 땅이 달아올라. 감자, 강냉이 곡식들이 무섭게 자라고 있어. 두루미 모가지 같은 가느다란 새파란 마늘종이 일제히 올라오고 있어.

안개가 슬슬 감돌고 이슬이 함초롬히 내리면 새도록 돌아치던 고슴도치도 젖은 흙

털고 있는 낮. 풀잎에 달팽이가 맴도는 한나절 더워온다, 그지.

날마다 비질한 마당에 밤새 감꽃이 새하얗게 떨어지면 할머니는 그때쯤 멍석 내어다 깔았어. 말 안 해도 아버지는 밤을 밝힐 작은 화톳불을 위하여 이산 저산에 고주박 뼈를 캐 관솔을 준비해 놓았어. 매캐한 모깃불도 자욱하니 피워놓고 국수나 감자, 강냉이로 저녁을 먹었어. 우리도 그럴 거야, 쥐코밥상.

그늘이 그리워지는 초여름이야. 석천수 샘우물 아래 무성한 창포잎, 머위 잎에 청개구리가 울어. 너무 예뻐 그렇게도 앙증스러워 어쩌지 못하는 반지야. 백팔번뇌 익히려 가는 길에 더러 땀 들일 나그네가 지팡이 짚고 오겠지. 석천수에 노란 새 표주박 하나 갈아 놓아야겠어.

언덕배기 들판에 보리가 패 누렇게 익어 하늬바람이 파도칠 때쯤, 왜포 수건 눌러쓴 아낙들이 경포호수에 들어 푸는 부새우(곤쟁이)가 살이 통통 쪘겠다. 짭쪼롬한 부새우를 장모님이 그리도 좋아했다지만 나도 너무 즐겨 툭하면 입천장이 다 데곤 했어.

단오 한 파수. 강릉 가자. 그네도 타고 싶고 풍선 같은 솜사탕이랑 아이스크림 실컷 먹고 싶다고 했지. 내 짝꿍이지만 아직도 초경 막 치른 꽈리 불며 나풀나풀 뛰어다니는 해맑은 소녀야.

지난 밤 저녁 반찬 만드라 쏙독새가 호젓하게 울었어. 밤 깊도록 소쩍소쩍 소쩍새가 울어 내겐 잠이 오지 않았어. 팔베개 당겨 벤 아이는 쌔근쌔근거리는데.

반지야.

백도라지, 남도라지꽃 한창 피어오르는 여름, 베적삼이랑 잠방이 몇 벌 준비해 두렴.

구슬픈 뻐꾸기 ____ 6, 5.

정토사를 지나 등성이를 너머너머 능경골에 들어갔다. 휘돌아 골이 깊었다. 얼핏 보기에는 나물이 있을만한 분위기가 아니었다. 재마루를 넘는 칠부 대밑 능선이기도 하지만 고개를 젖혀야 보일만큼 멀었다. 그곳엔 누구도 모르는 나 혼자만이 맡아놓고 해마다 찾아가는 귀한 나물이 입술 마르도록 애태웠다. 저 광활한 대륙을 질주하던 북방 여진 후예 같은 누룩치가 비밀스레 숨어있었다. 두릅과 곰취는 가까이 푸짐하지만 누룩치는 멀리 귀했다.

챙겨 일찍 떠났다. 묻어두었던 길 없는 길을 다시 헤쳤다. 여기저기 금낭화가 분홍으로 조로롱조로롱, 말쑥한 둥굴레, 방울방울 은방울꽃이 하얀 이빨을 드러내어 동그란 웃음 지었다. 코가 벌름 상쾌했다.

이미 기다리는 그녀였다. 귀 열어 서성거렸다. 저만치서 발 돋웠다. 그토록 긴 세월 목을 뽑아올려 발자국소리 낚았다. 일 년 삼백육십오일 모래알 같은 많은 날들이지만 견우직녀로 한 번 만나야 하는 서글픈 운명이었다. 숲을 헤쳐 가는 길이 몹시 설렜다. 심장이 함부로 뛰며 벅찼다. 참으로 곱게 단장하고 함초롬한 자태였다. 언제나 나보다 먼저 알아채곤 손을 흔들어 체취를 내뿜었다. 와락 풍만한 가슴 휘감아 안았다. 풋풋한 그녀의 향기에 빠져들어 몽롱한 꿈을 꾸었다. 하지만 채 한 시간도 안 되기에 애틋한 긴긴 초여름 날의 짧은 해후였고 늘 아쉬운 자리였다.

언제부터인가, 전설로 전해오는 풍문이었다. 남대천에 오월이 내려 단오를 챙기고, 오독때기 구성진 들마다 모내기를 직조하면 그리움이 신열처럼 돋는다는 산중의 여인. 태어난 곳을 차마 버리지 못해 떠날 수 없는 단심이 붉었다. 떠나지 않아 천년을 기다린다는 청승이었다.

정절이 촛불인양 녹아내리는 헤픈 세상이 아니던가.

해마다 찾아갔다. 그리고 핑계가 유치한 탄복할 계략으로 데려올 것을 마음 단단하다 못해 독하게 도사렸다. 주루막 짊어지고 무성한 숲을 헤쳤다. 계곡을 지나 산을 넘고 찾아든 외딴 골짜기 양지쪽 숲속에 꾸밈없이 살았다. 푸른 절개가 차디찼다. 이슬 뚝뚝 듣는 꿈결인 듯 안은 첫 해후에 진저리쳤다. 귀티로운 자태에서 내뿜는 은은한 향기 서리서리 휘감았다.

애처롭게 혹은 완력처럼 권유하는 하산은 끝내 절의 애달픈 단심이었다.

헤어질 때마다 다시는 만나지 말아야지 인연을 끊자고 모질게 도리질하지만, 그깟 정이 무엇이기에 여태 가슴 태운다고 하소연했다. 가까이 오뉴월이 오고 황량한 높새바람이 영 너머 가면 미칠듯 시린 그리움 어찌하느냐고 하소였다.

아픈 가슴에는 잊을 수 없는 기억이랑 어깨동무하는 추억이 있고, 아린 가슴엔 꿈결 같은 향수가 젖어있고, 휘청거리는 가슴에 그대가 퍼담아 준 사랑이 출렁이고 있소. 흐느껴 스며든 그리움일랑 가지고 가소서, 애타는 기다림일랑 가지고 가소서, 간직하고 있기에 떨고 있는 그 몹쓸 정일랑 챙겨 떠나소서.

날마다 밤마다 멀리 산 아래 절골을 내려다보며, 손을 곱는 세월을 꾸리 엮다 깊이 맺힌 원한은 한 마리 새가 된다 했다.

소금 뿌리듯 그대가 왔다 가는, 파란 하늘이 번지는 사무치도록 푸른 어느 날 멀리 뻐꾸기가 울거든, 그 흘러내리는 메아리가 한없이 구슬프거든, 피토하는 나인 줄 알라고 가무러치기도 했다. 전설에 휘감긴 여인이었다.

별리.

나 때문에 여태 저 아득한 북방 대륙으로 차마 떠나지 못하는 그녀가 고이 간직했다 챙겨 넣어준 주루막을 짊어졌다. 뒤돌아보지 말라는 마음에도 없는 냉정을 야멸치게 뱉었다. 텅 빈 가슴 헝클어진 고름 감아쥔 채, 나의 뒷모습을 바라보는 그녀가 종일 울었다.

낮달 ____ 6, 6.

기억하기 때문에 망각하고 망각하기에 기억한다는 생각. 때로는 까마득히 잊어먹고 때로는 아득히 떠올렸다. 가뜩이나 불똥 튀는 석화세월에 휩쓸리다 보면 상실증에 걸리기도 했다. 참으로 오랜만인 기억 저 편에 이끼 돋도록 방치한 낱말을 우려냈다.

낮달.

낮달을 보았는지. 가슴에 낮달을 품은 적이 있는지.

낮에 산골조개 먹으러 뒷골짜기 수풀 우거진 구렁에 들어갔다. 찬 샘물이 용출하는 웅덩이에 살았다. 남몰래 맡아놓고 더러 찾았다. 어찌나 맑은지 물속에는 파란하늘이 빠져있었다. 얼핏 지나는 흰 구름인가 싶었는데 낮달이었다. 순간 가슴 깊은 곳에서 솟아오르는 반가움이 회오리쳤다. 얼마만에 보는 재회인가. 잊어버렸던 지난날을 떠올렸다.

바쁜 세상에 무슨 감상이냐고 할런지 모르나 이따금씩 여유를 가져보는 것도 괜찮을 듯싶었다. 달이라면 훤한 보름달이거나 눈매 예리한 초승달, 그토록 숱한 비련을 안은 그믐달을 생각하기 마련이었다. 그러다 잊은 듯 문득 낮달을 떠올렸다. 밤을 마름질해야 하는 달이기에 낮달은 간직하지 않았다. 다만 이미 잊혀진 뉘의 넋, 저승달쯤으로 여겨졌다.

문학에 꽤 심취했던 부연동 약방집 딸 동옥이가 몇 해 전 홀어미가 되었다. 강릉을 강타한 전대미문의 대홍수 루사 때 감전사고였다. 생의 의욕마저 상실한 채 휘청거리다 겨우 정신을 차렸지만 사람이 그리워 못 살겠다는 절규에 벗들은 난감했다. 흔히 있는 넋두리거니 여기며 잊었다.

그 뒤 못내 은근히 궁금했는데 우연찮게 군상들이 바삐 오가는 거리에서 반갑게 만났다. 얼굴이 괜찮아 보여 그늘이 없었다. 커피를 마시는 내내 꾹꾹 눌러 참다가 정색했다. 정이 그립다던 결혼에 대해 묻자 뜻밖의 대답이었다. 한 동안 그럴듯한 남자를 지인을 통하여 조심스레 사귀었는데 막상 청혼을 받고 망설였다. 흔한 말로 새 삶이냐, 수절이냐, 기로에 붙박혀 서서 고민했다.

낙엽이 우수수 떨어진 쓸쓸한 공원 벤치에 묻혀 미로 같은 깊은 사색하다 무심코 하늘을 쳐다봤다. 앙상한 나뭇가지 사이로 용케 낮달이 보였다. 그 낮달은 아주 핼쑥한 얼굴로 동옥이를 내려다보는 슬픈 눈이었다. 문득 저승서 나온 남편 넋인 듯싶어 화들짝 놀라 깨어났다는 묘한 이야기였다.

사업에 실패했다는 소문이더니 기별 한 줄 긋지 않고 낙향한 친구는 변방으로 밀려나 은둔 불러야 뛰쳐나오는 골 깊은 메아리가 되었다. 빗질 안 된 헝클어진 머리와 구레나룻이 우거찬 털보의 투박한 미소는 아직도 그림자 지는 유년을 덧칠 간수하고 있는 먼 옛날 삽사리였다. 초침에 쫓기던 시계며 포충망에 절망하던 손전화의 닦달과 졸라맨 넥타이가 질식하던 길들여 꿰었던 옷, 이미 오래전에 벗어던진 허물은 홀가분한 우화를 꿈꾸는 듯 수혈하는 악수에 심장 깊은 맥이 뛰었다.

이루지 못할 타인의 세상이라면 준령 높은 청운의 뜻도 한낱 욕망인 것을, 술래가 된 나비랑 청산 돌아 텃밭뙈기 깔고 앉은 초가 토굴뚝에 때맞춰 연기 피워올리는 굳은 살 박힌 필부, 계산 잊은 원시인의 노래가 사뭇 배어 흥얼거렸다.

뜨겁게 타오르는 다비불 위에 무릎 꿇고 고꾸라진 순교의 사리를 수습하며, 파계승이 된 우리는 마늘과 쑥을 먹는 영혼처럼 꽁무니에 찬 소주를 깔때기마냥 들이키고, 육질 연한 뒷다리 한 아귀 움켜 뜯어 옆구리 터진 야전점퍼서 꺼내놓은 담배부스러기 섞인 발 센 왕소금에다 황소 발자국을 찍어냈다.

무리들이 들끓는 이 시대를 등진 불행한 영웅의 쓸쓸한 근황은 비통했지만, 예불 은은한 안개 도는 피안, 비구니가 달이는 차향이 늘 쓸어내리기에 머루 다래 푸진 골 표주박 띄운 샘물 하나와, 밤마다 발등에 소피보는 고운 계집 딸린 발기 실한 강냉이 전설을 힘차게 엮어낸다는 소박한 꿈이 비리지 않았고, 오래전 울분을 달랜 체념으로 초연했다. 누룽지 나눠 먹던 때 절은 우정은 이제 관절 퇴화되는 불혹을 주무르며 오랜 방황 끝에 돌아온 와불인가, 잊어버렸던 낮달을 용케 보았다.

낮달은 이미 도시의 하늘에 뜨는 애드벌룬이 아니었다. 현기증이 일도록 돌아가는 계산 빠른 일상에 챙겨야할 경제성이 없었다. 먹고 살기도 어려운 각박한 세상에 정신 나간 넋두리였다. 더욱 공해에 뒤덮인 답답한 하늘이고 보면 먼 변방에 돌아앉아 풍류와 서정을 읊는 선객의 멋과 여유인 것 같았다. 맑은 바람, 맑은 물 흐르는 산속에 살고 있는 나.

진정 어느 삼류 무대에 소품은 아닐진대 잊혀져가는 낮달의 의미는 무엇일까.

나들이 ____ 6, 7.

시내에 잠입 남대천 다리를 건넜다. 남대천 둔치에는 단오장판이 한창 벌어져 시끌벅적거렸다. 어디서 까투리마냥 박혀 있다 쏟아져 나오는지, 수많은 인파들이 물결로 밀려 모여들었다. 임영 아파트에도 오가는 사람들이 화사했다. 초연한 듯 승강기에 올라 13번 배꼽을 간질이듯 눌렀다. 꿈틀거려 이륙했다.

고흥반도 나로도 우주선 발사기지에서 똑똑한 멍청이들이 한 번도 아닌 망신스레 두 번씩이나 어처구니없이 실패했지만 우리는 완벽했다. 정상 궤도에 진입.

1301호. 반지가 두근거리는 듯한 표정으로 문을 열었다. 와, 하고 갇혀있던 공기들이 우르르 달려와 감싸안았다. 등에 짊어진 거북이 가방을 급히 벗어놓은 반지는 다리를 비비 꼬며 화장실에 다녀왔다. 꼭 닫힌 방방마다 들여다보았다. 냉장고에 코드 꽂고 방금 아까 시장에 들러 장을 본 것을 집어넣었다. 창마다 활 열어놓고 신선한 공기를 가득 갈아 넣었다. 그리고 베란다에 나가 눈앞에 펼쳐지고 있는 단오장을 한참 내려다보다 잊은 듯 서둘러 나섰다.

오후의 햇살이 싱그러웠다. 바람이 나부끼고 파도가 출렁대는 해안도로 경포, 사천, 연곡, 영진을 지나 주문진이었다. 왜 그런지 비린내가 정다운 곳이고 먼저 간 아내의 고향 유년시절이 꼼지락거리는 포구였다.

"엄마?"

차에 내린 반지는 별로도 더 크게 불렀다.

"어서 오너라. 목욕하러 왔니?"

산뜻한 단오빔을 입고 나선 장모님도 덩달아 나와 얼싸안았다. 반지가 안겨버렸다.

"응."

"그래, 가자. 전번에 얼마나 빡빡 밀었는지 지금도 아리단다. 손은 고사리 같고 송편만한 고 조그만 게 야무지긴 어찌 그리 차돌멩이냐?"

"엄마는? 난 더 아팠어."

애마 운전석 옆에 겨우 끼여 탔다.

해마다 단오 구경 안 가는 것도 아니고 내일 이웃 노인들과 약속이 되어있는데, 그리 성화냐고 독백하는 양이 그리 나쁘지 않은 눈치였다.

"엄마를 납치했으니 강릉으로 출발!"

붉은 장미가 피어 온통 뒤덮어 흐르는 담장을 빠져나와 남대천 단오장터로 곧바로 직행했다. 장모님을 모시러 간 이유는 이왕 모녀간이라면 서먹하지는 말아야 하는 한줌 정 들이는 계산이었다. 전화하고 나도 거들어 겨우 승낙을 받아낸 터였다. 반지가 조잘거리기 시작했다. 지금부터는 딸 반지와 사위가 모시고 다니든 몰고 다니든 따라 다녀야 한다고 재롱떨듯 구워삶았다.

사람들이란 사람 죄다 모여든 인파 그 깊은 늪으로 늪 속으로 빠져 들어갔다. 잔고기가 물가로 기어나와 가쁜 숨을 겨우 몰아쉬고 있는 듯 바글바글 들끓었다. 멀미가 일었다. 웬만한 노인들이 즐겨 찾는 굿당에 가 합장 절을 올리고 굿을 들었다. 조금만 더 조금만 더, 날렵한 제비가 되어 나는 그네 터도 잠깐 들렀다. 신명이 나 괭작거리는 농악대에 기웃거리다 함께 손잡고 춤을 추고, 씨름판에 가서는 통쾌하게 상대방을 들어 넘길 때는 가차 없이 그렇지, 하는 추임새를 넣었다. 공연장도 들르고 참으로 한 30년 만에 구경한다는 추억의 동춘 서커스단에 들러 박수를 맘껏 쳤다. 흐뭇해하는 장모님이었다.

어떤 놀이판이든 입이 즐거워야 했다. 때가 때인지라 후끈한 열기에 부채질하는 장모님을 먹자골목 월순네가 한다는 가게로 들어갔다. 우선 강릉의 토속 먹을거리 감자전을 몇 소댕과 좋아하는 막걸리를 시켜 입가심을 한 뒤, 누룩치 비빔밥을 먹었다. 월순네가 귀하게 장만한 음식이었다. 참으로 귀한 그리고 맛 들이면 향수 짙은 최고의 귀한 음식이라고들 했다.

난전을 구경했다. 내 스스로가 아닌 밀려서 다녀야할 만큼 사람들이 물결을 이루었다. 반지는 약삭빠르게 장모님 가슴에 풍선 하나 달아 머리 위 공중으로 띄워놓곤 혹시 잃어버리면 쉽게 찾으려고 한다는 재치에 그냥 달고 걸었다. 그뿐이 아니었다. 아이들이나 먹는 솜사탕을 들고 먹으며 군상 속을 잘도 헤엄쳤다. 상냥한 천성에 붙임성으로 재롱까지 피우는 반지에 장모님이 뭐 별로 싫은 기색이 아니었다. 화사한 얼굴이었다. 화려한 상품들과 휘황한 불빛이 어우러져 풍성함을 만끽했다. 손님을 부르는 소리, 마이크 소리, 떠들어대는 소리가 뒤범벅이 되어 왁자지껄 귀가 따가웠다.

집에 들어와 과일이랑 저녁을 간단히 먹고 또 나갔다. 막무가내는 장모님에게 시원한 단오빔과 여름살이 홑이불을 사드렸다. 엿을 팔며 각설이 장타령에 흔들흔들, 만담하는 곳도 기웃기웃, 고슴도치 한 마리 액세서리처럼 갖다놓고 만병통치 떠버리 약장사 터에도 솔깃솔깃, 뱀을 떡 주무르듯 하는 정력제 파는 데에도 넋 없이, 넋 없이 구경하다 곁에 있는 집으로 들어왔다.

같이랑 거실에서 나란히 자기로 했다. 잠이 오질 않았다. 장모님이 살던 그 시절 그 옛날엔 강릉 단오 구경하려고 한 달 전부터 벼르고 별렀다는 이야기를 추억이 깃든 전설처럼 들었다.

야바위에 팔려 돈을 몽땅 잃고 쫄쫄 굶고 다니던 남자들, 멋있는 신식 유행하는 옷을 큰마음 먹고 사던 계집애들.

정신없이 구경에 빠져 막차를 놓치면 말도 잘 안 하던 동네 남자들과 어울려 사뭇 밤 깊도록 걸어오기도 했다고 했다.

남대천 둔치에서 둥당거리는 소리가 밤새 날아다녔다.

깊은 어느 때 철교 위를 기차가 뚜우, 지나갔다. 얼마나 많은 구경꾼들을 쏟아놓을까.

산방에 불 켜고 사는 개똥벌레와 청개구리가 낯설어버린 도시의 밤에 뒤척였다.

강릉 명절 _____ 6, 8.

음 5월 초 닷새.

단오였다. 사대 명절이면 설, 추석, 한식, 그리고 단오지만 삼대 명절이면 설, 추석, 단오였다. 세계문화유산의 등재라는 액세서리까지 거머쥔 소중한 유산이지만 자랑스런 강릉 명절이었다.

태백산맥 등줄기 동쪽으로 뻗어내린 물줄기가 강릉벌을 휘돌아 하구로 내달려 임영(臨瀛)했다. 화실산 낙맥에서 발원하는 그 남대천이 지류로, 분류로 실핏줄같이 연결되어 비옥한 옥토를 적셨다. 강릉 사람들은 유년시절부터 남대천과 어울려 뒹굴었다. 버들순 낭창거리는 금모래 은모래 깔린 물속에서 헤엄치고 솥 걸어놓고 물사냥하며 무더위를 식혔다. 눈발떼기(송사리), 은어, 버들개, 꾹저구(동사리)를 잡아올리는 그 남대천 둔치에 닷새 단오잔치가 짐벙지게 열렸다. 푸른 서기가 피어오르는 남대천의 정기, 곧 천성 투박한 강릉의 얼이요 뚝심 소박한 강릉의 넋이었다.

따슨 거실에서 셋이 자는 듯 마는 듯했다. 말 못한 무슨 사연이 그리 많았던지 풀어내느라 늦도록 도란거렸다. 새벽녘에는 반지가 아예 장모님 품에 안겨있었다. 혈연이 아니라 가슴과 정이라는 인연으로 맺어지긴 했지만 탯줄 이어진 모녀였다.

늦게 아침을 먹는데 벌써 장모에게 전화가 득달같이 걸려오기 시작했다. 마을 할머니 또래들이 만남의 집에 이미 와있다는 전갈이었다. 같이 나섰다. 예쁘고 반짝이는 새로 달아준 적삼에 브로치가 한결 빛났다. 머리에 꽂은 머리핀도 잘 어울렸다. 반지가 친구분들에게 맛있는 음식을 사 드리라며 돈을 좀 쥐어드렸다. 주거니 안 받거니 승강기가 멈출 때까지 밀고 당겼다.

담수하듯 거리엔 인파로 가득 찼다. 무엇이 그리 즐거운지 이빨 하얗게 웃으며 손잡고 조잘거렸다. 하늘엔 애드벌룬이 둥실 남대천 둔치가 온통 백차일이었다. 시끌벅적 왁자지껄 정신이 없었다.

해마다 단오 때는 길 위의 밭에는 감자꽃이 피었고, 아래 논에는 모내기를 마치느라 한창 발끈 뒤어썼다. 아낙네들은 누에를 마저 올리느라 부산을 떨었다. 모두는 강릉 단오 구경 갈 욕심으로 그렇게 훌 볶아쳤다. 부모들은 아이들 단오빔을 사 입혔다. 누나와 나에게도 새 옷과 다 떨어진 시커먼 통고무신 대신 늘 한번 신고 싶었던 하얀 백고무신을 큰마음 베풀어 사주었다. 장터에는 외할머니와 외사촌들과 만나는 들뜬 날이기도 했다.

아침 일찍 할머니, 어머니 손잡고 부연동에 나와 버스를 기다렸다. 아무리 바빠도 머슴꾼에게만은 단오빔인 새 옷, 새 신 입혀 점심값, 막걸리값을 그런대로 쥐어주어 하루를 쉬게 했다. 학교도 하루 방학하는 배려를 아끼지 않았다. 단오날 촌길은 구경 가는 사람들이 마치 학처럼 하얀 옷을 입고 둔치로, 둔치로 몰려들었다. 그날만큼은 버스도 미어터졌다.

반듯한 다리가 없던 시절이라 임시로 깔아놓은 널판으로 조심스레 건너 다녔다. 지금처럼 정리해 평평한 둔치가 아닌 큰물에 제멋대로 퇴적된 구릉 같은 자갈밭, 모래밭이었다. 적당히 고르고 단오는 시작되었다.

절정에 오른 단옷날에는 흥에 겨운 사람들이 구수한 감자전 몇 소댕에, 시큼한 막걸리 몇 대포에, 만정 없이 취해 기분 좋게 여기저기 희끗희끗 나가군드러져 누운 풍경이 흔했다. 욕지거리하는 주정뱅이가 남이야 보거나 말거나 비틀거리며 드러내놓고 오줌을 함부로 싸며, 지나는 여자들을 희롱도 했다. 나의 기억에도 그땐 상이용사들의 행패가 심하기도 했다. 하얀 두루마기 곱게 다려 입고 중절모 쓴 촌로들이 자갈밭이든, 모래자락이든 아무렇게나 쓰러져 돌베개를 베고 태평하게 자는 풍경이 시간을 뛰어넘어 지금도 아련했다.

장모님을 만남의 집으로 모셔드렸다. 문득 나의 손을 쥐었다. 덕분에 단오 구경을 잘하게 되었다며 특히 구김살 없는 반지를 일삼아 귀여워해 외로움을 달래주라는 당부였다. 간을 빼주어도 아깝지 않은 아이라고.

우리는 쪼르르 예술회관 전시실에 갔다. 단오경축 서예전시가 있는 곳이었다. 강릉에서 내로라하는 분들이 출품하는 그런대로 격조 높은 전시회라고 오재영원장이 귀띔을 했다. 사람들이 웅성웅성 악수에 근황을 확인하느라 제법 붐볐다. 커피잔을 들고 담소하는 여유있는 풍경이었다. 천천히, 천천히 관람하다 반지가 산방 묵천혈에서 쓴 지족선사와 어느 기생의 일화가 담긴 유명한 시구를 출품했다. 반지가 나의 손을 꼼지락거렸다. 누군가 입을 열었다. 글자가 살아 움직이는 듯 이상하게 생동감이 넘치는 동시에 대단히 도발적이다, 라고 평을 했다. 은근히 기분이 좋았다.

어느 백년서생이 모처럼만에 비룡이라는 글씨를 마음먹고 썼는데 갑자기 천둥 번개가 일더니, 그 글자가 참으로 용이 되어 승천하더라는 이야기를 할아버지한테서 귀에 두께가 앉도록 들었다. 냉정하게 보아 반지는 아니었다. 아직도 까마득한 우화를 꿈꾸는 각질 두꺼운 번데기에 지나지 않았다. 겸손하게 끝없이 갈고 닦아야 했다.

저녁 때 누나의 연락을 받고 자형 친구네 가게에 갔다. 곁에는 자형이 싱그레 웃으며 손짓했다. 역시 강릉 촌놈은 할 수 없었다. 그저 아리한 부추와 머릿골이 들썩들썩하도록 매운 땡삐고추 팍팍 썰어넣은 감자전을 시켰다. 빼곡이 들어찬 손님들의 이야기가 뒤섞여 어지러웠다. 술이 몇 잔 돌았다. 이어 간단한 잔치국수를 청해 먹고 났을 땐 해가 대관령을 넘어갔다.

취기어린 사람들이 슬슬 나가기 시작했다. 단오 최대 인기종목 강릉사투리구연대회장으로 나서는 길이었다. 벌써 수많은 인파들이 몰려들었다. 남산교 난간에도 빨래 널리듯이 기대어 내려다보는 눈과 귀들이었다. 노상 입을 헤 벌리고 넋 없이 바라보는 바보, 바보들이였다. 세월에 묻혀 향수에 파닥이는 비늘들이었다. 틈 하나 없이 가득 찬 구경꾼들을 향해 울컥울컥 토해내는 구수한 사투리가 폭발적인 웃음을 안겨주었다. 어쩌면 웃음의 도가니였다. 능청스레 낭창스레 쏟아내었다.

강릉사투리.

외지인이 강릉에 와 느끼는 첫 인상은 마치 성질 뻗쳐 싸움하는 사람 같다고 했다. 상냥하고 매끄럽기는커녕 첫마디 억양부터 높고 거칠었다. 억양이 높고 거친 까닭은 속일 줄 모르는 투박함이 있어 그렇다. 또한 덩달아 꾸밀 줄 모르는 질박함이 있기에 순박하고 소탈했다. 그 속에는 오래도록 곰삭아내린 정이 따뜻이 배어있고 미더운 뚝심이 있었다. 고단한 몸으로 대관령 너머 버스역에 내리면 무수히 쏟아져 나오는 강릉사투리가 그렇게도 정다울 수가 없었다. 멋없고 세련되지 못해도 가슴엔 울컥 토해지는 정이 가득 출렁거렸다.

구경꾼들은 마치 시루에 꽉 들어찬 콩나물이었다. 아니 웅덩이에 갇혀 거품을 내물고 있는 바글바글 숨을 쉬고 있는 흡사 눈발떼기(송사리)였다. 우스갯소리로 단오구경이 별 게 아니라 사태난 인간 구경이었다.

늘 불만은 단오가 너무 현대화, 도식화, 획일화 되어간다는 아쉬움과 미련이었다. 건조하고 지나치게 맑다는 푸념이었다. 바람은 조금은 눈 감아주는 더러 옛 정취도 은근슬쩍 풍겨야 하지 않을까. 돌아가는 빵빵이판에 송곳꽂기, 이리 왔다 저리 왔다 빙글빙글 심지놀이, 홀랑수장기 내기, 방개 떠넣기, 뭐 그런 것도 좀 있어야 추억이랑 향수를 곱씹는 묘미 못내 아쉬웠다.

"무열아?"

"어, 강철아? 야, 오랜만이다."

오늘도 남대천은 흘러갔다.

앵두 _____ 6, 9.

시원하고 고운 단오빔 한 벌을 산뜻하게 사 입혔다. 의미에 그만 감동하는 반지였고 나는 소중한 피붙이 살붙이가 딸렸다는 현실에 뿌듯했다. 예쁜 딸 같은 느낌으로 손잡고 이틀 동안이나 요리조리 단오를 쇠었다. 남대천 넋을 온몸에 휘감고 보금자리 산방으로 돌아왔다.

오자마자, 급한 화장실 찾듯 뒤란으로 가는 반지였다. 이내 쪼르르 나와 무조건 나를 끌고 갔다.

앵두.

장독대 뒤 더없이 새빨간 앵두가 가지마다 마다에 엉겨붙듯 주렁주렁 매달려 제법 휘어져있었다. 주렁주렁이 아니라 누군가 쏟아부은 듯 열렸다. 어쩌면 그 수많은 아기 방울 전구에 불을 켠 듯 무르익었다. 금방이라도 떨어질듯 풍요롭고 탐스러웠다. 바늘로 콕 찌르면 빨간, 빨간 즙이 화살 모양 힘차게 튕겨나올 것처럼 영글었다. 예뻤다. 요 며칠 아침마다 침실 창을 자주 열고 내다보며 뭐라고 중얼거렸다. 기웃거리는 다람쥐를 보고, 기웃거리는 새를 보고 임자임을 알렸다. 그렇지만 따 먹고 싶으면 마음껏 나누어도 좋다고 허락을 했던 터였다. 보물인 듯 여겼다. 바구니에 따 담았다. 사뭇 좋아 덤비듯 설쳤다. 정신없이 빠져든 모습이었다.

산모롱을 돌아 감돌아 예 오막살이집 댕기머리 단아한 색시가 찰랑찰랑 항아리 이고 창포 무성한 샘터 오갈 적 꽈리 불던 입술, 붉디붉은 그 입술이었다. 반지 입술이었다.

예쁘기에 앞서 앙증스러워 모두 좋아했다. 장신구에 달아도 어울리는 액세서리같이 예뻤다. 어쩔 수 없이 누나도 앵두를 무척이나 반겼다. 앵두를 입에 물고 얄밉도록 오물거려 씨를 톡톡 뱉어내곤 했다. 반지도 그랬다. 맛있느냐고 물으면 꽈리 분다고 응수했다. 연신 입에 넣었다. 작은 바구니에 하나 가득 통통했다.

화채를 만들었다. 맑은 유리그릇에 담아 상큼했다. 앵두나무 그늘 아래 자리 편 새앙쥐 두 마리였다.

주문진 장모에게도 안부를 물은 반지가 강릉에 정착 10년 넘게 살아도 단오를 신나게 보기는 난생 처음이라 했다. 시시한 연애가 아닌, 말도 안 되는 불륜은 더욱 아닌, 보란 듯 안팎이 되어 손잡고 가는데, 독신자 동아리였던 난숙이가 반지를 부러워했다는 조잘거림이었다. 시인이었기에 나를 속병처럼 짝사랑하고 있었다는 웃음 섞인 고백에 벌써 세 네 살짜리 계집아이를 한껏 단장하여 손잡고 신랑과 구경하더라는 이야기였다. 하지만 아직도 미련이 있는 듯 했다는 직감이었다고 했다.

그런가 하면 나의 친구들은 팔짱을 끼고 다니는 반지를 보고 여고생 같은 동안의 여인과 도둑 결혼했으니 단단히 한 턱 내라는 농을 지껄였다. 더러는 소영이인 줄 알고 벌써 이만큼 커 처녀티가 난다고 놀라기도 했다.

둘 다 아는 많은 사람들을 만났다. 진정 강릉의 얼과 넋을 느꼈고 즐거운 단오였다는 이야기로 화채를 마시며 토했다.

한 동안 집을 비운 어느 해 무심코 들렀었다. 떠나고 없는 불 꺼진 쓸쓸한 빈 집을 홀로 지키며 뒤란 장독대를 쓰다듬으면서 매달려있던 앵두. 이제나 저제나 세월 넘겨 기다리다 지쳐 서글프게 발 아래 하나, 둘, 새빨갛게 떨어진 소복한 앵두가 떠나지 못해 그늘에 머물고 있었다. 속절없이 버려지는 것이 몹시 가슴 아팠었다.

이제는 가지가 휘도록, 부러지도록 해마다 열었으면 좋겠다. 반지의 재미거리였다.

조갑지 같은 반지의 손 안에 담긴 앵두알들.

세수를 한 듯 이슬 맞은 앵두는 더 예쁘다는 반지의 말이 귀여웠다. 슬그머니 껴안아 가만히 끌어당겼다. 눈을 감더니 터질듯 촉촉이 젖은 입술을 내밀었다.

앵두였다. 꽈리였다.

여의주 ____ 6, 12.

밭에 들어 종일 어정거려 풀을 뽑고 폭포 선녀탕에 와 차분히 호미를 씻었다. 갑자기 맑던 하늘이 돌려 흐렸다. 느닷없이 웬 먹장구름이 꿈틀거려 몰려들더니 이내 섬뜩한 섬광 천둥번개가 냅다 내리쳤다. 내처 광풍이 휘몰아치며 억수 같은 비가 맹렬히 퍼부어 쏟아졌다. 미처 피할 여유도 없었다. 머리에 꼭 맞는 맥고모가 맥없이 벗어져 휙 날아갔다. 뎅그렁 소리에 그냥 손에 쥐었던 호미도 덩달아 튀어나갔다. 겁에 질린 듯 어찌할 바를 몰랐다.

땅이 깊숙한 공명을 울렸다. 앞을 볼 수 없이 점점 거세어지는 빗줄기와 바람, 무너져내리듯 쏟아지는 폭포, 출렁거려 차오르는 물바다, 어디선가 울부짖는 소리, 부글부글 땅이 끓어올랐다. 뜨거웠다. 지진인양 심히 흔들렸다. 천지는 영원한 암흑이었다. 도저히 가눌 수 없었다. 비틀거렸다. 정신을 차릴 수 없었다. 휩쓸려버렸다. 도대체 어찌된 일인가.

종잡을 수가 없었다.

한줄기, 한줄기 웬 빛이 소를 뚫고 맹렬히 솟아올랐다. 솟아오르는가 싶더니, 내처 용솟음치는 물결이 창졸간에 갈라졌다. 하늘이 무너지듯 포효하는 굉음이 고막을 찢어발겼다. 용이었다. 거대한 비늘에 이끼가 한 자만큼 웃자란 시퍼런 청용이 예리한 파편이듯 불을 뿜었다. 천년을 자란 성큼한 발톱을 휘둘러 솔개 병아리 낚아채듯 발톱을 조심 나를 휘감아 안고 거침없이 치솟았다. 감히 저항할 틈도 용기도 없었다. 땅속 깊이 갇혀 천년을 기다린 울분이었다.

구름을 뚫고 아득히 까마득히 회오리쳤다. 점으로 내려다보이던 산방이 보이지 않았다. 혼절했다.

비몽사몽 어느 때쯤 겨우 정신을 차렸을 적, 어디선가 들릴듯 말듯 음악이 귀를 후볐다. 이어 형언할 수 없는 꽃향기가 일었다. 말로만 듣던 천제궁이었다. 아름다운 선녀들이 웃으며 오가고 허연 수염이 근엄한 옥황상제가 용상에 앉아 불타는 듯 맹렬한 광선으로 골똘히 쏘아보는 웅숭깊은 눈이었다. 그 아래는 웬 노인 둘이 정중하니 엎드려있었다.

어찌 되었는지도 모르면서 무턱대고 상제 앞에 섰다. 네가 청룡을 타고 온 절골 김 아무개냐고 물었다. 목소리가 우렁우렁 궁내를 울렸다. 얼떨떨한데도 틀림없다고 힘주어 말했다. 그러면서 지은 죄도 없는데, 왜 이곳으로 데려왔는지 몹시 불쾌하고 궁금하다고 항의했다. 껄껄 웃더니, 어제 명경을 들여다보다 깜빡 잊은 것이 있어 급히 불러 올렸느니라.

거북이처럼 부복해있던 노인 한분이 일어나 무슨 앙증스런 금빛 두루주머니를 조심스레 상제께 올렸다. 그 옆에 있던 노인은 앙증스런 은빛주머니를 역시 받들어 올렸다. 그리고 나를 그윽한 눈으로 물끄러미 바라보다 사라지는 두 노인. 앗, 낯이 익은 다름 아닌 목말 태워주시던 할아버지였고 사진으로만 본 반지 할아버지였다.

상제께서 조금 전에 받은 두 두루주머니를 복대에 넣어 나에게 곧바로 하사했다. 벌벌 떨면서도 정중히 그리고 감히 꼿꼿이 받았다. 누구도 가질 수 없는 여의주이니 반드시 간수하라는 심상찮은 추상 같은 분부였다. 보는 앞에서 복대를 허리에 꽉 찼다. 다독여 확인했다. 음악이 흐르고 천사들의 안내를 받으며 물러나왔다. 그뿐이었다.

육중한 문이 무겁게 열렸다. 한 발자국만 내딛어도 벼랑이라곤 없는 끝없는 허공인 하늘이었다. 억겁의 우주 공간이었다.

놀라운 건 앞을 가로막아 숨이 턱 막히는 꼬리 내린 웬 엄청난 백호가 엎드려있었다. 기절할 뻔했다. 왠지 인자한 품위가 흘렀지만 못내 두려웠다. 웅혼 서린 굽이치는 산맥 같은 등줄기의 근육이 출렁거렸다. 여의주를 넣은 복대를 다시 매만져 깊숙이 품고 부드러운 털이 가득한 목덜미를 깍지 끼어 힘껏 안았다.

천천히 이내 하늘을 질주하기 시작했다. 온통 검푸른 우주 공간 그 어둠 속에서 명멸하는 수많은 별들. 한 치의 오차도 없이 비켜나는 은하. 아름다운 보석들이 반짝거렸다. 얼마만큼 날아 어디쯤 왔을까. 꼬리로 이따금씩 나의 등을 두드려주던 인자한 백호가 부드럽게 속도를 늦추는 듯했다.

멀리 먼동이 트는 여명이 일었다. 내려다보았다. 푸르고 둥근 지구가 보였다. 엄청난 낙하였다. 점점 아득히 점점 산하가 보였다. 출렁거리는 태백산맥이 등줄기가 보이고, 바다가 보이는 강릉이 보였다. 이윽고 마침내 산방이 눈에 띄고 반지가 나와 쳐다보며 기다리는 터였다. 산방과 오래는 휘황찬란한 기운이 어렸다. 주위에는 웬 호랑이들이 반지를 호위하며 마중인 듯 몰려와 빙 둘러있었다. 백호가 산방을 위엄스레 한 바퀴 돈 뒤, 천하가 울리도록 포효하느라 앞발을 높이 쳐들었다.

어어어!

땀이 흥건했다.

세상 모르고 편안히 자고 있는 반지, 천지는 고요했다.

홀연히 마당으로 나왔다. 밤공기가 시원하다 못해 섬직했다. 방금 꾼 꿈을 곱씹으며 하늘을 쳐다봤다. 아무렇지도 않은 꿈꾸는 흔들개비밭인데 왠지 머리끝이 쭈뼛했다. 알 수 없는 공포가 싸늘하게 옥죄어왔다. 생각을 애써 흔들어 털어냈다. 기를 돋우고 점잖게 헛기침을 토했다.

눈을 비비고 샘우물에 가 무심코 물 한 표주박을 떠 일부러 벌컥벌컥 들이마셨다.

"헉!"

흠칫 놀라 외마디 소리 지를 뻔했다. 내처 자빠질 뻔했다. 달그락, 표주박을 떨어뜨렸다. 옷에 오줌을 쌀 뻔했다. 오금이 떨어지지 않았다.

얼핏 바로 눈앞 거북바위를 넙죽이 타고앉아 내쏘는 엄청난 광채가 보였다. 강철도 뚫을 듯 매섭게 노려보는 강렬한 눈이었다. 이글이글 타는 불이 철철 흘렀다. 숨이 멎었다. 어찌 움직일 수 없었다. 그 자리에 꽁꽁 얼어붙었다. 혼이 빠져나간 박제된 석고상이었다. 단번에 목을 물어 숨통을 끊을 성큼한 이빨, 통째로 집어삼킬 음험한 동굴 같은 붉은 입이었다. 가까스로 정신을 차려 마주 쏘아봤다. 나의 가소로운 시선이 여지없이 꺾어지고 녹아내리는 듯, 몸뚱아리가 여지없이 빨려가고 끌려가는 듯 완강한 기운이 내뻗쳐왔다.

"어흠!"

위축되는 몸을 부풀려 다잡아 위엄을 보였다.

호랑이었다. 틀림없이 나를 태우고 왔던 그 꿈의 신령이었다. 가까스로 몸을 풀고 반가움에 미소를 띠웠다. 정신을 가다듬어 묵례를 보냈다.

여태 싸늘하게 빈틈없이 주시하던 신령이 그 꼬리로 거북바위를 두어 번 툭툭 치더니 슬그머니 일어났다. 이마에 임금왕 자가 꿈틀거리는 뚜렷이 새겨진 엄청나게 큰 여산대호였다. 옆에 있는 상수리나무 고목에 근육 출렁거리는 앞발을 치뻗어 북, 내리 긁었다.

"어흥____!"

느닷없이 포효, 포효했다. 산이 쩌렁쩌렁 울렸다. 초목이 쥐죽은 듯 엎드렸다. 미동도 없었다. 기절해버린 고요였다.

나를 물끄러미 바라보다 나락으로 떨어진 세상을 향해 울부짖곤 뒷발을 박차 번쩍 산맥을 비월했다.

꿈에 본 그 신령이라니, 암만 생각해도 야릇했다. 아침에 주위를 살펴보았다. 산방을 몇 바퀴 맴돈 거대한 발자국이 선명했다. 잔뜩 겁먹은 반지였고 상수리나무에 난 허옇게 파인 깊은 흔적에 경외감을 표했다.

아침 일찍 정토사에서 득달같이 기별이 왔다. 새벽에 분명 호랑이의 천지를 울리는 포효를 들었다고.

시치미를 뗐지만 아무래도 괴이했다.

보쌈 _____ 6, 14.

고요한 새벽. 품이 허전해 더듬었다. 없었다. 침실을 빠져나와 서실 묵천혈 문을 가만히 열었다. 불이 켜져있고 찬란한 우화를 꿈꾸는 번데기 반지가 글씨를 쓰다 말고 비스듬히 누워 졸았다. 깜짝 놀라 깨웠다. 이마를 짚었다. 보통 때와 다름없이 서늘했다. 어디 아프냐는 걱정에 그냥 잠이 막 쏟아진다 했다. 그리고 보니 조금은 까칠해진 듯도 했다. 덜렁 껴안아 침실에 눕혔다.

갑자기 얼큰한 매운탕을 먹고 싶다고 했다. 세 그릇이라도 먹을 것 같다며 이상하게도 입맛이 변해 몹시 당긴다 했다.

한창 구름처럼 일어 하얗게 느정이를 드리운 오래는 온통 밤꽃 냄새로 진동했다. 정신없이 윙윙 벌들이 살판났다.

아침에 마늘종을 뽑았다. 그리고 여문 파꽃을 잘라 그늘에 널어놓고 보일러실에 갔다 벽에 걸린 고무함지와 구멍 뚫린 보를 벗겨왔다. 떡밥과 깻묵, 샘물 흐르는 둑 아래에 실지렁이를 잡아 버무려 단단하게 뭉쳐 고무함지에 넣고, 보자기를 아가리에 씌운 뒤 꽁꽁 묶었다. 도랑에 갔다. 물이 옷을 걷어올린 무릎에 찼다. 버들순이 척척 늘어진 곳이기도 했다. 햇살이 물에 튀어 반짝거렸다. 물결에 낭창거리는 버들잎이 윤기가 났다. 고기들이 왔다 갔다 몰려다녔다. 늘 고기가 몰리는 몫이 좋은 곳의 하나였다. 입가에 웃음이 일었다.

보쌈을 들고 우거진 버들순을 헤쳤다. 유속이 알맞은 지점에 쇠스랑으로 자갈과 모래를 파내고 보쌈을 앉혔다. 다시 모래와 자갈로 구멍만 남기고 감쪽같이 위장을 했다. 얼른 나와 망을 봤다. 우르르 몰려와선 빙빙 돌다 의심쩍어 그냥 갔다. 한 무리가 우르르 몰려 왔다가 음흉한 분위기를 탐지 사라졌다. 또 몇 마리가 와 얄밉게 냄새를 맡다 돌다 가고, 돌다 가다 어느 한 마리가 겁 없이 들어갔다. 되돌아 모두 따라 줄줄이 들어가기 시작했다. 옳거니 신바람 났다. 그 모습을 구경하던 반지가 나를 물끄러미 바라보다 짜릿한 웃음을 날렸다. 벌을 떡 주무르듯 하는 일이나 고기가 들어가는 보쌈을 보고 신기해했다.

절골의 물사정이야 환하게 알았다. 더욱이 자연생태보전지역으로 지정되어있는 곳이었다. 어디에 고기가 많고 어디에 무슨 고기가 있고 지도처럼 내리꿰었다. 고기라 봐야 찬물에만 사는 버들개, 시커먼 꾹저구(동사리)랑 모래무지와 기름종개, 언제 정토사에서 방생했는가, 영동 냇물에는 예전에도 없던 독침 감추고 있는 퉁가리가 주종이었다. 송어와 산천어도 있었다. 비밀이지만 지천이듯 많았다.

유년 시절 여름이면 어쩌다 횡재인 듯 얻은 물안경을 쓰고 종일 사냥을 했다. 방학이 끝날 즈음 이빨만 새하얀 검둥이에 맹랑한 수달이었다.

기다리는 동안 풀숲을 뒤져 빨간 딸기를 땄다. 따고 싶어도 뱀이 있을까 망설이는 반지였다. 갈잎 고깔을 만들어 따 담아 주었다. 조그만 입으로 쏙쏙 집어넣었다. 졸졸 따라 다녔다.

꽤 지났다. 고요했다. 적막이 감돌았다. 보쌈을 천천히 들어올렸다. 제법 묵직했다. 가득 들었다. 저마다 파닥거리느라 보쌈이 흔들거렸다. 폭포에 와 고무함지에 쏟아부었다. 우르르 아우성이었다. 와! 반지가 손벽을 쳤다. 은빛 버들개, 더러 야행성 시커먼 꾹저구(동사리), 주황색 퉁가리랑 말간 기름종개와 모래무지가 섞여 펄펄 뛰었다. 씨알이 굵은 놈을 건져내고 잔챙이는 놓아주었다. 모래주머니를 떼내고 내장을 훑어냈다. 두 사발 철철 넘었다.

강릉식 매운탕을 끓여 바칠 터이니 공주처럼, 여왕처럼, 우아하게 손톱이나 다듬으라고 큰소리 탕탕 쳤다. 무쇠솥에 물을 잡고 따로 마련한 지독하게 맵고 달지 않는 시뻘건 고추장을 진하게 풀었다. 강릉식은 입에서 불이 날 만큼, 딸꾹질이 날 만큼, 귀가 먹먹할 만큼 된통 매운 게 별미의 참이었다.

찹쌀 한 움큼 넣었다. 끓을 새에 손질한 고기들을 밀가루로 버무려 대기시켰다. 장작을 다질렀다. 무섭게 내뿜는 김, 소댕을 열고 미련스레 고기들을 우르르 쏟아부었다. 한 번 끓어오르자 소댕을 아예 젖혀놓았다. 탕은 계속 굽이쳤다. 이쯤해서 분수없다 할 만큼 옷을 벗긴 마늘을 듬뿍 부었다. 뒤질세라 꼴단만한 파와 토란잎 줄기 두어 쾌기를 숭덩숭덩 썰어넣었다. 달걀도 잔뜩 풀고 생강 몇 톨 찧어 넣었다. 그리곤 느긋하니 기다렸다. 끓이는 게 아니라 달였다. 갈지 않은 통고기들은 형체도 없이 풀어져 소월의 초혼처럼 산산이 흩어졌다. 푹 고아져 탕이 알맞게 건, 이렇게 끓여낸 것이 구수하고 깊은 맛 우러나오는 강릉식 매운탕이요 추탕이었다. 고기가 많이 든다는 게 험이지만, 강릉식은 어디까지나 단단한 지조가 있고 뼈대가 있었다.

누구든 무작정 좋아하는 매운탕, 추탕, 토종 서민들이 더 아껴 친숙한 먹을거리였다. 코가 벌름거렸다. 진한 냄새가 한껏 풍겼다. 반지가 물김치를 떠놓고 다진 마늘과 생장, 소주 한 병 챙긴 상을 보았다. 쨍, 술잔을 부딪쳤다.

뚝배기 가득 탕을 떴다. 설레듯 한 술 떴다. 뜨끈 얼큰 화끈했다. 혀끝에 매달려 감도는 이 감칠맛이라니.

가뜩이나 호호 불며 그렇게 매워하고 쩔쩔 맸는데, 멀쩡하니 대수롭지 않게 여겼다. 웬 것 뚝배기보다 장맛이라고, 뜻밖에도 바싹 다가앉아 꽤나 뜨거울텐데 정신없이 퍼 먹는 참이었다. 편히 바라보았다. 땀이 이마에 송글송글 알알이 구슬 맺혔다. 수건으로 닦아주었다. 쌔 웃었다.

다진 마늘, 생장을 푸는 묘미도 터득했다.

한 그릇 또 푸는, 세 그릇 째였다.

브로치 ___ 6, 16.

서둘러 아침부터 산자락에 뻐꾸기가 맴돌며 종일 울었다. 유월 하늘 아래 짙푸른 골짜기로 구성지게 퍼져내렸다.

밭에 심은 감자가 한창 신나게 자라 온 밭이 가득 찼다. 웃자란 듯 무성했다. 저마다 정신없이 접어올린 감자꽃이 쓰러지도록 목을 뽑아올렸다. 하지만 요란하지 않았다. 뽐내지도 않았다. 청순했다. 흐뭇한 마음으로 바라보노라면 아버지처럼 나도 곧잘 가꾸는가 싶어 은근히 좋아 뻐기고 싶었다.

산촌의 주된 작물이라야 감자, 강냉이었다. 어머니가 시집 올 때만해도 참 지지리도 가난했다고 했다. 그 험준한 보릿고개를 넘어 첫 곡식이 감자였기에 잘 가꾸어 애써 기다렸다. 어머니는 강아지처럼 늘 아버지를 졸졸 따라 다니며 농사일을 거들었다. 미인은 아니었지만 동글납작한 얼굴이 은근히 예뻤다.

경포 논벌 처녀가 칡덤불 우거지고 멧돼지가 성해 툭하면 화적떼처럼 출몰하는 외딴 골짜기에 가난한 총각이랑 꽃잠, 살림 차렸다. 그저 수줍음 몹시 타는 순하데 순했다. 잔정이 깊어 울보였고 애성 끓는 애바리였다. 조락가문을 일으키려 무던히도 애를 썼다. 자식 사랑이야 말할 것도 없고 슬프도록 지순하고 끔찍했다.

들은 이야기와 추측은 할아버지와 외할아버지가 절친한 친구 사이기도 했지만, 산방 한터에 매료됐던 외할아버지 때문에 웬일로 기름진 경포에서 뭇 짐승들이 우글거리는 찰산골로 그렇게 시집온 어머니였다. 계획된 의도나 대단한 숨은 정략은 말도 안 되는 순순한 우정이었다. 팔자였다.

머나먼 산골에 조실부모한 의좋은 형제가 살았단다. 형이 어쩌다 깊은 병이 들어 자리에 눕게 되었단다. 동생은 주린 배고픔을 참으며 밤낮으로 산으로 들로 다녀 약초를 파다 달여 먹여 어찌 툭툭 털고 일어났단다. 며칠 있으면 감자도 천신하겠다고 기뻐하던 동생이었다. 지순한 정성도 모르는 형은 그 착한 동생이 자기의 약혼녀를 감히 넘본다는 얼토당토 않는 소문을 듣고 그만 동생을 죽였단다. 결국 그 소문은 약혼녀를 빼앗으려는 속이 아주 시커먼 뉘의 터무니없는 새빨간 거짓으로 드러나 형도 더없는 통곡 자결했단다. 죽어 동생의 억울함과 배고픔을 달래주느라 저렇게 감자꽃이 흐드러지게 필 때면, 이산저산 날아다니는 뻐꾸기가 되어 포곡포곡(飽穀飽穀) 하고 운단다.

할머니가 들려준 설화였다.

갈잎이 무성했다.

뻐꾹뻐꾹!

슬픈 넋은 떠나지 못해 마을마다 골골마다 목 놓아 울었다.

황량한 천지 시름 깊은 세상은 온통 부황 앓던 그 옛날처럼 오늘도 하늘 파랗게 물들도록 울었다. 한 이십년 넘게 한 이불 덮고, 어떻게든 굶지는 않았지만 험한 한 솥밥 먹으며, 아버지의 팔배개 베며 귀여운 새끼 치면서도 어머니는 늘 배고픈 시절이었다.

술바람이었을까, 문득 어머니에 대한 늘 죄스런 아린 마음이었을까, 먼 데 강릉 닷새 장 보고 자반고등어 두어 손 지게뿔에 매달고 오시던 날. 화사한 브로치 하나 몰래 사 어머니 가난한 가슴 하얀 옷에 호사스레 꽂아주곤 겸연쩍어하시던 아버지. 그 과묵하고 지나친 체면에 염치도 많으시던 어느 해, 주루막 짊어지고 지천명을 건너 훌쩍 청산으로 풋머루 다래 따러 훠이훠이 갔다.

환장하고 복장 터져 몸부림치는 어머니의 살점 저미는 가슴, 한 맺힌 붉은 피 토하는 뻐꾸기 메아리 구슬픈 산자락이었다.

그렇게 어머니마저 서두르듯 가버린 지금, 해마다 이맘때쯤 그 애달픈 넋이 피어나 아버지가 사다준 보랏빛 브로치를 달고 저 푸르디푸른 오래 감자밭 가득 며칠을 서성거렸다.

어찌 때맞춰 토굴뚝에 연기라도 뽑아 올리는지.

저만치 다가와 서성이는 유월 스무 하룻날 하지를 기다렸다.

오리무중 ___ 6, 18.

지리산 기슭에 산다는 독자의 편지를 읽었다. 바람은 나의 친필을 원한다고 하기에 정성껏 답을 썼을 땐 삼경쯤 꽤 깊었다. 반쯤 축인 커피잔이 곁에 있는 반지도 어딘가 메일을 보내느라 모이를 쪼았다.

창밖에 안개가 돌았다. 밤안개가 소리 없이 골짜기를 점령 진주했다. 늘 안개 낀 밤거리를 한번 걷고 싶다 했다. 눈을 반짝이며 인형 코알라를 업은 거북이가방을 둘러메고 나왔다. 어디를 가면 꼭 챙겼다. 반지의 상징이었다.

참으로 앞이 안 보일만큼 꽉 들어찬 마른 안개였다. 언제나 그 자리에 의연하던 산도 사라지고 그 수많은 나무들도 숨어버렸는가, 어떤 티끌 하나도 없었다. 오로지 흐르는 물소리만 귀 낮춰 들릴 뿐 세상은 사라져 적막했다. 둘러친 장막이었다.

반지를 껴안아 돌다리를 건넜다. 정토사 가는 길로 접어들었다. 하얀 밀가루 분말보다 작디작은 물방울들이 얼굴을 간질였다. 좋아서 빙글빙글 바퀴 돌거나 방황하는 소경처럼 더듬거리는 시늉을 했다. 향 싼 종이에선 향내가 난다는 뉘 시구마냥 산속의 안개는 풀 비린내 풋풋한 냄새가 풍겼다. 목화송이에 둘러싸인 씨처럼 비단 결을 덮은 듯 촉감이 산뜻한데 도시의 안개는 먼지투성이고 끈적끈적했다.

안개.

어느 산마을을 포근히 감싸고 깰 줄 모르는 새벽안개. 궂은비 내리는 날 골짜기를 어슬렁거리는 비안개. 공비처럼 갑자기 출몰 온 세상을 옥양목으로 뒤덮어버리는 산안개와 해무가 융단을 까는가, 동양화에 아련히 이는 안개도 있었다. 또한 도둑고양이처럼 몰래 이는 밤안개 정말 운치있었다. 안개가 끼면 가슴이 설렜다. 휘장을 둘러친 그 뒤는 마치 신선의 세계를 연상케 했다. 보면 안 되는 무엇이 있어 자꾸만 감추려는 같아 궁금해졌다. 절골에 안개가 뒤덮으면 개똥벌레 불 켜는 산방도 안 보이고 정토사도 없었다. 대님끈 같은 오솔길도 그 속으로 숨어버렸다.

저 아래 바닷가로 내려간 불빛 휘황한 도시는 꿈을 꾸는가. 숱한 군상과 수많은 차량들이 질주하는 인환의 거리는 부유하는가. 안개 덮인 세상을 고단하게 헤매는가, 어루만지는가. 암흑 속, 이정표 없는 미로 속 혼곤한 밤이었다.

어디로 가고 있는가.

안개 자우룩한 숲속, 어느 객승이 소치는 노인에게 산사를 물었다. 지금 내 앞 저만치서 풀 뜯던 소도 보이지 않듯 분명 이 근방이언만 오리무중이요.

길 잃은 객승, 소 놓친 노인이듯 걸었다. 어딘지 모르는 곳 미지의 세계를 찾아 밤안개를 헤쳤다.

일확천금도 싫었다. 무슨 소용이랴. 욕심 또한 놓아주고 싶다. 무슨 미련이랴. 먹을 물 있고 잠 잘 그늘 있으면 그만인 것을. 안개, 이 안개 속에서 무엇을 찾는단 말인가.

문설주에 기대 기척, 먼 데 바람소리 듣는 청맹과니거늘.

세상이 고즈넉하고 호젓했다.

길을 잃었다. 나의 눈과 더듬이, 나의 귀와 소리, 나의 코와 냄새마저 미궁에 빠지고 이정표가 사라졌다. 나침반도 없다. 출구가 막혔다. 시간이 멎고 깊숙이 갇혔다. 헤매었다. 업이었다. 인연이었다. 가락지 낀 번민의 중생, 그래도 화관 둘러쓴 예찬이었다. 죄 허물이었다.

벗으면 보고 들었다. 벗으면 느꼈다. 그리고 움직였다.

아련한 불빛이 보이지 않았다. 독경이 잔잔히 들려왔다.

정녕 어디로 가야하는가.

탈색된 어둠이었다.

오, 빛이여.

천신 ____ 6, 21.

일년중 밤이 가장 짧은 날, 역설이면 낮이 가장 긴 하지였다. 햇감자 천신하는 설레는 날이기도 했다. 아버지가 그랬던 것처럼 작은 바구니와 호미를 들고 조금은 설레어 성큼 밭에 들었다. 땀 흘려 애써 가꾼 감자를 캐 하늘에 바치고 조상께 올리는 농군의 고운 마음씨였다. 풍성한 양식을 준 보은의 정이었다.

얼마 전까지만 해도 모두 모여 온통 브로치를 접어 올리던 무릎까지 차오른 감자섶을 헤쳤다. 포기 아래엔 흙이 불룩하게 솟아올라 터벌어졌다. 마치 만삭의 튼 뱃살이었다.

반가워 신기해하던 반지가 들여다보다 안쓰러워했다. 예정일을 넘긴 같다는 말에, 그래서 어쩔 수 없이 제왕절개 수술하러 왔다고 너스레를 떨었다. 웃음으로 맞받으며 반지가 호미로 흙을 살살 긁어냈다. 주먹덩이만한 하얀 감자가 아가처럼, 강아지처럼 인상만성 자는 모습이었다.

한껏 기뻐 감자를 주워 담으려다 어머나 소리치며 멈칫 한 발자국 뒤로 물러나는 놀란 표정이었다. 탯줄에 매달려 있는 아기가 한창 젖을 빨고 있는데 어찌하면 되느냐는 모성일까. 망설이는 반지를 달래 배를 가르고 아기를 꺼냈다. 동글동글 예뻤다. 풋내가 비렸다. 이내 반지도 달려들어 캐냈다. 굵은 것을 골라 떼어내 볼에다 비비는 아이처럼 귀여워했다.

하지 감자는 여렸다. 약간만 쓸려도 허물이 잘 벗어졌다. 어릴 때 천방지축 분별없이 뛰놀다 넘어져 정강이의 살갗이 벗어졌다. 쓰리고 아팠다. 알리듯 기를 쓰고 엄살을 부렸다. 어머니, 할머니가 허겁지겁 달려와서 호호 불며 하는 말이, 하지 감자 허물 벗듯 했다며 달래주곤 했다. 물에 넣고 막 문질러댔다. 다 벗어지고 옴폭 들어간 눈자리에만 붙은 것을 파내고 긁어냈다. 목욕을 한 듯 동글동글 하얗다.

반지랑 같이 천신한다는 마음이 들떠 서둘러 쪘다. 신나게 김을 올리고 뜸을 들인 뒤 설레임 가득 작은 채반에 소복하게 담았다. 귀히 여기는 송이장아찌를 모처럼만에 백자 그릇에 곱게 앉혀놓았다. 투명한 유리그릇엔 그토록 즐기는 국물이 잘박한 여린 열무김치만 달랑 떠놓았다. 다른 것은 아예 필요 없는 단출한 쥐코밥상이 더없이 정갈했다.

아버지 살아계실 땐 감자를 쪄 제단을 마련한 뒤란에 내어다 놓고 하늘에 알리는 의식을 행했다. 모두 절을 올린 다음 맛을 보았던 기억이 새삼 떠올랐다.

분이 뽀얗게 내피었다. 팍신팍신했다. 구수한 맛 목이 메었다. 따끈따끈 호호 불었다. 얼른 열무김치 국물을 떠 넣었다. 마치 신선이라도 된 듯 흐뭇했다. 이리도 맛이 있는데 유년시절엔 두드러기가 돋을 만큼 무척이나 싫었다. 물리도록 먹었는데도 어쩔 수 없는 그 찝찔한 향수가 일었다.

"어머니! 올해도 아버지가 사다 준 가슴에 단 보랏빛 브로치가 참 예뻤어요. 내년에도 새로 사주는 보랏빛 브로치를 달고 일찍 오세요. 동글동글 주먹만 한 감자 네댓에게 젖을 물리고 있어요. 올해도 용케 토굴뚝에 연기 모락모락 뽑아올렸어요. 늘 배 고팠던 어머니, 어린 제 가슴에도 너무 가여웠어요. 제가 매가꾼 감자 좀 드셔보세요. 예? 어머니!"

울컥 눈물이 나왔다. 걷잡을 수 없었다. 참지 못하고 엉엉 울었다. 그 먹기 싫었던 감자도 실컷 먹지 못하는 구차한 살림살이였다. 찢어지도록 그리 가난했다. 덩달아 반지도 달래느라 한바탕 눈물을 뽑았다.

착하기만 한 반지.

사람이 오거나 이웃에 무엇을 주지 못해 안달이었다. 헤픈 것은 아니지만 천성이 나누어 베푸는 것을 좋아하는, 깍쟁이보다야 여유가 있어 괜찮았다. 우리는 서둘러 정토사에 갔다. 많지는 않지만 천신이니 그저 맛이나 보라고 한 보퉁이 주고, 시내 누나에게도 어린아이처럼 즐거이 선물했다. 별 것 아닌 아주 작은 것이라도 베푸니 괜히 기분이 즐거웠다.

재롱둥이 반지가 어디서 주워들었는지 짐짓 어른 흉내를 냈다. 어이 새끼 먹여 살리느라 무진 애 많이 썼다고, 어깨를 툭툭 두드리며 어부바, 흉내를 냈다. 짐짓 업혔다. 업기는커녕 폭 쓰러졌다. 먹여 살리기 힘들다는 푸념에 한 바탕 웃었다. 그리곤 재빨리 등에 업혔다.

갈잎 흐드러지게 핀 이산 저산 뻐꾸기가 종일 울었다. 멀리 메아리쳤다.

갈모자와 산딸기 ____ 6, 23.

어쩌다 산방에 딸린 작은 밭떼기. 농토라기엔 좀 우스웠다. 초야에 묻혀 잘난 시랍시고 쓰는 나에겐 알맞은 일거리로 안성맞춤이었다. 한껏 감자, 강냉이, 고추, 마늘 심어 먹고 사는 일상이었다. 어제도 그랬듯이 아래 설통밭 고춧대에 난 쓸 데 없는 잎을 마주 따주어 오전에 마쳤다. 홀가분했다.

물가에서 세수하던 반지가 풀숲에 딸기를 발견 소리쳤다. 따 먹자고 응석 덤벙거렸다. 조금 기다리라고 한 뒤, 떡갈잎을 따 고깔처럼 접어 뱅뱅 돌려가면서 예쁜 갈모자를 금방 두 개를 만들어 하나 주었다. 뎅그렁뎅그렁 워낭소리가 한가로운 소를 골짜기에 풀어놓고 떡갈나무 곁에 앉아 갈모자를 만들어 썼다. 어떤 때는 정말이지 삿갓만 하게 접어 푹 쓰고 김삿갓인 양 지팡이를 짚고, 이슬 내리는 어스름 오솔길을 소 몰아 빼기며 내려오기도 했다. 지금도 예전만큼 잘 접었다.

생각하면 아직도 가슴이 두근거리고 기억이 또렷했다. 고주박 옆 풀숲에 까투리가 놀라 푸드득 날아갔다. 나도 화들짝 놀랐지만 보금자리가 있었다. 따끈따끈한 알이 자그마치 무려 열네 개였다. 가슴이 벅찼다. 부랴부랴 갈모자를 만들어 담았다. 하나 가득 소담스러웠다. 신났다. 개선장군에 횡재였다. 소쿠리에 쪄 소금에 찍어 먹었다.

배고프던 시절이라 딸기를 보면 반겨 따 즐겨 먹었다. 어떤 날은 갈모자를 만들어 딸기를 가득 따 집으로 가져오곤 했는데, 쏟으면 바가지로 하나 가득했다. 요즈음은 찾지 않아 산딸기가 저절로 떨어져 흘러, 흘러 물에 떠내려 오는 것이 어렵잖게 띄었다. 무상해서일까, 왠지 쓸쓸한 느낌이 들었다. 다만 다람쥐, 산새들이 따먹을 뿐이었다.

오대 독자 귀한 몸이라 할머니는 풀밭에 갔다가 딸기를 만나면 신근스레 따 고스란히 나에게 먹였다.

참 지천이었다. 한창 익는 중이었다. 어떤 줄딸기는 아주 투명하거나 몹시 진한 것도 있었다. 빨간 물방울이 모여있는 듯했다. 몸살난 젖꼭지인가, 부끄러워 빨개진 산색시처럼 여기저기 풀숲에 숨었다. 그러면서도 빠끔히 내다보는 눈동자였다. 달콤새콤했다. 반지도 성큼 달려들어 더러는 입으로 쏙쏙 집어넣으며 따느라 정신이 없었다.

"어머낫!"

느닷없이 귀청 찢어지는 비명을 질렀다. 내처 곁으로 와 숨을 벌렁 벌렁거리는 가슴을 쓸어내렸다.

"뱀?"

짐작으로 물었다.

"아니, 두꺼비야. 강아지만 해."

가뜩이나 큰 눈이 놀라 화등잔만 해져 숨을 몰아쉬었다.

참말이지 컸다. 놀랄만도 했다. 슬슬 다가가자 살찐 몸뚱아리를 있는 대로 부풀려 위협, 접근을 원치 않았다.

벌통이 있어서 부근에 더러 눈에 띄었다. 벌통 앞에 와 벌을 잡아먹는 것 보았다. 엄밀히 말하면 벌의 천적이었다. 하지만 두꺼비는 죽이지 않았다. 죄 받는다고 어른들이 예부터 일렀다. 엉금엉금 기어가는 두꺼비가 이상하게 덕스러워 보이는 기품이 있었다. 덜렁 들어다 물 건너 수풀에 놓아주었다.

갈모자를 푹 눌러 썼다. 웃음이 절로 나왔다. 갈모자에 반절 넘게 따 담은 딸기를 넌지시 주었다. 게눈 감추듯 그 자리에서 다 먹어치웠다. 내 입안 가득 침이 빙그르르 돌았다.

"더 따 줄까?"

"응."

돌아오는 길섶이랑 오래에 개망초가 하얗게 지천으로 피어 스러졌다.

거북반석에 앉아 ____ 6, 26.

도랑 돌다리 건너 집으로 들어오는 줄기 뻗어내린 안쪽 마당가에 두께 넉 자쯤 될까, 멍석 두 닢 깔 정도의 납작한 반석이 있었다. 어찌 보면 흡사 고개를 든 거북이 형상이었다. 그래서 거북바위, 구암이라고 불렀다. 버짐 같은 보드라운 이끼가 피어 오랜 풍상의 무게를 느끼게 했다. 구암 곁으로 풍채도 우람한 거대한 상수리나무 네댓 그루가 호위하듯 그늘을 드리워 하늘을 찔렀다. 또한 신비스런 것은 구암 바로 밑 돌구멍에서 줄기 실한 샘물이 펑펑 솟아올랐다. 거북이 오줌이라서 마시면 오래 산다는, 산신령이 마셨다 해서 호천이라는 소문이 퍼지기도 했다. 삼년 대한에도 끄떡없었다는 뿌리 깊은 발원이었다. 머나먼 도성서 이곳으로 피신한 선대 조부님이 그렇게도 아꼈다는 구암천, 호천, 괜찮은 구경거리여서 나도 참으로 귀히 여겼다.

언제나 차고 달착지근한 향이 감도는 석천수 샘우물이었다.

날이 푹푹 찌고 삶는 삼복지경 한 여름, 구암반석에 멍석을 내어다 깔고 지내다시피 했다. 한학을 오래하신 하신 풍류를 아는 할아버지는 베잠방이 적삼에 설렁설렁 부채를 부쳐 망중한을 보냈고, 할머니는 쳇바퀴를 들고 나와 흥얼흥얼 실꾸리를 엮었다. 일밖에 모르는 누구보다 부지런한 아버지는 내어다 깐 멍석 위에 달랑 목침만 베고 벌건 배꼽을 드러내 꿀맛 오수에 드는 반석이었다.

여름방학 땐 누나 아들 일철이는 친구 하나 달고 아예 책과 짐을 싸들고 외가로 와 온갖 작폐를 저지르며 더위 내내 뒹구는 피서지였다.

운치있게 온 골짜기에 털매미, 보리매미소리가 하루 종일 징징거리는 산촌이었다.

이웃에 멀리 떨어진 외딴 곳이라 누나와 나의 소꿉놀이 터이기도 했다. 하지만 구암반석에는 모깃불을 해놓을 수 없었다. 물론 도토리 떨어지는 상수리나무가 우거차 화기를 피울 수 없음이기도 하지만, 거북이에게 불은 절대 금기였다. 뒷산 비탈 위에 치성바위 만큼이나 신성시했다.

점점 더웠다. 달아올랐다. 제법 후텁지근했다. 옷이 몸에 척척 감길 만큼 땀이 났다. 집 안팎 오래에 잡초를 뽑아낸 뒤 비로 확확 시원하게 쓸어내고, 거북반석도 산뜻하게 단장했다. 곧 코앞으로 달려오는 싱그러운 여름을 맞이해야 했다.

반석에 누워보았다. 범강장달(范疆張達)이 같이 큰 상수리나무에 얼마 전 호랑이가 긁은 발톱 자국이 아직도 선명했다. 높은 가지에 까치집이 보이고 반지랑 달아준 새집이 매달려있었다. 낯선 손님이 오면 귀신처럼 알고 몹시도 짖어대는 영물이었다.

이제 올 여름엔 방장을 둘러치고 멍석 깐 그 위에 돗자리 펴고, 일수불퇴로 티격태격 생떼 쓰는 바둑을 두다가, 목침 하나 받치면 나의 팔을 당겨 베는 반지랑 나란히 누워 베 홑이불 덮고, 별밤을 노닐다 잠드는 시절이 왔다.

강냉이가 목을 뽑아 한창 자랐다. 밭가로 둘러선 과수도 짙푸르렀다. 아내 무덤가에 심은 빨간 접시꽃들이 다투어 분장했다. 시원하게 떨어지는 폭포 선녀탕에 부리 예쁜 물총새가 신나게 자맥질 고기 한 마리 물고 나뭇가지에 앉아 꽁지를 까딱거렸다. 물까마귀도 날아올랐다. 흥부집이 기다림에 젖는 한나절 산문 밖을 내다보노라면 나는 산방유정에 흠뻑 젖었다.

“바둑 둘까? 떼쟁이.”

“삼 세 판.”

“응. 무슨 내기?”

“만날 그거. 호호호.”

어디서 들었는지, 경험하지도 않은 낯거리를 내걸었다. 얄밉게 약을 살금살금 올리는 참이었다.

“일수불퇴야.”

“물론. 화투에선 낙장불입이요, 초한전에서 장군멍군이니, 빅장이면 신선되어 선녀나라로 들어가 회야(晦夜)유희가 어떨지?”

익살을 떨었다.

착점하는 소리가 경쾌했다.

바람 한 점 없었다. 누군가 뭉게구름을 띄워놓았다.

살어리랏다.

청산에 머루 다래알이 굵어지는 나날, 머위 잎에 튀어오른 청개구리 노래가 청아했다.

개살구 참살구 ____ 6, 28.

사내가 반찬 얘기하면 좀스러운가. 집안 내력이어서 그런지, 고기보다는 풀 뜯는 소처럼 채식을 좋아하는 편이었다. 더운 여름엔 특히 열무김치를 무척이나 반겼다. 아직 떡밥이 붙어있는 좀 어린 열무김치를 즐겨했다. 우리집에서만 그렇게 담가 먹는 열무김치였다. 시원한 국물이 잘박한 새콤새콤 아작아작 잘 먹었다.

알맞게 자란 어린 열무를 한 바구니 뽑아놓고 무씨를 한 고랑 뿌려 묻었다. 얼마 전에 올라온 배추가 이파리를 나풀나풀 펴는 나비 모습이 반짝거렸다. 계속 돌아가며 이어 심었다. 그래야 늘 먹을 수 있었다.

열무를 석천수 샘우물 물꼬 아래 뱅뱅 도는 돛배 하나 띄운 가마못에서 씻었다. 웬일로 누나가 기별도 없이 불쑥 왔다. 폭포 위 도랑가 비탈에 두어 그루 개살구가 잘 열었느냐고 느닷없이 물었다. 개살구야 앞산에도 더러 있었다. 밭둑에 참살구는 곧 딸 지경인데 개살구는 아직도 파랬다. 누구 말이 매실보다 더 좋은 게 개살구라는 소리를 듣고 확인 차 올라온 셈이었다.

무언가 사들고 온 비닐봉지를 건네받는 반지였다.

지지리도 혹은 알뜰히도 없던 시절에 게걸스레 따 먹던, 눈이 저절로 감기는 시어빠진 개살구를 요즈음은 먹기는커녕 거들떠보지도 않았다. 생각만 해도 벌써 입안이 진저리치는 침이 흥건히 고였다. 가지가지마다 다닥다닥 붙어 늘어졌다. 휘도록 달렸다. 푸른 피를 흠뻑 빤 커다란 진드기처럼 보였다. 쳐다보던 누나가 좋아했다. 개살구도 설탕에 쟁여 볼 셈이라고 했다. 허허 웃으며 살구 장사도 좀 해야겠다고 농을 걸었다. 그럴 줄 알고 맛있는 자두를 미리 좀 사왔다고 반지가 들고 있는 비닐봉지를 가리켰다. 반지는 관심도 없다는 듯 따라다니며 달걀만한 검붉은 자두를 연신 꺼내 먹느라 정신없었다. 거의 다 먹었다. 먹어보라는 소리도 없었다.

왠지 물끄러미 바라보는 누나였다.

"올케?"

"언니."

그제야 먹던 것을 멈추고 응시했다.

"병원 가자?"
"왜요? 반지 아프지 않아요."
눈이 동그래지는 반지가 멍하니 서있었다.
"올케가 아무래도 임신이다. 얼른 가자."
몸이 정상이 아닌 임신이 틀림없다고 단언했다. 신 것을 저리 게걸스레 먹는 것도 그렇지만 얼굴이 까칠해졌다는 것도 한 이유였다. 본디 신 과일을 잘 먹는다고 둘러대었지만 멈칫멈칫하는 반지를 막무가내 등 떠밀었다. 서둘렀다.
누나는 챙겨보지 않았다고 이만저만 책망이 아니었다. 남정네들은 그저 제 계집을 품을 줄만 안다고 을러방망이였다.
차에 탔다. 괜히 조급한 듯 산문을 빠져나와 부연동 내처 호수를 비잉 돌아 오봉, 성산을 지났다. 누나는 반지를 힐끗힐끗 보며 묘한 감정에 이끌리는 같았다.
차의 속력이 왠지 더딘 듯 조급했다.
반지는 은근히 좋아하면서도 조금 불안한 기색이었다. 시내 병원거리에 자리 잡은 빌딩 3층 영순이 산부인과에 득달같이 들어갔다. 맨 젊은 여자들이 불룩한 배가 터질듯 위태위태하게 달고 들어오고 나갔다. 의자에 대기해 들어오는 사람들을 무표정하게 살폈다. 남극을 연상할 만큼 때 아닌 펭귄들이 몰려들어 뒤뚱거렸다. 그 숲에 남자가 끼어들었다는 사실이 영 어색했다. 쑥스러웠다.
호명이 있자 누나가 데리고 들어갔다. 남의 시선이 얼떨떨해 이책 저책을 꺼내 뒤졌다. 신경이 쓰여 그림만 보았다. 그냥 넘겼다.
열한 시를 알리는 시계였다.
궁금 답답한데 느닷없는 간호사의 호출에 얼른 진찰실로 들어갔다. 흰 가운을 입은 영순이었다. 악수를 한 채 동창, 김시인, 얼마만이야, 웃음을 띠운 채 소리치며 반겼다. 잠깐 근황을 주고받았다.
반지는 무슨 죄인이라도 된 듯 의자에 다소곳이 앉았다.
"무열이, 너 끈이 다된 도둑놈이다."
"좀 무례하지 않니? 오랜만에 만난 동창보고 대뜸 도둑놈이라니? 무슨 예의가 그리 험악하고 사나워?"
"너, 예쁜 건 알아가지고 꽃 같은 은반지씨를 몰래 훔쳐왔잖아."
"훔치지 않았어. 내 것이기에 그냥 손가락에 끼고 있어."

지켜보던 반지가 빙그레 웃었다.

"쌈지 속에 부싯돌이라고 이렇게 아리따운 색시 어디서 훔쳐왔어? 가만 보니 무척 귀염둥이 인상에 복이 가득 들었어. 재주 참 좋다. 그리고 무열이 너 근력, 근력 참말 대단하다 못해 절륜하다야. 부러워 죽겠다야. 남은 안타 하나 올바로 치기도 버겁다는데 색시에게 투런 홈런을 선사했으니 말이야."

웃어젖혔다.

"뭐? 투런 홈런. 무슨 뜻이야?"

"응. 임신 7주에 쌍둥이. 정말 축하한다."

"쌍둥이?"

영순이를 쳐다보다 말고

"반지야!"

손을 꼭 잡았다. 내처 업었다.

문밖까지 나와 손을 흔드는 영순의 진정어린 전송을 받았다. 출세라기보다는 성공한 고향 벗이었다.

차가 미끄러져 큰길에 접어들었다. 상기된 반지 조갑지 손을 꼭 잡았다. 힘찬 박동 맥이 통통 뛰었다. 그윽한 눈길이었다. 참으로 큰일 해냈다. 장했다.

연신 임신부의 수칙을 강조하는 누나. 무거운 짐은 절대 들지 말라고 당부한 뒤, 커피나 자극적인 음식은 먹지도 말며 좋은 생각 좋은 음악 골라 들을 것이거늘, 급한 몸놀림도 삼가되 또 게으르지 말라는 제법 신이 난 설교였다.

그러면서 무엇이 먹고 싶으냐는 물음에 고작 경포호수에서 뜨는 부새우(곤쟁이) 뚝배기가 왠지 잔뜩 먹고 싶다고 했다. 내 얻어먹을 땐 비싼 것 얻어먹고, 남 사 줄 땐 헐한 음식을 대접하는 게 파란불 경제의 논리라고 거들었다. 애걔걔, 시누이가 축하하는 의미에서 한 턱 거하니 쏘려고 단단히 별렀는데, 겨우 겨우 부새우(곤쟁이) 뚝배기냐고 탓하면서도 잘 아는 골목으로 들어갔다.

귀가 길은 항상 즐거웠다. 그 길 끝에는 내 몸 편히 쉴 보금자리 산방이 기다리고 있기 때문이었다. 더욱이 반지가 임신한 경사스런 기분 좋은 날이었다.

"올케. 고마워."

껴안고 울었다.

"언니. 많이 낳을게요."

"먹고 싶은 것 있으면 얘기 해. 시누이가 대돈변을 내서라도 많이 실컷 사 줄게."
"무열씨가 있는데 뭘."
"내 꿈은 친정집 오래로 사내 조카들이 깔깔거리며 정신없이 돌아쳤으면 좋겠다."
태워다 준 누나를 배웅하고 돌다리를 건넜다. 반지를 덜렁 들어 한 바퀴 돌아 껴안고 들어갔다.
한창 피는 빨간 접시꽃이 다 안다는 듯 환하게 환영을 했다.
표정을 애써 감춰 태연한 척하는 반지지만 어쩔 수 없이 새어나오는 기쁨이 엿보였다. 아내로서 아이의 엄마가 되어가는 마름질이었다. 조금씩 무게를 실어갔다. 씻어두었던 열무김치를 무아경에 빠져 담그느라 손이 바빴다. 살림 맛을 아는가. 실을 뽑아 집을 짓는 누에고치를 보는 듯했다.
흥분이 가라앉았다 해도 아직은 그 여운이 완강한 듯 버티어 남았다. 안팎이 한 이불 덮고 사는데야 필연이고 순리지만 막상 잉태했다는 낭보에 가슴이 한없이 벅찼다. 춤이라도 추고 싶었다. 늘 죄스러운 짐을 이제야 벗은 듯하다는 주문진 장모나, 처갓집 가문도 함께 일으켜야한다는 자형이나, 참으로 개구쟁이 남동생이길 신앙처럼 바라는 소영이는 들뜨다 못해 법석이었다.
더욱 시내서 여기까지 거리가 얼마인데 꽃다발이 잘못 배달된 듯 득달같이 날아들었다.
해가 산마루에 올라 더위도 한풀 꺾여 시원했다. 노을이 붉고 산사의 종소리가 골짜기를 쓸고 내려와 산문 밖으로 퍼져나갔다. 평화가 그윽했다.
아까 나에게 안겨 목을 놓아 엉엉 울었다. 부끄러울 것도 남세스러울 것도 없는 아이처럼 펑펑 울었다. 기를 넘길듯 흐느꼈다. 여태 용케 참고 있던 환희의 뇌관이었다.
새 생명의 잉태.
이 얼마나 신비하고 숭고한가.
포근하고 아리따운 반지의 몸에서 씨앗이 싹트고 있다니. 생명이 고물고물 자라고 있다니.
진정 축복이었다. 자비이고 은총이었다. 주어서 아낌없이 다 주어서 기쁜 사랑이었다.
날마다 밤을 오려 꽃을 접었다. 예쁘고 예쁘게 향기로이 접었다. 물도 주고 꿈도 주었다. 꽃이 피었다. 아리따웠다. 나비가 나풀거렸다. 면사포 쓴 사랑 씨앗이 흠뻑 내릴지니, 꽃이 진 자리에 열매가 맺힐지니, 그 흔한 이름 하나 얻지 못한 들꽃처럼, 불 켜는 개똥벌레랑 청산에 뒹굴어 살고 싶은 흐뭇한 마음이었다.

아직 며칠 더 기다려야 제맛이 빙그르르 도는 노란 참살구를 한 바구니 땄다.

산방설화 7월 일기.

이슬 ____ 7, 1.

산새도 아직 휘젓지 않은 서늘한 새벽이었다. 골짜기에는 밤새 걸러진 맑은 공기로 가득 그득했다. 앞산 능선 너머 하늘이 불그스레한 여명이 터 세상이 밝아오기 시작했다. 해가 떠올라 고개를 내밀었다. 햇살이 누리로 퍼지는 대지에 밤새 이슬이 흠뻑 내렸다. 잠방이인 채 밭가로 걸었다. 무럭무럭 잘 자라는 감자, 강냉이, 도라지와 마, 더덕이랑 채소들이 목욕을 한 듯 상큼하고 이슬이 뚝뚝 떨어졌다. 어디 그뿐이던가. 밭둑에 호박, 박 그리고 이름 모를 숱한 풀들도 넘치도록 머금었다. 풀숲을 헤치면 잎새마다 붙어있던, 매달려있던 이슬이 또르르, 또르르 떨어졌다. 발등을 적실 때마다 찼다. 시원했다. 한 모금의 청량제였다. 흰 고무신 안에 이슬이 고여 질컥거렸다.

밤새 돌아치다 막 돌아온 고슴도치가 뾰족 코를 벌름거려 물기 털고 있는 새아침이었다. 옛날 재 너머 온 소금장수 젖은 짚신 털어 빨랫줄에 거는 새아침이었다. 백일치성 드리는 새벽, 여인의 코고무신 젖는 새아침이었다.

이슬.

맑디맑은 영롱한 물방울이었다. 반짝이는 신비. 그 수없는 미세한 방울들이 끊임없이 모여 물방울로 목을 축일 수 있는 끝내 정갈한 꿈을 꾼 동그란 구슬이었다. 산야를 뒤덮은 초목들은 날마다 이슬로 멱 감고 몸단장을 했다. 비린내 나지 않는 더없이 풋풋하고 싱그러웠다.

해맑은 이슬방울을 들여다보았다. 그 속에도 반짝이는 또 하나의 작은 세상을 담아 놓았다. 햇살 가득 물고 앙증스런 들꽃 그윽한 향기를 토했다. 일렁이는 바람결에도 또르르 굴렀다.

역겨운 비린내에 코 막힌 세상 사람들, 특히 욕심 끝없는 오장 칠부를 가진 사람들은 이슬을 예찬 더없이 동경했다. 마치 일가견을 지닌 척 웃자란 허세를 부렸다.

이슬.

그저 영롱하고 투명한 무욕의 결정체일 뿐 질량 없는 순수였다. 해맑았다. 인환의 군상들이 우러르는 어디 신선이 먹는 이슬인 듯 고결하게 여겼다. 감로수니, 옥로수니 하고 가소로운 흉내를 내었다. 아첨을 떨었다. 치부를 가리는 얼핏 반창고일 뿐, 때 묻고 메마른 풍류가락이었다.

풀잎에 내린 이슬 해 뜨면 반짝 사라졌다. 더러운 이 세상을, 아니 지극히 짧은 순간을 잠깐 머물며 끝없이 닦다 말없이 스러져갔다. 지극히 정제되어 군소리가 없었다.

누군가 인생의 덧없음과 짧음을 탄식했다. 참으로 지칠 줄 모르는 욕심에 찌든, 양심이라곤 손톱 끝만치도 없었다. 한 시대를 지저분 떨어 그만큼 얼룩지도록 누려 백년 가까이 살면서도 만족할 줄 모르는 고달픈 중생이었다. 그 덫으로 길 떠나면 에누리 없이 썩고 냄새가 나기 마련이었다.

이슬 빚어 머금은 꽃은 향기롭고 싱싱했다.

지당의 무성한 연잎마다마다 가운데로 굴러 빚어진 무채색의 또르르 또르르 모여 빚어진 구슬들. 청개구리 튀어오르면 흔들려 떨어지는 이슬을 술잔에다 따르고 싶다.

보았을지니, 이슬처럼 맑고 이슬처럼 깨끗해지고 싶다. 구슬 가득한 세상. 이슬 빚어내는 저녁이었다. 밤새도록 이슬을 빚어냈다. 그 이슬을 응고 달콤한 알사탕처럼 어디 투명한 항아리에 말갛게 저장하고 싶다. 이 세상 가득 허리에 차오르도록 뿌리고 또 뿌리고 싶다. 오래에 가득 또르르 깔고 싶다.

한낮 뜨거운 열기를 해질 녘에 식혔다. 수증기가 차가운 공기를 만나 이슬을 맺었다. 고단한 일을 마치고 석양 그늘 아래 호미를 씻을 때는 벌써 어깨가 젖어왔다. 열기를 부채질했다. 이슬을 빚기 시작하면 영롱한 구슬이 반짝였다.

오늘밤도 얼마나 많은 양상군자들이 이슬 흠뻑 맞고 자루를 둘러메고 돌아칠 것인가.

밤을 지키는 최전선 부엉이들의 총신은 얼마나 축축할까.

예로부터 이슬이 폭폭 쏟아지는 해는 풍년이 든다고 했다. 자고 일어나 숲을, 풀밭을 거닐어보면 이슬에 척척 감겨 스러지는 웃자란 잎들이 머리를 감았다. 올해도 만정 없이 흠뻑 내려 알알이 영그는 시절이었으면 하는 순박한 바람이었다.

잠방이 다 젖었다.

더위 ____ 7, 3.

정말 더웠다. 지독한 땡볕이어서 살이 따가웠다. 선풍기는 왠지 경망스러워 싫었다. 설렁설렁 여유가 있는 부채를 부쳤다. 반지가 사군자를 친 멋스런 풍류가 있었다. 이제 떳떳이 여름이라는 행세를 했다.

두 번째 심은 강냉이밭을 매었다. 지열이 확확 솟아올랐다. 땀이 비오듯했다. 베잠방이 젖고 이마에 땀이 흘러 눈이 아렸다. 사정없이 내리쬐는 햇살 마치 뾰족한 침이었다. 화로였다. 숨이 턱턱 막혔다. 이럴 때 상수리나무가 후한 인심 쓰듯 바람이라도 한 줄기 불어주면 어디 덧나는지, 인정머리라곤 없는 까딱하지도 않았다. 맥고모도 젖어 후줄근했다. 살이 벌겋게 익었다. 앞이 아물아물 핑 어지러웠다. 대단한 더위였다.

내 모습에 몹시 안쓰러워 어쩌지 못하는 반지 애가 말라 동동거렸다. 남몰래 선녀탕에서 시원하게 목욕을 했다.

서둘러 돗자리 깐 거북바위 상수리나무 아래 점심을 차렸다. 웃통 베적삼을 훌 벗어놓고 이가 곱도록 시원한 미역 오이냉채 한 그릇 푹 떠 벌컥벌컥 들이켰다. 창자가 저려왔다. 미리 식힌 보리밥이었다. 금방 뜯어온 치마상추에 보리밥 떠놓고 머위장아찌랑 고추장을 척 발라 오므려 쌌다. 벌려 한입으로 가득 밀어 넣다 문득 도랑 건너 길가에 나온 고라니가 언뜻 보였다.

부연동서 친구 하우스에서 얻은 악명 높은 땡삐고추로 장을 콱 찍어 물어뜯었다. 입안이 터질듯 후끈하는 독기가 지독히 맹렬했다. 매웠다. 불이 난 듯 호호 불었다. 거푸 또 쌌다. 오기였다. 귀가 들썩들썩 먹먹 얼얼했다. 딸꾹질이 났다.

만월폭 소리가 시원했다.

아버지 목침을 베고 벌렁 누웠다. 세상사 배 부르면 그만이듯 부러울 게 없었다.

반지가 달려들어 귀지를 파냈다.

더우면 물이 생각나기 마련이었다. 오늘이 경포해수욕장 개장이라면서 낭만이 끝없는 하얀 파도가 문득 그립다고 은근슬쩍 속내를 드러냈다. 지난 겨울 둘이서 걸었던 발자국 그 추억을 찾아 펭귄이 되기 전에 가보고 싶다는 말을 잠결에 아련히 들었다. 챙겨 나들이하듯 푸른 바다로, 한번쯤은 원을 푸는 머리카락 날려야했다.

나른한 식곤증에 낮잠 달게 잤다. 개운했다. 석천수 샘우물을 한 바가지 퍼 들이켰다. 정신이 버쩍 났다.

가마못에 띄워놓은 예쁜 돛배가 여전히 끝없는 항해였다.

바둑을 두자고 졸랐다. 외동딸이라서 아버지와 늘 둔 때문에 상당한 놀랄만한 수준이었다. 즐겨하는 반지였다. 잡기에 취미가 있는 나도 밝히는 편이었다. 뜨거운 한낮을 피하려는 배려였다.

석유가 흔해빠진 중동이나 서역, 아프리카 사막의 날씨는 목이 타도록 건조해 수은주가 4, 50도를 오르내려도 땡볕 더위를 피해 전갈처럼 숨어 살고, 적도 부근 남양지방은 고온다습하여 스콜을 당겨 기다리며 원두막 같은 엉성한 집을 짓고 덩그렇게 더위를 피하는 후텁지근한 여름.

쥘부채의 멋과 가락을 아는가.

태양이 중천에서 뱅뱅 돌았다. 뜨거웠다. 맨발로 땅을 딛을 수 없었다. 한창 피는 접시꽃 잎새도 시들었다. 길 양쪽에 해바라기잎도 귀가 축 늘어졌다. 감자, 강냉이, 풀잎들도 쳐졌다. 한낮의 열기가 불볕이었다.

앞산 능선 위 파란 하늘이 번졌다. 목화송이 같은 흰 구름이 뭉게뭉게 피어올랐다.

또 한 수인가, 두 수를 물러 달라는 생억지에 못 이기는 셈 물러주어 슬쩍 졌다. 내가 질 때까지 끈질기게 두자고 하는 떼쟁이였다.

매화고목 등걸이 서있는 마당가 바위를 둘러선 새로 받은 네 벌통에서는 더위쯤은 아랑곳하지 않고 쉴 새 없는 역사였다.

무지개 _____ 7, 5.

호들갑을 떠는 방송처럼 삼복더위를 빰치는 이상 고온이 며칠째 이어졌다. 태양이 이글이글 타올랐다. 푹푹 찌는 찜통 날씨였다. 후텁지근한 엄청난 열기를 피하여 새벽 일찍 일어나 김을 매었다. 반지는 뜨겁기 전에 빨래를 펑펑 신나게 방망이질해 빨랫줄에 만국기로 널고 바지랑대를 뽑아 괴었다. 한나절쯤에서 오후 한낮은 습기가 가득한 후줄근한 폭염이었다. 거북반석에 앉아 팔자 좋게 부채질을 했다. 그래도 몸이 끈적끈적했다. 선녀탕에 담은 물이 가득 시원했다. 해바라기 서있는 길 가로 질러 새까만 개미들이 줄을 이어 이사를 가는 행렬이 분주했다.

쪼르르 돌다리 건너 흥부집서 책이며 신문, 엽서 한 움큼 꺼내들고 왔다. 들여다보았다. 읽으면서 누렇게 익은 참살구 바구니를 곁에 두고 연신 먹는 반지였다.

이맘때쯤 경포 외갓집 뒤란에 왕대순이 한창 올랐다.

스르르 웬 바람이 몰려와 상수리나무 숲을 흔들었다. 서늘했다. 고깔 씌운 벌통에서 꿀향이 흘러 온통 마당으로 퍼졌다. 그 정신없이 드나들던 벌이 역사를 뚝 그쳤다.

어디서 호반새소리가 암호처럼 들렸다. 오랜만이었다. 샘우물가 창포잎에 청개구리가 갑자기 목청을 돋웠다. 토란잎에도, 도랑가 머위 잎에도 신호인 듯 서둘렀다. 달팽이가 머위잎 뒤로 숨어들었다. 한낮의 정적을 깨뜨렸다. 천지가 금방 컴컴해졌다. 나뭇잎들이 수런거렸다.

번쩍, 번개가 쳤다. 번쩍, 뒤이어 우르릉 쾅! 천둥이 뒤흔들었다. 하늘이 산산이 깨어졌다. 우르릉 쾅! 무너져내렸다.

후드득, 후드득.

빗방울이 곤두박질쳐 내리꽂혔다. 콩날 만했다.

어느새 모여들었는지 하늘은 온통 시커먼 먹장구름이 산마루로 달려와 냅다 허리춤을 급히 풀어내렸다.

허겁지겁 자리를 말아들고 뛰었다. 반지가 소래기, 소래기, 발을 동동 구르기에 뒤란 장독대로 달렸다. 반지는 널었던 빨래를 거둬 엎어질듯 넘어질듯 대뜰에 올라섰다. 숨이 하늘에 치닿았다.

쏴아____!

콩낱 종자 같은 빗방울이 사정없이 쏟아져 튀었다. 산사 굽이 돌아 개망초꽃 한창인 묵은 예 뙈기삼밭 지나, 삼신할미바위를 너머 천지가 부옇게 내리 퍼붓는 빗줄기였다. 불청객이었다. 나그네는 이어 강냉이밭을 두드리며 도라지, 더덕, 마밭을 휘더듬어 부도탑을 지나 산문 밖으로 휑하니 장난스레 법석을 떨었다. 소나기 삼 형제가 지나는 풍경을 물끄러미 바라보았다. 마치 누에가 한창 뽕잎을 갉아먹는 소리였다. 비에 젖은 반지 모시적삼이 살에 착 달라붙어 젖무덤이 몽실 드러났다. 한결 시원해졌다. 서로의 모습을 보고 씨익 웃었다.

어릴 적 삼복더위 때, 푸성귀 씻어 김치 담그던 누나가 그냥 누군가 괜히 기다림에 젖어 연정의 샘구덩이를 파놓은 호젓한 날이었다. 정토사에 갔다 오던 웬 총각이 소나기를 피해 무작정 우리집으로 쏜살같이 뛰어들었다. 몰래 편지 주고 받던 안면이 있는 왕산면 직원이었다. 흠뻑 젖은 옷을 짜 다림질해 준 죄 밖에는, 하지만 거짓말이었다. 때를 노려 피할 수 없는 순간 그 총각의 저돌적인 키스를 향기로운 선물 받았다. 뒤에 그 면직원과 사랑이 싹틀 줄이야. 송진 끓는 문설주에 자주 기대 삼단 같은 검은 머리 흰 모가지로 자주 빗어내리곤 했다. 그리움을 안은 가슴앓이 마주앓이가 깊었다.

어느 해인가, 부모님은 설통밭에 밭 매러 간 사이 소나기가 퍼붓는데도 한창 낮잠에 빠진 누나는 세상 모르고 퍼질러 잤다. 소래기 열어놓은 장독은 빗물 하나 가득 찬 사건이 벌어져 한바탕 법석을 떨었다.

소나기 두드린 외딴 산창에 가는 목 뽑아올려 귀 돋워 긴 밤 톺는 뚝뚝 물 떨어지는 콩나물시루처럼 비 그치고, 낙숫물 지는 처마 끝에 눈이 부신 뭉게구름 뭉실뭉실 피어오르는 파란하늘이 보일 적, 그쳤던 매미소리 다시 돋아 사태졌다. 한 자락 건들바람이 골짜기를 쓸고 제비가 창공을 날아올랐다.

매미소리 사태지는 골 돌아 외딴 토담 허물어지고 쓰러지는 오두막에 소나기 지나가면, 대뜰 아래 뉘 신던 짝 놓친 코고무신에 빗물이 한 움큼 고였기에 얼핏 들여다보니, 맹랑한 낮달이 눈썹 그리는 풍경이랑, 가득 도랑물 넘치는 돌다리 건너는 바랑 짊어진 비구니 종아리가 곱던 기억이 아련했다.

땅에 김이 솟아올랐다. 바람이 나붓, 숲들이 불러서 나온 듯 청산이 산뜻했다. 민방위 훈련이 해제된 듯 벌들이 다시 기어나와 역사를 시작했다. 도랑물이 불어 넘쳤다. 폭포소리가 요란했다. 돌다리도 묻혔다.

“무지개닷, 어머! 쌍무지개야.”

얼핏 보곤 냅다 소리치는 반지였다. 좋아라, 연신 정신없이 박수를 치는 아이.

폭포수 선녀탕에 뿌리를 박은 기둥, 그 기둥이 휘굽어 오른쪽 산 너머 너머 골짜기에 세워졌다. 찬란한 무지개였다. 쌍무지개. 둥근 홍예문 속에 개똥벌레랑 청개구리 두 마리가 사는 낮은 산방이 고요로웠다. 꿈꾸는 동화의 나라였다. 넋을 잃었다.

비 끝이라 조금은 시원했다.

털북숭이 화가가 그린 소나기 끝에 찍은 낙관이었다.

산유화 _____ 7, 6.

한여름의 숲속은 녹음이 우거질대로 들어차 빽빽했다. 더욱이 인적 드문 변방은 더했다. 들어갈 틈이 없을 정도였다. 그 속에 들어가 헤매다 녹즙이 사뭇 배어 푸른 둥이가 되어 나올듯했다. 끝없이 싱그러웠다.

어딘가 길을 나설 때면 으레 인형 코알라를 업은 거북이가방을 둘러메고 코주부 사진기를 챙기는 반지였다. 동행했다. 이따금씩 산속이나 숲속을 무작정 들여다보는 것을 꽤나 좋아했다. 버릇이었다. 도랑 따라 뒷골짜기 비탈을 헤쳐 조심스레 걸었다.

분홍 노루오줌풀이 여기저기 피었다. 나리가 기다린 듯 고개를 뽑아 올리다 들켜 볼이 새빨갛게 수줍었다.

무슨 꽃이냐고 호기심 많은 아이처럼 물었다. 산촌에 자리 틀면서 늘 식물도감을 좌탁에 펴놓고 뒤적거려 헤아렸다. 접사한 것을 풀어 대조했다.

덩굴이 노적가리처럼 부풀어 우거찬 이곳저곳 기웃거리더니, 바위를 흐르게 뒤덮은 덤불을 들여다보곤 얼굴에 웃음을 띠웠다. 고개를 숙여 바라보는 모습이 기쁨에 가득 차있었다. 이제 한창 크는 머루덤불이었다. 무성한 잎들 아래 덩굴에는 비린내 풀풀 나는 초록 머루송이가 잎새마다 가득 탐스럽게 열려 오롯이 달렸다. 이슬 맞고 미풍 쐬어 곧 주렁주렁해 질 것이다. 마치 젖멍울만한 알들이 부끄러워 고이 숨었다.

"어머, 많이도 컸네. 동글동글 너무 예쁘다. 머루야, 어제 쌍무지개 봤어? 지난밤 초승달도 보고? 응, 고슴도치가 놀러왔었구나. 머루야, 반지가 아기 가졌어. 쌍둥이래. 머루가 얼마나 컸을까 궁금하기도 했지만 그 보다는 자랑하고 싶어 왔어."

해마다 따 소담스레 머루주를 담그던 덤불이었다. 작년에도, 그러께도, 해마다 따는 중의 하나였다.

"다래 덤불도 알아?"

"응, 요 위에."

"많이 달렸을까?"

"머루처럼 많이 달렸을 거야. 이젠 반지 몫도 있어야 하니까."

어디서 곧잘 시원한 골바람이 불어왔다.

숲으로 들어갔다. 키 낮은 숲에는 초롱꽃이 다문다문 피어 걸어놓고 밤을 기다리는 품새였다. 먹벌이 꿀 따러 초롱 안으로 들어가면 꽃을 오므려 막아 장난치던 꽃이었다.

"저건 무슨 꽃이야?"

"동자꽃."

요건 사위질빵, 박주가리, 무릇, 투구꽃이고 이건 당귀꽃, 벌개미취, 까치수영이야. 저기는 붓꽃이고.

쪼르르 달려가 만져보고 향내를 맡고 볼을 비비고 조잘거렸다.

산수국도 보였다. 저만치 푸른 골무풀이 손짓했다. 호들갑을 떨며 나를 잡아끌었다. 조금은 평평한 비탈에 접어들었다.

"저기 도라지꽃이야, 도라지. 우리 밭에 가득 있는 도라지야."

분별없이 또 발걸음을 재촉하려는 반지를 꼭 껴안았다. 홑몸이 아니라는 걸 일깨웠다. 산행이 익숙치 않아 툭하면 잘 넘어졌다. 늘 시커먼 멍을 달고 살았다. 뒤따라

보살피면서도 불안했다. 조마조마했다. 손을 꼭 잡고 다니기로 했다.

건드렸나 보다. 더덕향이 골짜기로 퍼졌다. 참으로 좋은 향이었다. 처음 끌어안았을 때 더덕향이 난다고 했던 말 반지는 잊지 않고 기억해 냈다.

나 같은 나물꾼 약초꾼이 좋아하는 도라지였다. 닷새 장날 나그네가 고개 넘는 오솔길 감돌아 이슬 구르는 물소리 맑은 골 부엉이 우는 외딴 골짜기. 소나기 자주 내리는 뙤약볕 여름엔 올 굵은 삼베에 남빛 물들여 입은 산색시 같았다. 억새 덮어 움막 짓고 약초 파는 임 기다려 호젓한 고운 발 돋우는 순한 모가지였다. 퐁퐁 꽃망울을 짓궂게 터트리던 친근한 도라지였다.

도랑에 엎드려 맑은 물로 갈증을 풀었다. 창자가 찌르르 하도록 부르르 떨었다. 버짐 같은 바위옷을 껴입은 낮은 반석에 올라갔다. 나란히 누워 땀을 들였다. 한 줄기 바람이 나뭇잎들을 흔들었다. 풀향기 가득했다. 우거진 숲 사이로 파란 하늘 한 조각 기웠다. 높다란 늙은 소나무 위에 솔개집이 보였다. 마침 토끼를 낚아채 둥지 안으로 들어가는 풍경을 귀하고 드물게 용케도 보았다. 행운이었다. 나뭇가지에 청설모가 곡예를 하느라 까불었다.

지금쯤 강릉 뉘 집 담장에는 슬픈 사연을 껴안고 있는 능소화가 한창 피고 있을 계절이었다. 강릉은 지금쯤 뉘 울타리엔 온통 붉은 장미가 흐르듯 뒤덮고 있을 시절. 경포 바다엔 낭만이 꿀처럼 흘러 모래자락으로 인어들이 몰려드는 태양의 향연이 무르익을 것인 즉, 불타는 여름이었다.

청산에 누운 무덤은 말이 없고 천년 비석은 버짐 올라 구름 뜬 세월마저 귀 멀어 흐르니, 꽃은 피고 또 피는 세상인데, 어이 묵은 묘소 부근에 붉은 타래난초가 은은한 고고하게 꽃대를 빙빙 꽈 밀어올렸다. 질세라 짙은 화장에 붉은 엉겅퀴가 찾아온 나비를 초대했다. 중댕가리라 부르는 나물 쥐오줌풀도 여기저기 향을 뿜어냈다. 빠질세라 노란 원추리가 지천이었다. 길옆이나 오솔길가에는 겨우 이름 하나 얻은 까마중이 꽃을 피우고 물기 많은 데엔 이질풀꽃도 질펀했다. 산유화의 계절이었다.

찰칵, 찰칵.

숨은 듯 오줌을 누었다. 정신없이 휘삶아쳤다. 반지 하얀 운동화가 풀물이 들어 파랗다. 한 쌍의 순한 노루인 양 돌아쳤다.

도시의 꽃들은 화려해도 깊은 산 속 숨어 피는 야생화는 늘 호젓했다. 사람이 그리운 기다림에 젖는 병을 앓는 세월을 깁고 있기 때문이었다.

슬픈 넋이 휘감은 두견새가 붉은 피 토하듯 종일 산골짜기를 날아다니며 절규했다. 메아리가 아렸다.

부연정(浮蓮亭) _____ 7, 8.

삽당령을 타고 내려오는 물과 닭목령을 미끄러져 내려오는 물이 남대천으로 가다 우연히 만나는 가리손. 올라 차올라 가득 푸른 호수, 오봉호가 아늑했다. 풍광 좋은 호숫가를 지날 때마다 아쉬운 듯, 늘 허전한 듯, 그 무엇이 가슴을 두드려 채근했다. 멋들어진 운치있는 그림이 빠진 듯했다.

산 좋고 물 맑아 반석 넉넉하면 어찌 정자가 없겠는가, 한 가락하는 풍류가 아니더라도 호수 한 복판으로 헤엄쳐 불쑥 내민 산자락 끝에 반드시 아담한 정자가 있었으면 했다.

정자였다.

절골에 들어와 산방 짓고 살면서 몇몇 뜻을 모았다. 조금씩 흘렀다. 만시지탄이지만 다행이라고 어려운 문자를 슬슬 써가며 기꺼이 동참하는 더없이 고마운 이웃도 있었다. 모든 절차는 면에서 맡기로 하고 문제는 오나가나 자금이었다. 출향 인사들을 직접 찾아뵙거나 서신을 올렸는데 멋진 일이라 선뜻 찬동은 하면서도 막상 인색했다.

세상일이 다 그랬다. 가진 자가 더 야박했다. 국회의원이나 시의원들은 바쁘다는 핑계로 아예 면대조차 않았다. 정 떨어지도록 얄미웠다. 시장과 시의장도 만났지만 신통찮았다. 그러다 어찌 알고 준공식에는 좆만 앞세우는 불청객으로 와 낯을 내는 위선에 가장 능숙한, 철저한 손익을 계산하는, 그래서 발작처럼 싫어하고 증오하는,

그런 뻔뻔스런 부류들을 가증스러워 하는 나의 못된 습성이 팽배했다. 이루지 못하고 결국 흐지부지되는가 싶었는데 불을 다시 지핀 것은 새로 온 정토사 비구니 스님이 상당한 거금을 쾌척하는 바람에 활활 타올랐다. 덩달아 도마리를 부연동이라고도 불렀다.

어느 정도의 모금에 현지를 답사했다. 면장을 비롯, 유지분들과 추진위원들 이름깨나 알려진 지관, 정자를 지을 고건축인, 제안을 했던 나랑 정토사 스님, 관심있는 사람과 조예가 깊은 학자와 연구가들이 괴목에 가까운 솔숲 능선을 따라 내려갔다. 오른 옆구리에도, 왼 옆구리에도 시퍼런 물이 휘돌아 하늘이 잠긴 산그림자에 고요한 서정이 가만히 이는 풍경. 앞이 질펀해 시원했다. 하얀 배라도 한 척 띄웠으면 싶은 강바람이 일었다. 땅 끝에 다다르자 모두 아름다운 경관에 취했다. 바로 발밑에 물이 찰랑거렸다.

포구의 촌장이 새벽에 천기를 살피듯이 일흔을 넘겼다는 조금은 왜소한 지관이 사방을 둘러보매 입을 열었다. 호수가 들어서기 훨씬 이전 옛날부터 이 산줄기가 물에 뜬 연꽃 형국, 연화부수(蓮花浮水)라고 했다는 고증이었다. 어찌 물이 고이는 호수가 될 줄 알고 그 오래 전에 설파했는지, 진정 탄복한다는 특유의 신비스런 어투를 거침없이 쏟아냈다. 이리저리 관망 패철을 놓고 좌향을 잡아냈다. 이내 말뚝을 박고 줄을 띄웠다.

풍류객을 불러들일 정자는 상당히 중후 단청이 고운 육각이고 난간이 있는 아담한 형태였다. 아직 정자의 이름을 결정짓지 못했다기에 갖가지 이름들이 품평회하듯 쏟아져 나열되었다. 오봉호수이어서 오봉정(五峰亭), 삽당령물과 닭목령물이 서로 합수한다 하여 양수정(兩水亭), 혹은 쌍령정(雙嶺亭), 송어가 올라와 자갈에 산란을 하는 수몰된 물밑 지명인 가리손정(亭), 연꽃이 뜬 연화부수형이라서 부연정(浮蓮亭), 저마다 그럴듯한 이름이 나왔다. 개성이 강한 분들의 주장이라 조심스러웠고 쉽지 않았다. 결국 연세가 높고 한학을 오래 하신 학선 어르신의 뜻에 따라 부연정으로 부르기로 했다. 부연정 현판액은 자타가 공인하는 명필 벽진 여사가 쓰기로 했다.

예부터 사냥꾼과 낚시꾼, 그리고 지관을 허풍이 센 삼풍(三風)이라는 부르는 말이 있듯이, 지관이 동원하는 지식을 믿어 천하의 경포대와 풍광을 당당히 겨룰 선경의 부연정이 되리라 모두는 아이들같이 들떴다. 보태 수많은 정자를 지었다는 업자는 경관은 부연정을 애초 따를 수가 없다고 자신만만했다. 최고의 정자에 최고의 터가 되리라고 예감, 아니 자부에 넘쳤다.

그 동안 추진위의 경과보고와 찬조 및 협찬금 현황을 들었다. 특히 거금을 희사한 정토사 스님과 면장의 과단성있는 노고에 박수갈채를 보냈다. 공사는 모레부터 곧바로 시작 빠른 날에 마치기로 했다.

푸르렀다. 호수물이 발밑에서 이남박질했다. 햇볕이 내리쬐고 바람이 일자 물비늘이 반짝거렸다. 고기들이 동그라미를 그렸다. 물새들이 날아와 앉았다 후루루 날아갔다. 물 건너 산굽이를 돌아 차량들이 어디론가 부지런히 갔다.

면장이 새재 밑 영수형 매운탕집으로 가자고 방송했다. 벌써 끓였을 터인 즉 기분 좋은 날 한 턱 내겠다는 호방한 멋이 있었다.

부연정(浮蓮亭).

이 거칠고 황량한 세상에 떠도는 불치병 인심을 아름다운 말로 치유해야 하는 풍류객이 곧 어루만질 강산이 여기 있거늘.

발소리 _____ 7, 10.

벌써 어제 반쯤 넘게 캤다. 별러 일찍 일어났다. 꾸물거리던 골안개가 슬그머니 사라졌다. 덥지 않고 시원해 컴컴한 새벽부터 캤다. 작황이야 늘 그만그만한 편이었다. 느낌은 다만 쪽이 좀 더 굵고 야무져 지독하게 맵지만 뒷맛이 단 듯 향미가 도는 지독한 토종 마늘이었다.

마늘에 대해 특별한 지식이 있는 것은 아니었다. 심어만 놓으면 품이 그리 들지 않았다. 매 가꾸기만 해도 잘 자랐다. 밑거름과 석회비료, 황산가리비료를 듬뿍 쳐 잘 다린 땅에는 별 탈 없이 될 정도로 그리 마음을 쓰지 않는 편이었다. 작물치고는 경제성이나 상품성은 기복이 없이 쏠쏠했다. 까다롭지 않은 쉬운 저장도 제몫을 했다. 다행히 내게 딸린 조그만 땅때기라도 있으니 짓고, 뭐 신통찮은 글이라도 쓰면서 간단한 일거리로 가꾸는 셈이었다.

늘 부지런한 아버지였다. 동녘에 새벽별을 보고 밭에 나가 저녁별이 나와야 일을 마쳤다. 금방 김을 맨 듯 밭에 풀이 없었다. 곡식들이 가지런했다. 산뜻했다. 손은 거칠어 굳은살이 항상 박혔다. 어쩌면 처자를 배불리 먹여 살려야 하는 남자이기에 자나 깨나 일이었다. 곰같이 뚝심이 있어 입버릇처럼 말했다. 곡식은 주인 발소리를 듣고 자란다고. 농사꾼에게는 어쩜 더없이 좋은 어록이었다.

게으른 농사꾼은 없었다. 곡식만을 편애하는 농군을 끝없이 증오하는 잡초는 지칠만큼 끈질기고 강인했다. 멀리 떨어져 돌아앉은 시골에 살면 어쩔 수 없이 단호하게 호미를 들어야 했다. 침략의 근성이 억센 김이 점령을 노리는 밭을 돌아보고 불안에 떠는 곡식들을 줄기차게 가꿔 안심시켰다. 매일 같이 밭에 엎드리거나 서성거려야 했다.

제 아무리 비싸고 맛있는 반찬이라도 양념으로 마늘이 안 들어가면 맛이 나지 않는 법이었다. 토종 식단에는 때마다 먹어야 하는 없어서는 안 될 양념이었다. 특히 마늘을 누구보다 더 좋아했다. 혀끝을 톡 쏘며 지체 없이 파고드는 아릿한 향기가 입 안 가득 맴도는 최면 같은 그 맛에 매료되었다. 물론 쪽발이처럼 고약한 마늘 냄새 난다고 배타의 멸시 싫어하겠지만 상관 않았다.

우리가 누군가.

단군 할아버지의 피가 맥박치는 당당한 후예가 아닌가.

마늘은 한민족과는 뗄래야 뗄 수 없는 인연이 있지 않은가. 건국신화가 그렇다. 백의민족 배달겨레가 먹는 음식의 마늘이었다. 그만큼 마늘을 좋아하는 겨레였다. 곰의 후손들이었다.

어쩌다 배가 이유 없이 사르르 아프면 마늘 몇 쪽을 구워 먹으면 거짓말처럼 낳는 단방약으로도 활용했다.

더위를 먹었을 때, 참으로 쓰디쓴 익모초를 짓찧어 시퍼런 생즙을 냈다. 흡사 징그러운 팔망아지 내장 같은 것을 헤벌쭉한 백자 대접 가득 억지로 마셨다. 입을 떼면 금방 토할듯 울렁거리는 속을 가까스로 달래 톡 쏘는 생마늘 몇 쪽을 장에 콱 찍어 먹은 우스꽝스런 우거지상이 생각났다.

백여 접. 토종마늘이라 캐는 즉시 월순네가 70 접 싣고 갔다. 정토사 열 접, 나머지 누나와 우리의 양념이었다.

어쩌면 곰과자인 마늘 닮은 반지 코가 예뻤다.

텃밭에 땡삐고추가 달려 제법 컸다. 엊그제만 해도 여린 꼬맹이였는데 매운 냄새가 풍기는 듯했다. 시렁을 만들어 준 오이도 맹렬히 기어올라 발가벗은 채 함부로 발기했다. 시원한 냉국이 제철인 여름이었다. 가지도 질세라 통통하게 매달렸다. 열무와 어린 배추, 상추는 벌써 여러 번 쌈 싸먹었다. 싱싱했다. 한켠에 심은 토마토, 참외와 수박을 매일 보살폈다. 계속 뻗어나갔다. 단추 같은 노란꽃이 피기 시작했다. 얼른 많이 달려 무럭무럭 자라라고 주문을 했다. 반지도 아기 가졌다고 쪼그려 앉아 은근히 한 마디 보탰다. 꿈 잔뜩 지닌 꼭 철없는 요정이었다.

다락밭엔 감자순이 주저앉았다. 아버지가 사다 준 보랏빛 브로치 달고 호사하듯 몇날을 서성거리던 어머니의 넋도 안심하고 가버렸고, 강냉이가 빽빽하게 밭에 가득했다. 온통 무성했다. 수염을 문 통이 나오려고 배가 불렀다. 산중 화음을 맹렬히 준비를 했다. 맨 아래 막내밭엔 도라지, 마, 더덕, 더덕은 아직 꽃이 안 피었지만 덩굴이 이리저리 뻗어 뒤엉켜 덤불로 어우러졌다. 건드리면 온 골짜기가 향기로웠다. 내가 좋아하는 향기였다. 도라지는 남빛, 백옥빛 꽃이 섞여 조화를 이루었다. 벌들이 윙윙댔다.

밭둑엔 노란 호박꽃이 한창 피어났다. 넓은 잎들은 더운 여름날 양산을 쓰고 있는 듯도 했다. 힘차게 뻗어나갔다. 어쩌면 거북이가 엉금엉금 기어가는 듯, 사마귀가 고개를 들고 노려보는 듯 덩굴이 실했다. 벌써 주먹만 한 애호박이 달렸다. 화관 족두리를 쓴 호박이 얼핏얼핏 곧잘 보였다.

살구는 임신한 반지가 홀로 다 따 먹고 그러께부터 열리기 시작하는 자두가 한창 익었다. 복숭아도 아기의 궁둥이처럼 연한 살이 통통 붙었다. 호두랑 참배는 아직 푸르렀다. 대추는 제일 게으름뱅이였다.

튼실하게 탈 없이 자라는 곡식을 보면 자식 같은 느낌이 들었다. 자고 나면 성큼 자란 것을 볼 적마다 대견스럽고 기특했다. 무병무탈하게 바라는 어버이 마음이었다. 하루에 두세 번쯤 밭을 보살펴 맴돌았다. 반지르르 토끼길이 났다. 기분 좋은 산책길이었다.

풀숲에 개구리가 껑충 뛰어 달아났다. 두더지가 굴을 방금 훑고 지나갔다.

아내 무덤 앞에 빨간 접시꽃잎을 땄다. 진득거리는 꽃잎자루를 얇게 갈라 반지 콧등에, 이마에 붙여주었다.
"꼭꼭꼭, 꼬꼬댁꼭."
닭이 울었다.
내 가슴의 거울인 이육사여, 한번 쯤 다녀가라.
강냉이가 한창 익어가는 시절 내 고향 칠월이었다.

감자전 _____ 7, 13.

부드러운 음률로 울리는 경적, 자형의 승용차였다. 반지가 쪼르르 달려나가 돌다리를 나풀나풀 건넜다. 손을 마주 쥐고 조잘거리는 누나였다. 그러잖아도 궁금하기도 하고 보고 싶었다고 죽이 맞아 호들갑이었다.

슬그머니 장난기가 동했다. 내가 보고 싶었냐고 옆에 있는 자형에게 짐짓 물었다. 힐끗 보더니, 안 보면 그리운데 막상 보면 이가 박박 갈려서 그냥 무심으로 지냈노라고. 나 역시 그러했노라고 은근한 농담에 우리는 낄낄 웃었다.

한동안 신토불이라는 유행어처럼 내 땅에서 난 감자로 얼큰한 전을 지져 먹자고 했다. 더욱이 일요일이어서 싫어할 자형이 결코 아니었다. 마침 요즈음은 마땅한 낚시감도 없는데 속으로 은근히 좋아 죽는 기꺼운 응낙이었다. 어머니가 그랬던 것처럼 마당가 감나무 그늘에 이미 멍석을 깔고 낮은 소반을 정좌시켰다. 투명한 유리쟁반 곁에 파, 마늘과 땡삐고추며 참깨가 골고루 섞이고 들기름 동동 뜨는 양념간장을 중발만한 청자 그릇에 채워놓은 뒤, 가지런한 젓가락을 슬쩍 등장시켰다. 그리고 이 천하에 왜 술이 없겠는가. 이름도 괜찮은 처음처럼 푸른 소주병이 시녀 같은 잔을 내려다보고 미소지었다. 정물이었다. 아직 그리고 있는 미완의 작품, 유리쟁반이 텅 비어있었다.

아침 일찍 새로 만든 강판에 하얀 감자를 갈아 물 빼고 녹말 앙금이랑 지독하게 다진 땡삐고추, 채를 친 애호박, 드문드문 썬 부추를 버무려 섞어 방금 전에 만들어 놓았다. 멍석 옆에 작년에 쓰던 돌 세 개를 찾아 자리에 앉혔다. 그 위에 무쇠솥 소댕을 발랑 뒤집어 걸었다. 이젠 자잘하게 팬 멸치장작도 옆에서 기다렸다.

준비, 땅!

팔을 걷어붙인 누나가 전을 붙였다. 반지는 임신한 귀한 몸이라고 무척 배려하는 양이었다. 해보겠다고 청했지만 올해는 그냥 있으라고 거부당하고 곁에서 심부름을 원했다. 후끈 달은 소댕에 기름을 빙 두르고 감자 갈아놓은 것을 한 국자 푹 떠 잽싸게 쏟았다. 지르르 소리가 내처 났다. 노련한 솜씨로 골고루 펴나갔다. 파전이듯 그 위에 아주 가느다란 쪽파를 몇 올 나란히 놓고 눌렀다. 그리곤 작은 소댕을 덮었다. 시집을 가 꽤 오랜 세월이 지났지만 녹 쓸지 않았다. 무시 못하는 관록 여전했다. 몇 마디 이야기하다 소댕을 열고 목칼로 돌아가며 켜를 일으키더니 냅다 날렵히 뒤집었다. 꾹꾹 눌러나갔다. 불 위에 멸치장작을 넣더니, 한 소댕을 붙여내 유리쟁반에 넙죽 올려놓았다. 노릇노릇 잘도 익었다. 두 소댕을 지져 올려놓았다.

멋진 정물화였다.

빙그르르 군침이 돌았다. 모두 둘러앉아 다같이 초다짐을 했다. 처음처럼을 손아귀에 가벼이 쥐고, 사내들의 입술을 꽤나 밝히는 말간 잔에 기분 좋게 꼴꼴꼴 부어지는 해맑은 소리를 기다려 당겨 들었다. 이내 짠, 부딪히며 목구멍 깊숙이 털어 넣었다. 뜨끈뜨끈한 감자전에 양념간장을 싸 입에 넣었다. 구수했다. 귀가 멍하도록 입안이 얼큰했다. 불이 붙은 듯했다. 거푸 몇 잔에 술병을 조준 저격하기 시작했다. 쓰러졌다. 슬그머니 다른 과녁을 갖다 세웠다. 거나해지자 자형의 은근 들척지근한 입담이 술술 빠져나왔다.

그 옛날 왕산면서기 시절, 첫 키스의 연정에 가을 어느 날, 숙직해야할 자형은 누나를 꼬드겨 데리고 연화교 건너 복숭아과수원 원두막에 숨어들어 냅다 숫처녀를 건드렸다는 비화를 먼지 털어 고백했다. 밤공기 찬 바깥에서 밤새 시달리느라 고뿔이 들어 혼이 났다는 누나 얼굴이 발그레했다. 그때 그 분홍 순정은 남아있어 아직도 부끄러운 기색이었다.

빙그레 웃는 반지였다.

강릉의 풍습 백년 객이 와도 그저 쉬우니 감자전이요, 감자새알심이었다. 예절 없는 홀대라고 오해를 할 수도 있겠지만 흔해서 그랬다. 자형은 오면 가식인지 진정인지, 손수 팔을 걷어 부치고 감자전을 부치자고 소탈하게 굴었다. 불끈거리는 팔뚝을 걷어붙이고 감자를 강판에다 가는 등 스스럼없이 한데 어울렸다.

전을 다 부쳐 한 상에 앉았다. 수캐가 앉으면 뭐 어쩐다고 누나는 그저 반지를 기특해 했다. 가뜩이나 챙기는데 요즈음은 더 심했다. 입덧, 제발 입덧은 하지 말았으면 좋겠다고 측은히 바라보았다. 생질 일철이를 가질 때 어쩜 똥물까지 토한 지독한 경험을 생각하고 진저리쳤다.

그러다 어떤 태몽은 없었느냐고 넌지시 물었다. 그냥 꿈도 못 꾸었다고 응대했다.

취기와 열기가 올랐다. 잔을 비우고 전을 양념간장에 찍어 먹은 자형이 나에게 잔을 권하고 나서 버릇으로 헛기침을 두어 번 했다.

꽤 오래전에 꾸었다는 꿈.

알 수 없는 어느 산상에서 범상찮은 웬 사내가 엄청난 용과 거대한 호랑이가 뒤엉켜 덤불 싸움을 하는데, 뜯어말리고 있었다. 유혈이 낭자한 피투성이들이었다. 하늘이 깨어지는 우레, 세상이 흔들리는 포효, 비수보다 더 날카로운 기합소리가 범벅이 되어 살벌했다. 신출귀몰 어찌된 일인지, 그 사내가 전광석화로 날뛰는 용의 코를 냅다 낚아채고, 달려드는 호랑이의 코마저 순식간에 통쾌하게 꿰뚫었다. 그 용맹스럽던 용호가 제압되어 무참하게 기를 못 폈다. 그때 쭉 지켜보던 웬 묘한 매부리 노파가 이상한 줄을 건네주자, 사내는 고삐를 만들어 용호를 이끌고 돌다리를 건너 산방으로 가는데 끝내 얼굴은 안 보이고 등만 보였다.

영락없는 태몽으로 굳게 믿어 다음날부터 불끈 힘을 주어 미친 듯 열심히 누나를 품느라 무릎이 다 까졌는데, 짚어도 한참 잘못 짚었다는 얘기에 우리 모두는 배를 움켜쥐고 실컷 웃었다. 그것이 반지의 태몽이었다는 귀결에 뜻을 모았다. 괜히 비싼 보약을 해 먹였다 싶었는데, 넘치는 사랑 받고 아기자기한 귀여움 받아 달콤하게 시달렸다는 누나는 태몽값을 내놓으라고 서둘러쳤다. 끝내는 우습게도 반지의 임신을 자축했다.

자형은 취해있었다. 자꾸만 허리가 앞으로 숙여지고 힘겨운 듯 자주 고개가 꺾여갔다. 아홉 병이나 저격한 우리는 전이 아직도 남았으니, 열 병으로 마저 채우자고 호기를 부렸다. 술을 더 가져오라는 성화에 약은 누나의 약아빠진 제안이 나왔다.

모두 제 마누라를 업고 도랑 돌다리를 건너갔다 오면 한 병.

반지를 들쳐 업었다. 반지가 건너길 좋아하는 돌다리였다. 무사히 건너갔다 왔다. 자형이 호기롭게 누나를 냅다 업었다. 아침에 응가를 안했는가, 왜 이리도 무거우냐고 농을 걸었다. 비틀거렸다. 불안한 누나가 말렸지만 탕탕 큰소리쳤다. 조마조마 가슴을 조였다. 어찌 용케 두 돌다리는 비틀비틀 건넜다. 세 번째 건너려는데 어어, 어어어, 기우뚱하더니 여지없이 그대로 선녀탕에 풍덩 빠져버리고 말았다.

반지와 나는 파안대소, 배가 아프도록 굴었다.

개똥불 _____ 7, 14.

여전히 뜨거웠다. 보태 곧 복더위가 맹위를 떨칠 때가 되었다. 용케 때를 알고 부연동서 기별이 왔다. 초복에 멍멍탕 추렴이나 하자고 성화였다. 윤과부집 그 좋은 토종 똥개 흑구를 맞췄다고 윤기 도는 기분 좋은 목소리였다.

바지랑대 괴운 줄에 널린 빨래를 거둬들일 때쯤은 해가 기울었다. 좀 선선해졌다. 저무는 산촌은 금방 어두워졌다. 기다렸다는 듯 선녀탕에 풍덩 빠져 목욕을 했다. 동방구리나 쳇바퀴 같은 반지를 동동 띄워 물장난을 쳤다. 뽀드득뽀드득 씻어주었다. 머리도 감겨 털었다. 꼭 껴안았다. 더덕향이 솔솔 났다. 개운 시원했다.

초저녁별이 반짝거렸다. 까만 어둠을 떠이고 싹이 텄다. 배불뚝이 개구리울음소리만 골짜기에 가득했다. 이슬이 흠뻑 내렸다. 까무룩 어두워지는 오래였다.

"저, 불 켜고 날아다니는 게 반딧불이야?"

며칠 전부터 부쩍 보이기 시작하더니 이젠 골짜기로 확 퍼져 뜻밖에 많이 보였다. 풀숲에서 이리저리 허공으로 막 날아다녔다. 누군가 장난꾸러기인 듯 몰래 숨어 어두운 밤 움직이는 작은 별 전구를 켠 듯 반짝거렸다.
"응. 저게 바로 개똥벌레야."
"아, 개똥벌레. 불이 뜨거워?"
껄껄 웃었다. 말은 들어도 난생 처음 본다는 벌레였다.
마침 유유히 날아가는 개똥벌레를 낚아챘다. 반지 손바닥에 놓아주었다. 반짝반짝 유심히 들여다보았다. 손을 덮었다 한참 뒤에 열어보았다. 여전히 연초록빛으로 반짝거렸다. 무척 신기해했다. 잡아달라고 졸랐다. 수건을 목에 두른 채 두 마리, 세 마리, 대고 잡아주었다. 좋아 어쩔 줄 몰랐다. 하늘에 별처럼 지상에도 반짝거렸다. 한여름 시골 밤의 고즈넉한 풍경이었다.
자연생태보존지역으로 지정되어서인가, 다행히 절골에는 개똥벌레가 되살아났다. 예전만큼은 아니지만 현란한, 무척 많이 날아다녔다. 개똥벌레의 숙주인 다슬기를 잡기는커녕 해마다 다른 데 다슬기를 있는대로 채집해 골고루 푼 극성 때문이었다.
한 열 살 때만 해도 참말이지 개똥벌레가 지천이었다. 멍석 펴고 모깃불 알싸하게 피워놓으면 할머니는 실꾸리 엮고 아버지는 쿨쿨, 어머니는 강낭콩을 까는 초저녁에 온 사방으로 반짝거려 날아오르고 날아다녔다. 개똥벌레를 누나랑 넘어지며 자빠지며 잡았다. 여치집에 넣어 걸어놓거나 발광체를 떼어내 이마에, 볼에, 코에 밥풀처럼 붙이고 으스대듯 돌아쳤다. 이슬 안은 풀밭을 헤쳐 잠방이가 형편없이 젖었다. 그 많던 개똥벌레가 하나, 둘 숲으로 들어가 잠들면 산촌의 밤은 호젓했다. 어머니가 부르면 손안에서 반짝거리던 포로가 된 많은 벌레를 훅 뿌려 놓아주었다.
부끄러움도 모르고 젖은 잠방이를 홀랑 벗어 발가숭인 꼬맹이 고추를 내놓은 채 할머니 곁에 누웠다. 끌어당겨 안아주었다. 빈 젖을 더듬거려 이내 물어 빨았다. 베홑이불을 덮어주었다. 거적귀신이 사정없이 내려왔다.
반지는 꿈을 꾸는 듯 했다. 강냉이밭으로, 밭둑 숲으로, 아내 무덤가로, 꽃밭으로, 도랑 건너 큰길까지 깔깔거리며 좇아다니다 아쉬운 듯 풀숲에 가만히 놓아주었다.
뒷산 월출봉에 올라 멀리 시내를 바라볼 적마다 언제나 반짝거리는 불빛 가득 개똥벌레를 생각했다.
날아오르는 꿈 좇아 할딱이는 반지.
"개똥벌레 집 지어 키우면 안 돼?"
"어떻게 키워?"

“먹이 주면 되잖아.”

침실에 걸어두고 싶다고 못내 아쉬워했다. 초저녁이 깊어 달래 업고 돌다리 건넜다.

찰강냉이 ____ 7, 16.

태생이 시골이라 삽사리처럼 뛰어다녔다. 쇠똥구리나 파헤치는 오래에는 개구리 펄쩍 뛰는 풀밭이었고, 밭에는 어쩌다 고향을 떠나온 파초처럼 남국의 정취가 꿈처럼 흐르는 강냉이가 늘 가득 자랐다. 6, 7 월의 내리쬐는 뜨거운 태양 아래 탈 없이 무성했다. 무더운 여름날 한 줄기 시원한 소나기를 기다릴 때쯤 산골의 아이는 물에서 노니는 수달이 되어 새까맣게 타버리곤 했다. 가지런한 이만 몹시 하얀 검둥이였다.

아버지 키만큼 훌쩍 자라버린 강냉이였다. 며칠 전부터 마치 수상한 안테나 같은 수술이 나왔다. 푸른 우주를 향해 귀를 바싹 열어놓은 척했다. 내처 잎새에 싸여 수줍은 듯 붉은 노리개를 옆구리에 늘어뜨린 예쁜 암술이 고운 치마를 둘러 내다보는 염탐 재빠르게 알아챘다. 눈치를 챘다. 누군가의 기별을 남몰래 기다리는 눈치였다. 매파인 듯 돌다리 건너온 바람이 은밀히 일었다. 우수수 부옇게 쏟아붓는 비릿한 꽃가루의 맹랑한 소나기 연정이었다.

사랑.

동물의 사랑이야 애무의 교접이지만, 식물의 사랑은 벌 나비와 바람의 중매, 참으로 오묘하고 신선, 순결했다.

산문 밖 부연동같이 큰 밭에 가득 심어진 강냉이는 완전군장을 한 전사의 엄숙한 열병식이었다. 칼날같이 정렬한 한 치의 흐트러짐도 없는 참으로 일사분란했다. 사령관인 양 바람이 지나면 병기 부딪는 소리 우수수 났다.

하지만 산속 깊은 뙈기밭이거나 다락밭의 강냉이는 시집 온 색시의 몸짓이었다. 어느새 벌써 예쁜 애기 낳아 업고 일 늦은 서방을 지순히 기다렸다. 더운 밥 지어놓고 기다리다 못해 밭머리에 까지 나와 발에 쥐가 내리도록 마중하는 새색시였다. 가냘픈 등에 애기는 고이 잠들었다.

머나먼 남국의 색시였다. 남십자성이 반짝이는 그 아득한 월남이나 필리핀을 떠나 낯 설은 타국으로 시집온 여인들이었다. 고향 그리는 애달픈 영혼이 서린 강냉이였다.

사랑이 무엇이던가, 쪽 바다 건너온 꿈꾸는 계집아이야. 산다는 것이 무엇이던가, 산모롱 돌아 터 잡은 여인아. 너의 해맑고 청순한 꿈이었던가. 매운 김치 버무리는 혈육이느니. 분홍빛 연분이던가. 세월이 흘렀다.

뿌리 내린 이국에 작열하는 태양.

소나기라도 한 줄기 퍼붓고 바람이라도 건들 불었으면 좋으련만. 무더웠다.

반지야.

다락밭에 잔잔히 풍기는 찰강냉이 풋내가 향그럽다. 이맘때쯤 귀한 나그네 찾아오리니, 버들바구니 마련해 두렴.

복달임 _____ 7, 19.

자형 안팎이 일찍 올라왔다. 초복이라 산불감시초소 겸 입산통제초소여서 직원이 출근하기 전에 와야 제재를 안 받았다. 평소도 그렇거니와 자연생태보존구역이어서 삼복 때는 들어가는 차량을 철저하게 조사를 했다. 반두나 배터리 같은 물사냥 어구는 에누리 없이 압수당했다. 낚시광인 자형도 뒤 트렁크에 항상 낚시 등이 실려있어 지저분했다.

복날. 여름내 더위에 시달려 기가 허하니 하루쯤 푹 쉬며 원기를 보충 회복하라는 뜻이었다. 엽전들은 복날에 개를 때려 잡어 그것도 토종 똥개 흑구나, 황구를 좋아하는 개장국을 최고로 쳤다. 아니면 계삼탕이나 영계백숙, 추어탕을 먹었다. 어쩌다 개장국 한 뚝배기 먹고는 마누라를 밤새도록 눌러주었다는 흰소리를 치는 사내들의 날이기도 했다.

맨 아래 다락밭 밑 머위밭을 휘돌아 도장골 도랑으로 들어갔다. 죄진 사람처럼, 잔당의 게릴라처럼 힐끔힐끔 산문 쪽을 보며 쫓기듯 숨어들었다. 남의 눈도 의식해야했다.

옛날 멍석만한 왕골논이던 둑 아래 버들 숲이 우거진 도랑에 닿았다. 무릎까지 물이 찼다. 도랑 복판에는 굵고 숱한 자갈이 쌓여있어 양쪽으로 갈라지는 두 줄기 물이 흘렀다. 물가에는 버들순이 무성 척척 휘늘어졌다. 잔잔한 돌멩이가 깔려 고기가 잘 꾀는 곳이었다. 유유히 노닐었다. 반지랑 누나가 반겨 호들갑을 떨었다. 회심의 미소가 입가에 번졌다.

버들순이 늘어진 곳으로 흐르는 물줄기를 모래와 자갈을 퍼 방파제인 양 가로 막아 옆 물줄기로 돌렸다. 자형은 막은 물줄기 아래도 튼튼히 막았다. 오도 가도 못하고 꼼짝없이 갇혀버린 포위된 고기들이었다. 조금 전에 노닐던 물속은 죽은 듯이 고요했다. 낌새도 없었다. 초비상이었다.

물사냥이야 고기를 먹자는 것이지만 그보다 더 고기를 잡는 재미가 있어야 했다. 추억이 더 즐겁고 소중한 법이었다. 세숫대야로 가득한 물을 밖으로 퍼냈다. 자형과 나는 번갈아 펐고 신이 났다. 그 가득하던 물도 버티고 견디다 못해 조금씩, 조금씩 줄어들었다. 밑바닥이 드러나기 시작했다.

"어머! 고기, 고기, 어머머!"

"와, 크다!"

"새카맣게 득시글득시글해, 언니."

"와, 까나리만 해, 까나리."

버들개가 이리저리 돌아쳤다. 엄지손가락 굵기만한 고기들이 몰려다녔다. 발을 툭툭 건드렸다. 흙탕물에 우그르르 우그르르했다. 하지만 탈출할 구멍 하나 없는 절망에 체념이나 항복을 강요하는 완벽한 요새였다.

버드나무 뿌리 밑 웅덩이에 까지 잦아들었다. 드러난 바닥에 음험하게 엎드려 있는 숱한 돌멩이를 하나 하나 일으켰다. 살짝 들어내자 주황빛 퉁가리가 두근두근 숨었다. 첫 개시의 반가움에 섣불리 꽉 쥐다 말고 자형이 가시에 정통으로 한 방 찔렸다.

“앗, 따가워!”

그물바구니를 앞에 갖다놓았다. 반지도, 돌멩이를 일으켜 잡아냈다. 잡을 때 마다 한 마리, 기분 좋은 소리를 질렀다. 한 돌멩이에 퉁가리가 세 마리나 숨어 웅크리고 있는 것을 보고, 즐거움을 주체 못하는 반지는 자지러질듯 즐거운 비명을 지르며 터지도록 손뼉을 쳤다. 진한 희열이 물씬 배었다.

뒤져 퉁가리를 다 잡고 난 뒤 대야만한 철망에다 물을 퍼 쏟아부었다. 고기가 걸렸다. 잔고기는 저절로 빠져나가게 만들었다. 순 버들개, 꾹저구(동사리), 모래무지, 기름종개, 퉁가리였다. 반지가 세숫대야로 물을 떠 부었다. 펄펄 뛰었다. 누나도 물을 푹 떠 부었다. 우그르르했다. 모두 좋아했지만 반지는 입을 다물지 못하고 어쩔 줄 모르는 품이 흡사 바보였다. 숨이 차도록 소리치고 난리 법석이었다. 엎어지며 자빠지며 박수치며 천진스레 웃어젖혔다. 잠방이가 다 젖어도 아랑곳하지 않았다.

헤엄치며 밤마다 꿈을 꾸는 고기의 전당인 버드나무숲은 어쩌면 초토화, 폐허가 되었다. 아무렇지도 않은 듯 다시 물길을 되돌려놓곤 고기를 손질했다. 퉁가리는 그대로, 꾹저구(동사리)는 목 밑을 따 모래집을 떼냈다. 버들개는 배를 갈라 지저분한 내장을 훑어내고 풍선 같은 부레도 끄집어냈다. 모래무지와 기름종개는 배를 짜 냈다. 잠깐 동안 한 말 들이 그물 바구니에 반절 넘게 담겼다. 개선장군인 양 기분이 흐뭇했다.

집 앞 도랑가 큰 양은솥이 걸려있는 화덕에는 모두가 준비되었다. 따로 마련한 매운탕용 아주 매운 고추장을 확 내 푼 물이 뜨거웠다. 찹쌀 몇 줌 듬뿍 집어넣고 불을 다시 질렀다. 매운탕만큼은 내가 끓였다. 화덕 옆 멍석 바위에 잡은 통고기 반을 쏟아부었다. 밀가루를 부어 버무렸다. 끓는 물이 굽이치는 솥에 으스대듯 털어넣었다. 그리고 햇마늘 한 바가지, 잔잔한 파 바가지 반이랑 토란 잎줄기 네 쾌기, 달걀 터뜨린 반 바가지를 대기시켰다.

실컷 끓으라고 아니 푹 달여지라고 뚜껑을 열어놓고 상수리나무 그늘이 진 거북반석으로 갔다. 썰어놓은 수박과 술상이 여태 기다렸다. 아까 잡은 굵은 꾹저구(동사리)랑 버들개 몇 마리가 쟁반에 담겨져 누웠다. 안주감이였다. 목구멍으로 술 한 잔을 털어넣고 온통 대가리 치장뿐인 꾹저구(동사리)를 초장에 찍어 아작아작 씹었다. 고소한 맛이 입안으로 감돌았다. 물끄러미 바라보는 반지였다.

"자형, 감자전 부쳐 먹던 날처럼 오기나 자만을 부리지 말고 오늘은 좋은 복날, 탕이나 조용히 먹읍시다."

슬쩍 긁어 농을 걸었다.

"절대 아니지. 오늘은 형편없이 실추된 명예를 회복하고 토순이와 당실이 기분도 살려줘야 할 임무가 막중해. 막중하다 못해 기필코 이룩해야할 사명이야, 이 사람아. 뭐 아는가?"

누나가 거들었다.

"자형 술이 많이 약해졌어. 좀 먹은 날 다음에는 은근히 힘들어 하는 게 보여. 감자전 지져 먹던 날도 밤에 힘겨워 끙끙거렸어. 아닌 게 아니라 말을 안해 그렇지, 어이새끼 먹여 살리느라 무던히도 애 많이 썼지 뭐. 어찌 보면 불쌍해."

"불쌍하긴 강아지 엉덩이가 불쌍해. 동네 술은 다 먹고 바람은 있는대로 다 떠는데 뭐 그래."

"바람?"

"응, 바람. 귀가 번쩍 뜨여?"

자형이 정색을 하며 말했다.

"자네. 누구 싸움시킬 일 있는가?"

신나게 웃어젖혔다.

솥에 가서 썬 토란잎 쾌기랑 마늘, 파를 여물처럼 집어넣었다. 멋대로 실컷 끓으라고 장작을 잔뜩 질렀다. 고기 살점들이 다 풀려 형체도 없었다. 나무 주걱으로 휘휘 저었다. 맹렬히 끓어올랐다. 그리고 풀어놓은 달걀을 부어나갔다. 퍼 담을 냄비를 가지고 온 반지가 들여다보고 동그래진 눈으로 놀란 고함을 질렀다. 이 많은 매운탕을 언제 다 먹느냐는 눈치였다.

"올케, 두고 봐. 어찌되나. 모자라지 않으면 천만다행이야."

"세상에. 이걸 다 먹어요?"

이제는 집어넣은 장작이 천천히 탈 때까지 느긋이 기다리면 되었다. 술잔이 배드민턴알이듯, 넘겨받고 넘겨주고 시계불알처럼 왔다갔다 줄기찼다.

여자가 남자를 만나면 처음엔 유순하고 귀여운 토끼가 되지만, 무 뽑듯이 애기 낳으면 서서히 약거나 영리한 여우가 되다가 늙어가는 어느 날 호랑이가 되어 으르렁거리는 속성이 있는데, 누나가 호랑이로 털갈이하는 때라 했다.

그에 반지가 거들었다. 남자가 여자를 처음 만나면 위엄있고 용맹한 천하의 호랑이지만, 제 소중한 피붙이 살붙이가 생기면 늑대로 거드름을 피우다가 어느 날부터인가 뒷다리 힘 빠진 늙은 토끼이겠다고 해 박장대소했다.

토실토실한 토순이 토끼를 원두막서 통째로 잡아먹을 땐 진정 우러러보는 호랑이었으되, 이젠 반대의 처지가 되어 서글프다는 자형의 복에 겨운 푸념이었다.

양지에 나서면 정수리가 따가웠다. 풀잎들이, 가로수처럼 자란 해바라기 잎도 코끼리 귀를 달고 축 늘어졌다. 당당히 명함 내미는 복날이었다. 값을 하고 제몫을 톡톡히 챙겼다.

누나가 큰 냄비 가득 퍼와 뚝배기에 펐다. 그냥 후루룩 후루룩 마시기 딱 좋은 조금은 걸쭉한 탕이었다. 내가 끓였지만 참말로 지독하게 얼큰하고 구수했다. 제 맛이었다. 이따금씩 술을 곁들여 흥취가 일었다. 뜨거웠다. 아랑곳하지 않았다. 몸뚱아리가 후끈했다. 웃통을 훌렁 벗어젖혔다. 땀이 줄줄 했다. 또 한 뚝배기. 다진 마늘을 넣고 생강을 풀면 한 맛 더 났다. 술잔을 털어넣고 퍼마셨다. 모두 이마에 땀이 송글송글 맺혔다. 세 뚝배기나 먹었다. 눈이 동그래진 반지가 나의 배를 꼭꼭 찔러보며 고만 먹으라 했다. 매운탕은 뭐 다섯 뚝배기 정도는 먹어야 그제서 눈이 어지간히 반들반들해진다고 자형이 능청스레 거들었다.

나른한 포만감을 안고 드러누웠다. 이내 기분 좋게 불린 콩을 맷돌질했다.

참매미의 풍치 있는 노래 속에 누나와 반지는 이야기 꾸리를 엮었다.

어느 맘 때였을까, 귓구멍이 가려웠다. 긁었다. 재채기가 날만큼 콧구멍이 근질거렸다. 비볐다. 무언가 눈썹 위로 기어갔다. 썩썩 문댔다. 얼굴로 기어다녔다. 개미인가 싶어 눈을 떴다. 강아지풀 줄기를 붙들고 끌고 다니는 반지였다. 참고 있던 웃음을 깔깔 터뜨렸다. 누나도 자형에게 장난을 쳤다.

열기가 좀 식었다.

생질 일철이가 대기업에 원서를 넣었는데 아깝게 떨어졌고, 사돈 회사에 다니라고 사장인 장인될 어른이 권해도 마다하다는 자존심 강한 이야기랑 소영이가 반지 해산때 득달같이 달려와 귀여운 쌍둥이 동생과 입맞춤할 거라는 이야기를 나눴다. 누나가 문득 설통밭에 예쁜 집을 짓고 싶다고 했다. 자형이 퇴직하면 친정이 있는 시골에 살고픈 의중이었다.

배가 한풀 꺼져내릴 쯤 누나가 탕을 마저 담아왔다. 여전히 배고픈 듯 맛있게 먹었다.

해도 산 위로 올라섰다.

자형 안팎은 폭포에서 시원하게 목욕을 했다. 아침에 잡은 고기 남겨둔 것을 반이랑 며칠 전에 캔 마늘을 갈라 주었다. 자형이 느닷없이 누나를 들쳐 업었다. 이내 돌다리를 건넜다. 박수를 쳤다. 건재함을 과시했다.

차는 떠나고 당솔에 매미 한 마리 기어올라 붙었다.

철새와 해당화 _____ 7, 21.

바다가 곁으로 다가와 옆구리를 간질이는 경포, 경포해변이었다. 답답한 가슴에 빗장이 휑하니 풀렸다. 기다리다 쏴아 거침없이 밀어닥쳤다. 터질듯 끝없이 시원했다. 넉넉하게 멀찍이 물러나 수평선을 빙 둘러쳐놓고 넘실대는 물결, 그리고 하얀 이빨을 드러내 마음껏 웃어젖히는 시원한 바다. 누군가 남김없이 몽땅 쏟아부은 쪽빛이었다. 뜻을 풀어내는 만년필을 들이대 쭉 빨아들이고 싶을 만큼 짙고 투명했다. 잦추어 바다가 다 마르도록 써도 모자라는 그대를 향한 나의 가슴이라고, 유치하고 통속적인 연애편지를 쓰던 사춘기의 노래처럼, 만고의 대서사시로 압권하고 싶었다. 금은빛 모래가 따갑도록 반짝이는 태양이 이글거렸다. 깃털 같은 바람이 날렸다. 해조음이 꿈결처럼 들렸다. 너울너울 파도가 달려왔다. 철새들이 달아났다. 인어와 돌고래들이 우르르 피했다. 모래자락에 스러졌다. 까르르 웃었다. 뒹굴었다.

경포.

동해안 최대의 철새도래지였다. 호수는 겨울 철새의 요람이고 해변은 여름 철새의 서식지였다. 산과 호수, 명승지가 아기자기한 강릉, 날씬한 인어들이 찾아들어 노니는 수족관이어서 늘씬한 돌고래가 찾아와 어울렸다. 펄펄 뛰는 싱싱한 젊음, 등 푸른 꿈과 낭만이 꿈틀꿈틀 출렁거렸다. 영원히 지워지지 않을 추억을 뜨개질하는 곳이었다. 빽빽이 들어찬 짙푸른 곰솔밭 옆구리에 새하얗게 깔린 모래자락에 인어와 돌고래가 기어올라와 가득했다. 건강이 넘치는 하나같이 예쁘고 해맑았다. 지느러미 힘찬 헤엄을 치기도 하고 튜브로, 공기매트로 장난을 쳤다. 고무보트로 노를 젓는 연인들이 다정스러웠다. 재롱스럽기도 했다. 장난기 심한 파도가 꼬리를 치면 웃음소리랑 아우성이 범벅이 되어 메아리쳤다. 마치 반환점 같은 오리바위 십리바위를 돌아가는 모터보트들이 깃발을 날리며 하얗게, 하얗게 물보라를 일으켰다. 해마다 이맘때면 모래자락에 버섯처럼 돋아나는 파라솔 그늘엔 요정들이 풍경을 스케치했다.

갈매기가 날아오르고 하얀 배들이 저만치 한가로웠다. 구름이 뭉게뭉게 피어올랐다.

새어나간 비밀처럼 아는 사람은 왜 그리도 많이 왔는지. 곁에 있는 반지에 대한 관심은 또 어찌 그리도 많은지. 무엇이 그리 궁금한지.

한참을 자맥질하다 뭍으로 나왔다. 사람이 붐비지 않는 데로 조금 벗어 나왔다. 파도가 밀려오고 밀려갔다. 모래가 늘 깨끗했다. 한지에 물 배듯 모래에 물이 빠졌다. 얼른 달려가 김무열, 은반지, 라고 썼다. 손가락이 간지러웠다. 밀려갔던 물이 힐끗 뒤돌아보고 우르르 쏴아 달려왔다. 우리는 잽싸게 피하고 파도는 발자국과 이름을 지우고 갔다. 뒤따라 내려가 바보, 라고 썼다. 반지는 양손가락을 볼우물에 대고 뱅글뱅글 돌려 약을 올렸다. 뒤이어 돌아서 우르르 달려왔다. 까르르 웃으며 파도가 바로 발밑에 올 때까지 놀리다 화들짝 달아났다. 화가 났다. 저 뒤에 있던 파도들이 떼지어 달려오고 달려왔다.

모래자락을 걸었다. 발이 간지럽기도 했지만 뜨거웠다. 무언가 두리번두리번 찾던 반지가 쪼그리고 앉았다. 골똘히 들여다보는 눈이었다.

"어머나, 너무나 작어."

아주, 아주 작은 조가비를 찾았다. 반지 새끼손톱보다 더 작은 어린 조가비가 유리알 같은 모래 몇 알을 담고 해조음을 귀담아 들었다. 앙증스러웠다. 이리도 작을 수가 있을까. 바다를 지척에 두고 갈 수 없는 운명. 날마다 그리며 밤마다 꿈을 꾸었을 남청물 밑, 조가비의 서글픈 세월이 아팠다. 측은했다. 손에는 노란, 하얀, 알록달록, 벌써 몇 수십 개의 조가비가 안겨있었다. 쪼르르 철썩이는 물로 다가가 힘껏 멀리 던졌다. 반지랑 바다에 오면 늘 예쁜 조가비를 주워 보내주곤 했다.

강냉이장수 할머니가 지나갔다. 두 묶음을 사 벤치그네에 앉았다. 따끈따끈했다. 일렁거리는 그네를 타며 다 먹었다.

마루길을 걸었다. 모두 쌍을 지어 손잡고 조잘거렸다. 직립하는 인어들. 솔밭에 숨어있는 마루오솔길을 걸어 나왔다.

커피장수 아줌마가 지나갔다.

반지를 덜렁 들어 차양막이 쳐진 고무보트에 태웠다. 마음 같아선 모터보트랑 타고 푸른 해원을 향해 온통 머리카락 휘날리는 짜릿한 쾌감을 느끼고픈 굴뚝이지만, 갓 임신한 몸이어서 못내 조심스러웠다. 노를 저어 빙빙 돌아다녔다. 태양에 조금은 익은 살결이 발그레했다. 노를 뱃전에 걸었다. 물결에 흔들리는 보트였다. 비릿한 바람결에 일렁이는 보트였다. 반지를 껴안았다. 밀려들어와 굽이치는 혓바닥이었다. 돌고래와 인어의 유희였다. 홱 파도쳤다. 뒤집혔다.

철새. 가족이랑 동아리, 그리고 숱한 연인이라는 이름의 이 수많은 철새들. 이제 곧 열기가 빠져나가는 어느 여름 끝 모서리에서 광란의 난해한 상형문자의 발자국을 남겨놓은 채 머나먼 이륙을 준비해야 했다. 계절은 떠나고 철새들도 가버린 해변은 쓸쓸하겠지만, 철새들의 난수표를 풀어야하는 비망록을 가슴에 담은 경포해변은 해조음을 낚아야했다.

몇 포기 해당화가 발그레 수줍었다. 저만치 물러난 수평선이 아스라했다.

하일서정(夏日抒情) ____ 7, 22.

물놀이가 보기와는 달리 참 고단했다. 어제 경포바다에 갔다 와 선녀탕에서 목욕도 모두 내게 맡긴 반지는 녹초가 되어 초저녁부터 골아 떨어졌다. 더욱이 홑몸이 아니어서 더욱 고단했을 터 새벽에도 좀처럼 깰 줄 몰랐다.

초복 오래 전부터 기다려 칭얼거렸다. 연인이었을 땐 동떨어진 먼 데 해수욕장에서 몰래 만나긴 했어도 마냥 불안했다. 남의 눈이 무서워 낭만이 가득한 경포해변에는 얼씬도 못했다. 결국 어제 원을 푼 셈이었다. 멋진 해수욕복을 입고 보란 듯 나란히 경포해변을 누볐으니.

바다에서 태운 벌건 살갗이 따끔거려 내심 핑계 삼아 하루 푹 쉬기로 했다.

반지가 도랑가로 어정거리며 야생화를 꺾어 오기도 했다. 창포잎에 붙은 청개구리를 붙들어 뽀뽀를 하다가, 콧등에 올려놓다가, 손안에 꼭 싸다가, 빠꼼히 들여다보다 얼굴에 오줌벼락을 맞았다. 그 모습이 고소했다. 작아서 사랑스런 무척 귀여워했다.

그러다 슬그머니 사라졌다. 소래기 열어놓으러 뒤란에 갔는가 싶었는데, 뜻밖에 무거운 듯 바구니 가득 들고 낑낑거리며 샘우물로 왔다. 샘우물 물꼬 밑 가마못에 텀벙 쏟아부었다. 호박, 가지, 오이, 그리고 토마토, 고추가 뒤섞여 장난감으로 띄워놓은 예쁜 돛배와 뱃놀이 둥둥 떠다녔다. 푸짐했다.

"무겁지 않았어? 부르지 그랬어."

"아니. 첫 열매를 따는 기분 너무너무 좋았어. 자기 말처럼 기분 이 엄지였어."

"호박밭은 수풀이어서 무서웠을텐데."

"여기저기 애호박이 달린 것을 보니 너무 기쁘기만 했어. 이봐, 예쁘지."

"뱀 무서워하잖아?"

"이젠 안 무서워. 뱀을 보면 네 집에 불났다, 이러면 얼른 제집으로 간다고 언니가 가르쳐 줬어."

얼굴에 즐거운 기색이 가득 찰랑거렸다.

"참외랑 수박이 여기저기 마구마구 맺히고 벌써 음전한 놈도 있어. 자기 팔을 베고 콜콜 하룻밤만 자고 나면 매일 매일 먹을 같아. 토마토도."

물에 싹싹 씻어 담으며 조잘거렸다.
"강냉이는 언제 먹어?"
"한 닷새쯤엔 재롱둥이 반지가 냠냠."
"반지가 다 먹을 거야."
"난 안 주고?"
"생각해서 반지 껴안고 자는 아이는 줄 거야. 호호."

고맙게도 처음 땄는데 매일 매일 따게 생겼다고 흐뭇해했다. 하얀꽃을 피우는 박도 이제 막 맺히더라는 전갈이었다. 덧붙여 복숭아도 익어간다고 종알거렸다. 텃밭에 시렁 위의 오이도 미처 못 따먹겠다며 옆에 토마토, 참외와 수박도 넘치겠다는 뿌듯한 자랑이었다. 수확의 희열을 전율처럼 느끼는 순간이었다. 이제 밭으로, 둑으로, 기웃거리며 과일과 채소를 오롯이 담아 오는 바구니가 반지 손에 매달려 바쁘게 생겼다.

호박 네 덩이, 가지랑 오이 열 개를 용화산 정토사에 갖다 주자고 은근히 채근했다. 몹시 기분 좋은 화색이었다. 장돌뱅이처럼 약아빠지면 중앙시장에 내다 팔 수도 있으련만, 악바리도 아닌 덕에 약빠르지도 못했다. 시달리며 살아온 생활이 아니어서 더욱 그렇다. 전혀 세상인심의 야멸친 덫을 알지 못했다. 멍청이마냥 세상물정도 까마득했다.

태양이 머리 위에서 뱅뱅 돌았다. 소품 같은 구름도 없었다. 새파란 하늘이었다. 솔개가 나타나자 어디서 모여들었는지 까치떼가 일제히 달려들어 몰아냈다. 돌다리에 할미새가 날아와 꽁지를 흔들다 허연 똥을 싸고 날아갔다. 다람쥐가 어디에서 찍찍 목을 빼 염불을 했다.

산사에서 차가 미끄러지듯 내려오고 산문에서 우체부 오토바이가 쪼르르 올라왔다. 흥부집에 편지를 넣으며
"벌써 벼가 패는데요."

독백처럼 지껄이더니 대답은 아예 바라지도 않고 산사로 붕 올라갔다.

거북반석에 앉아 엽서랑 편지, 신문을 읽었다. 그늘 드리우는 상수리나무에서 청량한 소리로 맴맴 참매미가 시원하게 울었다.

집에서 돌다리까지 길 양켠에 심은 키다리 해바라기가 꽃을 접었다. 어제 바다에 갈 때만 해도 스케치만 하고 있는 줄 알았는데 종일 심심했는지 덧칠을 했다. 해바

라기 발 아래 키 낮은 채송화는 벌써 접어 분칠을 했다. 그뿐 아니었다. 화단에 봉숭아도 빨갛게, 아주 빨갛게 고깔모자 뜨개질하느라 얼굴이 붉었다. 바야흐로 여름이 짙어 익어갔다. 덩달아 나의 얼굴도 검게 그을었다.

반지는 밭둑 비탈에서 이른 복숭아를 따느라 기웃거렸다.

궁궁이 흰꽃이 지천인 숲 도랑 건너에서 개구리가 뱀에 잡아먹히는 소리 꽤액, 꽤액, 한가하게 들리고, 한나절 휘파람새 울어 골짜기가 청아했다.

뜨거웠다. 한바탕 소나기라도 내렸으면.

수달과 인어 _____ 7, 24.

달이 밝았다. 물굽이 휘도는 산굽이 먼 골짜기에 가득했다. 명주비단결을 드리운 보름날이었다.

맑고 하얀 폭포물을 가득 담아 넘치는 온통 차돌빛 선녀탕에 달빛이 은은했다. 바람 뒤척이는 윤슬에 반짝이는 파문 물비늘이 잘게 일었다. 부서져내려 앙금으로 켜켜이 가라앉았다.

옷을 껍질처럼 벗었다. 부끄러운 알몸이었다. 예쁜 향기 이는 꽃이었다. 싱그러웠다. 뜨끈한 반지를 껴안고 천천히 물로 들어갔다. 무릎을 더듬어 허리까지 차올랐다. 후텁지근하던 몸뚱아리가 시원했다. 동방구리마냥 동그란 반지를 동동 띄웠다. 개미를 태운 살랑살랑 흔들리는 종이배였다. 남실남실 돛대를 단 보굿배였다. 목까지 차올랐다.

헤엄을 쳤다. 청개구리였다. 자맥질했다. 반지도 뒤따랐다. 빙글빙글 돌았다. 재빨리 휘돌다 몰래 껴안아 치솟았다. 꼬리를 흔들어 동동 몸뚱아리를 띄웠다. 예쁜 부리에 뽀뽀를 했다. 이어 떨어져 물장구치며 뒹굴었다. 하얀 물줄기를 끊임없이 쏟아붓는 폭포는 선녀탕에 맑은 물을 찰랑찰랑 아리따운 유희에 너울너울 무넘이를 했다.

세상이 곤히 잠든 밤 선녀들이 하늘하늘 내려와 목욕을 했다는 아득한 전설처럼 언제부터인가, 장난꾸러기 수달과 날씬한 인어가 몰래 뒹굴기 시작했다. 수달이 탕에 들었다. 꼬리를 잡은 인어가 지느러미를 흔들었다. 인어가 수달을 껴안았다. 수달이 인어를 껴안았다. 동동 떴다. 무동을 태우다 물속으로 숨었다. 등에 업고 헤엄을 쳤다.

고즈넉했다. 이제 곧 전설이 되리니. 먼먼 어디 수달이 노니는 깊은 소에 고혹한 인어랑 살고 있다고.

그 오랜 세월 너래 반석을 흘러내린 물결에 구유마냥 깊고 넓은 홈통이 져 쏟아지는 폭포 위로 올라갔다. 발가숭이로 폭포 위 끝 홈통에 까지 올라가 가로막아 앉았다. 반지 허리를 바싹 껴안았다. 저지당한 물이 차올라 우리를 밀어내기 시작했다. 슬슬 밀려갔다. 미끌미끌 밀려 스르르 폭포 아래로 떨어져 선녀탕에 풍덩 잠수했다. 헤엄을 쳐 나오는 반지는 연방 깔깔 웃었다. 누가 볼까, 물가로 늘어선 단풍나무가 무성하게 가렸다.

물을 끼얹고 물장난을 치다 물썰매도 싫증날 때쯤 삼단같이 유난히도 숱이 많은 반지 머리를 빨고 헹구고 감겼다. 늘 향이 이는 몸뚱아리에 비누칠을 마음껏 한 뒤 목덜미와 가냘픈 어깨, 궁둥이가 예쁜 다리랑 장난꾸러기가 되어 간지럼을 타도록 못 견디게 밀었다. 그리곤 깔깔 웃다가 선녀탕 깊숙이 자맥질했다. 돌고래처럼 지느러미를 흔들다 반석으로 나왔다. 명주 달빛이 기다린 듯 물이 뚝뚝 듣는 수줍은 알몸뚱아리를 비단이듯 휘감았다. 머릿결을 비벼 털었다. 빗어내리고 내렸다. 곡선 미려한 목덜미로 흘러내려 찰랑거렸다.

늘 더덕 내음이 확 풍겼다.

손바닥만한 팬티 입혔다. 흰 런닝을 입히고 모시옷을 입혔다. 까슬한 베잠방이, 적삼을 입었다. 날아갈듯 상쾌했다.

거북바위 방장 안으로 가는 길, 수달의 등에 아리따운 인어가 업혀있는 그림자가 어렸다.

감자바위 _____ 7, 25.

하긴 반지에겐 모두 처음 접하는 일이었다. 이 나라 육백년 도읍지서 자란 탓에 시골 농사일은 아예 무지렁이였다. 그래도 해보려고 애깨나 썼다. 이를 갈아 물고 누나 말처럼 그게 예뻤다. 안되면 울기까지 하는 은근히 애바리였다.

감자 캐는 일도 생전 처음이었다. 설레는 마음으로 밭에 들었다. 제법 너른 밭머리 첫 이랑에 앉았다. 호미로 두둑을 살살 헤치다가 옆으로 호밋날을 쑥 집어넣어 당겨 파헤쳤다. 둥글둥글 음전한 허연 감자가 어김없이 기어나왔다. 한창 자는 강아지였다.

"어머나, 굵다. 와! 자기 주먹만 하다."

세숫대야에 담았다. 뎅그렁거리는 소리가 오래로 점잖게 울려 퍼져나갔다. 한 포기에 세, 네 개 정도 달렸다. 뎅그렁뎅그렁 풍요롭게 연이어 들렸다.

물끄러미 바라보다 두려운 듯 호기심을 겨눠 파헤쳤다.

"와! 신난다. 금덩이닷, 금덩이."

연신 웃으며 조잘거려 즐거워했다.

써억, 하는 소리가 들렸다. 감자가 호미 끝에 찔렸다. 민망스러워했다.

"어머, 어떡해?"

"왜?"

모른 척 짐짓 물었다.

"감자를 베었어."

호미를 빼지 못하고 엉거주춤했다. 이내 울상이 되었다.

초등학교에 다닐 때만 해도 우리집은 일년내내 감자와 국수였고 조밥과 강냉이였다. 매일같이 감자를 긁어 안쳤다. 하기는 그때 그것도 고맙게 여겨야 했다. 밥 굶는 집이 뜻밖에 많았다.

어쩌다 경포 외갓집에 가면 허연 쌀밥에 기름진 반찬, 걸신들린 듯 먹었다. 지금도 생각하면 어머니가 불쌍했다. 누구나 알아주는 그래도 이름깨나 날리는 가문이었다. 호랑이가 튀어나오는 찰촌으로 시집왔으니 남몰래 얼마나 서러웠으리라는 것을.

늘 가슴이 아팠다. 그래도 감자가 나는 시절엔 한없이 좋았다고 했다. 그래서 반지를 산방에 들어앉혀 썩힌다는 생각에 많이 망설였다. 어머니의 길을 걸을까 언제나 걱정이었다. 더욱이 가난하다는 인식이 꼬리표 붙은 고리타분한 글쟁이가 아닌가.

써억.

이제는 웃었다.

어머니 적엔 감자가 상했거나 호밋날에 찍힌 감자는 잘 씻어 독에 썩혔다. 쿠린내보다 더 고약스런 냄새에 세월 없이 기다리며 물을 갈아주어 뽀드득거리는 뽀얀 녹말을 빼냈다. 그 녹말가루로 떡을 하면 그리도 맛있었다. 가난해서 알뜰했다. 지금은 흔해서 아예 하지도 않지만 워낙 품이 많이 들기 때문에 누가 엄두도 내지 않았다. 무심코 그냥 버렸다. 반지에겐 아무렇지도 않지만 나에겐 아직도 아깝다는 생각에 벗어날 수 없었다.

한 세숫대야 차면 괴운 바지게에 부었다. 발채에 차면 짊어지고 비닐온실 안 마늘덕 옆에 부었다.

반지도 이젠 능숙해져 곧잘 캤다. 재미있어 했다. 얼굴에 땀이 말간 구슬로 맺혔다. 달려달어 팔로 껴안아 땀을 닦아주었다.

"고마워."

이어 생글생글 웃었다.

"자기가 껴안아 닦아주니 아빠 같아."

"귀여운 재롱둥이, 내 딸 반지."

궁둥이를 툭툭 두드려주었다.

"감자 다 캐면 여기에 무얼 심어?"

"가을 김장. 광복절쯤 돼 심을 거야."

"그러면 끝이야?"

"응. 추위가 오면 곰 두 마리가 산방에 들어앉아 뽀드득뽀드득 살지. 그땐 반지 뱃속의 아기 심장소리를 들으며."

또 한 짐. 져다 쏟아부었다. 우리와 누나랑 세 네 가마, 윗집 산사에 한 가마 주고 나면 나머지는 산문 밖 부연동 덕팔이가 쳐가기로 했다. 한 열 몇 가마쯤 계산이었다.

군에서는 비탈이라지만, 흔히들 강원도 사람을 감자바위라 놀렸다. 이미 애칭이 되어버렸다. 물론 악의는 아니었다. 논보다는 밭이 많다는 뜻이고 기름지기보다는 척박하다는 이야기였다. 품성이 약지 못해 순박했다. 하여 서글프게도 가난했다. 하나같이 맞는 말이었다. 하지만 감자바위 그 뚝심 누가 당할까.

저녁엔 감자를 팍신하게 찌고, 알맞게 익어 쉰 잘박한 열무김치 그리고 바글바글 뚝배기장이었다.

이중주 _____ 7, 26.

강냉이 수염이 말라갔다. 젖빛 물알이 굳어가는 때였다. 반지에게 왜포 수건을 씌우고 긁힐까 긴소매를 입혔다. 워낙 좋아해서 숱하게 사 먹긴 해도 따 보기는 처음이라 했다. 보기 좋은 걸 마음껏 따라고 강냉이 숲 고랑 안으로 들여보냈다. 바스락 바스락 잎새 헤치는 소리가 나는가 싶더니 이내 찌익-딱, 소리가 들렸다. 참으로 경쾌했다. 왠지 가슴이 뿌듯했다.

"하나 땄어."

"좋아?"

잠시 머뭇거리다

"아니."

"왜?"

"엄마 등에 업혀 곤히 자는 애기를 빼앗는 기분이야. 싫어, 싫어, 하는 것 같아."

"그럼, 엄마 좀 쉬게 하자 이러면 돼."

"맞아. 그 생각을 왜 못 했지."

가슴이 울렁거린다는 대답이었다.

"먹고 싶은 만큼 따, 실컷."
"자기, 감나무 아래 멍석 펴놓고 가만히 기다려. 멀리 가면 안 돼. 반지가 많이 따 갈게, 응."
찌익-딱.
찌익-딱.
여름에 어쩌다 귀한 나그네가 오면 어머니는 광주리를 이고 밭에 들어 수북이 따 왔다. 이제는 까마득한 추억이지만 약혼한 자형이 온 날, 자형이 누나와 같이 들어가 따기도 했는데 아무 일 없었다는 듯 시치미를 떼고 나왔지만, 자형의 입술이며 볼에 붉은 연지가 나 보아라 하고 찍혀있었다.
"자기야, 반지 찾아봐."
"내가 지금 금방 강냉이밭에서 반지를 잃어버렸거든."
"그래서?"
"여태 찾는 중이야."
"그럼, 찾으러 올 때까지 안 나갈 거야."
"할머니가 들려준 얘긴데 옛날부터 강냉이밭에는 아기 호랑이들이 숨어 숨바꼭질을 한대."
"호랑이?"
옥수수 숲을 헤치는 소리가 다급히 들리는가 싶었는데 어느새 벌써 나왔다.
"까꿍."
방긋 웃음이 가득 해맑았다.
낑낑거리는 바구니를 받아 멍석 위에 쏟아부었다. 마치 물레질한 가락 같았다. 또 들어가 따왔다.
옷을 벗겼다. 망사 푸른 옷이었다. 모시적삼 하얀 속옷이었다. 그리고 부끄러움 가득한, 밤을 기다렸다.
문득 정토사에 몇 통 주고 싶다고 무심코 지껄였다. 말이 끝나자마자 대추고목 모롱 돌아 스님차가 때맞춰 올라왔다. 제 소리하면 온다는 호랑이였다.
신이 난 건 반지였다. 신을 신는 둥 마는 둥 멈추라는 요란한 시늉으로 도랑가로 달려나갔다. 덩달아 오라는 손짓했다. 스님이 내렸다. 반지가 계속 동동거렸다. 영문도 모른 채 돌다리 건너온 스님과 자매인 듯 손을 잡고 왔다. 오늘 천신하는 강냉이라고 했다. 들가방에 열 통 남짓 넣었다. 반지가 쪼르르 주방으로 가더니 복숭아 일곱 개를 종이 가방에 넣어가지고 나왔다. 황송한 듯 어쩔 줄 모르는 비구니였다. 연신 합장했다.

"만날 얻어만 먹어 염치가 없네."

"있으니 주고 있으니 나눠 먹어. 혼자 먹으면 꿀돼지야."

받아 쥔 비구니는 잘 먹겠다고 인사를 한 뒤, 나가다 거북반석에 바둑을 보았다.

"안팎이 바둑도 두시나 봐요. 말 그대로 빼어난 이 선경에 어울리는 신선이네요. 늘 느끼는 감정이지만 부러워요."

"석 점 붙이지만 한 수 물러 달라고 생떼를 쓰면 바보처럼 물러주다 만날 내가 이겨요. 난 절대 안 물러줘요. 호호호."

스님을 보내고 도랑가 화덕에서 쪘다. 채반에다 담아 거북반석에서 빙빙 돌려 먹었다. 쫀득쫀득한 찰강냉이 풋풋한 향이 깊었다.

여름날의 풍경을 담은 노래를 매미가 청아하게 불렀다. 반지는 소프라노, 나는 베이스로 하모니카에 몰입하여 연주했다.

이육사의 포도는 아직 푸를텐데.

청산에 살어리랏다 _____ 7, 28.

괴나리봇짐 둘러메고 그을음이랑 댓진 낀 도시를 훌쩍 떠나 아득히 먼 변방 그 청산 자락 깊숙이 숨어들었소. 모롱 돌아 양지녘에 차디찬 샘물 딸린 움막 같은 산방 하나 우그려 꾸몄소. 토굴뚝에 모락모락 연기 그런대로 피워 올렸소. 멍석만한 마당도 쓸 수 있소. 이랑 뒤척이는 텃밭도 몇 평 일궜소. 앞 도랑에 돌다리 놓고 뒷산에 꼬불꼬불 토끼길 내었소. 모반이 죽 끓는, 승천을 다투는 이무기 세상 벗어나 재 너머 칠백 리 물굽이 휘돌아 풀씨 뿌려 길 묻고 온 고원, 그 골짜기 구름 걷힌 청산에 이제야 들었소.

청산은 나를 보고 말없이 살라 하고 창공은 나를 보고 티 없이 살라 하네. 탐욕도 벗어놓고 성냄도 벗어놓고 물같이 바람같이 살다 가라 하네. 한산이면 어떻고 나옹이면 어떻소. 그 소박한 시로 날마다, 날마다 가슴을 씻어내고 있소. 이슬처럼 맑고 꽃처럼 향기로운 숨 따스하니 쉬고 싶소.

인연이 무엇인지 이제야 알겠소. 더럽다는 그놈의 정도 알겠소. 그 먼 길 졸졸 따라온 철없는 계집 노른자위로 껴안고 밤마다 소피 누이었소. 사는 게 어디 별 것이겠소. 정 들면 그만인 것을. 미련이랑 욕심 없으니 천년을 칩거해도 되겠소. 찌든 이름 석 자 헹군 뒤 속없이 착한 계집 귀여운 응석 어르기로 했소.

뻐꾸기 구성지게 우는 갈잎이 필 때쯤 주루막 둘러메고, 미울 것도 없고 예쁠 것도 하나 없는 순한 계집 몰고 나물 뜯으러 이산 저산 들렀소. 세월이야 가고 날짜 모른다 탈 날 리 있소. 소나기 긋고 싸리꽃 붉게 피는 시절이 한창인 강냉이, 감자, 무성한 이랑 풀물 들도록 가꾸었소.

천궁, 구릿대 하얗게 피는 날, 더러는 하루쯤 쉴 겸 무릎 걷어 올리고 도랑에 나가 고기도 잡아 매운탕 끓여 술 한 잔 곁들이는 재미도 있소.

종일 쏘아올린 솔개 거두어 내리면 쪽쪽쪽 쏙독새 울음 낭자한 토장국 끓이는 저녁, 개똥불 지천에 밤새 부엉이 호젓하게 울고 있소. 솔등에 붙은 매미인 양 업은 계집 다독여 어쩌다 만난 못난 사내 얘기 듣다 잠들곤 하오. 무릎 걷어 미리내 건너는 꿈 함박 꾸었으면 좋겠소. 총총한 별들이 졸고 있소.

함초롬히 이슬 내린 밤, 귀한 걸음으로 더러 찾아오는 벗이 놀다 가곤 하오. 무심히 지나다 치마끈 풀리는 소리 끝 누운 계집 귀여운 재롱에 솔깃 못 견뎌 몰래 들여다보는 월궁 항아였소. 어흠, 산창을 열면 화들짝 놀라 어쩔 줄 모르는, 흙질한 뽀얀 대뜰에 부끄러움 하나 가득 엎질러놓은 달빛 푸른 산방이오. 짚신, 하얀 코고무신 나란히 껴안고 자는 고즈넉한 밤이오.

나뭇짐 괴운 그림자 만지작거리는 유정한 달님, 어제는 깊도록 저 유장한 적벽대전을 기꺼이 읽어주는 전기수가 되었소.

벗이야 달 말고 간대로 오우가뿐이겠소. 청산이 좋아 찾아 든 모두가 벗이련만.

오는 가을엔 뒷산 솔밭에 동송이 따 장아찌 박고, 앞산 참나무밭에 도토리 두세 가마 주우면 눈 덮인 겨울 한 시름 놓겠소. 올해도 참벌 한 서른 통 치고 있소.

살다가 더러 ____ 7, 30.

다람쥐 쳇바퀴 돌리듯 먹고 자고의 반복은 참 지루한 일상이었다. 어디 재미있고 신나는 일이 별로 없었다. 저마다 꿈을 꾸었다. 기적이 일어나기를 은근히 바랐다. 굴뚝같이 용꿈을 원하지만 이루어지지 않기에 희망사항이라 푸념했다.

심마니가 수백 년을 묵은 천종 심을 돋우거나, 강태공이 굉장한 월척을 낚는다거나, 서민들이 로또복권 일등 당첨되기를 마루 밑에 똥강아지 꿀 바라는 간절한 꿈이 요행이었다. 나같이 어설픈 산엽꾼에게는 귀한 나물이나 버섯 한 주루막 뜯어도 그리 좋은데, 운이 좋아 석청이나 보기 드문 약초 천마나 적하수오라도 어쩌다 재수 있어 얻어걸리면 뛸듯 기분이 좋으련만.

촌에는 신문이 우편으로 오기 때문에 하루 이틀이 늦었다. 우체부의 오토바이가 오기에 얼른 나가 받았다. 그 자리에 선 채 찢어질듯 급히 펼쳤다.

『벼락 맞은 대추나무(霹棗木) 발견』

커다란 제목으로 문패를 단 기사가 도배를 해 살아 싱싱하니 꿈틀거렸다.

엊그제 밤 꿈에 돌아가신 아버지가 웬 엽전 크기의 조금은 통통한 나무 목걸이를 주곤 홀연히 사라졌다. 나의 꿈은 개꿈이나 예삿꿈이 아니었다. 아무리 생각해도 이상해 아침에 앞산 너머 갔다. 아버지 산소 바로 앞에 반 키 정도의 지름인 상당히 큰 공 모양의 바위가 있었다. 매가 찬 방울이라고 하여 잔치비응(殘雉飛鷹), 꿩을 낚아챈 매가 용솟음치는 기막힌 형국이었다. 그런데 그 옆에 있는 큰 대추나무가 그 푸르던 싱싱한 모습은 온데간데없고 고사목처럼 바싹 말라 비틀어져 죽었다. 언제 심어졌는지는 할아버지도 모른다는 나무껍질은 불에 탄 듯 자못 시커멓게 그을렸다. 껍질을 벗겨보았다. 허물처럼 벗어졌다. 앙상한 뼈대는 어쩜 엿빛이였다. 어떤 잔가지는 더러 갈라졌는데 깊숙한 심줄기가 새까맣게 탔다. 딱딱한 숯이었다. 낫으로 두드려보았다. 아주 강한 쇳소리가 땡땡 났다. 들은 풍월은 있어 굵은 가지 하나 찍어와 물에 넣어 보았다. 머뭇거리지 않고 공손히 가라앉았다.

순간 머리에 스치는 게 있었다. 지금도 기억에 있는 언젠가 막 초여름 그때, 하늘이 무너질듯 밤새도록 치던 굉장한 벼락 맞은, 그럼 벽조목. 얼른 낙뢰를 연구하는 후배 대학 교수에게, 신문기자에게 돌아가며 전화를 했고, 반지는 비디오 카메라로 처음부터 찍었다. 교수는 조사해 보나 마나 벽조목이라고 있는 지식 없는 지식을 질펀하게 쏟아내 뻐기는 양이 참말로 꼴불견이었다. 좀 좋게 봐 줄래도 아무래도 경박스러웠다. 확인하는 기구를 가지고 와 실험을 하곤 기고만장이었다. 가관이었다. 기자들은 말로만 듣던 귀한 현장을 보고 즐거워했고 신기해했다. 우리 모두는 흥분했다.

그렇게 하여 지름 한 자쯤 되는 벽조목을 베어왔다. 이빨이 성큼한 기계톱이 악을 쓰며 한참을 실랑이를 쳤다. 무진 모질었다. 차돌이었다.

벽조목.

벼락은 뇌신이라 부르기도 했다. 하여 하늘의 신이 강림했다고 숱한 해악을 저지르는 몹쓸 잡귀들은 절대 얼씬대지 못했다. 뇌신을 입어 행운과 복을 가져다준다는 다소 무속신앙적인 것도 있으나, 퇴마에도 사용하는 벼락 맞은 대추나무를 최고로 쳤다. 각 고을 계곡으로 가면 거의가 토종닭이라 써 붙인 간판처럼 가짜가 진짜로 행세하는 어처구니없는 한심한 세상이라 진짜가 봉변하는 세태인데 말해 무엇하겠는가. 벽조목도 그랬다. 아주 높은 고압전류를 통과시켜 만든다고도 했다. 벽조목 도장이라고 으스대며 자랑하는 놈은 얼간이라고 치면 딱 맞았다.

그 교수와 기자의 말처럼 거부감은 있어도 뜻하지 않게 횡재를 했다. 어쨌든 기분이 좋았다.

어떤 사람은 복권을 사면 곧잘 맞고 길을 가다 돈도 더러 줍는 재수도 있다고 했다. 옛말에 재수 없는 홀어미는 남정네를 만나도 고자만 얻어걸리고, 재수있는 홀어미는 어디 주저앉아도 꼭 소댕꼭지에 앉는다고 했다.

내가 그렇다. 어머니가 시집올 때 해온 토침 속에 호두 두 알을 갈아 넣었다. 안에 있던 호두알을 누나랑 나누었는데 깨어보니, 내 것은 텅 비었고 누나 것은 알이 탱탱했다. 남들은 공짜도 잘 생긴다는데 영 아니었다. 손덕이 없었다.

신문의 덕인가 어찌 알았는지 전화가 빗발쳤다. 즐거운 비명, 어쨌든 흐뭇했다. 속이지 않고 팔 수 있어 상쾌했다. 하긴 살다가 더러 신나는 일이 일어났으면 싶다.

우선 반지와 나의 도장과 낙관을 반듯하게 새기고 부적 목걸이도 만들어야겠다. 정겨운 지인과 친구에게 선물할 참으로 마땅한 보물이었다.

상제님 저에게 벼락을 치려거든 돈벼락을 치라는 우스갯소리가 생각나 피식 웃었다.

장마 ____ 7, 31.

며칠 전부터 장마가 온다는 기별을 접했다. 새벽에 반지가 서실 묵천혈에 들어갈 때 이미 내렸다. 골짜기에 안개가 스르르 돌았다. 샛바람이 불었다. 부연 빗줄기가 빗살무늬로 떨어졌다. 창을 두드리고 갔다. 하늘이 훤해지는 듯하더니 이내 구름이 이동을 하며 금방 어두워졌다. 내리 퍼부었다. 숲들이 으스스 떨었다. 도랑에 물이 불었다. 혼탁했다. 시끄럽게 쏟아내는 폭포에 돌다리가 찰랑찰랑 묻혀버렸다.

가늘어지는 빗줄기 그쳤다. 이어 갰다. 잠깐이었다. 바람이 몰려오고 나뭇잎들이 우수수 털면 굵어지는 빗줄기였다. 컴컴했다. 모두 젖었다. 돌다리 건너 흥부집이 우산도 없었다. 조랑말도 젖은 채로 웅크렸다. 빨간 달리아도 비를 맞았다. 키다리 해바라기, 발치에 난쟁이 채송화, 봉숭아도 젖었다. 몇 포기 심은 토란은 우산을 쓰고 있지만 마음이 젖었다. 나도 가만히 젖어들었다. 비탈에 나무들도 떨었다. 산문 밖에서 웬 차가 비를 피하듯 정토사로 휘돌아갔다. 종일 하염없었다. 방안이 서늘했다.

아버지는 여러 날 장마 질 때, 종다래끼나 채반 같은 것을 만들거나, 불이 신통찮다는 어머니의 응석에 고래를 훑었다. 아니면 산문 밖 부연동에 벼림 가거나 술추렴이었다. 누나는 또래들을 만나러 산문 밖으로 미꾸라지처럼 용케 빠져 나가곤 했다. 어머니는 할머니가 좋아하는 수제비를 정성껏 잘 끓여 대접했다. 밖에 나가 놀 수 없어 심심한 나는 애꿎은 할머니의 빈 젖을 장난감처럼 조몰락거려 빨다 물곤 낮잠을 잤다. 천지에도 없는 끔찍한 오대 독자 손자여서 응석이 심했다.

비옷을 입고 반두를 들고 도랑에 갔다. 비는 여전히 빗금을 쳤다. 갑자기 물이 불으면 고기들이 버들잎을 물고 있다고 들었다. 물이 나가면 도랑에 가 버들순을 짓밟아 고기를 뜨곤 했다. 반두를 대고 꾹꾹, 잽싸게 들었다. 오그르르했다. 반지가 그릇을 댔다. 두 사발 족히 됨직했다. 흠뻑 젖어 한기가 일었다. 그래도 잡는 게 재미있어 줄곧 밟아댔다. 손이 곱았다.

해일경보마저 발령됐다. 빗줄기가 세차게 내렸다. 그칠 기색이라곤 아예 없었다. 사람들이 대피하기 시작했다.

물결이 드디어 울컥 끓어 넘쳤다. 파도는 완강한 방파제를 서슴없이 돌파 강릉벌을 범람 처절하게 유린해버렸다.

나르샤. 강원, 아니 강릉이 뿌리인 프로축구팀이 멋지게 그리고 통쾌하게 이겼다. 참으로 기분 좋은 날이었다.

운동장은 축구광들로 점령 가득 들어찼다. 스탠드를 온통 메워 빈틈이 없었다. 오렌지색 물결이 넘실거렸다. 만수위로 흘러넘쳤다.

잔디 위에 선수들이 마치 요정처럼 보였다. 나르샤 요정들이 치고 올라갈 적마다 와! 솟구치는 함성이 천지를 뒤흔들었고 북과 꽹과리, 태평소가 신명을 돋웠다. 삐쭉 솟은 깃발들이 옷자락을 펄럭였다. 그러다 밀리면 우우 상대의 기를 여지없이 꺾어냈다. 절호의 찬스일 땐 벌떡 일어서며 강릉사투리가 여기저기서 거침없이 빠져나오고 팝콘인 양 튀어나왔다. 치어리더의 발랄한 몸동작에 맞춰 경쾌한 나르샤의 노래가 파도타기 응원의 함성에 메아리쳐 푸른 하늘로 날아갔다. 뭉쳤다. 모두가 한 덩어리였다.

또 꾹꾹 밟아 떴다. 오그르르.

반지도 대단했다. 180도 완전 딴 사람이었다. 잽싸게 반응을 보이며 곧잘 예리한 코치까지 주문했다. 왕성한 다혈질에 극성팬이었다. 누구의 딸인가. 아버지가 과거 이름을 드날리던 국가대표선수가 아닌가.

마침내 타는 가뭄 속에 폭우인 듯 내리는 시원한 단비, 꼴이 터졌다. 가슴이 터졌다. 미쳐 날뛰었다. 일제히 일어서 손을 뒤흔들어 환호하고 피 토하듯 고래고래 소리를 질렀다. 안면이 있어도 없어도 서로 붙안고 덩실덩실 춤을 추었다. 벗어던진 모자가 하늘로 치솟았다. 내리고 또 치솟았다. 누군가는 신명내기로 웃통을 훌 벗어 던졌다. 기쁨의 광란이고 승리의 헹가래였다. 완전 망나니 패거리였다. 저질스러웠다.

그래 비웃는 너희들은 안 그러냐? 더 미친 지랄 개지랄하면서, 새끼들. 짜거든 쉬지나 말아.

나르샤의 노래 강원의 노래가 천지를 뒤흔들어놓았다. 장내 방송도 흥분했다.

구름같이 모여들어 개미떼처럼 새까맣게 쏟아져나오는 인파 그리고 물결.

잡은 고기 가마못에 쏟았다.

거리는 쥐 죽은 듯했다. 썰렁하다 못해 삭막하기까지 했다. 그 멀미가 날 정도로 붐비던 사람들과 차량들이 정지된 시간에 갇혀있었다. 웬 발바리들이 암컷을 따라 다닐 뿐 함락직전의 어느 도시였다. 죽어도 축구의 도시라는 똘똘 뭉친 자긍심이 어느 지역보다 대단한 곳이어서 농상전이 있는 날에는 늘 텅 비었다.

도시는 다시 출렁거리기 시작할 것이고, 흥청망청 먹을거리촌은 한몫 두툼하니 챙기는 날이었다. 밤이면 독수리 오 형제들은 몫 좋은 길목에서 물고기를 낚아올리는 짓궂은 음주측정을 할 것이고.

굴뚝에 연기가 올랐다. 방이 축축해 군불을 지폈다. 목욕탕에서 상큼하게 씻고 나왔다. 한잠 자려고 홑이불을 거실로 가져왔다. 알맞게 어두운 분위기였다. 팔베개 베여 덮었다. 궁둥이를 툭툭 두드렸다. 암탉이었다. 냅다 껴안아 올라탔다. 벌건 대낮이라 당황 앙탈이었다. 무슨 소용인가. 벼르고 있는 개구쟁이 악동에게 꼼짝 없이 포위 선전포고도 없이 당했다. 어설픈 낮거리였다. 구우일주방사(久雨日晝房事)라 했다. 겸연쩍었다. 처음 당하는, 부끄러워 얼굴을 못 드는 반지였다.

반지가 등을 걷어올린 뒤 나의 배를 걷어올리고 등을 바싹 갖다 붙였다. 따뜻하다고 강아지처럼 꼬물거려 파고들었다.

비는 여전히 내렸다. 낙숫물소리가 야릇했다.

거적귀신이 썰매를 타기 시작했다.

산방설화 8월 일기.

콧등치기 _____ 8, 1.

사흘째 지짐거리는 장마였다. 날이 시원하다 못해 이젠 소름이 돋을 만큼 서늘했다. 방안이 썰렁했다. 기분 나쁘게 축축하기까지 했다. 보일러실에 들어가 따스하게 군불을 살짝 지폈다. 며칠 전만 해도 비가 좀 왔으면 은근히 채근했는데 벌써 민주를 대 냄새를 피웠다. 다시금 고쳐 생각해도 간사했다.

서실 묵천혈에 들어간 반지는 두 시간째 꼼짝 않았다. 골몰해 무아경에 빠져 침잠했다. 신경 쓰이고 방해될까 싶어 거실 좌탁에 읽다만 '사라져가는 것들' 이란 책을 폈다. 인총이 많다보니 없어지는 동식물이 빠르게 줄어든다는 현실이 안타까웠다. 부질없는 욕망과 한낱 유희 때문에 영원히 자취를 감춘다는 건 크나큰 손실이기에 앞서 서글픈 일이었다. 보존, 복구를 치밀하게 이야기했지만 현실을 외면한 공허한 구호일 뿐이었다. 그런 시설엔 엄청난 돈이 필요했다. 갈 수록 사악한 인간이지 않는가.

어쩌다 뽕나무하늘소를 붙잡아 돌 달아올려 놀던 어렸을 때, 참나무밭서 뼘을 잴 만큼 엄청나게 큰 장수하늘소를 더러 보았다. 이젠 도통 보이지 않았다. 소멸되어 안타깝게도 동식물도감에나 겨우 채집되어있을 뿐이었다. 그 흔한 여우와 늑대도 보이지 않는지가 한참 된 듯했다. 쇠똥구리도 없고 물맴이도 드물었다. 앞으로 얼마나 많은 것들이 고통을 받으며 사라질까.

따르릉.

코까지 골며 낮잠을 자던 전화기가 화들짝 놀랐다.

윗집 산사 반가운 동갑나기 스님이었다. 서울 요로에 중계한 벽조목 값을 통장에 입금시켰다고 운을 뗐다. 날씨도 궂은데 더운 콧등치기 잔치를 벌이자는 입맛 당기는 괜찮은 제의였다. 귀신 듣는데 떡 소리 말랬다. 그러잖아도 궁금했는데 기다렸다는 듯 쾌히 승낙했다. 지금 막 물이 끓으니 곧바로 오라는 채근이었다. 귀는 밝아서 어느새 나왔는지, 환히 웃는 반지가 좋아서 강아지처럼 쫄랑거렸다. 머리에 나비핀을 꽂고 조금은 다듬어 먼저 나섰다.

끈덕지게 쏟아지는 장맛비였다. 돌다리가 넘쳤다. 우산을 펼쳐든 반지는 아가처럼 업혀 건넜다. 천진스레 즐거워했다. 애마가 빗속을 뚫고 산모롱들을 휘돌아 감돌아 들었다.

벌써 굴뚝에 모락모락 연기가 피어올랐다. 언제나 풍경소리가 한가로이 들리는 산사는 고요로웠고 한적했다. 은은했다. 모처럼 드나드는 나그네가 뜸하다 못해 없었다.

여태 기다렸다는 듯 도착하자마자 더운 제물국수 콧등치기가 삶아져 나왔다. 갖은 양념과 고명을 곁들여 후루룩 후루룩 젓가락이 분주했다. 한 그릇 더 청했다. 매번 느끼지만 언제 먹어도 절 음식은 담백하고 맛깔스러웠다. 짐작은 하나 순 메밀국수를 왜 콧등치기로 불렀는지 웃음이 저절로 나오지만 어머님이 좋아해 자주 밀어 먹는다는 스님이었다.

순 메밀가루는 찰기가 별로 없었다. 궁핍한 예 시절에 찰기 있는 다른 무엇이 별로 없기에 국수 오리를 굵게 썰어도 잘 끊어졌다. 해서 젓가락으로 집어 얼른 입으로 넣는 순간 잽싸게 빨아 당겨야 먹을 수 있었다. 조금은 과장된 표현이지만 그 국수 오리들이 빨려 들어가면서 콧등을 치기 일쑤였다.

콧등치기.

얼마나 재치 번뜩이는 이름인가. 어찌 보면 헐벗은 백성 어머니아버지의 서글픈 사연을 우리는 웃으며 즐겨 먹었다.

낙숫물 떨어지는 소리 음정으로 들리는 스님 방은 깔끔하게 정돈되었다. 꽤 많은 서책이 진열되어있고 특히 수필집이 쉽게 눈에 띄었다. 고전수필과 스님들이 써 베스트셀러가 된 책과 책들. 그리고 참으로 좋아하는 법정의 수필, 또한 곁들여 현대수필에 이르기까지 다양하게 구비해 놓았다.

스스로 땡추 축에도 들지 못한다고 단언하는 스님은 응어리진 가슴 아픈 사별녀였다. 대학시절 사학과 학생과 열렬한 사랑을 나누다 반강제로 제주도에서 비밀결혼을 올렸고, 어느 날 백혈병에 걸린 것을 알았지만 이미 때는 늦어 두 해 뒤 눈을 감고 말았다. 다음 해 홀시어머니마저 저 세상으로 가버렸다. 물려받은 상당한 재산과 미모에 눈독 들이는 꼴불견 사내들이 집적거렸다.

그때부터 넓은 세상이 싫었다. 수소문 끝에 남몰래 깊은 산중에 늙은 어머님, 온전치 못한 오라버니를 걱정 없이 모실 수 있는, 난마 같은 속세와 별리이지 수도승은 아니라고 거짓 없이 순순히 털어놓았다. 그저 은둔의 한 방편이었다.

꿀 먹은 벙어리처럼 자물쇠가 늘 잠겨있는 창고 같이 궁금했는데 방을 열어보였다. 불을 켜자 어림잡아 40여 점 넘는 한국화 액자가 여기저기 걸려있고, 더러는 구석에 겹겹이 세워져있었다. 누구에게도 개방하지 않은 작업실이었다. 첫 관람객이라는 기쁨을 안겨주었다. 산방과 정토사가 있는 절골 빼어난 풍경이 주로 소재였다. 갈필로 한때를 풍미한 청전을 좋아한다는 그녀는 서울에서 개인전을 두 번씩이나 연 화가라는 사실도 알았다. 올 만추 때나 초겨울에 문화예술회관이나 화랑에서 개인전을 열 계획이라고 했다. 인생의 허무를 그림으로 달래는 측은한 여자였다. 비밀이 벗겨지면 질 수록 양파 껍질처럼 속 깊이 점점 궁금스러워졌다.

우리가 외딴 산방에 즐겨 살듯이 스님도 용화산 정토사에 조용히 사는 것이 더없이 마음에 든다고 했다. 더불어 아래 윗집으로 사는 게 더욱 즐겁다 했다.

셋은 문학과 예술을 하는 사람들이었다. 동아리이어서일까, 멋지고 기발한 생각을 했다. 시와 글씨, 그리고 그림, 삼인 자매 동아리 전시회를 해마다 부처님 오신 날에 열어보는 것이 어떻겠느냐고 문득 제의했다. 얼마 되지는 않겠지만 그리하여 그 수익금으로 가난한 불자를 돕자고 손을 모았다. 참으로 좋은, 생각만 해도 가슴이 벅찼다.

고향을 떠나 왔기에 그리운 향수는 고이는 법.

시골서 자란 사람들의 가슴에 담긴 정서가 아련한, 어쩌면 전유물 같은 추억이 아닌가. 인정머리 없는 서울 깍쟁이들의 가슴 속 깊이 잊지 못할 소중한 향수가 의외로 촉촉이 젖어있었다.

추억들을 쏟아놓았다.

모처럼만에 멀리 떠났다 조급히 오는 길에 기차가 연착되어 팔뚝에 붉은 도장을 찍어주던 통행금지가 완강했던 시절의 이야기랑, 자주 찾아갔던 인간 냄새가 물씬 풍기는 마포나루의 정겨운 한강 굽이 고적한 풍경을 찾아 돌아치던 추억을 실꾸리 엮었다. 땡땡땡 전차가 오갔다던 종로 네거리가 문득 그리운, 고향이 같은 이유 하나만으로도 친근해 있는 반지와 스님은, 자주 들리던 인사동 골목 어느 토속 찻집 이야기를 올올이 풀어냈다.

벚꽃 구경도 구경이었지만 한 끼에 국수를 여섯 그릇이나 거뜬히 먹는다는 창경원 수문장, 걸리버의 후손일지도 모르는 흡사 전봇대 같은 키다리 아저씨 보러 친구들과 갔다가 어머니가 준 돈 몽땅 소매치기 당해 속상한, 세워놓고 코 베 가는 세상,

세워놓고 눈 빼 가는 세상이라는 서울 인심.

그 번화했던 명동 거리도 이젠 추억의 풍경이 아니고, 그 거닐던 돌담길 스치는 고적한 덕수궁도 낯이 설은데, 안개 낀 장충단 공원을 떠나가는 세월의 뒤안길을 회상했다. 그리워했다. 언제 한번 동행해 보자고 손가락까지 걸었다.

비는 여전히 내렸다.

사돈의 궁둥이 ____ 8, 2.

한 파수.

지루했다. 이따금씩 구름이 꿈틀거릴 때마다 민망스런 안사돈의 궁둥이만 얼핏얼핏 엿보였다. 여러 날 긴 장마 때 구름 사이로 잠깐씩 보이는 해를 사돈, 혹은 안사돈의 궁둥이라 불렀다. 이유는 껴안고 자는 아내의 궁둥이도 보기 힘든데 대하기가 정말 조심스럽고 어려운, 아니 대할 수도조차 없는 그 사돈의 궁둥이야 더욱, 희화적인 강릉 방언이지만 참으로 멋졌다. 인질로 묶여 여태 갇혀있던 궁둥이 둥근 안사돈이 아침 일찍 요행 풀려났다.

하늘이 새파라니 쨍했다. 거침없이 온 누리에 햇살이 퍼져나갔다. 더없는 환희였고 해방이라는 단어가 생각날 만큼 왠지 들뜬 기분이었다.

벌들은 이착륙이 즐거운 듯 벌써 정신 사납게 분주했다. 매미소리 다시 우렁찼다. 개미들이 집을 보수하느라 여념이 없었다. 멧비둘기가 나른하게 울고 차양이 긴 모자를 쓴 반지가 나풀나풀 돌아쳤다. 폭포소리가 낮아지고 도랑물이 줄어들었다. 물에 잠겼던 돌다리가 목을 쑥 내밀어 숨을 토했다. 수풀들이 반짝 윤이 나고 가벼운 바람기에도 잎들이 흔들렸다. 꽃들이 젖은 잎을 보송보송 말렸다. 신천지였다.

그 성하던 냄새 고약한 노래기도 사라졌다.

방방마다 문이란 문은 활짝 열어젖혔다. 맑은 공기 마른 햇살이 들락거렸다. 흰 빨래가 그네를 타는 마당 훤했다. 마음이 다림질한 듯 가벼웠다.

산사에서 미끄러져 내려오는 차가 나팔을 불었다. 이어 스님이 손을 흔들었다. 반지가 두 손을 머리 위로 올려 심장 모양을 상큼하게 지었다. 늘 느끼지만 짓이 귀여웠다.

잠시 주춤했던 계절이 다시 일어섰다. 햇살이 무서운 열기로 끊임없이 쏟아지고 지열이 후끈 달아올랐다. 삼복염천이었다. 사돈의 궁둥이 그 태양이 이글이글 타올랐다.

한때의 객기가 경범죄로 구류, 유치장에 갇혔었다. 초원을 내달리던 야생마에게 느닷없이 높은 철책이었고 벼랑, 가로 막은 강이었다. 채워진 족쇄였다. 자제하고 참아야하는 자책보다는 누구도 구속할 수 없는 나의 자유를 침탈한다는 항변이 지독한 광기를 발했다. 하지만 갇혀, 암울한 절망에 갇혀 서서히 꺼져내리는 광란이었다. 순종인지, 맹렬히 치달아 솟구치던 줄기찬 만용이 탈진했다. 무정란이었다.

그때 뼈저리게 느꼈다.

질주하는 발굽이 자유이고 엄격한 굴레가 자유인 것을.

자유의 몸이 된 바싹 허리춤을 치켜올린 안사돈의 궁둥이, 오, 태양이여.

검푸른 하늘을 날고 싶다. 발톱 예리한 솔개. 아득한 지평선을 질주하고 싶다. 발굽 억센 야생마. 휘날리는 갈기를 다오. 바람을 차는 날개를 다오.

자유여.

장마 끝 헤쳐나온 폭염이 정수리에 내리꽂혔다. 여전히 뜨겁고 후텁지근했다. 달걀이 익을 듯 대단한 찜통더위 습도 가득한 무더위였다.

분무통을 짊어지고 설통바위 고추밭을 살펴보려고 나섰다. 반지도 동행했다. 벌써 돌다리를 깡총깡총 건너 큰길에 나갔다.

심술궂은 장마 속에서도 꿋꿋했다. 절망하지 않고 찻길 양켠으로 덤불이며 수풀이 꽉 우거졌다. 뱀처럼 기어나오는 칡덤불이 한창 꽃을 피웠다. 얼기설기 마덤불이랑 박주가리덤불, 찔레덤불, 댕댕이덤불들이 어우러지고 수풀은 참으로 싫증이 안 나는 야생화가 숨은 듯 꽃을 접었다. 하얀 뚜깔, 노란 마타리꽃이 흔한가 싶으면 다문다문 벌개미취도 단정한 자태를 슬쩍 드러냈다. 조금은 찬찬히 들여다보면 이질풀들이 자줏빛 꽃을 물었다. 질세라 야생 꽈리도 면사포를 부지런히 다듬었다. 숲속은 낙엽 썩는 내랑 풀향기, 꽃향기가 어우러져 바람에 풋풋했다.

메뚜기도 제법 크고 사마귀도 덩달아 살이 올랐다. 검은 팥중이, 두꺼비메뚜기도 날았다.

작은 나뭇가지에 수국꽃 한 송이를 거꾸로 매달아놓은 듯 쌍살벌집이 보였다.

지천으로 다소곳이 핀 야생화에 흠뻑 정신이 빠졌든 반지가 고추밭에 이르자 입을 딱 벌렸다. 탄성이 아니라 고함을 질렀다. 꽉 들어차고도 성큼 자란 섶에 놀라기도 했지만 이제 한창 잎새마다 가득 매달린 고추를 보고 입을 다물지 못했다. 울퉁불퉁 근육질이듯 불끈 힘이 솟아있는 고추였다. 다투어 육체미를 과시했다. 흔히 장마 뒤에 병세가 걷잡을 수 없이 잘 나타나는데 다행히 아직은 낌새가 없었다. 싱싱했다. 혹시나 싶은 염려에 목초액을 분무통 가득 뿌려주었다.

들배나무꽃 흐드러지게 피던 날 심었는데 어느새 풍성한 열매가 익을 심산이었다.

곡식도 자식처럼 아무 탈 없이 잘 자라 열매가 풍성하게 맺힐 때 농부는 주체하지 못하는 희열을 느꼈다. 흡족해 하는 반지가 나풀나풀 따라오며 흥겨운 노래를 읊조렸다. 입을 오므려 제법 휘파람까지 날렸다.

벌통도 살폈다. 여전했다.

아, 어쩌지.

바로 앞 바위 위에 야무지게 또아리 틀어 몸을 말리며 해바라기하는 독사 두 마리. 혀를 날름거렸다. 반지가 보면 외마디, 기절하거나 십 리 밖으로 도망갈텐데.

펄쩍, 마침 개구리가 튀었다.

돌돌거리는 물소리 정겨운 돌아오는 길에도 꽃을 찾았다. 잉크 방울을 입에 문 달개비, 비탈에 흰 꽃으로 뒤덮은 사위질빵, 산초나무꽃이 한창, 쑥부쟁이도, 하얀꽃 흔드는 취나물도, 아직도 피는 산나리랑 석벽에 붙어 피는 패랭이가 예뻤다. 꺾어 반지에게 주려고 무심코 숲으로 들어갔다.

갑자기 윙 소리가 났다. 앗차, 땅벌, 땅벌이었다. 하필 그 악명 높은 땅벌집을 감히 밟았다. 이미 늦었다. 한방 쏘였다. 분무통을 벗어 팽개치고 번개같이 반지를 부드럽게 낚아채 껴안고 필사적으로 뛰었다.

어릴 적 부연동의 짓궂은 장난꾸러기들이 바소쿠리에 공작 날개처럼 둥그렇게 짐을 펴 얼기설기 힘겹게 지고 오는 옹기장수를 보고 땅벌집을 냅다 건드려놓았다. 재빨리 숲에 숨어 신나게 구경하는 꾸러기들. 영문도 모르는 옹기장수는 지독한 땅벌 떼에 기총소사의 표적이 되어 지게를 팽개치는 고소한 쌤통짓을 했다거나, 장님이 지나가면 일부러 퉁겨놓았다는 얘기도 듣곤 했다. 용케 반지는 안 쏘여 천만다행이었지만 방패막이 네 방이나 쏘여 근질거렸다.

몸이 끈적끈적했다. 선녀탕에 풍덩, 풍덩 목욕 자주 했다. 그때뿐 겨울 날 언 발에 오줌누기였다.

별이 내리는 밤 ____ 8, 4.

무슨 눈치를 알아챘는지 맹랑한 초닷새달이 예리하게 내려다보다 뒷걸음치며 막 넘어갔다. 어두웠다. 숨어 기다린 듯 남몰래 만월폭포 선녀탕에 퐁당 빠졌다. 수달이 되어 간지러운 장난치다 깨끗이 씻고 베잠방이 적삼을 갈아입었다. 반지를 덜렁 업고, 전번 장마 때 거뒀다가 다시 거북반석에 쳐놓은 모기방장 속으로 들어갔다. 보송보송 살갗이 시원했다. 멍석 위에 노란 돗자리를 깔았다. 신선이 부럽지 않았다.

어둠이 포위해 밀려들었다. 앞산과 뒷산이 시커먼 곰처럼 보이는 능선 위의 하늘엔 잠이 없는 별들이 돋았다. 누군가 함부로 뿌렸던 작은 씨앗들이 문득 싹 트는 꽃밭이었다. 초롱초롱한 아이가 깜빡거리는 눈망울이었다. 반짝이는 보물로 가득한 동화의 나라였다.

참으로 많은 별, 별들.

한여름 밤 할머니가 반석에서 실꾸리를 엮을 때, 무수히 쏟아지는 별을 목이 아프도록 쳐다보던 어린 시절엔 할머니 무릎 베고 잠들었던 끝없는 상상으로 꿈에 젖기도 했다.

긴 칼 찬 왕자가 되어 천리마, 아니 서역의 한혈마(汗血馬)를 잡아타고 아득히 머나먼 미리내에 내려 어여쁜 공주를 만나 사랑을 속삭였다. 하지만 이루어질 수 없는 슬픈 사랑에 우는 공주를 위해 자미성을 공격하듯 찾아가 용감무쌍한 담판, 마침내 옥황상제의 윤허를 받고 공주의 치맛자락 휘날려 하강했다.

무엇이 별이 되었을까.

이렇게 고즈넉하고 호젓한 밤엔 아스라한 전설이 메아리쳤다. 이 세상에 태어난 뭇 사람들의 죽은 슬픈 넋을 우리들 눈에 안 보이는 배가 고스란히 담아가 별꽃을 피워 위로한다는 반지의 나지막한 이야기였다. 하여 엄마, 아빠의 넋이 떠도는 것이 아니라 보석 같은 별꽃으로 빛나 밤이면 반지가 살고 있는 천하를 금은방 진열장처럼 내려다보고 있다는 설화였다. 저 검푸른 우주 어딘가에 엄마, 아빠별, 훗날 반지의 넋이랑 나의 넋을 실어갈 예쁜 배가 어딘가에 있고 곧 아기가 태어나면 아기별도 태어난다기에 몽롱했다. 꿈에 젖었다.

별을 쳐다보노라면 참으로 신비했다. 이 나이에 아직도 신비스러운 저 아득한 우주. 한낱 티끌에 지나지 않는 나약한 인간은 일찍이 구원을 바라는 전지전능한 위대한 신을 찾았다. 막연한 동경이었다. 기념비적 아폴로 우주선의 달 착륙과 신기원을 이룩한 패스파인더의 화성 탐사로 천체의 껍질이 조금씩 벗겨지면서, 신의 존재를 반신반의했다. 있다, 없다, 끝내는 논쟁으로 비화되고 신앙은 거룩한 종교로 포장되었지만, 궁지에 몰렸다.

신은 없다. 마음이 곧 신이요, 믿음이 곧 신인데, 우주에는 없는 미신이었다. 자연현상일 뿐이었다. 어쩌면 망상이고 이상인 곧 꿈이 아닌가.

대장간의 별똥별이 벌겋게 달군 쇠막대를 투창이듯 아득히 내던지고 있었다.

반지의 꿈처럼 달리 영웅을 꿈꾸는 사내들은 거칠었다. 천기를 가름하거나 알 수도 없거니와 파란만장한 운명을 점쳤다. 밤하늘을 우러러 저 멀리 떨어지는 별을 보고 천년 왕조를 한하거나 기울어지는 국운을 비통해했다. 불길한 징조를 예감했다. 황산벌 대결전을 앞 둔 계백은 광야 너머로 추락 아스라이 사라지는 별을 보고 이 나라 사직이 다하였구나, 기다란 연꼬리에 불을 붙여 높이, 하늘 높이 띄운 김유신을 맞아 오천 결사대와 함께 장렬히 전사하고 말았다.

나의 별은 어디에 있는가. 반지의 별이랑 나란히 있을텐데.

낮에 도랑에 가 작은 물길을 내어 나뭇가지로 기둥을 세우고 열십 자 물레방아를 만들어 놓았다. 물방울을 튀기며 뱅글뱅글 얄밉게 잘도 돌아갔다. 반지가 아이처럼 쪼그려 앉아 숫제 턱을 괴었다. 신기한 듯 바라보며 일어설 생각을 안했다.

과채를 따와 씻다가 쪼르르 가보곤 즐거워했다.

장돌뱅이 허생원과 분이가 저 물방앗간에서 하룻밤 풋사랑으로 동이를 잉태한 메밀꽃 필 무렵이었던가.

줄곧 궁금해 하더니 기어이 플래시를 밝혀 가서 확인하고는 해맑게 웃었다. 가마못에 띄운 돛배도 보곤 이젠 편안한 잠이 올 것 같다고 팔베개 당겨 베고 품에 안겼다. 홑이불을 끌어 덮었다.

별이 내리는 밤.

꽃은 언젠가는 지는 법, 별꽃도 같아서 어느 세월이 가면 떨어지는 별꽃이 별똥별인데 미리내에 하얗게 깔린 조약돌이라 했다. 사리라 했다. 별똥별이 떨어졌다. 미리내가 돌아앉아 계절이 바뀌어 가는 중이었다.

고단한 하루를 접고 품에 안겨 콜콜 편안한 숨소리가 들렸다.

답사 _____ 8, 6.

아침 일찍 산부인과에 갔다. 심하지는 않았지만 한 며칠 입덧을 했다. 밥내에 꽥꽥거리고 역겨운 듯 토하고 먹지 못해 축 쳐져 생떼만 썼다. 남들은 된통 고생한다는데 다행히 그냥 흉내였다. 산모와 쌍둥이 태아는 아주 정상이라는 진단이었다. 물론 힘든 일은 응당 삼가야지만 가벼운 운동, 평소와 다름없이 무리하지 않는 일상을 부탁하곤 신선한 과일을 많이 섭취하라는 권고였다.

홍제동을 지나 곧 누렇게 될 푸른 금산벌을 달렸다. 벼들이 한창 팼다. 뜨거운 햇살이 내리퍼붓고 맑은 바람이 일렁거렸다. 먹을거리 마을이자 대관령과 삽당령의 분기점인 성산을 통과 오봉호수 옆구리를 휘감았다. 시퍼런 물이 출렁거려 만수위였다. 빤히 건너다보이는 부연정 터에는 벌써 정자의 모습이 대단한 위용으로 드러났다.

부연동 면소거리를 곁으로 흘리며 산방으로 가는 연화교를 건넜다. 천상(天上)이라는 간판이 선 오래된 복숭아 과수원이었다. 『천상(天上) 복숭아 축제』라고 쓴 현수막이 걸려 펄럭거렸다. 시내에도 드문드문 걸린 것을 보았다. 나에게도 초대장이 올 만큼 장사 속이 밝은 함종철 주인은 도의원에 능수능란한 달변가에다 사기성이 농후할 만큼 수완이 있고 붙임성, 아니 넉살 좋은 사람이었다. 대단한 인물임에는 틀림없었다. 국회의원을 꿈꾸는 잠용이었다. 보태어 걱정스러운 건 자만이었다. 흔히 내 입지를 이용 야욕을 채우기 위해 패거리나 어떤 집단을 손아귀에 넣어 온갖 해악을 끼치는, 중용을 잃어버리는 과욕을 흔히 보아왔다.

세계 최악의 저질로 소문난 애초 종자의 씨를 받을 수 없는 불종, 패종인 우리나라 정치하는 놈들이 그렇지 않은가. 가장 추악한 노래기보다 못한 벌레 취급하는 이유였다. 그래도 이 나라 최고인 선망의 지식인 줄 아는 참으로 한심한 철면피들이였다.

성황당 공터에는 검은 세단이 즐비하게 도열해 있었다. 사람들이 득시글거렸다. 경쾌한 음악소리도 흥이 났다. 수군대고 속삭이는 소리는 시장, 시의장, 그리고 떨거지 간부들, 또 시내 기관장들이 거의 오다시피 했다는 사실이었다. 외롭게 사는 독거노인이나 힘겨운 소년 가장을 방문 위로하는 것보다 이곳을 찾는 일이 그렇게 대단하고 그렇게 절실한 것인지. 솔직히 제 일신영달일 뿐 가증스런 위선의 달인들이었다.

사람들이 가득했다. 세 곳의 원두막에도 흥청거렸다. 입구에는 그림이 예쁜 종이상자에 향기로운 복숭아를 담은 것들이 무덤처럼, 고드랫돌 공장인 듯 쌓여있었다. 아가씨 몇이 연신 웃음을 띠우며 판매했다. 그 수익금 얼마를 불우한 학생을 위한 장학금으로 쾌척한다는 취지였다. 해마다 그랬다. 하지만 생색만 내는 코끼리코의 비스킷이었다. 겉이야 순수한 꿈이겠지만 속내는 음흉한 포석의 위장이었다.

봄이면 꽃잔치도 열었다. 비탈을 온통 붉게 뒤덮은 도원향이었다. 제법 알려져 상춘객들이 붐볐다.

복숭아를 한입 깨물어 음미하며 비탈진 대열에 끼어 올라갔다. 손질을 잘해 탐스레 열렸다. 향이 상큼 진했다. 맨 위 원두막에 올랐다. 향수를 느낄 만큼 옛날 모습이었다. 학동 시절 또래들과 도둑고양이처럼 살금살금 기어들어가 서리하던 기억을 떠올리곤 피식 웃었다.

문득 누나가 생각났다. 음력 9월 보름 깊은 밤, 자형의 건달 같은 은근한 완력과 솔깃한 속삭임에 홀려 치마끈 풀어주었다던 그 원두막이었다.

"천상과수원 맨 위 원두막에 와 있어."

"왜?"

"답사 차 왔어."

"답사라니? 무슨 답사?"

"9월 보름밤에 아야, 아야, 했던 추억이 깃든 원두막인데 보존해야잖겠어? 충분히 가치가 있고 의미가 깊어."

의도적으로 껄껄 웃었다.

"싱겁긴 고드름 장아찌네."

"언니? 멋진 연애였네. 내 소문 다 낼 거야. 원두막서 연애했대요. 아야 아야 연애했대요."

박수를 치며 읊었다.

사실 그 이튿날 누나는 아버지한테 멍이 들도록 실컷 두들겨 맞았다. 불호령에 당장 불려온 자형이 절실히, 혹은 은근히 바랐던 청혼으로 마무리되었다.

추억은 아름답고 흐르는 낭만이라 했던가. 그날이 오면 천하없어도 반드시 찾아와 달빛 아래 꿈결인 듯 재현한다는 안팎이었다.

향이 무르익고 전설이 그윽한 원두막이었다.

낮잠 _____ 8, 8.

개똥벌레가 희미한 불 밝히는 산방에 은거하면서 뜨거운 여름에만 즐기는 버릇 하나 얻었다. 시간도 채 안 되어 아쉬운, 어쩌면 토막 짧은 낮잠이었다. 밥을 먹고 나면 나른한 몸에 기분 좋게 밀려오는 식곤증에 저격되어 쓰러져 눕는 낮잠이거나, 술 한 잔 걸친 비오는 날 낮잠, 밭에서 일하다 풀섶에 아무렇게나 뒹굴어 제법 코까지 고는 잠과 사무실 의자에 기대 잠깐 눈 붙이는 낮잠은 참으로 단잠, 꿀잠이었다.

영국의 처칠수상이 시시각각 밀고 밀리는 치열한 전쟁 중에도 어김없이 낮잠을 즐겼다는 일화처럼, 솔향 이는 산사의 노스님이 낮잠에 들었거나, 연 날리는 동자승이 차를 끓이다 배시시 쓰러져 자는 그림을 심심찮게 보았다. 은근한 백미였다.

자연스러웠다. 정녕 신체의 부끄럽잖은 느낌이지 무기력한 게으름이 아니었다. 피로회복제이고 상큼한 청량제 그리고 비타민의 서슬 푸른 충전이었다.

밤새 핏발 세워 투전질한 노름꾼이나, 때 묻은 자루를 들고 야금야금 월담하는 양상군자나, 남의 은근짜 계집 눌러 누렇게 뜬 바람둥이의 군드러진 낮잠은 향기로운 낮잠이 아니었다. 냄새 고약한 곤죽이고 곤달걀 꾸러미였다.

친구 승돈이는 낮잠을 잤다하면 해질 때까지 자는 괴상한 습성 때문에 낮으로 절대 눕지를 않았다. 산에 갔다 잠깐 누웠다 식구가 찾아나선 소동을 겪기도 해 절대, 자지 않는 철칙을 가졌다.

그래도 여름날 낮잠은 시원한 푸른 물이 휘도는, 붓을 거꾸로 꽂은 미루나무 늘어선 강촌 원두막에 장죽을 등줄기 사이로 꽂은 할아버지가 부채를 설렁설렁 부치다 잠깐 꿈나라로 드는 길이 운치 그윽했다. 팝콘 튀는 쾌재, 기다렸다는 듯 호시탐탐 노리며 미역 감던 새까만 개구쟁이들이 잽싸게 서리를 하는 짜릿한 절호의 순간이기도 했다.

숨어있는 으름이 굵어지는 산촌은 골짜기에 온통 매미소리가 사태져 내렸다.

반지가 다니기 좋게 날마다 다니는 밭길가를 오전 내내 무성한 풀을 벌초하듯 베었다. 맥고모를 눌러 썼지만 땡볕에 벌겋게 익은 얼굴, 베적삼과 잠방이 흠뻑 젖었다. 선녀탕에 풍덩, 씻고 새옷을 갈아입었다. 여태 얼려두었던 곡우 한 덩이를 반지랑 녹여 마셨다. 고슴도치마냥 갓 따와 만든 미역 오이 냉채국으로 점심을 먹었다.

숨이 턱턱 막히는 한낮 벌도 뜸한데 슬그머니 도랑에 들어 보쌈을 놓고 왔다.

거북반석에서 쉬었다. 상수리나무 그늘이 푸르디푸르렀다. 여름에는 항상 멍석을 받친 돗자리가 깔려있고, 때 절은 목침이 뒹굴었다. 콩 태 자로 누웠다. 등줄기가 시원했다. 잎새 사이로 흰 구름이 지나갔다. 쏟아지는 폭포소리가 귓전에 서늘했다. 아련한가, 몽롱했다. 반지가 팔을 당겨 베었다. 따로 베개를 줘도 밀쳐냈다. 그리고 한 손은 서로 깍지 끼어야 잠이 들었다.

바람 통하게 방장을 말아올리고 낮잠을 즐기는 풍경은 한없이 유한했다. 어미에게서 젖을 실컷 빨다 아무렇게나 뒹굴어 자는 강아지가 영락없었다. 슬그머니 웃음이 나왔다. 반지가 세운 손끝에 고추잠자리가 붙어 부릅뜬 눈을 굴리고 있는 줄도 모르는 채 콜콜 잠들었다.

푸른 도토리가 꽤나 굵어졌다. 뜨거운 열기도 내려 햇살이 비스듬했다. 바람기가 일었다.

가마못에 반지가 따 쏟아놓은 오이랑 애호박, 가지가 둥둥 떠다니며 돛배랑 맴을 돌았다.

입동으로 가는 길 ____ 8, 9.

새벽에 일어나 드리운 모기방장을 박차듯 나가는 반지였다. 짐작대로 도랑에 갔다 오는 해맑은 얼굴이 밝았다. 물레방아가 탈 없이 돌아간다고 좋아했다. 무슨 방아를 밤새도록 찧었느냐는 물음에 물고기가 먹을 겨울 양식이라고 냉큼 받아쳤다.

반지랑 삼동 내내 먹을 밑반찬 김장을 심는 날이었다. 두둑에 막대기로 옴폭옴폭 찍고 그곳에다 배추씨앗을 떨어뜨려 묻어 다독였다. 산방에 식구가 하나 늘었으니 지난 해 까지 나 혼자일 때보다는 두 배를 심어야 했다. 누나랑 윗집 산사에서도 겨우내 먹을 김장이었다.

갑자기 익은 경적이 울렸다. 길섶 대추고목이 선 모룽을 돌아오는 누나였다. 웬일이지, 기별도 전화도 없었는데 자꾸만 갸우뚱했다. 사람 오는 것이 좋아 반지가 강아지인 양 쪼르르 돌다리를 건너 마중갔다.

“저 건너 대추가 엄청 달렸네.”

“주렁주렁 달려도 얻어먹기는 영 틀렸어.”

“왜?”

“우리집에 과일 도둑이 있어.”

“도둑?”

의아한 표정이었다.

“앵두랑 살구, 자두, 복숭아를 다 따 먹었어. 이제 사과랑 배, 감, 호두, 머루랑 다래, 산복숭아, 으름, 보리장, 그리고 밭에 참외랑 수박도 싹다 먹어 치울텐데 뭘.”

알겠다는 듯 빙긋이 웃었다.

“그 도둑이 귀하게 임신을 해 그래. 그런 도둑은 예뻐.”

“반지를 미워하나봐, 언니. 지난밤에도 볼우물도 예쁘고, 입술도 예쁘고 눈, 코, 귀도 다 예쁘고, 젖가슴도 예쁘고, 동그란 궁둥이도 예쁘고 만날, 만날 제일 예쁘다 꼭 껴안고 자면서.”

“그래도 귀염둥이 올케를 끔찍이도 업어주잖아. 미워하면 업어주고 물레방아를 만들어 주나 뭐.”

“응. 그건 맞아. 언니. 반지 물레방아 예쁘지? 얼마나 잘 돌아가는데. 뱅글뱅글.”

예고도 없이 어인 행차냐고 물었다. 삽당령 너머 임계에 볼일이 있어 갔다 오다 생각이 났다며 박이 잘 달렸느냐 되물었다. 박국을 한없이 즐기는 자형이기에 짐작했다.

“올케, 이집에는 과일 도둑이 있다지만, 우리집에는 박을 좋아하는 고양이가 있어. 오이냉채국보다 박국을 더 밝힌다.”

자형만큼 박을 좋아하는 누구도 없을 성 싶다. 구수한 장국보다는 맑고 시원한 박국을 끝없이 즐겼다. 지난 해 거의 다 누나가 따 갔다 해도 지나치지 않았다. 시장에 박이 몇 개 났는데 주먹덩이만한 게 엄청 비싸더라는 기가 찬 얼굴이었다. 그래서 세간에 딸년은 예쁜 도둑이라는 애칭이 붙었는지도 몰랐다.

이제 부드러운 흙에 뿌려져 안착한 씨앗들은 입동을 찾아가야 했다. 지금은 몹시 덥지만 세월은 금방이었다. 꽤 먼 여정에 한 두 차례 태풍도 만날 것이고, 아버지 어머니 합제사도 기억 새겨야 했다. 한가위 언저리를 지나 낙엽 스산한 계절의 끝찬 서리와 추위가 오기 전에 해후하는 숙명을 안고 막 떠나보냈다. 그때쯤엔 반지가 펭귄이 되어 뒤뚱거릴 것이니.

생각지도 않았던 누나가 와 거들어 수월했다.

내 자란 친정 것이지만 지난해는 따기가 씁쓸했다고 했다. 남들은 올케가 있으면 눈치 보인다고들 하는데 어엿한 임자인 올케랑 같이 딴다는 기분이 더 떳떳하다고 즐거워했다. 밭둑으로 기웃거려 솜털이 보송보송한 허여 밀건 애박을 같이 뒤져 땄다. 호박, 토마토, 복숭아, 가지, 상추, 고추를 곁들여 한 바구니 가득 따주었다. 기분 아주 좋은 누나였다.

청개구리 _____ 8, 11.

아름다운, 아니 그저 소박한 꿈이었다. 계절의 길목에서 조용히 기다리던 욕심이라곤 없는 순한 바람이었다. 여태 가슴에 묻어 꼬옥 싸안은 마지막 껍질을 벗겨내는, 드디어 그날이 왔다.

숨이 턱턱 막히는 염천에 감히 저항하듯 하루 종일 매미들이 울어 골짜기가 마냥 홍수가 났다.

봉숭아꽃이 떨어져 뒹굴었다. 제법 쌓였다. 저녁에 꽃물 들이자고 했다. 그만 초경 치르고 젓망울 서는 계집아이처럼 종일 들떠있었다. 전족만한 발에 발톱도 들여 달라고 졸라 떼를 썼다.

어머니와 누나가 해마다 봉숭아를 챙겨 심듯 반지도 예쁜 꽃물 들여 준다는 소리에 봄부터 여태 가꾸어 기다렸다. 낮에 따 두었던 봉숭아꽃잎에 괭이밥 이파리를 뜯어 넣어 찧은 그릇이랑 다른 것을 챙겨 거북반석에 친 모기방장 안으로 들어갔다. 어쩜 우아하게 촛불을 켰다. 알전구가 걸려있지만 아련한 옛날 분위기를 자아내기 위해 일부러 장만했다. 말만 들었지 실제로 해 본 적 없다는 반지 눈초리가 반짝반짝 사뭇 진중했지만 들떠있었다.

손을 내밀었다. 내 주먹 반도 채 안 되는, 참말이지 송편보다는 조금 컸다. 입학하는 초등 계집아이의 손만 했다. 한없이 귀엽고 보들보들 통통했다. 유난히 작은 손톱은 투명한 자개를 박은 듯했다. 새끼손톱은 생기다만 듯 경포해변에서 주웠던 몹시도 앙증스런 조가비였다. 어쩌면 고사리 손이었다. 늘 조몰락거리지만 애개개 소리가 절로 나왔다. 이따금 나의 코를 쥐는 게 귀여웠다. 깨물고 싶었다. 송편인 듯 입안에 쏙 넣어 지그시 물었다.

아직도 꿈결처럼 헤매는 머나먼 동화 같은 기억이 떠올랐다. 아름다운 추억이기에 수놓은 가슴은 시렸다. 넘기는 쪽마다 그리움이 젖어 촉촉했다.

누렇게 익어가는 호밀밭 속의 개똥참외가 몰래 자라는 한여름 밤, 마당에 멍석 깔고 말려 두었던 밤느정이로 모깃불이랑 관솔불 피워놓고 꽃물을 들였다. 경포가 친정인 어머니의 처녀시절엔 피마자잎으로 손톱을 감싸 짚오리로 처맸고, 누나 땐 풀종이라 불렸던 희한노글노글한 비닐로 감싸고 실로 돌돌 감았다. 누나가 제일 처음 나에게, 그리고 할머니랑 어머니와 이마를 맞대 도란도란 들여주었다. 두부콩 가는 맷돌 돌리는 듯 코 골고 주무시는 아버지를 깨워 맨 나중에 들였다. 꽃물 들인 밤에는 잠도 제대로 못 잤다. 평소처럼 헤프게 자다보면 자칫 벗겨져 망치기 때문에 아예 팔을 뻗어 자기도 했다. 만세잠였다.

밤은 깊어가 초가지붕엔 흐를듯 사뭇 뒤덮은 박덩굴이 제법 키운 박을 여기저기 궁둥이 훌렁 까 앉혀놓고 만지작거려 소복 꽃을 접었다. 동산 재 너머 오는 달님을 기다리는 여인인가, 먼 데 부엉이 우는 소리가 호젓했다. 잔별이 조을 때쯤 누군가 미리내 건너로 화살을 쏘아댔다.

먼저 반지 손톱을 제외한 손톱마디에 뱅 돌아가며 메니큐어를 발랐다. 그래야 살에 꽃물이 들지 않았다. 찧은 봉숭아를 핀셋트로 점만치 집어 앙증스런 조갑지 손톱 위에 날름 올려놓고, 비닐종이장갑 끝을 끊어 골무처럼 씌워 실로 싸맸다. 엷은 면장갑을 조심스레 끼웠고 양말을 덧신겼다.

청개구리가 튀어올라 홑이불 끌어 덮고 하룻밤 콜콜 자고 있었다. 이제 그리운 임과 하룻밤 인연을 맺은 꽃잠 그 아리따운 정에 사무치도록 곱고 서럽도록 붉은 가슴일 때, 임의 손길에 목덜미로 흘러내린 곡선 무르익은 자태가 되리니.

버릇처럼 팔을 내어주었다. 끌어당겨 궁둥이를 툭툭 두드렸다.

폭포소리가 한 옥타브 낮게 들려왔다.

아직도 시내는 몸이 끈적끈적한 열대야로 뒤척거린다는데, 물 굽이 휘돌아 깊은 산촌은 이미 서늘한 풀벌레소리가 지천으로 가득했다. 계절이 바뀌는 길목이었다.

잔정 _____ 8, 12.

골짜기는 컴컴해도 앞산 하늘이 불그스름 밝아왔다. 반지가 품에서 꼼지락거리더니 문득 깨었다. 두려운 듯 손을 내밀었다. 장갑을 벗겨냈다. 꽃물이 곱디곱게 들지 않았으면 어떡하느냐고 미리부터 엄살이랑 불안해했다. 두근거리는 새가슴이었다.

몰래 꽃잠 자는 방문을 살그마니 열고 빼꼼이 들여다보았다. 발가벗고 안겨있던 여인이 부끄러운 얼굴 가득 붉어 홍조 띄었다.

"꽃잠 잘 잤어?"

이어

"낭군님한테 껴안겨 자드니 어머나, 자태가 너무 곱다!"

단풍잎 같은 손을 쫙 펴 보이면서 탄성을 연발했다. 좋아서 어쩔 줄 모르다 나의 목덜미를 끌어안고 진한 뽀뽀를 정신없이 비벼댔다. 그리고는 버릇이 된 젖을 물렸다. 꼼짝없이 한참을 껴안겨 빨았다. 혹시나 했던 근심을 털어버린 아주 만족한 감동이었다. 매니큐어를 지워냈음에 더욱 선명했다. 쪼르르 선녀탕에 와 세수를 하다가도 들여다보고, 발을 씻으면서 기뻐하는 연신 들여다보는 임신한 여인이라기에는 너무 철이 없었다.

작아서 다행이었지, 지난밤 자다 말고 쉬 마렵다고 해 달랑 들어 누이고, 목이 마르다고 해 물 떠다 먹였다. 갑자기 복숭아가 먹고 싶다고 칭얼대기에 세 개씩이나 손수 먹여주었다. 한잠 들려는데 코를 꼭 쥐곤 등이 가렵다고 해 긁어주고, 벗어야 하는데 깜박 잊었다기에 브래지어를 풀어줬더니 그제야 거적귀신에 홀려들었다.

거짓말 안 보태 간밤 한 잠도 못 잤다.

아침에 누나한테서 전화가 득달같이 걸려왔다. 어젯밤에 꽃물 들일 때 약 올리듯 자랑했었는데 궁금한 심사였다.

"언니, 반지 손톱이 부끄러워 얼굴이 빨개졌어."

"호사하네."

"발톱에도 들였어."

"어머, 그럼 양말 신지 말아야겠네."

"맞아."

"올케는 좋겠다. 그 꽃물이 없어지거든 돌봉숭아 들여 달라고 그래. 돌봉숭아는 아무 때에도 들일 수 있어. 무열이가 무뚝뚝해도 잔정이 참 많은 아이야. 가뜩이나 제 각시라면 오죽할까, 깜빡 죽는 아이인데."

"맞아. 대고 떼만 쓰는 아이가 됐어. 밥 먹기 싫으면 먹여 달라고 그래. 어떡해? 언니?"

"그래. 소꿉놀이처럼 재미있게 살아. 귀여워서 못 배기는 후끈 몸살나게 만들어."

"이젠 젖도 빨아. 처음 입을 꼭 다물기에 토라져 돌아누워 말도 안 했더니 이젠 물리면 간지럽게 잘 빨아. 통통한 쭈쭈 얼마나 사랑스러워 하는지 몰라. 조금 전에도 한입 가득 먹였어. 안 빨면 토라지는 걸 알기에 버릇이 됐어. "

"속으로는 은근히 좋아할 거야. 많이 먹여. 그게 정이야."

"있지, 언니. 얍, 하고 요술을 부려서 반지를 아주 작은 요정으로 만들어 작은 복주머니에 넣어 다니고 싶대. 쉬 마렵다면 누이고 과자 먹고 싶다면 과자 먹여주고 그런대, 글쎄."

"올케는 무열이가 요정으로 만들면 요정이 될 거야?"

"그럼. 무열씨 없으면 반지 못 살아. 푹 빠졌나봐."

"사랑 듬뿍 받고 올케도 듬뿍 주고?"

"응. 언니. 사랑해."

부끄러운 이야기 남발에 얼굴이 확 달아올랐다.

쇠 먹이러 가서 가재도 잡고 새집도 뒤지다 그래도 심심하면 바위에 내핀 버짐 같은 허연 이끼에다 연신 침을 뱉어 돌로 문댔다. 푸른 듯 걸쭉한 찌끼 같은 것을 빈대처럼 손톱에 붙이면 한참 뒤에 신기하게도 빨갛게 물이 금방 들곤 했다. 봉숭아가 피기 전까지, 진 뒤에 산촌의 아이들은 그렇게 돌봉숭아 물들이기도 했다.

낮에 여문 강냉이를 따 거둬들였다. 강냉이잎을 모두 까고 남긴 두 잎을 다른 강냉이 두 잎과 짝지어 맨 뒤, 상수리나무 그늘지는 마당 한 귀퉁이에 만들어놓은 덕에 척척 빼곡이 걸었다. 겨우내내 뻥튀기거리였다.

영락없는 어느 깊은 산골 화전농가의 풍경이었다. 지칠 줄 모르는 매미소리는 골짜기를 채웠다. 종일 뜨거웠고 내내 더웠다.

밭으로, 둑으로 다니며 과채를 따다 말고 꽃물 손톱을 물끄러미 바라보다 냅다 입맞춤했다. 열기가 식는 저녁 물에 나에게로 와 손을 부챗살처럼 쫙 펴 보이며 팽글팽글 돌려 재롱을 떨었다.

고슴도치 ____ 8, 15.

그때 기억은 지렁이랑 도마뱀이나 곤충류만 잡아 먹는 줄만 알았다. 아버지가 오이 따 먹는 귀신이 고슴도치라는 말씀은 했지만 영 신빙성이 없는 듯해 그렇거니 했다. 어느 해인가 묘하게 참외가 자꾸 없어졌다. 귀신이 곡할 노릇이었는데 해질녘 참외밭에 갔다가 우연히 고슴도치가 외를 먹는 것을 발견, 쳇바퀴로 붙잡아 한동안 키웠다. 그 고슴도치가 보기에는 꽤 두렵지만 참 유순한 동물이었다. 과일 도둑이고 서리꾼이 귀여웠다.

고슴도치처럼 날마다 토마토, 참외와 수박밭을 기웃거리며 빨리 익으라고 중얼거리던 반지였다. 화관족두리를 쓴 아리따운 신부들이 늦은 듯 저만치서 달려올 때 숨찬 갈채를 보냈다. 무던히도 기다린 여름날이었다. 그 여름내 쨍쨍 내리쬐는 햇빛에 벌건 배꼽을 내놓고 이리 뒹굴 저리 뒹굴 마음껏 익었다.

드디어 바구니 가득 쏟아부었다. 가마못에 둥둥 목욕하는 과일이었다. 채반에 담았다. 그늘진 거북반석에 마주 앉았다. 설레는 천신이었다.

살살 꾀어 숨어든 호밀밭 속, 와락 치맛자락을 걷어올렸다. 품고 있던 살내음이 물씬 풍겼다. 뽀얗게 무르익은 속살에 부끄러워 붉은 뺨이 고왔다.

한입 베어 물었다. 상큼했다. 이리도 향기로울 줄이야.

버선발 끝 같은 씨앗을 품어 안아 꿀물을 먹이는 주먹덩이만한 동글동글 노란 참외, 겉은 푸르고 속은 엉뚱하게 빨갛다 하여 간첩에 비유했던 풍선 같은 수박. 바보처럼 정신없이 먹었다. 물이 줄줄 흘러내렸다. 고개를 약간 숙여야 했다. 일삼아 하얀 수건으로 손을 닦았다. 컬, 하고 긴 트림까지 했다.

반지 배를 만져보았다. 통통했다. 먹고 싶지 않는데 뱃속에 쌍둥이가 원해서 하는 수 없이 먹었다는 우스갯소리를 하곤 조금은 부끄러웠던지 무릎에 안겼다. 나도 짐짓 일어서지 못 하겠다고 엄살을 부렸다. 내 서방 내 새끼가 먹는 것은 보기 좋다는 말처럼 복스러웠다. 반지 귓불을 빨았다.

과일 도둑은 나라님도 한다 그랬다. 여름방학 때 경포 외갓집에 갔었다. 외사촌과 참외 서리를 하다 그래도 인상이 후덕해 보이는 주인어른에게 붙잡혀 꿀밤을 맞았다. 외사촌은 형편없이 미안해했으나 나는 당돌했는지 어쨌는지는 몰라도 참외가 먹고 싶은데, 돈이 없어 나쁜 줄은 알지만 못된 서리를 했다며 좀 달라고 감히 아뢰었다. 기가 찼던지, 아니면 불쌍했던지, 원두막으로 불러올려 둘이서 실컷, 배 터지도록 먹으라고 했다. 지금 생각해도 퍽이나 겁 없는 개구쟁이였지 싶었다.

한창 기운이 나 복발, 어쩜 좌충우돌할 때였다. 간덩이가 부었다는 소리를 곧잘 듣던 나는 우쭐하여 또래들과 부연동 민자집 뒤란 울타리에 복숭아 서리를 밤중 넘어 갔다. 주렁주렁한 복숭아를 신나게 따다 그만 가지가 찢어지는 통에 자루를 안고 공중 곤두박질쳐 하필 간장독에 쑤셔 박히고 말았다. 와장창창 실로 처참한 몰골이었다. 그 사건으로 온 동네가 파다한 소문에 휩싸인 만큼 아버지한테 죽을 매를 맞았다. 그 뒤 서리꾼 대명사의 전과가 붙었다.

서리는 누구나 한 번쯤 해보고픈 솔깃한 마음이었다. 재미가 있는 추억을 간직하기 때문이었다. 배고파서 하는 게 아니었다. 산을 뽑아올리는 젊음이 용솟음칠 때 주체하지 못해 흘러넘치는 도발 같은 모험심의 발산이었다. 쏠쏠한 재미가 있어 하기도 하고 심심하여 그냥 장난으로 했다. 어디까지나 도둑이라는 범죄의 올가미를 용케 피하는 아슬아슬한 객기를 어른도 즐기는 서리였다.

아침에 봤길래 기다렸다. 때마침 오르는 스님의 차를 황급히 세웠다. 큰 수박 한 덩이와 대엿 참외, 토마토 몇 개를 실어 보냈다.

화려한 전력을 가진 내가 과일 도둑을 키우고 있었다. 귀여운 고슴도치를 위하여.

이방인 ____ 8, 16.

꽤 오래전에 '문명의 충돌' 이란 책을 꽤나 감명 깊게 살폈다. 원주민인 인디언과 이주민인 영국인간의 싸움은 영토의 분쟁이 아니라, 원시적 미개와 발전적 진보의 충돌이라고 설파했다. 미개와 진보의 문화적 차이와 괴리인 셈이었다.

물질적인 기독교와 원리적인 이슬람의 충돌처럼 물과 기름, 도저히 융화할 수 없는 것인지도 모를 일이었다.

아집 같은 순수를 위하여, 우월적 혈통을 지키기 위하여, 우호를 단연 거부 배타적 칼날을 세우는, 하여 무릎 꿇는 복속이나 굴종을 바라는 한 포용은 없었다.

저녁 때 가을서예전시회에 낼 반지의 작품을 표구사에 맡기고 옛날에 팔짱 끼고 걷든 도시의 추억을 더듬어 반추하며 배회했다. 불빛 휘황한 거리는 숱한 인파로 출렁거려 파도쳤다. 가만히 바라보면 어지럽고 멀미가 일었다. 밀려 꽉 찬 저 질주하는 차량과 어울려 더욱 심했다. 발악하고 경악하는 듯한 강요에 반항하는 시끄러운 소리에 귀가 멍했다. 하나같이 무엇에 쫓기는 듯, 쫓는 듯 황급히 어디를 향해 가는 군상들. 비릿한 열기가 후끈했다.

소매치기닷! 저놈 잡아라! 느닷없이 중년의 뚱뚱한 부인이 뒤뚱거리며 팔을 휘저어 소리쳤고, 인파 속으로 재빨리 사라지는 지긋한 신사였다. 파란불이 들어오자 기다리던 사람들은 건너 갈 뿐 관심도 없는 일상이었다.

건달마냥 누군가 시비 걸듯 꽤나 아프게 어깨를 툭 치고 그냥 지나갔다. 미안하다는 죄스런 한 마디 없는 새파란 젊은이였다. 불끈 치미는 화 꾹 눌러 참았다. 천불이 났다.

손전화가 왔다. 다짜고짜 고함이었다. 잘못 걸으신 같다고 일렀다. 고압적인 어투로 누구냐고 묻더니 뚝 끊어버렸다. 참으로 무례한 더럽게 기분 잡쳤다.

속곳이 보일듯 짧은 옷을 입은 대학생인 듯한, 남자도 아닌 웬 계집아이가 지나는 점잖은 늙은이에게 입에 문 담뱃불을 좀 빌리자고 했다. 예절에 앞서 버릇이라고는 전혀, 참으로 어이가 없었다. 순간 아찔했다. 예감이 정통으로 적중했다.

"요런! 이마빡에 피도 안 마른 발칙한 년을 봤나!"

예상대로 사정없이 귀싸대기를 오지게 올려붙였다.

대판 싸움이 벌어졌다.

애인인 듯한 남자가 맡아나서 늙은이를 툭툭 밀어붙였다. 늙은이가 비틀거렸다. 황급히 달려가 붙들어 세웠다. 사람들이 몰려들어 백차일이었다. 애인이 나를 비키라고 했다.

"새파란 계집애가 본데없이 어른한테 감히 불 좀 빌리자는 무례가 어딨어. 애인이면 백배 사죄하라 해."

호통을 쳤다.

"별 새끼 다 보겠네. 시팔!"

치려는 듯 갑자기 주먹을 높이 들어 뻗쳐왔다. 번개같이 손목을 낚아채 뒤로 비틀어 꺾었다. 아아! 아주 고통스러운 비명을 질렀다.

때마침 순찰하던 경찰차가 멈췄다. 어디서 배워 처먹지 못한 호래자식이라고, 구경꾼들이 한 마디씩 내뱉었다. 한심한 계집아이는 어디로 가고 애먼 애인만 붙들렸다. 어쩌면 말세라더니.

반지가 머리 아프다고 얼굴을 찡그렸다. 눈이 아프다고 아예 감았다. 나에게 기대 산방으로 가자고 칭얼거렸다. 오랜만에 멋진 외식과 분위기 괜찮은 커피 한 잔의 꿈을 접은 채 차는 시내를 벗어나 금산벌을 달렸다. 논벌을 뒹굴던 바람이 기분 좋게 반지 머리카락을 날렸다.

누구나 아름다운 동경의 도시라 노래했는데 오늘만큼은 거대한 복마전의 음험한 소굴처럼 보였다. 거추장스런 수용소처럼 느껴졌다. 광란의 도시였다. 사람들은 제 정신이 아닌 독충이거나 전기를 띈 전자처럼 충돌을 꿈꾸는 적의가 가득했다.

지상의 끝 검푸른 벼랑 감히 내딛을 수 없는 칼날 위에 흔들리는 내 머무를 곳은 어디인가, 문득 박쥐가 생각났다. 어둡고 음습한 동굴을 피안처럼 천년을 하루같이 피 몰리는 거꾸로 매달린 채 흑점 덧나는 광기어린 태양이 두려워 눈을 감는 박쥐였다. 때를 엿보는 날렵한 처세로 저울질하다 끝내 내몰려 추방당해야 했던 오만과 유희 앞에 차라리 머나먼 인도로 간 포로가 고결했다. 불타는 사막 황량한 야윈 낙타 억센 발굽 아득한 길 너머 그 푸른 오아시스에 목 축이는 신기루가 부러웠다.

문지방 가로놓인 경계에 붙박인 박쥐.

그물 팽팽한 귀가 웃자라고 아직도 소용돌이 거센 늘 뒤집혀있는 세상 목이 아픈 반지와 나였다.

처음 산방을 찾아온 반지의 첫 말이 생각났다. 호랑이가 나타나지 않느냐는 물음에 이슬 내리는 청산을 향해 껄껄 웃었다. 그러던 반지가 불 켜는 개똥벌레의 아내 노래하는 청개구리 되어 살 섞고 있다. 찌든 도시의 때를 말끔히 씻어냈다. 청산에 뒹굴어 정갈한 몸이 도시의 역겨운 냄새를 완강히 거부했던 것일까.

연화교를 지나 산문 안에 들었다. 안온했다. 극락교를 지나 홍예문 안 물소리가 쟁그러웠다. 푸푸한 풍경들이 달빛에 고즈넉했다. 마지막 모롱 길섶에 선 대추나무를 보았다. 주렁주렁 달렸다. 폭포소리가 들려왔다. 반지가 배고프다고 채근했다.

카오스와 코스모스의 절묘한 공존과 대립처럼, 기하학이 휩쓰는 비대한 도시에 궤멸되어가는 대수학인 듯, 우리는 이제 다시 돌아가도 도시에 동화될 수 없는 문명의 충돌을 초래하는 머나먼 이방인. 좌우의 칼날 위에 흔들리며 선 경계인이었다.

잔당들 ____ 8, 18.

"예, 쎄븐클럽이 아니고 일레븐클럽이었어요."

조금은 쉰 듯한 목소리의 느닷없는 물음에 대답하는 반지의 눈이 전에 없이 동그래졌다.

"분명 일레븐클럽 회원이었죠?"

"맞아요. 아니, 누구시죠?"

가만 듣다가 갸우뚱거렸다. 이어

"어머나! 유도 3단인 맹순이?"

"반지야?"

놀란 듯 반가워 어쩔 줄 몰라 깡총깡총 뛰었다. 여자 특유의 호들갑을 유감없이 떨었다. 궁금증을 유발시켰다.

어머나, 어머, 그래! 맞아, 맞아, 라는 말을 연이어 쏟아내고 맞장구치며 토해냈다. 흥분에 젖어 어쩔 줄 몰라 했다.

오봉 호수를 도는 다리를 건너 오른쪽 말고 왼쪽 길로 오다보면 면소가 있는 마을

막 지나 엄청나게 큰 천년 고목이 있는 서낭당까지 오라는 안내를 하곤 부리나케 전화를 내려놓는 반지였다. 무척 들떠있었다. 껴안아 등을 다독였다. 예 또래들이 벌써 출발했다기에 우리도 조랑말에 힘껏 박차를 가했다.

고등학교를 졸업하고는 여태 못 보았으니 한 15, 6년이 된다고 셈을 해 조잘거렸다. 모두 모두 어떻게 변했을까 하는 궁금증이 두렵기까지 한 얼굴이었다. 침을 자주 삼켰다. 과수원을 지나 연화교를 건너 서낭당에서 진을 치고 기다렸다.

일레븐 클럽.

어느 학교든 수많은 동아리가 있다. 배화여고 시절 반지도 동아리 일레븐클럽 회원이었다고 이따금씩 회고했다. 안개 같은 아련한 추억을 더듬어 그리워하기도 했다. 대항하듯 쎄븐 클럽도 있었고, 대개 불량동아리가 많았지만, 일레븐클럽은 단속 대상이 아니었단다. 주로 빵집으로 모이는 동아리에 비해 조금은 부유한 계집애들이어서 제과점에 모여 친목을 다졌다는 일레븐클럽은 주로 덕수궁에서 모였다고 했다. 수선화, 흑장미, 매란국죽, 뭐 그런 동아리도 생각난다고 반추했다.

얼마지 않아 곧 서울 번호를 단 하얀 자가용이 미끄러져 오다 머뭇머뭇 멈췄다. 누군가는 차안에서 벌써 손을 내흔들며 성급히 이름을 불러젖혔다. 문이 열리자 가두었던 짐승처럼 우르르 쏟아져나왔다.

"어머나, 낙랑아?"

"반지야?"

"이 계집애야, 웬 바람이 불었니?"

진숙이, 민정이라는 이름들이 덤불처럼 뒤엉겨 깔깔거리며 한바탕 난리를 쳤다. 학창 시절 그때 그 모습 그대로라느니, 다른 데에서 만나면 못 알아보겠다느니, 아이, 계집애 여전하다느니, 강릉만 해도 시골인데 왜 이리 멀리 떨어진 촌에 들어박혀 사느냐는 누구의 멸시에 찬 듯 거북한 물음에, 못난 신랑 만나 끌려와 요모양 요꼴로 산다고 농으로 즐거이 응수했다.

"얼픈(얼른) 오시갸우(오세요). 오니야구(오느라고) 폭 속었소야(수고하셨어요). 반지를 손꾸락지(손가락)에 마참하니(마침맞게) 찡구구[끼우고) 사는 신랑 김무열이래요. 방구와요[반가워요)."

조금은 장난기가 꿈틀거려 일부러 강릉말로 인사를 나눴다. 잠시 멍해있는 또래들에게 반지가 통역 겸 해설을 하자 어렴풋이 아는 듯 웃었다. 인사를 나누었다. 그제야 법석을 접고 정신을 차려 차안으로 들어갔다.

오후의 햇살이 따갑고 기분 좋게 바람기가 일었다. 연화교를 건너 굽이굽이 십 리 모롱길을 돌아 집에 왔다. 있는 듯 없는 듯하더니 까치가 요란스레 짖어대며 날았다.

반지를 따라 폭포 앞 돌다리를 아이처럼 처음 건너본다는 벗들. 신기한 표정이었지만 재미있어 했다. 길 양켠으로 가로수인 양 나란한 해바라기랑 꽃밭에 봉숭아, 달리아가 한창 꽃을 접고 있는 것을 보고 꽤나 즐거운 눈치였다. 마당에 옥수수 건조덕이랑 변방의 보초병처럼 대뜰에 드문드문 서있는 벌통, 밭에 가득 자라는 곡식을 보는 시선이 자못 흥미로웠다.

답사하듯 거실에 들어서자 깔끔하게 정돈된 것을 보고 역시 반지답다고 한마디씩 내뱉었다. 나의 대표시를 반지가 써 표구한 것을 보고 시인인 줄 알아차리더니, 한시 표구를 보곤 반지가 무시할 수 없는 서예가라는 것을 읽어냈다. 화려한 장식물이나 값이 나가는 집기가 없는 소박한 분위기에 적이 갸우뚱거렸다. 서재도 기웃거리고 마련해 준 반지의 서실 묵천혈을 보고 부러워했다. 진열된 몇 중량감 있는 상패에 놀라는 눈치였다. 봉 하나 제대로 잡아 횡재했다는 귀결이었다.

구수한 마즙이 나오고 밭에서 갓 따온 수박과 참외를 가르고 깎아 내왔다. 과일을 찍어 먹으며 좌탁에 둘러앉아 이야기는 본격 회포, 진술 아니면 보고가 시작되었다.

유난히도 하얀 칼라에 풀을 빳빳이 먹이던 누구는 대학 일년 때 연탄가스에 그만 죽고 말았고, 이미자 뺨치던 누구는 유방암으로 힘겨운 투병을 보면 안타깝다고 했다. 배우라고 할 만큼 예쁜 누구는 돈 많은 놈팡이한테 시집가 부러운 것 없이 팔자가 늘어졌는가 하면 가난한 말단 공무원의 마누라도 있다고. 나, 더펄이 맹순이는 조그만 회사지만 명색이 그래도 사장 마누라, 칼 들고 험상궂은 강도가 남의 물건을 탈취해해 가는 것을 한 번에 메어쳐 용감한 시민상 까지 탔다고 귀띔을 해주었다. 경찰간부 사모님이 된 낙랑이 저 계집애와 동서지간이 되는 민정이 소유주는 은행장, 학구파이더니 결국 대학교수 마나님인 진숙이, 그리고 늘 소녀같이 귀여운 반지는 선생이 되어 강릉으로 갔다는 소문을 뒤로 영원히 두절되었는바 오늘.

그러면서 세상은 억센 남자가 지배하는 강력한 사회일 때, 신체 생리상 불리하고 약한 여자는 어쩔 수 없이 순종해야 하는 타고난 팔자지만, 비애에 젖을 이유는 하나도 없다고 저항처럼 말했다. 천하는 사내가 지배하고 그 사내를 계집이 품어 낳는 어미라는 언제나 위대한 섭리로 자위했다.

저 머나먼 자작나무 설원 만 삼천 리 길 트루베츠카야를 찾아 떠난 에카테리나의 시린 순애보를 그토록 가슴 가득 간직했던, 그 꿈 많고 발랄했던 일레븐 잔당들을 보면서, 정승 마나님과 산적 여편년처럼 어떤 남자의 손목에 찬 시계 같은 느낌을 못내 지울 수 없다는 논리였다. 스스로의 비하가 아닌 어쩌면 운명이라는 부인할 수 없는 현실을 타박했다.

누구의 손전화가 울리고 이어 아들이 멀리 흑산도에 간다는 전갈에도 아랑곳 않고 회포는 계속되어 호호호 깔깔거렸다. 결국 어느 전화에 작은 어머님이 사망했다는 전갈을 듣곤 끓어오르던 거품이 찬물 맞은 듯 가라앉고 웅성웅성 일어났다.

또래들이 그늘 진 거북반석을 들여다보았다. 모기장이 드리워 쳐져있고 노란 돗자리가 깔린, 소품 같은 바둑판이랑 산뜻한 홑이불과 목침을 보고 꿀잠이 오겠다고 꽤나 부러워했다. 불면증에 시달린다는 또래였다.

상수리나무에서 매미들이 여전히 맴맴거렸다.

산방을 둘러본 일레븐 잔당 혹은 또래들은 과일 주렁주렁한 전원 동양화 한 폭 같은 변방에서 시끌벅적한 속세를 등지고, 달걀 흰자위 속 노른자위로 껴안겨 포시럽게 참으로 귀하게 신선인 듯 산다고 일갈했다.

뜨겁던 햇살도 서서히 빗금을 쳐나갔다.

시동을 거는 또래들에게 가면서 먹으라고 얼른 따온 복숭아 한 바구니와 나의 시집과 마늘 한 접씩 선물했다. 왠지 진숙씨가 다시 내려 내게로 슬슬 다가와 볼에다 다짜고짜 냅다 기습 뽀뽀를 했다.

"반지야. 약 오르지? 메롱!"

혀를 빼쭉 내밀곤 재빨리 차안으로 쏙 들어갔다. 짓궂은 장난이었다. 잔당들은 알나리깔나리 합창을 했다.

"안 돼. 내 거야."

소리치며 얼른 가로 막아 껴안다 보란 듯이 내 등에 청개구리마냥 냉큼 업혔다.

금자둥이 은자동이 예쁜 애기 낳으라는 기원을 하며 내년 이맘때 잔당 모두가 틀림없이 보자는 언약을 하곤 산문을 향해 차는 미끄러져갔다.

뻥 뚫린 산문을 젖은 눈으로 멍하니 바라보는 북방을 그리는 호마였다. 철새처럼 날아왔다 훌쩍 떠나가는 벗들인데 이젠 날아가지 못하는 텃새가 된 반지였다.

장난감 물레방아는 오늘도 물방울 튀기며 뱅글뱅글 얄밉게 돌아가고 있었다.

매미 _____ 8, 19.

그는 끝내 억울한 누명을 벗지 못한 채 빛이 절대 차단된 캄캄한 땅속 깊이 유배되었다. 누군가 낙서같이 무심코 쓴 숫자처럼 기나긴 십 수 년을 처절하게 유린되다 굼벵이라는 이름을 감추고 우화라는 목적으로 보름 남짓 인색한 외출을 허가받았다.

매미.

한여름을 노래하는 음유시인이었다. 땡볕 쏟아지는 염천 뭉게구름 이는 무더위를 물리치는 주술이 굽이치는 화신이었다. 귀가 열려오는 청량제였다. 기구하고 억울한, 피 토하는 격정을 우레처럼, 소나기로 퍼부을 듯도 하련만 저 달관된 자태를 아프도록 절제하기에 더욱 가엽고 서러웠다. 청산이 그리 좋아 변방을 즐기는 운명이어든 절절한 시구를 호곡으로 풍자하여 허공에 흩뿌렸다. 기나긴 여름날을 진하지 않은 맑은 이슬과 소금기 없는 몇 방울 수액으로 연명했다. 망사 도포자락 휘날리며 이 나무 저 나무를 돌아 풍찬노숙(風餐露宿) 즐풍목우(櫛風沐雨)했다.

막바지 여름이었다. 논벌에는 벼들이 고개를 숙이고 비탈밭에는 강냉이들이 영글어 영글어갔다.

저 음유가 쏟아내는 시어들을 엮은 노래들이 골짜기 가득 굽이쳐 내렸다. 사태졌다. 내걸린 풍경 한낮의 운치였다. 천박하기는커녕 난해는 더욱 않은, 늘 해맑고 청아한 구슬 같은 단어에 탁 트인 낭랑한 목청이었다. 살아 숨 쉬는 얼이 푸른 지조가 올곧았다. 달아오르는 수은주를 다독여 적셨다. 수풀에 숱한 풀들과 나무들이 채록 씨앗으로 갈무리했다.

마당가 상수리나무에도 붙어 종일 읊었다.

사람들은 길목을 미리 지켜 환영했다. 왜소하고 초라했다. 그토록 떠들썩했던 필화로 몇 년 만에 출소한 노시인이기에 거룩하게 연호했다. 수많은 군중들의 물결 출렁이는 광장에서 온몸으로 그의 유명한 시 '광장' 마지막 연을 연이어 절규했다.

넋이여.
넋이여.
내가 죽을 넋이여.
피 토하다 쓰러질 넋이여.

음유가 아니었다.

답례하는 그의 손은 감사보다는 훈련된 규율이었고 벼르는 복수의 무기처럼 보였다. 이 어찌된, 그의 세치 혀는 서릿발 증오에 떨었고, 그의 눈은 망막 깊이 예리치 못했으며 그가 외치는 공명은 맑지 않았고 혼탁했다.

술수와 정략이 꿈틀대는 야욕이었다. 그 추앙받는 숭고한 사상을 애써 버린 기막힌 변절이었다. 어쩌다 적의에 찬 타락한 붉은주의자로 전락, 비린내 짙은 도살장이듯 안쓰럽게도 절절한 음유가 아니었다. 비참한 타령이었다. 충돌하는 광기였고 광대의 허황된 망령이었다. 필화를 무슨 거룩한 훈장이나 더없는 영광으로 여기는 뻔뻔함이었다.

아, 부풀었던 풍선에 바람 빠지는 소리가 공허했다. 떠나갔다. 겨눠 쥔 풍선을 버린 모두는 하나, 둘, 그렇게 그의 곁을 지나쳤다.

모처럼 상경했는데 씁쓸한 가슴 안고 산문 안으로 왔다. 매미소리가 정겨웠다.

어수선한 여름 내내 폭염이 기승을 부렸다.

노동의 새벽을 노래한 어느 시인은 재벌을 회유, 비판하면서 오로지 비참한 노동자의 울분을 가슴치고 토하고 같이 울었다. 변절을 모르는 깨끗한 멍청이었다.

계절을 읽는 음유시인이여.

도시로 떠나간 영자는 관능을 꼬아대는 환락가에서 때 절고 쉰 목소리로 맴맴 노래하고, 개똥벌레랑 청개구리가 정겨운 산방에 머무르는 나는 여태 그대가 무수히 토해놓은 시를 뒤적여 몰래 표절하는 비린내 나는 인간이었다. 그래도 이렇게까지 시리도록 측은한 가슴은 비운의 그대를 향한 연민의 정이 아니던가.

노래하고 계절을 빗어내려라. 태양이 식을 때까지.

음유하고 절규하라. 귀소의 날까지.

그리하여 세상의 귀를 씻어라.

재 너머에서 온 가을이 마치 멀찍이 서서 감시하는 교도관인 양 벌써 윗집 정토사에 머무르고 있다는 엽서 한 잎 날아왔다.

루사의 후예들 _____ 8, 21.

며칠 전부터 바보상자가 호들갑을 떨었다. 적도 부근에서 발달한 태풍이 필리핀을 지나 북상중이라기에 은근히 근심했다. 다행히 비껴 일본열도로 엄습하고 있다는 반가운 전갈이었다. 하지만 그 영향권에 있는 우리나라도 많은 비가 내릴 것이라 했다. 한해 두세 번의 만행을 그저 고스란히 당해야하는 대륙과 섬의 징검다리같이 남이 딛기 좋은 한반도였다.

어제부터 퍼붓기 시작한 태풍. 마치 가공할 최신예 전폭기를 실은 거대한 항공모함이었다. 전폭기가 쉴 새 없이 뜨고 내리며 물 폭탄으로 맹렬히 폭격을 감행했다. 완전 쑥대밭으로 만들고 초토화 시키는 대작전이었다. 태풍이 휩쓸고 지나간 뒤 세상은 개벽이 은폐된 참담한 폐허 속에 일어설 기력조차 없었다.

도랑이 흙탕물로 콸콸 불어 넘쳤다. 폭포가 쏟아내느라 아우성이었다. 나무들이 비바람에 머리채를 낚아채였다. 풀들이 무참히 짓밟혔다. 키 큰 해바라기가 쓰러지고 허리가 꺾였다. 풋과일이 여기저기 어지럽게 떨어져 뒹구는 도사리가 아까웠고 짠했다. 문이 덜컹거렸다. 창문에 빗물을 뿌려대었다. 벌통도 죽은 듯이 가만히 섰다. 감히 미쳐버리고 이성을 잃은 횡포에 대항하는 자 없었다. 앞산을 휘돌다 건너와 또 문을 잡아당겼다. 광란이었다.

어렸을 때부터 흔하게 들어 귀에 박힌, 태풍 사라호가 전국을 엄습 수많은 사상자를 냈다. 특히 동해안엔 어부가 말할 수 없이 수장되었다는 이야기였다. 묵호에 가면 졸지에 생과부 떼과부가 거리에 늘비해 가기만 하면 매달려 무조건 한 꾸러미씩 꿰차고 온다는 우스갯소리까지 들릴 만큼 피해가 막심하게 컸다고 했다.

생전 처음 겪었다. 줄기차게 달려와 끊임없이 퍼붓고 끝없이 내리 퍼붓는 양이 신이 들린 듯했다. 강릉을 할퀴고 간 태풍 루사, 진저리친 최고의 악몽이었다. 기상관측 사상 하루에 900밀리라는 잘못 적힌 듯 엄청난 강우량은 일찍이 없었다. 양동이로 그냥 쏟아붓는다는 표현도 모자랄 지경이었다. 심한 전립선을 치유 꾹 참았던 과격한 오줌줄기였다. 눈을 뜰 수가 없었다. 골골마다 쏟아져 나오느니 물벼락이요, 골골마다 차느니 물바다였다. 산사태가 나고 뿌리째 뽑힌 나무가 둥둥 떠내려가는가, 큰 바위도 위험천만하게 굴러 내렸다.

시내는 아예 성난 붉은 물로 가득 차 집이 물에 쏘옥 잠기고, 차량들과 냉장고, 농짝들이 둥둥 떠다니고, 하 많은 스치로폴이랑 머나먼 이국 수상촌 같은 느낌이었다고 술회하는 반지였다. 방축과 강이 수평을 이루어 온갖 쓰레기들이 달려와 점령한 난지도였다는 참혹한 광경의 이야기였다.

아파트 이 층에 사는 머리 괜찮은 친구는 일 층까지 차오른 홍수를 내다보다 무언가 수상쩍게 둥둥 떠내려오는 작은 물건을 뜰채로 낚았다. 별 요상한 물건들이 자맥질하며 흘러가는 중에 떠올린 것은 횡재였다. '1980년 9월 황병산 천종삼' 이라고 매직으로 쓴 플라스틱 둥우런 술통이었다. 네 뿌리의 심이 든 술통, 지금도 진열장에 영원한 보물로 전시되어있었다.

작은 저수지가 터져나가고 오봉호수가 범람한다고 방송으로 대피령까지 내렸다. 후일담이지만 비가 반시간만 더 왔어도, 하마터면 강릉이 없어질 번한 아찔한 물난리였다.

부연동 살았던 동옥이 신랑도 태풍 루사 때, 안타깝게도 그만 감전사고로 죽었다.

웃지 못할, 아니 고소해하는 낙수거리도 있었다. 골동품, 고서화를 수집하는 돈 많은 형친구였다. 귀신처럼 얻어먹기만 하지, 술 한 잔 안 사는 턱으로 되놈이라 소문난 욕심쟁이였다. 재수 없다고 침 뱉는, 눈에 띄면 슬쩍 피할 만큼, 이상한 사람이었다.
비가 뭐 그렇게 많이 오려니 여겨 그는 웬 마음이 내켜 큰댁에 누워계신 할머니 문병을 갔다. 아내의 급한 전화를 받고 집에 도착했을 땐 이미 물이 허리까지 차오른 지경이었다. 숱한 고가의 고서화가 꽉 들어찼다는 그의 지하창고는 여지없이 물에 잠겨버리고 말았다. 달랑 도자기만 건졌고 도난당한 다량의 국보도 나와 결국 파렴치한 장물아비로 몰려 교도소 구경도 실컷 하고 된통 곤욕을 치렀다.
오후 들어 비가 멎고 해가 쨍 아무 일 없었다는 듯 벌이 역사를 시작했다. 비 그치자 한 대의 차가 정토사로 올라갔다. 도랑에 나갔다. 분이 가라앉는 물줄기였다. 돌다리 몇 개가 떠내려갔다.
반지가 잔뜩 울상을 지었다.
"내 물레방아가 떠내려갔어."

벌초 _____ 8, 23.

어제는 납작한 큰 돌을 주워 떠내려간 돌다리를 놓았다. 반지 물레방아도 새로 만들어주고, 앞산 너머 오대조를 비롯 아버지 산소까지 자그마치 열 장을 종일 벌초했다. 시간이 있을 때마다 찾아가 잡풀 뽑아내고 가꾼 탓인지 그렇게 힘은 들지 않았다.
산소 계절에 구멍이 펀할 만큼 땅속에 있는 엄청난 세력의 벌건 대추빛 장수말벌집을 야멸치게 소탕했다. 어찌 살생은 피하려 마음먹었지만 세상은 어차피 이해관계에 얽혀있었다. 살아가는데 재원인 내 꿀벌의 무시무시한 적이기에 인정사정 볼 이유 하나 없었다. 잔인했다.

오늘은 군선강 줄기 강동면 꽤 깊은 골짜기로 갔다. 나지막한 산이 굽이치는 양쪽으로 냇물이 감싸고 돌아 만나는 곳, 그 편안한 언덕에 장인 내외 산소가 유한히 쉬는 자리였다. 구백 평 아담한 산, 두 갈래 강이 만나 어우르는 괜찮은 데라 장인이 마음먹고 산 터였다. 앞에 벌이 탁 트여 펼쳐진 풍광은 그런대로 시원했다. 한줄기 바람이 내달리다 뒹굴었다.

합장이어서 면적은 얼마 안 되었다. 손질이 여의치 않아 잡풀이 웃자랐다. 여태 이웃에 사는 노인에게 부탁 벌초를 했다. 반지 혼자 와서 돌볼 형편도 아니었다. 하여 풀이 무성한 산소가 거칠다 못해 묵은 산소인 듯 황량했다. 윙, 예초기가 힘차게 돌았다. 여지없이 쓰러지고 눕는 풀, 반지가 갈퀴로 끌어냈다. 처삼촌의 산소가 아니었다.

요즈음은 벌초 때문에 형제간의 알력이 심심찮았다. 옛날처럼 한 마을에 사는 게 아니라, 타향 멀리 여기저기 흩어져 사는 각박한 이유로 모이기가 뭐 수월찮았다. 아버지나 맏이가 언제 벌초를 한다, 운을 떼면 무슨 출장이니 처남이나 처제 결혼식이라느니, 도저히 어쩔 수 없다는 듯 번지르르한 핑계로 미안한 척 변명 교묘한 수단으로 빠져나가는 얄미운 미꾸라지였다.

친구도 지난 추석 때, 사 형제가 모두 모여 벌초 이야기를 하다 대판 싸움이 벌어졌다. 맏이는 뭐 죽을 죄 졌느냐는 항변으로 시멘트를 싸바르던가 제초제를 치던가, 아니면 훌훌 파내자고 언성을 높였다는 씁쓸한 이야기를 들었다. 아무리 세상이 바뀌고 변했다지만 조상숭배는 효이기 전에 우리의 미풍양속이 아닌가.

자식을 잘못 키웠다고 한탄한 어머니는 이꼴 저꼴 꼴 보기 싫으니, 산소는 고사하고 그나마 짐이 되는 뼛가루도 남기지 말고 몽땅 태워 없애라는, 유언까지 했다는 소리에 민망스러웠다.

가만히 생각하면 이런 알력들이 결국은 어떤 초점을 맞추는 시간과 과정인 듯싶었다. 훗날 우리도 죽어 어찌 세월이 지나면 분명 산소를 쓰는 일도 없어질 것이고, 따라서 제사도 안 지낼 것이고, 벌이나 쏘이고 뱀에 물리는 힘든 벌초도 자연스레 옛이야기가 되어 소멸될 것이 틀림없는 예단이었다. 조상을 짐스러워하는 세월에 있으나 마나한 아들 딸들이 아닌가.

정성껏 깨끗하게 했다. 속이 다 후련했다. 뿌듯했다. 마치 머리를 깎은 듯, 깎은 밤인 듯, 산뜻 시원했다.

풍덩, 깊은 물에 뛰어들어 목욕을 했다.

끄나풀이듯 감아쥐고 있던 어머니마저 놓친 반지는 하늘이 무너지는 슬픔과 암담함에 몸을 가누지 못하고 휘청거렸다. 아버지 때는 어머니가 도맡아 그런대로 치렀지만, 어머니 때는 무엇을 그리고 어떻게 해야 할지, 아무 것도 전혀 모르는 철부지였다. 더욱 혈혈단신이어서 끝없이 난감할 때, 울다, 울다 치쳐 형편없이 초췌해진 몰골로 연인인 나에게 제일 먼저 비보를 전했다. 몸을 가누지 못할 만큼 휘청거려 쓰러질 것 같이 가여웠다. 안쓰러웠다.

겪었기에 경험이 있는 내가 주선 아들인 상주처럼 나서서, 아니 대놓고 상주가 되어 상사를 무사히 치를 수 있었다. 그때 벌써 사위의 인연이 있었는지 모를 일이었다. 삼우제 때, 반지는 이제 누구를 믿고 어찌 살아야하느냐고 나에게 안겨 흐느꼈다. 끔찍해 지금도 가끔 꺼내 회고하는 반지였다.

준비한 주과포와 음식을 유지를 깔은 상돌에 진설 잔을 올리고 나란히 절을 드렸다. 이젠 해마다 사위가 벌초하고 성묘를 오니 안심하라는 독백이었다. 임신했다는, 그것도 쌍둥이를 가졌다는 사실을 고자질하듯 조잘거렸다.

그러다가 친정이 대가 끊기고 절손이 되어 늘 가슴이 아프다는 목소리는 마치 뿌리 뽑힌 푸성귀마냥 한없이 시들었다. 눈에 이슬이 맺혔다. 남들은 방학 때 신이 나 외갓집에 가곤 하는데 태어날 우리 아기는 외갓집이 없어 절망하겠다고 끝내 울음끈을 풀어놓았다.

반지를 끌어안았다. 언젠가 생생한 꿈처럼, 병원에서 쌍둥이라는 소리에 문득 태몽인 것을 알아챘다. 양가 할아버지들이 주시던 금빛 주머니와 은빛 주머니의 의미를 곱씹었다.

산바람이 스르르 내려와 부채질했다.

오줌이 마렵다 ____ 8, 26.

껴안겨 꼬물거리는 반지를 풀어놓은 새벽. 강냉이 건조덕이었던 자리에 고추 말리는 시렁을 작년과 같이 짰다. 그 위에 싸리나무로 엮은 성긴 발을 가져와 멍석처럼 깔았다. 이삼일 그늘에서 소들소들 말린 뒤, 햇살에 내놓아야 제빛이 살아있는 태양초가 되기 때문이었다. 잘못하면 열기에 데어 화상을 입기 십상이었다.

일찍 올라온 누나랑 설통 바위 밭에 갔다. 새빨간 온통 새빨간 고추가 잎새마다 가득 그득 주렁주렁 매달렸다. 진하다기보다 사뭇 고운 빛깔이었다. 설레게 하는 맏물 고추. 어쩌면 쇠뿔 같은 고추가 손아귀에 꽉 잡이는 촉감이 단단했다. 흐뭇했다. 바구니에 따 담았다. 거둬들인다는 기쁨이 핏줄을 타고 겅둥겅둥 신나게 날뛰었다. 금방 채워지는 재미가 쏠쏠했다. 하나 깨물었다. 입안에 확 끼쳐오는 매운 독기 하지만 달콤한 맛이 빙그르르 돌아 매운 맛을 슬그머니 감싸안았다.

아무리 박정하다 한들 작황이야 올해가 작년보다는 풍성하지 싶었다. 은근히 즐거웠다. 태풍을 잘 견뎌냈다. 해마다 가져가는 사람들에게 공급해 줄 수 있어 정말로 다행이었다. 다른 데 고추는 절대 사지 않는 계산 철저하고 알뜰한 누나와 정토사였다. 양심이라곤 없는 버젓이 행세하는 가짜가 너무 많은 탓이었다.

청미래덩굴 붉은 열매 송이를 빻아 섞은 고춧가루를 아는지.

유행하는 일화로 중국 인민은 진짜지만 제품이란 제품은 깡그리 가짜라고 했다. 그렇다고 으쓱할 그리고 가증스러워할 처지가 아니었다. 우리도 더 영악하면 했지, 오십보백보였다. 불신풍조가 극에 달한 세상 철썩 같은 믿음 때문이었다. 계산 빠른 장사꾼이 아닌 다만 어설프고 순박하다는 이유인지도 몰랐다.

늘 챙겨주는 누나가 벌초를 했느냐는 안부 끝에 알고 올라왔다. 옛날 일했던 가락이 있어 잘 땄다. 반지는 얼른 와서 들어다 자루에 부었다. 불룩했다. 여기저기 배를 두드리고 있었다. 하나, 둘, 세어보는 반지였다.

점심 때 조랑말에 실었다.

시렁 위에 가득 쏟았다. 우르르 기어나왔다. 골고루 폈다. 넘쳤다. 멍석을 내다깔고 빨갛게, 빨갛게 널었다. 마당이 온통 고추로 질펀했다. 버릇없이 함부로 발기 절륜한 놈들이었다.

선들선들 바람기가 일었다.

고추 따는 날은 어머니가 그렇게도 흐뭇해 얼굴이 밝았다. 때깔 고운 고추로 장 담그고 김장하고 반찬에 꼭 들어가야 하는 매운 맛을 즐기는 알뜰한 여인이었다.

오후엔 좀 지루했다. 새참 때, 누나가 슬그머니 우스갯소리를 풀어냈다.

"올케, 고추농사를 풍년농사로 지으려면 주인집 여자가 일삼아 밭에 왔다 갔다 해야 된대."

"왜?"

아무 것도 모르는 순진한 눈만 둥그렇게 뜬 물음이었다.

"고추가 여자를 보면 그 고추가 커진대."

"언니!"

억양을 높여 민망스러워했다.

"올케도 여태 무열이 고추를 달게 따 먹었으니 이젠 따 먹은 것만큼 뱃속에서 예쁜 고추를 꺼내놓아야지, 안 그래?"

처음엔 무슨 뜻인지 모르다 금방 알아채고 얼굴이, 아니 희멀건 귀밑까지 붉어졌다.

"언니, 독촉 안 해도 돼. 배로 갚을테니 걱정하지 말아. 지금 한창 마련하는 참이야."

깔깔깔 모두 웃었다.

"무슨 쇠뿔고추니 만물 고추니 해도 신랑고추, 첫날밤 고추가 젤 달콤하고 맵더라. 올케는 어땠어?"

"아이 참!"

"그럼 동생 좀 말해 봐."

반지가 달려와 나의 입을 손으로 틀어막았다.

남녀의 성기를 직접 호칭하는 것을 짐짓 금기시했다. 여자의 소중한 곳은 예쁜이, 남자는 꼴이 비슷한 고추. 점잖은 체면에 완곡하게 표현했다. 어머니가 누나를 낳자 적이 실망했는데, 손 귀한 가문에 아들을 낳자 할머니가 고이 간직했던 왕고추를 금줄에 끼워 보란 듯이 내달았다는 상징물이기도 했다. 덧붙여 만물 고추 중에 제일 크고 잘 생긴 왕고추를 골라 마련하라는 바람을 은근히 내비쳤다.

작황이 좋지 않던 어느 해인가, 값이 껑충 뛰자 밭에 고추를 도둑맞은 적도 있었다.

밭가 벌통에 벌이 귀소해 나래를 접고 해가 산마루에 올라설 때까지 땄다. 내일도 따야했다.

고추.

펄럭이는 치맛자락 몰래 훔쳐보다 붉힌 낯 오줌이 마려웠다.

빈자리 _____ 8, 28.

며칠 전 왔다 간 태풍 뒤로는 일교차를 실감했다. 줄곧 거북반석에 방장을 치고 자던 일도 그 전날에 접고 방으로 들어왔다. 하지만 열기는 아직도 여전했다. 해가 산마루에 잠깐 걸터앉았다 떠나면 산촌의 밤은 서늘했다. 때를 알고 책 몇 권 있는 서재에 파묻혀 읽고 쓰기 시작했다. 반지도 묵천혈에 틀어박혀 연습하다 붓을 쥔 채 졸기도 했다. 몸이 점점 무거워 힘들어 했다.

지난밤도 제법 이슥하도록 괜찮은 낱말을 캐내느라 골몰했다. 찾아올 인연도 없는 변방 외진 산방에 은거 낮에는 일이랍시고 애를 썼다. 더러 심심해서 혹은 조그만 일거리로 장난만도 못한 겨우 흉내만 내는 짓거리지만 채마나 가꾸는 어설픈 밭일이었다. 몇 해를 뒹굴다보니 제법 노련한 꾼이 되어가는 터였다.

어느 정도 시든 고추를 마당 한 가운데에 내어놓았다. 햇살이 쨍 반짝였다.

맨 끝 다락밭에 말라가는 도라지 순을 베어와 보자기에 나란히 늘어놓았다. 다람쥐마냥 볼 가득 새까만 씨를 물고 있었다. 받아 내년에 오래 산야로 그냥 훌훌 뿌릴 참이었다.

반지를 요리모임에 태워다 주고 왔다.

비닐온실에 있는 자질구레한 것을 간단하게 정리했다. 겨우내 먹을 마늘도 거의 말라 헛간에다 옮겨 걸어놓고, 감자도 자루에 넣어 옮겼다. 비닐온실도 헛간도 산뜻했다.

어제였다.

천신으로 먹었던 찰강냉이보다 제일 뒤늦어 심은 찰강냉이를 따 쪄냈다. 그리곤 곧바로 따로 있는 냉동고에 차곡차곡 넣었다. 반지가 입에 달고 사는 간식이었다. 쫀득쫀득한 맛에 빠져 흡사 다람쥐가 도토리를 굴려 먹는 듯 좋아했다. 생각날 때마다 꺼내 덥혀 먹으면 처음 그대로의 맛이었다. 냇가에 걸려있는 양은솥이 종일이다 싶게 허연 김을 뿜어냈다.

다람쥐였다. 흔해빠져 지천인 참나무밭에는 보이느니 다람쥐가 몰려들었다. 도토리를 한입 가득 물어 양쪽 볼이 불룩하면 어디 가랑잎 숲에 묻거나 흙속에 몰래 꼭꼭 눌러 파묻는 비축도 할 줄 아는 알뜰한 버릇이 있었다. 어떤 곳은 파보면 제법 많았다. 그 다람쥐처럼 찰강냉이를 쪄 냉동고에 갈무리하는 반지였다. 글씨를 쓰다가, 한 줄의 시를 뽑다가, 허출하거나 심심하면 덥혀 먹을 간식거리였다.

아직도 기억하는 재건운동이 한창이던 시절, 외화 획득의 하나로 다람쥐까지 수출했다. 산촌에는 너도 나도 다투어 다람쥐를 낚시했다. 쏠쏠한 수입이었다. 아버지도 예외는 아니어서 대나무 끝에 올무를 달아 염불하는 다람쥐를 용케 낚았다. 저녁때면 손에 든 광목 자루에 우글우글 하나 가득 잡아오기도 했다. 다람쥐는 예뻐 집에서 기르기도 했다.

반지에게 쳇바퀴 하나 만들어 줄까.

땀 들이느라 쉬었다. 고요하고 심심했다. 반지가 없음을 알았다. 문득 옆구리가 허전했다. 냉기가 돌았다. 나비처럼 강아지처럼 내 곁에서 맴을 돌며 재롱을 떨던 그 천진스런 얼굴이 자꾸만 떠올랐다. 산문 밖을 내다보았다. 휑하니 찻길만 휘돌아나갔다.

챙겨놓고 간 외를 깎았다. 맛이라곤 무지무지 없는 숫제 무였다. 수박을 갈랐다. 너맛도 내맛도 없는 맹물이었다.

지금 무엇하고 있느냐고 전화 한 통쯤 살짝 해 줄 수 있으련만 야멸치다. 전화랑은 팔자 좋게 아예 골아 떨어졌다. 훌쩍 떠나간 파랑새를 기다리는 처량한 몰골이었다. 없어봐야 귀한 줄 알듯, 드는 건 몰라도 나는 건 용케 안다더니 참말로 그렇다. 작기나 한가, 큰 황소만한 내가 허기져있었다. 누에처럼 풀어내는 실 같은 정이 그리웠다.

부연동에 나가 바람 쐬며 귀동냥 좀 하고 올까. 오랜만에 색소폰이나 트럼펫을 쓰러지도록 한번 불어 젖힐까. 청승 떠는 내 꼴이 우스꽝스러웠다. 세상이 온통 시시했다. 의미가 없었다.

고추를 뒤적거리다 화들짝 놀란 듯 부리나케 뒤란으로 갔다. 장독소래기를 열어놓으라는 걸 깜빡 잊었다.

전화를 꺼냈다. 막상 망설여졌다. 체통에 먼저 걸자니 영 내키지 않았다. 죽어도 알량한 자존심이었다. 속 보이는 그깟 아무 것도 아닌 한심했다.

이럴 때 해는 남의 속도 모르고 더디 꾸물거렸다.

지루함이나 마음을 달래려 부쩍 즐기는 매운탕을 진하게 끓였다. 늑장을 부리던 훼방꾼 모양 해가 마지못해 햇살을 거두었다.

땅거미가 져 은근히 걱정 속이 타는데 따르릉.

낚아챘다.

"반지 보고 싶었어? 반지 없으니 시원했어?"

버스가 오봉호수를 돌아가고 있다고 조잘거렸다. 약을 올렸다.

날 것 같았다. 냅다 애먼 애마 옆구리를 한껏 박찼다. 미친 듯 산문 밖으로 나갔다. 때마침 들이대는 버스에서 바삐 내리는 반지였다. 거북이 가방을 멘 채 아이처럼 달려왔다. 팔을 벌렸다. 쓰러질듯 급히 안겼다. 얼른 태웠다. 급히 내 자리로 와 고개를 돌렸다. 타는 듯 목마른 눈을 감은 채 내 입술을 찾았다. 목을 껴안았다. 폭포수마냥 혀를 쏟아넣었다.

애물단지였다. 내 가슴 깊이 둥지 틀어 드나드는 한 마리 파랑새였다.

어머니가 장이나 외가에 갔다 오는 날은 아버지가 열 일 젖혀놓고 부연동으로 마중갔다. 부자 답습이었다.

눈을 반짝 뜬 푸른 개밥바라기.

두통 같은 기다림이 드리운 하루였다.

바위 _____ 8. 31.

어릴 적이었지만 한때 지리에 대단한 관심을 가졌었다. 지하 엄청난 깊이에서 파내는 노다지 금광을 보고 석유, 석탄, 철, 등이 묻힌 땅속이 무척 궁금했다. 내가 발명한 훤히 들여 볼 수 있는 안경을 생각했다. 노다지만 캐면 가히 생각지도 못할 상상을 했다. 세상을 손아귀에 거머쥘, 하지만 헛헛한 웃음을 날리는 한낱 철부지의 부푼 꿈에 지나지 않았다.

산문 밖 부연동은 자잘한 자갈이나 좀 굵은 돌이 지표면인데 반해 산문 안 절골은 상당히 큰, 거대한 바위가 지천이었다. 그것도 모가 지거나 날카로운 게 아닌 둥글둥글한 바위였다. 산방 오래뜰에도 거북바위, 치성바위, 형제바위, 선영 가는 길옆에 두꺼비바위가 있는가 하면 정토사 가는 길에 할미바위, 호랑바위, 부처바위가 있었다. 산문 가는 길엔 새바위, 처녀, 숱한 바위, 바위, 여근곡바위, 곰바위가 귀한 이름 하나 얻어 궁둥이를 까고 앉아 뿌리내렸다. 저마다 그럴듯한 재미있는 전설의 덧옷을 얻어 입었다.

어려서부터 바위를 은근히 좋아했다. 왠지 모르지만 풍기는 풍채가 모나지 않고 까탈스럽지 않아 둥글한, 점잖고 듬직하다는 이유 하나만으론 설명이 안 되는 묘한 그 무엇이 숨어있었다. 감히 함부로 할 수 없는 묵직한 중량에 매료되었다. 넓적하거나 두루뭉술한 바위를 보면 기대고픈 안정감을 주고 편안함을 주었다.

내 애칭 또한 바우였다. 오대를 외줄기 독자로 댕댕이줄처럼 조마조마 용케 이어져 내려왔다. 아버지의 어렸을 때 애칭은 남의 입에 오르내리지 말라고 천하디 천한 개똥이었고, 할아버지는 두꺼비, 나는 무병무탈 천년인 듯 사라고 바우였다. 어려서부터 바우라고 자연스레 불려졌다. 나 또한 싫지 않았다.

바우, 바우, 넓적 바우. 빨래 씻기 좋은 바우. 바우야? 밥 먹어라. 우리 바우, 이리 온.

눈을 꿈뻑거렸다.

바위를 닮아서일까, 천성이 까불지 못했다. 진중한 편이었다. 느리지도 않고 미련하지 않은 뚝심이 있었다.

바위처럼 살고 싶다.

바위의 가슴, 바위도 가슴이 있다.

어떤 바위에는 담쟁이가 기어올라 고풍스럽기까지 했다. 푸른 이끼 돋고 버짐 오른 이미 생명이 소멸, 박제된 몸뚱아리로 조금씩, 조금씩 촉수를 내밀어 예민하게 맥을 짚어보고 바싹 귀대어보아도, 그 어디 깊은 곳에서 박동쳐야 할 가슴은 싸늘했다. 영면에 든 바위에 외를 얽어 힘줄을 심어나가는 덩굴은 파괴된 조직 속에 남았을지도 모를 어쩌면 유일한 핏줄을 찾아 실수 없는 단단한 연결, 폭포로 쏟아져 들어가는 수혈에 기적처럼 생기가 온통 도는 생명의 무한한 꿈을 키웠다. 묵묵히 뚝심으로 뻗어나가는 덩굴이 감싸 아무리고 탈진하는 날 바위는 깨어나지 못하는 바위는 마침내 신음으로 꿈틀거렸으면 좋겠다.

그리하여 태초의 울혈을 토할 것인 즉.

티끌 쌓인 억겁의 역사에 휘감겨 결박된 심한 갈증으로 타는 자유. 풀려나 냉큼 뛰고 몸부림쳐 솟는 날개가 그리워 미칠듯 답답해 혓바늘이 돋았다. 방종도 원할지니. 간지러운 모래알의 세월 발가벗은 조약돌 전설 아득한 망각으로 빠져드는 퇴화증 촉수에 굳어버려 싸늘한 몸뚱아리지만 부글부글 끓는 영어의 가슴 벽력으로 산산이 두드려라.

세상이여, 바람조차 머물지 못하는 세상이여.

더욱 침묵하고 철저하게 거세당해야하는 일컬어 누가 불임시대라 했는가. 깊고 은밀한 자궁과 그 옥문에 드리우는 예쁜 주렴들을 다오. 황홀한 유희에 마침내 부드러운 사랑 깊은 꿈 가득 만삭으로 출산의 아픔과 환희의 분열을 하고 싶다.

산방설화 9월 일기.

내력 ____ 9, 2.

별동대를 전역하고 복학한 뒤였다. 깡총깡총 한창 신이 나 뛰노는 소영이가 네 살이었다. 장날이어서 아내가 장사하는 신발가게에 과자를 푸짐하게 사 든 아버지가 모처럼 들러 손녀 소영이의 재롱을 보고 가셨다. 워낙 부지런한 양반이라 조금도 놀지 않는, 그날도 일상으로 천연덕스레 김장밭을 맸다. 그리고 그 밤 어머니를 품고 편안한 잠자리에 들었는데 아침에 깨어나지 못했다. 평생 병원에 한 번 안 가본 잔병이라곤 없어 날벼락 같은 비보였다.

아버지보다 한 살 위였던 어머니는 독기처럼 퍼지는 상심에 젖어 점점 말을 잃어가면서 청승을 껴안은 소복으로 지냈다. 둥지 틀고 부리 비비던 짝 잃은 파랑새는 구슬픈 자책의 깊디깊은 수렁에 빠져 싸늘한 아버지 무덤을 쓰다듬어 지키며 허망에 몸부림쳤다. 하늘을 우러르지 못하는 고개 숙인 죄인으로 이 세상을 한했다. 자폐, 온통 자폐로 휘감다 지쳐 가슴이 터질듯 몇 해, 한이 굽이치는 사부곡을 피 토한 유서가 황홀한, 아버지 무덤을 끌어안고 속죄로 모진, 그리고 독한 자결했다.

집터와 산소의 기가 세어서 꽉 누를 다부진 손이 나야한다고 숱해 쉬쉬했다. 가문이, 하늘이 무너져 내리는 듯한 조락가문이 이리도 철저하게 해체되는가, 싶었다.

지금은 갈 수 없는 분단의 땅 개성이 터전이었던 조상의 관향인 강릉으로 겨우 피신 은둔의 세월이었으니, 친족이라곤 어디에도 없었다. 이름을 날리던 풍수지리에 능했던 할아버지의 인품과 학식에 매료된 동료 친구분에게 조심스런 청혼, 기름진 경포에서 머나먼 궁핍한 산촌 고독한 집안으로 덜컥 시집보낸 외동딸, 어머니였다.

오늘이 두 분을 나란히 모신 합제일이었다. 오대 독자, 끊어질듯 가느다란 겨우겨우 이어져온 집안이었다. 제관이라고는 고모도 없는데 그나마 고작 누나가 있어 자형과 아내가 된 반지랑 달랑 넷이었다. 늘 외로웠다.

자손 번창도 억지로 안 되는 것은 다 하늘의 뜻 천명이라고 했다. 그렇게 들었다. 어쩔 수 없는 체념이었고 만족이었다. 천명이 닿으면 곧 인연이요, 인연이면 순리였다. 거스르면 반드시 화를 입었다. 겨우 논어 밖에 독파 못했다고 푸념하던 아버지는 재미있는 고사를 먼지 털어 구수하게 곧잘 인용 심심찮게 들려주었다.

옛날 어느 성주가 고을을 행차하려고 가마를 타는데, 늘 입이 무거운 한 심복이 이르기를 절대 타지 말고 신하복 차림으로 걸어가라고 극구 만류했다. 조금은 불쾌했으나 꾹 참고 초라한 나졸이 되어 험한 고개를 넘을 때, 아니나 달리 난데없는 산적이 갑자기 나타나 텅 빈 가마를 향해 정통으로 화살을 날렸다. 하마터면 목숨을 잃을 번한 이 광경을 목격한 성주는 가마에 타지 말라고 악다구니처럼 말리던 심복에게 어찌된 까닭이냐고 물은 즉, 산적이 밤낮을 가리지 않고 빈번히 출몰하는 곳이라 예견, 미리 대비했을 뿐 다 하늘의 뜻이라고 말했다.

더욱 신임하게 된 성주는 어느 날 사냥을 나갔다. 호랑이와 맞부닥뜨리다 한 손가락이 물려 없어졌다. 성주가 겨우 정신을 차리자 신하가 간신히 목숨을 보전하게 된 것도 다 하늘의 뜻이라고 했다. 참으로 발칙하다 느낀 성주는 신하를 옥에 가둬버렸다. 며칠 뒤 풀어줄 요량으로 옥에 가 신하를 보고 감옥에 갇힌 것도 하늘의 뜻이냐고 물었다. 분명 하늘의 뜻임을 굽힘없이 말했다. 괘씸하다 여긴 성주가 그냥 사냥을 나갔다.

일진이 비색했던지 악명 높아 무섭고 거친 산적에게 붙들렸다. 꼼짝없이 학생부군이 될 팔자고 암담한 처지였다. 마침 그 산적들은 해마다 산신령에게 바칠 사람을 찾는 중이었다. 곧 죽이려고 두목이 와 살펴보다 호랑이에게 물려 없어진 손가락을 보고 부하들에게 버럭 소리쳤다. 이 제물은 부정한 것이니 피를 보지 말고 그냥 내다 버리고 새 제물로 준비하라고 노발대발했다.

재수 없다고 만신창이가 되도록 실컷 두들겨 맞기는 했으나 천우신조로 살아온 성주는 옥에 갇힌 신하를 불러냈다. 그 군신 간의 고초도 다 하늘의 뜻이냐 다시 물었다. 신하는 역시 그렇다는 논리로 읍소했다. 성주께서 호랑이에게 손가락을 물리지 않았다면 산적에 끌려가 틀림없는 제물이 되었을 것이고, 신하가 감옥에 가지 않았다면 성주와 같이 갔을 때 신하가 제물이 되었을 것인 즉 모두가 다 명백한 하늘의 뜻임을 어찌하옵니까.

한이야 맺혔지만 인정 투박한 아버지께 시집온 것도, 모진 목숨 끊은 것도, 다 하늘이 내린 뜻 천명이요, 타령 굽이치는 팔자였다.

주렁주렁 자손이 열리기를 아득히 바라는, 해마다 올리는 제사는 쓸쓸하고 울적했는데 올해는 화기가 돌았다. 손 귀한 가문에 며느리가 된 반지가 더욱이 쌍둥이까지 배었으니 그럴 수밖에. 정성이었다. 누나가 용하다는 점술가 몇을 찾아 우리집 운세를 보았는데, 신령이 천하를 호령하니 제왕이 받들어 부복하도다, 라는 점괘였다며 곁에 있는 반지를 껴안았다.

제를 조촐히 올린 뒤 뒤풀이로 으레 화투를 쳤다. 자형은 벽조목으로 횡재했다고 신문에까지 난 처남의 돈에서 고공 날개 달아 날아오르는 휘발유값 좀 뜯어야겠다며 다가앉고, 누나는 대롱대롱하는 화장품값을 좀 따야겠다는 표정이 만만치 않았다. 덩달아 고모부님한테 애기 기저귀값을 미리 선물 받아 톡톡히 챙기겠다는 반지. 바싹 다가앉아 잃을 사람 하나 없는 패기가 서슬 퍼랬다.

첫판부터 달아올랐다. 지나친 몸짓, 기막힌 탄성에 낙담하는 아쉬운 소리와 발칙한 웃음이 뒤범벅이 되어 끓어올랐다. 고, 고, 고, 하더니 스톱과 함께 득의에 찬 목소리, 모두 피박에, 광박에, 쓰리고에 흔들었으니. 남들은 죽을 맛이었다.

파죽지세의 거침없는 끗발이었다. 자칭 구렁이인 전문가들의 물 오른 패기가 여지없이 무너지는 순간, 겨우 할 줄 아는 반지의 즐거운 비명이 찰랑찰랑 흘러나왔다. 밤을 패고 있었다.

가을의 문턱 _____ 9, 4.

더위에 지쳐 기다린 듯 가을이었다. 해마다 돌아오는 계절이지만 어느새 선선했다. 새벽녘에 강아지마냥 품으로 꼬물꼬물 파고드는 반지였다. 아직도 미련이 남아 낮에는 열기가 식지 않고 여전했다. 산문 밖 논벌엔 바야흐로 벼가 누렇게 익어가고 길가에는 빈혈을 앓는 살살이가 한들거렸다.

뭐 그리 많은지, 숱한 군상들이 오가는 빌딩 숲 거리에는 어제같이 덥던 옷을 벗어던지고, 이 가을에 어울리는 빛깔의 군무로 율동을 주름잡을 것인 즉.

재 너머 온 나그네가 머무는 산문 안 뚱딴지랑 산구절초, 쑥부쟁이, 잉크빛 용담꽃이 여기저기 한창 피었다. 밤마다 이슬이 흠뻑 내렸다. 웃자란 풀들이 이슬에 겨워 이리 휘청 저리 휘청 아예 스러져 누웠다. 아침에 바구니 들고 밭둑을 가노라면 유리알 구슬이 또르르 떨어지는 소리 귀에 쟁그러웠다. 가랑이가 젖어 척척 감겼다. 이슬 쏟아지는 시절이 해맑아 산뜻 청량했다.

마당에 빨간 고추들이 함부로 발가벗은 채 싸리발 멍석 편 시렁에 벌렁 누워 뒹굴며 한가하게 짜랑짜랑 햇볕을 쬐었다.

제비가 흥부집에 박씨 떨어뜨리고 간 뒤, 쪼르르 달려가는 길섶에 지천인 토실토실 살이 찐 강아지풀이 꼬리를 쳤다. 입술연지를 덕지덕지 바른 아이 같은 과꽃이 헤프게 웃었다. 여름내 태양을 그리다 새까맣게 타버린 해바라기도 사모의 끈을 놓았다.

황랑한 폭염에 맞서 부단히 저항하던 매미가 끌려간 여름 끝자락을 넘어 골짜기는 잔잔한 풀벌레소리로 차올랐다. 가을을 직조하는 서정이 메아리쳤다. 반지가 수풀에 들어 방아깨비를 찾았다. 목을 뽑아 성큼한 사마귀에 놀라 비명을 질렀다.

산비탈엔 은빛 갈기를 곧추 세워 포효하는 서슬 퍼런 억새들이 바람을 쓸어내렸다. 앵두알같이 탱탱한 청미래덩굴 열매는 꽃봉오리처럼 꿰어 가슴에 매달아 가득가득 익어갔다.

물소리마저 청아한 도랑 실도랑엔 물봉선화가 가득 들어차 허리를 껴안았다. 분홍, 더러는 노랑, 흰꽃을 저마다 빼물고 융단을 깔아놓았다. 한바탕 짓삶아 휘젓고 싶었다.

수풀에서 튀어나온 반지가 마른 가지에 붙어 두리번거리는 고추잠자리를 집게손을 벌려 가만가만 다가갔다. 앉은 자리 꽁꽁 멀리 가면 죽는다. 반지 머리에 꽂은 나비핀에 잠자리가 붙었다 날았다 따라 다녔다. 빨래 널린 바지랑대 끝에도 잠자리가 내렸다. 여름내 빨갛게, 빨갛게 익었다. 손에 잡힌 천둥벌거숭이들 훅 뿌렸다. 아득히 날아오르는 하늘이 파랗다. 손가락으로 쿡 찌르면 주르륵 흘러내릴듯 고개를 피했다.

비눗방울을 불었다. 보글보글 뿜어져나와 방울방울 솟아올라 둥둥 떠다니는 어여쁜 꿈과 신비가 가득한 낭만이 숨 쉬었다. 빨간 잠자리들이 기웃거리다 냅다 달려들어 방울을 사정없이 터뜨렸다. 퐁 깜작 놀라 저만치 달아났다. 화가 난 듯 다시 날아와 기웃거렸다. 천진스런 모습이었다.

지칠 줄 모르게 기세가 당당하고 뜨거운 팔월도 그렇게 갔다. 가을로 넘어 가는 길목에 나뒹구는 여름의 잔해가 아쉬운 듯 그림자를 만지작거렸다. 산중에 은거하는 산엽꾼인 나에게도 곧잘 한가했다. 이제 가을인데 잠깐 노닐다 동삼 준비를 단단하게 하라는 몸 쉼이었다. 쉼표였다. 노동이랄 것까지는 아닌 자잘한 일거리라도 잠깐 멈추라는 한 뼘 잰 여유였다.

이 가을.

이른 봄 골짜기를 온통 붉게 수놓던 산복숭아꽃이 뒤덮인 봄 지나, 느긋한 시절에 문지방만 나서면 바깥엔 무진장 지천이었다. 산에 들에 참 흔했다. 밭둑에도 두어 그루 서있다. 열리던 말던 거들떠보지도 않다가 어느 날, 문득 어찌 생각해 내곤 기웃거리는 일이 고작이었다. 주렁주렁 매달려도 볼품없는 복숭아였다. 이제 무르익을 대로 익어 쩍쩍 터벌어져 속살이 벌겋게 드러났다. 어쩌면 뻰뻰한 참으로 염치도 좋게 달려들어 땄다. 손으로 쩍 갈랐다. 차마 예쁘진 않지만 진한 향기만은 톡 내쐈다.

빛 좋은 개살구이듯 맛이 너맛도 내맛도 없어 개복숭아라고 불렀다. 또 화려한 장끼에 비해 볼품없이 까칠한 까투리 같다 하여 어려서부터 까투리복숭아라 그렇게 불렀다.

방학 때, 소 먹이다 심심해서 어떤가 하고 따 먹으면 눈이 감기도록 시어빠지고, 주둥이가 한 짐이나 된 듯 떫기까지 한 된통 딱딱해 먹다 말고 휙 도랑 건너 팔매질했던 까투리복숭아였다.

밭둑에 한 그루. 원숭이마냥 잽싸게 올라가 짓흔들었다. 후드득, 우수수 마구 떨어져 땅바닥에 넘쳐났다. 더러 벌레가 파먹었다. 골라 담았다. 하나 옷에 쓱 문대고 갈랐다. 새콤 상큼했다. 깔끄러운 솜털이 많아 물에 짓문대 씻었다.

이맘때 아버지는 밤하늘을 쳐다보며 올해도 미리내에 띄운 뗏목이 때 놓치지 않고 바다로 저어갔으니, 매검매우(賣劍買牛)에 근력기중(勤力其中)하니 오호라 천하등풍(天下登豊)이로고, 유유자적 읊조리는 팔월선(八月仙)이었다.

골짜기 가득 이내 낀 푸르른 오후 마당엔 꿀향이 일었다.

백도라지 ____ 9, 5.

헉헉거려 영마루에 왔다. 해는 아직도 많이 남았다. 조랑말에서 내리자마자 여태 참았던 쉬를 내뻗쳐 힘차게 쏘아댔다. 힘들었던지 지린내 확 풍기는 누른빛 줄기였다. 아직도 다리가 후들후들 떨렸다. 팔 다리에 알이 꽉 박혔다. 뚝 떨어져내린 강릉을 바라보았다. 나른한 피곤이 몰려왔다. 시원한 바람이 너머 달렸다.

"자기야? 괜찮아?"

"그럼. 다치지도 않고 멀쩡해."

"미워. 얼마나 걱정했는지 알아?"

애태운 끝인가 토라져 있었다.

다칠 수도 있으니 가지 말라고, 내 한 몸이 아닌 지아비이고 이제 곧 두 아이의 아비이니 가지 말라고, 못내 불안 만류했었다.

"애태우지 말고 조금 기다려. 대관령마루야."

"응. 많이 땄어?"

"우리 꿀단지 반지가 일 년 넘게 먹을 양이야."

"우와! 그렇게 많이. 반지, 점심도 안 먹었어. 박채국 식혀놨어. 빨리 와."

지금 생각해도 아찔했다.

그저께 낮에 뜻밖의 승돈이 장인께서 몸소 찾아오셨다. 정말 귀한 걸음 얼른 방으로 모셨다. 아직도 성치 않은데 저를 부르면 될 것을 힘든 걸음 애 쓰셨다고 말했다. 친구 장인은 황급히 손사래로 가로막으며 진작 왔어야 도리인데 차일피일하다 보니 이리 늦었다는 사과까지 했다. 전번에 나 아니었으면 드러누울 방귀신이 될 뻔했는데 도와줘서 진정, 진정으로 고맙다고 했다. 그러면서 아버지와의 우정과 인연을 엮어 굳이 강조했다.

지난 6월이었다. 자정이 훨씬도 넘었을까, 난데없는 전화가 수상쩍게 걸려왔다. 받자마자 승돈이가 다급한 말로 허둥댔다.

"미안하지만 집에 백도라지가 좀 있어?"

대뜸 눈치채면서도 모르는 척 시치밀 떼고

"백도라지? 응. 다락밭에 한창 커. 도라지는 왜?"
"아니, 그 백도라지 말고."
"그밭 백도라지 말고는 다른 곳엔 없는데."
"아니, 생아편 말이야."
그게 나한테 있을 리 만무하지 않느냐고 야멸치게 잘라 말했다.
이어
"갑자기 그건 왜?"
멍청한 척 물었다.
"장인이 화장실에 갔다 오다 쓰러졌는데 운신을 못해…,"
"저런!"
"그래서 백도라지가 좀 있으면 한 방 놓으려고. 조금이라도 있으면 부탁 좀 한다야."
"나한테 백도라지가 있는지 없는지 어찌 알아?"
그전에 승돈이 외할아버지가 그랬을 적, 아버지가 한번 신세를 진 적이 있어 진작부터 알고 있다는데 몹시 난처했다. 함부로 말할, 또 함부로 다룰 형편이 아니었다. 이젠 없다고 잘라 말하면 되겠지만 우정 때문에 난감했다.
백도라지라는 은어의 생아편. 소지하다 걸리면 곡소리 나는 마약이 아닌가. 누구도 찾을 수 없는 묘한 곳에 오리무중으로 간직해 두었다. 어떻게 우리집에 까지 흘러들어왔는지는 모르나 일정 때 오대산 어디라던가, 진부 어디서 일본놈들이 재배했는데 할아버지가 꽤 큰 덩어리를 어찌 용케 구했다는 소리를 얼핏 들었다. 아직도 달걀만한 물렁물렁한 엿 같은 백도라지를 비닐에 꽁꽁 싸두었다. 아니 도저히 찾을 수 없게 숨겼다.
자세한 내막은 알 수 없으나 어릴 적 토사곽란으로 내굴고 들이 굴 때 무슨 약을 타 주는 물을 먹으면 신기하게도 뚝 그쳤다. 인진쑥 같다는 건 알았다. 귀하고 비밀스러워서 외갓집에도 좀 갖다 주었다는 얘기도 듣곤 했다.
괜히 무서워하는 반지도 몰래 찾아놓고 기다렸다. 저 아래 골짜기를 황급히 감아오는 차 이맛불이 대추고목 모롱을 휘돌아 득달같이 왔다. 헉헉 숨을 몰아쉬었다.
상태를 물었다. 정신은 말짱하고 언어가 아주 어눌, 몸을 움직이지 못하도록 맞은 바람이라고 했다. 평소 고혈압이 있어 얼굴이 항상 불콰한 어른이었다.

무슨 접선이라도 하듯 두세 방의 분량을 건네주었다.

아침에 전화가 왔다. 다행히 군대 의무병이었던 승돈이가 응급처치하고 병원으로 갔는데, 오그라들어 굳었던 근육이 기적적으로 풀려 움직이기 시작한다는 반가운 낭보였다. 그 뒤 치료와 관리를 철저히 해 겉으로는 정상인과 다름없었다.

어르신은 무엇을 싼 분홍 보자기를 내어놓았다. 됫병 가득 꿀이었다. 시시한 꿀이 아니고 귀하디귀한 석청이었다. 고산준령 높은 바위에서 천둥소리를 듣고 소나기를 맞으며 큰다는 별난 석이버섯 채취꾼이었다. 도시의 까마득한 빌딩 유리를 닦는 사람처럼 밧줄 하나로 매달려 왔다 갔다 따는 참으로 아슬아슬 위험한 일이었다. 그러면서 재수있어 누구도 딸 수 없는 석청을 운 좋게 더러 딴다고 했다. 횡재라고 단언했다.

이제는 석이버섯도 석청도 딸 수 없는 몸이라 사위인 승돈에게 석청이 있는 두 곳을 인계했고, 신세를 지고 있는 나에게 한 곳을 선물했다. 세 군데 다 따기 힘든 곳이지만 나에게 인계하는 석청은 꿀통 같아서 석청이 엄청나다고 했다. 누가 안다 해도 엄두를 낼 수 없는 천연의 요새라 했다.

아직도 젊음인가. 욕심인가.

나이는 좀 먹었지만 솔깃 입맛 당기는 욕심에 객기처럼 도전하기로 했다. 한때 힐라리경을 끝없이 흠모할 만큼 등산에 미쳤고, 암벽등반을 수없이 한 관록을 후견인처럼 믿었다. 지금도 때 되면 더러 등산을 하지만 참으로 위험한 넘치는 자신과 지나친 만용이었다. 반지의 만류를 달래 아침 일찍 자일이랑 필요한 도구를 챙겨 령을 너머 칠십 리 암반 투성이 적요산에 다다랐다. 한 번 등반한 경험이 있는 남들이 잘 안가는 험하고 거대한 바위뿐인 출명봉이었다.

장비를 챙겨 뒤돌아 봉에 올랐다. 전에 없이 자신이 서지 않는 슬그머니 겁이 났다. 노송 허리에 자일을 매고 잘록한 바위에도 단단히 동여맸다. 직각이나 다름없는 암벽을 탁탁 차며 휘감은 줄로 차근차근 하벽했다.

여기 저기 까만 석이버섯이 보였다.

멈추고 아래를 내려다보았다. 까마득했다. 아찔했다. 발이 간지러웠고 현기증이 핑 일었다. 부들부들 떨렸다. 미끈둥 팽팽한 줄이 철렁 흔들렸다. 자가품이 일었다. 자주 심호흡을 했다. 가뜩이나 두꺼운 비닐 뭉치를 지고 그물모를 써 땀이 비 오듯했다. 점점 위험하다는 생각이 꼬깃거렸다. 까딱하면 곧 바로 죽음이었다.

십 리 먼 곳처럼 느껴지던, 드디어 동굴 같은 입구가 보이는 육부 바위까지 용케 내려왔다. 안도의 한숨이 절로 나왔다. 들여다보았다. 승돈의 장인 말처럼 거기에는 높이 한 길 넘는 굴을 파다만 듯 묘한 공간이 길 반 정도 안으로 파여 있었다. 움푹 들어간 배꼽처럼 보였다. 눈비에 젖을 일은 전혀 없는 천연의 요새였다. 사납고 악착같은 벌들이, 엄청난 벌들이 드나들었다. 기분이 붕 떴다. 들어갔다. 눈이 반짝였다.

아, 이게 웬 일인가.

벌들이 드나드는 구멍은 분명 나무였고 앞쪽 면은 세 치 가량 위아래에 전부 나무를 대었다. 자세히 살펴봤다. 암벽이 명치 높이만큼 안으로 움푹 둘러 파인 구유, 구유를 세워놓은 듯했다. 뚜껑을 덮은 꼴이었다. 마치 옆면이 잘려나간 통나무 벌통과도 아주 흡사했다. 그 잘려나간 부분을 승돈이 장인이 몇 조각 나무로 감쪽같이 끼워 맞춰 놓았다. 완전한 벌통이었다. 기발한 착상이었다. 기가 막혔다. 이리저리 살펴보고 놀라지 않을 수 없었다. 위쪽 공기구멍과 벌통 구멍도 말벌은커녕 양벌도 안으로 침입할 수 없도록 아주 작게 만들었다. 바닥에는 말라 죽은 벌들의 시체가 늘비했다. 침입벌이 있었다는 증거였다. 새까만 벌이 왕성하게 드나들었다. 윙윙거리는 소리가 가슴을 설레게 했다. 사뭇 울렸다.

엷은 비닐장갑을 끼고 둘러멜 수 있도록 만든 비닐자루를 펴놓았다. 만일의 사태에 대비 말린 쑥을 넣은 훈연기(熏煙機)를 준비했다. 드디어 칼을 뽑았다. 돌로 누른 뚜껑을 떠 열었다. 누런 밀이 꽉 들어차있었다. 찔러보았다. 가득한 꿀이었다. 밀자박을 잘라내 자루에 넣었다. 꿀이 뚝뚝 함부로 막 떨어졌다. 끼워 맞춘 나무 조각 하나를 빼냈다. 또 가득 들어찼다. 입이 딱 벌어져 다물어지지 않았다. 정신없이 밀자박을 대고 떼어냈다. 약간 검은 듯 투명한 빛깔의 꿀이 죽죽 흘러내렸다. 벌들이 윙윙거려 소동을 치다 훈연에 잠잠해졌다. 나무 조각 하나를 또 빼냈다. 꽉 들어찬 청정한 꿀, 석청이었다. 겨울을 지낼 만큼 여유있게 남겨두고 감쪽같이 나무 조각을 다시 끼웠다. 자루에는 생각보다는 엄청난 뜻밖의 많은 꿀자박이 통째로 담겨있어 흐뭇했다. 전리였다. 느긋하게 한 자박을 들어 꿀을 철철 흘리며 곰처럼 씹었다. 꿀이 즙으로 빠져나와 입안 가득 찼다.

멀리 산맥이 힘차게 굽이쳤다.

꽈리 ____ 9, 7.

뒤란에는 장독대가 터를 꽤 넓게 깔았다. 장독대를 빙 둘러친 비스듬한 맨 위쪽엔 토봉통이 변방 보초병으로 두리번거리고, 왼쪽으로 한창 결실이 절정인 참배나무가 우백호인 양 우뚝 서있었다. 오른쪽엔 오래 묵은 고목 대추나무가 좌청룡으로 버티었다. 복판 장독대 뒤켠에는 키 낮은 앵두나무가 자리 잡았다. 그리고 제법 통통한 열매가 익는 원추리 무더기가 꽃대를 붙들고 있었다. 작약 무더기도 자리를 비벼 앉았다.

장독대 주위에는 꽈리가 가득 자랐다. 누나가 무척이나 좋아하는 빨간 꽈리가 초롱처럼 무수히 달렸다. 가슴에 담겨있는 향수가 출렁거렸다.

이제는 어설프지 않는 제법 주부의 임신부 티가 보이는 반지가 장독대의 소래기를 열어놓으러 가더니 느닷없이 불렀다.

"꽈리가 익었어. 베어줘."

잎을 따내 꽃꽂이도 하고 묶어 방마다 운치있게 걸어놓는다는 이야기 끝에

"꽈리도 만들어 줘."

"불 줄 알아?"

"서울 살 때 문방구점에서 파는 고무꽈리는 많이 불었어."

"누나가 잘 불었어. 자다가 일어나서도 불고 하여튼 하루 종일 물고 살았어."

"꽈리가 너무 예뻐. 꽈리에 대해 쓴 시가 있어?"

"있어. 다음 시집에 실릴 거야."

"꽈리가 여기 밖에 없어?"

"아니, 사방 있어. 아래 밭둑에도 있고 물 건너 비탈에도, 길섶에도 있어. 많아. 왜?"

"그냥. 예뻐서."

꽈리 새싹들이 봄을 헤집고 다투어 쏘옥 머리를 내밀 때 나물 캐던 누나는 누구보다 반겨 맞았다. 틈만 나면 풀을 뽑아주고 가꾸어 꽈리가 익기까지는 작은 기다림이었다. 간절한 소원이 아닌 약속 같은 바람을 만지작거리는 풋내 어린 꿈이었다. 소

나기 잦은 그 무더운 여름날 끝 언저리 뒤란서 꽈리를 예쁘게 불었다. 입술 붉은 소녀였다.

꽈리가 잘 익어 꺾어들고 학교에 갔다. 은근히 좋아하는 영이에게 주려고 한 것인데 점박이 주영이가 보고 낚아챘다. 그 바람에 영이와는 절교 아닌 절교를 당해 한동안 속을 끓였다. 끝내 회복하지 못하고 졸업을 했다.

등롱초는 천성이 부끄러움을 많이 타는 아이였다. 너무나 수줍어하는 까닭에 오래로 좀처럼 나가지 않았다. 늘 뒤란이나 담장, 울타리 안에서 맴을 돌아 외롭게 혼자 놀았다. 또래 누나가 찾아와 소꿉놀이를 했다.

하얀 이를 드러내 웃던 등롱초는 젖멍울 서는 사춘기에 젖었다. 누나가 잠든 밤에는 몰래 머나먼 은하수 강가에 올라가 밤새도록 별들과 소곤거리다 새벽에 내려오곤 했다. 어느 날 우연히 누나에게 들켜 어쩔 줄 몰라 그 동그란 얼굴이 붉어졌다. 성주 옥황상제 막내아들한테 가을에 시집을 간다고 고백했다. 땡볕 여름내 곰상스레 뜨개질하더니, 빨갛게 물들인 그 면사포를 폭 뒤집어쓰고 하늘하늘 선녀가 되어 자미성으로 가버렸다. 아쉬운 이별에 눈물 뿌리며 손 흔들던 외톨이가 된 누나도 상심하여 얼마지 않아 산문 밖 시집을 갔다.

여태 그 동안도 누나가 가꾸었다. 참으로 오랜만에 산방의 여인이 된 반지가 자연스레 넘겨받았다. 곧잘 매가꾸고 보살폈다. 조그만 기다림과 꿈이 열매 달리기를 기도처럼 빌었다.

젖꼭지 같은 꽈리를 말랑말랑해지도록 자꾸 매만져 꼭지를 떼내고 꽤나 쓴 씨와 물을 짜냈다. 신기해하던 반지가 입에 넣어준 꽈리를 불었다.

꼬르르 꽈르륵.

눈이 동그래져 숨을 멈추더니 이내 아이처럼 불었다. 구멍에 바람을 넣고 아랫입술과 윗니로 지그시 누르면 소리가 기다린 듯 여지없이 방귀를 뀌었다. 꽈리를 지그시 누를 때 입은 개구리 울음주머니처럼 벙그렇게 부풀어올랐다. 꽃꽂이랑 예쁘게 묶으면서도 앵두 같은 입술로 연신 불어대느라 여념이 없었다.

꽈르륵 꼬르륵.

구름 위의 별곡, 그 안반데기 ____ 9, 9.

오봉댐 다리를 비껴 왼쪽 왕성골 물줄기따라 꼬불꾸불 한참만에 닭목령에 올라섰다. 대기리라 부르는 낮은 고원, 감자원종장 곁 오른쪽을 지나 골짜기로 들어갔다. 나지막한 고개를 넘었다. 몇 굽이를 내리돌아 도랑이 흐르는 곰자리 다리를 지나 다시 가파른 비탈길을 헉헉거리며 더듬었다. 산꼭대기서 내리달린 비탈로 푸른 배추가 가득찬 구릉과 등성이가 시원하게 쳐다보였다. 풍성했다. 한 일여덟 채 가량 모여있는 마을이 바람을 피해, 추위를 피해 우묵한 곳에 옹기종기 자리 잡은 안반데기였다. 집집마다 자가용을 문 앞에 세워놓고 사람들이 왔다 갔다 했다.

채 백 미터도 안 되는 고개에 올랐다. 안반데기를 빙 둘러싸고 있는 피덕령이었다. 고개 너머에서 기다린 듯 늘 바람이 불어왔다.

구름 위의 땅, 안반데기.

통나무 입간판이 가슴을 크게 벌려 섰다.

최고로 살벌한, 가장 열악한 오지에 흡사 떡치는 안반 같은 넓고 펑퍼짐한 이런 산촌이 버젓이 누워있다는 것에 반지는 도저히 믿기지 않는 듯 사뭇 놀라는 눈치였다. 고개에서 내다보면 부뚜질하려고 자리를 다리 사이에 끼고 펼친 듯, 솔개가 바람을 안아 벌린 나래 같은 안 우묵한 형국이었다.

고루포기산이 멀리 건너다 보이는 남쪽 옥녀봉 쪽 비탈 밭 사이로 난 조붓한 길로 접어들었다. 너머 가는 등성이에 자리 잡고 있는 형님네 집에 도착했다. 참 나절에 도토리 주우러 잠깐 숲에 갔다는 형수는 안 보였다. 갑자를 좀 넘긴 형님과는 이따금씩 만났다. 울적하거나 글감 사냥을 위해 안반데기를 넘나들었다. 경포에 사는 심씨 종중이었다. 가까운 당내는 아니어도 어머니와는 그리 멀지 않은 친척이었다. 만나면 그리도 반가워하는 소탈한 심성이었다.

외나무다리이듯 좁은 외길이어서 집 옆에는 차를 돌리고, 마주 오는 차를 보내기 위해 잠시 비켜 기다리는, 작은 운동장만큼 너르게 만든 데에 나섰다. 계분이라던가, 비료, 농약 등을 임시 야적하는 하치장이기도 했다.

시야가 탁 트인 사방이 온통 비탈인데 온 천지가 사뭇 배추밭이었다. 빈틈 하나 없이 꽉 들어찼다. 예쁘게 단지를 빚어 초벌구이를 기다리는 듯, 남의 살집 좋은 여자를 깊은 산중으로 보쌈 해와 어디로 싣고 가려고 나란히 앉혀놓은 듯 했다. 단단한 결구였다. 한참을 바라보려니 눈이 아물거렸다. 벽지 중의 벽지인 해발 1,100 고지 험악한 산간의 굽이치는 60만 평 배추밭, 여남은 집들이 일군억척이었다. 더욱이 기계로는 경작할 수 없는 최악의 황무지였을 터 경외감을 느끼기에 앞서 인간이 지독하고 무섭다는 생각에 머리를 홰홰 둘렀다.

엇그제부터 뽑아 올리기 시작했다는 배추. 집 옆 밭에서도 작업이 한창이었다. 시세가 꽤나 좋아 밭떼기로 넘겼다. 문득 음흉한 포주 같은 느낌이 드는 형님이었다. 벌써 사흘째 뽑아 올렸고, 오늘 마지막으로 끝내는 작업이었다. 몇은 배추뿌리를 자르고 나르고, 다른 몇은 세 포기씩 그물 자루에 넣어 까마득히 치쌓은 위로 휘휘 던지면 틀림없이 받아 차곡차곡 쌓는 품이 고도로 숙달된 가히 달인의 경지였다. 여기저기서 대형 화물차를 대놓고 한창 작업을 개시했다. 왁자지껄하는 소리도 곧잘 들렸다. 저쪽 너머 등성이와 구릉을 지나온 하늘 까마득히 실은 차 두 대가 위태롭게 흔들흔들 지나갔다. 안반데기 고개를 너머 횡계로 향했다.

형님네 밭의 차도 작업을 다 마쳤다. 포장을 치고 고무끈으로 단단히 얽어매고 단속한 뒤 코를 푸는 듯, 가래침을 뱉는 듯한 시동소리가 들렸다. 터질듯한 과적이었다. 은근히 불안했다. 술 한 잔씩 나눈 일꾼들은 승합차에 실려 강릉으로 가볍게 떠나갔다.

밭 맨 아래 한 두둑은 뽑지도 않았다. 어림잡아 마흔여 포기쯤 셈이 되었다. 형님이 칼로 뿌리를 노련하게 끊어나갔다. 들기 좋게 세 포기씩 열세 자루였다. 승돈이 둘, 삽당령 가는 길 옆 목계리서 장사하는 형님 친구에게 세 자루와 정토사에 여섯, 우리가 두 자루씩 나누어 딱 맞아떨어졌다. 작업이 끝난 밭에도 멀쩡하고 좋은 게 너무 많았다. 내일에 오는 친구들 몫이라고 했다.

형수가 마침 도토리 자루를 이고 왔다. 손님이 온다는 소리를 듣고도 조금만 조금만 하다가 그만 늦었다고 미안해 어쩔 줄 몰랐다. 두 말 턱 넘을까 싶었다. 요즈음은 도토리 줍는 낙으로 산다고 너스레를 떨었다. 참나무밭에 가면 늘비하다고 했다. 대뜰에는 무대의 소품처럼 벌써 한 가마니를 주워 모았다. 충청도 말투였다.

반지와는 첫 대면인데도 오랜 동기간처럼 이야기가 오갔다.

족히 몇 근 사 간 삼겹살을 구웠다.

흙 묻은 옷에 아무렇게나 물러앉은 형님 손을 만져보았다. 어쩌면 소댕짝만 했다. 손마디가 굵었다. 손이라기에는 너무 황당하리만치 뻣뻣했다. 마치 북두갈고리였다. 가문 논바닥의 엉그름마냥 터벌어지고 고무짝 모양 굳은살이 박여 마치 코끼리가죽이었다. 얼마나 일을 했으면 이럴까.

해병대를 지원, 무사히 제대하고 설레듯 귀향했지만 마땅한 일거리가 없었다. 작심하고 도망치듯 서울로 가 자장면 집에서 열심히 일을 배웠다. 그 가난하고 지겨운 일도 싫어서이기도 했지만 서울이 좋아 번듯한 내 가게 하나를 차릴 당찬 욕심이었다.

세상이일이란 억지로 안 되었다. 평생 일 밖에 모르는 아버지가 천하에 못된 부사리한테 받혀 절명, 할 수 없이 고향으로 내려왔다는 사연이었다. 그때 손 맞춰 일하던 처녀, 훨훨 날려 보내려 했지만, 철없는 처녀는 부른 배를 이끌고 끝까지 따라왔다. 지독한 계모의 견딜 수 없는 등쌀에 가출한 형수였다. 내 죽고 또 죽어 백골이 진흙이 돼도 고마운 신세 다 갚을 수 없는 사람이 저 불쌍한 아내라고 손을 잡아주었다. 거나한 기운에 울먹였다. 등뼈가 허옇게 나오도록 백년을 업고 다녀도 다 못 갚을 업, 그 죄라 했다. 등을 다독였다. 30년 도 넘게 여태 긴 세월 한 세상을 아옹다옹 보냈다. 시퍼런 청춘을 비벼 꼬아 엮은 세월이었다.

큰 아들은 시청의 핵심 과장에 손자가 둘, 둘째 아들은 최신예 전폭기 조종사에 남매들이 밀알 같았다. 사위와 딸은 초등학교 부부 교사, 바라만 보아도 배가 부른 알뜰히 키운 열매들이었다. 곧 죽는다 해도 여한이 없다 했다.

개도 만 원짜리 지폐를 물고 다닌다 할 정도로 시절 한창 좋은 때도 있었다. 고랭지배추를 하는 사람들은 통이 크고 투기성이 다분했다. 재수 없고 운이 없어, 망할 적에는 망하는 한이 있더라도 배짱이 두둑했다. 그리고도 약았다. 고랭지밭이 3만 평에 조그만 가게 하나 가지고 있는 탁탁한 알부자였다.

산촌의 가을 저녁은 금방 써늘했다.

여기저기 흩어져 사는 10여 채의 집들이 이 구릉 저 구릉에서 매캐한 연기를 뽑아올렸다. 모기 없고 여름에도 이불 덮고 자는 분화구 같은 안반데기였다. 돌려짓기여서 고루포기산 쪽은 봄 여름에 보랏빛 예쁜 브로치를 가슴에 단 감자 세상이면, 옥녀봉 쪽은 고랭지채소였다. 가을엔 9월 초 뽑어올리는 고랭지 배추의 천하 안반데기. 늦게 감자 씨종자를 파고나면 한해 농사는 끝나는 셈이었다.

구름 높고 안개 자주 끼는 곳이어서 사람들은 구름 위의 땅이라고 시인이라도 된 듯 감성을 자아내 즐겨 불렀다.

구름 위의 별밤을 보았는가.

산상의 푸르디푸른 달밤을 보았는가.

구름 위의 땅, 눈부신 사계절의 아름다움을 보았는가.

하지만 가슴 깊이 못 박힌 한도 있고 서러움도 꼬깃꼬깃 간직하고 있었다. 화전정리를 위한 미명으로 전염병자 마냥 여겨 오지로 내몰아 매몰시킨 총칼 시퍼렇던 시절, 그래도 용케 살아났다. 질긴 게 목숨이었다.

참으로 가난했던, 이제는 여름 한철 별장처럼 산다는 구름 위의 별곡, 그 안반데기.

고랭지채소의 원조가 아니던가.

이제 작업이 끝나면 켜켜이 적막에 쌓여가는 안반데기였다. 무자비하게 20도를 훨씬 넘는 몹쓸 추위가 암팡지게 밀어닥치고 한 길 눈 내리기 전에 모두 집을 비워두고 아래로, 아래로 내려가면 적막이 곧 진주했다. 겨울이었다.

한 대의 차가 해 늦은 듯 잔뜩 싣고 조급히 지나갔다.

멀리 강릉이 아련하게 보였다. 정월 초하루 해돋이가 그만인 곳 바다도 곁들여 파랗게 보였다. 평화로웠다.

시동을 걸었다. 형수가 반지를 끌어안고 한참이나 속삭였다. 등을 두드리며 눈에는 눈물이 그렁그렁했다. 새해 해돋이 때 만날 것을 약속, 못내 아쉬운 작별하고 천천히 몰았다. 후사경으로 뒤를 보았다. 얼핏 안팎이 망부석처럼 서서 손을 흔들었다.

길가에는 구절초, 쑥부쟁이가 한창 지천이었다.

도토리 _____ 9, 10.

산촌은 해만 떨어지면 인적이 드물었다. 나그네 넘는 재나 길이 없어 더욱 외딴 골짜기였다. 시커먼 곰 같은 어둠이 가득 들어차 서성거렸다. 천진한 아이처럼 집게 손 가득 빨간 고추잠자리를 잡았다가 휙, 파란 하늘로 훨훨 날려보내는 게으른 하루를 탁본 뜬 반지의 하루였다.

어둠은 휘휘하고 밤은 호젓해 세상은 고요했다. 사색에 젖었다. 깃털 바람결에도 흔들렸다. 어디론가 밀려갔다.

지그시 눈을 감았다.

파란 바다가 그리운 소라의 전설 듣고파 문득 포구로 돌아온 남실남실 흰 돛단배 같은 귀지인가.

후득,

후드득, 탁!

창밖에 도토리가 무심으로 떨어지는 기별이었다. 야심한 산방의 서정이었다. 풀벌레의 잔잔한 경문을 나지막이 깔고 밤새 혼자 죽비를 쳤다.

지난밤 야릇한 기척에 놀라 귀를 쫑긋 세우던 반지.

아침에 쪼르르 나와 바라보던 반지는 눈이 호동그래져 입을 다물지 못했다. 비질한 마당에 도토리가 여기저기 아무렇게나 구슬처럼 우수수 떨어져 뒹굴었다. 지천으로 온통 벌겋다. 반들반들 윤이 나는 밤색 동그란 몸뚱아리가 박동 힘찬 숨을 내쉬었다. 어머나, 너무너무 예뻐, 즐거운 비명을 노래했다.

조갑지 손으로 바구니에 주워 담느라 정신이 없었다. 마음이 급했다. 강아지처럼 쫄랑쫄랑 이리저리 건너 뛰어다녔다. 거북반석에도 오롯이, 샘우물과 가마못에도 빠지고 부끄러워 숨어있기도 했다. 막 주웠다. 신이 났다. 짓궂은 바람이 그냥 지나가지 않았다. 옷섶을 헤집고 감춘 것을 들쑤셨다. 우수수 떨어졌다. 툭, 떨어지고 탁, 튀었다. 또르르 굴었다. 아이 마냥 함박웃음을 터뜨려 돌아쳤다. 숨이 찼다. 털썩 주저앉아 헐떡거리며 쉬기도 했다. 금방 바구니에 가득했다. 참으로 소담스러웠다.

머리에 한방 맞았다.

후드득!

반겨 냉큼 쫓아갔다.

흡사 회리밤이었다.

거북반석 옆 네댓 상수리나무서 좀 열리는 해에 서너 말은 너끈히 줍고도 남았다. 어릴 적 기억이지만 아버지와 어머니는 이산 저산 너머 지천인 도토리를 주워 질빵 자루 가득 짊어지고 왔다. 흉년엔 한 몫 단단히 한 구황 식품이었다. 묵이나 묵사발, 묵밥을 해 끼니를 때우고 채웠다. 모두는 힘들었고 그렇게 살았다.

인스턴트식품에 반해 촐싹거려 건강식품이라지만 억척스러운 고달픈 시절이었다. 풍족한 지금이야 옛날을 회상하며 맛있다고 하나 사흘만 먹어보라 권하면 분명 손사래치며 돌아앉을 것인데, 배부른 소리였다. 별식도 자주 먹으면 상식이고 맛이 없기 마련이었다. 그래도 한 두세 가마 주워 대뜰에 쌓아두면 푸짐해서 좋았다.

올해는 도토리가 아주 대풍이었다. 정토사 옆 주차장에 도토리 주우러 오는 차량이 즐비하다고 했다. 어쩐지 낯선 차가 버썩 드나든다 싶었다. 거의 반 자루답게 담아가지고 온다는 전갈이었다. 스님도 맨 참나무밭인 오래에서 짬짬이 한 가마니 턱 넘게 주웠다고 흐뭇해하는 눈치였다.

아주 예쁘고 야무진 동그란 도토리 하나를 골랐다. 깍정이에 쏙 들어앉았던 하얀 궁둥이 가운데에 이쑤시개를 찔러 박고 자루를 남겨 적당히 잘라냈다. 그리곤 바구니 안에다 자루를 비벼 뱅글 돌렸다. 도르르 맑은 소리 풀어내며 앙증스레 돌아갔다. 와, 박수치는 반지였다. 또 무슨 요술쟁이거나 마술쟁이쯤으로 생각했다. 그리고는 넋 없이 바라보았다. 어릴 때 도토리 팽이를 만들어 많이 해본 찌꺼기였다. 반지고 작은 손바닥에다 뱅글 돌려주었다. 간지러워 마냥 못 견뎌 어쩌지 못하는 몸짓이었다.

구구, 구구, 비둘기가 종일 한가로이 울었다. 다람쥐가 살금살금 다가와 물고 잽싸게 달아났다.

주운 도토리를 멍석에 나란히 폈다. 벌겋다. 반지가 고추잠자리 잡다 말고 뛰어가 주워 놓고, 돌다리 건너 흥부집에 신문이랑 편지를 읽다 줍고, 지나는 바람이 후루룩 흔들면 달려가 주웠다. 강아지처럼 종일 쫄랑거렸다.

노란 불 조는 서재에서 하얀 여백으로 시 한 소절을 용케 끄집어냈다. 창밖은 달이 떠 푸르렀다. 교교했다.

어느 수배자가 숨어든 산중 굴피집에 은신, 적막한 밤새 떨어지는 도토리소리에 환장할 만큼 잠을 이룰 수 없었다는, 훗날 그의 자서전에서처럼 가슴에 파고드는 야릇한 파문을 일으켰다.

툭,

후드득 탁, 탁, 툭.

죽비를 쳤다.

밤을 톺고 있었다.

머루랑 다래 _____ 9, 11.

이슬 맞지 말라고 덮은 고추 시렁에 비닐을 걷어냈다. 독한 냄새가 제법 풍겼다. 코가 매웠다.

마당에 밤새 떨어진 도토리를 한바탕 신나게 줍고 난 반지가 아무렇게나 주저앉아 숨을 가쁘게 쉬었다. 이젠 멍석에 가득했다.

오소소 바람이 돌다리 건너왔다.

후드득.

야뇨증이 심한 난쟁이 맨드라미가 주름치마를 햇볕에 말리는 참나절.

도랑 물길 따라 난 오솔길을 밟았다. 심심하거나 바람 쐬러 반지가 살살 다녀 만들어진 토끼길이었다. 곧잘 휘파람을 불며 물굽이 모롱을 휘돌았다. 머루 덤불숲이었다. 치맛자락 들치듯 안으로 들여다보았다. 주렁주렁 탐스러운 머루송이가 젖줄을 가득 물었다. 얼마나 빨았는지, 금방 배가 터질듯 탱탱 토실토실했다. 어쩌면 눈동자 같은 새카만 알알들이 한창 무르익었다.

마음이 급하다 못해 덤벼들었다. 한 송이 뚝 따 머루알을 입에 넣었다. 너무 달다 소리쳤다. 맛있다고 호들갑이었다. 내 입에다 손수 넣어주는 수선이었다. 상큼했다. 비록 포도보다는 덜 달아도, 무릇 포도보다는 더 시어도, 따라서 포도보다는 더 작아 초라해도 머루가 왠지 좋았다. 웃을 때마다 그 하얗던 이가 푸르뎅뎅했다. 흡사 바보였다. 바구니에 따 담아 수북했다. 이왕 따는 김에 골골마다 아는 데를 들러 꽤 많이 모았다. 꽤 큰 자루 가득 겨우 동여맸다. 흐뭇해하는 반지를 몰고 와 물에 씻어 고추 시렁 위에 널면 되었다. 푸짐했다. 머루주를 담그자면 한 사나흘 가량 건조시켜 물기를 좀 빼야 했다. 아니면 설탕에 쟁였다.

맡아놓고 다니는 다래 덤불에도 기웃기웃 들러 반 말 됨직하게 족히 땄다. 쌉쌀한 맛, 바구니에 담아놓고 드나들며 무른 것을 골라 먹던 추억이 지금에 더욱 그리웠다.

들에 사는 사람은 들에 기대 살고, 산에 사는 사람은 산에 기대 살듯이 가을의 산은 더없이 풍성했다. 머루랑 다래, 으름, 도토리랑 산복숭아, 뚱딴지, 보리장, 가래, 산대추, 산밤, 온갖 열매랑 송이, 능이, 표고랑 느타리, 까치버섯, 흰구름버섯이랑 벚꽃버섯, 별의별 버섯이 지천이었다. 무서운 가난 배고픔에 찌든 시절, 오죽하면 가을산은 못 사는 친정집 보다 낫다고 했을까. 그전에는 산문 밖 사람들도 주루막을 짊어지고 산엽을 많이 다녔다.

내려오다 길가에서 개암을 땄다. 밭둑이나 언덕에 흔한 관목이었다. 도토리 모양의 열매가 드문드문 열렸다. 속살이 젖빛 나는 무척 고소했다. 참 많이도 따 먹었지만 이젠 거들떠보지도 않았다. 노르스름한 잎들을 떼내고 개암을 물었다.

"딱"

껍질 깨어지는 소리가 경쾌했다. 손에 받아 알맹이를 반지 입에 넣었다.

"어머! 고소해."

반색을 했다.

"또 깨물어 줘."

한 움큼 따 주었다.

돌다리를 건너면서 딱, 마당에 들어서면서도 딱, 옛날 도깨비 방망이소리였다. 잘도 깨물었다.

때맞춰 승돈이가 들렀다. 산사에 갔다 내려오는 품세가 짐작대로 햅쌀을 가지고 왔다. 해마다 추석 밑에 한 말 정도 잊어먹지도 않고 꼭 챙겨주었다. 겨우 밭 몇 평이다 보니 논이 없는 나였다. 암만 생각해도 의리 뭐 그런 인정 많은 벗이었다. 내가 복이 많은 놈이었다. 늘 신세를 졌다. 오는 정 가는 정 줄 거라곤 방금 딴 머루 반절쯤 나누었다.

전번에 고마웠다고 백도라지를 두고 살살 말했다.

반지가 사뭇 감격했다. 비정하리만큼 철저하게 돈으로 또 가치로 따지고 거래하는 전형적 서울깍쟁이 눈에는 어쩌면 생경스러운 눈치였다. 많고 적음이 아니라 서로 베푸는 갸륵한 마음씨였다. 시골의 따뜻한 정과 후한 인심을 나누는 정경을 가슴 가득 안았다. 여유로운 물결에 꼬리치고 파도치는 향락의 문화인인 양 끝없는 소비가 광란하는 도시는 풍족하다 못해 늘 넘쳐나도 메마른, 가난해도 시골 인정은 늘 풋풋했다.

그 사이에 도토리가 또 한 벌 마당 가득 지천으로 떨어졌다.

강릉사투리 ____ 9, 12.

『어머이, 숑펜으 마이 빚엉가. 집뒈 밤아레기는 내가 네레가서 틀 거니』
(어머니, 송편을 많이 빚었는가. 집 뒤에 알밤은 내가 내려가서 털 것이니).

부연동 면소 앞 찻길에 추석맞이 귀향 환영 현수막이 큼지막하게 내걸려 심심한 바람이 현을 퉁기고 있었다.

순간 웃음을 참을 수가 없었다. 핏줄을 냅다 건드는 뭉클한 무엇이 치밀었다. 코끝이 시큰하다 못해 아팠다. 향수가 요동친 기쁨이었다.

성산면 사무소거리에도 내걸려 눈길을 끌었는데 웬걸 시내 여기저기 막 내걸려 귀

성객을 맞이하느라 분주했다.

『어머이, 머이 바우느라 마이 속장가. 우리 새닥이 해던나 가졌아, 머 아는가』

(어머니, 뭐 장만하느라 많이 수고하잖는가. 우리 새댁이 애기를 가졌아, 뭐 아는가).

처음에 반지는 무슨 뜻인지 몰라 그저 묻는 게 일이었다. 이제는 약간의 통역을 해도 곧바로 알아들었다.

천치마냥 괜히 기분 좋았다. 설 때나 한가위 때에 외지로 나갔다 귀향하는 길에, 강릉사투리 현수막을 보면 그렇게 반가울 수가 없다고 모두들 입을 맞추었다. 강릉사람이라는 자부심을 일깨우기도 했다.

전국에 사투리 붐을 일으킨 곳이 강릉이고 기발한 범인의 소굴이었다. 배후는 강원일보 영동지사와 강릉사투리보존회였다. 해마다 단오 때 남대천 둔치서 강릉사투리 구연대회가 열렸다. 그때마다 새로운 스타가 탄생했다. 단연 단오 최대의 인기였다. 이율곡의 십만양병설이라든가, 우추리 개좆바우에 줄 풀려 달아난 개 이야기로 일약 시민스타가 된 이청림이 있었다. 아울러 사투리를 발굴하느라 돌아치다 액비통에 빠져 똥병아리가 된 봉변과, 남의 집 족보를 훔쳐갔다는 파렴치한 범인으로 까지 몰렸다는 일화를 숨기고 있는 반 미친 사람도 있었다. 일목요연하게 펴낸 방대한 '강릉사투리집'은 가히 기념비적이었다. 가까이 두고 닳도록 들여다보고 정신나간 사람처럼 웃는 게 일이었다. 거들먹거려 들어앉아 돈이나 어찌 빼돌릴 구거하는 관청 복마전 새끼들이 아니라, 이런 소박한 사람들이 곁에서 우리를 진정 기쁘게 했다. 묵묵히 일하는 사람들에 의해 세상은 돌아갔다. 늘 그랬다.

『꼬치장이 남은 기 좀 있는가. 네레가 꺼니 한 오갈단지 주개』

(고추장이 남은 게 좀 있는가. 내려갈 것이니 한 오갈단지 줘).

이 얼마나 정겨운 말인가.

추석 쇠러오는 아들 기다리는 고향의 등 굽은 어머니마냥 그리운 것이다.

강릉사투리, 아니 강릉말.

경상도 남방말이 북상하고 함경도 북방말이 남하하여 중간 지점 강릉서 만나 동거태어난 말이다. 하여 어찌 들으면 아바이말 같고 어찌 들으면 문둥이말 같았다. 튀기였다. 처음부터 항상 높은 소리에 장작 패는 소리처럼 멋없이 무뚝뚝하고, 옹기깨지는 듯 투박한 질감에 억양의 율동이 거의 없었다. 마치 돌격대에 외치는 구령이었다.

일찍 일어나 둔치 새벽시장에 가면 울컥 쏟아져나오는 사투리가 그렇게 반가울 수 없었다. 향우회 모임 때에 만나면 정다워 괜히 바보처럼 웃는데, 영 너머 온 외지 사람들의 귀에는 마치 성질 뻗쳐 싸움하는 줄 안다고 했다. 자신이 이방인이라는 착각에 빠지기도 한다는 것이었다. 그래도 우리는 나긋나긋 속삭이는 사람의 겉보다는 속이 은근해 정이 더 많았다. 우직했다. 강릉말이 죽을 만큼 좋다. 그 사투리에서 구수한 누룽지 냄새가 났다. 그 사투리에서 어머니 젖 냄새가 났다. 그리고 뚝심이 있었다.

중앙시장에서 만난 누나랑 추석 어물을 샀다. 젊은 아줌마인데도 사투리가 자연스레 익었다.

반지가 처음 강릉에 발령을 받고, 학생들과 대화가 통하지 않아 한동안 주눅이 들어 아빠한테 투정도 했었다는 이야기 더러 들었다. 아직도 멍하거나 머뭇거리는 때가 더러 있었다.

강릉사투리 중에 마커, 라는 말이 있다. 원어는 조금도 남김없이 모두 다 라는 뜻의 말끔, 에서 파생된 말이었다.

촌 노인들이 63빌딩 관광을 갔다. 서울 전경을 시원스레 구경하고 찻집에 들렀다. 누구는 홍차니, 둥굴레차니, 생강차니, 녹차니, 하길래 헛갈리는 총무노인이 그러지 말고 마커(모두) 커피로 하자고 제안했다.

허리라군 한 줌 밖에 안 되는 개미 아가씨가 와 주문을 받았다.

"여개 우리는 마커, 커피로 주게야, 마커커피."

"젊은 오빠, 마커커피가 아니고 모카커피, 우아하게 모카커피예요.아셨죠?"

"야, 이년어 지접아(계집애)야. 젊은 오빠구 늘그젱이(늙은) 육빠구간에 마커커피라잖아. 얼푼(얼른) 마커커피 가주와"

결국 아가씨는 예멘의 모카 지방에서 나는 알아주는 모카커피라는 것으로 알았고, 노인은 모두 다, 라는 강릉사투리 마커를 생각한 일화가 있었다.

『댕기는데 갈구쳐서 우터하우』

(통행에 불편을 드려 어떻게 하죠).

점심 먹으러 먹을거리 골목으로 가는데 주인 백, 이라고 쓴 사투리 팻말이 도로를 점령한 공사장 옆에 서서 빙긋이 웃고 있었다.

송편 _____ 9, 13.

열 나흘 한가위 전날이었다. 까치설날은 있는데 까치한가위는 왜 없느냐고 어린아이처럼 반지가 문득 물었다. 글쎄. 대답을 해야하는데, 참, 그렇다.

뒤란에 가 제사에 쓸 만큼 대추를 털었다. 아직 알락이 좀 덜 들긴 했어도 반들반들 당차게 야무졌다. 은은한 맛은 입안 가득 달콤한 향이 돌았다. 반지는 연신 주워 먹는 게 반이고 일이었다. 그리곤 뾰족한 씨를 푸푸 내뱉었다.

흡사 쪽진 머리통 같은 밤은 며칠 전부터 주운 게 있었다. 아침에도 두어 움큼 주워왔다. 지천으로 벌겋다.

마당가 감나무에는 다행히 빨간 찰홍시가 귀하게 달려 그물 단 전짓대를 기다리고 있는가 하면 가지가 휘도록 주렁주렁 매달린 참배도 향을 머금었다. 한 입 차도록 베어 물면 물이 줄줄 손가락 사이로 함부로 내리 흘렀다. 사과도 큰 놈을 골라 땄다. 아이 같이 반지가 퇴냈다.

수입품이 넘쳐나는 판에 말 아니 해도 토종 신토불이였다

누나가 일찌감치 왔다. 반지가 처음 접하는 시집 명절 음식 장만을 도와주러 왔다. 소금강 비경이 숨어있는 연곡이 시집인 누나는 사형제 중 막내 며느리여서 일찍 가야하지만, 윗동서들한테 양해를 구하고 올라왔다.

송편을 빚었다. 식구래야 반지와 나 달랑 둘인데 어쩌면 소꿉놀이였다. 승돈이가 준 하얀 햅쌀 반죽을 떼어 손안에 동글동글 굴리다 꼭꼭 눌러 오긋이 펴면서 햇밤에 꿀을 묻힌 소를 넣었다. 그리고 입을 오므려 붙여 모은 손가락을 살며시 꼭꼭 눌러 빚었다. 손가락 자리가 반듯반듯 깎아 만든 듯했다. 차돌멩이마냥 단단했다. 예쁘게 빚어야 곱고 늠름한 아이를 낳는다는 해학은 올해도 어김없이 나왔다.

"빚은 송편을 보니 태어날 조카가 밉상은 아니겠다."

"아이참, 예뻐. 언니."

"응. 예뻐."

옛날엔 시루 바닥에 겅그레 놓고 베보자기를 깔고, 문지방 너머 몇 발자국 걸어가 따온 파란 솔잎을 잔잔히 깔았다. 송편 놓고 그 위에 솔잎 깔고 송편 놓고, 깔고, 놓고 쪘다. 김을 한소끔 실컷 올린 뒤 은근히 불을 꺼나갔다. 찜을 푹 들인 뒤 소댕을 열면 갇히기나 한 것처럼 김이 확 올라 천장으로 하얗게 피어올랐다. 두꺼운 비닐장갑을 꼈어도 뜨거워 쩔쩔 맸다. 떠다놓은 찬물에 손을 담갔다가 그 뜨거운 송편을 함지에 잽싸게 담고는 얼른 찬물에 손을 적셨다. 참기름이 아니라 들기름 소금물에 골고루 발라냈다.

요즈음 세태는 사는 게 복잡하고 바쁘기 때문에 참 간단 편리해졌다. 시루 대신 양은 찜통이 나왔고, 까짓 솔잎은 무슨 의미이냐며 우습게 여겨 아예 넣지도 않았다. 그것도 일부분이지 대개 흉내로 조금씩 사서 장만하는 추세였다. 멋이라곤 털끝만치 여유가 없고 맛이라곤 토할 만큼 들입다 달다 뿐이었다. 토종 송편도 아닌 돌연변이 못난이였다.

누나도 서둘러치며 송편을 꺼내고 소금물 들기름을 발라냈다. 반지가 탁구알만한 송편을, 어울려 밤을 치는 나의 입에 쏙 넣어주었다. 입안이 뜨거워 호호 숨을 내쉬었다. 솔향이 솔솔 꿀밤이 달콤 따끈따끈 고소했다.

"그저 제 신랑 밖에 안 보이지. 이 시누이는 안중에도 없고만. 팽개치고 가던지 해야겠다."

한바탕 웃었다.

"언니도 먹을 줄 알아요?"

"멀쩡한 바보 만드네."

어머니가 살아 계실 때는 누나가 송편 하나 들고 뒤란서 대추 터는 아버지에게 쪼르르 달려가 입에 쏙 넣어주던 재롱이 떠올랐다. 호사했다.

잘 익었다. 경험이 많아 노련한 역시 누나의 변함없는 솜씨였다.

부침개와 기름질도 다 만들어 주었다. 법도와 풍습을 익혀주려는 뜻이었다. 까칠하지도, 까탈스럽지도 않았다. 친정을 은근히 챙기는 살림꾼이었다. 이젠 올케가 들어와서 안심이라며 해 있어 서둘러 내려갔다.

버거웠나 보다. 씻겨 일찍 재웠다.

도토리 떨어지는 밤은 늦도록 깊어갔다.

한가위 _____ 9, 14.

한가위였다. 유년시절엔 꽤나 기다리던 명절이었다. 덥지도 춥지도 않은 선선한 시절이었다. 케케묵고 상투적인 표현이지만 오곡백과가 무르익어 천지가 풍성했다.

하늘도 맑았다. 선들선들 바람이 일었다.

일찍 서둘러 햅쌀밥을 되지도 않고 고슬고슬 고소하게 지었다. 어제 준비한 음식을 둘러메고 앞산 오솔길을 따라 꼬불꼬불 숲으로 들었다. 박새들이 포릉포릉 날았다. 웃자란 억새숲이 장관이었다. 구절초도 꽃을 접느라 골몰에 빠졌다. 수풀 내음이 향그러웠다. 바람이 먼저 와 기다리고 있는 산등성이었다. 멀리 납작 엎드린 강릉이 보이고 수평선이 물막이를 쳤다. 시야가 시원한 활강이었다.

예쁜 한복으로 단장한 반지가 어여뻤다. 발그레 얼굴이 화사했다.

오대 독자. 반지와 나란히 절을 올렸다. 늘 위엄이 서려있지만 푸근하고 서기가 가득한 선영이었다. 왠지 산소가 자르르 윤기가 흘렀다.

성묘를 마치고 집에 와 제물을 챙겨 차는 벌써 산문을 벗어났다. 마치 하구를 박차 해원이 출렁대는 광활한 대양으로 힘차게 헤엄치는 고기였다. 오봉 호숫가에 짓는 정자가 이젠 의젓하게 보였다. 현란한 단청 입히는 일만 남았다. 한 달 정도면 완성되리라 했다.

강동에서 칠성산 아래 산굽이를 휘돌아 외딴 곳에 아담한 마을을 내려다보며 누워있는 산소.

꽤 멀었다. 나들이처럼 갔다. 친정집에 들어선 듯 반지가 엄마, 아빠를 불렀다. 잰 걸음을 쳤다.

열 집 남짓 작은 산촌이 내려다보였다. 산 밑으로 터를 잡고 물줄기 따라 다랑논이 널려있었다. 한창 익어가는 벼들이 누른빛을 풍성하게 자아냈다. 한가위라 산비탈로 드문드문 성묘객들이 울긋불긋 희끗희끗 산소 찾아가는 행렬이 한유했다.

한창 명성을 날리던 축구선수 시절, 장인을 좋아하던 열렬한 팬이었던 해군제독의 외동딸과 전격 강릉에서 삼일을 보낸 꿈 같은 추억으로 반지를 탄생시켰다는 비화를 토해냈다. 물론 축구 전지 훈련장으로 산자수려한 강릉을 자주 찾은 것도 있지만, 이곳에 정착하게 된 인연은 비화 때문에 비중이 더 각별했다. 누구보다 더 장모님이 강릉을 사랑했다는 비밀 같은 증언이었다.

시절이 이때쯤은 햇살도 유순해졌다. 덥다기보다 습기가 빠져나가 짜랑짜랑했다. 양쪽 골짜기서 흘러온 물이 만나는 산소 앞 계절이 넓은 깊은 소여서 늘 출렁거렸다. 고기들이 유유히 헤엄을 치고 냅다 튀어올라 햇살에 반짝, 파문이 일었다. 구절초 꽃잎을 따 물에 뿌렸다. 고기들이 몰려들었다.

숲에서 빠져나온 바람이 휘돌아 논벌로 내달렸다. 누른 물결이 일었다.

장만한 제물을 진설하고 돗자리를 깔았다. 막 절을 올리려는데

"사돈 산소를 찾아뵈려고 하는데 어디로 가면 되니? 얼핏 듣긴 강동초등학교서 어디라는 들은 기억은 있는데 모르겠다. 그래서 지금 강동면소거리 지나 초등학교 입구에 와 있어."

누나였다.

"아이, 바쁠텐데 오기는 뭣하러 와. 이미 거의 다 왔으니 할 수 없지. 그럼 학교 앞 그길로 곧바로 쭉 올라와."

"자형이 성화다. 그리고 사돈 산소는 찾아 뵈어야하는 게 도리 아니니. 멀리 있으면 몰라도, 엎어지면 코 닿을 덴데."

"그러면 거기서 군선강변 포장된 길 따라 곧바로 쭉 칠성산 골짜기로 난 찻길 따라 줄곧 올라오다 포장길이 끝나는 곳, 양지마을, 강둑에 포플러가 아니고 거대한 옛날 미루나무 두 그루가 서있는 곳이야. 곁에 차가 서있어. 도랑 건너 빤히 보이는 산소야."

기다렸다. 반지가 가만있지 못하고 설레었다. 기쁨이 넘쳤다.

아담한 산소. 화려할 이유도 초라할 까닭도 없는 평범한 산소에 비망록 같은 문패 하나 달아드렸으면. 잊지 않고 기려 아담한 시비를 소문 없이 세워드리고픈, 사위가 시를 짓고 딸이 글씨를 쓴 소박한 효심을 생각했다.

저 아래 휘돌아 마을로 들어 더듬거려 올라오는 차가 보였다. 뉘 집 붉은 감나무 곁을 지나 산 밑으로 달려오는 햇빛에 반짝거리는 하얀 차였다. 경적이 울렸다. 손을 흔들었다.

돌다리 건너 마중 갔다. 고급 술 까지 받아가지고 왔다.

모두 나란히 성묘를 했다. 반지가 문득 울었다. 고마움과 기쁨의 벅찬 감정이었다.

"아빠, 엄마, 이젠 외롭지 않지? 반지 너무 기뻐."

앞이 탁 트인 산소가 아담했다.

저 앞산이 노적가리봉이어서 분명 재물이 쌓일 명당 터이지만 좌향은 태공이 편히 앉아 바로 앞의 소에 낚시하는 형국의 혈이어서 매일 얼큰한 매운탕 끓여 드시겠다며, 지관이나 푹 된 듯 자형이 뭐 좀 아는 척 말해 한바탕 웃었다.

기회는 이때다 싶었다. 후딱 잔을 꺾었다.

"여태 생각하다, 생각하다 결정했는데, 반지가 다행히 아들 쌍둥이를 가졌으니 하는 말이지만 맏이는 김가, 아우는 은가, 처갓집으로 입적 시킬 계획인데 어떻게 생각하는지, 모두?"

느닷없는 나의 말에 얼떨떨했지만 뜸을 들이던 자형이

"역시 대장부네. 결정하기 힘들었을텐데 참말로 절손된 처갓집 대를 이어준다는 게 어디 보통 일인가. 참으로 장하네, 장해. 처남."

등을 두드렸다. 그리고 악수를 청했다. 아귀 센 굳건했다.

"갸륵한 뜻은 알지만 양자를 들인다는 게 함부로, 즉흥적으로 결정할 일이 아닌 같네요. 뜻을 모아야 될 일이잖아요."

반지가 머뭇거렸다. 과분하거나 거북한 모양이었다. 생각에 앞서 얼떨한 얼굴이었다.

"아주머님. 그건 남의 피가 섞인 양자도 아니고 입양도 아니어요. 처남과 아주머니가 피를 반반 섞은 내 자식 내 아들이어요. 두 째를 친정 은씨 가문에 출생신고 입적시키는 것뿐이어요. 남의 피가 섞이지 않은 똑같은 내 자식이고 똑같은 서로의 자식이고 한집에서 뒹굴며 크는 형제인데. 처남이 이렇게까지 깊이 생각할 줄 미처 몰랐어요. 그리고 법이 엄마의 성을 받을 수 있어요."

"맞아. 올케. 무열이가 올케를 위해 할 수 있는 값진 일은 이것뿐이야. 더 이상 없어. 무열이가 장하다는 게 아니라 순리야. 그리고 앞으로 또 김가도 펑펑 은가도 펑펑 낳아. 그러면 돼. 아무 생각 말아. 올케를 보면 늘 가슴 아렸어. 이제는 짠한 마음 버려, 올케. 그리고 의논할 사람 여기 넷 밖에 없어. 다 찬성이야."

반지 손을 꼬옥 쥐었다.

“빈 말이라도 언제 그런 말이 나왔으면 했어. 자기야. 그리고 언니? 이럴 땐 반지는 어떡해야 돼?”

주르르 눈물을 흘렸다.

“이건 은혜가 아니고 선물이야, 선물. 올케. 무열이 하고 가지를 많이 치면 돼. 제삿날이나 명절날 강아지 같은 개구쟁이들이 서로 할아버지 산소 봉분에 올라가 썰매 타고 이리 뒹굴 저리 뒹굴 장난치고 씨름하다, 미처 급하면 아무데서 고추를 내놓고 쉬, 오줌 벼락 맞는 할아버지가 하, 고놈들, 하고 좋아하실 거야.”

“반지 지금 꿈꾸는 같아요.”

자형은 늘 순간 기지가 있었다.

“웃자고 하는 얘기지만요, 아주머니? 맏이인 외사촌인 김가, 아우인 고종사촌 은가, 은가에게 젖을 더 물리고 맛있는 거 골라 몰래 먹이면 안 돼요.”

“호호호, 그만 꼼짝없이 들켜버렸네요.”

모두는 유쾌하게 웃어젖혔다.

천둥벌거숭이들이 이내 낀 하늘을 가득 메웠다.

송이 _____ 9, 15.

온통, 사뭇, 마냥 희끗희끗했다.

회갈색 갓 아래 자루가 하얀 송이들이 다투어 치밀었다. 검고 부드러운 흙을 뚫고 묵은 솔잎을 들썩 떠인 채, 이제 한창 고개를 내밀어 새벽 공기를 들이마시는 가슴들이었다. 흡사 불끈 용솟음치는 맥박이 뛰는 튼실한 용두였다. 한껏 발기하여 불끈불끈 근육이 팽팽했다. 여기저기 사방서 자랑하느라 꿈틀거렸다. 탐이 날 만큼 더없이 잘 생겼다.

어머나! 꾸밈없는 탄성을 질렀다. 벅찬 감정일까, 가슴을 어루만질 뿐 이 생경스러운 광경에 말문이 막힌 반지였다.

떨리듯 조심스레 한 뿌리 당겨 뽑았다. 아귀에 가득 차는 돌덩이만큼 단단하고 힘찼다. 어루만지는 손길에 내뿜는 숨결이 향기로웠다. 실신하듯 뇌쇄시켰다. 조심스레 하나 뽑아 본 마냥 신이 난 반지는 기쁨을 주체하지 못해 싱글거렸다.

아직 해가 뜨지 않았다. 산은 지난밤 웅크린 자태로 조용히 깨어 기지개를 켰다. 아름드리 솔이 빽빽이 들어찬 산방 바로 뒤 산에 들었다. 탱크 덩지만큼 큰 쌍둥이 바위 앞이었다. 그전부터 송이가 잘 올라오는 자리였다. 한 자리에 군락으로 나는 마당송이 단번에 열대엿 뿌리, 신선한 횡재였다.

훤히 밝았다.

보물찾기를 했다. 두리번두리번 살피다

"저기."

"송이닷! 저기, 어머나! 저기도."

냅다, 냅다 소리치곤 내처 달려갔다. 쑥 뽑아들었다.

"와, 크다. 팔뚝만 해."

바구니에 넣고 박수를 쳤다. 신이 났다. 숨을 몰아쉬면서도 줄곧 조잘거렸다. 득의에 차있었다.

혈안이듯 팽팽한 시선을 내쏘아 비췄다.

솔밭이 향기로 그윽했다. 발맘발맘 수풀을 헤쳐 살피며 샅샅이 뒤졌다. 큰 바구니 하나 가득 땄다. 기분까지 철철 넘쳐흘렀다.

늘어뜨려 줄줄이 이어나는 줄송이 마주 보는 나란한 두 줄이 보였다. 흡사 쌍륙판이었다. 달 밝은 지난 밤 새도록 주사위를 던지던 신선은 어디로 갔을까. 어디 넓적한 바위에 바람 끌어당겨 베고 단잠에 들었는가. 그 먼 루비콘강을 건넜는가.

앞산 너머 선영 골짜기에 홀로 맡아놓고 몰래 다니는 몇 독송이밭을 더듬어 한 자루 넘게 땄다. 바짓가랑이가 흠씬 젖어도 휘파람은 절로 나왔다.

궁금한 반지가 돌다리 건너 쪼르르 달려왔다. 빼앗듯 자루를 열어 얼굴을 사뭇 파묻었다. 어머니가 어쩌다 먼 시장 보러 간 날은 아래까지 마중나가 불룩한 보퉁이를 낚아채 열어 들여다보던 철없던 시절의 모습이었다. 흥분에 휩싸였다. 기쁨을 억누르지 못했다.

해마다 추석 때쯤 송이가 성했다. 대부분 국유림에서 나기 때문에 관할 영림서에 허가를 맡아 채취했다. 송이라고 무조건 땄다가 망신당하기 일쑤였다. 다행히 내 산이었다. 그래서 도둑도 많이 맞았다.

일본으로 한창 수출할 때 천세가 나자 진짜 대가리 굴리는 놈이 있었다. 무게를 늘리려고 송이 뿌리에 큰 못을 감쪽같이 박아 나라 창피를 주기도 했다.

웃지 못할 일화도 많았다. 부연동 만수아버지는 혼자만 아는 독송이밭이 있어 해마다 소문만큼이나 따오곤 했다. 부자지간에도 안 가르쳐준다는 게 독송이밭이었다. 동네에서 부러워했다. 우리집만큼 한해 송이철에만 돈을 엄청나게 번다는 소문은 진짜였다.

아버지도 또 다른 송이밭에 가려는 참에 누군가 기침하는 인기척을 들었다. 만수아버지였다. 그는 지병인 천식을 앓았다. 새벽 찬 공기를 맞으면 쿨럭쿨럭 발작했다. 기침소리를 들으며 그날 아버지는 만수아버지 뒤를 몰래 밟아갔다. 짜릿한 쾌재를 부르는 독송이밭을 죄다 알 수 있었다. 양심에 찔렸지만 시치미 뚝 떼고 다음날부터 만수아버지보다 더 빨리 나가 모조리 따왔다.

일본으로 본격 수출되고 금값보다 비싼 송이 덕에 통장이 두툼 알부자라는 소문이 돌았고 그때 윤산의 호기를 맞았다.

올해는 날씨가 쾌청해 작년만 당초 못했다. 비가 자주 지짐거려야 많이 나는데 영 빈작이었다. 꽤 지난 어느 몇 해는 나가면 무조건 부대자루로 가득가득 따올 만큼 지천이었다. 온 식구가 나서서 벌사냥했다. 얼떨떨한 뜻밖의 수입이었다.

나물철 지나 꽤 오랜만에 월순네가 왔다. 일, 이등품은 갓이 퍼지지 않은 동(童)송이, 갓이 퍼지려 하거나 틈이 있는 늙은 송이는 고 아래 좀 낮은 등급이었다. 신통찮은 작황에 몇 뿌리라도 따면 값이 생광스러웠다. 귀하면 대신 비싸기 마련이었다.

살 깊은 송이 하나를 망설임 없이 쭉쭉 찢었다. 일등품 송이 하나에 몇 만 원씩이나 하는데 반지가 아까워하고 짠해했다. 왕소금 기름에 찍었다. 입안이 화 코가 벌름거렸다.

예로부터 신선이 먹는다는 버섯이었다. 누가 뭐래도 송이와의 찰떡궁합은 박이었다. 쇠고기도 아니었다. 밭둑을 기웃거려 털도 안 벗어진 여린 박을 따와 채 썰고 송이를 잘게 찢어 넣은 채국, 냉장고에 식혀 들면 참으로 제격이고 천하 일미였다.

산촌에 박혀 사는 덤이었다.

횡재 _____ 9, 18.

개시로 송이 따던 날 밤에 하늘을 원망하며 바랐던 비가 우연찮게 내렸다. 그저께부터 쑥쑥 치밀기 시작했는데, 오늘 새벽 뒷산에서만 허기진 자루가 불룩하게 마음껏 포식했다. 무직했다. 연신 하얀 이를 가지런히 드러내는 반지도 나를 송이 도사라고 추켜세운 뒤 기꺼워했다.

송진내 풋풋한 송이밭을 숨바꼭질하듯 한 바퀴 돌았다.

첫 새참 결에 정토사를 지나 높은 산을 잡아탔다. 가파른 능선이었다. 해마다 찾는 곳이기도 했다. 한 파수 정도는 바삐 돌아쳐야 했다. 숱한 훈련으로 단련되어 산악은 펄펄 날았는데 예전만 영 못했다. 행동이 무디고 몸이 무겁고 힘이 들었다.

새발버섯인 싸리버섯이 첫 손님으로 내 자루 속에 들어앉았다.

두리번두리번 살피며 갔다. 뱀이 스르르 달아났다. 나뭇가지에 청설모가 다람쥐를 냅다 내쫓았다. 텅 빈 새집도 보이고 마가목 열매가 붉게 익어갔다.

얼핏 보았다. 참나무 줄기에 흰 노루궁둥이가 셋이나 매달렸다. 에누리 없었다. 장대를 만들어 따 내렸다. 예뻤다.

낙엽 밟히는 소리 버스럭거렸다.

어김없이 있었다. 가슴이 뻥 뚫리는 기분, 작년 그 자리에 노루빛 같은 능이가 났다. 거짓말 보태 삿갓만한 무리지어 갓을 제멋대로 뒤집어썼다. 왜 이리 반가운지, 나 참. 신바람이 나 괜히 설쳤다. 허겁지겁 덤벼들었다. 다가오는 향이 친근했다. 누가 볼까 싶게 얼른 따 준비한 비닐 자루에 차곡차곡 가득 넣었다. 불룩 그득했다.

능이버섯이랑 이웃해 자라는 보기에 아주 흉측한 시커먼 까치버섯들이 곰새끼마냥 엎드려 쳐다보았다. 덩지가 꽤 컸다. 내려오다 군생하는 밤버섯으로 통하는 벚꽃버섯을 오부숭하니 땄다. 거두어 주루막에 탱탱 넣었다. 짊어지고 양손에 들고 하산이었다.

양아치마냥 이리 기웃 저리 기웃, 내려오다 바위에 붙은 말벌집을 발견했다. 벼락같이 발작적으로 장대로 기어이 떼어냈다.

뽕나무버섯이랑 느타리도 따 쑤셔넣고, 못 먹는 줄 알지만 데쳐 우려내면 그만인 노루털버섯인 쓴 개능이, 그리고 귀한 상황버섯도 따 넣었다. 많이 먹였다.

오소리 굴도 보였다. 변소도 눈에 띄었다.

어느 소녀에게 바친 사랑!

조용조용 내려오는데 갑자기 벨의 경음악이 정적을 깨뜨렸다.

순간 어디서 바스락 소리가 나는가 싶었는데, 벌써 쌕! 소리를 짧게 내며 후다닥 덮치듯 잽싸게 달아나는 무언가 보였다. 주저앉을 뻔했다. 얼핏 보아도 부연 산돼지, 황소만한 재돼지였다. 눈이 위로 쭉 찢어지고 허연 엄이 날카롭게 번뜩였다. 바로 앞 덤불 안에 돼지가 잠자는 집이었다. 돼지도, 나도 기겁했다. 섬뜩했다. 찰나였다. 등줄기에 땀이 배었다.

결국 소문만은 아니었다. 나무를 타고 오른 표독스런 살쾡이를 더러 보았듯이, 정토사 불자가 도토리 주우러 왔다가 거대한 돼지가 새끼 대엿 마리 데리고 가는 것을 보고 혼비백산했다는, 얼마 전 배후령 능선에 엄청 큰 돼지가 목숨을 건 혈투 끝에 목통을 물려 죽은 사체를 보았다는, 그리고 전번 우리집에 왔던 호랑이의 포효를 들었다는, 나도 더러 본 알 수 없는 짐승의 거대한 발자국에 수군거리는 풍문이 모두가 사실이었다. 갑자기 등골이 서늘했다.

"왜 전화 안 받아? 많이 땄어?"

궁금해서 또 걱정하는 반지의 안부였다.

"응. 많이 땄어."

"반지도 동송이 일곱 뿌리, 퍼드레기 못난이 다섯, 국뜨지(흰굴뚝버섯)도 자그마치 열세 뿌리나 땄어."

오래뜰 솔밭에 살살 다니며 살피는 모양이었다.

"조심해. 김가 은가 쌍둥이 잘 있어?"

"그럼, 엄마하고 잘 놀아. 그런데 아빠 보고 싶대. 자기는 귀염둥이 반지가 안 보고 싶어?"
"무슨 소리야. 보고 싶어 버섯도 다 안 따고 내려가는 중인데."
머리끝이 쭈뼛, 왠지 얼른 자리를 피하고 싶었다. 서둘렀다. 담이 약해진 모양이었다. 혹여 초봄에 우리 무 움구덩이를 파헤친 그 불한당 같은 놈들이 아닐까?
조금 전에 일어났던 이야기는 덮어둔 채, 아무 일 없는 듯 불룩한 주루막과 뚱뚱한 자루 둘을 전리품이듯 멍석에 쏟아부었다. 우르르 기어나와 멋대로 뒹굴었다. 가득 전시장이었다. 솔잎과 낙엽, 지푸라기를 골라내었다. 능이는 왜 비닐 자루에 따로 넣었냐고 물었다. 약간의 독이 있어 능이 따던 손으로 땀을 닦거나, 땀에 젖은 살결에 닿으면 피부가 벗어지고 붓는 독이 있지만 데치면 사라졌다. 반지도 장갑을 끼고 달려들어 마르기 쉽게 드문드문 찢었다. 까치버섯도 잘게 갈랐다.
이것도 먹어? 독버섯이면 어떡해?
조금은 불안한 눈치였지만 곧 횡재했다고 호들갑이었다.
이만하면 산엽꾼에게는 보기 드문 횡재인 셈이었다. 어떤 물건이 돈의 가치를 따져서 값이 의외로 많이 나가는 물건을 얻으면 횡재했다고들 했다. 일확천금의 로또 복권처럼 계산 빨리 충족된 욕심이었다. 그러나 가난하고 순박한 산촌에서 횡재는 약아빠진 돈의 가치보다 거둬들인 수확이 풍성할 때 소박한 인정이 넘치는 여유일 뿐이었다.
"내일도 가?"
"암. 막바지인데. 한 사나흘 더 다녀야 돼."
"꿀 뜬다면서."
"갖다 와서."
고추잠자리 가득 이내 낀 푸른 날, 바구니 들고 솔밭에 송이 따러, 비탈에 알밤 주우러, 마당에 도토리 주우러 오래를 뱅뱅 오가는 반지의 재미있는 하루였다.

꿀단지 _____ 9, 19.

어제 따온 버섯을 가르고 찢어 멍석에 널었다. 쓴 개능이는 데쳐 우려내느라 가마못에 담갔다.

한창 재미가 쏠쏠하게 치미는 뒤 송이밭을 새벽에 한 바퀴 휘돌고, 독송이밭에 들러 자루 가득 따온 뒤 낮에 꿀을 떴다. 숙련된 누나가 왔다. 꿀 뜨는데 도우미였다. 반지는 지금도 벌을 무서워하고 가뜩이나 임신 중이라 조심스러웠다.

대뜰에 벌통부터 뉘였다. 자박이 많이 내리 붙었다. 꿀이 오달지게 채워졌다. 훈연기로 벌들을 가만히 피하게 한 뒤, 숟가락으로 밀 자박을 떠내고 비닐장갑 낀 손으로 뜯어내기도 해 그릇에 담았다. 성난 듯 벌들이 윙윙거려 날다 이내 잠잠해졌다. 꿀이 줄줄 흐르는 밀자박을 뜯어 누나와, 쏘일까 잔뜩 움츠려 뒤로 물러나있는 겁 많은 반지 입에 넣어주고 한입 가득 물었다. 막 흘러내렸다. 참으로 달고 향기로웠다. 밀을 씹었다. 꿀이 즙인 양 죽죽 빠져나왔다. 밀은 뱉어 따로 그릇에 담으며 벙어리는 아닌 듯 모두 달다는 한 마디씩 했다. 식복이 있는지, 우체부 아저씨도 때마침 들러 한 자박 얻어먹고 갔다.

꿀 뜨는 광경이 신기하고 생소한 반지였다. 완전무장한 채 조금씩, 조금씩 다가와 골똘했다. 이제는 폭도 대추빛 벌건 장수말벌이 벌통 주위를 공포스럽게 돌면 그물망을 들고 겁도 없이 함부로 잡으려 들었다. 언젠가 눈이 까졌는지 모를, 어쩌다 한 마리를 낚아채곤 하늘이 무너질듯, 포효하듯 고함, 고래고래 소리 지르며 그 쾌감에 바르르 떨기도 했다.

올해는 변덕스럽지 않은 날이 많았다. 순조로운 날씨 덕분에 괜찮은 편이었다. 벌을 별로 늘리지 않고 왕을 꺾은 것도 한몫했다. 일 년에 딱 한 번 뜨는 토종꿀은 참말로 약꿀이었다. 양봉꿀에 비해 엄청나게 비쌌다. 그래서 약삭빠른 봉두군이 설탕을 먹인 가짜 토종꿀이 범람해 출렁거렸다. 양심 따위는 타락한 속세에 서는 마냥 위선이고 그저 사치한 노리개일 뿐 우스꽝스런 잣대였고 액세서리였다.

아직 열 통 가까이 남은 이십 여 벌통에서 꺼낸 꿀이 스텐 큰 대야에 담았다. 밀을 꼭꼭 주물러 으깼다. 부엌에다 꿀 정제용 삼발이를 요동 없이 세웠다. 그 밑에 대야를 앉혔다. 그리고 삼발이에 보드라운 베보자기를 씌워 앉힌 쳇바퀴를 정확하게 맞는 둥근 테 안에 올려놓았다. 바가지로 밀꿀을 떠 채웠다. 몇 번을 걸러야 할 양이었다. 드디어 맑은 꿀이 흘러내리기 시작했다. 주욱 뚝, 뚝뚝 주욱, 꿀 떨어지는 소리가 무겁고 둔탁했다. 경쾌한 물방울소리와는 영 딴판이었다. 흐뭇했다. 걸러져 내리는 꿀, 토종은 말간 노란 양봉꿀 보다는 검었다. 검으면서 투명하고 향이 진했다. 묵은 꿀은 심산에 숨어있는 석청처럼, 목청처럼, 댓진 빛깔이었다. 산엽을 하면서도 재수 있고 운수 좋아 석청은 따봤지만 아직 목청을 못 만났다.

먹는 게 늘 즐겁다는 반지가 송이를 찢어왔다. 마치 곰새끼마냥 누나랑 머리를 맞대고 도란도란 찍어 먹었다.

그 여름방학이 끝날 때쯤이었다. 소 먹이다 우연히 호박벌집을 발견했다. 옳거니, 불끈 주먹을 쥐었다. 날지 못하는 약점을 이용해 캄캄한 어두운 밤에 습격했다. 누나는 관솔불 밝히고 나는 괭이로 파헤쳐 밀방을 들어냈다. 손가락에 몇 방 쏘이는 건 예사였고 성난 오소리거나 곰이었다. 순식간에 무자비하게 초토화 유린했다. 전리품을 들고 개선했다.

그뿐이 아니었다. 할머니는 진외가에 가시고 아버지 어머니가 산에 간 사이 되게 심심했다. 작폐거리를 찾지 못해 안달이 난 우리는, 늘 그 자리에 관절 아프도록 앉아있는 시렁 위 꿀단지를 보고 뱃속의 회가 동했다. 감히 엄두를 못 내다 의기투합 누나는 엎드리고 내가 등에 올라섰다. 딛는 촉감이 미끄러워 처음부터 어찌 불안했다. 겨우 손에 걸려 잡아당기는데 누나의 등이 미끈둥거렸다. 비틀비틀 끝내 가누지 못해 그만 넘어졌고, 꿀단지는 와장창 온 방안이 꿀범벅이었다. 어이없는 엄청난 사건에 휩싸여 피 말리는 시간 속에 지은 죄로 실컷 두들겨 맞고 다시는 들어오지 말라는 야멸친 소리를 들으며 쫓겨났다. 이럴 때 할머니만 있었어도, 출타 중인 구세주를 원망하다 헛간으로 몰래 기어들어와 오들오들 떨다 오누이가 꼭 껴안고 잠들었던 기억에 누나는 눈시울을 슬그머니 붉혔다. 그리고 그리운 듯 웃었다.

반지가 꿀을 듬뿍 찍은 송이를 누나 입에 쏙 넣어주었다. 도우미의 품값 겸 선물로 꿀 한 되 싸 주며 양껏 실컷 먹으라고 권했다. 그다지 즐기는 편이 아니었다. 반지는 중발 가득 먹는 양이 제법이었다. 들락날락 퍼 먹었다. 입 주위가 번지르르했다. 꿀단지였다.

아, 달다!

나누어 베푸는 버릇이 밴 벌들은 생색내기는커녕 숨기듯 시치미 뗀 채 여전히 쉴 새 없는 역사였다.

논벌에서 ____ 9, 21.

풋풋한 냄새를 쿨쿨 맡고 푸르게 자라는 김장 배추밭에 웃거름을 주었다. 벌써 알이 들어 기세 좋았다.

헛간 곁에 재와 뒤섞어 묻은 호두를 꺼냈다. 호두에 붙은 육피가 다 녹았기에 가마솥에 부어 싹 씻어 멍석에 널었다. 데굴데굴 뽀얀 알이 야무진 한 말 가웃 쯤 되었다.

반지를 데리고 바람 쐬러 산문 밖 부연동에 갔다. 널따란 논벌이 아닌 애초 논벌이랄 것도 없는 산골의 아기자기 펼쳐진 뙈기 같은 들녘에 엎드려 일하는 농부들이 드문드문 보였다. 차들은 냇물 곁을 따라 산굽이를 돌아 삽당령 옆구리를 휘감아 오르내렸다. 감들이 빨갛게 익는 마을엔 가을이 가득 꽉 들어차 풍성했다. 어디선가 경운기소리가 탈탈거렸다.

가득한 논벌에 갔다. 벼가 누렇게 익어 이삭이 휘영청 쓰러지도록 영글었다. 조록조록 매달린 낟알이 통통 살이 쪄 터질듯했다. 유리알처럼 보였다. 반지랑 천천히 강아지풀이 무성한 논둑을 걸었다. 여문 메뚜기들이 날고 뛰었다. 잡으려고 손을 내밀다 외마디 소리를 지르며 기겁을 하고 돌아서는 반지. 폭군 사마귀가 고개를 쭉 뽑아 쏘아보았다.

여름내 그을린 누군가 예스럽게 오래전에 썼던 파대를 휘둘러 탕, 참새를 쫓아냈다. 저쪽 논구석에 참새떼가 내려앉았다 깜짝 놀라 콩을 훅 뿌린 듯 짹짹거리며 맞은 편으로 후루룩 날아갔다. 두근거리는 가슴에 숨을 할딱이다 금방 푸른 이내 낀 하늘을 새카맣게 다시 휘돌아 오곤 했다. 깜빡 졸던 허수아비가 화들짝 놀라 두 눈을 부릅뜬 모습이 우스꽝스러웠다. 참새가 허수아비 이마에 올라앉아 발칙하게도 허연 똥을 싸고 가면 잠자리가 날다 두리번거려 나래 쉬었다. 맥고모 쓴 할아버지와 손잡은 손자 아이가 메뚜기를 꿴 꾸러미를 들고 훠이, 훠이, 새를 쫓았다. 평화로웠다.

황금빛.

금방 골목 쇼윈도우에 귀한 몸으로 가꾸어진 금붙이들은 귀족인 듯 화려했다. 자극적이었다. 유혹적이고 탐욕스러웠다.

하지만 고단한 농부의 손길이 어린 논벌은 은은했다. 순순했다. 풋풋하고 그윽했다. 귀부인의 노리개 같은 금붙이는 이내 싫증이 나지만 농심 그득한 논벌은 끝끝내 넉넉했다.

들판은 온통 누런빛 잔치였다. 마을을 어슬렁거리던 바람이 냅다 물 건너 와 물결을 일으켜 아스라했다. 비스듬히 내리 쬐는 햇살이 짜랑짜랑했다.

쉰 배미 골 전설처럼 해마다 아버지 어머니 제사 때 메라도 뜰 수 있는, 삿갓을 뒤집어쓰는 딱지만한 다랑논이라도 몇 배미 있었으면 좋겠다는 반지의 철 든 독백에 가슴이 아렸다. 경포의 걸은 논벌 수십 마지기 휘어잡아 부유하게 살다 지지리도 가난한 찰산골로 시집와 강냉이, 감자, 그 험한 음식도 배불리 못 먹고 고생 고생한 어머니가 불현 듯 생각났다. 논벌을 지날 때마다 조상께 손수 지은 농사로 메 한 그릇 정성스레 못 올리는 불효를 짓씹어 삼켜야 했다. 그 좋은 시절에도 돌아앉아 수심어린 서글픈 한이었으되 푸념 짙은 애환이었다. 저 철없는 반지가 무심코 흘린 말에 코끝이 시리다 못해 찡 아려왔다. 건드리면 아픈 티눈처럼 늘 가슴에 박힌 어머니를 향한 연민의 정이었다.

지금은 천덕꾸러기가 되어 남아도는 게 쌀이고 지천이거늘 어쩌란 말인가. 야속한 세월이었다. 그 옛날 쌀 한 말이면 석 달이 즐거웠다는 어머니의 그 애 끓이던 신음이 귀에 쟁쟁거려 환장할 것만 같은 가슴이었다.

누군가 참을 머리에 인 여인이 주전자를 든 아이 앞세워 벼 베는 논둑길로 걸어갔다.

논둑에는 청대콩도 누렇게 익고 길가에는 살살이가 비켜서서 한창 피어 한들거렸다.

두 마리의 마우스 ____ 9 , 25.

핏줄은 당기는 법이요, 천륜이라고 어른들이 늘 그랬다. 그저 그런 말이려니 여겼는데 내 가슴 저 깊은 곳에도 그 의식이 발원처럼 샘솟고 있음을 발견하곤 적이 놀랐다. 하도 더럽고 더럽다 보니 친자 확인 소송이라는 배신에 치를 떨 윤리의 사건이, 조상이 기함할 이야기가 일상화되어버린 어찌 개 같은 세상이 되었다. 엄연히 존재하는 기막힌 현실이 아닌가. 하지만 그 속에서 붉고 깨끗한 내 핏줄만큼은 찾으려는 씨족 본능이 맹렬하고 영악스러웠다. 탄식과 분노에 떨 뿐 무기력한, 그래서 뒤엉킨 난마의 시절이었다.

동그라미 그녀를 두고 세모와 네모는 사랑했다. 오랜 우정에 공교롭게도 둘은 같이 청혼했다. 난처한 동그라미는 몹시 망설인 끝에 세모를 지아비로 택했다. 행복에 젖은 신혼이었고 아들까지 얻었다. 초등생이 된 아이가 어느 날 피 검사를 했다는 이야기에 안팎 간에는 도저히 나올 수 없는 혈액형이었다. 결국 네모의 아이라는 것을 자백한 동그라미 그녀였다. 참으로 철없는 짓이었다.

윤리는 꼿꼿한 잣대이지 휩쓸리는 갈대가 아니었다.

이것이 화두라면 우리는 어떻게, 무엇을 고민해야 하는지.

거침없는 응징의 육혈포를 겨눌 것이고, 또 다른 뉘의 탁란을 원하는 새를 그리며 절대 이혼을 꿈꿀 것이고, 병신 머저리라는 소리를 들어가며 환장할 용서를 할 것인즉, 앞으로는 발칵 뒤집히는 불륜이라는 부정확한 부계의 천하보다는, 안이하지만 너그러운 용인도 필요 없는 확적한 모태의 세상이 슬그머니 정착되어야 편안하지 않을까. 아찔한 발상이었다. 허무였다.

마당가 상수리나무에 둥지 틀고 있는 까치가 보기 드문 영물이었다. 있는 듯 없는 듯 오래를 배회하다 낯선 사람이 돌다리 건너오면 이상하리만치 몹시 짖어댔다. 까치가 울면 반가운 손님이나 소식이 온다는 말에 깊은 뜻이 숨어있었다. 까치에겐 낯설기 때문에 내 영역을 경계하느라 소란을 피웠다.

점심 때 웬 승용차가 두리번거리며 우리 조랑말 있는 데로 왔다. 여태 잠복해 있었다는 듯 까치가 낮게 나르며 요란스레 짖어댔다. 차에서 웬 남자와 여자 둘이 내려 영악스런 까치에 쪼일까 경계하며 돌다리 건너왔다. 조심스런 어투로 누구네 집이냐고 물었다. 그럼 부인이 은반지냐는 물음에 본능으로 훑어보는 경계의 날카로운 눈초리를 쏘아 보냈다.

임당동에 사는 은씨 아무개였다. 단본인 은씨 종중에서 전국 은씨의 숫자를 파악하고 은씨의 세보 정리와 대동보 발행, 항렬을 알리는 등 번성을 위한 기초 작업에 착수, 강릉지역을 담당하는 책임자였다.

은씨라는 말에 그들을 기꺼이 맞이한 반지 얼굴이 새삼 발그레 상기되었다. 통성명에 조카니, 뭐 아버지뻘 되는 항렬이니, 고향 까마귀만 봐도 반갑다는 말처럼 껴안아 다독여 오랜 갈증을 풀어내는 듯했다.

아버지가 이름을 날리던 국가대표 축구선수였다는 것, 비행기 사고로 사망한 것과 반지가 선생이었고 서예가라는 사실, 덧보태 나에 대한 내력도 줄줄이 환희 내리 꿰고도 남았다. 채 2만도 안 되는 문중이다 보니 늘 외로움과 소외감을 지병처럼 갖고 있는 그들이었다. 힘 한번 써보지 못하는 지리멸렬한 가문을 탓하는 푸념이었다. 30만 종중에 강릉지방 대 토호족이 부럽다고도 했다.

그렇다. 통성명을 하거나 사귀다 관향이 같으면 그렇게 반가울 수 없었다. 괜히 가슴이 벅차고 심장이 뛰는 듯했다. 우스꽝스럽게도 사돈의 팔촌까지 콜콜히 캐보는 버릇에 젖었다. 그렇게 미워하던 사람이 관향이 같다는 사실 하나만으로도 이상하리만치 슬그머니 가시는 미움. 모두 핏줄이 당기기 때문이었다.

은씨라고 하면 은씨도 다 있냐며 반색하거나 기왕이면 금씨라던가, 황씨로 바꾸라는 조롱, 멸시 같은 말에 화가 나기보다는 비애를 느껴 은씨가 싫었다는 반지였다. 얼마 전까지만 해도 아들이 없어 대가 끊긴 친정을 생각하면 죽을 때까지 서글프고 짠하다는 저 시린 가슴이야 오죽할까, 늘 측은했는데, 반지 뱃속에 은씨의 대를 이을 아기가 자라고 있지 않는가.

뜻밖의 손님이 왔다 간 뒤 반지 기분이 좋아 보였다. 밤 깊도록 많은 이야기를 했다. 침실이 아늑했다. 천장에는 숨결에도 흔들리는 흔들개비들이 아롱아롱했다.

은근히 기다렸다. 조금은 무료한 듯 파문 없는 강심에 드리운 낚시. 겨누어 쥐고 곤두세운 손끝에 입질, 입질이 느껴졌다. 반가운 소식에 전신이 싸아한 기별 팽팽한 전율이 힘찼다. 마치 전기에 감전된 듯했다. 드디어, 드디어 쾌재를 불렀다.

"자기야?"

안겨 자는 줄만 알았는데 느닷없이 소리쳤다.

"왜?"

흔들었다.

"움직여, 드디어 움직여! 우리 아가가."

지난 밤 잠자리에 들 때 버릇처럼 볼록한 배를 쓰다듬었다. 때가 되었는데 아직 기별이 없다고 며칠 전부터 은근히 조바심했었다.

"뭐! 어디?"

두꺼비 등 같은 손은 벌써 따뜻하고 포근한 볼록한 배에 손을 갖다 붙였다. 분명 고물거렸다. 가슴이 뛰었다. 이불을 냅다 걷어차고 벌떡 일어나 춤을 추었다. 껴안았다. 미친 것처럼 뽀뽀를 했다. 아니 박치기였다. 환희, 참을 수 없는 환희였다. 어찌 참아. 핏줄이 팽창하는 듯 벅찼다. 세상이 온통 내 것인 듯 기뻤다.

이처럼 한 생명의 태동이 정녕 숭고한 경천동지가 아닌가.

"딸 둔 부모는 외국여행을 뻔질나게 하지만, 아들 둔 부모는 서로 모시라고 니미룩 내미룩하는 미루는 통에 대로에서 객사한다는데 어떡하지."

요즈음 유행하는 우스개를 들췄다.

"그래서 반지는 아이들을 망아지처럼 푸른 숲에 방목할 거야. 지식보다 더, 공부보다 더 의젓한 심성을 먼저 길러 줄 거야. 어릴 땐 과외도 안 시키고 도시에 분명 안 보낼 거야. 실컷 뛰어놀게 할 거야. 저 건너 동자승과 어울려 청산에 뒹굴게 할 거야."

꿈은 야무진 차돌멩이지만 타협 않는 고집불통 현실이 아닌 것을 어쩌랴. 뜻대로 되는 세상 녹록치 않은 법이었다.

아들은 사춘기가 되면 남남이고 군대 가면 손님. 장가들면 사돈의 아들, 잘난 아들은 나라의 아들이요. 돈 잘 버는 아들은 처가의 아들이지만 빚진 아들이 내 아들이라는 풍자와 해학이 정곡으로 먹혀드는 세태가 아닌가.

생명의 불씨가 훨훨 타올랐다.

"어어, 맏이와 아우가 씨름하나 봐. 뒹굴어. 아니 축구하나 봐. 막 차고 있어."

"그럼 아빠가 심판을 봐야지."

"응, 맞아. 빨리."

"어, 그럼 반칙이야, 반칙. 김가, 은가는 형제야. 쌍둥이 형제란 말이야. 아빠 말 잊었어?"

고물거렸다. 뒹굴었다.

반지 아랫배에는 난데없는 마우스 두 마리가 몰려들어 기쁨을 클릭하고 있었다.

군불 _____ 9, 27.

그 뜨겁고 무덥던 여름 끝을 지나 기분 좋은 느낌 한껏 자아내던 날씨가 비 며칠 맞더니, 시월로 바짝 다가가면서 아주 선선해 졌다. 일교차가 커 한낮은 아직도 미련 같은 열기가 남아있지만 아침저녁으로 공기가 제법 찼다. 더욱이 산촌은 서늘하다 못해 곧잘 냉기를 느꼈다. 지난밤부터 기온이 뚝 떨어졌다. 소름이 돋는 듯했다. 밖을 나서면 겨드랑이로 정강이로 한기가 벌레처럼 스멀스멀 기어들었다. 새벽녘에 꼬물거려 대고 파고드는 반지였다. 오소소 몸을 떨어보았다.

비탈에 서있는 나무들이 바싹 웅크렸다. 잎들은 파리하고 까칠했다. 능선 위쪽으로는 파란 하늘이 춥게만 보였다. 드문드문 고뿔 걸린 수풀들, 콜록거리며 단풍이 물들기 시작했다.

어찌 때를 아는지. 밭둑이나 길섶에 아무 데 지천이다 싶은 산국이 멍울 단추를 만지작거려 노란꽃을 소리 소문 없이 접느라 분주했다. 바람이 소슬했다.

해가 산마루에 걸터앉자 장작을 좀 안아다 부엌 아궁이에 넣었다. 군불은 보일러보다 부엌 아궁이가 낫다. 때 절은 내 유년의 추억이 배어있어 아련한 향수가 그렇게 이는데, 가뜩이나 아궁이에 불 넣는 것을 유난히 좋아하는 반지였다. 활활 타는 불꽃이 혓바닥처럼 날름거렸다. 뜨거운 열기가 뿜었다. 매캐한 연기가 좀 섞인 나무 타는 냄새를 그렇게 좋아했다. 부엌이 훈훈하고 안온했다. 아궁이 앞에 오뉘처럼 붙어 앉아 불을 마주했다. 마치 한겨울이라도 된 듯 반지는 조가비 같은 두 손을 쫙 펴 불 쬐는 꼴이라니 귀여운 강아지였다. 얼굴이 발그레 익었다.

산중은 해가 지면 금방 어두워졌다.

가마솥이 온천인 체 허연 김을 뿜아올렸다.

말없이 아궁이를 물끄러미 바라보다

"산중 삶이 힘들지? 무료하고 답답하고."

"아니."

힐끗 나를 보았다. 이어

"힘들지 않아. 힘든 일은 자기가 다 하는걸 뭐. 무료하지도 않아. 부딪히는 농사일이 모두 호기심이 나. 자기가 씨 뿌리고 가꾸어 열매 맺게 하는 걸 보면 어떤 때는 문득 요술쟁이 같아."

부지깽이로 불을 쑤셨다. 반지가 장작 하나를 던져 넣었다. 애벌레를 본 개미처럼 불이 달라붙었다.

새들이 지저귀는 청산에 둘러싸여 맑은 물 흐르는 산 밑에 아담한 산방 짓고, 내 없으면 못 산다는 임 등에 업혀 사는 철부지라고 말했다. 나를 바라만 보아도 배가 부르다는 반지가 아가까지 배었으니. 그리고 변해버린 자신에 대해 스스로 깜짝깜짝 놀란다는 고백이었다. 휘청거리고 고생스러워 힘든 산촌 삶인 줄 조금은 두려워했는데, 물론 도시보다 고단은 해도, 아니 바쁘긴 해도 마음이 한없이 풍요롭고 자유롭다는 진리를 툭툭 건드렸다. 만족은 한계가 없어 만족해야 만족하듯이 더없이 만족하고 있다고 했다. 내친 김에 기특하지 않느냐는 반문, 재롱이었다.

"어! 내년 단오는 아직 멀었는데."

뜬금없는 말이었다.

“무슨 뜻이야?”
“천하장사 황소 타려고 우리 쌍둥이가 벌써 뒹굴며 씨름을 맹연습하나 봐.”

쌕 웃으며 반지가 아랫배를 만졌다.

“어디?”

좀 도도록하게 부른 배에 진맥하듯 청진기인 양 손을 눌러대었다. 꼬물거렸다.

“둘이라서 심심치는 않겠다, 그지?”

“그러네.”

불을 헤쳤다. 벌건 알불이 이글거렸다. 아까웠다.

“마 구워먹을까?”

“마? 마도 구워?”

“응. 클 적 많이 구워 먹었어. 꿀 찍어 먹던지, 소금 기름에 찍어 먹던지.”

아침마다 즙을 내 먹는 마를 하나를 가져왔다. 연근 같은 흡사 방망이 모양으로 생겼다. 토종은 아닌 기다란 마였다.

알불을 아궁이 밖으로 끌어낸 뒤 석쇠를 올려놓았다. 엇비슷 얇게 썬 뽀얀 참마를 그 위에 얹었다. 피이피이 소리를 내며 누른 듯 붉게 익어갔다. 뒤쳤다. 구수한 냄새가 풍겼다.

“꽁꽁 추운 겨울 시내 밤거리를 걸으며 자기 점퍼 주머니에 사 넣은 군밤 꺼내 먹던 생각이 난다, 응?”

“군밤도 그렇고 군고구마도.”

“참, 따끈따끈하고 맛있었는데.”

7, 8월 염천에도 불은 쬐고 알불에 쇠 뒷다리 생각난다더니. 부모님이 살아 계실적엔 여물을 끓이거나 군불을 넣은 뒤 알불을 밖으로 꺼내놓고 감자나 고구마, 밤, 가재를 잡아다 구워 먹느라 누나랑 아궁이 앞에 엎어져 머리를 맞대고 강아지처럼 꼬물거렸다. 그럴 때마다 입은 검정이 묻어 시커맸다. 마치 개주둥이라고 서로 놀리곤 했다. 태초의 원시인이었다.

두 차례 구워 꿀에 찍어 먹고 마주 보았다. 히쓱 웃었다. 하얀 이빨에 낀 검정이 보였다. 바보였다.

영구야?

떡비 _____ 9, 29.

봄비는 얼른 일하라는 일비이고 여름비는 좀 쉬라고 쉴비, 가을비는 허한 속이니 떡 해 먹으라고 떡비라는 말이 있었다. 공교롭게도 자정부터 비가 내렸다. 말 그대로 떡비였다. 누나와 되 짜듯 말 짜듯 도토리묵을 해먹기로 했는데 오히려 잘 됐다.

마당가 상수리나무에서 주워 말린 서너 말 쯤 되는 도토리 얼마를 며칠 전 방앗간에 가서 빻아 왔다. 고콜이 있던 옛날에는 어쩔 수 없이 물에 불려 맷돌에다 힘들게 갈았다. 하루쯤 떫은맛을 우려내기 위해 자배기에 먹을 만큼 담아 물을 가득 부었다. 떫은맛이 너무 없어도 도토리묵 향이 없었다. 조금은 있어야 진정 맛을 아는 사람이고 촌놈이었다.

누나가 올라왔다. 반지가 도토리묵은 해보지 않았기 때문이었다. 어제 밤 떫은맛을 적당히 우려낸 젖은 도토리 가루를 체에 거르지 않고 보드라운 자루에 넣어 쳇다리 위에 올려놓고 짓주물러 물을 빼놓았다. 밤새 곱게 가라앉은 앙금 위에 물을 따뤄내고 솥에 부어 서서히 끓이기 시작했다. 김이 오르자 누나는 느릿느릿 주걱으로 저어나갔다. 용암이듯 풀쑥풀쑥 김방울이 여기저기 사방서 솟아오르고 젓기가 힘이 들었다. 확 끓어오르자 불을 떼고 소댕을 덮었다. 뜸만 들이면 바라던 묵이 되는 것이다.

흉년 드는 해 아버지와 어머니는 멀리 골짜기로 들어가 서너 말씩 주워 오곤 했다. 한해 두 가마 정도 주워야 겨울을 겨우 났다. 그 배고프던 시절 어떻게 살아왔는지 생각하면 끔찍하다고 하시던 어머니였다.

도토리를 총칭 구람, 굴밤이라고 부르고 졸참나무 열매를 속소리, 라고 유독 따로 불렀다. 메밀묵이나 두부는 메밀소적(素炙) 두부소적이라 불렀다. 도토리묵은 도토리소적이라 안했다. 메밀묵이나 두부는 제사상에 올리지만 도토리묵은 안 올렸다. 이유는 아마도 자손의 손길이 때 묻지 않은 야생이기 때문이 아닌가 생각되었다.

마지못해 먹었던, 어쩌지 못해 먹었던, 도토리묵 지금은 아득한 향수가 일어 문득 생각이 났다. 양념 간장을 친 쟁반에 묵을 먹거나 콩국물에 썬 묵채 대접을 후루룩 후루룩 들이마시면 쌉쌀 텁텁한 맛이 빙그르르 돌아 향이 일었다. 값싸고 간단한 술

안주로 도토리묵을 심심찮게 먹었다.

향언처럼 어림치고 조서방이라고 지금도 웰빙이라는 단어를 정확히 몰랐다. 무슨 웰빙식품이니, 건강식품이니, 호들갑 떠는 걸 보면 좀 그렇다. 얼마나 안다고.

밖에는 차가운 비가 제법 추적추적 내렸다. 을씨년스러웠다. 김장비로 알맞게 오는 같아 은근했다. 아직도 줄곧 자라는 푸른 배추, 무였다.

찜이 든 걸쭉한 죽을 바가지로 퍼내 스텐 대야에 담았다. 푸짐했다. 마음이 넉넉했다. 부엌에 김이 서려 온통 부옇다. 내가 덜렁 들어 문밖에 척 내놓았다.

죽이 식을 동안 누나는 반지의 임신 상태를 점검하듯 묻고, 당부도 하고 그저 감싸 안아 툭툭 두드려주었다. 선배의 경험담이었고 충고였다. 올케가 싫어하는 음식은 개장국이라니까, 정 먹고프면 앞으로 산문 밖에 나가 사먹고 들어오라고 나를 쿡 찔렀다.

갑자기 휘파람새소리가 어디서 들렸다. 손전화였다.

'면접 통과, 내달 5일부터 출근.'

일철의 문자였다.

축하의 박수를 쳤다. 괜히 들떠 기쁨에 젖은 누나였다. 입이 귀에 걸렸다. 간부급 시험이었는데, 내년 1월에 어쩔 수 없이 결혼식을 올려야겠다고 미리 걱정했다. 즐거움이 넘쳤다.

정초에 생질 일철이가 약혼녀랑 같이 왔었다. 제대 달포를 남긴 별동대원이었다. 외삼촌한테 세배를 왔다.

아직 사모관대는 쓰지 않았지만 양가 허락으로 어디 밀월여행을 떠난다는 연인들이었다. 아기를 잘 빚으라고 격려했다. 속도위반죄에 대한 과태료는 어김없이 부과될 것이라는 말에 아가씨는 얼굴이 홍당무였다. 일철은 빙그레 웃음을 띠우던 모습이 대견해 보이던 때가 엊그제 같았는데 금방이었다.

훈훈한 부엌에 자리를 깔았다. 상을 펴고 수저를 놓았다.

묵이 식고 잘 굳었다. 칼로 조심스레 그었다. 흔들흔들 탄력이 깊었다. 둘 다 요리학원 동기들이라 손발이 척척 맞았다. 누나가 집에 가져가서 먹을 건 미리 따로 내놓았다.

묵을 묻혀 쟁반에 올렸다. 가늘게 채를 썰어 유리 대접에 담은 묵사발 위로 젓빛 콩물을 가득 둘러 부었다. 오이채가 든 고명을 예쁘게 얹고 갖은 양념을 뿌렸다. 반찬은 장아찌 머위와 누룩치, 한창 맛이 든 잘박한 물김치였다.

손을 비비며 모두 숟가락을 드려는 찰나 차 경적이 요란스레 울렸다. 목을 뽑아 내다봤다. 우리를 보자 기다렸다는 듯 손짓을 하며 급하게 돌다리를 건너뛰는 자형이었다. 어찌됐든 식복은 있고 먹는 데는 안 빠졌다.

산방설화 10월 일기.

뾰족한 입 _____ 10, 1.

며칠 전에 내린 비 탓인지 송이를 제법 많이 땄다. 끝물인데 주루막이 통통했다. 신이며 바짓가랑이가 이슬에 흠뻑 젖어 휘감겨 붙었다. 하산길 앞산에서 내려다보는 통나무 산방. 남향이어서 하루 종일 해가 들었다. 반지가 마당을 시원스레 쓸고 있는 모습이 의젓했다. 입에 두 손가락을 넣어 휙! 휘파람을 불었다. 쳐다보며 손을 흔들었다. 단숨에 내리뛰었다.

"뭘 먹어?"

"대추."

"대추? 아, 생각난 김에 털자."

내일 월순네가 오는 날이어서 송이를 정리해놓고 새벽에 한 바퀴 휘 돌아온 참 나절이지만 아침 겸 점심을 먹었다.

헛간 벽에 걸린 대나무 장대를 가져왔다. 뒤란 굴뚝 켠에 있는 고목으로 원숭이처럼 올라갔다.

사연이 깊은 내력이었다. 허실인지는 모르나 증조부가 심었다는 이야기를 들었다. 참으로 오랜 풍상과 한을 품은 나무였다. 연륜만큼 노쇠하여 한때의 풍성함을 망각하고 이제는 많이 안 열렸다. 그래도 알뜰히 달려 고마웠다.

반지가 고개를 젖혀 빤히 쳐다보았다. 가지를 가볍게 툭툭 쳤다.

툭, 후드득, 후드득.

풍성한 듣음이었다. 무르익은 귀였다.

선명한 알락 단단하고 야무지고 윤기가 이는 붉고 푸른 대추. 마치 알록달록 새알이었다. 그 맑은 물에 닦인 조약돌이었다. 맑았다.

"아얏!"

터는 대추에 한방 얻어맞았다. 몸을 움츠리는 시늉을 했다. 연신 주워 먹으며 연신 씨를 뱉어냈다. 즐거워 깔깔거렸다. 땅바닥이 사뭇 벌겋다.

바람아, 바람아, 불어라. 대추야, 대추야, 떨어져라. 아이야, 아이야, 주워라.

심심해 물매질하면서 불렀던 기억이었다. 그러다 몽둥이가 빗나가 와장창 장독을 깨먹은 적도 있었다. 그럴 적마다 방패막이 할머니 치맛자락 뒤에 숨어 어머니의 속상한 노기를 살폈다.

혼인식 날 새 며느리에게 대추를 한 움큼 집어 치마에 던져주는, 아들 한 구들 가득 낳으라는 주술이었다. 약밥 찔 때도 감초처럼 단골로 필히 들어갔다. 매일 먹는 밥에도 늘 밤과 대추가 다문다문 뒹굴었다.

구석구석 뒤져 주웠다. 바구니가 곧잘 소복했다. 탐스러웠다. 씻어 멍석에 고르게 엷게 펴 널었다.

"대추 많이 먹으면 입이 뾰족해 진대."

아삭아삭 씹다 말고 눈을 동그랗게 떴다.

"왜?"

"주둥이 요렇게 쏙 내밀어 쏙 들여 밀고, 주둥이 요렇게 쏙 내밀어 쏙 내뱉으니까 뾰족해 지지."

까르르.

"그럼 뽀뽀하기 좋겠네."

나에게로 입을 뾰족 내밀었다.

산문 밖 가는 길 모롱에 대추도 털러 갔다. 장대 들고 바구니 들고 주루막 지고 돌다리 건너 소풍가듯했다. 뒤란 대추보다 더 많이 달렸다. 몇 평 되지 않는 아주 오랜 어떤 집터였다. 도로포장 때 없어지고 대추나무 두 그루만 서 있었다.

해마다 그렇지만 생대추 서너 말쯤 되었다. 벽조목이 되어버린 선영의 것을 빼면서 말쯤 정도였다.

"자기야, 저기 보이는 덤불에 무슨 열매가 달린다고 했는데."

식물도감을 아예 좌탁에 펴놓고 늘 보더니 불쑥 물었다.

"아, 맞다. 으름."

"으름? 먹어?"

문득 생각 나 올라갔다. 길 조금 위에 으름덩굴이 시렁처럼 우거진 속을 들여다보았다. 주렁주렁 마치 불알처럼 매달렸다. 이제 막 터벌어지고 있었다. 허연 속살을 드러내 갈라진 것도 있었다.

하나 뚝 따 반지에게 주었다. 눈이 반짝 빛났다. 바나나 같다고 음미했다.

옛날에는 덤불도 많고 흔했다. 반 자루만큼이나 따와 익은 것은 발려먹고 덜 익은 것은 하루 이틀 지나 먹기도 했다.

한 열 대엿 개.

찻길 바닥을 가로막듯 엉덩이를 까고 마치 원숭이처럼 편안히 아무렇게나 앉았다. 터실터실한 껍데기를 갈랐다. 향긋한 알맹이를 꺼내 반지에게 주었다. 달았다. 생김새는 볼품없이 고약해도 뚝배기보다 장맛일까, 달려들어 연신 까만 씨를 뱉었다. 험이라면 씨가 좀 많을 뿐 별미였다. 늦어, 늦어 서리 맞아야 더 맛있었다.

빠앙____!

스님이었다.

내리자마자 아이처럼 스스럼없이 냉큼 한 움큼 주워 먹었다. 스님도 어쩔 수 없이 환하게 웃는 천진한 아이였다.

길바닥에 팽개쳤던 장대며 바구니를 얼른 비켜놓고 으름을 주었다. 으름을 공양하시라고 반지가 재치를 부렸다.

"이건 처음 먹어보는 과일이네. 무척 달아요?"

"으름이라고 하는데 절 오른쪽 구렁 샘물바위 옆 큰 덤불이 있어요. 오빠 보고 얘기하면 대번에 알아요. 많이 달렸을 거예요."

"따다 어머니 드려야겠네요."

같이 다 까먹었다. 생대추도 한 바가지 푹 퍼주었다.

두 말쯤 되는 주루막을 바랑처럼 둘러메었다. 고단한 탁발 스님이었다. 반지가 앞에서 합장했다.

"용화산에 주지승이 있음에 저의 산방으로 가시죠? 무열 스님."

"관세음보살. 똑, 똑, 똑, 또로로로록."

개밥바라기 _____ 10, 3.

어스름이 내리고 산마루에 눈썹 그린 계집이 푸른 눈빛으로 골똘하게 내려다보았다. 세상은 깊은 고요에 빠져 명상에 드는데 일상으로 용화산 중턱 정토사 종소리가 은은하게, 아주 은은하게 울려퍼져 골짜기를 어루만져 흘러내렸다. 물길 따라 산문 밖을 휘돌아나갔다.

설통 바위 앞 고추밭에서 고추 지주를 뽑아 묶어 들배나무 곁에 우선 세웠다. 내년에는 텃밭에 할 참이었다.

저문 그림자가 고단했다. 단오장서 차양이 넓은 맥고모도 때 절고 땀에 절어 이제는 퇴색하여 다 삭았다. 해가 노루 하얀 꼬리만큼 한 뼘도 채 안 남았다. 나무들이, 산들이 계곡으로 그림자를 내리몰았다. 후줄근했지만 평안한 보람이었다.

초등학교를 파하고 집에 와 뒷골에 순한 암소 풀어놓고 휘파람 불며 팔매질도 하고 가재도 잡았다. 해가 지면 꼴 한 짐 지고 워낭소리 정겨운 소 몰아 집으로 오곤 했다. 갈나무 숲에 숨어 기다리던 어둠이 오솔길을 따라 슬금슬금 기어내려왔다. 하루를 접고 부드러운 어둠을 쳇바퀴로 뽑아내 드리우는 때였다. 어둠은 내 등을 밀어 채근 아직도 익어 따는 붉은 고추 한 자루 아무렇게나 어깨에 둘러메고 그저께 턴 대추 고목 모롱을 돌아들었다.

마당가에는 감나무 높이 동그란 전구들을 마련 없이 매달아놓아 가지가 휘도록 주렁주렁 빰이 붉었다. 고개 들어 밖을 내다보는 저무는 저녁 풍경이었다. 안온했다.

산방이 저만큼 떨어진 외딴 곳이라 인적이 거의 없었다. 이따금정토사를 찾는 불자들이 가물에 콩 나듯 더러 지나갈 뿐 고요 속에 하루 해가 저물었다. 우체부가 왔다 용화산을 들러 이내 돌아갔다. 새들이 쉬다 노래하고 포르릉 날아가거나 솔개 그림자 돌다 갔다. 구름이 지나면 하늘은 파랗다. 산골짜기는 종일 귀 기울여 기척을 낚았다. 호젓해 늘 기다림에 젖었다.

기다린 듯 산방의 굴뚝에 연기가 모락모락 피어올랐다. 더운 밥 짓는 저녁이었다. 문득 누나가 올라와 이제는 달리지 않는 호박 어린잎을 따 갔다. 덩달아 반지도 따 살짝 데친다고 했다. 저녁엔 호박잎쌈을 싸는 소꿉놀이 무조건 좋아 즐기는 쟁이었다. 내 입맛이 세련되지 못해 천성이 투박하고 토속적인 신토불이만 고집해 즐기는, 뚝배기장도 보글보글 끓일 것이니. 맛깔스럽고 담백함보다 구수하고 얼큰한 맛이 더 그리운 순박한 진국이었다.

창이 예쁜 둥지에는 노란 물감을 들인 불이 드리워져 따뜻했다. 저 창에 머리 맞댄 두 그림자 그윽할 것인 즉 기분 좋은 시장기가 밀려왔다.

오뉴월 느린 소걸음으로 걸어오다 풀섶길 헤쳐 도랑에 놓은 어항을 건졌다. 이 가을 내내 통통 살찐 고기들이 가득 우글거렸다. 마침 빈손이 마저 들었다. 돌다리를 건넜다. 석천수 샘우물 물꼬 아래 가마못에 고기를 쏟아부어놓았다.

비록 보잘것없는 나의 어설픈 노동으로 애 쓴 어찌 하루를 보람껏 덧칠해 마무리했다. 조용히 곱게 접어 내리는 고마운 오늘이었다. 저무는 저녁엔 저마다 때 절은 둥지 찾아갔다. 늦은 새가 날개를 힘겹게 부뚜질했다.

세월이 무늬 놓은, 조금은 늙은 웬 비구니 셋이 반쯤 찬 바랑을 짊어지고 나란히 용화산으로 가는 모습이 고단해보였다. 산모롱을 휘돌아갔다. 집 나서면 모두 등 시린 나그네였다.

누리는 온통 이슬에 젖어 촉촉했다. 선선했다. 지천인 산국향이 은은했다.

하얀 비행운이 그어지는 산 능선 위 하늘엔 개밥바라기가 반짝거렸다.

우리들의 바보 ____ 10, 5.

부연동에 우리들의 바보 봉구가 머나먼 저 세상으로 갔다. 참으로 한과 원이 한숨 깊이 맺혔을 이 세상을 버려두고, 차마 실핏줄 같은 미련마저 거두어 끝내 길 떠났다. 서러운 듯 지난밤 바람이 부고처럼 문을 자주 두드렸다.

산부리 돌아 외딴 해묵은 단칸방서 그도 다 먹지 못하고 덩그러니 남은 쌀자루와 라면 상자, 찌든 때 얼룩진 이불이랑 가래 끓는 낡은 바보상자, 그리고 누군가 놓아준 전화, 그 숲에서 겨우 몇 개비 뽑아낸 쓴 담배 한 갑과 허무를 불태운 지저분한 재떨이를 아무렇게 곁에 놓아둔 채, 천상병과 같이 소풍을 끝내고 홀연히 돌아갔다. 밥숟가락 빼고 미처 신발도 채 못 챙겨 서둘러 떠나갔다.

어느 마을이든 사람 사는 아무 골짜기에는 이상하리만치 바보와 망나니가 구색으로 짝지어 하나씩 꼭 있었다. 부연동에도 바보 봉구와, 술 먹고 못된 짓 일삼는 망나니 경출이가 있었다. 자주 씻지 않고 빨지 않아 지저분한 봉구는 지능이 떨어지는 바보였다.

길 넓히고 지붕 개량하던 새마을운동이 한창, 70년대 초등학교에 입학하면서 산문 밖 세상을 구경하게 되었다. 그때 늘 꾀죄죄한 차림에 볼품이라곤 손톱 끝만큼도 없는 까무잡잡한 얼굴의 웬 아이가 학교 주변을 물맴이처럼 맴돌았다.

그가 봉구였다. 사람만 보면 그저 히쓱 웃곤 하는 바보라는 걸 알았다. 지나가던 조그만 아이들이나 어른들도 바보야, 봉구야, 한 마디씩 툭툭 던지곤 갔다. 짓궂은 아이들은 멀쩡히 있는 봉구를 무슨 장난감인 듯 일부러 쫓아와 못 살게 굴거나 괴롭히고 때리기까지 하였다. 심지어는 흙을 머리에 뿌리거나 달려들어 바지를 벗겨 고추를 보고 까르르 웃으며 놀려대다 달아나야 직성이 풀렸다. 나보다 두 살 위인 그런 봉구와 제법 스스럼없이 익숙해져 장난질치는 아이들을 애써 말리고 무던히도 감쌌다.

언제부터인가, 학교를 파할 때쯤 서낭당 부근에서 서성이며 나를 기다리는 그였다. 늘 편 들어준 고마움의 표시 같았다. 발음이 정확치 않은 말더듬이어서 좀처럼 말은 않은 채 씩 웃었다. 서로 손 잡고 연화교 건너 산문 안으로 걸어 배웅해 주었다. 오늘은 이만큼 와서 못내 머뭇거리다 마지못해 돌아갔다. 내일은 조금 더 멀리 와서 아쉽게 손을 흔들다 돌아갈 것인데, 어느 날 땀을 뻘뻘 흘리며 우리집까지 찾아왔다. 불쌍하다고 반기는 식구들과 어울려 게걸스레 밥도 같이 먹었다. 일요일엔 은근슬쩍 놀러와 종일 산으로 골짜기로 싸돌아다니며 내 친구 동자승이랑 뒹굴었다.

근본도 모르는 봉구.

다만 청춘에 홀로된 어머니가 동네 뉘와 잠깐의 정분에 태어난 것 밖에는 모르지만, 귓불에 난 똑같은 점 때문만 아닌 잠깐 풍문이 돌았기에 모두는 어렵잖게 짐작을 했다. 눈초리 따가운 범인 같은 아버지 최씨 성을 따르지 않고 어머니의 성을 따 윤봉구였다.

청소년 시절 바보라고 이유 없이 많이도 맞고 더럽다고 또래에게까지 내쫓겨 항상 외톨이었다. 언제나 먼 발치서 맴돌았다.

무엇이 없어지면 봉구의 짓이라고 핑계댔다. 보증 설 만큼 결코 아니었다. 심성 하나만은 믿었다. 동네 궂은일이거나 심부름은 도맡았다. 그 와중에 어미마저 어디론가 가버렸다. 다행히 이웃에 한 할머니가 불쌍히 여겨 옷가지 등을 빨아주고 여태 뒤를 보살폈다.

차를 한 번 신나게 타고 싶다는 봉구, 강릉 구경 한번 실컷 하고 싶다는 친구, 매일같이 산꼭대기서 바라만 보던 바다를 동경하던, 그리고 장가가고 싶다던 바보는 여자의 알몸뚱아리 한 번 품어보지 못한 숫총각이었다. 해할 줄 모르고 질투할 줄 모르는, 어느 누구보다 더 순수하고 해맑았다.

인간의 본성은 식욕과 성욕이었다. 그 텅 빈 목적을 채우기 위해 존재하고 끊임없이 움직였다. 절제되지 않은 욕심이 지나치면 파멸에 이르는 끝없는 탐욕에 빠지고 마는 법이었다. 양심을 지닌 인간으로서 행하지 말아야할 법을 마구 짓밟았다. 어떻게든 빼앗기 위해 죽이고, 사정을 위해 강간하고도 가장 선량한 척 뻔뻔한 위선은 태연했다. 어쩔 수 없이 세상은 온통 피비린내가 진동하는 백장시대나 다름없는 말세인지도 모를, 갈 수록 영악한 참으로 험악하고 악랄한 세태였다.

저 탐욕의 촉수를 누가 불로 지질 것인가.

애초 세상 물정을 모르는 바보. 그는 동네의 모든 근심거리를 가슴에 다 품어안고 걱정하는 친구였다. 상갓집이나 잔칫집에서 변변치 못하게 얻어먹는 술 한 잔에 기뻐하고, 슬퍼할 줄 아는 무욕의 부처였다. 누군가 던져주는 담배 한 개비에 만족하고 사양할 줄 아는 봉구였다. 죽을 일을 하고도 형편없는 품값에 누런 이빨을 드러내는 진정 바보였다. 흥에 겨우면 말도 안 되는 노래와 배를 움켜쥐는 춤을 추는 한없이 서글픈 광대였다.

봉구는 갔다. 이제 우리들의 바보 봉구는 없다. 서슬 퍼런 끗발 하나 없는 친구는 내 곁을 말없이 떠나갔다. 끝없는 부귀영화를 누리며 가슴 젖혀 이름 휘날리던 인색한 뉘 당대처럼 그 얼마나 억울했을까. 아쉬움 버리지 못한 꿈도 티끌도 부려놓고, 닻을 내린 망각의 강을 건넌 부연동의 바보는 훠이훠이 그렇게 떠나갔다.

동네 몇, 반장, 이장이 나서서 장사를 치렀다. 평소 곰살스럽게 대해주지 못함에 가슴 지지며 집 옆 골짜기 바위 앞 양지터에 고이 묻어주었다.

참으로 지칠 줄 모르는 욕심 타오르는 증오와 광기가 소용돌이치는 세월이 바퀴 도는 시퍼런 이승이었다. 아직도 움켜쥔 미련에 얽힌 매듭 겨우 남은 목숨 하나로 불개미처럼 물어뜯는 악다구니 세상이었다. 살아 베풀지 못한 자비 허우적거리는 눈먼 허망에 슬퍼했다.

봉구, 오늘은 애통해 하지만 내일이면 그 이름마저 뇌리에서 까맣게 사라질 것인즉, 아무 일 없었다는 듯 해와 달은 여전히 뜨고 망각은 편리하고 간사할 뿐이었다.

억새꽃 비늘 _____ 10, 6.

북풍이 휘몰아쳤다. 거센 오랑캐가 물밀듯이 밀려왔다. 은빛 갈기 휘날려 곧추 세운 미쳐 날뛰는 해동 천마. 광활한 요동벌 만주 대륙 너머 저 머나먼 깊숙이 호령질타하던 아득한 넋이여. 이끼 낀 역사에 채집되어 잠자고 있는가.

어쩌다 질곡 깊은 이 나라 참으로 용렬한 겨레여. 무참히 짓밟혀 빼앗기고 잃어버린, 그리고 사라져버려 겨우 남은 땅마저 형제의 가슴에 못을 박고 비수를 꽂는 천년 부끄러운 피비린내 상잔으로 끝내 균열된 휴전선이여. 가고파도 못가는 저 지척의 애타는 망향 산천이느니.

깨어라. 깨어나라. 벌떡 일어나 둘러친 철조망을 박차고 출렁거리는 산맥을 비월하여 지축을 뒤흔드는 힘찬 발굽소리 지평선 넘는 환희의 권토중래 지금 꿈꾸고 있는가.

변방 최전선 거친 능선에 물결치던 억새는 거침없는 전사가 잡아탄 북진을 준비한 병마 같은 애국혼의 서사였는데, 여기 산사로 오르는 몇 모롱 돌아 골짜기 구릉으로 질펀한 억새밭은 가슴을 적시는 서정이 굽이쳤다.

애써 곱게 빗어올린 머리를 짓궂은 바람이 우우 몰려가 휘저었다. 은빛 머릿결이 너울너울 물결쳤다. 흔들리는 몸짓으로 수런거렸다. 숨어든 새떼들이 날아올랐다. 잠꼬대 깊이 침잠하던 고요가 뒤척이었다. 억새 숲엔 늘 짓궂은 바람이 기웃거렸다.

빗장 풀어 숲을 헤쳤다. 여름내 자랄 대로 자라 키를 훌쩍 넘겼다. 들어갔다. 웅크려 숨었다. 빗장을 걸어 잠갔다. 빼곡이 들어찬 억새 종아리가 가늘었다. 숨바꼭질이었다. 마치 비밀스런 아지트처럼 은폐된 동굴이었다. 두리번거려 뒤쫓아 온 바람이 짐작으로 뒤지다 이내 찾지 못해 못내 화급히 산등성이 너머로 사라졌다.

반지가 움츠려 바깥 동정에 쫑긋 귀 세웠다. 입가에는 장난기 어린 미소가 어렸다. 바다 건너 먼 나라 오랑캐에게 붙들려 어느 이름 모를 행성으로 팔려 가기 직전 범강장달이 같은 놈을 때려 뉘이고 용케 목숨 걸고 탈출, 그리고 산 넘고 강 건너 만신창이로 무사히 안착한 두 연인쯤 되었다. 와락 끌어안았다. 뒹굴었다. 까르르 까르르 웃어젖혔다. 짓 삶았다. 지쳐 숨을 헐떡이며 코를 벌름거렸다. 벌렁 누웠다. 구름 한 점 없이 푸르른 하늘.

재단된 일상을 벗어난 모반이었다. 등 푸른 자유였다.

또 다른 바람이 수색에 나섰다. 납작 엎드려 두리번거리는 옷깃소리를 바짝 낚았다. 포기하고 돌아가는 요원이었다.

하루가 저물었다. 새들이 깃을 찾았다.

산마루에 올라 잠깐 쉬던 해가 무릎 일으켜 길을 재촉했다. 어둠이 스멀스멀 내려왔다. 기다렸다는 듯 별들이 발아를 시작했다.

고요했다. 나들이 온 바람이 이따금 골짜기로 몰려갔다. 반지 머리카락이 날렸다. 오소소 어깨가 찼다. 윗도리 벗어 반지에게 입혔다. 방랑이 굽이쳐 떠도는 집시 휘파람이 애잔한 보헤미안이었다.

시나브로 등성이가 밝아오는 저녁, 유정한 달이 태고로이 떴다.

일제히 일어서서 달맞이하는 단장한 억새였다. 가녀린 여인들의 장딴지 가느다란 까치발 돋워 애타게 뻗친 섬세한 손짓이었다. 골짜기로 아스라이 내달리는 푸르른 기다림이었다. 한 줌 바람이 깃털처럼 미끄러졌다. 우우 수런거렸다.

그윽한 운치였다. 가을을 나지막이 풀어내리는 풀벌레소리 은은한 누리는 깊은 적막에 잠겨 고즈넉했다. 밀림이듯 끝없는 정적이었다. 잠꼬대 깊은 바람이 뒤척일 때마다 흔들리는 억새꽃에서 이는 맑디맑은 비늘이 푸른 달빛에 반짝이는 사르르, 사르르 내려 가라앉는 자은(紫銀) 어린 설원, 고혹한 윤슬이었다. 가슴을 파고드는 꿈결 같은 속삭임이었다. 아련히 피어오르는 넋이었다. 귀를 간질이는 비늘이 밤새도록 골짜기 가득 사태져 흘러내렸다.

사르르, 사르륵. 사르륵거렸다.

비오는 날 _____ 10, 7.

아침 좀 지나 부슬부슬 비가 내렸다. 오래를 어정거리다 말고 냉큼 마당으로 뛰쳐갔다. 거의 다 마른 고추 망사 멍석 자루를 둘러메어 헛간 안으로 재빨리 들여놓았다. 비 온다고 서둘러치는 다급한 소리에 덩달아 나온 반지가 몇 말 푹 되는 쪼그라든 대추 망사 자루를 옮기려고 애를 썼다. 급히 소리 질러 멈추게 한 뒤 부리나케 달려가 자루를 빼앗았다. 뱃속에서 씨름하는 김가 은가 심판이나 보라고 했다.

밭둑이랑 길섶에 한창 피는 산국향이 진하다 싶어 짐작은 했지만 어김없이 비가, 차가운 비가 쳇바퀴에 술 거르듯 곧잘 내렸다. 창밖의 풍경이 으스스했다. 고스란히 맞고 있는 숲들은 을씨년스러웠다.

뽀얗게 맥질한 대뜰에 반지 신과 나의 신이 나란한, 마치 머나먼 항해를 마치고 지금 막 돌아온 듯 정박했다.

낙숫물소리가 제법 들렸다.

비 오는 날은 심심했다. 더없이 무료했다.

읽다만 책을 마저 끝맺어야 하는데, 왠지 잠이 막무가내로 쏟아졌다. 문득 관절이

멈춘 일하지 않는 공치는 날이라서 그런가. 예외일 수 없었다. 거실에서 아무렇게나 뒹굴었다. 홑이불을 덮자 거적귀신에게 기분 좋게 홀렸다. 휘감겨 얼마를 잤을까. 서예연습을 하다 나온 반지가 곁에 앉아 내려다보며 다릉다릉 고는 코를 꼭 쥐는 바람에 깼다. 버썩 끌어당겨 팔베개 베이고 이불을 덮었다. 이내 더듬어 내려 아랫배를 어루만졌다. 으랏차! 멋진 뒤집기인가, 씨름하는 쌍둥이의 태동이 격렬했다. 이번은 뒤집기 한판이었다. 신났다.

처마 밑으로 찾아드는 새의 날개짓 소리가 들렸다.

비 오는 날은 심심했다. 몹시 따분했다.

얄궂게도 허출했다. 배에 거지를 앉혔는지, 주전부리가 버썩 당기는 아이 같은 투정을 했다. 여름에 풋풋한 찰강냉이를 삶아 냉동실에 넣어두었던 것을 꺼내 덥혀 먹었다. 무엇이 또 먹고 싶었다. 수제비를 만들어 빗소리를 들으며 먹었다. 반지가 배를 걷어 보였다. 통통했다.

생전에 아버지는 비가 올 때, 어머니 눈치를 살펴 기다린 듯 모처럼만에 슬금슬금 용케 빠져 부연동으로 내려가 술타령을 하곤 했다. 아니면 감자전이나 메밀 소적을 부쳐 먹었다.

군불 지핀 굴뚝의 연기가 낮게 깔려 맴돌았다.

비 오는 날은 심심했다. 박차도록 답답했다. 찌뿌드드했다.

슬그머니, 틈을 타 날램 결에 낮거리를 챙겨 꼬드겨 즐겼다.

부연동에 친구가 꿀맛 신혼시절, 장맛날 고기를 펴가지고 와 젖은 옷을 갈아입다 냅다 아내를 눕혀 낮거리를 신나게 즐기느라 정신없었다. 물 건너 사는 장모님은 민망스런 소꿉놀이중인 줄 까마득히 모른 채, 무심코 문을 덜컥 열어젖히는 바람에 정통으로 들켰다는 야담 같은 이야기에 파안대소 나뒹굴었다.

며칠 뒤 아내가 눈을 내리깐 무안한 얼굴로 친정에 갔더니, 여자는 자고로 치마를 들썩하면 밤꽃내가 들어쳐야 행복한 팔자라며, 어디 뭔 복이 숨어 있는지 다행이라고 하는 어머니를 껴안아 미안하다고 어색한 아양을 떨었다고 했다. 밝히는 서방만 즐거운 법이 아니라며, 언제 지어다 놓았는지 보약 한 제를 주더라는 전화위복의 이야기였다.

유경험 화려한 선배들의 절창 그 잠언은 덤이고 상여금이었다. 회가 줄기차게 동하는 나도 어쩔 수 없는 밤꽃내 풍기는 망나니였다. 히히. 짓궂은 악동이라 앙탈을 부리다 제풀에 꺾여 바깥 동정에 귀 기울이는 은근한 반지가 왜 그리 예쁜지.

우체부의 오토바이가 탈탈거려 지나갔다.

비오는 날은 심심했다. 그래서 무슨 저지레를 쳤다.

잠자고, 주전부리하고, 낮거리하는 소꿉놀이랑 내키는대로 도섭질은 아내의 덕이었다. 하지만 곁에 붙들어 두려는 어머니였다. 헛간 안을 정리를 해야 한다고 여자의 나약함을 탓하는 응석에 어쩔 수없이 도와주는 코에 꿰였다. 아니면 빌미로 부엌칼 챙겨 대장간에 벼림을 가던 아버지였다.

빈들빈들 뒹굴다 문득 생각나 오랜만에 색소폰과 트럼펫의 젖은 목청을 지그시 굽이돌아 안겼다. 어느 소녀에게 바친 사랑을 들려주었다.

비오는 날에 아버지가 산문 밖으로 나가는 일이 분별없다 싶으면 두 말 않는 할머니의 절대 금족령에 은근히 기뻐하던 어머니였는데, 부연동에서 나만 빠진 모두 모여 술타령 중이라는 전화의 고자질에 솔깃했다. 눈치 빠른 반지의 재롱이 얄밉게 그물을 던져 꽁꽁 빙 둘러쳤다.

무심히 쏟아지는 비를 바라보았다. 빗금을 쳤다. 하염없다. 창에 부딪쳤다. 주르르 흘러내렸다. 방안이 축축하고 썰렁했다. 부엌 아궁이에 장작을 다질렀다.

비 오는 날은 공치는 날, 번외의 덤이었다.

달팽이의 업 _____ 10, 9.

비가 온 뒤끝이라 제법 추웠다. 신문 방송이 얼핏얼핏 몇 줄 긋더니, 차가운 날씨에 그 착하고 민감한 온도가 냅다 곤두박질쳤다. 별로도 추위를 몹시 타는 반지가 가뜩이나 볼록 임신한 배에 두꺼운 옷을 껴입어 오뚝이마냥 퉁두란이처럼 뚱뚱했다.

우스꽝스러웠다. 드문드문 심어놓은 늘 연둣빛 부드러운 댑싸리 같거나 길 잃은 펭귄이었다.

오래 주위에 꽃대를 거뒀다. 꿈 가득 손톱에 물들이던 봉숭아랑 그 뜨거운 여름날 화사한 얼굴로 태양을 우러르다 새까맣게 타버린 어깨를 내리 짚는 해바라기를 베어냈다. 달덩이 같은 아니 소댕보다 더 큰 넓적한 씨방에 잘 영근 씨가 가득 박혀있었다. 목을 잘라 비닐온실 안에 널었다. 마치 버섯 모양이었다. 씨가 몇 되 푹 될 듯싶었다. 겨울 눈 내리는 날 뿌려주는 산새들의 맛난 먹이였다. 월경이 내핀 주름 단치마인가, 난쟁이 맨드라미도 거두었다. 누나가 좋아하는 새빨간 달리아 뿌리랑 토란도 파 얼지 않게 비닐온실 안 땅속 깊이 갈무리했다.

오는 봄 기다리는 긴 세월을 톺는 무정란의 꿈.

면벽은 늘 완강했다. 높은 사다리를 놓지만 무덤 아득한 낭떠러지로 여지없이 추락했다. 저항도 거부된 탈출을 모반하던 꿈들이 저격되어 고꾸라진 자유, 차디찬 절망에 갇혀 세월을 얼레 감았다.

세뇌될 수 없어 맹렬히 일어서는 서릿발, 그 증오의 심지 뽑지만 옥쇄가 아름다운 뇌관마저 없었다.

껍질이 두꺼웠다. 기지개를 켜고 관절 비벼 빛을 움켜쥐었다. 부푼 가슴 뛰는 심장 북을 쳤다. 해체되어 까맣게 핏줄 말라붙은 박제가 아닌 온기 밴 염주알을 굴렸다.

깃발 펄럭이는 철창에 내걸린 짙푸른 하늘. 세상이 이토록 아름다운 줄은 저당 잡힌 굴레를 걸치면 보이느니. 잠언보다 달관된 철학인가, 곰삭는 기다림으로 우물 깊은 두레박을 노래했다는 어느 죄인의 참회가 생각났다.

추운데 들어가 있으래도 강아지처럼 곁을 뱅뱅 돌아쳤다. 거들어주는 동무였다. 머리카락 날리는 찬바람에 얼굴이 까칠했다. 손이 시렸다.

벽에 걸린 온도계를 들여다보았다. 어제까지만 해도 이만큼 고개를 쑥 뽑아 올렸던 눈금이 뚝 떨어진 추운 날씨에 고개를 푹 파묻어 웅크렸다. 미동이라곤 없이 꼼짝도 않았다. 꿈마저 잘린 채 하루를 엮었다. 촉수를 내밀었다. 시간을 더듬어 눈금을 헤아렸다. 저주받아 대롱에 갇힌 짊어진 달팽이의 업도 아름다운 세상 밖 바람이 그물을 기웠다.

더듬거리면서도 열풍이 회오리치는 사막 어디 태양이 녹아내리는 광기에 혈압이 맹렬하고, 칼날 곧추선 백야의 동토마냥 깊은 동면으로 웅크려야하는 망각의 늪 이승과 저승의 문지방을 수없이 넘나들었다

오늘은 저승의 문턱 가까이에서 머물렀다. 아니 완강히 버티었다. 저항은 이미 사치한, 짓눌리고 거세된 육신에 생명이 유린되는 수은주가 용케도 박제되지 않은 가파른 벽에 매달려 살아남은 실핏줄. 호, 입김을 불어주었다. 금방 깨어나 꿈틀거렸다. 달아올랐다. 따슨 체온이 돌아 발기를 돋울 때쯤에는 이슬 젖은 풀잎에 뒹구는 청개구리가 그리운 머나먼 탈출을 뺌는가. 그래도 바람 찬 저승보다 꽃 피는 이승이 좋기 마련이었다.

이따금씩 바람이 돌아쳤다. 순찰이 잦아 냉랭했다. 밤새 조금씩 내려오던 단풍이 성큼 내려와 덧칠을 했다. 감과 배, 그리고 모과 빰이 찼다. 해가 빛을 거두어 갔다.

아궁이에 군불 지피는 일을 소꿉놀이인 듯 그렇게 즐기는 반지가 마른 장작 한 아름 안아 부엌으로 들어갔다. 이내 연기가 피어올랐다. 더운 김이 그리운 저녁이었다.

비망록 _____ 10, 10.

남대천 하구로 달려가 진한 커피 한잔 먹고 싶다고 느닷없이 칭얼댔다. 집에서 얼마든지 먹을 수 있기에 웬일인가 의아했다. 변방생활이 싫증나 답답하느냐고 물었다. 완강히 아니라고 고개를 저었다. 흔한 말로 죽은 사람 시왕도 가려준다는데, 잘됐다 싶어 바람도 쐴 겸 산문을 나섰다.

햇살 나부끼는 오후 생글생글 웃는 표정이 수다를 떠는 듯 조금은 들뜬 기분이었으나 무언가 감추는 듯 느낌이었다. 남대천을 끼고 내달렸다. 물결이 찰랑거리는 안목 죽도봉 벼랑을 돌아 껴안 듯 옆구리 파고들면, 몇 안 되는 커피집이 게딱지마냥

납작 붙어 엎드려 잠을 잤다. 파도소리와 배경음악을 깐 해조음이 달려와 귀를 막무가내 열어젖혀 들어왔다. 괜찮은 갯내마저 코를 가만 두지 않고 들쑤셔댔다.

늘 찾는 선배의 찻집이었다. 사막의 중동 건설경기가 한창일 때 7년을 번 돈으로 시내에 그럴듯한 상가 하나를 장만 아내에게 주고, 바다가 좋아서 작은 보트를 소품이듯 매어놓고 죽도봉 자락에 찻집을 붙여 소일하는 한량이었다. 별동대 선배 전우였다.

"반지가 왜 안목 커피가 먹고 싶다고 했는지 알아?"

뚱딴지 같은 소리로 빤히 바라보며 조개볼을 찍었다.

"무슨 날이야?"

되물었다.

"바보. 10월 10일, 저 건너 갈대밭에서 사랑을 고백한."

뜸을 들이다 이내 이었다.

"은반지에겐 꿈에도 잊을 수 없는 날인데."

이제야 알았다는 듯 과장되게 맞장구쳤다.

"아! 맞다야! 10월 10일."

쌍십절은 알았지만 사실은 까마득히 몰랐다.

뭐 그리 대단한 것도 아닌데 반지에게는 퍽이나 소중했던 사건이었다.

점잖아 손도 잘 안 잡던 내가 와락 달려들어 껴안으며 절규에 가까울 만큼 진실을 토하던 모습 지금도 전율을 느낀다는, 그래서 행복하다고 통통한 볼이 발그레 상기되었다. 용케 날짜까지 꼬깃꼬깃 접어 기억했다.

추억.

추억은 과거의 편린이고 회상이었다. 꿈결처럼 안개처럼 아련했다. 향처럼 연기처럼 피어올랐다. 사진처럼 탁본처럼 찍어내는 애틋한 가슴 깊은 곳에 갈무리 다독였다. 아름답고 영롱했다. 솜사탕처럼 감미로웠다. 하여 뛰는 가슴은 늘 목마른 그립고 아쉬운 단편이었다.

반지가 들떠 입이 함지박만 해졌다. 바로 앞에서 철썩거리는 보트에 조심스레 태웠다. 반지를 생각해 천천히 운전하라는 선배가 선뜻 내어주는 키를 꽂고 뱃머리를 돌렸다. 이내 스크루가 서둘러 돌아가며 미끄러졌다. 솔바람다리 밑을 지나 남대천을 거슬러 오르자, 물결이 떨어질까 꽁무니를 겨눠 쥐고 바짝 바짝 따라 붙었다. 반지 머리카락이 말미잘이 되어 온통 휘날렸다. 물새들이 놀라 여기저기 아슬아슬 이륙을 했다. 돌고래처럼 빙 돌아 포물선을 그려 건너편 강변 모래톱에 점프하듯 닿았다.

몇 해 전 일이지만 몹시 힘들고 무척이나 괴로웠던 시간이 아니라 암울한 세월이었다.

젊은 나이에 아내를 잃고 다잡지 못해 방황하고 휘청거릴 때, 피붙이 소영이 마저 정을 떼려는 듯 바다 건너 가버려 뒤죽박죽 엉망이 되어버린 일상이었다.

막막한 바다보다 무작정 하구를 좋아하던 나는 낙동강 하구 을숙도처럼 남대천 안목 하구 모래톱에 텐트를 쳤다. 잠시나마 현실 도피였을까. 하지만 참으로 어쭙잖은 짓이었고 끊을 수 없는 미련이거나 어떤 무엇의 덫에 걸려 떠나지 못하는 앉은뱅이었다. 모를 일이었다.

첫날부터 아니 그 이전부터 끈질기게 걸려오는 반지의 전화를 애써 외면했다. 갈등하다 닷새째 되는 날 매몰차게 다짐했던 심중을 잊고 무심코 받고 말았다. 모래톱에 며칠을 꼼짝 않고 배를 붙이던 보트가 꿈틀거려 날렵하게 선배의 찻집 앞에서 초조하게 기다리는 반지를 태웠다. 배가 다시 되돌아 모래톱에 올 때까지 우리는 말이 없었다. 멀리 하늘과 땅을 가로 지른 수평선이 새삼 보였다. 솔바람다리 위에 사람들만 무심히 오갔다.

확인처럼 버릇이 된 포옹도 않은 채 모래톱에 아무렇게나 앉아 이야기가 깊어갔다.

반지 어머니가 무진 투병에도 아랑곳없이 끝내 저 세상으로 가버렸을 때 사고무친이어서 암담했지만, 먼저 나에게 비보를 알렸고 상주인 듯 장례까지 앞장서 치러주었던 내가 참말로 등 다독여주는 오빠였으면, 남편이었으면 했다고 털어놓았다.

그리고 아내가 홀연히 떠나갔을 때, 조문 뒤 한 동안 숨었던 건 숨겨놓은 여자로 오인될까 조바심이었는데, 들끓는 소문은 갈수록 폐인이 되어간다는 소리에 팔 걷고 도움되려고 했다고 했다. 그런데 이렇게까지 된 데는 참으로 안타까워 눈물이 나온다고 서글퍼했다. 그래서 밉고, 그래서 지친, 이제는 어깨 겯었던 우정 언저리에 맴도는 사랑을 거두어야겠다는 배신 같은 별리를 예고했다.

냉정했다. 왠지 가슴에 가득한 파도가 철렁했다. 몸뚱이가 휘청했다. 순간 링거락을 떠올렸다.

완벽하기를 바라는 나는 숱한 험과 많은 허물이 장애였고 하자 많은 깊은 상처 투성이었다. 늘 곁에 맴도는 반지는 너무나 청순하고 해맑은 가까이 다가가기에는 쌓여있는 양심이 허락지 않는 결벽증을 지병처럼 갖고 있었다. 하지만 오래 전 그 이전부터 내 화분에 꼭 담아 반드시 곱게 꽃 피우고픈 화초였다고, 당당할 수 없어 우회로 고백했다.

여태 조준만 하고 있던 큐피트의 화살을 거침없이 날렸다. 지쳐버린 절규였다. 어설픈 고백이 산산이 흩어져 허공으로 메아리칠 때, 아득히 높고 머나먼 티베트 고원쯤으로 쓸쓸히 떠나리라 여겨 일어섰다. 나란히 모래톱을 걷던 반지가 멈춰 서서 바라보았다. 그윽하면서도 안타까운 눈길 와락 달려들어 껴안았다. 반지가 먼저 사랑하기에 앞서 무열씨가 이 세상 다할 때까지 사랑한다는 속삭임을 내 귓바퀴를 돌아 깊숙이 박히는 저격을 원한다고 울부짖다 가무러치고 말았다. 결국 반지를 안아 무릎에 앉혀 껴안았다.

올해도 여전히 뒤켠으로 무성한 갈대와 억새들이 수런거렸다.

"그때 참 갈등 깊었어. 철새처럼 훌쩍 날아갈 뻔 했는데. 그리고 사랑하면서도 결혼하자는 이야기 없었을 때도 그랬는데 용케 붙잡혀 텃새가 됐어, 그지?"

"날개가 아예 없는?"

"맞아."

저만치 무용하듯 걷다 서서는

"그때처럼 안아줘."

껴안았다. 뱃속에서 느닷없이 공을 차는가, 제기를 차는 발길질이 분주했다.

구름도 멈춰선 대관령 그 아래 강릉은 아스라이 석양으로 붉게 물들었다. 바쁜 세상 공항대교 위엔 수많은 차량들이 가볍게 달렸다. 갯가 숲은 가을을 덧칠하고 강물에는 고기들이 튀어올라 번뜩였다.

추억은, 추억은 왜곡된 조각들이라 했다.

참배 맛 ____ 10, 11.

베잠방이 입은 놈 나오라는 듯 말병하던 추운 날도 확 풀렸다. 짐짓 오뉴월이었다. 잔뜩 껴입던 반지가 애매미처럼 벗었다.

도토리가 천하 대풍이더니 뒤란에 참배도 참 많이 달렸다. 요즈음처럼 징그럽게 크지도 볼품없이 작지도 않지만 주먹만한 크기의 쏠쏠한, 푸른 듯 동글동글 주렁주렁 매달려 가지가 휘영청 휘굽었다. 금방이라도 부러질듯 위태했다. 척척 휘늘어진 가지가 마치 만삭의 여인같이 안쓰럽고 힘들어 보였다.

땅에서 가지를 쥐고 따다 올라가 슬슬 따 내렸다. 아기를 받아내는 기분으로 가만가만 바구니에 담았다. 가득차면 선녀 목욕물 퍼올리는 두레박처럼 내려 받는 반지가 바보처럼 더 좋아했다. 수확의 기쁨을 누리는 가득한 얼굴이었다. 하나하나 따낼 적마다 무게를 털어내는 가지가 홀가분하게 조금씩, 조금씩 하늘로 올라갔다. 내려와 끝에 매미채 같은 그물주머니를 단 장대로 땄다. 까치밥이 있듯이 추위가 올 때까지 새앙쥐처럼 들락날락 따 먹으라고 반지밥을 남겨두었다.

절골 아무 골짜기로 들어가면 그저 흔한 게 돌배고 지천이었다. 그러나 뒤란에 참배나무는 아마 이 동네에서는 하나뿐이었다. 언제 심어졌는지도 알 수 없는 고목이었다. 누른 빛깔을 문대면 벗어져 푸른빛이 은근히 돌아 더러는 청배라고도 불렀다. 모양새야 요즈음 배처럼 예쁘잖지만 한입 콱 물면 사근사근한 맛과 시원한 단물이 줄줄 흐르는 말 그대로 참배, 물배라고 즐겨 불렀다.

뉘 집 새 며느리가 그렇게 연색하고 싹싹하면 고, 참, 참배 맛이더라는 이야기라든가, 나이 어린 동기와의 잠자리가 교태스러우면 고, 참, 참배 맛이라고 한다 했다.

산골짜기에 그믐달이 떴다. 푸른 달빛이 교교했다. 새하얀 배꽃이 흐드러지게 핀 그림자가 마당에 서늘하게 어렸다. 어느 맘 때 이윽고 문이 열리고 치맛자락 고운 소복 여인이 나왔다. 부엉이 우는 밤 홀어미 예쁜이가 견디다 못해 목을 맸다.

예로부터 배꽃이 피면 자진하는 여인들이 많았다고 했다. 시집 안 간 철화 누나 소화도 배꽃이 필 적 아무런 이유 없이 목을 매고 말았다.

우리집 배는 할아버지, 아버지 때도 그랬다지만 어느 해인가, 부연동 또래들이 어지간히 먼 길을 마다않고 숨어들어 자주 서리해간 꽤 알려진 청배, 참배였다.

참배가 있는 집이라 어머니는 나박김치를 잘 담갔다. 참배를 곱게 썰어 넣는데 참으로 시원했다. 밥이 없어도 나박김치만 퍼 먹기도 했지만 과음한 아버지가 다음날 아침에 타는 속을 나박김치로 풀기도 했다. 과일 냉장고에 넣어 우리도 두고두고 나박김치 담가야겠다.

늙은이 뱃가죽이라 부르는 배를 하나 쓱쓱 문대 겉껍질이 벗겨져 푸른 배를 깨물었다. 반지도 따라했다. 즙이 물씬 나왔다. 어찌 주체할 수 없도록 줄줄 흘렀다. 엉거주춤 고개를 숙이고 젖은 손을 털었다.

"저건 왜 안 따?"

"응. 까치배야. 우리집에 반지가 까치야."

"자기도 먹을 거면서."

"아니. 반지만 그물장대로 따 먹는 거야. 스무 개 넘어."

쌕 웃는 기쁜 표정이었다.

"이 참배는 무조건 단 게 아니고 은근한 맛이 깊숙이 돌아."

"맞아. 물리지 않는 배야."

"그런데 이건 무슨 말이야? 승돈씨 못밥 먹던 날, 그 불편한 형수가 예쁜 반지를 요모조모 뜯어보더니, 밤에는 고 아주 예쁜 참배맛이겠네, 이랬어. 무슨 뜻이야?"

"반지는 무열이의 참배래."

고뿔 _____ 10, 12.

그럴 줄 알았다. 나풀거리며 돌아치는 품이 그랬다.

어제 참배를 따 과일 냉장고에 갈무리하고 난 오후 비스듬히 내려쬐는 햇살이 전에 없이 따뜻했다. 나른한 봄날같이 화창했다. 도랑에 나가 발을 담갔다. 고기들이 몰려들어 발을 간질이었다. 높은 산골짜기 굽이 돌아 떨어져 둥둥 떠내려오는 단풍든 낙엽들이 예뻤다. 건져냈다. 무릎 걷어올리고 찰방찰방 물장난도 쳤다. 어린아이처럼 온통 깔깔거리다 넘어지고 자빠지고 물에 주저앉아 즐거워했다. 퐁당퐁당 물을 튀기며 옷을 적시더니.

어쩌면 콩단만 하고 목탁덩어리만한 반지가 곳김이 들이 달았다. 온몸이 펄펄 끓었다. 맛있다, 맛있다, 아무거나 가리지 않고 다가앉아 잘 먹던 반지인데 저녁을 먹는 둥 마는 둥 열이 확 올라 벌건 얼굴이었다. 불덩어리였다. 숨길이 뜨거웠다. 그러면서 춥다고 이불을 덮어도 덮어 달라, 껴안아도 껴안아 달라, 주문이 많았다. 꽁이꽁이 신음소리가 제법 나왔다.

해열제를 찾아 먹였다. 약 지어 온다는 말에 펄쩍 뛸듯 질겁했다. 뱃속에 아기 때문에 절대 안 될뿐더러 결코 안 먹는다고 강단을 부리는 고집이었다. 발작 같은 신경질을 낼까 싶어 은근히 걱정이었다. 챙긴 꿀물도 싫고 잣죽도 싫다, 귀찮아 모두 거부, 거부했다. 칭얼거렸다. 영락없는 아이 투정이었다. 징징거렸다. 울기도 했다. 늘 하는 버릇 엄마가 보고 싶고 아빠가 보고 싶어 했다.

얼음주머니를 이마에 얹어주었다. 어디 가지 말고 오로지 곁에 있으라며 못 미더워 눈을 감았다 떴다 손을 쥐었다.

어머니는 고뿔이나 몸살에 걸리면 자는 듯이 이불을 덮고 견디는데, 누나는 주위 사람을 들들 볶았다. 한 번씩 죽살이 치고 나면 퀭한 눈이 칠십 리나 쑥 들어갔다. 앓으면 된통 엄살을 떠는 것 알아주었다.

반지가 꼭 그렇다. 한창 잘 크는 아이들이 어쩌다 몸살 앓고 나면 살이 형편없이 홀쭉 빠지는 성장통인 아직 살개비(改備)인가 싶었다. 치기 어렸다.

아기가 괜찮을까? 아기한테 미안하다며 주르르 눈물을 흘렸다. 이내 엉엉 흐느껴

울었다. 서러운 모양이었다. 조금은 요란했다. 안쓰러워 팔베개 베여 안았다. 가슴을 똑똑 두드려 겸연쩍게도 자장가를 불러주었다. 어찌어찌 눈을 겨우 감았다. 살얼음 같은 잠이 들었다. 흥건한 눈물을 닦은 뒤 반지 아랫배를 더듬었다. 기척 없었다. 김가 은가 두 놈들이 조용했다. 기특했다. 자식들.

얼굴을 들여다보았다. 좀 편안한 느낌이었다. 귀찮은 듯 꾹 감은 눈, 완강하게 다문 입이었다. 붉고 윤기 흐르던 입술이 조글조글했다. 크기나 한가, 튼튼하기나 하나, 작고 약해빠져 불쌍했다. 몹시 가여웠다.

얼마를 잤을까. 깨어나 꼬물거렸다. 폭 감싸 꼭 껴안고 있는 나를 뚫어져라 바라보다 문득 가슴을 내밀어 희멀건 통통한 젖을 꺼내 버릇처럼 막무가내 물렸다.

포동포동했다. 또 삐칠까 싶어 빨았다. 이젠 겸연쩍지도 안았다. 깊숙이 물었다. 이쪽 저쪽 번갈아 먹였다. 조몰락거렸다. 사랑스러웠다. 물린 채 꼭 껴안아왔다.

열이 내리고 있었다.

달 걸어놓고 _____ 10, 14.

열을 많이 낸 몸살 때문에 혹시나 싶어 산부인에 갖다온 반지가 헐쑥해졌다. 축이 많이 가 퍽이나 안쓰러웠다. 기운이 하나도 없어 축 처졌다. 뭐든지 잘 먹고 좋아하는 음식도 잘 안 먹었다. 어르고 달래 겨우 받아먹을 뿐 입이 몹시 쓰다 했다. 어제 오늘 종일 잠만 자더니 저녁때부터 눈을 깜빡거렸다. 방귀도 곧잘 뽕뽕 뀌며 얼굴에 다시 웃음을 띠웠다. 귀여운 재롱을 부렸다.

창밖에는 달이 걸렸다. 은은했다. 초사흘부터 여태 명주비단을 짜 내려 용화산 골짜기에 드리웠다. 늘 들리는 폭포소리가 잔잔하니 흐르고 풀벌레소리가 청아했다.

귀 기울이는 낙엽이 다가앉아 바스락거렸다.

서예연습을 하겠다는 것을 꼭 붙들어 들쳐 업어 포대기를 둘렀다. 등에 업히고 싶으면 맴맴 하고 울었다. 열일 젖혀놓고 업어주었다. 치기의 잔재 업히는 것을 마냥 좋아했다. 개똥벌레마냥 불 켜고 청개구리마냥 읊으며 미운 정 고운 뜻 꾸리는 산방. 남들은 전원생활인 양 달걀 노란 자위로 살고 불로초 씹으며 신선처럼 사는 줄 착각을 했다. 그야말로 착각이거늘, 다만 그런 꿈을 꾸리 감아 살려고 애 쓸 뿐이었다.

서울에서 태어나 곱게 자란 아무 것도 모르는 반지도 그랬다. 짐작은 했지만 사치였다. 하지만 자연과 벗하며 흙과 씨름해야하는 시골 삶에 그런대로 견디어가는 묘를 용케 터득하는 참이었다. 비린내 나는 욕심 버리고, 허접한 마음을 비우고, 법정의 무소유처럼 예쁜 꿈 하나 화초로 키우며 좋아했다. 사랑하는 사람과 뒹굴며 한 솥밥, 한 이불 덮고 자는 산촌 나날이 즐거웠다. 꽃 피는 철마다 산에는 곡우랑 나물, 송이버섯이랑 숱한 열매와 약초, 적지만 뙈기밭에는 얼마간 알뜰히 가꾼 그 풋풋한 햇감자랑 찰옥수수와 푸성귀, 오래엔 과일이랑 벌꿀이 지천으로 가득한 산방이 더없이 좋다고 했다.

외딴 산방의 삶은 스님의 참선과도 같이 무료하고 재미없는 줄 알았다고 했다. 푸르른 청산이랑 해맑은 골짜기 물, 파란 하늘이랑 향기로운 공기가 있는 외딴 산방이 있어 안도하는 반지였다. 아귀다툼이나 다를 바 없는 속세와 떨어져 유유자적했다. 그렇다고 도피가 아니었다. 단절은 더 더욱 아니어서 산문 밖으로 소통하는 길이 보란 듯이 빠져나갔다.

흔히들 덕목을 위한 수양을 얘기하지만 시를 쓰고 글씨를 다듬는 건 스스로의 즐거움이었다. 또한 반지가 잉태했다는 건 더없는 기쁨이었다. 무릇 욕심내지 않을 때 만족하는 것이었다.

반지가 나에게 온 건 무엇일까. 누나는 호박이 덩굴 째 굴러온 횡재라고 했고, 누구는 황토 먼 길 다행한 동행에 요행이요, 선물이라 했다.

대단한 정말 고고한 고산의 오우가처럼 감히 나에게 벗은 무엇이고 누구인가.

청산의 푸른 솔, 계곡의 맑은 도랑, 우물 딸린 낡은 산방에 치마끈 푸는 계집이랑, 앞산 재 너머 오는 달이 하늘에 그 아니 있던가. 유정한 그대가 창문을 두드리는 날, 괴는 술 내어 청송 우거진 물가 바위에 마주 앉아 잔 권하느니, 산뜻한 바람이 옷자락 날릴 적 꽃으로 피는 아내인 것을.
재 넘는 달 걸어놓고 고개 젖혀 쳐다보았다.
성화였다. 텅 빈 여백을 채운단다. 밖에 나섰다. 마당이 허전했다. 산방이나 오래에 나무들 그림자가 그럴 듯한 자세였다. 올해 새로 받아 마당가 매화고목 곁 바위 앞에 둘러 세운 벌통이 그림자를 늘어뜨렸다. 달이 시키는대로 서성거렸다. 마당에는 유칼리나무 등에 코알라가 납작 업힌 실루엣을 찍고 있었다.

산문 댐 _____ 10, 15.

누가 뭐래도 공기가 살갗에 닿으니 제법 서늘한 날씨였다. 새벽으로 천식이 도지는 때면 마늘을 심었다. 어제 이어 오늘이 이틀째였다. 뿌리 하얀 마늘의 궁둥이를 앉혔다. 굼벵이처럼 차디찬 땅속에 들어가 맵디매운 인고의 세월을 기워 엮는 파란 꿈을 우리는 기다렸다.
쉴 참에 밭가 둑으로 비켜선 사과나무 아래 기웃거리다 휘어잡은 가지에 홍조 띈 사과 몇 덩이를 땄다. 한입 가득 베어 물고 앞산을 건너다보았다.
사뭇 붉고 사뭇 푸른빛이었다. 울긋불긋 손으로 스치면 철철 묻어나고, 흔들면 스멀스멀 흐를듯 온통 쏟아질 것만 같은 영롱한 풍경에 숨이 차다 못해 막혔다. 며칠 전 용화산에 가득하다던 단풍이 붓을 들고 한창 덧칠을 하다 이제는 산방 오래에 내려와 맴돌았다. 더없이 곱고 아름다웠다. 절골이 온통 그냥 현란했다. 반지의 얼굴에 단풍 그림자가 어려 발그레했다.
그뿐 아니었다. 밭둑이랑 도랑길 따라 피워낸 노란 산국이 지천이어서 고고했다. 아침 창을 열면 그윽한 빛이, 향이 온통 휘감아왔다. 만산홍엽에 파묻혀 사는 신선이었다.
"꾸욱."
동자승이 턱을 괴고 졸다 화들짝 놀라 깨어 냉큼 바위 위로 나왔다.
"뭐해?"
"차 달여."
"단풍 보여?"
"신선경에 들었어. 비취옥 푸른 내 얼굴이 홍안이야."
"취했어?"
"응. 이 가을 단풍에, 산차에 취했어. 미친 듯 엉망으로 취했어."
"가을차 따르는 소리 들려. 정갈하고 해맑은."
"밤 새워 퍼마시지 않고는 못 배기는 시절이어서 각혈을 울음처럼 토하는 단풍과 무릎 마주 비비며 새도록 마셨어."
"기별이라도 좀 하지. 기꺼이 갈텐데."
"우수어린 단풍이어서 그만."
"잘했어. 동자승 고뿔 걸렸어. 들어가 한잠 푹 자."
"고마워. 밤새 하소연 듣다 미열이 있어."
꾸욱.
꿈꾸는 듯한 반지였다.
"꽤 마셨나봐. 지난 밤 서글픈 얘기에."
상상하며 거들었다.
"곧 이별해야 하는 만추인데 왜 안 그랬겠어. 반지도 저 고운 단풍에 곧 취하겠어. 가슴이 벅차. 숨결이 마구 뜨거워."
"벌써?"
"앞산 빙그르르, 뒷산 빙그르르 둘러 봐. 사무친 단풍에 진저리치겠어."
아프도록 눈이 시렸다.
"단풍. 무엇인지 알아? 손에 봉숭아 꽃물 들인 게 단풍이야."
"아! 어쩜 그런 앙증스런 생각을."
맞장구쳤다.
"손톱이 아니고 예쁜 손에 봉숭아 꽃물 들인 단풍."

탄복이나 한 듯 문득

"이 계절, 연화교 건너는 산문을 가로막아 또 하나 호수를 만들고 싶어. 가을이 흘러내리다 갇혀 자꾸만 차오르고, 차오르고 향기 진한 손에 꽃물 들인 불타는 단풍 그 자락들을 하나 가득 고이게 하고 싶어. 우리 산방 마당까지 차올라 찰랑찰랑 했으면 좋겠어. 아스라한 물안개가 온통 피어나는 호수. 문을 열고 퐁당, 용궁보다 더 신비한 그 속으로 인어가 되어 마냥껏 헤엄치고 싶어."

"아마 호수는 화채 담은 그릇 같을 거야."

"맞아. 보기 좋은 화채."

"손에 봉숭아 꽃물 들인 단풍이 가득 꿈꾸는 호수. 그럼 난 그 위에 작은 배 하나 띄울 거야. 정토사 스님 실어 나르고 해질 녘엔 산방의 인어를 태워 가야하고."

"또?"

"또. 홍안의 동자승 태워 지나는 맑은 바람 마시지."

"그리고?"

"그리고 새와 노루랑 토끼도 태워주고."

"다음엔?"

"절에 가는 불자님 태워주고."

"또 있어?"

"우리 찾아오는 시인이나 서예가도 태워 호수 구경 시키기고."

"맞아. 그리고 우체부."

"용궁 용왕님도 좀 태워 절골 구경도 시켜드리고."

"어쩜!"

"생각만 해도 멋있을 거야. 물 위엔 제멋에 겨워 손에 봉숭아 꽃물 들인 단풍이 가득한 호수로 노 젓고 가면 뱃전에 단풍잎이 다닥다닥 덕지덕지 붙을 거야. 배 지나간 자리에 다시 몰려드는 봉숭아 꽃물 들인 단풍으로 온통 모자이크한 호수, 아롱아롱 더없이 아름다울 거야."

"와, 정말 신선 이야기 같아."

"배를 노 저으며 예쁜 손단풍 주워 엮어 호수 위로 만국기처럼 이리저리 온통 걸어 놓을 거야. 가벼운 바람에 펄럭이는 얼마나 아름다울까?"

"산방 앞에 작은 배 매어놓고 그윽이 바라보는 개똥벌레와 청개구리."

꾸욱.
산중문답이었다.

전시회 ____ 10, 17.

용화산 아래 정토사 스님이 한국화 전시회를 여는 날이었다. 참 맑은 하늘이 푸른 차일을 드리웠다. 이미 여러 날 전에 예쁜 초대장을 받았다. 스님이 아침 일찍 떠나면서 집 앞에 이르러 의미있는 경적을 울려주었다. 손을 흔들었다. 서울에서 벌써 두 번이라는 관록을 지닌 채 강릉으로 낙향하면서 여는 첫 개인전이었다. 다른 사람은 몰라도 한 골짜기에 사는데 가만히 있을 수 없어 화분 하나 미리 보냈다. 어쩌면 허례일 수도 있지만 행할 도리이고 예, 대수롭지 않지만 이리저리 얽히고설킨 관계고 체면, 쉽게 오가는 정이었다.

좀 떨어진 교외에 있는 화랑, 여백(餘白).

오후에 시간 맞춰 전시관으로 갔다. 스님이 반갑게 합장했다. 벌써 많은 사람들이 들어차 웅성거렸다. 천시가 아닌 익살로 환쟁이인 존경하는 분도, 아는 사람도 더러 왔다. 방명록에 나란히 서명을 했다.

여기 저기 마땅한 자리에 축하하는 화분도 많이 들어왔다. 반지와 나의 명찰을 단 화분이 부끄러운 듯 가만히 손짓했다. 언뜻 눈에 띄는 시장과 의장의 화려한 난분이 옷고름 같은 이름표를 가슴 들어 내보였다. 참으로 약삭빠르고 계산에 물이 오른 수완이었다. 순수한 축하의 의미로 무덤덤하니 보면 될 것을 까칠하게 눈에 꼭 띄었다. 초대하지도 않았다는데 난처해하는 스님이었다. 세상은 얼기설기 이해관계에 얽매여있는 법, 오라비가 높은 데 있으니 마땅히 보내왔지 그나마 꼴이 나였으면 보내왔을까. 바라지도 않지만 턱도 없는 상상 씁쓸했다.

삼삼오오 커피잔으로 입술을 적시며 담소하는 관람객들이 군상을 이루었다.

거미줄인 듯 알맞게 벽에 걸린 그림에 대해 한심하도록 문외한이지만, 뭐 좀 아는 척 시치미 떼고 의젓하게 반지랑 손잡고 감상했다. 어떤 그림에는 드문드문 꽃다발이 놓여있었다. 진작 그림도 좀 배웠더라면 하는 아쉬움과 욕심이 은근히 맴돌아 떨쳐버릴 수 없었다. 사십 여 점 되는 수묵담채는 철마다 달라지는 산문 안 진경산수여서 더욱 정겨웠다. 골짜기 그윽한 풍경이라든가, 숱한 나무들과 휘굽어 돌아가는 산모롱, 반지랑 사는 우리 산방, 그리고 폭포라든가, 바위가 절골이 주된 소재였다. 실경이어서 마치 산방 오래에 서있는 듯 착각에 젖었다.

관람객 모두의 촌평은 주저 없는 활달한 필치가 번뜩이는 야생마의 발굽이 보이다가도 참선만치 무아경에 젖어드는 정적, 전에 없던 마력이 배어있어 양면성이 절묘한 조화를 이룬다는 것이었다. 스님 때문이기도 하겠지만 이제는 튼실한 그리고 경륜이 절로 우러나온다고 했다. 괜히 기분이 좋은 건 십 리 반절 동안 바로 아래윗집 이웃이어서였다.

동적인 서양화보다는 정적인 동양화. 중후한 유화보다는 가벼운 수채화를 좋아하고 한국화에서도 풍속화보다는 고향이 그리운 실경산수화를 왠지 좋아했다. 내 발가벗고 자라던 데가 아니더라도 아련한 향수가 이는 친근한 그림이 한국화였다.

아까부터 소파에 얌전히 앉아있는 웬 노스님이 자꾸 궁금해 눈여겨보았는데 비구니가 소개를 했다. 짐작대로 다름 아닌 비구니의 무한한 은사님 무량(無量)이었다. 아침에 내려오다 경적을 울렸을 때 손을 흔들던 산방 안팎이라고 읊었다.

그럼 참으로 귀한 벽조목을 보시하신 분이냐고 반겼다. 수석처럼 예쁘게 새긴 달마상을 벽조목 목걸이를 부적처럼 차고 다닌다고 벗어보였다. 그러면서 미리 준비한 부적 담은 비단을 입힌 고급통을 반지에게 쥐어주었다.

하늘을 나는 새는 깃을 찾고 깃을 찾는 새는 하늘을 난다는 알쏭달쏭한 말을 들으며, 맑고 향기로운 시와 글씨를 벗 삼는 청산거사 안팎이 부럽다고 했다. 미련 없이 떠나면 변방에 나앉은 정토사 침향(沈香) 스님도 몹시 부럽다고 토를 달았다.

가장 관심을 끈 그림은 산사 법당에 사진도 덩그렇게 걸려있지만, 박새가 목탁 구멍 안에 둥지 틀고 새끼를 치는 네 폭의 그림이 대단한 눈길을 사로잡았다. 깜찍한 소재임에 손색이 없었고 필력이 자유로웠다. 누군가가 약삭빠르게 매매를 뜻하는 빨간 리본을 얄밉게 달았다. 과연 이런 일도 있는가, 모두 보고 신기해했다. 단연 화제였다.

모두 부러워했다. 글 쓰는 사람은 책 내기를 바라듯이, 화가와 서예가는 개인전을 원하듯이 반지가 후끈 달았다. 하지만, 아직도 서실 묵천혈에서 한창 맹렬한 우화를 꿈꾸는 번데기이었다.

누군가 시장이 왔다고 스님에게 부리나케 알렸다. 순간 스치는 표정이 안 좋았다. 스님의 손을 잡고 한참 동안이나 너스레를 떨었다. 조금은 가증스럽다는 생각이 들었다. 순순한 관람객으로 보기로 했다. 아울러 심한 병인지도 모를 편향의 발작이라는 것을 느꼈지만 방문은 아무래도 의도적이었다.

까치밥 _____ 10, 19.

볼일이 있어 밖에 나갔다가 산문 안으로 타박타박 지루할 때쯤 대추고목 모롱을 돌아들면 낮은 산방이 기다렸다는 듯 까꿍, 살짝 보였다. 해마다 마당가 나무에는 온통 벌겋게 익은 감이 배꼽을 내놓고 매달렸다. 어릴 적부터 철없는 원숭이로 오르내린 친근한 벗이었다.

어제부터 따 내렸다. 짧은 전지대로 따는 반지가 영 서툴렀다. 그래도 감을 따 본다는 것이 재미있어 벙글거렸다. 곁에서 뱅뱅 돌아치며, 흡사 알약 같은 동글동글 산토끼 똥은 왜 그리 예쁘냐? 고라니와 노루는 어떻게 구별하느냐? 연신 조잘거려주었다. 주렁주렁 매달린 가지를 꺾어 벽에 걸어두기도 했다.

여태 마당에서 쉬엄쉬엄 따 내렸지만 오늘은 나무에 올라야 했다. 중간쯤 올라가 장대로 꺾어내려 뽑아 주루막에 넣고 넣곤 했다. 가득 차면 올려다보던 반지가 내려

온 바구니에 받았다. 하느님, 선녀 목욕물 퍼 올려 주었으니 감 많이 내려주세요, 했다. 이내 들어다 비닐온실 안에 갖다 붓고 얼른 빠져나왔다. 아플만도 한데 줄곧 고개를 젖혀 쳐다보았다. 말갛도록 잘 익은 빨간 홍시를 내려주면 잘도 받아먹었다.

지난밤에는 어제 딴 감을 깎아 비닐끈으로 꼭지를 묶은 긴 타래를 비닐온실 지붕 철재에 늘어뜨려 이어 달았다. 옛날에 어머니, 할머니는 이삼일 동안 밤 깊도록 손수 칼로 깎았다. 그 곱던 손은 시퍼렇게 감물이 들어 흉하기도 했지만 며칠을 갔다. 아버지는 마당에 감 말리는 덕을 만들어 주렁주렁 매달았다. 그렇게 꽤 힘든 일이었다.

지금은 감을 들이대기만 하면 다람쥐 도토리 껍데기 벗기듯, 기계가 뱅글뱅글 돌려가며 얄밉게 잘도 깎고 재미있게 굴려냈다. 서울서 자라던 얘기랑 밉잖은 수다를 떠는 반지가 깊도록 곁에 있어 동무했다. 비닐온실 안이어서 비 걱정 안하니 너무 편리했다. 세상 참 좋아졌다.

지도를 들여다보면 강릉이 상당히 높은 위도인데도 바다를 끼어 그런가, 날씨가 의외로 온화했다. 그래서 감이 되고도 남았다. 어찌 보면 행운이었다. 고개 너머 가까운 추운 영서에는 감이 안 되었다. 어느 고을이고 내 고향엔 집집마다 살구, 복숭아나무 한 그루 정도는 있듯이 이곳은 더 보태 감나무 한 그루쯤은 구색으로도 있는 데였다. 산방에도 두 그루였다.

"이 많은 곶감 시장에 내다 팔아?"

"아니. 왜?"

"제사 때 쓰고도 엄청 남을텐데."

"남고 말고 그냥 통째로 남지 뭐."

"그럼 어떡해?"

"하지만 남지 않아."

"안 남아? 남는다면서. 이렇게 많은데."

"글쎄, 우리집에 예쁜 새앙쥐 한 마리 있어. 그 새앙쥐가 좋아하는 간식거리야"

싱긋 웃는 반지였다.

"내년부턴 반지도 못 먹겠다. 쌍둥이들을 먹여야 하니까."

태생이 촌이어서 그럴까, 곶감을 좋아했다. 건시보다 준시를 무척 즐겼다. 촉촉하게 무른 온통 밀가루를 뒤집어쓴 듯 분이 뽀얀 준시는 너무 달지도 느끼하지 않아 좋아했다.
산방엔 납작한 반시가 아닌 둥글둥글한 주먹덩이 같은 동철이라 부르는 큰 고종시였다. 멍석에 쌓인 고만고만한 감들이 같이 숨을 쉬며 오랜 해후에 모두 즐거워했다. 지나온 여름 이야기를 토했다. 안부이고 근황이었다. 밤공기에 고뿔이 들려 빨개진 코를 어루만지며 여전히 장난질쳤다. 이리 뒹굴 저리 뒹굴 몸들을 비벼댔다. 잘 익은 주홍빛 친구들이었다. 작년만큼 키 재는 서른 접쯤이지 싶었다.
올해도 파란 하늘을 꿈꾸는 저 높은 가지 끝에 매달린 스무 남짓 감을 까치밥으로 남겨놓았다. 그래서 한적한 산촌에 까치가 날아다니며 파먹는 운치있는 풍경이 삭막하지 않을 것 같았다. 그러고 보면 우리 곰의 겨레들은 냉정할 수 없는 인정이 그득했다. 너무 높아 따 내리지 못하는 핑계로 후한 까치밥으로 남겨놓을 줄 알았으니 참 익살스러웠다.
그 까치가 울면 반가운 손이 온다는 것은 기다림이었다. 기다리는 가슴은 은근한 바람이요, 그리움 이는 애틋한 꿈이었다. 또한 누군가를 기다리는 마음은 고운 정을 밝혀두는 심지이기에 떨쳐버리지 못해 끓는 애증이요, 소중한 만남의 문이었다. 나의 기다림은 무엇이고 누구인가. 어깨동무 반가운 소통이었다.

한 열흘쯤 ____ 10, 21.

이처럼, 아니 더는 절정일 수 없었다.
속으로는 그래도 남들보다 어휘를 참 많이 안다고 은근히 자부, 어쭙잖게 빼기듯 글을 쓰는데 도대체 감성의 언어들을 물레질할 수 없었다. 핑계가 애먼 부족한 독서를 탓하지만 아무튼 표현이 안 되었다. 답답하기에 앞서 가슴이 막혔다. 숨이 차고 벅찼다.

가을이 깃든 고즈넉한 산문 골짜기마다 마다에 열두 폭 치마 두른 듯 내걸은 단풍.

마당가 상수리나무도 황토빛 붉게 물들여 치장을 했다. 상쾌한 공기가 폐부를 씻어주는 아침에 나서보면 눈이 사뭇 시렸다. 참으로 아름답고 현란한 손길이었다. 이 계절 소슬한 바람이 불어 천식기가 도진 기침 잦은 털북숭이 화가가 담배를 꼬나물고 밤새도록 덧칠 마무리하다, 새벽에야 팽개치고 잠들었는지 꿈쩍하지 않았다. 쓰러진 술병처럼 깨워도 기척이 없었다.

세상은 공평했다. 우리가 모르는 용궁에 형형색색의 산호초가 있듯이 뭍에는 애초 누군가 달려와 맞견줄 바 못되는 찬란한 단풍이 불타올랐다. 가슴이 활활 타올랐다. 황홀경에 들고 신선경에 노닐었다. 반지와 나는 비린내 안 나는 한 쌍의 짐승으로 발굽 우아한 율동으로, 땀이 촉촉하게 날만큼 춤추고 싶은 충동이 한 가득 고였다. 어느 시인의 독백처럼 누구든 몰래 저 정겨운 단풍 숲 구십 리 깊숙이 들어가 한 열흘쯤 살림 차려 뒹굴다 왔으면 좋겠다. 그리고 지나는 길에 산방을 찾아오면 따끈한 산차 한 잔쯤 향기롭게 대접하고 싶은 가슴이 떨었다.

비탈에 서있는 사이, 사이를 나눈 숱한 나무들.

숲은 저마다 지난 여름은 참으로 푸르렀고 싱그러웠다고 회상했다. 비망록처럼 지난 날의 일기를 쓰고 향기로웠던 사연의 그 푸른 엽서를 써 가지마다 내걸고 있지 않는가.

점순이를 잘 아는 실레마을 김유정처럼 노란색을 무척 좋아하는 생강나무는 싸리, 산버들, 아카시아, 사시나무랑 칡이랑 어울려 농담을 골라 또박또박 밤새워 썼다.

핀란드 산야를 뒤덮거나 소련 삼림지대를 지나 데카브리스트를 찾아나선 예카테리나 트루베츠카야의 그곳 주황색을 고집 그렇게 밝히는 자작나무랑 함박꽃나무, 박달나무랑은 서로 머리를 맞대 고운 빛깔을 나누었다.

참으로 빨간색을 아주 좋아하는 단풍나무를 따르는 머루잎, 붉나무, 나도박달나무랑 담쟁이덩굴, 옻나무끼리 뜨겁게 불타는 열정을 저마다 예쁘게 한껏 빗어 넘겼다.

꿈꾸는 보라색을 빗는 동아리들. 그리고 갈색 엽서를 즐기는 참나무들.

꿈에 젖어 바라보는 나도 센치 깊은 사색에 젖었다. 고독한 우수가 깃들었다.

그 숱한 사연을 적어 가득 전시회를 열며 차마 아쉬운 며칠을 머물렀다. 떠나야

하고 헤어져야 했다. 후회와 미련을 달래는 이별은 늘 이마에 미통으로 아려왔다.

떠나간, 훌쩍 떠나간 그 자리에는 사무친 각혈이 낭자했다.

부연정(浮蓮亭) _____ 10, 24.

시내서 성산 거쳐 오봉호를 돌아 왕성골 다리를 지나 오른쪽이 아닌 왼쪽으로 잡아 틀었다. 짐작은 했지만 도마골 넘는 고개에 난데없는 웬 수많은 차들이 세워졌다. 도로 옆으론 전에 없던 부연정, 이라는 이정표가 산뜻하게 새로 세워졌고 『부연정(浮蓮亭) 낙성(落成)』이라고 쓴 현수막이 걸려 기분 좋게 흔들거렸다. 사람들이 갈기 같은 소나무 숲 마루 따라 드문드문 내려가는 모습이 제법 보였다. 콧등 같은 줄기에는 나무 계단길을 어울리게 잘 만들어 놓았다. 양쪽으로는 다듬지 않아 투박한 채로 아무렇게나 울을 친 듯한 굵직한 참나무 목책이 운치를 더했다.

삽당령을 흘러내리는 물줄기 휘어잡고, 닭목령을 내달리는 물굽이 잡아타고, 험준한 산맥을 거침없이 활강 오봉호 깊숙이 잠용한 등뼈 그 맥박치는 낙맥 줄기 끝. 그 끝자락에 기막히게 자리 틀어 정좌한 부연정. 두 골짜기 물이 휘돌아 만나 발아래 넘실대는 오봉호를 거느린 부연정. 걸맞게 중후하면서도 날아갈듯 날렵한 청기와 지붕이 산뜻했다. 현란하고 선명한 단청이 꿈틀꿈틀 냅다 휘감아 용솟음쳐 회오리쳤다.

부연정 현판을 산뜻이 달은 정자를 벌써 사람들이 몰려와 구경하며 담소하느라 웃음소리가 즐거웠다. 흐뭇한 표정들이었다. 갓 시집온 이웃 새댁 구경하러 온 듯했다. 안에는 언제 붙였는지 벌써 대 엿 한시 현액판이 약삭빠르게 걸려 뽑냈다. 삼삼오오 모여 고개를 젖혀 음미하는 무아경이었다.

여기저기 사진기자들이 과장된 몸짓으로 찍어대는 품이 괜찮은 뉴스거리인 듯싶었다.

식이랄 것도 없지만 식은 시작되었다. 약방의 감초처럼 으레 소품인 양 쥐박고픈 주둥이에 기름을 잔뜩 칠해와 얄미운 아가리질이나 한다는 시장이나 의장이 보이지 않았다. 하여 도식적인 냄새 안 풍기는 신선함이 느껴졌다. 다만 왕산 최고령 늙은이와 부연정 현판액을 쓴 벽진여사, 어디 내놓아도 예쁜 그리고 산방 윗집 내 동갑내기 정토사 스님, 참으로 애쓴 도편수와 근동에 널리 알려진 풍수사와 어렵게 모신 수몰촌 유민이랑 테이프를 끊었다. 소탈하다는 왕산면장이 정자 앞 조촐하게 차려진 다과상으로 다가갔다. 여러 이유로 의자는 갖다놓지 않아 매우 미안하고 결례를 저질렀다고 깍듯한 변을 이야기하면서도 실은 설치 안하기로 했다고 실토했다. 빙 둘러 선 사람들 중에는 멀리서 까지 온 저명한 학자와 귀하신 분도 아무 데에 그냥 편하게 자리했다. 그것이 더 자연스러웠다. 미안한 만큼 대신 그분들을 그 자리에서 낱낱이 소개하는 배려만큼은 치밀했다.

누구의 자리도 없는 지극히 자유로운 분위기를 연출하는 그는 산 좋고 물 좋으면 정자 아니 없을까라는 말을 읊었다. 진작 있어야할 정자를 이제야 마련했으니, 모두들 옥로감주로 취하는 신선처럼 한세상 풍류를 즐기는 나그네가 되기를 바란다는 멋들어진 말을 했다. 무시하는 게 아니라 분위기를 제법 알았다.

정자 난간에 앉았다. 멀리 산들이 능선을 어깨 짚으며 골짜기로 주춤주춤 내려왔다. 물 가득한 호수를 에워쌌다. 아늑하게 정자를 휘어감았다. 바야흐로 단풍 시린 경관이 현란했다. 깊숙이 잠겨버렸다.

부연정(浮蓮亭).

경포 제일강산을 능가하는 가히 명품이라고 했다. 풍광 또한 절경이었다. 굳이 비교하지 않아도 최고의 명당이었다.

가리손.

막아 이렇게 천연덕스레 물이 넘실거리지만, 호수 저 밑 아득히 가라앉은 수몰촌의 비애가 울컥 솟아올랐다. 조국근대화니, 경제 개발이니, 그럴듯한 미명 아래 똥개밥 주듯 찌꺼기 몇 푼 선심인 양 던져주곤 불어 젖히는 호루라기로 차오르는 물에 쫓겨 때 절은 보따리를 둘러멘 채, 무엇이 그리 못내 아쉬워 자꾸 뒤돌아보며 정처없이 훠이훠이 떠나갔다. 눈이 유난히 컸던 내 친구 절뚝발이도 울었다.

어른들은 그래 죽지 않고 살다보면 언젠가는 다시 만나겠지. 지난 난리 적 응어리진 상극 원한도 허허한 웃음으로 녹여 뚝배기 장맛 정이 밴 손잡고 유민의 한에 눈물 뿌리던 처연한 작별이었다.

시래기 타래, 마늘 접이 벽에 가득 걸린 지게 지친 마을이었지만 물놀이 터 좋아 조그만 가게 하나가 있던 동네 온통 강냉이, 감자, 조밭뿐인 오래를 쓸던 바람은 어디로 갔는지. 목 매 죽은 이웃 누나 애총 숲에 울던 뻐꾸기던가, 해마다 찾던 소쩍새, 두견이도 이웃 산촌으로 사라져간 세월이었다.

가리손. 예 고구려 말인 갈래의 뜻 가리, 큰 강이라는 뜻의 소모, 도마천과 왕산천, 두 냇물이 만나 제법 큰 강이 되었던 가리손이 잠겨버리고 말았다.

오늘 낙성식에 참석한 가리손 유민의 눈에는 촉촉한 분위기가 보여 애써 자꾸 외면했다. 막걸리 기울이다 눈에 띄어 주웠다는 혈육이 흐르는 한 점 수석 동자상을 온정으로 어루만지는 손이 떠는 것을 감지했다. 지금은 흔적도 없는 꿈에서나 볼 수 있는 고향 가리손이었다.

무심한 물이 찼다.

한 송이 연꽃이 갓 피어 떠있었다.

첫얼음 ＿＿＿ 10, 25.

용화산에서 전화가 왔다. 윗집에 첫 얼음이 얼었다는 느닷없는 기별이었다. 작년보다 한 파수 늦다는 약간의 수다에 확인처럼 맞장구를 쳤다. 산방과 절 사이는 오리쯤 동안이었다. 절을 윗집이라 부르듯이 절에서는 산방을 아랫집이라 불렀다.

세월은 오기보다는 가는 것, 가을의 쓸쓸하고 허전한 그 빈자리를 얼음도 찾아와 어김없이 채우는 순리였다.

눈이 동그래진 반지도 괜히 서둘러 채근했다. 그저께 사과를 땄는데 식은 밥 놔두고 잠 안 온다는 말을 빗대 얼음이 얼었다는 소리에 근심 서둘렀다. 텅 빈 박새의 집을 여태 지고 있는 나무에 모과를 그물주머니 장대로 따 내렸다. 빛깔은 고운 노란색이지만 아무렇게나 생긴 참 얄궂은 모습이었다. 뚝배기보다 장맛이라고 향기는 일품이지만 못난이였다. 무미건조한 거실 둥근 좌탁에 네 덩이를 조그만 바구니에 담아 놓았다. 분위기가 확 바뀌는 괜찮은 정물이었다. 방방마다 오붓하니 꾸려놓았다.

내친김에 바지게를 지고 밭둑마다 돌아다니며 호박을 거둬들였다. 반지가 낑낑거려도 들지 못할 만큼 큰 것도 있었다. 여름내 벌건 배꼽을 드러내놓고 마냥 해바라기하던 세월을 마감했다. 이리 뒹굴 저리 뒹굴 동글납작한 호박을 고르고 품평했다. 또 방방마다 하나씩 모과 곁에 점잔하게 방석을 앉혀 나란히 배치할 속셈이었다. 여름내 실컷 따 먹고도 남은 여유.

죽어 보기 좋은 건 장끼고 늙어 보기 좋은 건 호박이라는 말을 할머니가 자주 뱉았다. 속절없이 늙어가는 탄식일 줄이야.

바보처럼 남 주기를 좋아하는 천성인 반지가 발작처럼 신이 났다. 산문 밖 승돈이가 약한다고 모과와 납작호박을 오래전부터 부탁했기에 쪼르르 갔다 오고 쪼르르 윗집에도 갔다 왔다.

눈이 빠지는 긴 겨울에 심심할 적 맛맛으로 먹는다고 밭둑에 흔해빠져 내버려둔 뚱딴지도 채운 곡간을 뒤져 좀 얻어왔다. 배고프던 시절에 물리도록 파먹었다.

거둠은 다 끝난 것 같았다. 홀가분했다. 감, 배랑 사과, 그리고 모과를 아낌없이 모두 내어준 고단했던 오래의 과목들과 밭떼기는 이제 편안한 깊은 동면에 들어갔다. 다 주어야 하는 소멸은 사랑이었다. 한해의 양식을 베풀었다.

보일러에 군불을 다질러넣고 방에 들어섰다. 향긋한 모과향이 물씬 가득했다.

추경(秋鏡) _____ 10, 26.

강릉 경포.

물론 내 사는 으스대고픈 고장이었다. 참으로 아기자기하게 아름다운 곳이었다. 신사임당, 이이, 두 모자의 고향, 또한 기록 한 줄 갖지 못한 이름 없는 내 어머니의 친정 마을이기도 했다.

이미 알고 있는 천하의 신동이었을지는 몰라도 인간미는 몹시도 괴팍스러웠을 듯한 생육신 매월당의 혹독한 비평에도 원만했다는, 당대의 문신 학자인 서거정이 강릉산수갑천하(江陵山水甲天下)라고 일갈했듯이 삼천리 제일의 경치는 강원도가 최고요, 그중에서 관동이 으뜸이고 더욱이 강릉이 제일이었다. 반할만한 예 고을이었다. 꼴사나운 자화자찬만 아닐 터 송강의 관동별곡이 낭랑하니 읊고 있지 않은가.

호수에 가을이 가득했다. 여름내 꽉 들어차 울창한 줄풀, 갈대가 바람에 수런거리기 시작했다. 남몰래 옆구리에 품을 내준 개개비 둥지가 텅 빈 채 흔들렸다. 정화수 같은 물결이 가라앉았다. 철새들이 멀리서 가까이서 분주히 이착륙할 뿐 누군가 보드라운 입자를 물에 뿌려대었다. 어깨 짚어 정신없이 내려다보던 오래 풍경들이 그만 파란 하늘을 끌어안고 풍덩 빠져버린지 오래, 흰 구름마저 잠겼다. 누구 하나 달려들어 건져내려 하지 않았다. 그저 거울처럼 들여다 볼 뿐 호수는 끝없이 맑았다.

형편없는 변방 외딴 골짜기에 갇혀 사는 산골 아이는 늘 바깥세상을 동경했다. 출구처럼 다행히 외가가 경포 호수 오래이어서 누나와 꿈은 늘 약은 외사촌들과 어울려 뒹구는 것이었다. 어머니는 우리 남매가 성가시게 굴거나 말을 안 들을 땐 전가의 보도처럼 휘두르는 말은 그럼 외가에 안 데리고 간다고 했다. 그 소리에 갑자기 고분고분해지는 참 어수룩한 남매였다.

어머니 따라 버스 타는 일도 신났다. 겨울 방학 땐 또래 외사촌과 호수에 나가 스케이트 지치는 게 그렇게도 즐거웠다. 그때만 해도 얼음이 꽝꽝 얼던 시절이어서 넘어지며 자빠지며 옷을 다 적셔 별이 떠야 외갓집으로 돌아가곤 했다.

여름방학 땐 종일 바다에 나가 놀다가 낙조가 현란할 즈음 호수에서 잉어랑 가물치를 잡아냈다. 외삼촌이 흡사 바소쿠리 같은 통발을 수초에 쾅쾅 찍다보면 한 아름

되는, 아니면 작두바탕만한 고기가 갇혀 몸부림쳤다. 한바탕 사투를 벌이느라 뒹군 재수 좋은 날이었다. 술병깨나 비우는 잔치, 동네가 덜렁했다.

그뿐 아니었다. 오뉴월 비탈밭에 보리가 누렇게 익어가고, 먼 산에 뻐꾸기 메아리가 구성진 나른한 날, 왜포 수건을 두른 아줌마들이 군자호로 들어가 허리에 매여 달려가는 함지박을 끌었다. 흐느적거리며 부새우(곤쟁이)를 뜨는 드문 풍경이었다. 간을 맞춘 짭짤한 부새우(곤쟁이)야 말로 반찬으로는 그만이었다. 해마다 초여름엔 향수 어린 부새우(곤쟁이)를 사다 뚝배기에 끓여 먹었다. 그 부새우(곤쟁이)도 이제는 귀해 드물었다.

고요가 나래 접어 내려앉았다. 자맥질하는 새들이 졸았다. 물고기가 뛰었다. 오후의 햇살이 비스듬히 눕고 정적이 감돌았다.

시름없이 낙엽이 졌다.

그 떵떵 울리던 외가댁은 세월을 휘어잡아 서울로 가버렸다. 집과 토지는 고스란히 남겨둔 채 의사, 판사, 고위관료로 활약하고 있었다. 아직도 쟁쟁한 가문으로 꿈틀거렸다. 유유상종이 될 수 없는 높은 학식에 유명인사여서 지금은 외사촌들과의 추억만 만지작거릴 뿐이었다.

남서쪽 호숫가를 걸었다. 주옥같은 시비가 다정한 거리였다. 액세서리 같은, 호수의 눈썹 같은 가로수가 엽서를 쓰느라 분주했다. 걸러내었다.

해마다 오월과 시월이면 강릉사투리 번안 시화 현수막이 너울거려 향수를 자아내는 명소가 되었다. 한창 토해내는 사투리에 실성한 웃음을 흘리고 있는 미친 거리였다. 오월과 시월이 되거든 경포호수로 오라.

철벙! 잉어가 파문을 일으켰다.

경포대 제일강산에 올랐다. 늘 바람소리가 시문처럼 들리는 곳이었다. 호수를 담아놓아 닦았다. 어느 규방 처녀의 거울을 훔쳐와 몰래 들여다보는 풍류객의 음풍농월, 희롱을 즐기는 세월이라지만 경포호수는 신선의 거울이었다.

여의주처럼 경포호수가 마냥 품고 있는 오월.

달아놓아 드리운 처마에 계궁항아의 거울 유정한 날은 별주부 토끼 꾀어오는가, 기둥 깊은 용궁 신전은 등롱 내걸고, 청개구리 오른 잎새 연꽃 피는 물결에 홍장(紅粧)이 헹구는 쟁반소리 맑은 곳, 청솔가지 흘러내린 난간 풍류 휘늘어진 향 입술 돋우니, 젖은 동자 은근한 터뜨리고픈 임이시여.

똥개 _____ 10, 28.

보시하는 날이었다. 정토사 스님의 알쏭달쏭 묘한 말이었다. 열 시경쯤 왕산 초등학교에 가 투표를 하고 새로 지은 정자에 갔다. 낙성식 때 반지는 못 갔다. 내 손을 꼭 잡고 목책을 어루만지며 층층계단 마루를 가만가만 내려가는 모양이 걸음마를 갓 배운 아기가 영락없었다. 조심 끝에 닿은 정자를 이리저리 유심히 바라보던 반지는 손뼉까지 쳤다. 한 바퀴 빙 돌아본 뒤 난간에 걸터앉았다. 발밑까지 찰랑찰랑 남치마 빙 두른 호수를 바라보았다. 멀찌감치 떨어져 있는 둑 너머 해맑은 하늘에서 철새들이 날아와 선경을 여유로이 돌아 착륙하곤 내처 유람을 했다. 꽥꽥거리며 한켠에서는 편대로 활주로를 내달려 이륙을 했다. 한가로웠다.

평화는 자유도 아니고 억압도 아닌 그 경계선이었다.

사람들이 심심찮게 모여들어 풍광을 멀리 조망했다.

누군가가 한 수 읊기도 하고 판소리 한 대목을 멋들어지게 마무리했다. 얼씨구, 가만 보니 강릉에서 꽤나 괘짜로 통하는 선배였다. 기인이라는 평을 받는 묘한 두뇌를 가진 스스로 청운거사라 했다.

풍류객 여러분.

부정 시비로 얼룩진, 하여 이름도 맹랑한 보궐선거 투표를 하셨습니까. 참으로 서글픈 일이지만 여기 청운거사는 언제부터인가 투표를 하지 않습니다. 잘했다고, 그리고 잘났다는 소리가 결코 아닙니다. 신성한 기본권, 물론 군말 없이 투표를 해야 합니다. 하지만 속지 마십시오. 굴욕이고 올가미입니다. 귀에 걸면 귀걸이 코에 걸면 코걸이 이현령비현령 저들의 좆 꼴리는 대로의 세상에 우리가 왜 놀아나는 암 광대가 되어야 합니까. 뼈라고는 없는 문어보다는 보잘 것 없어도 뼈가 있는 멸치를 좋아하는 소생입니다. 그래서 투표를 하지 않았습니다.

보십시오.

이 나라가 해방되고 난 이래 숱한 선거문화가 연출되었지만, 하나같이 죄다 사기극이었습니다. 해일처럼 밀어닥치는 그들의 야욕을 채우려는 요식행위일 뿐입니다. 애국은 야욕이 아닙니다. 피 끓는 충정입니다. 그런데도 그들은 뻔뻔스럽게도 애국이라는 단어를 특허라도 낸 양 함부로 들먹이고 함부로 낭비합니다. 누군가 말했습니다. 정치는 화려한 포장술이고 교활한 위선이고 능란한 마술입니다. 때문에 털끝만한 진실이 없습니다.

부연정을 찾아온 풍류객 여러분.

정자, 이름도 걸맞게 부연정. 참말로 유려하고도 우뚝한 빼어나게 잘 지었습니다. 임영(臨瀛)엔 경포 제일강산이요, 산중엔 오봉 부연정이라, 강릉의 쌍벽입니다.

여러분.

표딱지 거렁뱅이를 아십니까. 요 며칠 사이에 참 많이들 보았을 겁니다. 사람들이 북적거리는 중앙시장에 먹지 못해 피골이 상접한, 아니 피둥피둥 살찐 거렁뱅이들을 보았습니다. 건달이 과로사하는 희한노글노글한 세상이라 피둥피둥 살찐 거렁뱅이도 있습니다. 참으로 가관이었습니다. 난전에 앉아 팔아봐야 이만 원이 채 안 되는 푸성귀 몇 단 놓고 앉은 할머니 손을 반강제로 잡어 당겨 어루만지며 속살거리는 꼴이라니. 제까짓 놈들이 언제 적부터 살가운 사이라고 끝없는 하인배인 척 마음에도 없는 광대짓을 합니까. 울컥 구역질이 났습니다. 내처 흠씬 두들겨 패고픈 쌍심지가 치밀었습니다. 서민들의 숱한 걱정거리나 애환을 금방 다 해결해 줄듯이 사탕을 줘 당선되면 어쩌는지 아십니까. 너무나 잘 아실 겁니다. 머리가 땅에 닿도록 인사를 하던 오만 잡놈들이, 제 어미와 상피 붙은 개 보다 더 더러운 꿈꾸고 당선된 뒤에는, 올챙이 배때기 쑥 내밀고 대가리 뱀 대가리마냥 빳빳 쳐들고, 대관령 굽이굽이 휘돌아 똥개 사육장 여의도로 가면서 비웃는 말인 즉 얼간이 같은 놈들, 하고 폐병쟁이 싯누래 벌건 가래침을 내뱉는답니다. 결국 도둑놈 하나 새로 뽑았다는 자조 섞인 강릉 사람들의 치명적인 실수가 착해빠진 남대천을 범람 유린하고 있습니다. 남대천이 어떤 곳입니까. 눈발떼기(송사리)가 한가롭게 노닐던 참으로 맑은 강릉, 강릉의 젖줄입니다.

모여든 사람들 중에 옳소, 장난스레 추임새를 넣는 사람도 있었고 박수까지 치는 선동꾼이 있었다. 조금은 공감한다는 뜻인가.

듣거나 말거나 선배의 변은 달아올랐다.

여러분.

정치가 무엇입니까? 정치는 야합이 아닙니다. 정치는 흥정이 아닙니다. 어디까지나 정치는 협상입니다. 그런 이념을 망각한 대통령이 되자면 우선 갖추어야 할 덕목이 있습니다. 자칫 정치는 포장이고 위선이고 마술이면 첫째 명석한 사기꾼이 되어야 합니다. 세상이 하도 약아빠져서 웬만한 약발은 나지 않습니다. 뭔가 남보다 특출한 펄펄 날 수 있는 사기거리를 만들어내야 합니다. 시시한 구닥다리로는 천년 낙방거자입니다. 둘째 사기꾼이 다 그렇지만 감언이설에 능수능란해야 합니다. 속된 표현으로 주둥이 잘 까고 이빨 잘 까야 됩니다. 말을 들어서 벌써 오르가즘을 경험할 수 있을 짜릿한 감동을 주어야 비릿한 색광으로 달려드는, 한 마디로 말해 선동꾼이어야 합니다. 셋째 인간 말종이 돼야 합니다. 선거사에 길이 남을 차떼기당이라는 불명예처럼 목적을 위해서는 수단과 방법을 가리지 않는 후안무치가 되어야 대통령이든 하다못해 온장이든 반장이 된다는 서글픈 사실인데 어찌합니까. 그래서 우리들은 그들을 인간으로 안보고 괴물로 봅니다. 돌연변이의 종자, 강릉 말로 씨도 못 받을 종재입니다. 그래서 그런지 그 종재의 새끼들은 분명 잘 처먹고 잘 입고 할텐데 신체검사만 받으면 병약하여 병종이니, 무종이니, 병역면제, 죽어도 군대 안 갑니다. 휴전선에서 꽈당당하면 나라고 좆이고, 애국이고 씹이고, 도망갈 준비로 외국에 집 다 사놓고 있는 종재들입니다.

여러분.

우리나라에는 세계서도 인정하는 토종개인 삽사리와 진돗개가 있습니다. 각 나라마다 토종개거나 특산종을 육성합니다. 하지만 엉뚱한, 어처구니없게도 세계에서 그 유례를 찾아볼 수 없는 맨 잡종 똥개를 육성 사육하는 나라는 오직 하나 우리나라뿐입니다. 어딘지 아십니까? 오늘 여러분이 투표를 한 강릉의 똥개 한 마리도 뽑혀가는 전당, 여의도 국회의사당입니다. 아니, 여의도 똥개사육장입니다.

그래서 그곳에 모인 숱한 똥개들의 유전인자를 밝혀 본바 참으로 경천동지할 화려한 전력이었습니다. 강간에다 생피 붙은 파렴치한 색골 인자, 사람을 죽이고도 돌아치는 눈깔이 벌건 저승사자 인자, 이빨 잘 까 교묘히 속여 남의 재산을 꿀꺽한 목구멍 큰 사기 인자, 무자비한 깡패로 주먹질에 칼잡이 거리를 주름잡은 두한 인자, 남 등쳐 돈이나 갈취하는 쥐새끼 같은 좀팽이 인자. 진정한 운동권이나 재야에 들지 못하면서 부근을 배회하다 붙들려 며칠 감방 살다 나와 이 나라 민주화를 위해 투쟁했노라 외치던 덧좆 인자, 살살 정보나 빼내 부동산이나 사 되 파는 투기 인자, 인자, 그런 열성 인자들이 멍멍멍 짖어대는 곳이 여의도입니다. 오늘도 나랏놈이 싼 똥자루를 놓고 으르렁거리면 애먼 피뢰침이 벼락을 맞는 곳입니다. 오죽하면 국무총리나

장관 하나 지명할래도 색골 인자, 저승사자 인자, 사기 인자, 두한 인자, 좀팽이 인자, 덧좆 인자, 투기 인자에 안 걸린 늄이 없답니다. 싹다 도둑놈인데 총리를 어떻게 뽑고 무슨 개뼈다귀 같은 장관입니까. 하여 세상은 나만 빼고 깡그리 도둑놈 양심바른 인물이 한 마리도 없답니다. 대통령의 깊어가는 한 숨 장탄식이었습니다.

정치는 국민이 갈무리하는 발효식품입니다. 정치가나 관료들이 조심스레 보살펴 잘 익혀 발효시켜야 하는데, 주는 대로 닥치는 대로 집어삼키는 송도 말년의 불가사리가 되었으니, 방치하여 발효는커녕 썩을 대로 썩고 썩었습니다.

어찌하여 코에 걸면 이현령이고 귀에 걸면 비현령입니까. 이게 바로 좆 꼴리는 대로의 정치고 세상이라는 것입니다.

우리, 우리 다같이 참을 수 없이 불쌍한 종재들을 위하여 참으로 위대하고 더없이 거룩한 장송곡을 준비합시다.

선배는 뭔가를 떠들곤 뒤도 안 돌아보고 올라갔다. 모여있던 사람들은 껄껄거리며 미치광이로 치부하는가 하면 좀더 배웠더라면 하는 아쉬움을 표하기도 했다.

내가 아는 선배의 이력이었다. 우렁찬 목소리였다. 고등학교 시절 웅변술은 전국적이었다. 파고드는 호소력이 넘친다고 했다. 고려대인가, 어디 학생운동을 하다 악명 높은 보안대에 끌려가 죽을 고문과 매를 맞아 폐인이 되었다. 그 시절 폐인이 어디 저 선배 하나뿐이던가. 결국 승천하는 용이 되지 못하고 개천 깊은 소에 떨어져 만신창이가 된 이무기, 날카로운 발톱을 갈며 천지개벽 벽력뇌우를 기다리는 깡마른 이무기였다. 그의 머리는 얼음 같이 차고 가슴은 용광로 보다 더 뜨겁고 꿈은 부글부글 끓어올랐다. 천심의 순리와 매끄러운 소통의 치세를 갈망하는 그가 토하는 사상은 맑고 곧았다. 조금은 천박한, 그래서 때 묻지 않은 세 치 혀가 내뿜는 풍자는 상쾌하다 못해 통쾌하고 통렬한 청량제였다.

반지가 말했다.

병들고 썩은 상처를 과감히 도려내는 외과의사 출신이 정치가나 대통령이 돼야한다고 거들었다. 그는 정신병자, 몽유병자도 아니고 이상주의자, 무정부주의자도 아닌 정론직언의 초심이 깃든 웅변가라 대변했다. 누가 말 안 할뿐 예리한 분석의 현실이라 했다.

정자 앞 물가에 다가갔다. 찰랑찰랑 찰랑거리는 물소리를 들으며 납작한 돌을 주워 물방개 띄웠다. 퐁퐁퐁 튀어올랐다.

산방설화 11월 일기.
Autumn

당간지주 ____ 11, 1.

11월.

당간지주의 달이라고 어느 시인이 낭창스레 읊었다. 뿌리 묻은 당간지주 무릎 아래 수많은 낙엽들이 몰려들어 쌓였다. 짙푸르러 무성한 잎들과 그윽한 꽃들이 가득 어우러졌던 지난 여름날의 숲은 이제 말없이 야위어 갔다. 앙상한 갈비뼈가 드러나 가냘팠다. 찬란한 그 붉은 추억들의 편린 파리한 실핏줄이 수척했다.

한 점 굴뚝새가 시린 부리로 꽃샘 쪼는 나들녘서 그 하고픈 이야기 차마 못하고 헤어진 그녀는 못내 짠한 가슴앓이 깊었다. 상심을 달래 어루만져 오려 접은 꽃 머리마다 마다에 예삐 꽂아주고, 무더운 여름날, 문득 먼 바다로 나가 남실남실 흰 돛단배 띄우다 돌아온 뒤, 봉숭아 순정 안은 하룻밤 풋사랑에 비 며칠 맞고 이내 야위어가더니.

쓸쓸한 우수에 겨웠는가.

불빛 호젓한 창 지새운 잔기침 돋우는 바람 스산한 오후, 하 사무친 엽서 우수수 쏟아놓고 훌쩍 떠나간 연인이었다.

가고 없었다. 그 차디찬 자리엔 불면에 지쳐 곱은 손 호호 불며 수를 놓은 참으로 안타깝고 딱한 진정 서글픈 사연들. 삼천 궁녀의 낙화마냥 뚝뚝 아래로, 아래로 떨어졌다. 이내 흐느끼다 뿔뿔이 흩어졌다. 산방 오래에도 들러 몇 날 머물다 차마 떨쳐버리지 못해 뒤돌아보며 어디로 그렇게 떠나갔다.

거북반석 곁 상수리나무 잎들이 차가운 마당에 쌓였다. 하염없었다. 잠꼬대 곤한 밤 지나 찬 이슬 새벽 창밖엔 수북했다. 골짜기 구릉마다 유민처럼 방황했다.

정이란 티눈 같은 것. 피붙이 살붙이도 아니면서 어쩌자고 아린 속살에 또아리 틀어 미운 뜻 고운 마음 은근히 박아놓은 얄궂은 심지여서 건드리면 아팠다. 앙상한 나무 발치에 서성거려 톺는 별리였다. 소슬한 바람이 재촉했다. 길 떠나 수취인 없어 갈 곳 헤매는 낙엽, 변변한 스웨타 하나 걸치지 않았다.

오소소 추운 밤 서리가 시렸다. 국향이 더 짙고, 멀리 고단한 기러기가 날아갔다. 억새가 호마로 울었다. 만추에 잠겨 흐느적거렸다. 쓸쓸한 가슴이었다.

당간지주로 내걸린 하늘에 낙관 찍힌 저 낮달.

낙엽 ____ 11, 3.

날이 찼다. 자고 나면 마당에 갈색 상수리 나뭇잎이나 숱한 잎들이 밤새 하염없이 우수수 떨어졌다. 수북이 덮인 낙엽들을 쓸어내기가 참 안쓰러웠다. 말끔히 쓴 뒤 돌아다 보면 다시 한 잎, 두 잎 시름없이 하강했다. 오래는 낙엽으로 마냥 지천이었다. 뒤란에도, 장독소래기 위에도, 구석진 곳, 대뜰과 창 앞에도, 떨어져 이리저리 뒹굴었다. 타래를 엮어 시래기처럼 매달고 싶을 만큼 안타까웠다. 주체하지 못해 가슴이 서늘했다. 바람이 소슬했다.

이제 어디로 가야하나. 기약 없는 유랑, 끝없는 숙명, 미련 없이 떠나야 하는데 못내 명치가 찌르듯 아팠다.

올해 상수리 나뭇잎은 어찌 잘 떨어졌다. 작년에는 바락바락 매달려 바람이 불면 우수수, 우수수 해동 때까지 을씨년스런 소리를 켰다. 불면의 밤이기도 했다. 한 겨울에 잎을 데리고 있는 참나무는 상수리나무였다. 늘 질긴 인연이었다. 가려 잘 보이지 않던 까치집이 그때쯤 덩그렇게 보였다. 하늘이 얼어 까칠했다.

제비가 흥부집에 박씨를 물리고 이냥 용화산으로 향했다. 기다린 듯 반지가 강아지처럼 종종 걸음쳤다. 도랑을 건너려다 말고 호들갑을 떨었다. 그 너른 선녀탕이 막혀 온통 물바다고 엄청난 댐이 되어 가득 큰일이라 했다. 다급한 듯 손짓했다.

해마다 이맘때쯤 있는 좀처럼 보기 힘든 비밀이고 만추의 궤변이지만 서글픔이었다.

질펀하게 널브러진 풍경이었다. 떠오르는 자막처럼, 깊숙이 처박혀있던 기억들이 쏴아 일제히 일어서는 반란이었다.

산골의 비망록을 뒤적이면 초봄 눈 녹은 물이 범람하는 도리씻이와 늦가을의 저 천연덕스런 광경.

폭포 앞 선녀탕에는 요 며칠 절정으로 떠내려 온 갈 길 바쁜 단풍들을 장난꾸러기 돌다리들이 함부로 검문하듯 가로막아 물꼬를 내주지 않고 놀였다. 짓궂은 훼방에 빙빙 도는 기분 몹시 언짢았다. 물이 가득, 단풍이 둥실 차올랐다. 머나먼 산문 밖을 서둘러 나가야 하는 단풍잎들이 투덜거렸다. 무례하기 짝이 없는 괘씸한 기별 받고 속속들이 모여들었다. 연이어 폭포로 미끄러져 낙하하는 단풍, 낙엽들. 억지와 횡포를 항의했다.

꿈쩍도 않는 건방진 콧방귀 뀌었다.

규합했다. 참다못해 웅성거리며 스크럼을 짜기 시작했다. 밀어붙이려는 듯 물과 낙엽이 자꾸만 부글부글 분기를 돋웠다. 몸뚱이를 부풀렸다. 불끈 힘을 주었다. 터져 나갈듯 팽팽했다. 산더미로 밀어밀어 발을 버티었다. 불의의 항거 마지막 결행이었다,

감히 맞대항하는 돌다리들의 배짱과 괴력. 바짝바짝 조여지는 가슴. 그들과 붙안고 씨름하는 장딴지 불끈 뻗대었다. 산이라도 괴울 끄떡없는 팽팽한 마력이었다.

간혀 팽창한 물들이, 수많은 낙엽들이 박찼다. 흥분했다. 뒤이어 자꾸만 밀어닥쳤다. 으랏차, 일사불란했다. 엎어지며 뒹굴어 달려왔다. 힘을 모아 조였다. 뻗대었다.

뇌관이 터질듯, 터질듯 위태, 위태했다.

둥둥 떠있는 빨래방망이 함지박을 황급히 건져냈다.

넌지시 바라보는 반지가 조갑지 손에 힘을 주었다. 송편만한 주먹을 똘똘 감아쥐었다. 점점 더 세게, 세게 이내 불끈 쥐고 부르르 떠는 찰나

우르르 쏴아!

그, 그 완강하던 방어선이 통곡이나 하듯 기어이 뚫렸다. 최후의 자존심인 동맥이 끊어졌다.

우르르 무너지는 마침내 해냈다. 승리의 헹가래로 온통 쏟아지는 물과 낙엽들은 치솟는 함성을 지르며 곤두박질쳐 구르며 드디어 내달렸다. 아래로, 아래로 밀어붙여 뒹굴었다. 거칠 것이 없었다. 꾹 참고 불어난 물이 터져버린 범람이었다.

조마조마 애태우던 반지가 맥이 빠져 그만 나에게 기댔다.

흔들리는 물결에 버들가지가 낭창낭창 춤을 췄다.

단풍 지고 난 뒤 절골 도랑은 낙엽에 의해 물길이 자주 막혔다. 바위와 돌다리, 물꼬에 걸려 시끌벅적 하루에도 몇 번씩 승강이가 일어나곤 했다. 산골 작은 도랑에 갑문(閘門)으로도 떠나야하는 서글픈 사연의 낙엽이었다.

오늘 밤 새도록 어디로 가는지.

한바탕 힘겨루기를 한 개구쟁이 돌다리들이 가쁜 숨을 몰아쉬며 얼굴을 씻고 있었다.

이방인 _____ 11, 5.

중앙시장에 들러 들깨기름을 짜고, 월순네에서 깐 잣 큰 되 하나, 깎은 밤 한 말을 사들었을 땐 벌써 오후 네 시. 저녁이 가까워져 시장 보는 사람들이 상당히 붐볐다. 골목마다 가득 그득 쏟아져나왔다.

발걸음은 신영극장 앞 신호등에 걸렸다. 빨간불이 부라리다 다독이며 가로 막았다. 사람들이 모여 모여들어 서성거렸다. 서로 시선을 피한 채 앞을 응시했다. 딱정벌레가 마냥 거침없이 내달리는 동안 신호등을 기다렸다. 초침 같은 물결이 차올랐다.

깜빡, 상냥한 파란불이 들어왔다. 반가웠다.

문이 열렸다. 아무렇게나 혹은 멍하니 서있던 사람들이나 넋 놓고 한눈팔다 저만큼 달아난 사람들을 보고 깜짝 놀라 우르르 몰려갔다. 맞은편에서도 종종 걸음쳐 옷깃을 스쳤다. 재빨리 반지 손을 이끌고 잰걸음으로 건넜다. 모두 조금은 앞으로 구부린 채 바삐들 오갔다.

도로에는 딱정벌레들이 수문 앞에 다가와 숨을 헐떡이며 우리 행인을 물끄러미 바라보았다. 질서정연하게 뒤로, 뒤로 자꾸 도열해 꼬리가 길어졌다. 차오르는 물결이 출렁거렸다.

파란불이 반짝, 반짝, 꺼지는데 다급히 건너오는 머리 하얀 할아버지.

호루라기소리가 들리는 듯

빨간불.

차오른 갑문이 열렸다.

여태 꾹 참아 발돋움하던 한 떼의 딱정벌레들이 해방이라도 된 듯 부챗살로 퍼져 나갔다. 교도소 문을 빠져나온 초범 전과자처럼 황급히 달아났다. 놓칠세라 꽁무니를 가까이 물고 뒤따라갔다. 내달렸다. 섬광처럼 번쩍 내달렸다. 깃발 펄럭이는 자유를 위한 탈출, 야생마의 질주였다.

도시는 쏟아져 나오는 숱한 군상들을 울컥울컥 토해놓았다. 빌딩을 웃뽑아 올리는 거리에는 무질서한 듯 뒤섞여 스쳐 지났다. 밀리고 밀려오고 출렁거렸다. 저마다 어깨에 고단한 삶을 둘러메고 길을 따라 가는 어깨가 굽었다. 지난 밤 꿈을 찾아 나선 군상들이 이 거리 저 골목을 누볐다. 거리는 끝없는 밀물이 해일처럼 밀어닥쳐 넘실거렸다. 수초 사이로 부유하는 고기들이었다.

삭막한 도시는 누군가 사색의 물방울을 떨어뜨려 한창 만추에 겨운 계절이 채색되었다.

마름질하는 하루를 손에 들고 어디론가 떠나는 인파의 뒤 꼭지를 바라보노라니 눈이 아물아물했다. 핑 어지러웠다. 멀미가 일고 신열이 돋았다. 코가 말랐다. 앞뒤 부대끼며 부딪히는 속세, 세상은 만원이었다.

오래 전부터 붙박이 본토박이고 번화가를 주름잡던 터줏대감이 아닌가. 그러나 왠지 자꾸 꽁무니 빼며 뒷걸음치고픈 낯설어지는 도시였다. 해마다 이맘때쯤 지병인 갈수기를 앓는 남대천, 내 고향이 아닌 머나먼 도시 어느 모퉁이에 버려져 있는 낯이 익지 않은 풍경같이 느껴졌다. 눈길이 없었다. 무심했다. 다리 사이로 휑하니 바람이 빠져나갔다. 어울리지 못해 어색한, 잠입이라는 단어가 뱅뱅 떠오르는 눈매 예리한 파르티잔의 행색이었다. 발바리나 주정뱅이의 오줌 세례를 맞곤 하는 길옆 모서리 벽보판처럼 붙박이로 서서 거리를 스케치하는 나는 분명 안중에도 없는 괄시받는 이방인이었다.

어디서 싸우는 소리가 났다. 돈을 주었다니, 안 받았다느니, 날강도니, 말이면 다 하는 줄 아느냐고, 옥신각신 서로 멱살을 거머쥐었다. 이년 저년 험악해졌다. 옆에 구경하던 어떤 아주머니가 문득 땅에 떨어진 웬 돈을 주워들어 보이자 겸연쩍게 웃고들 있었다. 액수가 맞았다.

차가 빗발치는 길에 접촉사고가 생겼다. 금방 빼내 딱지가 시퍼런 새 차가 찌그러진 채, 여자가 나와 잘못을 인정 보험처리하기로 합의하며 연신 굽실거렸다. 생떼 같은 엄살, 그래도 크게 사람 안 다쳤으니 천만다행 가슴을 쓸어내렸다.

지구의 종말이 곧 오고 있습니다. 불쌍한 양들이여. 하느님을 믿으면 구원을 받나니, 예수를 믿고 찬양하시라.

확성기를 피리 불며 떼거리로 몰려다니는 양이 마치 선거 열풍을 연상케 했다.

반지가 채근했다. 눈이 아프고 귀가 멍하다고.

꾸욱.

청산에 동자승의 목소리가 냉큼 듣고 싶다고 가슴에 얼굴을 파묻었다.

길거리는 은행잎들이 우수수 쏟아져 노란 현기증이 일었다.

소꿉놀이 _____ 11, 6.

꼼지락거리던 반지가 귀를 쫑긋, 새벽부터 비가 왔다. 하염없이 쏟아졌다. 비 오는 날은 공치는 날이라는 말처럼 방에 들어 앉아 누구 더 없는 반지랑 단둘이 소꿉놀이 했다. 아침부터 군불 넣은 거실에서 오래로 다니며 주운 밤을 느긋이 깠다. 좋아하여 잣이랑 늘 안쳐 먹었다. 반지가 오면서부터 대춧살도 보탠 응당 감자, 강낭콩, 검정콩, 보리, 현미, 조, 잡곡 투성이의 밥밑이어서 흰밥이 아니었다. 덩달아 반지가 더 즐겨 먹지만 감자는 싫은 듯했다. 잘 까지는 못하지만 바싹 다가앉아 이마를 맞대 흉내를 내는 심심찮은 말동무였다.

밤을 깎으며 재치 문답 같은 얘기를 곧잘 했다. 아픈 병아리의 약은 삐약, 키토산을 많이 가지고 있는 게 무어개? 산토끼. 허수아비의 아들 이름은? 허수, 세탁소 주인이 좋아하는 차는 구기자차, 꽤 재미있어했다. 문득 뜬금없이 물었다. 눈 하나 더 필요하면 어디에다 붙이고 싶으냐? 엉뚱하게 지껄이다 혼자 웃곤 집게손가락 끝에 붙이는 게 최고라 자랑했다. 이유는 귓구멍이 가려울 때 속 깊이, 목구멍이 아플 때 목젖 너머까지, 시험 볼 때 쏙 내밀어 컨닝 하기 좋고, 장난꾸러기 남자아이들은 여자 치마 아래 엉큼하게 비스듬히 눈을 떠보는 맹랑한 눈이라고 연신 깔깔 명랑했다.

밤은 흡사 머리통 예쁜 어머니의 잘 빗은 쪽진 머리 같다는 둥, 나를 약지(藥指)라고 보는 이유는 예쁘고 귀여운 은반지를 끼었으니 사랑스럽지 않느냐는 둥, 달려드는 부리를 내밀기에 도저히 치유가 어려운 공주병이 도졌다고 했다. 그래서 비법을 간직한 의사랑 살고 있다고 내처 응대했다.

갈강니(가랑니)야 올강니야 씨개(서캐) 델구(데리고) 잘 있그라.
서방 잃은 에미(어미)는 조바우골루(爪바위골로) 간단다.
우지끈 뚝딱, 소리 나거든 내 죽는 주(줄) 알아라.

할머니가 이 잡을 적마다 흥얼거리던 내 유년 시절, 그때는 왜 이가 그리도 많던지, 열 살이 넘어도 창피한 줄도 모르고 누나 앞에서도 훌렁 벗어 고추를 드러내놓고, 이 잡던 얘기에 반지는 요절복통(腰折腹痛)이었다. 숱한 우스갯소리를 들려주면, 학창 시절이랑 장인 장모의 뒷이야기를 아련하게 풀어냈다.

싫증이 나면 차를 끓여 내어온다든가, 쉬 마렵다는 핑계로 화장실에 들락날락했다.

비는 부슬부슬 쉬지 않고 내렸다.

맛있는 거 해먹자며 꽁보리밥을 지었다. 올해 새로 박은 송이장아찌, 머위, 더덕, 산마늘, 누룩치랑 죄다 꺼내 맛을 보았다. 짜게 먹는다 싶더니, 아니나 달라 참배 물김치를 꺼내 달아놓고 연신 마셨다. 그리곤 잦은 화장실이었다.

따르릉!

잽싸게 받는 손길이었다. 누나였다. 수다를 떨었다. 보고 싶다고 응석이었다. 이렇게 비오는 날은 어느 먹을거리 골목 허름한 가게에서 얼큰한 떡볶이, 국물 구수한 어묵이랑 뜨끈뜨끈한 호떡이 먹고 싶다는 둥 어리광을 부렸다. 이어 괜히 다른 데에 걸었다. 따르릉! 조잘조잘. 따르릉! 어쩌고 저쩌고.

전화를 끊은 뒤에 뚱딴지같이 바둑판을 들고 왔다. 석 점을 놓고 기다리는 중이었다. 마다할 내 아니어서 일수불퇴를 번복 떼쓰기 없다는 약속 지키지 않을 때는 엉뚱하게도 민망한 낮거리 한다는 벌칙을 먼저 제의하고 웃었다. 몰리는 척 슬그머니 한 판, 휘몰아치다 은근히 한 판, 두 판 다 힘겨운 듯 져주었다. 부끄러운 낮거리를 면했다는 다행한 기쁨을 휘감았다.

봄비 내리던 날이었던가, 우산을 받쳐들고 나란히 걷든 길. 외투마냥 입혀준 점퍼 주머니에서 유과를 꺼내 잔나비인 양 까먹던 추억을 우려냈다.

뱅뱅 돌아치다 말고 다가와 어어! 뱃속에 쌍둥이가 축구를 한다고 무릎에 날롱 올라타 내손을 끌어다 배에 갖다 대었다. 발길질이 심했다. 그냥 구물구물하면 씨름이나 제기를 찬다고 하고, 좀 심하면 축구를 한다고 했다. 슬그머니 안아 뉘였다. 나의 코를 만지작거리다가, 귓밥을 자근자근 씹다가, 가슴을 헤쳐 근육을 조몰락거리다가, 와락 목을 껴안고 칭얼거리다 스르르 잠이 들었다. 다독여 콜콜 재웠다. 잠투정이었다.

서재에 들어 여태 쓴 시를 다듬었다. 영 신통치 않고 마음에도 안 들었다. 향토서정시라고 남들이 말하지만 조롱이나 진배없었다. 발칙하리만큼 도발적인, 현란한 옥쇄를 꿈꾸어야 하는가. 하지만 이슬처럼 맑게 쓰고 싶은 마음뿐이었다.

맴맴맴, 어느새 깨어 포대기를 들고 들어오며 생긋 웃었다. 등을 돌려대어 어부바했다. 단단히 포대기를 꾸렸다. 어렸을 때 애정 결핍인가, 잠재의식인가, 귀엽고 밉지 않은 어리광이었다. 업는 것이 그리 싫지 않으니 나도 병인지도 모를 일이었다. 달랑 들쳐 업고 보일러실에 가 나무를 다질렀다. 우산은 반지가 들고 비닐온실의 문을 닫고 헛간 문도 잠그고 들어왔다. 훈훈했다.

반지를 추슬러 올렸다. 궁둥이를 다독여 두드렸다. 배가 곧잘 볼록해 전처럼 등에 밀착하진 않아도 한꺼번에 셋을 업는다는 현실이 믿기지 않을 만큼 뿌듯했다. 제자리에 서서 두 발을 번갈아 떼었다 놓았다 일렁거렸다. 아기 걸음마 가르칠 때 홍얼거리던 노래가 문득 생각났다.
미쏠미, 쏠라쏠, 빠른 동작의 낙숫물이 제법 떨어졌다.

솔바람 _____ 11, 9.

햇살이 비스듬했다. 꽤나 따뜻했다. 그 찬란한 단풍이 죄다 내려 텅 빈 쓸쓸한 골짜기였다. 벌거벗은 숲은 마치 뛰노는 노루같이 잿빛이었다. 기온이 점점 내려가는 만추의 끝이라 풍경은 고뿔 몹시 앓고 난 몰골이었다. 스산했다. 기울어 완연한 입동이었다. 반지는 여러 날 전에 내복을 입었다.

졸음에 겨운 산방이었다. 고즈넉하다 못해 호젓했다. 정적이 모여들어 고였다. 아버지 산문 밖 가고, 어머니 장에 간 날처럼 심심했다. 그때도 하루 종일 양지쪽 얼루기에 붙여놓은 마른 콩 튀는 소리 뿐 솔바람이 일었다. 까칠한 솔가리가 내렸다. 뒷산 가득한 솔밭에 끊임없이 낙엽이 졌다.

벌통을 싸맸다. 곧 추워지기 전에 서둘렀다. 작년에 썼던 두꺼운 방수 보온포를 헛간에서 내왔다. 설통 바위에 갔다. 벌통에 다시 빙 둘러 싸 입히고, 단추 대신 테이프를 쭉 내리 붙였다. 벌통 위 공기구멍을 내고, 밑단에는 바람이 스며들지 못하게 빙 둘러 휘감아 단단하게 묶었다. 머리에는 패랭이처럼 만든 모자 주저리도 털어 씌워주었다. 옆에서 거드는 내복을 입은 반지처럼 뚱보였다. 빼꼼이 벌구멍 둘만 남기고 막았다. 방한복을 입혔다. 오래 벌통에도 지급했다. 대뜰에 있는 벌통도 마저 꼭꼭 싸맸다. 후련했다. 안심이었다.

조용히 동안거에 드는 때였다.

양지쪽에서 해바라기했다. 무료했다.

솔밭에는 침이나 머리핀 같은 가느다란 솔잎이 무수히 떨어졌다. 그 안에 들어찬 햇빛이 그득했다. 엿빛 붉은 솔가리가 빗금으로 내려 수북이 쌓였다. 촉감 괜찮은 뜻밖의 푹신푹신했다. 참말로 융단을 깔아놓은 듯 반지르르 윤기가 돌았다.

쏴아! 등성이 너머 솔바람이 불었다. 나지막한 솔바람소리 들을 때마다 머나먼 세월이 풀어진다고 믿었다. 누군가 물레질하는 세월이었다.

시오리 외길 휘돌아 외딴 집 젊은 과수댁이 재 너머 도망을 갔다. 털북숭이 산포수가 객쩍게 맴을 자주 돈다 오래전 풍문이더니, 도랑 건너 뙈기밭둑에 날 선 호미 팽개친 채 낮달 기웃거리는 오두막 하나 버려두고, 끈 따라 멀리 깊은 산채로 갔다. 깊은 산사 다비 연기 오르고 먼 데 소식 안고 온 나그네 날 저물어도 이내 돌아오지 않았다. 그날 솔바람 소리만 해 종일 들렸다는 '빈집' 이야기를 쓴 옛날 수필이 얼핏 생각났다.

바람소리를 들으며 무상한 세월 그 속에 덧없는 인생을 노래한 염세가 한 동안 뇌를 완강히 점령했었다. 그물 사이로 빠져나가는 물처럼, 지나가는 바람처럼 허무일 뿐이라고 쇠뇌 당했었다. 그로 인하여 한때 무정부주의를 열렬히 옹호했었다.

우수수 솔가리가 바람 끝을 잡고 아스라이 떨어졌다.

양지쪽에 잠자던 노루가 놀라 과수댁처럼 일출봉으로 뛰어 너머 갔다.

문득 두꺼운 비닐 비료부대를 발채에 담아 맨 아래 다락밭 옆 산으로 갔다. 솔가리 끌러 가서 솔가리썰매를 탄다고 했다.

시범을 보였다. 솔밭 중간쯤 올라갔다. 누나랑 예전에 즐겨 타던 곳이었다. 검불을 푹신하게 넣은 비닐을 깔아 끝을 모아 쥐고 다리를 벌려 앉았다. 이내 버티었던 다리를 들었다. 육중한 몸뚱이가 차곡차곡 내린 솔가리 위를 미끄러져 내렸다. 속도가, 슬슬 가속도가 붙었다. 휙휙 나무들이 빠르게 스쳤다. 바람이 귓전으로 빠져나갔다. 주르륵 미끄러져 소나무 사이로 잘도 빠져 의기양양하게 멋지게 활강을 했다. 짜릿한 속도였다. 쳐다보던 반지가 박수를 쳤다.

어어, 어!

기우뚱, 순간 한 바퀴 팽이 도는가 싶었는데 내치는 속력에 데굴데굴 사정없이 한참을 굴고 말았다. 하늘이 빙글빙글 돌았다. 정신이 어질어질하고 머리가 띵, 온몸 사방이 얼얼했다. 그래도 가까스로 일어나 비틀거리다 주정뱅이처럼 비틀비틀 가눌 수 없어 우스꽝스레 쓰러지고 쓰러졌다.

깔깔깔 웃어젖히는 소리가 아련하게 들렸다. 하얀 이가 드러나는 함박웃음 해맑았다. 혼자 보기 아까운 구경에 신나게 웃느라 숨을 헐떡였다.

요즈음 말로 폼 좀 잡으려고 했는데 스타일 완전히 구기고 말았다. 망신살 뻗쳤다.

"많이 아파?"

근심어린 눈이었다.

"멀쩡해."

"타지 말아."

"아니, 몇 번 타야 돼."

다시 비닐을 들고 올라갔다. 내려 보았다. 웃음이 나왔다. 반지가 손짓했다. 내려 달렸다. 야호, 거침없이 미끄러지는 멋진 할강이었다. 슬슬 옛날 솜씨가 나왔다. 어설프지 않았다. 또 탔다. 신났다. 즐거웠다. 하지만 사방 뻐근하고 후끈거렸다. 반지도 타고 싶다고 칭얼거렸다.

눈썰매라면 알아도 솔가리썰매라면 참으로 생소한 말이었다. 산골 솔밭에서 자라서 옛날에 해해마다 실컷 탔다. 경사가 급한 데서는 속도가 꽤 빨랐다. 재수 없는 날은 내리 타다가 미처 피하지 못해 보굿 두꺼운 나무에 이마를 쾅 부딪쳐 밤톨만한 혹부리를 달기는 예사였다. 그래도 신났다.

산문 밖 또래들이 어쩌다 오면 때도 잊고 깔깔거렸다. 그저 좋아 즐겨 내리달렸다.

해마다 솔가리 내릴 때쯤 떠오르는 추억이었다.

솔가리를 끌었다. 잘 내렸다. 아무 잡 검불이 섞이지 않은 순 차솔가리였다. 불쏘시개로 한 닷 짐 장만해야 했다. 갈퀴로 벅벅 끌어당겼다. 파도 이랑처럼 둘둘 말려 넘어갔다. 부풀어오른 비누 거품처럼 쌓였다. 솔가리 속에 구멍을 팠다. 점점 동굴이 되어갔다. 가만히 들여다보던 반지가 To 웃으며 새신부가 들어간다고 쏙 들어왔다. 아늑했다. 태초의 원시인이었다. 천진스레 좋아하는 반지가 찜질방이라는 소리에 웃었다.

고 볼우물을 빤히 바라보다 와락 눕혀 껴안았다. 젖무덤에 귀를 대었다. 콩닥거리는 심장소리 정겨웠다. 토실토실 궁둥이를 다독이다 제법 부른 아랫배를 더듬었다. 놈들이 씨름인지 레슬링인지 뒹구느라 온통 법석이었다.

어어...!

무너진 동굴을 헤치고 일어선 반지. 솔가리가 아무렇게 붙은 우스꽝스런 머리를 보며 깔깔깔 웃었다.

솔밭이 나른한 바람을 털어내고 있었다.

숯굽터에서의 하루 ____ 11, 10.

헉헉거리며 삽당령 마루에 다다랐다. 광장처럼 넓은 길에는 몇 대의 차들이 주차해 잠들었다. 성질머리 되게 더럽다는 할머니가 운영하는 건너편 숲 안에 천막 찻집이 보였다. 코주부라고 빨간 글씨를 쓴 승합차가 길가에 자리 잡은 바로 뒤에 차를 세웠다. 초대한 교사의 차였다. 산불조심이라는 커다란 간판이랑 옆에 입산금지 간판이 지켰다.

심호흡을 하며 산하를 내려다보았다. 눈 아래 멀리 미끄러져 내려앉은 골짜기가 부옇게 보였다. 차들이 빗발쳤다.

두리번두리번 살폈다. 승합차가 가로막은 바로 앞에 토끼길 같은 오솔길인 듯 만 듯 수북한 가랑잎을 헤쳤다. 만삭이 되어가는 반지를 부축하다시피 붙들고 숲으로 들었다. 부스럭거리는 가랑잎소리만 가득 찼다. 세 줄기인가 네 줄기인가, 몇 줄기를 겨우 너머 서자 도저히 있을 것 같지 않은 어찌 조금은 평평한 데가 나타났다. 그곳에 아무렇게나 지은 납작 엎드린 촛불을 켜는 단칸 온돌방 굴피 오두막이 보였다. 그 옛날 조그만 숯굽터라고 했다. 대엿이 옹기종기 모인 조그만 장독대, 빨랫줄에는 방금 빨아 널은 옷들이 내려오는 산바람에 흔들려 춤을 추었다. 원시적인 삶을 원한다는 그대로 어쩌면 산채 같기도 했다. 빼곡 들어찬 참나무 숲에 꼼짝없이 갇혀있었다.

서울서 반지와 같이 잠깐 교편을 잡았던 부인이랑 오랜만인 해후, 남편도 따라 반가움이 앞서 황급히 맞았다. 남편은 대단한 털보였다. 마치 산채 두목처럼 어울려 보였다.

노란 왕골자리를 깐 방에는 가느다란 나무를 다듬어 빙 둘러 박은 벽에는 매달린 사냥총이 보였다. 날이 시퍼런 단도도 곁에 나란히 걸려있어 근접을 가히 금하는 듯 했다. 호신용이지만 장식이라 했다. 윗목에 기댄 두 진열장에는 코를 내민 꽤 되는 사진기와 정리된 책들이 가지런했다.

집 주위만 겨우 훤했고 온 사방이 가랑잎들로 가득 차 허리만큼 쌓였다. 새소리만 들릴 뿐 천지가 고요했다. 비탈을 기어오르는 나무들.

반지가 강릉서 산다는 소식을 용케 듣고 그저께인가, 교육청에 가서 수소문 근황과 거처를 알았다며 반가워 한참을 조잘거리던 반지였다. 오늘 만나기로 한 날이었다.

안팎은 대학 동기였다. 부인은 교사가 되었고 남편은 꽤 알찬 중소기업을 경영하는 집 삼 형제 중 막내였다.

어느 날 노처녀였던 부인에게 잊었던 기억처럼 문득 다가갔다. 학창 시절 같은 사진 동아리여서 그를 훤히 알기에 몹시도 그리운 모성애로 감싸주었다. 사랑보다는 동정이 결국 호텔에서 이따금씩 밤을 지새우곤 했다.

그는 배다른 서자였다. 맺힌 원한이 많은 털보였다. 식구는커녕 아버지가 세상을 뜨면서까지 분명 어딘가에 살아있다는 친모의 거처도 알려주지 않았다. 큰어머니로부터 앙큼한 숱한 구박 받으며 자랐다. 덩달아 적자라고 으스대는 형들에게 얻어터지고 교묘한 박해와 멸시를 받고 살아온 첩의 자식, 아니 첩의 새끼라는 손길을 받았다. 그 잘난 노루 숲에 낀 고라니였다. 하루에 열두 번도 더 자살을 생각하면서 한 집안을 완전 몰살 철저한 복수를 하기 위해선 악착같이 살리라 다짐 발톱을 감추었다. 잡초처럼 대접받지 못해 가장 행복했던 시절은 군생활이었다는 엉뚱하고도 어처구니없는 고백이었다. 그 지긋지긋하게 시달린 천대를 헤아려 짐작할 수 있었다.

친어머니는 미모의 비서였다. 아버지에게 겁탈 당해 임신, 해산 뒤 그만 두었다. 어디에 있는지 외갓집에서도 모른다는 서글픈 이야기였다. 눈에 가시 같은 나를 얼른 내쫓기 위해 공증된 유언장을 보여주었다. 재산 분배, 첩의 새끼라 하여 적자인

형들에 비해 형편없는 구차한 유언장이었다. 미리 내 쫓으려는 의도였다. 천덕꾸러기로 여겨 중용을 아예 모르는 편애하는 아버지로서의 추악한 의식, 그리고 배신에 환멸을 느꼈다. 서민들의 백반으로는 평생 먹고 살만한, 그거라도 감지덕지 군말 없이 미리 분배받았다.

소리 소문 없이 떠났다. 늘 괜찮은 사진사를 꿈꾸던 교사가 분필을 미련 없이 팽개치고, 그와 기꺼이 동행했다. 인간들이 아니라 구더기 아니면 패륜아들이 들끓는 도시를 떠나, 어쩌다 흘러 흘러 누구도 몰래 이곳으로 숨어들었다. 약속으로 무릎 아래 자식을 낳지 않기로 하고 해와 달을 물레 잣는 달관을 빚었다. 심한 아픔을 담은 상처였다.

그는 울었다. 천덕꾸러기 첩의 자식의 비애를 아느냐고 물었다. 태어나지 말았어야할 운명이라며 목구멍의 가시처럼 자조의 올가미에 걸려 몸부림쳤다. 질식했다. 목젖이 아픈 통곡이었다.

세월이 지나면서 번민도 탈색, 한마저 녹아내려 저주와 증오도 버렸다. 서슬 퍼런 독기 살해하려한 복수도 접었다. 따뜻한 아내의 품이 서릿발 냉기를 녹였다.

지난해 중앙 일간지마다 그를 찾는 광고를 보고 껄껄 웃었다고 했다. 지난날의 모든 잘못을 뉘우치고 있고 용서를 빈다는 깨달은 척 도배를 한 뒤, 친모는 어디에 산다는 미끼 같은 내용과 아울러 회사 형편이 안 좋으니 같이 일으켜보자는 가증스런 내용을 보았다. 추운 겨울 날 밖으로 내쫓고 문 안 열어주던 서러웠던 생각에 지금도 붉은 핏덩어리를 토하고 있다고, 득달같이 편지를 써 서울로 가 부근에 숨어 주위를 맴도는 척 부치고 왔다고 했다. 그 뒤 회사는 끝내 공중 분해되는 비운을 맞았다.

그리고 좋은 사람 만나 잘 살고 있는 어머니를 먼 발치서 어렴풋이 보고 아예 찾지 않는 것이 효도라 여겼다. 하지만 가슴이 지금도 쓰리고 아파 견딜 수 없다고 했다.

여기에 은둔하면서부터 죽는 날까지 아내를 위하여 정성을 들이기로 했다는 기구한 그.

사진 촬영을 그토록 좋아하는 아내와 이 골짜기 저 골짜기 온 산야를 누볐다. 엄마처럼, 동생처럼, 때로는 아기처럼 데리고 다니며 그 동안 찍은 사진을 모아 꽤 고급스런 책을 냈다. 너무나 좋은 보물, 선물 받았다. 감격해하는 반지가 몹시 부러워했다. 이렇게 숨어 눈, 귀, 틀어막아도 돌아가는 세상 형편은 훤했다. 더럽고 더러운 인심이 싫은, 은둔은 욕심을 부려놓고 배짱 편하게 하는 마력이 있어 평생 아내를 아끼며 신선으로 산다는 초연한 잠언이었다.

남편은 뜬금없이 남대천 발원지를 가 보았느냐고 물었다. 눈이 번쩍 뜨였다. 어딘지 몰라 늘 궁금했었는데 기꺼이 따라 나섰다. 그는 총을 둘러메었다. 단도를 옆구리에 찼다. 혹 돼지가 돌격해 오면 방어용이라 했다. 총칼이 있어도 여태 다람쥐 한 마리 안 죽였다는 그였다.

집 옆 산줄기를 타고 너머 너머 가랑잎을 헤치며 골짜기로 올라갔다. 병아리 조잘거리는 소리처럼 물소리가 가늘게 들렸다. 힘들여 도착한 곳엔 거대한 피나무가 서 있고 뿌리가 꽤 큰 바위를 구렁이처럼 휘감아쳤다. 그 바위 밑에서 참샘물이 펑펑 솟아올랐다. 발원답게 참으로 실했다.

"이 샘물이 강릉 남대천 발원지라고 믿고 있습니다. 그전에 삽당령 길옆에 삽당못이라고 서너 평 되는 웅덩이가 있었다는데 도로확장공사로 없어진 그곳이 발원지다, 아니다, 분분했다고 합니다. 삽당령 도로 건너 석병산 쪽으로 가다 어느 지점에서 나오는 샘물이 발원지라고 하지만 아닙니다. 사철 샘 솟는 웅덩이나 샘이 없었다고 했다. 비가 오면 며칠 선샘이 나오는 곳이고 보면 화실산 낙맥에 있는 이 샘물이 발원지임에 분명합니다. 삽당못이 발원지였다면 지금은 없어졌으니, 어느 문헌의 근거처럼 화실 낙맥인 이곳이 더욱 당연히 발원지가 되어야 하지 않습니까?"

그는 이어

"시청에 가서, 면사무소에 가서, 동네 나이 높으신 어른들에게 물어봐도 모른답니다. 이게 말이 됩니까. 시로서, 면민으로서 체면이 섭니까. 태만을 질타하기 전에 앞서 부끄러웠습니다."

표주박으로 물을 떠마셨다. 멀리 바다가 보이고 남대천 물줄기가 흐르는 골짜기가 깊었다. 시원했다. 기분이 들떴다.

남대천 발원지.

얼마나 성스러운가.

강릉고을을 적셔주는 젖줄이고 어머니의 젖꼭지가 아닌가.

유유히 바다로 흘러 흘러드는 안목 하구.

샘물 주위를 깨끗이 청소했다. 시에서 남대천 발원지라고 성역화 했으면 좋으련만, 그 따위에는 안중에도 없는 떡고물 줍기에 바쁜 사고의 시장이었다. 안타까울 뿐이었다.

갑자기 어디선가 가랑잎이 다급히 부스럭거리는 소리와 돼지들의 싸우는 격한 괴성이 들렸다. 눈이 번쩍 뜨여 쳐다봤다. 허여 누런 엄이 난 황소만한 돼지 두 마리가 격렬하게 싸우며 뒤엉켜 내리 뒹굴었다. 덜컥 겁이 났다.

그는 태연했다 재빨리 총을 벗어들고 공중으로 공포를 쏘아댔다.

"탕탕탕! 탕!"

총성이 싸늘하니 골짜기를 내리훑었다.

기겁을 한 돼지들이 쏜살같이 달아났다.

"종종 마주치면 영역 싸움을 합니다."

가슴을 쓸어내렸다.

보쌈꾼과 총잡이 _____ 11, 11.

입동도 지나 끄물거리는 추운 날씨가 심상치 않아 서두르듯 김장을 뽑았다. 작황이 모두 좋은 탓인지 값이 바닥 아래로 털썩했다. 나야 자급자족 아무런 영향이 전혀 없지만 무리하게 투기한 친구가 만날 술에 젖어 산다는 풍문이고 보면 어쨌든 뒷맛이 영 씁쓸했다. 잘되었든 못되었든 누나와 윗집 정토사에는 해마다 이어 대주었다.

배추는 암만 봐도 절에 있는 부도 같기도 하고 오갈단지 같기도 했다. 궁둥이를 훌렁 까고 앉은 품이 마치 살집 좋은 여자를 보쌈해와 앉혀놓은 듯했다. 배추를 뽑을 때마다 문득 어머니를 달랑 들어 안아 앉혀놓고 그런 기분이 든다던 아버지였다.

무는 무슨 생각이 드느냐고 짐짓 물었다.

서부영화에 나오는 방랑의 휘파람을 불며 폼을 재는 총잡이인 양 발을 버티고 있는 무 앞에 섰다. 그림자 드리운 석양의 무법자 장고가 마주 서서 노려보다 놀람 결에 손가락을 겨누어 땅야! 하고 총이 아닌 무를 냅다 뽑았다. 너무 힘을 주어 그만 뒤로 한 바퀴 벌러덩 꼴사납게 나자빠져 뒹굴고 말았다. 순간 누나와 반지는 깔깔깔 완전히 뒤집어졌다. 짜지 않은 싱겁이가 되었다.

크기도 마침맞은 배추는 더도 덜도 아닌 알맞게 통통 알이 들었다. 속이 너무 단단하면 맛이 덜했다. 눌러 조금은 탄력이 있는 게 십상이었다. 한 포기를 갈라보았다. 속은 노란 그러면서도 녹색이 얼핏얼핏 돌았고 풋내가 향긋했다. 아작아작 고소했다. 정토사에 300여 포기, 무 한 100 여, 파 몇 단을 곧바로 실어 주었다. 누나와 내가 도합 80 포기 담그기로 했다. 가마못가에 빙 둘러 갖다놓았다. 처음 김장을 담가보는 반지였다. 고춧가루, 마늘, 파, 갓을 제외한 젓갈, 생강, 다른 양념은 누나가 시내서 빈틈없이 준비해 왔으니 걱정 없었다.

여태 엄마품에서 등 따스하니 자라던 딸을 훌쩍 떠나보내고 텅 빈 가슴을 쓸어내리는 때 절은 치마폭, 휑한 밭이었다. 바람이 더듬어 지나갔다.

가마못에 물을 빼 비닐을 깔고 다듬어 배를 가른 배춧잎 사이사이에 소금을 뿌려 쌓았다. 해마다 하는 김장이지만 때만 되면 이상하게 늘 추웠다. 겨우내 먹을 반찬인데 주부들은 큰일거리였다. 아내가 없었던 몇 해 지난해까지만 해도 누나가 와 담가주는 마음 늘 측은했다. 비애를 느꼈다. 아내 없는 홀아비의 서글픔을 뼈저리게 맛보아야했다. 반지가 들어온 올해는 더없이 기분 좋아하는 눈치였다. 하여 비비적거리는 아파트에서 애쓰지 않고 너른 친정에 와 같이 담가 뒤란 예 김치갓을 복원묻기로 했다.

제 아무리 편리한 김치냉장고가 있다지만 땅속 김칫독의 김치와는 애초 비교가 안 되었다. 자연 숙성이 안 되는데야 어쩌랴. 여태 퇴역한 빈 독을 새삼 꺼내 씻고 짚으로 소독 온통 법석을 떨며 옛터에 앉혀 묻었다. 소래기를 누를 예쁜 김칫돌을 도랑에서 주워왔다. 어제 고깔 모양의 김치갓도 투박하게 세웠다. 옛날에는 호밀 이엉을 덮었지만 지천인 억새 이엉을 툭툭하니 엮어 덮었다. 마치 인디언의 천막 티피였다. 빼꼼한 구멍을 어린아이처럼 드나들어 보는 반지였다. 신기해하는 눈치였다. 아버지 어머니의 모습과 지난날 추억을 떠올리는 누나는 한참 말이 없었다.

잠깐의 짬, 누나가 장독대의 장아찌 독과 단지를 열어보았다. 독에 가득 송이를 박았다. 입을 딱 벌렸다. 누룩치며 머위, 더덕과 고추, 마늘과 좋은 고추장 단지에 다독여 담그고 산마늘만 간장에 담갔다. 일일이 장아찌 맛을 보던 누나가 부러워했다. 시내 호화 잘 사는 집도 이만 못한, 턱도 없다고 야무지게 말했다. 맛 들거든 송이장아찌나 좀 달라는 부탁이었다.

자형의 전화가 왔다. 그 사이를 못 참느냐는 누나의 장난기 어린 핀잔에 향우회 때 입는 밤색 점퍼가 어디 있느냐는 볼멘소리가 크게 들렸다. 내가 낄낄 웃었다.

밤에 양념을 만드느라 도마질 소리가 제법 낭랑했다. 이따금씩 자지러지는 웃음소리가 문틈으로 새어나왔다.

내일 모레면 보름달이 둥실 뜨는 열사흘이었다.

까나리와 도루묵 _____ 11, 12.

모처럼만에 누나가 친정집에서 잤다. 쏙독새 우는 칼도마질로 양념을 만들어놓은 뒤, 훈훈하게 군불 넣은 거실에 강아지마냥 모여 남매의 얘기랑 자형네 집안 얘기. 그저께 삽당령 숯굽터에 갔던 서글픈 사연과 반지와 피할 수 없는 인연의 추억을 떠올렸다. 뒹굴면서 밤새도록 소곤거렸다. 자는 둥 마는 둥했다. 근심거리였다.

새날이 제법 싸늘했다.

희끄무레한 새벽같이 일어나 절인 배추를 씻었다. 도시에서, 더욱 아파트에서는 김장하기가 여간 불편한 게 아니라고 말했다. 산골 친정에 와서 쩔쩔 끓는 큰 궁둥이를 팽이 모양 내 마음대로 팽팽 돌리며 김장하니, 드러누워 팔떡 먹기라는 우스갯소리를 늘어놓았다. 덧붙여 달랑 하나 밖에 없는 누나가 왔는데 김장 쫑파티는 무엇으로 할 거냐고 은근한 농담이었다. 반지가 무거운 몸이 아니면 당초 거들어주지도 않는다는 누나의 배수진이었다. 옳거니, 맞장구를 치는 반지가 한 턱 단단히 쏘겠다고 호기롭게 말했다. 기대한다며 씻은 배춧잎의 간을 보았다. 잘 절여졌다. 또 한 잎 뜯어 먹었다. 토끼들이었다.

집집마다 겨울을 날 반찬 장만이 김장이고 어쩌면 소홀히 할 수 없는 행사였다. 김장할 때 남자는 필요 없는 것 같아도 꼬집어 있었다. 무거운 것은 모두 남자 차지였다. 김칫독 파고 묻는 일이랑 물 빠진 배추를 스텐 다라에 담아 옮기는 것, 양념한 김장을 김치갓으로 옮기는데 힘쓰는 한몫을 했다. 항상 대기하고 있다 무엇 무엇을 가져오라면 꼼짝없이 말 잘 듣는 마당쇠거나 아이처럼 심부름을 해야 했다. 대통령도 사진사나 이발사의 말은 꼼짝없이 듣는다는 농담처럼.

밥 먹고 곧바로 훈훈한 부엌서 배추에 빨간 양념을 온통 버무리고 바르며 꼭꼭 치마를 입혀 싸매 그릇에 차곡차곡 담아내는 손길이 분주했다. 서툴지만 열심히 하는 반지가 진지했다. 대견도 하고 기특했다.

"아____."

누나가 양념 묻힌 배추 잎을 들어 나에게 권했다. 입을 벌려 받아 씹어 맛을 음미했다.

"어때?"

물끄러미 바라보았다.

"딱 맞아. 짜지도 싱겁지도 않고."

"이건?"

다른 것 하나 뜯어 이번엔 반지에게 먹였다.

"시원하고 얼큰한 게, 역시. 언니야."

고개를 끄덕여 엄지손가락을 펴보였다.

옛날, 어머니 때엔 그 흔한 고무장갑도 없었다. 맨손으로 고춧가루를 버무려 김장을 하고 난 밤에 손이 확 들이달아 잠을 못 자곤 했다. 지금은 완전무장에 거의 화생방 수준이었다. 그래서 손맛이 없기 때문에 진정 어머니 때만 못하다는 귀결이었다. 누나 말마따나 때는 참 좋은 시절이었다.

느닷없이 등을 긁어 달라는 반지였다.

다라마다 가득한 김치를 들어 뒤란 김치갓에 갖다놓았다. 누나와 반지가 차곡차곡 눌러 넣고 우거지 깔아 덮었다. 돌멩이를 꼭 누른 다음 비닐로 폭 씌워 소래기 넷을 덮었다. 둘은 누나, 둘은 우리 것이었다. 얼굴에 고춧가루가 흔적이듯 더러 묻었으나 홀가분했다. 워낙 큰 일거리라 걱정을 달았는데 몸이 가벼웠다.

억새를 붙인 갓문을 닫아 금줄까지 쳤다.

어수선한 뒷설거지를 하는 동안 여자들은 간단한 화장을 하고 나섰다. 이내 망아지 모양 내달려 주문진 방파제 부근에 줄지어 쳐져있는 난전 붉은 천막 앞에 이르렀다. 고단한 수십 척 배들이 잠에 겨운 항구가 눈에 잡혔고, 발밑에 널브러진 물결이 찰랑대었다. 갯내가 잔잔했다. 텁텁한 인간 냄새가 나는 서민적인 분위기여서 좋다고 즐거워했다. 여기저기 사방 고기들이 매달려 턱걸이 하느라 비린내가 풍겼다. 천막마다 고기를 굽는 화덕이 그을린 채 연탄을 껴안고 있었다. 연기를 피워 무언가 구워 먹는 사람들의 왁자지껄한 목소리가 어촌 풍경을 덧칠했다.

중년을 바라보는 듯 검게 그을린 뚱보 아주머니가 맞이했다. 한창 만선으로 잡히는 까나리를 시키고 화덕가에 둘러앉아 이글거리는 숯불을 쬐었다. 이내 등 푸른 은빛 배 늘씬늘씬한, 갓 잡아올린 양미리로 더 알려진 까나리가 철망 석쇠에 나란히 얹혀졌다. 굵은 소금을 훌훌 뿌려댔다. 소금이 파편이듯 불에 톡톡 튀었다. 은근히 구워지는 소리 피이피이 구멍 난 바퀴 바람 빠지는 듯 들렸다. 드나드는 통통배소리와 쉴 새 없이 주워섬기는 주인 여자의 억센 사투리가 범벅이 되어 흥이 일었다. 어디에선가는 위하여, 건배가 흥겹게 들렸다. 구수한 냄새가 천막 안을 가득 채웠다. 노릇노릇 구워졌다.

누나는 그저 반지를 챙겼다. 빨간 알이 통통하니 든 놈을 골라 주었다. 양념간장도 코앞에 놓아주었다.

기분이 괜찮은지 사설도 길었다. 땅 속에 묻은 독 김장 맛이 분명 좋을 것이라며 예의 구구절절 반지 예찬이었다.

젊은 연인인 듯 두 쌍이 들어와 도루묵구이를 청했다.

방파제 너머 부딪히는 파도소리가 끊임없이 철썩거리고, 하늘엔 억센 갈매기가 돌아쳤다. 안온한 항구로 돌아오는 통통배가 물살을 갈랐다.

소영이 엄마의 고향.

80년대의 주문진은 한적한 포구였다. 해질녘 통통배 몇 척 돌아와 닻을 내리면 발돋움하던 아낙들이 반겨 제 사내 찾아서 갔다. 그물 깁던 노인마저 일어선 고즈넉한 포구는 모여드는 어스름에 초생달 서둘러 넘고, 날개 고단한 갈매기 내린 어디 순해진 파도소리가 귀에 누워 잦아들었다.

때 맞춰 불빛 희미한 낡은 술집엔 그을린 사내들의 투박한 사투리가 술병을 쳐내며 바다가 뒤집혀 죽은 누구의 딱한 형편을 전해 듣거나, 숨어들어온 수배자의 기막힌 사연에 동정하다, 남몰래 눈 맞아 도망간 뉘 마누라 꽁무니 이야기로 허탈해 했다. 속절없이 타오르는 담배 연기가 자욱할 때쯤, 기대지 못해 떠나간 우리들의 영자를 그리워하며 젓가락 장단에 찌든 삼류 가락이 목놓아 꺼이꺼이 울었다.

해무가 깔려 밀려오는 깊은 밤, 누군가 하나 둘 흩어지는 휘휘한 거리에 전설 같은 촌장이 천기를 가늠하다 그마저 사라지면 폐선은 밤새 뒤척여 시름겨운데, 늘 만선을 꿈꾸는 가난한 포구는 멀리 고래가 몰려오는 해조음을 지치도록 낚았다.

연애 시절 뇌리에 젖어든 풍경은 이제 망령처럼 흔들리고, 추억은 퇴색하여 사라져가는 이 야멸친 정을 절여 깊숙이 갈무리해야 했다.

마늘 듬뿍 넣은 도루묵찌개로 점심을 때웠다.

영락없는 수달들의 입술이 어지간히 지저분해 질 때쯤, 방파제를 거닐어 꿈틀거리는 바다를 무심히 바라보았다. 사람들이 북적거리는 수산시장에 들러 갯내음 실컷 맡았다. 누나, 반지 손에 한 움큼 바다를 퍼 담은 생태 한 손씩 매달려있었다.

입동머리 ____ 11, 14.

아버지가 그랬다. 김장한 다음날 밭에 구덩이를 꽤 깊이 파 무를 한 예순 뿌리 갈무리했다. 그 위에 정그레를 걸쳐 짚북데기를 깔아 흙을 덮었다. 손이 드나들 수 있도록 구멍을 내 짚을 묶어 틀어막았다. 그리곤 봉분인 양 흙을 돋워올렸다. 올 초봄

돼지들에게 깡그리 도둑 만났지만 겨우내 해동할 때까지 어머니가 그 구멍으로 손을 들여밀어 무를 꺼내 생채를 치거나 고깃국에 무를 썰어 넣기도 했다. 잠이 잘 안 오거나 심심할 때, 슬그머니 나가 몇 개 꺼내와 깎아 먹기도 했다. 시원하다 못해 이가 시렸다.

소소한 일거리로 식전 내내 나도 그렇게 한 마흔 뿌리를 묻었으니 조그만 움집이었다. 시골에 살면 어쩔 수 없었다.

시퍼런 무청도 기다랗게 엮어 비닐온실에 걸었다. 곶감 걸린 천장은 햇살이 비치지만 무청은 그늘지게 차광막을 덮었다. 열 타래도 훨씬 넘는, 잘 마르는 시래기가 되어갈 것이다. 태생이 촌이어서 그런지 지금도 들기름 치거나 얕은맛이 감도는 파, 마늘 다져넣은 시래기 볶음이나, 된장 진하게 푼 시래기 된장국을 무조건 좋아했다. 옛날에는 볕이 잘 안 드는 뒷벽에 잔뜩 매달았다. 바람 부는 날이면 밤새 벽을 쓰다듬는 소리가 잠꼬대마냥 들렸다.

반지가 손목을 슬그머니 끌어당겼다. 뒤란 김치갓에 갔다. 김치갓 문을 열고 들어가 보기도 했다. 얼른 눈이 왔으면 좋겠다고. 토끼처럼 눈을 헤치고 들어가 김치를 꺼내오는 반지가 참 귀엽지 않느냐는 반문이었다.

같이 김장 뒷설거지를 했다. 그릇들을 싹 씻어 제자리에 갖다놓고 가마솥에 너저분한 배춧잎들을 쓸어냈다. 지저분한 건 죽어도 못 보는 성미들이었다.

김무열, 은반지 이름이 쓰인 돛배를 다시 띄웠다.

문득 귀에 익은 멜로디 경적이 울렸다. 누나였다. 윗집 절에 김장김치 담그는데 간다고 소리쳤다.

떨어진 낙엽을 쓸던 빗자루를 망설임 없이 팽개치고

“우리 아기는 혼자서도 잘 놀지, 그지? 엄마가 갔다 올게.”

누나가 보거나 말거나 뽀뽀 세례를 질탕하니 퍼붓곤 돌다리 건너 차에 올라 손을 흔드는 반지, 철없는 아이 같은 천진스런 심성이었다.

도랑에 얼음이, 첫 얼음이 얼었다.

새끼를 쳐간 박새는 왜 집으로 안 오는지.

이리도 추운 날에 굴뚝새가 날아갔다. 가뜩이나 얼음도 얼었는데 둥지에 가만히 틀어박혀 있지 감기 걸리면 어쩌나 싶었다. 눈에 잘 안 띄는 새이기에 그만큼 비밀스러웠다. 늘 호기심이 가는 새였다. 붓으로 콕 찍은 점만 한, 참새보다 훨씬 작은 굴뚝새. 어머니가 빚은 송편만 하다는 표현이 지나치지 않았다. 화려하지 않은 짙은 갈색 치장을 하고 개천이 흐르는 가까이 낮은 관목 숲을 잽싸게 포릉포릉 날았다. 시샘하는 고 맹랑한 꽃샘추위를 첫 새벽부터 나와 버드나무 가지에서 개나리 줄기에 앉아 쪼아대는 새였다. 주둥이를 약간 치켜 뒤로 젖혀 꽁지를 위로 까딱거려 울었다. 찌찌, 찌찌찌찌, 쫏쫏, 쪼쪼로, 쪼로로로, 그 가여우리만치 작은 몸에서 토하는 목소리는 참으로 우렁찼다. 청아했다.

하지만 그의 당찬 울음은 왠지 공허했다. 저주받아 질주하는 넋이야 고단한, 푸른 하늘을 나르는 새는 가엽기까지 한 외로운 영혼이었다.

도랑 휘돌아 물가 느릅나무 고목 구멍에 집이 있고 뒤란 뒤 비탈 고주박 썩는 구멍에도 둥지 틀고 있었다. 가슴에 품은 작은 비밀이었다.

따르릉!

"형, 봄에 무움구덩이를 그놈의 돼지한테 털렸다더니, 내가 그짝났어요. 우리집 뒷골 밭 알지요. 그 300 평 땅에 넘치도록 둥굴레를 심었는데 아주 잘 됐거든요. 내년에 내려고 하는 참인데 지난밤인지 그저께 밤인지, 이 빌어먹을 날강도 같은 돼지떼거리들이 몰려와 잔치를 벌이며 싹 결딴냈잖아요. 화전을 만들었다니요. 참혹해요. 한 번 와 봐요. 죽 쒀 개 줬다더니, 나, 더러워서."

따르릉!

"절골 송도집이죠? 오래 묵은 약쑥 원액이 있다는 소리를 친구 승돈이가 알려 주었어요. 단오 때 뜯은 오래 묵은 약쑥 원액이라는데 친구하고 오후에 올라갈 게요."

따르릉!

"자기야. 김장 다 했어. 공양하려고 해. 침향언니가 토종꿀 두 되 가지고 빨리 공양하러 오래."

따르릉!

"월순네예요. 내일 아침에 도라지 파러 가려는데 집에 게시죠?"

따르릉.

패물이 한 가마 _____ 11, 15.

"재혁이 얘기 들었나?"

"재혁이? 무슨?"

"그 왜, 친척 하나 없는 고아라면서 결혼 한 달만에 꼬랑지 감추고 도망간 마누라 년, 너도 알지?"

"알지. 좀 이쁘장하니 생겼잖아."

"맞아. 사람 호리게 생겼어. 그년이 글쎄, 전국적으로 돌아다니며 사기결혼을 해 한 달 정도 살다가 금붙이를 챙겨 유유히 달아나는 못된 년이라잖아."

"야, 그걸 어찌 알았지?"

"장가가는 그 친구가 재혁이 하고 절친한 군 동기래. 그 친구도 장가를 못 가 애쓰다가 요행 장가를 가게 됐는데 재혁이가 춘천 예식장에 가니 어디서 많이 보고 낯이 익은 신부다 여겼는데, 한 달 살다 달아난 바로 제 처였던 그년이드라잖아. 미친개한테 물린 셈 치고 마음을 달래, 달래고 있었는데 눈이 확 뒤집힌 거야. 군 동기와 상의 바짝 거머쥐고 개 끌듯 끌고 경찰서로 갔대. 결국 토설을 받아냈는데 임시 거처를 뒤지니 말이야, 옛날에 중정부장 첩의 새끼 돌에 금반지가 한 가마더라는 말처럼 이 쌍년의 패물이 한 말이 넘더래. 통장도 몇 개인 줄 모르는데 돈이 가득하더라는데 뭐. 소문에 재혁이도 돈천만 넘게 패물을 해주었다 그랬는데."

"기가 막혀서, 참!"

"세상이 어찌되려는지 원."

"개판 오 분 전이 아니고 이미 개판 시작 오 분이야."

"말 된다야."

"하긴 요즈음 재벌 똥개새끼들 봐라. 수천 억 비자금 챙겨놓고 있잖아. 까짓 패물이 한 말, 한 가마니가 뭐 돈이나, 코끼리 코에 비스킷이지 뭐."

"국회의원이나 행정 관료새끼들 받어 처먹었다면 수십억에 수백억이잖아. 죽어도 안 받어 먹었다지 뭐. 야구방망이를 들고 살이 찐 등을 피가 벌겋토록 내리 족치문 다 불게 돼있아."

“어떡해야 돼?”

“어떡하긴. 불알만 내놓고 몰수하고, 혁명 아니면 개벽, 적막강산이 되는 한이 있더라도 모조리 쏴 죽여야 돼. 새판 짜는 거야.”

“대체 돈도 많아. 나 같은 놈은 먹고 죽을래도 없는데 말이야.”

“어디 돈 찍어내는 기계가 없나? 아니면 도깨비 방망이라도 있었으면 딱인데”

“재혁이가 곧 아빠가 된다 소문이더니.”

“다음 달이래.”

“면사무소 여직원이 어떻게 농사꾼한테 시집을 갔는지 몰라.”

“응. 고교 동창생이야. 고등학교 때 벌써 관계가 있었대. 그런데 첫 발령지가 여기래. 재혁이가 환영한다는 뜻에서 저녁도 사주고 노래방도 가고 어찌하다 보니 즐기는 심정으로 현대호텔에서 더러 잔 모양이야.”

“아, 미리 그런 사연이 있었구나. 잘됐네 뭐.”

“사기결혼 당하고 방황하는데 위로를 하더라는 거야. 치마끈 한 번 풀기 어렵지, 풀기만 하면 어쩔 수 없는 게 정이고 사랑인가 봐. 느닷없이 덜컥 임신이 되니 용빼재주 있나 뭐, 없지.”

“끝이 좋네.”

“너처럼 호호 분대.”

“잘 나가다가 왜 삼천포로 빠져? 넌 그게 취미냐?”

“히히히. 친구야. 김무열 은반지 표 참깨 들깨 좀 팔아라.”

“없어.”

“뭐, 막 쏟아진다 소문이던데.”

“소금 좀 집어 줄까? 싱겁긴.”

“끊어야겠다. 장모님이 왔다야.”

속세 _____ 11, 16.

내 자넙는 산방이 있는 절골 입구 연화교 옆에 서 있든 『자연생태보존지역』 간판을 산사 스님 큰 오라비와 같이 교체했다. 꽤 오랜 세월을 지킨 간판은 이제 저린 다리를 주무르며 퇴역했다. 눈을 부릅뜨고 살피며 안내를 잘해주었다.

개구리나 물고기, 다슬기와 수달, 수생동물과 솔개와 부엉이 서식지가 있고, 이젠 온갖 물증으로 호랑이나 표범까지 생각하는 등 희귀식물이 자란다는 보고가 있어 수렵과 채취가 금지되어 있는 청정지역이었다. 하여 더 이상 건축이 허가되지 않는 유일한 곳이었다. 하긴 건축할 터는 설통밭 외엔 없었다. 그리고 거의 사찰림이어서 그런대로 보존이 되었다.

참으로 이상한 건 사람들의 심리였다. 하지 말라면 기어이 어겨보는 저항 심리일까, 온전히 보존하려는 것을 빤히 알면서도 훼방을 놓았다. 도대체 양심이라고는 눈곱만치도 없었다. 털끝만치도 없었다. 개똥벌레가 날아다니던 그 옛날 초여름 밤의 꿈이 그리워 환경보호단체들이 떠들썩했고, 절골 사랑, 내가 해마다 돈 주고 산 다슬기를 뿌렸는데 버젓이 주우러오는 얌체족들이 숱했다.

어디 그뿐인가.

놀기 심심하니 소문은 들어서 아예 완전군장하고 지렛대로 바위를 흔들어 동면하는 개구리를 부대로 하나 가득 잡아 달아나기도 했다. 심지어 깊은 밤 휴대용 배터리로 지져 고기를 닥치는대로 몇 말씩 잡아갔다. 나도 잡아 먹기 때문에 할 말이 없었다. 하지만 먹을 만큼 잡았다. 이율배반이라 심한 힐난하겠지만 개의치 않았다. 떳떳한 양심이라는 종을 매달았다.

암만 생각해도 파괴를 일삼는 인간은 욕망 그 사슬에 감겨 질식하는 업보이지 싶다.

시간 나면, 심심하면 하루에 두 번 정도 골짜기를 살폈다. 밤에는 감시원들이 철수한 뒤라 절호의 틈이 있었다. 머리를 식힐 겸 한 밤이 되어 한 바퀴 불시에 돌았다. 현장을 목격하고 순순히 말렸지만 난타직전의 험한 분위기를 연출하고, 팔자에도 없는 저주 섞인 악담을 속수무책 고스란히 듣기도 했다.

어느 노인의 말씀처럼 자신도 조선놈이지만 구제불능의 간신배 천성에다 씨알이 천년 가도 몹쓸 악질 종자라고 폄하했다. 남 잘되는 꼴은 죽어도 못 보는 밴댕이 겨레라 했다. 반드시 딛고 건너야 하는 돌다리 같은 나라여서 만날 당하고 고통 받는, 자고로 외침이 잦아 남의 지배를 받으면 힘을 합쳐 대차게 배척해야하는데, 간사스런 몇 족속들은 거기에 빌붙어 지린내 지독한 남의 꼴린 좆이나 빨고 갖은 아양을 떤다고 했다. 그래서 끗발 하나 얻어가지고 행세하고 재는 그것이 습성이 되었다고. 때문에 나 하나만 잘 살면 된다는 꼼수만 교묘하게 부리는 간신배의 더러운 인자로 변해 법이나 양심 하나쯤 어기는 건 아무렇지도 않게 여긴다는 것이었다.

법과 규범은 강제이지만 윤리와 도덕은 양심이었다. 때문에 남의 눈을 의식한다는 말은 곧 양심 보따리였다.

여담이지만 언젠가 령 너머 물 반, 고기 반이라는 반천 마을에 물사냥을 갔다. 뻔뻔스럽게도 냇물 자갈밭에 솥을 걸고 물고기를 끓여 잘 먹고 돌아올 때 기분 좋게 놀았던 자리를 청소하는데, 한 친구가 대뜸 하는 소리는 조잔하고 소심한 놈이라고 속을 박박 긁었다.

어지럽히면 의당 청소부가 할 것인 즉 도둑놈이 있기에 경찰이 있고, 아픈 놈이 있으니 의사가 있는 법인데, 그래서 서로 서로 어울려 밥 먹고 사는 거라고 찰딱거렸다. 일리가 있는 틀린 논리는 아니었다. 개도 마다하는 어디 상 받으려는 꿍꿍이냐고 비아냥거리기에 언젠가는 한 번은, 하고 늘 벼르던 차 성난 주먹이 그래도 참지 못하고 아귀를 무참하니 홱 돌려 반 잡다 놓았다. 원래 술사가 좀 있는 친구여서 모두 피했다. 얼굴에는 처음처럼을 먹고 치고 박고 한 거룩한 훈장을 걸핏하면 달고 다녔다.

세상은 얽히고설킨 덤불이고 난마였다. 불가에서만 말하는 것이 아닌 참으로 속세였다. 더럽혀진 세상을 불교, 천주교, 기독교가 어루만지기엔 역부족이었다. 수양을 쌓고 초심으로 돌아가야 하는데 간단하지 않는가 보다.

입산통제 및 산불감시초소에 사람이 들었다. 종점 가게에 가 과자와 음료수를 사 선물했다. 새로 내 건 빨간 깃발이 펄럭거렸다. 연화교를 건넌 애마는 용화산 기슭 골짜기로 향했다.

백폭(白幅) 병풍 _____ 11, 19.

날이 슬슬 끄물거리며 어찌 새치름하게 춥다 여겼다. 아니나 다를까, 지난밤 대관령에 눈이 제법 왔다는 누나의 쪽지 같은 귀띔이었다. 대관령 줄기 어느 산자락에 살아도 정작 우리는 보지 못했다. 내가 산방 짓고 은거할 때 반지가 먼저 기별을 했다. 그리운 사람이 사는 골짜기를 버릇처럼 늘 바라보는 대관령이었다. 비록 연인이 아니더라도 강릉 사람이면 이마에 걸려있는 아득히 솟은 능선을 올려다봐야 했다. 고단한 하루를 몰고 산등성이로 해가 넘어갔다. 하여 어딘가 가슴 한 구석에 부화하는 알 같은 강릉을 품고 사는 대관령이었다.

당장 내 나라도 통일 못하는 주제에 지나친 비약의 냉수 먹고 정신 차리라는 말을 들을지 몰라도, 언젠가는 만주 그리고 중원을 도모할 포효하는 호랑이의 등줄기였다. 영동 영서를 가르는 에누리라곤 없는 칼날 같은 분기점이었다. 비가 떨어져 또르르 서쪽으로 구르면 한강으로 흐르고, 동쪽으로 구르면 풍광 대단한 남대천이었다. 영서는 대륙성 기후여서 몹시 춥고 영동은 바다를 낀 해양성기후여서 보기와는 달리 뜻밖에도 따뜻했다.

대관령.

에베르스트산쯤 여기는 대관령이 사다리 끝 마냥 높아 차단되고 격리된 강릉이었다. 태초의 누군가 넘나들어 토끼길이 나 그길 따라 길이 생기고 방물장수, 소금과 해물, 쌀을 짊어진 등짐장수와 선질꾼이 다닌 길이 대관령 오솔길이고, 옛길이었다. 험준한 길을 헉헉거리며 오르다 보면 길목에 쉬어가는 반정에 주막이 기다렸다. 참으로 반가웠다. 등줄기로 내 밴 땀을 들이고 출출한 배 요기도 시킬 겸 다 떨어진 짚신을 새로 갈아 신기도 했다.

옛날 영화에서나 봄 직한 재를 넘는 길목에 허름한 주막이 꼭 나왔다. 한학을 많이 하신 풍수사였던 할아버지의 이야기를 빌리면 변소간 같은 보잘 것 없는 주막이 있었는데 나그네들이 들러 국밥이랑 막걸리로 배를 채우고 길 떠났다는, 그리고 유숙도 했다는 전설 따라 삼천 리였다. 그 반정이 나그네의 오아시스였다. 일정 때 들어 목탄차가 다닐 수 있는 도로가 지금의 오솔길과는 무관하게 생겼지만 새벽 가는 트럭 기사들의 단골이었다고 했다.

설화도 숱해 많았다.

영서에 사는 사람이 겨울에 볼 일이 있어 강릉으로 오는데 영서처럼 되게 추울 것이라고 여겨 있는 옷 없는 옷 다 껴입고 대관령을 넘었다. 어, 어찌된 영문인지 봄날같이 따뜻한지라 찜을 하기에 앞서 망신스런 봉변이었다. 봄에 다시 올 일이 있어 이번에는 속지 않으리라 다짐 매미날개 같은 가벼운 옷을 입고 약은 척 넘어왔더니, 웬걸 마누라 장난감 불알이 버쩍 얼었다는, 머리 잘 굴리는 누군가가 벌써 갖다 붙인 우스갯소리가 꼭 나왔다.

대관령 굽이마다에는 도깨비가 있어 재를 넘다 도깨비에 홀린 전설, 또 그럴듯 잘도 지어냈다. 영남 선비는 추풍령이지만 영동 선비는 반드시 대관령 너머 성황당에 치성 들이고 넘어야 과운이 꽃핀다 했다.

감도 꽤 많이 나는 곳이어서, 곶감 한 접을 들고 대관령 굽이 한 굽이 돌 때마다 하나씩 빼먹었더니, 잿마루 올라섰을 땐 곶감 하나가 달랑 남더라는 아흔 아홉 굽이의 대관령이라는 사실을 재미있게 표현했지만, 실제 쉰 한 굽인가 세 굽이라는 이야기이고 보면 그만큼 험준하다는 재치였다.

식자깨나 있다고 거들먹거리는 자칭 선비들은 일백백(百) 자에 한일(一) 자 그 한 획을 들어낸 흰백(白), 그래서 아흔 아홉이라는 뜻의 백곡(白曲)이라 침을 튀겨 꼴값을 떨었다. 그런대로 곧잘 기발했다.

강릉.

태초의 광야를 줄기차게 내달리던 산맥이 휘몰아 용솟음쳐 흘립, 미끄러져 흘러내리며 둥지를 틀어 아늑한 곳. 차고 황량한 북서풍을 가로막아 주는 대관령이 좌청룡 우백호처럼 빙 둘러 싸인 백 폭 병풍에 안긴 강릉이었다. 따뜻했다. 치맛자락 같이 펼쳐진 기름진 넓은 벌이 있어 풍요로웠다. 일찍이 바다를 열어 푸른 해원에 가슴 벅찬 신새벽 일출이 장관인 동해. 한류와 난류가 서로 만나 어우러지는 곳에 고기들이 펄펄 뛰었다. 파도가 넘실거렸다. 문밖만 나서면 바다요, 문밖만 나서면 산이라 예부터 살기 좋은 도원경이라 했으니. 하여 태를 묻은 고향이 아니던가. 도성과 동떨어진 고을, 우리만이 가지고 누구도 흉내낼 수 없는 정서가 담긴 문화가 숱해 남아있는 유서 깊은 곳이었다. 남들이 흔히 문향, 예향이라 일컬어 이 아니 기분 좋은가.

아쉬운 소리할 만큼 궁색치 않은 옛터이어서 아첨을 모르는, 강릉말은 천성이 꾸밀 줄 몰라 참나무 장작처럼 무뚝뚝한 인정에, 투박하고 억센 질감이 혀끝으로 묻어나는 뚝배기 장맛 같은 구수한 사투리가 온통 지천이어서 왠지 삽사리마냥 죽도록 좋았다. 붐비는 시장이나 왁자지껄한 터미널에 가보라. 와르르와르르 쏟아져 펄펄 뛰었다.

선택되고 훈련된 서울말의 무자비한 병탄에 항거, 세마(歲馬)의 발굽에도 굴하지 않고 여태 꿋꿋이 살아남은 사투리처럼 뚝심 대단한 강릉, 강릉 사람이었다.

조금은 무료하던 차 누나의 귀띔을 핑계 삼아 애마를 박찼다. 면소거리를 지나 호수를 돌아 오봉을 지날 때까지도 산협에 가려 눈이 보이지 않았다. 성산을 곱쳐 구불구불 구 고속도로에 오르자 허연 눈이 멀리 보였다.

나보다 더 좋아하는 반지였다. 재롱을 부리다 칭얼거리다 장난도 치고, 글씨도 쓰다 주전부리도 만들어 먹는 한가한 시간이었다. 애마는 애써 달려 굽이 돌아 감돌아 올랐다.

헉헉거려 반정에 이르자 희디흰 눈이 반겼다. 대관령 정상에는 자국눈이 졌다. 옛날 휴게소 광장에 뽀드득 애마를 대고 영동고속도로 건립 기념탑 있는 곳으로 누구도 걷지 않은 계단을 밟아 어미 잃은 햇 펭귄 한 마리 몰고 올랐다. 바람이 천지를 뒤흔들어 쌩쌩 불었다. 휘파람소리가 났다. 두툼한 외투에 털모자까지 뒤집어 써 눈만 겨우 빼꼼한 반지였다. 손은 아주 두터운 털 벙어리장갑을 끼고 아기처럼 뒤뚱뒤뚱 걸었다. 남극인 듯싶었다.

멀리 뚝 떨어져 내려앉은 강릉 시내를 바라보았다. 오밀조밀 유순한 산봉우리들이 주춤주춤 흘러내려 둘러싼 도시였다. 남대천 물줄기가 반짝거렸다. 한창 솟아오르기 시작하는 빌딩들이 회오리쳤다. 하늘과 바다가 그리운 수평선이 아득했다. 복 받은 영 아래였다. 소등허리 같은, 견고한 성벽 같은 대관령이 아니었다면 이처럼 아우성치며 불어 닥치는 찬바람이 저 고을을 무참히 유린할 것인데, 참으로 다행이었다.

반지가 처음 낯설고 물 설은 강릉으로 올 때 넘었던 대관령 언젠가는 다시 너머 도성으로 가리라 여겼는데 정 들어 주저앉고 말았다고 측은히 회상했다. 서울 가보고 싶다고 했다. 이어 울먹이더니 결국 나를 붙들고 엉엉 울었다. 지나온 과거가 울컥 치밀어 회오리친 요동이었다.

바람을 피해 기념탑 뒤에 숨었다. 가지고 온 보온병에 따끈한 커피를 따라 마셨다. 아빠 엄마 무덤이 있고 반지 반쪽인 내가 있고, 내 집이 있고 강릉의 정기를 받은 쌍둥이 아기가 반지 뱃속에 있는데, 여기를 영원히 떠나지 않는 강릉 귀신이 될 거라고 다짐인 듯 침을 삼켰다.

시내를 처연히 바라보다 문득

“자기야, 반지 응가 마려워. 어떡해?”

배배 다리를 꼬고 있었다.

옻닭 _____ 11, 22.

텃밭 비탈진 둑 조금 아래 참옻나무 두 그루가 있었다. 듣기로는 할아버지가 파다 심었다는데 꽤 묵었다. 옻순으로 쌈을 쌀 만큼, 아니면 옻죽, 옻닭을 지독하게 즐겼다는 섭생의 일화였다. 이제는 전설이 되어버렸다. 그 전설처럼 나도 옻나무에 관해 어설픈 기억이 머릿속 어딘가에 덮여있었다.

참으로 고독한 집안이라 사촌은 고사하고 육촌도 없어 외로운, 거기에다 산속 깊은 곳에 사니 더욱 친구가 없었다. 매일같이 산문 밖 부연동에 나가 또래들과 놀다 해질녘에 그림자 이끌고 돌아오곤 했다. 그렇지 않으면 수풀이나 덤불을 뒤져 새집이나 뒤지고 떡치듯 뱀도 잡고 그랬다. 어느 해인가, 도랑에서 가재 잡는 것도 심심하고 아버지가 만들어 준 고무총 쏘는 것도 시들해 싫증나, 마침 눈에 띄는 옻나무를 보고 매끈한 새 지게작대기를 만들겠다고 낫을 들고 달려들었다. 옻나무인 줄 모르고 맞대결했다.

더럽게 성질 뻗친 고약한 옻이 불개미마냥 달려들었다. 온몸이 근질근질 보드라운 살갗에 좁쌀낱 같은 발진이 함부로 돋으며 벌겋게 부어올랐다. 특히 겨드랑이나 오금, 고추 동네 같은 점막부위가 지독히 가려웠다. 몸이 뚱뚱 부어 앞이 잘 안보였다. 학교는 무조건 결석이었고 가려워 미칠 지경이었다.

혹여 저러다 끔찍한 절손이라도 되면 어쩌나 싶어 아침저녁 뒤란 장독대에서 지극 정성 근심 가득 정화수 떠놓고 빌고 빌던 할머니였다.

촌에서 흔히 구급약으로 애기똥풀 누런 진을 온몸에다 물감인양 칠해 문대고, 마구간에서 흘러나오는 그 더러운 쇠지랑물을 찍어 발랐다. 참으로 흉측했다. 끝내 아버지가 장에 가 사온 옻약을 허옇게 도배하듯 바르는 통에 사건은 마무리되었다. 그때 된통 혼이 났다.

자형이 누나랑 왔다. 약병아리 여섯 마리나 사들고 와 옻닭 끓여 먹자는데 은근히 좋았다. 그러잖아도 때가 된 듯하다 여겼다. 도랑가 화덕에서 끓일려고 했지만 개꾼이 모여들거나 남의 눈도 있어 가뜩이나 건조주의보가 내려 불이 날 위험 때문에 부엌에서 하기로 했다.

먹지 않는 누나와 반지는 일찌감치 윗집 정토사로 토끼처럼 노루처럼 놓아 보냈다.

낫을 들고 밭둑에 가 한 가지 툭 찍어와 잘게 쪼갰다. 착착 묶어 그물자루에 보물보다 귀히 넣었다. 입수할 발가벗은 닭과 옻나무를 넣은 자루를 솥에다 넣었다. 음식 궁합이 맞는지도 모르면서 찹쌀 좀, 인삼, 대추, 밤, 눈에 띄어 나뒹구는 약초도 되고 말고, 마늘도 됫박으로 아낌없이 다부지게 넣었다. 무슨 음모라도 꾸미는 듯한 기분이었다. 불을 당겼다.

마침 승돈이의 전화였다. 노인정에 나무 좀 패 주자며 조금은 한가하다는 말에 다음으로 미루고 얼른 득달같이 오라는 명령을 내렸다. 보신이라면 절대 빠지지 않는 옻닭 고양이였다. 귀신한테 떡 소리 말랬다고 부리나케 달려왔다. 부엌에는 벌써 간단한 술상이 차려졌다.

맹렬한 김이 쉬이쉬이 소리를 내며 소댕을 끊임없이 들썩거렸다. 닦달하듯 이글거리는 아궁이었다. 불 때면 어릴 적 생각이 난다는 자형이 자꾸 쑤셔넣었다. 두 시간 이상 푹 달이는 터였다.

보신탕 먹는 개주둥이에는 소주가 약이라며 아마 옻닭에도 그 어느 것도 아닌 쓴 소주가 궁합이 딱일 것인즉, 절대 그냥 오는 법이 없는 승돈이가 어깨에 짊어지고 온 소주 처음처럼 한 상자를 고름 풀어 헤쳤다. 미리 준비한 누룩치장아찌랑 참배

물김치를 상위에 올려놓았다. 푹 달이는 동안 투명한 잔에 꼴꼴꼴 기분 좋은 소리를 내며 말갛게 부어지는 술을 기다려 초다짐했다.

자형이 옻닭을 즐기는 이유도 다 알고 보면 순전히 아버지 때문이었다. 남자는 냉습이 있으면 계집 품는 밤일이 부실하다고 예방 차원에서 먹으라고 했다. 시험 삼아 먹곤 냅다 옻이 형편없이 올라 고생 고생하다 견디지 못해 병원에 가 치료를 받았다. 지고는 죽어도 못 배기는 곤두선 성질에 그래도 미련스레 자꾸 먹어 이제는 생옻을 넣고 삶아 먹어도 끄떡없었다. 어찌됐던 한해 몇 번씩 옻닭 해 먹는 버릇은 우리집 전통이었다.

결혼한지 얼마 안 돼 친구들이 옻닭 추렴을 한다 해서 달려갔다. 혹시나 싶어 망설이다 뿌리치지 못해 조심스레 먹었지만 웬걸 사정없이 오르더라는 승돈이가 남세스러워 여태 감추었던 비사였다. 몹시 가려운 건 물론, 사단은 전에 없이 더 꼴리는 고추였다. 결국 참지 못하고 아내를 심하게 품은 죄야 당연했다. 그 바람에 애먼 아내 예쁜이까지 벌겋게 옻이 냅다 올라 적잖이 며칠을 생고생했다는 우스갯소리에 배꼽을 움켜잡았다.

산문 밖 혼자 사는 얌전한 윤과부집 수탉이 일삼아 암놈 등에 올라타 지랄하는 걸 보고 그것을 풀지 못한 홀어미가 찰찰 흐르는 암상이 나 바글바글 끓었다. 손에 살이 섰는지, 빗자루를 들고 어찌 때린 것이 그만 맥없이 죽어버려 이웃 몇 사람들이 잘 먹었다고 했다.

늘씬한 종일이형은 그녀를 평소에도 살갑게 대했다. 계략이 숨은 환심이었다. 은근히 작정하고 있는 터였다. 때마침 비 오는 날 밤, 오지도 않은 손전화에 헛소리를 하곤 서두르듯 시내 문상하러 간다고 핑계댔다. 친구의 차에 편승한다고 빠져나와 조금 둔덕에 사는 두 살이나 위인 상당히 곱고 예쁜 홀어미집에 급한 기별 온 척, 의심 없이 벗겨주는 문으로 누구도 몰래 얼른 들어갔다. 황급히 불 을 껐다.

그리고 그녀를 점잔은 완력으로 껴안아 눕혀 은근 슬쩍 눌러 품고 보채 꼬드겼다. 귀신도 모르는 죽 떠먹은 자리이거늘, 하지만 마마의 윤허가 없는 한 뜨거운 사랑과 달콤한 정을 결코 섞지 않겠다면서도 사내가 한 번 뽑은 칼이라고 박동 거센 숨결을 내뿜었다. 채근했다. 묵정밭에 날 선 쟁기요, 코 고는 아내보다는 숨긴 애인이 훨씬 귀여운 법, 그 참배 맛이라는데.

입술을 비집고 들이미는 달콤한 혀에 와르르 와르르 무너지는 성에 압사당하는 앙탈과 수절, 결국 치마끈을 받아 쥔 옥골선풍 선비가 되었다. 몽롱하게 어르어 뒹굴며 가무러치도록 황홀한 포식시켜 수탉 노릇을 느른하고 개운하도록 밤새도록 품었더니, 이제는 위대한 황제와 비파 소리가 고혹적인 백옥 정궁, 환장하는 찰떡궁합이라는 반짝이는 비밀을 들려주었다.

수놈들의 본능이 아니랄까봐 별별 이야기가 다 나왔다. 물개가 어떻고 뱀이 저떻고 낄낄거렸다. 동네 바람둥이로 소문난 누구 아버지의 숱해 절륜한 엽색행각을 천기누설처럼 들려주어 혀를 내둘렀다. 은근히 부러워했다. 솔깃한 음담패설이었다. 말들의 정사가 끝내주더라는 목격담을 넋을 잃고 들은 뒤, 모두 여태 참았던 오줌을 누고 들어왔다.

어지간히 끓었다. 옻나무를 넣은 자루를 건져냈다. 휘휘 저었다. 알맞게 걸쭉했다. 닭들은 형체도 없이 확 풀어졌다. 우선 세 뚝배기 가득 퍼 담아 상위에 가지런히 놓았다. 참말이지 빛깔은 덧정이라곤 없는 한심하리만큼 흉측스러웠다. 푸르뎅뎅 거무죽죽했다. 입맛 떨어질 말로 영락없는 송장 썩은 추깃물 같다는 생각이었다. 하지만 국물 맛은 천하 일미였다. 찔러 무엇 때문에 먹는다기보다 막연히 위장이 튼튼해지고, 고추 동네가 보송보송해 진다는 경험에 짐짓 맛이 좋다는 느낌으로 먹었다. 아니 그냥 멀건 닭보다는 맛이 확연히 달랐다. 찹쌀도 풀어져 죽 같은 탕이었다.

무슨 보물이라도 되는 듯 김이 무럭무럭 나는 뚝배기를 저마다 앞에 당겨놓고 술잔을 높이 든 사내들의 꼬락서니 가관이었다.

자형이 힘차게 외쳤다.

“우리들의 암컷을.”

다같이

“위하여!”

예행연습 _____ 11, 25.

부연동 노인정에 갔다. 산문 밖 산불감시초소 옆 삽당령 길 따라 2백 미터 거리의 조금 언덕 위에 있었다. 은행나무 몇 그루 서있는 괜찮은 자리에 현대식 건물이었다.

면장, 이장인 달선이, 승돈이, 철민이, 부녀회원 네댓과 꽤 되는 노인회원들이 서성거렸다. 노인정 청소와 겨울 준비로 모였다. 시에서 대주는 난방유가 턱없이 모자라기에 아예 기름보일러를 걷어내고 아주 현대식 온돌을 놓았다. 마당에는 벌써 나무 한 차가 엉성하게 쏟아져있고 기계톱을 든 나를 아예 경계했다. 업무에 바쁜 면장이 술값을 좀 내놓고 간 뒤, 톱이 굉음을 내며 나무를 사정없이 잘랐다. 한패는 패고 한패는 구석에 쌓고 한패는 아궁이에 쑤셔넣느라 개미처럼 바빴다.

부녀회장이 밖에 내건 화덕에다 불을 지피는 중이었다. 몇 부인은 소곤거리며 수돗가에서 무엇을 씻고, 노인들도 덩달아 유리창을 닦는 등 방을 털어내는 흉내를 냈다.

한참 뒤에 노인회장이 허겁지겁 왔다. 집에 무슨 일이 있어 조금 늦는다고 미리 연락을 받았기에 모두 궁금해 다그쳐 물었다. 사실은 손자며느리감이 왔다 갔다는 기분 좋은 낭보였다. 그 손자는 공학박사였다. 공부하느라 나이가 찬 늦장가였다. 분위기를 잘 잡아타는 이장이 박수를 유도했다.

이제 겨울내내 농한기라 일손을 놓은 농부들이 노인정으로 모일 것인데 방이라도 좀 깨끗하고 구들이라도 따뜻해야 했다. 팔을 걷어붙이고 주방을 청소하던 부녀회원들이 쓴 소리, 싫은 소리, 잔소리를 좀 들으라고 연신 과장되게 토했다. 싱크대고 그릇이고 뭐고 더러워 토악질이 날 지경이라 혀를 끌끌 찼다.

오랜만에 세탁기가 어설프게 돌아갔다.

방도 그랬다. 석 달 열흘을 안 닦아서 때 얼룩이 진 채 호랑가죽이었고, 먼지가 한 자 앉아 풀풀 날렸다. 이러고도 코를 쑤셔박고 노느냐는 핀잔을 여지없이 쏘아댔다. 피하듯 한 마디 대꾸도 없는 찍소리 못했다. 일도 거의 마무리되고 불을 다부지게 넣은 방은 훈훈하다 못해 뜨거웠다. 깨끗하게 정리정돈 산뜻했다.

떡만둣국을 먹었다. 집들이하는 기분이었다. 커피 한 잔을 나누는 시간에 부녀회장이 작심한 듯 한 마디 보탰다.

"아까 말씀을 들으니 여자 회원들이 안 와서 그렇다고들 하시는데, 여자회원들이 왜 안 오시는지 가만히 한 번쯤 생각해 보셨나요. 저희 어머님도 처음엔 놀 수 있는 노인정이 지어져 기분이 들떠 나왔어요. 몇몇 안양반들이 나왔지만 슬그머니 안 나왔어요. 왜 안 나오는지 아세요? 이유는 간단해요. 남자분들이 함부로, 무식하게 막 대한다는 겁니다. 제 마누라처럼, 식모처럼 부려먹는다는 겁니다. 노인정에 나오는 날은 부엌데기가 더욱 아니어요. 그리고 남자분들이 여자들에게 징글맞은 소리, 정 떨어지는 소리, 무례한 짓, 심지어는 입에 담지 못할 욕을 내뱉는다는 겁니다. 더욱이 희롱하려고 엉큼한 수작을 부리는 사람도 있답니다. 말씀도 좀 아껴 품위있게 하세요. 특히 흉악하고 징그러운 욕 같은 것요. 그리고 제발 부탁은 좀 귀찮더라도 잠깐 밖에 나가서 담배를 태우고 들어오세요. 그게 예의입니다. 자우룩하게 하루 종일 담배를 피우니 곰이면 배깁니까. 집에 오면 댓진내가 온 방안을 진동합니다. 또 있어요. 노인정은 여럿이 모이는 공공장소인데 몸을 좀 단정히 해 오시라는 겁니다. 가뜩이나 늙으면 추하다는데 오실 땐 우선 입에서 고약한 냄새 안 나게 속속들이 양치를 하시고, 수염도 깔끔하게 좀 깎고 콧수염도 푹 후벼 파내 깎고, 부스스한 머리도 윤이 나게 감고, 산뜻하니 목욕도 하고, 며느리 크림이라도 슬쩍 훔쳐 좀 바르고 오시라는 겁니다. 요즈음 손자들이 할아버지 품에 잘 안 가는 이유는 냄새가 난다고 그래요. 흔히 말하는 늙은 냄새, 심지어는 송장 썩는 냄새가 풀풀 난다는 겁니다. 그러니 목욕 자주 하고 옷도 좀 몸도 좀 깨끗이, 말씨도 좀 자상하게, 행동도 조심스레 배려하면 여자들이 왜 안 나오겠어요. 여자들이 노예고 종입니까? 종이 아니어요, 귀한 손님이고 화분에 담긴 꽃이어요. 그래야 사이사이 남녀가 둘러앉아 화투를 해도 보기 좋고, 윷을 쳐도 어울리고, 창과 소리를 해도 신명이 납니다. 솔직히 말씀드리면 여자들은 늙어도 공주병이 있고 죽을 때까지 있어요. 이제 다시 나온다고 했으니 아무튼 그렇게 아시고 잘 대접해 주세요. 아시겠죠?"

그녀의 이야기가 천만 번 옳았다. 겸연쩍은 듯 빙그레 웃거나 허 참, 허 참, 기침을 했다. 누가 무심코 담배를 꺼내 피우려하자, 득달같이 나가 피우라는 꽥 소리에 모두 한바탕 웃었다.

앞으로 노인학교도 열어 세상 돌아가는 형편과 시사, 향토 그리고 이야기를 주제로 일주일에 두 번씩 들려주기로 했다. 먼저 오는 화요일에는 면장이 세상과 시사로 문을 열기로, 목요일에는 향토 그리고 이야기를 내가 거들기로 했다. 술이나 먹고 그냥 즐기는 나태를 쫓아내려는 일신이었다.

이내 화투판이 벌어졌고 장기판이 어우러져 웅성거렸다.

아직 젊었거니 여기지만 금방이었다. 머지않아 뒤돌아보는 긴 여정이 아득하게 보이는 노인정. 왠지 답사거나 견학이라는 단어를 집요하게 떠올렸다.

첫눈 _____ 11, 26.

그 시절, 부엉이 우는 휘휘한 곤한 밤에 왜 그렇게도 마렵던지, 참말로 야속하기까지 한 못된 버릇이었다. 한참 중이거나 막 잠이 든 어머니나, 할머니가 귀찮아했다. 어떻게 참으려 해도 벽이 문이라고 응가는 아랑곳하지 않았다. 도리 없이 할머니는 따라 나와야 했다. 잠에 실린 채 뉘 신발을 아무렇게나 들이 뀐 듯 만 듯 끌고, 어두운 퇴비장가에 가 미처 옷을 내리자마자 응가는 쏟아졌다. 급하고 아슬아슬했던 마음 사그라들어 그지없이 편안했다.

응가 끝이 질겨 쩔쩔 끓던 볼기가 식을 때쯤 전설이 흐르는 미리내의 정적 속, 눈썹 끝으로 문득 별똥별이 아득히 활을 쏘았다. 분명 자미성은 유난히도 밝았는데, 다음날 아침 천지가 온통 하얀 눈으로 덮여 똥싸개를 조롱했다. 묘한 기분에 휩싸였다. 천진한 믿음을 깨어버린 배신, 아니 그 잔꾀에 감쪽같이 속았다는 어쩜 알싸한 가슴이었다.

반지도 깜빡 넘어갔다. 어제 낮부터 종일 준시를 손질, 분(柹雪)이 잘 피도록 늦게 갈무리한 지난밤 깊어 갑자기 구운 감자가 먹고 싶다고 재롱떨기에, 헛간에 갔다 올

때도 하늘은 총총 여지없는 흔들개비였다. 하지만 부엌에서 구워 먹고 내 품에 잠든 사이 몰래 첫눈이 살그머니 내렸다.

“반지야? 밖에 손님이 찾아왔어.”

“무슨 손?”

“열어봐.”

장난치는 줄 알고 침실 문을 열었다.

“어머! 눈이 왔네. 첫눈. 와!”

좋아 어쩔 줄 모르는 기쁨이었다.

눈이, 첫눈이 내리면 설레기 마련이었다. 연인들이 삭막한 겨울에 지쳐갈 때쯤 그렇게 첫눈이 오는 날, 늘 바람소리 스며드는 갈대 숲 우거진 강변 그 톱밥 난로가 있는 매캐한 찻집에서 만나자고 손가락 걸고 아쉬운 듯 헤어졌다. 날이라도 끄물거려 까마득한 날의 맺었던 기약을 우려내곤 기다림의 끝을 만지작거렸다. 호젓한 산창에 꽃잎 눈이 부치면 어김없이 귀띔하는 전화를 팽개치고 엎어질듯 내달려가던 날. 아스라이 떨어지는 눈발을 헤쳐 한없이 걷자던 숨찬 반지였다. 지쳐 돌아와 따끈한 커피를 껴안고 머나먼 북국 어느 겨울 이야기를 꿈결처럼 그리워했다.

눈 많이 오는 강릉이었다. 대관령에 눈이 세 번 오면 강릉 바닥에 눈이 내린다는 향언처럼 첫눈, 싸락눈이 왔다. 자국눈이었다. 눈은 사람들이 다 좋아하는 묘한 마력을 지녔다.

욕심쟁이처럼 밖에 먼저 못 나가게 하고는 하얀 마당에 나풀나풀 발자국을 앙증스럽게 찍었다. 그리고는 뒤를 돌아다보고는 박수를 쳤다. 내처 도랑 돌다리를 건넜다 다시 돌아와 깡총깡총 뛰어다녔다. 뽀드득뽀드득 정갈했다. 야호, 소리까지 지르는 철없는 아이였다. 꾸욱, 동자승이 꾸욱, 연락을 했다. 눈이 많이 오면 잠자느라 대답이 없었다. 흡사 숲속 토끼거나 노루였다. 나란한 발자국 산방에 사는 반지의 흔적이었다.

흰 숫눈 집게뼘 잰 코 끈 시린 새벽, 어디 갔느뇨. 사립 밖 갈대 흔들리는 강심에 배 띄워 낚시 드리운 태공 그 낙관이었다.

산문 밖 조금 외딴 곳에 뉘 젊은 얌전한 과수댁이 있었다. 밤새 싸락눈이 내부친 어느 새벽, 그 과수댁서 웬 남정네 발자국이 어청어청 걸어나간 흔적 때문에 들통났다는 옛날에 들은 이야기가 왠지 설화처럼 생각났다.

세상은 온통 은총이었다. 마른 풀잎에도, 앙상한 나뭇가지에도, 조그만 돌멩이, 흥부집, 벌통, 가느다란 빨랫줄에도, 산에, 들에, 골고루 내렸다. 티 없이 순결한 눈이었다. 이쯤해서 시간이 멎었으면 좋겠다. 잠시나마 더럽고 욕된 마음과 상처를 씻어주는 눈이 아닌가. 첫눈을 빌미로 얼마나 많은 눈이 오려는지.

파문 _____ 11, 29.

첫눈도 녹아버린 참으로 고요해 햇살이 포근했다. 양지쪽이어서 종일 해바라기하는 아늑한 산방이었다. 바람 한 점 없었다.

지금은 찻길이 뚫려 더러 딱정벌레라도 오가지만 그 옛날 오솔길 산촌은 인적이 드물었다. 용화산 밑에 절이라도 있어 그나마 찾아오는 불자를 더러 볼 수 있는 마냥 호젓한 곳이었다.

파란 하늘 높이 매가 맴을 돌았다.

산새소리, 바람소리랑 물소리 홀로 들리는 하루. 어쩌다 탁발 고단한 바랑 짊어진 스님 훠이훠이 휘굽은 산모롱을 돌아갈 뿐, 지나던 구름이 기웃거리다 가버리고, 해가 산마루에 올라 잠깐 쉬면서 내려다보다 그마저 넘어가면 산그림자 내리고 밤새 눈 깜빡이는 별이 떴다. 재 너머 온 달이 떴다.

할아버지, 아버지, 나, 삼 대가 이마를 맞대 순하니 살았다. 할머니, 어머니 돌아가신 지금, 낮은 산방에 반지와 볼 비비며 살고 있다. 코 풀듯 욕심일랑은 진작 버렸다. 풀 뜯어 먹는 짐승처럼 새끼 낳아 살자 손가락 걸고, 구멍 파 흙내음 맡는 벌레처럼 알 낳아 살자 노래했다. 뿡뿡 방귀 뀌었다.

누군가 나들이 나왔다. 아내 무덤 옆에 가랑잎 밟는 소리가 바스락바스락 들리는 듯 마는 듯 조심스러웠다. 풍채도 화려한 벌건 장끼, 아직은 어린 새끼가 얼핏 보였다. 잎 푸른 여름이면 숨어 울지만 짝짓기 때가 아니어서 골똘히 먹이를 찾는 품이 고단해 보였다. 소 먹일 때 더러 따 먹던 시큼한 푸른 청미래덩굴 열매 숭어리가 빨갛게 익어 그곳에 지금도 달려있었다. 반하를 몹시 즐기는 꿩의 겨울 먹이었다.

바람 찬 겨울, 산방 뒤란 비탈에는 짐승들이 곧잘 모여들었다. 눈 내리면 제일 먼저 녹았다. 굶주린 짐승들이 먹이를 찾아 기웃거렸다. 날이 따스하니 나들이 왔다.

삐이____.

겨울답지 않게 따스한 날이어서 누군가 일찍도 띄워놓아 맴을 도는구나 여기며 장독대에 내린 솔가리를 비로 쓸어내고 청소에 골몰했다.

손전화가 왔다. 세강열단(洗江烈團) 총회를 내일에 연다는 기별이었다. 가입하겠다는 삽당령 숯굽터에 털보도 데리고 오라는 전달이었다. 무심히 받으며 서성거려 두리번거렸다.

장끼가 소영이 엄마 무덤가에 무언가 쪼느라 정신이 없었다.

휘익!

언뜻 머리 위로 스치는 웬 그림자, 무언가 번개처럼 거침없이 내리꽂히는가 싶었는데 벌써

캐그덩캐그덩캐그덩!

때는 이미, 절체절명 처절하게 울부짖는 장끼의 단말마 비명이 시퍼런 허공으로 예리한 파편처럼 튕겨올랐다. 튕겨오른 그뿐 파문은 이내 가라앉았다. 주위에는 깃털이 넋인 듯 날아올랐을 뿐 엄청난 고요가 빨려들어 태평했다.

전광석화였다. 기막힌 찰나의 순간이었다.

그제야 하늘을 돌던 매를 퍼뜩 생각했다.

멈췄던 숨을 내쉬었다. 가슴을 쓸어내렸다.

육식의 잔인한 저 죄악에 힘없는 초식의 서글픔, 신마저 유기한 살생부였다.

마치 더없는 전쟁 영화의 한 장면이었다. 굉음을 내며 섬광처럼 급강하 가공할 폭탄을 투하 퉁기듯 용솟음치는 무시무시한 폭격기였다. 내리 꽂는 엄청난 충격에 이미 죽었겠지만, 그 억센 발톱은 꿩의 심장을 꿰뚫어 거머쥐었고, 날카로운 부리는 망루의 눈을 쪼았을 터 용맹이 이글거리는 바람의 화신이고, 고고한 넋이었다. 더없이 날렵했다.

참으로 장관이었다. 온몸에 전율이 일었다. 이름하여 그대는 해동청. 시속 300Km 그 이상도 거뜬히 비파한다는 맹금류였다. 저 아득히 푸른 창공을 휘어잡고 태양도 낚아채는 어쩌면 내 가슴에 미쳐 발광하는 혼이고 찬란한 기상이었다.

한 생명이 비명으로 갔어도 아무렇지도 않고 세상은 여전히 돌아가 때는 지나 솔개가 한 바퀴 돌아갔다. 연기가 올랐다.

꿩을 차고 유유히 날아간 해동청의 하늘이 푸르렀다.

번데기의 꿈 _____ 11, 30.

묵천혈(墨泉穴).

그 고치 속에는 번데기가 있었다. 끊임없이 꼬물거렸다.

은은한 향이 일었다. 묵향이었다. 요 며칠 사이에 쓴 네댓 편의 글씨를 집게로 집어 띄운 줄에 나란히 걸어놓았다. 생명이 살아있어 꿈틀거리는 듯했다. 푹 빠져있는, 파묻혀있는 반지였다.

"좋아?"

"응. 소영이가 쓰던 방을 서예실을 만들어 준다했을 때 얼마나 기뻤는지 몰라. 반지의 작은 꿈을 조몰락거려 접을 수 있는."

"방해가 안 되도록 접근 금지구역이야."

"신랑이 드나드는 게 무슨 금지구역이야."

"내 애물단지 반지의 찬란한 우화를 위해서."

"반지가 예뻐?"

"아무렴, 꿈꾸던 첫날밤부터 여태껏 나는 반지를 키우고 있어. 꽃처럼 곱게."

흐뭇해하는 얼굴이었다.

모아 정리한 신문에 난 기사첩을 뒤져보았다. 어릴 때부터 여태까지 빠짐없이 오려 붙였다. 증언이고 역사였다. 기록이고 족보였다. 또한 귀한 보물 의궤였다.

최근 기사 한 구절.

영예의 장원 수상자 은반지는 그 옛날 명성을 드날리던 축구 국가대표 은제후의 외동딸로 전직 선생이었으며, 또한 한창 각광 받는 시인 김무열의 아내로 변방 조용한 산방에 은거 글을 쓰고 글씨를 쓰는 다복한 예술가 안팎이라고 소개되었다. 대담하고 강렬한 필력이 용솟음치는 듯한 아주 도발적이면서도 흡인력이 뛰어난 필체를 구사하다고 소개했다.

지금도 그렇지만 나는 한심할 만큼 정말 글씨를 못 썼다. 더 이상 없는 즐겨 악필이었다. 오죽하면 지렁이가 기어간 자리라거나 무좀 오른 발가락으로 휘그린 거냐는 놀림을 많이 받는, 졸필이 아니라 천하제일의 족필(足筆)이었다.

조갑지 같은 손으로 붓을 쥐고 물 흐르듯, 옷을 꿰맬 때 감아올리듯 술술 써내려갈 때, 바라보노라면 참 신기했다. 아니 그럴 때마다 귀여워 깔아뭉개 뒹굴고 싶고, 괜히 코피 탁 터뜨리고픈 장난기 어린 질투가 발동했다.

한지를 꺼내 재단하여 접었다. 모포 위에 착 붙여 깔아 폈다. 무릎 꿇고 반듯하니 앉은 손에는 서수필이 먹을 머금었다. 호흡을 가다듬었다. 잠깐 내려다보다 쓰기 시작했다. 늘 그랬다.

고요가 침묵했다. 숨소리도 삼갔다.

옆으로 휙 긋고 사뿐 들어 힘주어 내리 긋는가, 어느새 삐치고 휘감아 올려 재빨리 포박하여 앉혀놓은 글자. 연이어 달려들어 달아나려는 짐승들을 정신없이 휘몰아 멈추듯 낚아채는 점. 꽉 눌러 내긋다 번개처럼 자리에 앉혀 꼬리치다 냅다 회오리치는 맹렬한 율동 신들린 손이었다. 고빙설관에 겨우 숨을 쉬었다.

나도 모르게 빠져들었다. 손톱에 봉숭아 꽃물 들인 송편만한, 그지없이 앙증스럽고 보드라운 손이 내뿜는 신통력이 신기했다. 궤변이었다.

本是山中人愛說山中話
五月賣松風人間恐無價
아예 산에 사는 사람이라 산중 이야기 즐겨 나누는데

오월 솔바람을 팔고프나 그대들 값 모를까 그게 걱정.

붓을 놓은 반지를 껴안아 무릎에 앉혔다. 궁둥이를 다독였다. 그 고물거리는 손을 얼른 내 입 안에 넣어 물었다. 못 견디게 귀엽고 몸살나게 사랑스러웠다. 퐁, 터뜨리고 싶었다.

"글씨를 써서 반지 키만큼 높이 채운다고 했지? 꼭꼭 눌러 쌓아올려. 필요한 건 있으면 말해. 다 해 줄게."

"있어."

"뭐?"

눈을 감고 입을 내밀었다.

여우야, 여우야. 귀여운 여우야.

"서예전시회도 열어주고, 장황도 멋지게 해주고, 잘 찍어 은반지 서예도감도 만들어 줄게."

"정말?"

은근히 바라던 터였다고 몹시 즐거워했다.

어느 산속에서 도랑물이 시커먼 빛으로 흘러내렸다. 초행길인 웬 노인이 어인 연유를 물었다. 저 산속에 오래전부터 글씨를 쓰는 김생이라는 서생이 정진하는데, 넓은 나뭇잎을 따 글씨를 쓰기 때문에 물에 씻긴 먹물이라고 했다는, 하여 해동서성이라는 명예를 얻은 이야기이고 보면 반지는 아직도 멀었다.

뿐만 아니었다. 시의 신선이라고 불리는 이백이 산중에서 공부를 하다 싫증을 느껴 하산하는데, 웬 노파가 도끼를 바위에 갈고 있었다. 괴이한 연유를 물은 즉 바늘을 만들려고 오늘도 가는 중이라는 미련하고 황당한 대답에 느낀바 있어 다시 산으로 들어갔다는 일화 마부작침(磨斧作針)이 있지 않은가.

줄에 나란히 걸어놓은 글을 살펴보고 갸우뚱갸우뚱거리다 달랑 하나만 골랐다. 칼날같이 예리한 매몰차도록 냉정했다. 새로 새긴 벽조목 낙관, 선명하게 붉은 낙관을 찍었다. 나머지는 마음에 안 든다는 설명 한낱 휴지로 여지없이 전락했다.

아직도 번데기였다. 남들은 3, 40년을 정진해도 불만이어서 느슨한 채찍을 탓하는데, 이제 겨우 20여 년을 지났으니 턱도 없었다. 오랜 동안 번데기의 꿈을 꾸어야 했다. 그 꿈꾸는 나날들이 진정 즐겁지 아니한가.

산방설화 12월 일기

가랑잎 _____ 12, 1.

어쩌면 누구나 설레었고 들떴던, 여명을 불끈 움켜쥐고 붉은 모래집물 뚝뚝 흘리는 갓 태어난 태양을 씻어 찬란히 기원했던 정초가 벌써 이마에 치닿는 마지막 달이 왔다. 해마다 아쉽게 느끼는, 타다 남은 재 늘 미련이 앙금으로 남았다. 마무리 못한 끝자락, 타박이 아닌 후회 같은 다짐이었다. 그래도 주어진 삶속에서 다람쥐 쳇바퀴 돌듯 분주하고 황망했던 지난날들이었다. 어느덧 산마루에 오른 태양. 한해의 잔영을 남김없이 누리에 뿌리는 석양, 벌써 저만치 빙 돌아와 머뭇거리는 섣달이었다.

어제는 세강열단 총회에 갔다 온 동짓달 마지막, 오늘은 묶어놓은 섣달 첫날을 풀어헤쳤다. 내일은 별동대 연말 총결산 모임이 있다는 엽신이 날아왔다. 이리 저리 빠쁜 것을 보니 한해를 마무리하려는가 보다.

찐빵이듯 엎어놓은 바가지처럼 배가 불러오는, 서예에 몰두하던 반지 손잡고 가벼운 운동 겸 슬그머니 나왔다. 며칠 전 솔가리를 끌었던 산모롱 돌아 완만한 골짜기로 들어갔다. 잡목들이 꽉 들어찬 구렁이었다. 토끼, 노루, 너구리나 무서운 멧돼지가 다니는 오솔길이 보이질 않았다. 여름내 그 뭉게뭉게 피어오르던 푸른 잎이 떨어진, 가랑잎들이 구렁을 가득 메웠다. 훌훌 벗고 비탈에 선 나목들이 차디찬 바람의 칼날 앞에 굴하지 않고 겨울을 풀어냈다.

오래 전에 보냈건만 떠나지 못해 아직도 뒹굴었다. 쓰다 버린 편린이 이젠 갈색으로 변해 부서지는 빛바랜 엽신이었다. 웅크려 껴안은 핏줄이 바싹 말라붙었다. 걸으면, 아니 헤치면 발목이 묻혔다. 들어가면 갈 수록 오금까지 차오르는 가랑잎, 가을날 밤 새워 수놓던 이야기들을 내보이며 가로 막았다. 파묻을 듯 허리까지 수북했다. 어쩌다 부치지 못한 마음을 담은 가슴들이 자해처럼 제 살갗을 긁어 바스락바스락 발목을 부여잡았다. 집배를 기다려 골골마다 사태져 내린 넋이 쓸쓸했다.

구름 걸린 저 재 높은 산 너머 흐르는 강.

다리 건너는 사람아.

바람 부는 붉은 황토 길 아득한 세월이었다. 억겁에서 깨어난 내일을 끌어당긴 뒤, 태양을 휘감는 오늘 펴 영혼을 불어넣은 자취를 남겨 잿이는 하루였다. 나누어

준 실을 마지막 꾸리 엮는 이야기, 전설이고 역사였다. 이 겨울에 눈이 내리고 섣달이 지기 전, 저 수많은 가랑잎에 주소 없는 소인 찍힌 핑계는 아직도 유효한가.

우리도 늙으면 그렇게 떠나야하는 우수 짙은 숙명을 지니고 있다. 콩나물시루같이 가득 찬 꾸역꾸역 모여든 지친 피난민이었다. 드넓은 역 광장에 기차를 기다리는 기약 없이 야적된 유민들이었다.

아직 젊었거니 여유인 듯 바라보는 풍경이 쓸쓸했다. 곧 백발이 되는 것을 망각한 채.

자화상이 아닌가.

북풍이 불었다. 아래로, 아래로 뒹굴었다. 헤맸다. 옆구리까지 차오르는 가랑잎들의 내음이 아직도 풋풋했다. 한 줄기 바람에 등성이 너머 골짜기로 아우성치듯 몰려갔다.

지쳐버릴 때쯤 박제된 넋들이 눈비에 목을 축이다 자리에 눕고 이내 세월에 묻혀 하관하는 생이었다.

어디로 갈 것인가.

돛배도 닻을 내린 망각의 강에 서성이었다.

강릉은 불타고 있는가 ____ 12, 3.

게을러질까 운동 겸 오래로 산사냥을 나섰다. 앞산 비탈에 파묻혀 숨어 박힌 둥굴레를 팠다. 여름내 푸르렀던 대궁들이 말라 누런 혹은 허옇다. 무릎 아래는 허옇게 떨어진 잎들이 말라붙어 있어 땅이 얼지 않는 한 겨울에도 거뜬히 캘 수 있었다. 굵은 대궁을 잡고 약괭이로 찍어 살살 추슬러 올리면 수염이 난 뿌리가 나왔다. 얼핏

대뿌리 닮았다. 대개 군락지여서 보통 한 자리에서 적잖이 팔 수 있었다.

토실토실 살이 쪘다. 굵은 것만 캐 바구니에 오롯이 담았다. 휘파람을 불었다. 날씨는 싸늘해도 기분이 상쾌했다.

대개 길섶이나 숲속 좀 들어가면 있거나 밭둑 부근에 흔했다. 오늘부터 며칠을 길따라 발맘발맘 다니며 캘 심산이었다. 산문서 정토사 까지.

손전화소리가 은은하게 들렸다.

이장 달선이었다.

"웬 일이야? 이장님이."

"형. 이장이나마나 불이 났어, 산불. 지금 난리야, 난리."

"엉! 어디?"

"입고지 지나 학바위 있는 길가에서 불이 나 산으로 치붙었아. 형편없어."

"알았어."

둥굴레고 뭐고 팽개친 채 부리나케 차를 몰아 산문 밖으로 내달렸다. 오른쪽으로 득달같이 잡아틀다 왼쪽으로, 다시 오른쪽으로 번갈아 마음이 급해 휘청, 차도 급해 휘청 내처 치문댔다. 가속이 붙지 않았다. 조급했다.

가뜩이나 바싹 마른 건조주의보가 내린 마당에 불길은 맹렬 성깔 뻗쳤다. 저만치 산 중턱에는 시커먼 허연 연기가 산발을 하고 하늘로 가득 솟아 마치 화산재 분무처럼 보였다. 길가에는 벌써 차량들이 즐비했다. 면직원들이랑 동내 사람들이 총출동 개미떼처럼 달려들었다.

끽! 급정거 인사도 잊은 채 곧장 비탈로 치올라갔다.

넓은 생솔가리를 꺾어들었다. 송도 말년의 불가사리였다. 닥치는 대로 집어삼켰다. 휘감아치는 징그러운 파충류였다. 벌건 혓바닥이 날름거리는 불길을 내리쳤다. 고개를 빳빳 쳐들고 반항하는 불길이었다. 퍽퍽 사정없이 내리치고 후려쳤다. 쓰러졌는가 싶었는데 날름 또 날름 벌떡 일어나는 화마였다. 노련한 관록은 여우나 청너구리였다. 무릎을 짓밟고 번쩍 들어 메어쳤다. 오뚝이처럼 일어서는 독기 품은 대항이었다. 바짝 약이 올랐다. 이를 갈아 물고 떡치듯 짓두들겨 팼다.

연기가 매캐, 퍽석퍽석 흙먼지가 마구 일었다. 목구멍이 알싸했다. 기침이 났다. 휘 덮치는 열기가 후끈 숨이 막혔다.

시퍼렇게 살아있는 나무들을 유린하는 미쳐 날뛰는 화광이 충천했다. 모두는 벌레를 본 개미떼처럼 달려들었다. 바싹 마른 가랑잎과 낙엽을 쇠스랑으로 긁어내고, 삽으로 흙을 퍼부었다. 발악하듯 악발로 치고 받았다. 연막탄을 터트린 천지는 자욱한 연기로 콜록거렸다. 고지를 점령하려는 광기의 적군을 가로막아 안고 뒹구는 백병전에 성큼한 서릿발 별동대였다. 처절한 찰나 위기의 순간이었다. 개미떼들이 점점 새까맣게 몰려들었다. 굶주려 달려드는 거친 승냥이떼들이었다. 돌격이었고 육탄전이었다. 막고 피하고, 치고 쓰러뜨리고, 찌르고 차고, 쏘고 뒹굴고, 꽂고 일어서 죽이고, 앞으로 전진했다.

바람을 타고 거칠 것 없이 기세등등한 불길이었다. 어디 갇혀있다 뛰쳐나온 춤추듯 성난 유령 불무당이었다. 공중에서 무참히 내리 쏟아붓는 물세례에 휘청거렸다. 밀어젖히고 쓰러뜨려 무자비하게 짓밟았다. 악바리였다. 줄기차게 날름거리던 불길이 잦아들었다. 연기도 맥을 잃었다. 날개가 꺾였다. 꿈틀거리는 잔당들을 치고 두들기고 패고 여지없이 연발로 저격했다. 마지막 발악으로 꿈틀거리는 화마의 가슴 깊숙이 칼을 힘껏 내리꽂았다. 바르르 떨던 경련마저 멈추었다.

헐떡이는 잔불의 목을 조여 묻고 하산했을 땐, 그을음에 숯검정 얼굴이 땀범벅으로 환을 그린 가관이었다. 볼만 했다. 콧구멍은 하나같이 시커먼 굴뚝이었고, 코를 푼 흔적이 찍혔다. 누군가가 뱉은 가래는 시커맸다. 재수 없게 물벼락을 맞은 사람은 벌벌 추위에 떨었다. 발을 접질려 절뚝거리거나 옷이 찢어지고 가랑이가 터져 아슬아슬 밑천 간수하는 어정쩡한 모습에 한바탕 웃기도 했다. 그 경황에도 귀가 가려웠던지 귓구멍에 온통 숯검정이 묻었다. 나뭇가지에 긁힌 피투성이도 있었다. 뺨을 땀 닦은 손자리가 난 사람, 손과 옷이 새까맣게 그슬렸다. 완전 검둥이였다. 모여든 아프리카 난민이었다. 멋진 위장이었다. 모두 씨익 웃었다. 껌뻑이는 눈 이빨만 하얗다.

두 시간 가량 다급한 대 혈전이었지만 그래도 천만다행인 것은 적에게 제대로 원활히 지원되지 않은 탄약, 가공할 바람이었다. 운 좋게 고요가 완강히 차단했다.

확성기를 든 면장이 정말 수고했다는 고마움과 주민들이 다행한 마음의 한숨을 내쉬었다. 누가 잽싸게 받아왔는지 갈증을 달래는 시원한 막걸리와 구수한 순두부가 느긋한 자리를 마련했다. 왁자지껄했다.

산불이 날 때마다 빠지지 않고 또 그 얘기가 나왔다.

몇 해 전 사천에 산불이 나 교통이 온통 마비 뒤엉켜 어쩔 수 없이 통제를 했다.

하도 건조하여 불덩어리가 귀신인 듯 공중으로 날아다녀 여기저기 불이 위에서 내리 탔다. 천지가 불바다였고 불지옥이었다.

차량을 통제하는데 웬 새카만 자가용 문이 열리며 맷돌짝만한 시커먼 선글라스를 쓴 젊은 사람이 나와 한껏 건방진 반말로 무조건 통제를 해제하라는 거였다. 상황으로는 안 된다고 했다. 상관이 시키면 행할 일이지 말이 많다며 무식한 새끼라는 욕설을 퍼부었다. 낌새로 보아, 눈치로 보아 분명 아니었다. 어딘가 어설픈 거짓이었다. 화가 머리끝가지 뻗쳤지만 꾹 참으며 어디에 계시냐고 넌지시 물었다. 총리공관에 있다고 말하며

"왜? 떫어?"

품새를 떨었다.

나도 모르게 대뜸

"이 새끼야, 뭐, 총리공관. 불난 나라 부채장관이라도 돼? 좆두 아닌 새끼가 간덩이가 부었나. 어디다 사기를 쳐. 씨발."

참아야하는데, 순간 나도 모르게 껑충 뛰어 한 바퀴 빙글 돌면서 워커발로 가슴패기를 정통으로 내질렀다. 전광석화 당할 자 없는 강습이었다. 여지없이 나가떨어졌다. 짓밟으려는 척하며

"일어나? 얼빠진 계집 셋이나 몰고 희롱하러 다니는 공관나리."

화들짝 일어나 숨 막히는 가슴을 움켜쥐고 매우 고통스런 통증을 참는 모습이었다.

"맷돌짝 벗어! 어디 건방지게."

벽력이었다.

손을 부들부들 떨었다. 선글라스를 벗자 낫살이나 좀 든 서른 중반을 넘긴 듯한 신사였다.

"이 새끼야. 난 집도 타고 쇠 네 마리 타 죽고 돼지 열 두 마리 타 죽고 늙은 노모는 화상을 입어 병원에 입원하고 있지만 불 끄러 나왔어. 알아? 부채장관님 해제할까요?"

"죄송합니다. 죄송합니다."

모여든 사람들이 제대로 걸렸다고 고소해했다. 우스개와 조롱이 터져나왔다.

"이제 무열이는 죽었어. 총리공관의 높은 나리를 두들겨 팼으니 푸줏간으로 직행해

야지 뭐.”
“삼족이 멸하게 생겼어.”
“절딴 났지 뭐.”
한 마디씩 거들었다.
“내 자네 마음 다 알아. 여자들 앞에서 우쭐 과시하려는 뜻 젊었을 때는 다 그랬어. 하지만 분위기를 보고 풍을 쳐야지. 아프면 진단서 끊고 억울하면 고소해.”
그의 혈을 풀어주었다. 통행이 풀리면서 보냈다. 꽁지를 감추고 모롱을 부리나케 돌아 달아났다.
능청스럽게 소, 돼지 타 죽고 노모가 화상 입었다는 거짓말이 어떻게 그리 술술 나왔는지 놀랐다.
그것이 한동안 술판의 안주감이었고, 불 날 적마다 과장된 화두거리였다.
소방차가 오고 경찰차가 와 경광등을 번쩍였다. 누군가가 차량에서 무심코 던진 담뱃불이 발화인 것 같다는 심증이었다.
불타버린 산, 시커먼 산이 참혹했다. 폐허였다. 냇내가 온 산야를 뒤덮었다.
물론 살기 좋은 곳이라고 남들이 먼저 말을 하는 강릉이었다. 눈 많이 내리는 곳 강릉, 바람 심한 데 또 강릉이었다. 거기에다 보태 비 많이 오는 어디 강릉, 태풍 루사가 휩쓸어 완전 초토화되었던, 하루에 900mm 강우량은 아직도 깨어지지 않는 철통 기록을 거머쥐고 있었다.
강릉은 불타고 있는가.
봄가뭄이 심하던 어느 해 영동지방을 자주 출몰 불태웠던 도깨비 같은 대형 산불에 히틀러의 절규처럼 파리는 불타고 있는가, 빗대어 한동안 유행어까지 돌았다.
멈췄던 일상이 다시 돌아가고. 용사들도 하나 둘 귀대했다. 한바탕 전쟁을 치렀고 똥개 훈련시키듯 몸 한번 풀었다.
냇내와 먼지, 숯검정을 뒤집어쓴 광대 모습에
“아저씨, 누구인가요?”
반지의 익살이었다.

하구에서 _____ 12, 5.

답답하거나 무료할 때 혹은 괜히 울적할 때, 미련 없이 훌훌 털고 밖에 나가 바람을 쐬거나 기분을 전환했다. 누구는 술집에 들어가 진창 퍼마시고, 누구는 담배 몇 개비 연이어 문다거나 아예 심한 운동을 한다 했다. 고약한 버릇은 사창가에 틀어박혀 몽땅 탈취당하고 오는 병적인 벗도 있었다.

지난밤 새도록 서재에 틀어박혀 원고를 정리했음인가, 머리가 아팠다. 도피처럼 남대천 하구 안목에 갔다. 언제부터 생긴 버릇인지, 세상이 시시하여 자깝스레 방황할 때, 낙동강 하구의 노을 지는 대자연의 장관에 숨이 멎을 뻔 했던 순간을 잊을 수가 없었다. 강원도에서 발원 영남땅을 휘감돌아 칠백 리 길을 달려온 그 유장한 물줄기가 지금도 가슴에 담겨있었다. 그때 만만한 세상이 아니라는 걸 알고, 자신에 대한 어리석음을 비아냥 하늘을 향해 껄껄거린 뒤 용케 붉은 전과를 긋지 아니한 같았다.

쏴아 파도가 몰려왔다. 연이어 몰려 몰려왔다. 뚝심 하나 순한 산골 아이를 맞았다. 약은 척 버릇없이 껴안았다. 울컥 비린내 풍기는 푸른 아이들은 머뭇거려 주춤대는 해맑은 남대천을 안내했다. 대관령 이은 줄기 삽당령 가파른 어느 기슭에서 들메끈을 하고 골짜기와 산자락을 어루만지며 강릉에 젖줄을 가득 물렸다. 천년 전설 단오를 풀어내리는 넓은 광제(廣濟)다리를 지나 남대천 팔십 리, 그 팔십 리 휘돌아 안목으로 내려갔다. 숙명이었다.

죽도봉 옆구리를 도는 하구.

또 한 무리의 파도가 마중 왔다. 즐거이 달려와 엎어졌다. 하얀 웃음을 토하는 생동이었다. 민물도 얼싸안고 출렁출렁 춤을 추는 저 율동 푸르렀다.

비릿하고 짠 바람이 반지 머리카락을 날렸다. 퇴적 모래톱에 물새들이 날고 내리고 분주했다. 물고기들이 뛰어 파문이 일었다. 말뚝 박혀있는 강태공들이 투망을 던졌다.

번뜩이는 은빛들 그리고 고요.

고향 선배의 찻집은 훈훈했다. 바다와 강물이 보이는 하구를 내다보며 김이 모락

모락 피어오르는 커피를 만지작거렸다. 따뜻한 커피 한 잔이 추운 몸을 녹이는 시간은 순수 행복하다는 반지의 표정이 그윽해 보였다.

맨드리 예쁜 솔바람다리에 바다를 내다보는 사람, 줄기찬 대관령을 쳐다보는 사람, 사람들이 섞여 따슨 등을 비비적거렸다. 꽤 되는 인파였다.

아무 친구도 없어 외딴 산골의 아이는 헛헛해 종이배를 접어 아래로, 아래로 띄우곤 했다. 큰 바다로 나가 남실남실 떠다니라고 보냈지만 곤두박질치다 난파되어 혹은 갇혀 뱅뱅 돌기도 했다. 반가움 끝에 부서지는 아린 넋이었다.

외로움에 이골이 난 그 아이와 결혼한 반지도 지난 여름날, 집 앞 도랑에서 예쁜 종이배를 만들어 날마다 싫게 띄워 보냈다. 작은 꿈과 소망, 그리고 반지 이름을 적어 풀잎 하나와 한 마리 개미도 태워 보내곤 밤마다 품에 안겨 안녕을 빌었다. 거친 물살을 헤쳐 무사히 이 하구로 빠져 나갔으면 참 좋으련만, 세상은 그렇게 노글노글하지 않았다.

멀리 준령 언저리 갈피에 꽂아 두고 떠나온 고향 아득했다.

떠났다. 꿈을 위하여 미련 없이 수평선을 헤쳐 너울댔다. 보다 넓고 보다 장엄한 세상을 뒹굴어 저 해원을 내달리는 대양을 돌고래처럼 휘어잡았다. 이루지 못한 꿈 안목 하구로 와 넘실대는 바다를 보았다. 이무기의 몸부림을 보았다. 고향을 미처 떠나지 못해 여기에 서성이었다. 그리하여 용화산 기슭 조용한 절골에서 언제까지나 기다리는 육봉(陸封)을 기릴 것인 즉, 훗날 탁 트인 가슴을 안고 연어처럼, 송어처럼 이 안목 하구 남대천으로 돌아오려무나.

저 비린 파도소리 듣는 소라가 되어 짠물 한 움큼 담았다.

사악한 ____ 12, 7.

참 세월 많이도 변했다. 예전 같으면 야생동물을 마구잡이로 때려잡고 죽이고 생포했는데, 이젠 턱도 없는 소리 잠꼬대였다. 달라져도 많이 달라졌다. 신선한 개명이었다. 하지만 쌀 속서 배 내밀고 있는 뉘처럼 부끄러움도 모르는, 뒷구멍으로 갖은 작폐질하는 양심이라고 손톱 끝만큼이나 없는 쥐새끼 같은 놈이 아직도 있었다. 추운 겨울에 벌벌 떨며 먹이마저 구하지 못하는 짐승을 상상만 해도 가슴 아팠다. 특히 폭설이 질 때 짐승들이 마을로 내려오다 모조리 죽음을 맞았다. 눈 많은 지난 해 마을 부근으로 내려온 짐승을 닥치는 대로 때려잡아 겨우내 이빨이 느른하도록 먹었다는 뻔뻔한 낙수거리를 들었다.

아직도 멀었다. 우리는 뭐 그리 아프고 밝히는지, 무슨 병에 특효라느니, 무엇에 직방이라느니, 특히 정력에 좋다면 덫에도 기어들었다. 참으로 맹랑한 이유를 목에 걸고 거리낌 없이 마구 해쳤다. 올무, 덫, 심지어 허방다리 까지 파 집요하게 노렸다. 점잖은 척하는 종자들이 더했다. 토악질 역겨웠다.

왕산면서 폭설에 대비 정토사와 우리집에 건초와 곡식을 미리 비치해 놓았다. 미련스레 눈이 많이 오면 절 뒤 낮은 골짜기나, 산방 도랑 위쪽 모롱 돌아앉은 터에 내어다 놓아주었다. 수많은 발자국들이 찍히는 통로이고 길목이었다. 노루나 고라니, 토끼가 기웃거려 지나는 곳이었다. 어둑한 헛간에 건초 여러 뭉치와 보리, 밀, 콩, 메밀 등 여러 자루를 쌓고 갔다.

지난 밤 대관령에 눈이 내렸다. 머지않아 곧 강릉 천지로 점령군으로 무진장 쏟아질 때가 왔다.

반지가 산방에 둥지 틀면서 보리와 메밀을 소래기에다 담아 구석진 곳에 갖다놓았다. 일상의 즐거움이었다. 겨울 들어 더욱 정성을 쏟았다. 까치가 내려앉았다 가고, 몇 마리 참새가 쪼아 먹고 가면 박새랑 딱새가 날아왔다. 그 작은 새들이 포릉포릉 포르릉 날아오면 그렇게 좋아했다. 숨어서 보느라 정신이 없었다. 경륜인가, 이제는 손바닥에 해바라기씨를 올려놓고 내밀어 호이호이호이, 휘파람을 불면 어디서 금방 날아왔다. 쭈뼛쭈뼛거리다 씨앗을 물고 잽싸게 날아가곤 했다. 반지를 알아보고 어깨에 잠깐 앉기도 했다. 믿음이 조금씩 통하는 썩 좋은 풍경이었다. 그저 많이 먹으라고, 또래들과 같이 오라고 연신 주문이었다. 뻐기듯 신이 나는 아이. 아무래도 내년에는 오래에 지천으로 해바라기 동산을 만들지 싶다.
새들을 위하여.

짐승과 스스럼없이 어울리면 얼마나 좋을까. 세상은 참으로 아름다운 서정이 이는 동산이 될텐데. 미움을 모르는 고운 심성, 하지만 속이고 속는, 죽이고 죽는, 배신과 배신, 욕심으로 가득 찬 비린내 풍기는 인간들이었다. 고통 받고 쓰러져간 세월 참말로 교활한 죄악이었다. 안 믿었다.

돈푼깨나 좀 있고 낚시꾼과 비교될 만큼 허풍 센 사냥꾼이 번쩍거리는 엽총으로 잡은 장끼 대 엿 마리를 허리에다 꿰차고, 군대도 안 갖다온 주제에 마치 대역전의 용사나 된 듯 거들먹거리거나 으스대던 포수, 쫓기는 짐승을 끝까지 쫓아가 창으로 찔러 무릎을 꿇고 앞으로 고꾸라지는 종아리 가냘픈 노루의 피를 천연덕스레 빨던 전리의 사냥꾼에게 얼마나 많은 생명들이 무자비하게 사라졌는가. 일상인 듯 스스럼없이 우리들의 아버지도 예전엔 그랬다. 부끄러운 자화상이 아닐 수 없었다.

이 추운 밤 그 작은 새들은 어디서 떨고 있는지.

기대어 마음 베푸는 정이고 껴안아 체온 나누는 사랑.

무 시래기타래를 들어 보이면 노루, 토끼가 달려와 먹고 몸 비비다 갔으면 좋겠다.

소상(遡上) _____ 12, 10.

에누리 없이 건조주의보가 내려졌다. 시퍼런 칼날 같은 날씨가 바짝 움츠러들어 몹시 예리했다. 응달에 서릿발 이가 성큼하고 찬바람이 싸늘하게 흔들렸다. 외등 옆 구리에 달아준 바람개비가 종일 돌았다.

불빛 노란 거실에 파묻힌 반지가 인기리에 방영되는 연속극을 보는 둥 마는 둥 잠에 잔뜩 실려 혼곤했다. 끄덕거리다 화들짝 놀라곤 했다. 식곤증에 보태 뱃속의 김가 은가 때문이었다. 끌어안아 말간 귓밥을 물어 혀로 궁굴렸다. 시내 밤거리를 걷고 올까? 콧김으로 귀를 간질이었다. 쫑긋, 눈을 번쩍 떴다. 그러지 않아도 괜히 응석부리고 싶고 무언가 궁금했는데 서둘러 두툼한 옷을 껴입었다. 멋 부리다 얼어 죽는다 했다. 연애하던 처녀 적에는 곧잘 맵시를 부렸는데, 처녀를 반납한 이제는 은근한 실속을 챙겼다. 남세나 부끄러움을 외면한 그래도 귀염둥이 아내였다.

느닷없이 누나에게 수다를 떨더니 휘황찬란한 금방 골목에서 포옹을 했다. 이내 스크럼을 짜듯 거리를 누볐다. 길옆 얼굴에 숯검정이 묻은 군밤장수에게 잽싸게 달려가 빚쟁이처럼 한 봉지씩 받아 들고 따끈한 밤을 먹으며 걸었다.

화려한 양품점 골목을 눈요기를 하다가도 기웃거려 조잘거리고 나왔다. 여자들이라 옷에 관심 집중이었다.

벗어나 시장 골목. 예전 같으면 생각도 못할 철 벗어난 푸성귀들이 단정히 나들이 나왔다 추위에 웅크리고 있는 모양새였다. 봄, 여름, 가을, 다 모여 향을 뿜어내고 있으니 원. 저마다 고정관념이 무참히 무너져내리는 곳, 은근한 경연장이었다.

지하 어시장으로 내려갔다. 대양을 아우르던 온갖 고기들이 그물에 포위되어 포로로 수용되고 있어도 짠 바닷물을 퍼올려 질펀했다. 출렁출렁 이는 물결에 푸른 파도 소리가 들렸다. 비린 넋이 피어올랐다.

용궁에서 헤엄쳐 나와 길 건너 자석처럼 먹자골목에 끌려들어갔다. 한때 단골로 드나들던 가게였다. 오랜만의 해후에 감격하는 아주머니는 임신한 반지를 보고 내 일처럼 기특해 했다. 시뻘건 고추장에 버무린 떡볶이를 가득 떠주었다. 입언저리가 벌겋도록 칠하곤 꼬치 어묵을 간장에 찍어 신나게 먹었다. 빈 꼬치가 한 움큼. 구수한 국물을 훌훌 불며 마셨다. 속이 따뜻했다.

속까지 덥혔겠다, 뻔했다. 길은 하나 마지막 간이역 노래방에 들렀다. 그 길은 반지가 누구보다 좋아하는 여정이었다. 시월의 마지막 밤을 잘 부르는 누나도 만만치 않았다. 우수 짙은 배호의 노래를 고집할 만큼 청승스러운 자형이 출장 때문에 휩쓸리지 못해 못내 아쉬웠다. 다리가 만날 아프다고 끙끙거려도 관광버스에 올라탔다

하면 하루 긴 종일 줄기차게 들고 흔들어대는 가락을 알고 풍류를 아는 겨레였다.

노을 지는 강변 가사가 가슴을 울리는 갈대 숲에 숨어 우는 바람소리를 애절하게 노래하는 반지. 그리고는 울었다. 한참 눈물을 닦다 배시시 웃곤 누나 품에 안기는 가엽고 외로운 아이. 작은 몸집에 부른 배인데도 구르듯 유연한 율동은 뼈가 없지 싶었다.

향수. 언제 들어도 푸근한 가슴. 유년시절을 꾸리 엮은 청산의 동자승이랑 계절 따라 뒹굴던 산문 안 오래. 어머니의 젖무덤 같은 꿈엔들 잊을 수 없는 고향을 재롱둥이 반지랑 늘 불렀다. 애창곡이었다.

모두가 쟁이었다. 더워진 몸 숨이 찼다.

건널목 옆에 있는 김이 무럭무럭 오르는 주황빛 포장마차가 따뜻해 보였다. 번화가의 겨울밤 풍경이었다. 포장마차에서 호떡 하나씩 물었다. 뜨거워 호호 불었다.

비듬 좀 털어내고 스트레스를 확 날렸다는 누나는 종종 끼워달라는 너스레를 떨었다. 언제 봐도 귀여워 퐁 터뜨리고 싶다는 반지를 한참 동안 껴안았다. 파란 불이 들어오자 건너갔다. 손을 흔들었다.

산촌의 겨울은 잔인한데 도시의 겨울은 맥을 못 썼다. 느낌도 없었다. 분명 열 몇 일이겠는데 달이 안 보이고 별들이 질려 숨어버렸다. 휘황한 불빛에 몰려드는 불나비가 밤의 촉수에 광란했다. 도시는 폐부를 씻어내는 새벽을 잉태하는 잠 못 드는 치유 불능의 불면을 깊이 앓았다. 비껴 서있는 벽보판이 어지러웠다.

다리가 아프다는 반지. 들쳐 업고 주차장을 찾았다. 옷깃을 스치는 인파 속을 헤쳤다.

용케 하구를 찾아 남대천을 거슬러 오르는 두 마리 고기. 바람개비가 도는 산방을 향했다.

토굴뚝 _____ 12, 11.

눈이 번쩍 띄었다. 뜻밖의 연락에 반가운 맴을 돌았다. 쌈지만한, 어쩌면 생각지도 않던 물건이었다. 이득은 아니지만 나에겐 필요한 소품이었다. 어깨를 짓누르지 않고 부담이 없어 휘파람이라도 불고 싶었다.

미친 듯 어울려 운동을 한 선배였다. 아파트를 요일마다 정해놓고 돌아다니며 지금은 뻥튀기하는 그저 평범한 사내였다. 남들이야 모두 우습게 보고 천시하는 뻥튀기 장사가 서민 냄새를 더욱 풍겼고, 소탈한 성격이 또한 그랬다.

액운이 가득한 참으로 재수 없는 날이었다. 귀가길에 뒤따르던 미친 듯 술 취한 차가 들이받아 만삭의 아내가 절명하는 불행으로 동승했던 처제도 다쳤다. 다리를 절게 된 처제를 장인 장모의 발악 같은 반대 속에서도 석고 대죄할 만큼 억척스런 설득으로 끝내 맡아 거두어 사는 의리가 있다고 해야 하나, 밀알진 아들 둘이나 키우는 뚝심있는 사내였다. 점퍼를 즐겨 입는 늘 수수한 차림이었다. 대단한 양의 수석광에다 옛날에 운동을 같이 했다는 인연과 나무를 땐다는 것에 기별을 주었다.

기계톱을 챙겨 덕산리라는 델 갔다. 그의 선산자락 몇 평이 새로 나는 도로로 편입되는 바람에 그리 굵지 않은 나무를 베어야 했다. 발칙한, 감히 달려들었다. 정면으로 맞서는 나무, 무슨 죄이고 날벼락이랴. 문득 육시를 당한 유관순이 생각났다. 한 생명을 유린하는 망나니 같다는 생각을 내내 지울 수 없는 찌꺼기 같은 양심이었다. 굉음을 냈다. 아직도 뽑아올리는 청청한 꿈과 몸뚱아리 넘어가는 소리가 원통하게도 쾅 가슴을 튕겼다. 싣고 내리기 좋도록 짧게 잘랐다. 골초 부엌 아궁이가 즐겨 피우는 담배 개비였다. 때마다 추울 때 굴뚝으로 모락모락 연기 뽑아 올릴 것이다.

신경 안 쓰고 편하게, 생명으로 주어진 날만큼 벌어먹고 살면 되는 무욕으로 아이들 글이라도 어찌 가르치면 다행이고, 불쌍한 아내를 딸처럼 귀히 키운다는 선배는 춤추듯 흐느적거리는 우리 고유무술 수박에서 알을 깐 태껸의 고수였다. 아는 사람은 다 멋쟁이라 부르는 신사로 통했다.

얼마간의 밀절미가 있어 호기롭게 뛰어든 몇 번의 동업자의 음모에 휩쓸려 고스란히 멍청한 사기를 당했다. 천만에, 당하고 가만있을 위인이 결코 아니었다. 순순히 토할 것을 어르고 달래고 협박까지 해봤지만, 남의 돈을 떼먹는 심보 또한 시시한 놈이던가. 보통내기가 아닌 덩지 큰 사기꾼은 불쑥 내민 배불뚝이를 째라는 뻔뻔스런 배짱이었다. 데면데면하다가는 돈은커녕 추스를 수 없는 잘 씹히는 안주거리로 봉변하기 십상이었다.

배포 크고 담대한 그는 엄포가 아닌 본때를 보여주려고 가지고 간 절단기를 보여주었다. 회개하고 진정한 양심으로 돈을 되돌려 달라고 점잖게 부탁했다. 돈이야 있지만 못 주겠다는 숫제 드러내놓고 코웃음 치는 사기꾼은 호기롭게 절단기에 엄지손가락을 들이대었다. 팽팽한 배짱과 만용의 싸움이었고 기였다. 여차하면 죽일 만큼 독이 끝까지 오른 선배는 망설임 없이 그 즉시 뭉텅 끊었다. 내 손가락을 설마 어수룩한 네까짓 놈이 하는 어설픈 객기와 호기를 부려 능멸했다. 시뻘건 피가 분수처럼 내쏘았고, 날카로운 비명 뒤에 잘린 손가락이 펄펄 뛰어다녔다.

태연히 병원 응급실로 데리고 가 봉합수술을 한 뒤 경찰서에서 진술서를 내고 꽤 살다 나왔다. 철창에 비치는 계절의 빛을 몇 번 잘 보고 만기 출소했다.

며칠 줄담배를 피웠다. 억울해 잠이 오지 않았다. 죽으면 죽었지 돈 떼이고 옥살이까지 하고 봉변당하는 세상을 두 눈 뻔히 보고는 절대 못 사는 고약한 성질머리, 본때를 보이고 여차하면 가족을 몰살시켜 끝장을 내기로 했다. 이번에도 보따리를 싸들고 갔다. 방안에서 포시럽게 골프 연습을 하고 있던 사기꾼이 갑작스런 출현에 혼이 나갈 만큼 기겁을 해 자지러졌다. 단지 사건 때 지독한 놈이라는 것을 알았을지도 모를 그였다.

깍듯이 인사를 올렸다.

단지 덕분에 악랄한 특공대 행동대장으로 진급시켜 줘서 이리 고마울 데가 없다고 비꼬아 올무를 놓아 옥죄었다.

새카매진 그의 마누라가 밖으로 튀어나갔다. 무언가 망설이던 그가 손전화로 아내를 불러들였다.

불알값도 못하는 탈영병의 전과와 무자비한 폭력, 황홀한 피투성이 강간, 결혼을 빙자한 비릿한 간음 및 알토란 같은 재산 편취한 능구렁이 같은 고단수의 화려한 전력, 도저히 쳐다볼 수 없는 아득히 높고 거룩하신 오성 장군 원수 각하에게 유익한 휴가를 끝내고 황송한 인사, 그리고 최후의 인사, 마지막 인사차 왔다고 증오를 다스려 비아냥거렸다.

모두가 먹잖고 입잖고 죽을 힘 다해 번 돈을 수단 좋게 사기쳐 아들을 미국으로 유학 보내고, 딸은 파리로 예술 유학 보냈다지만, 돈이나 사기당하는 지지리 못난 나 같은 놈은 아들을 겨우 서울대에 어찌 턱걸이 시킨 재주다 보니, 여태 살면서 남을 속여 본 적도, 여태 살면서 남의 것을 가로채 본 적도, 여태 살면서 남을 미워해 본 적도, 여태 살면서 남의 여자를 건드려 본 적도, 여태 살면서 남에게 피해를 준 적도 없이 착하게, 병신 머저리마냥 착하게만 살아온 죄 밖에 없는 용렬한 서민이다. 때문에 우직한, 원수와 은혜는 반드시 갚는 나의 신조는 신이나 대통령 심장에도 거침없이, 망설임 없이 칼을 꽂는 두둑한 배짱 하나만은 고집불통어서 너처럼 날치기 같은 놈은 코앞 가깝고 선명한 큰 과녁으로만 보인다고 점잖게 말했다.

그러면서 느닷없이 차고 있던 단도를 꺼내 빙글 한 바퀴 돌며 구석에 있는 나무옷걸이 끝을 용으로 장식한 머리를 향해 번개같이 던졌다. 정확하게 꽂혀 댕, 파장 맑은 소리가 나며 바르르 떨었다. 또 하나 던졌다. 팍, 정통이었다. 사기꾼이 움찔했다. 그리고 이내 서두르듯 보따리를 풀었다. 이빨 성큼한 기계톱에 발동을 걸었다. 갑자기 시동소리가 온 방안을 뒤흔들고 톱날이 맹렬했다. 여유있게 들었다. 천천히 다가갔다. 하지만 죽일만한 가치조차 없는 깡통이기 때문에 죽이지는 않는다. 대신 5 초도 안 되는 동안 이번엔 너의 다리를 절단하러 왔다고 절대 흥분하지 않고 차분히 엄포를 놓았다. 서서히 다가가 톱날을 대퇴부 가까이 가져가갔다. 악을 쓰듯 맹렬했다. 아찔했다.

결국 새파랗게 질린 사기꾼은 그의 아내도 모르는 비밀통장을 내놓았다. 원금과 이자, 투자의 이익금에다 손해배상까지 악착같이 받아낸 독종이었다.

하지만 건드리지 않으면 절대 해하지 않는 무지한 선량이지만, 비양심을 철저하게 응징 보복하는 눈에는 눈, 이에는 이였다. 살인이 별 거냐며 거침없이 옥쇄도 서슴지 않는 골통이었다.

선배는 철저하게 법을 믿지 않았다.

평등과 정의를 부르짖는 신성하다는 법. 그 어느 것보다 참으로 신성하다는 법은 개씹이 법이요, 개보지가 법, 개씹구멍이 법이었다. 있는 놈들이나 배운 놈들의 개씹하는 잔치고 개보지 핥는 유희, 개씹구멍 뚫는 쾌락이라 했다. 능멸하고 강간하는 권력과 고리대금업 성황에 칼날 무딘 정치는 성난 군중의 봉기로 망하고 봉기는 개씹 법이 화근이라 했다.

끗발 없는 자의 가혹한 무덤이었다. 올가미요, 덫이었다. 라면 한 봉지 훔친 배고픈 자에게 알뜰히 끝까지 몇 년 징역형이고, 수천 억 해 처먹은 관리 놈은 채 몇 달도 안 돼 별장서 나오는 현실이었다.

가장 수평이 되어야할 저울인 법을 기울지도, 치우치도 않게 정확한 무게를 가르는 한 치의 오차도 용납 안 되는 추인 판검사가 아닌가.

무기 없는 초식동물을 잡아먹는 맹수가 되어버렸다.

이마빡에 피도 안 마른 놈이 판사나부랭이깨나 됐다고, 제 아비보다 나이 훨씬 높은 어른을 흉년에 싸라기만 처먹었는지, 빈궁마마의 석궁(石宮)에서 빠져나온 아비도 모르는 불개쌍놈들은 반말에 고압적인 욕지거리하는 지식의 패륜아였다. 지식은 예리한 칼날이어야 하고, 덕은 올곧은 인품의 약손이어야 법치가 아닌가. 권력에 아부좆이나 빠는 타락한 우상들,

기가 막혔다. 참으로 억울하고 피 토할 분노의 용광로가 되어 가슴에 들끓었다. 한심할 만큼, 아니 가차 없이 무자비하게 뒤엎어야할 만큼 무수히 봐 왔다. 그러면서 말로는 법은 만인 앞에 평등하다고, 게 아닌 개거품을 물었다. 말로 떡을 하면 조선이 먹고도 남았다.

정직이 바보가 되는 복마전의 사회에 대한 환멸을 느껴 배짱 편한 뻥튀기 장수가 됐다. 비린내 나는 부자들보다는 때 절은 냄새는 날지언정 텁텁하고 고단한 서민이 좋다는 터득의 변이었다. 통쾌하고 고소한 그 단지 사건으로 일약 유명세를 탄 선배는 엔테베특공대라 불렀다.

여겨보면 한없이 좋은, 때 묻지 않고 순수했다. 향기가 일었다.

소문난 애처가여서 팔불출이었다. 달걀 흰자위가 노른자위를 껴안듯 귀여워 못 배기는 반지를 따뜻한 아랫목에 재우는 나처럼 남자 망신 다 시키는 모양이었다.

조랑말에 가득 실어 날랐다. 헛간 옆에 부려놓고 개미인 양 왔다 갔다 헉헉거려 날랐다. 종일이었다.

올해는 설낙목 덕으로 장작을 신나게 패 가렸다. 부엌 밖은 푸짐하게 부려놓은 하역장이었다. 바라만 봐도 흐뭇했다. 아버지가 나무를 해오면 어머니는 토굴뚝에 연기 피워올려 더운 밥 지었듯이 반지는 시래기 타래를 셋을 삶았다.

고기잡이 ____ 12, 12.

앞전(회비)과 지출 계산이 다 끝났다. 살림을 잘해 쏠쏠한 총 결산 내역을 총무가 알리자 모두는 박수로 마무리했다. 이어 저마다 가득 채운 술잔을 눈보다 높이 들었다. 테 굵은 안경을 걸친 계수 팔봉이 선배가 헛기침을 토해 애써 점잔은 표정을 지었다. 올 한해도 큰 대과 없이 유종의 미를 감사드리며 여러분의 행운과 향우회의 영원한 발전을 위하여! 판에 박은 듯 상투적이긴 하지만 유별나게 큰 목소리로 힘차게, 호기롭게 건배가 올려졌다. 짠, 짜짠, 짠, 여기저기서 잔 부딪히는 맑은 소리가 부산했다.

어느새 고기가 지글지글 기름 끓는 소리가 미각을 툭툭 건드리기 시작했다. 좀 컸음 좋으련만 늘 혓바닥만한 상추에 소금 뿌린 참기름에 적신 불고기 한 점 놓고 장처발랐다. 마늘 한 쪽이랑 초 친 파절이 몇 올, 그리고 엇비스듬 썬 땡삐고추도 흐를듯 용케 올려놓았다. 겨우겨우 쌈을 싸 오므린 뒤 목젖이 보이도록 딱 벌린 입으로 미련스레 꾸겨 넣었다. 토할듯 어찌 씹어 꿀꺽 눈을 불끈거려 삼켰다.

두리번거리다 앞에 앉은 회원에게 잔을 권했다. 또 깻잎을 털어 손바닥 위에 올려놓았다. 누군가 잔을 권해 왔다. 부어라, 마셔라, 신나게 먹었다. 시원한 동치미를 청하고 고기를 주문했다. 불판을 갈았다. 운김이 들이 달았다. 흥이 돋았다.

내기라도 하듯 옆방에서 위하여, 했다. 어디서는 왁자지껄 언단이 붙었다. 무엇이 그리 즐거운지 또 웃음 폭탄이 터졌다. 매캐한 연기 자욱했다. 여기 술 한 병. 여기도. 흥청거렸다.

무슨 말들이 그렇게도 많은지, 그간의 회포를 풀어내느라 소란스러웠다. 궁금한 안부에 근황을 캤다. 산부인과 의사 영순이 신랑이 전무로 승격했다는, 강산이 딸 명자가 경제학 박사가 되었고, 덕수 아들 창경이가 세계태권도 선수권대회에서 금메달을 땄다는 낭보에 박수가 터졌다. 참석은 안 했지만 형돈이가 결국 이혼을 했다는 반갑잖은 소식과 달수 아들이 어정쩡한 건달이라더니 결국 깡패들의 칼에 찔려 죽었다는 소식을 곁들여 들었다. 좀 침울한 분위기를 지우려는 듯 또 다시 한 순배 돌았다.

한패의 사람들이 빠져나가고 한 무리의 사람들이 밀려들어오느라 붐볐다. 분주했다.

꽤 오랜 동안 너무 뜸하다 싶어 예상은 했다. 파할 때쯤 길거리마다 마다에 음주측정을 한다는 다급한 전갈이었다. 2차로 노래방 가느니, 마느니 하다 거품이 꺼져내리면서 웅성웅성거리고 수군수군거리기 시작했다. 망신당하기 전에 아예 대리운전을 부탁하는 선배, 그래도 어찌 빠져나갈 수 있다는 약삭빠른 친구, 택시를 타고 가는 후배, 어수선했다.

전화를 했다. 자형집에 가 있던 반지가 득달같이 왔다. 아니나 다를까, 반드시 통과해야 하는 길목을 가로 타고 앉아 음주 측정하는 경찰이 바리게이트를 치고 한껏 발기한 붉은 경봉이 꺼떡거렸다. 앞에 몇 대가 측정기를 부는 모습이 보였다. 먹은 사람은 건듯 불고 경찰은 더 부라고 더더더, 다그쳤다. 실랑이가 벌어지기도 했다. 교접이었다. 하여 음주측정 경찰을 오르가즘 경찰이라고 불렀다. 더더더, 벌써 몇 대가 걸려들었다.

제 천성 개 줄까만 늘 봐도 본데라곤 아예 없는 뻣뻣하고 불손한, 그것도 끗발이라고 더럽게 재는 경찰이 죽은 게다리 놀리듯 건성으로 경례를 올리며 측정기를 갖다 댔다.

훅, 삑,

축구에 열광하는 강릉 사람들은 전국 대회 결승에 오르는 날은 시내가 사뭇 텅 비다시피 했다. 꼬리에 꼬리를 물고 오가던 차량도 모두 멈춰 섰고, 그 숱한 군상들도 어디론가 사라지고 없는 함락직전의 어느 도시처럼 적막하기까지 했다. 우승컵이라도 거머쥐면 거리는 더없이 광란했다. 누구도 못 말렸다. 깃발 펄럭이는 시민인 양 거리는 온통 헹가래치는 환희의 물결로 경적들이 도취되어 목청을 함부로 돋웠다. 승리의 쾌감에 겨워 술집으로, 술집으로 모여들었다. 기분 좋게 몇 잔 꺾으면 누가 어떻고 저떻고 누가 영웅이니 아니니, 추방시켜야 하느니 마느니, 있는 지식 없는 지식 총동원 누구도 따를 수 없는 아주 해박한 전문가로 자처했다. 흥분된 여운을 주체하지 못했다.

물총새가 자주 앉고 수달 똥이 있는 데를 아버지는 늘 눈여겨 봐두었다가 속이 허하거나 심심하면 여울에 나갔다. 누나랑 관솔불 밝혀 높이 들고, 물풀 수상한 길목을 가로막아 반두를 빙 둘러댔다. 우우 소리를 질러 휘몰아치며 빗자루를 낮게 붙여 쓸어내렸다. 어느새 눈치 챈 약삭빠른 씨알들은 완강한 포위망에 갇혀 찰나 기막힌 탈출을 꿈꾸거나, 대담하게 튀어오르는 늘씬한 지느러미 번뜩이는 돌파를 낚아채 여지없이 잽싸게 떠올렸다. 자해처럼 몸부림치지만 자결마저 거부된 전리 그 짜릿한 전율을 다래끼에 쏟아부었다.

중거리 슛처럼 통쾌한 기분, 문득 별똥별이 과녁을 향해 날았다.

우리는 포위망을 뚫고 지느러미 힘차게 물결을 남대천을 거슬러 바람을 갈랐다.

밤의 소묘 ＿＿ 12, 14.

바람이 몰래 지나갔다. 창밖 대뜰 아래 가랑잎 뒹구는 소리가 바스락거렸다. 앞산재를 너머 온 달이 앙상한 나뭇가지에 걸렸다. 푸른 골짜기에 은은한 달빛이 시리고 야윈 나무들 그림자가 마당에 어지럽게 어른거렸다. 귀 기울이면 쏟아지는 폭포소리가 가느다랗게 들렸다. 적막했다.

컴퓨터 앞에 반지의 손놀림이 분주했다. 메일을 열어보고 카페에도 기웃거려 댓글을 꼬리표 달았다. 무엇인가 뒤져 적었다. 그러다 만년필로 하루를 마무리하는 일기를 써내렸다.

추운 밤이었다.

아득해 어렴풋하지만 또렷한 건 그때 낡을 대로 낡고 때 절을 만큼 절은 싯누런 고전 소설책이었다. 띄어쓰기가 안 된 연이어 붙어 빼곡한 글씨의 심청전, 홍길동전, 임진록, 구운몽, 장화홍련전, 장끼전 등을 흡사 주렴 발 드리우듯 세로로 내리 쓴 책을 희미한 등잔불 앞에서 밤 늦도록 낭랑히 읽어내리던 할머니였다. 풍수사였기에 할아버지의 출타가 잦은 적적한 긴 밤을 무아경의 독서로 달랬던 같았다. 한 겨울에는 산문 밖 부연동에서 노인네들이 더러 찾아왔다는 전기수(傳奇叟)인 셈이었다. 명심보감까지 뗐다는 산북리가 친정인 훈장 따님이었다. 지금도 글을 읽을 때, 끊어지지 않고 연이어 읽던 할머니 흉내를 곧잘 냈다. 그때마다 신기해 갸우뚱거리며 바라보는 반지였다.

할머니 무릎을 당겨 베고 혼곤한 잠에 빠져들던 기억이 새삼 그리웠다. 아니면 가슴 헤쳐 젖을 조몰락거려 별 도깨비 같은 장난을 즐기다 머리를 쑤셔박아 젖이 나오는 듯 들입다 빨았다.

깊어가는 옛날얘기에 부엉이가 울었다.

무릇 짐승도 죽을 때는 머리를 고향으로 향한다고 하는데 추우면 생각나는 따스한 방이요, 해지고 어두우면 그리운 게 집이었다. 대추나무고목 모롱을 돌아서면 빼꼼히 보이는 집. 오래에 서성이던 삽사리가 먼저 알아 채 쫄랑거려 돌다리 건너왔다. 와락 껴안고 한바탕 뒹굴었다. 아무렇게나 책보를 팽개치는 하나뿐인 귀한 손자 궁둥이를 툭툭 두드려주는 할머니, 아버지와 팔씨름이나 씨름, 어머니한테는 괜히 업히곤 했던, 갈 수록 자꾸만 부풀어오르는 누나 젖가슴을 아프도록 쥐어보곤 번개처럼 도망갔다. 그립고 정겨운 아득한 기억이 아직도 사라지지 않음은 무슨 이유일까. 모두 내 곁을 떠나갔지만 석류알마냥 간직한 향수, 지금은 반지가 짝이 되어 이마를 맞대고 있다.

나가는 길은 설레고 들어오는 길은 안온했다.

어쩌다 탁발 늦은 스님의 귀가에 놀란 삽사리가 게을리 짓던 밤이었다. 아버지는 이슥토록 고드랫돌 달그락거리는 자리를 매거나 얻어온 짚으로 멍석을 맸다. 산죽이나 싸리로 다래끼나 채반을 만들기도 했지만 더러 산문 밖으로 슬그머니 나가 술타령, 화투치기도 했다. 겨우 내내 길쌈을 했지만 어쩌다 고부가 다듬이질하는 날은 창호문에 정겨운 그림자를 띄운 고단한 방망이소리가 골짜기 멀리 퍼져나갔다.

가뜩이나 굶주리던 시절, 먹을 게 없어 밭에 묻어둔 무 움구덩이에 얼음보다 찬 무를 꺼내 깎아 먹거나 화로에 감자를 구워 먹었다. 어쩌다 밀가루 한 포대라도 사오는 날은 더없이 포식했다. 끔찍한 세월이었다. 그래도 할머니는 고소하게 콩을 볶아 이 세상 천지에도 없는 것처럼 손자 주머니에 늘 가득 넣어주고 쓰다듬어주는 낙을 즐겼다.

반지가 거실에서 한잠 든 전화를 깨웠다. 누나에게 한참 이야기를 풀었다. 친구인

듯 깔깔거리다 맞장구치다 끊고 용화산에 걸었다. 스님이라 부르지 않고 언니라는 호칭을 조심스레 썼다. 내가 가거들랑 맑은 차 한 잔 달라고 애교를 떨었다. 그래도 심심한 몸짓이었다. 이번엔 서울인가, 조잘거리는 품이 여름에 기습적으로 왔던 배화여고 동아리 그 일레븐 잔당들이었다. 아주 신이 나 있었다. 한참을 속삭여 무슨 약속까지 하더니 못내 아쉬운 듯 끊었다. 끓어오르던 거품이 잦은 듯 조용했다.

원고 정리하는 내게로 와 기어들어 안겼다.

"맴맴맴!"

"알았어."

"속이 허전해."

흡사 강아지인 양 기꺼운 응석이었다. 껴안아 궁둥이를 다독였다. 심심한 몸짓이었다. 무언가 입이 거뿐한 게 먹고 싶다 했다.

문득 생각나 뒤란 김치갓에 들어갔다. 돌로 누른 소래기를 열었다. 새콤한 향이 확 풍겼다. 김장 배추김치 포기를 꺼내 박바가지에 골차게 담아왔다. 첫 개시였다. 맛이 어떨까 곧 궁금했다. 벌겋게 숙성된 고운 빛깔 군침이 절로 돌았다. 한 잎 뜯어 입에 넣었다. 아삭아삭한 매콤했다. 반지가 달려들어 한 잎 뚝 떼 고개를 꺾은 듯 젖혀, 허공에 올려 쥐고 배추김치를 내리 드리워 아, 기다리고 있는 벌린 입으로 서리서리 넣어 아작아작 씹었다. 눈이 호동그래지며 맛있다고 소리쳤다. 집게손가락을 돌려가며 빨았다. 바싹 다가앉아 내처 또 뜯어 먹었다. 정신없이 골몰했다. 왜 어릴 때 먹을거리가 없어 한겨울에 맨 김치를 쭉쭉 찢어 먹던 생각이 났다. 배고픈 낭만이었다. 뚝딱, 바가지가 텅 비었다. 입가에 고춧가루가 묻은 줄도 모르고 무심코 집게손가락을 빠는 반지가 어쩔 수없는 주부로 익어갔다.

그러면 그렇지, 춥다고 칭얼댔다.

걸어 잠근 산문 안 밤이 깊었다.

마지막 잎새 _____ 12, 15.

늘 그렇게 여겼다. 맨, 아주 맨 나중에 지는 잎이었다. 차가운 소리를 켜는 바람에도 용케 매달리다 문득 체념, 끝내 낙엽으로 떨어졌다. 저물어가는 한 해 노을지는 12월. 기어오르는 담쟁이덩굴에 달린 폐렴에 죽어가는 존시를 위한 잎새, 가엽게도 오 헨리의 작품이 아닌 벽에 달랑 붙은 한 장의 달력이었다.

왠지 가슴이 시리고 괜히 마음이 허전했다. 무언가 아쉽고 알 수 없는 미련이 고였다. 타버린 재였다. 그 숱한 발자국들이 어지럽게 찍힌 빛바랜 날들이 이제는 기억 저 편으로 사라지고, 바퀴 도는 역사의 갈피에 들어 영원한 궤적 안식을 취했다. 배려한 수사(修辭)는 조용한, 하지만 저 등이 시린 쓸쓸한 퇴역을 전송한 뒤, 눈 부릅뜬 대장군이 인간을 씨 뿌린 이 세상으로 징집한 세월, 새 달력을 걸었다. 누군가 억겁을 제겨디뎌 검푸른 하늘 아득히 쏘아올리는 활이었다.

세월이 오면 인생은 가는 것.

술 괴는 주막 들러 길은 강 건너 머나먼 어디쯤 왔는가.

가고 있었다. 인생을 봇짐 진 나그네가 한 줄 묘비명을 쓰기 위해 세상의 길 위에 있었다.

목욕탕에서 나온 듯 산뜻했다. 싱그럽고 향기로웠다. 첫날밤에 든 색시같이 청순했다. 저고리 고름 치마끈 푸는 꽃잠 꿈꾸었다. 두근거려 설렜다.

개성의 시대라서 달력도 별나게 다양했다. 손안에 드는 앙증스런 것도 있는가 하면 전지만한 거대 달력도 있었다. 잘 나가는 회사나 괜찮은 자영업자들이 다투어 쏟아놓지만 옛날엔 달력 구하기가 퍽이나 수월찮았다. 그 지역의 국회의원이 달력도 아닌 연력을 반을 통해 내주는 게 고작이었다.

월순네 가게에 들렀다. '흰죽사발 뒈쓴 눈깔 뚱그런' 달력을 맡겨놓기라도 한 듯 서슴없이 달라 했다. 집으로 오는 길에 반지가 물었다. '흰죽 사발 뒈쓴 눈깔 뚱그런 달력' 아까 한 말이 무슨 뜻이냐고. 빙그레 웃었다. 온통 흰자위만 보일만큼 크게 뜬 눈, 글씨가 굵은 달력이라는 말에 배꼽 잡고 웃다 못해 사레까지 들려 콜록거렸던 기억을 피뢰침처럼 뽑아올렸다.

몇 얻어온 달력을 쭉 폈다. 밝아오는 해가 소띠의 기축년이었다. 거실 좌탁에 나란히 앉아 첫 장을 넘겼다. 희디흰 아주 깨끗했다. 누군가 정성으로 심어놓은 새까만 씨앗들이 움트기 시작했다. 세월을 담은 시루였다.

음력을 더듬었다. 농사나 기제일을 챙기는 시골에는 아직도 음력을 선호했다. 제일 먼저 할아버지, 할머니 기제일에 싸인펜으로 동그라미를 쳤다. 메모난에 반지가 또박또박 적었다. 아버지 어머니 돌아가신 날에도. 그리고 장인 장모 기제일에도 찬찬히 동그라미치고 적었다. 반지가 나를 빤히 바라보았다. 소영이 엄마 기제일에다 표시를 했다. 이어 예쁜 귀염둥이 반지 생일이라 적고 나와 소영이, 누나랑 자형, 일철의 것도 찾아 그려 넣었다.

가는 세월 누가 막을 소냐, 세월아, 네월아, 자못 흥얼거리던 아버지는 잉크 냄새 풍기는 새 달력을 들여다보며 할머니에게 들려주었다. 몇 월이 윤달이느니, 복날이 월복이느니, 동지가 노동지느니, 애동지느니, 절기를 아뢰었다. 그럴 때마다 아버지를 보고 올해 몇 살이냐고 넌지시 농을 걸기도 했다.

누나와 나는 제삿날이나 생일을 손곱아 기다리고 기다렸다. 자르르 윤기 흐르는 쌀밥이나 기름진 네발고기를 먹을 수 있기 때문이었다.

또 무엇이 없을까 이리저리 뒤졌다. 있다, 반지가 소리쳤다. 무슨 대단한 발견이라도 한 양 4월 1일을 동그라미쳤다. 그리고는 나를 빤히 쳐다보지만 통 생각이 나지 않는다고 짐짓 시치미를 뗐다. 애가 마른 듯 생글생글 웃기만 했다. 최대의 사건이고 최고의 순간이었다는 말로 뱅뱅 돌리다 바보, 미워, 하더니 나의 귀를 잡아당겼다. 꽃잠 향기로웠던 날이라고 속삭였다. 눈을 지긋 감아 스러지고 뒹굴었다. 참으로 더없이 황홀했다. 발그레 붉은 얼굴 으스러지도록 껴안았다. 결혼한 날도 챙겼다. 혹 빠진 게 없나 보고 다 챙겼나 싶을 때 반지가 2월 그 출산 예정일을 적었다.

우스개지만 산문 밖에 사는, 심심찮을 만큼 꽤나 몰래 떠는 바람둥이 형은 동네 누구들과 잠자리한 날에다 별표를 그려 넣다가, 수상히 여긴 아내한테 꼬리가 잡혀 곤욕을 치루기도 했다는 엽색행각 일화가 생각났다.

농사꾼의 아들이어서 그런가, 새 달력을 벽에 걸 때마다 새로 장만한 밭 같은 마음이 못내 자꾸 들었다. 기축년 한해 내 몫의 밭을 갈아 씨 뿌리고 가꾸는 산방의 소일거리고 오래였다.

가느다란 줄기 실핏줄 이어놓고 떨어지는 마지막 잎새였다.

바람 _____ 12, 17.

바람이 불었다. 세찼다. 비탈에 나무들이 맹렬히 휩쓸렸다. 우악스레 머리채를 거머잡혀 이리저리 휘둘렸다. 벌벌 떠는 꼼짝 못하는 주정뱅이 아내였다. 우우우, 아우성이었다. 이미 미쳐버린 저 광폭한 폭군에게 맞설 자 없었다. 가랑잎들을 휘몰아쳐 냅다 구렁으로 패대기쳐 여지없이 쑤셔 박았다, 다시 공중 까맣게 몰아갔다. 매에 쫓기는 참새들이었다.

그 억센 까마귀가 날아가다 비틀거렸다. 불시착했다.

천지를 뒤흔드는 바람소리.

몸을 가눌 수 없었다. 숨을 쉴 수 없었다. 살갗이 따가웠다. 수없이 날아와 박히는 화살들이었다. 홱 닥치는 바람에 풀썩 주저앉았다. 대관령을 돌파 거침없이 내달려 감히 대적할 수 없는 군단을 풀어놓아 초토화시키려는 무시무시한 기세였다. 지축이 흔들렸다.

냄새 고약한 입김을 역겹게 토하며 나무들의 머리채를 무자비하게 휘감고, 산비탈로 개처럼 잡아끌어 꼼짝없이 산 너머로 훌쩍 넘어가버렸다. 쏴아 등성이를 훑으며 다시 쫓아와 가득 찬 낙엽들을 휘몰아 닦달 혼을 빼놓고 사나운 발톱으로 짓눌렀다. 서 있는 나무들을 쓰러뜨리려 달려들었다. 안간힘으로 끝까지 버티느라 머리카락 뽑히며 앙칼진 목소리로 맞대항했다.

낙엽을 날려 팔딱팔딱 놀던 고양이 바람, 빈 병에 드나들며 휘파람 불던 아기 바람, 요구르트 빈 통을 굴리며 심심해하던 오래 이웃 바람은 그 위세에 눌려 어디론가 재빠르게 숨어버리고, 애꿎은 웬 신문지를 하늘 까마득히 올리는 회오리바람의 심술이, 광기가 어지러웠다. 흐느꼈다.

도랑 건너 집으로 들어오던 아버지 어머니가 밀어붙이는 세찬 바람에 밀려 주춤주춤 자작나무밑동을 겨우 붙들었다. 목수건이 벗어져 하늘 높이 날아올랐다. 뚝 하고 나무 중동이 여지없이 부러져 나갔다. 소리쳤다. 마중 나섰던 누나는 어쩌지 못해 바라볼 뿐 바락바락 영악을 썼다. 건들건들 흔들리던 벌통들이 휙 날아 데굴데굴 끝내 박살났다. 다시 문고리를 잡아 당겨 잽싸게 들어와 문을 걸었다. 뒤쫓던 바람이 문을 쾅 걷어찼다. 덜컹거렸다. 집이 통째로 흔들렸다.

아버지와 어머니는 여전히 매달렸다.

불안에 떨던 해도 허겁지겁 넘어가고 바람만 천지를 뒤흔들었다. 삽사리가 낑낑거렸다. 문을 긁었다. 모래를 문에다 흩뿌리는 바람에 깨갱 삽사리가 비명을 질렀다. 겁에 질려 겨우 불을 켠 전기가 나갔다. 어두웠다. 갑자기 공포가 엄습했다. 문은 계속 아우성이고 한기가 내습했다. 지붕이 뜯겨져 날아갔다. 문이 떨어져 까마득히 날아올랐다. 잔뜩 겁에 질린 눈으로 밖을 보았다. 괴물 같은 어둠이 공산 혁명군처럼 진주해 억눌렀다.

문득 하늘이 밝아왔다. 산문도 밝고 온 사방이 훤해졌다. 눈이 뚱그래져 내다보았다.

헉! 불이었다. 난데없이 웬 불이 일어나 혀를 날름거렸다. 맹렬히 타올랐다. 공중으로 불길이 날아 떠다녔다. 미쳐버려 눈에 핏발 선 개가 컹컹 짖었다. 아래 산문에도, 위 용화산에서도, 앞산에서도 온 골짜기가 불바다, 시뻘건 불바다였다. 기세등등한 화광이 충천했다. 옥죄어 들었다. 대추나무 모롱을 돌아 치붙고, 용화산 골짜기에서도 내리달렸다. 소와 닭이 뛰쳐나가고 이빨 성큼한 개가 날뛰었다. 뿌지직, 순식간에 타버리는 소와 개 흔적조차 없었다. 뒤란까지 엄습하는 불길. 도랑 건너오는 불바람, 불바다였다.

아버지 어머니는 문득 눈을 감고 관세음보살을 다급히 외웠다. 낭랑했다. 더없이 초연했다.

뛰쳐나간 누나는 고래고래 악을 썼다. 팽창한 열기. 열기. 확 불길이 세상을 덮쳤다. 아버지와 어머니, 누나가 여지없이 휩싸였다. 불덩어리들이 머리 위로 무수히 쏟아졌다. 불똥이 튀었다. 옷에 붙었다. 후루룩, 순식간에 타올랐다. 뜨거웠다. 심장이 멎었다.

으악!

화들짝 깨었다.

미동하는 흔들개비 아래 품에 안겨 세상 모르고 콜콜 자는 반지였다. 숨결이 고르고 평온했다. 배를 만져보았다. 쌍둥이 두 놈이 한창 씨름을 하느라 골몰했다.

누리는 한잠에 빠져있었다.

솔 ____ 12, 18.

연전에 그토록 흠모하던 노시인이 안타까이 타계했다. 기탄잘리로 유명한 인도의 타고르와 비견되는 우뚝한 분이었다. 관심조차 없어 상 하나 타지 않은, 그리고 거부한, 절대 이념에 치우치지 않은 꼿꼿한 그였기에 숱한 박해를 가해 긴 세월 무정란같이 굼벵이처럼 영어까지 겪었다. 중용을 다듬어 온몸으로 끝내 지조를 꺾지 않은 서릿발 어른이었다. 웃기지도 않는, 어찌 휩쓸려 저항하다 며칠 감옥 갔다 와선 영광스런 필화, 마지막 심장을 움켜쥐고 처절히 절규했노라고, 입이 아닌 아가리에 게거품도 아닌 개거품을 내뿜는 참 추한 쥐새끼 같은 문인도 있지만 그는 말이 없었다. 시인이기 이전에 기백이 웅혼 함부로 범접할 수 없는 사상가였다.

쉬쉬하는 풍설이지만 뉘의 사주에 저격당하던 날, 경향 온갖 신문들은 진정 이 시대의 거목이 쓰러졌다고 통분 슬퍼했다. 자리를 지키며 버티어 온 시성이야 말로 참으로 우리가 우러르는 거목이었다.

예외 없이 까치가 이리저리 날며 정신 사납게 짖었다. 아침부터 웬 사람들이 돌다리 건너오는가 싶어 나갔다. 영림서에서 왔다는 그들은 산방 주위를 빙 둘러싸고 있는 수려하고 청청한 소나무 숲을 보고 자못 감탄 경외스러워했다. 상상도 못할 만큼 큰 소나무 군락과 잘 보존되어 있다는데 입을 다물지 못했다. 국유림의 소나무 표본은 정리되어 있지만 사유림은 여의치 못한 탓에 이제야 방문했다는 변이었다.

절골에 찻길이 뚫린 것도 일정 말에 이 소나무를 징발하기 위해 대추나무 모롱 못미처 길을 닦다 해방이 되었다는 사실까지도 훤히 내리 꿰었다. 그랬다. 전쟁이 조금만 길어지고 찻길이 만들어졌다면 모두 한 아름이 넘는 늘씬한 소나무는 송진내 가득 쑥대밭이 되고도 남았다. 아찔한 다행이 아닌가.

우람한 몸통을 손수 안아보며 줄자로 재고 까마득히 솟은 늠름한 나무를 쳐다보아 가늠도 했다. 가득 벌려 껴안아도 손이 안 닿는 거대한 나무도 수두룩했다. 어떻든 뜻은 잘 모르지만 대단한 강송이고 황장목이었다. 4만 평이 넘는 우리 산의 소나무는 근동을 너머까지 소문난 터였다.

오대조 시절에도 푸르렀다는 고증이고 보면 수령은 한 200년 못미처 쯤 족히 되었을 터 역사를 채집한 유장한 세월이었다. 존귀한 생명을 헌납할 때, 저 깊숙이 아로새겨 간직한 유언 그 나이테가 있지 않은가.

한 십년도 훨씬 더 넘은 오래된 구유가 썩어 물이 샜다. 아버지는 산신제를 반드시 올리고, 조심스레 나무를 베어 정성스레 다루었다. 카누 같은 구유를 며칠씩이나 쪼아냈다. 무턱대고 베어내는 것이 아니었다. 아름드리 나무는 넋이 있기에 경외심을 가져야 했다. 아무 아무개가 깊은 산에 들어가 천년 고목을 베다 나무에 치이어 죽었다는 비화가 그래서 회자되었다. 잘되는 도벌꾼이나 호강하는 목상이 없었다.

황소 붉은 구릿빛 근육 불끈거리는 저 하늘을 찌를듯 당당한 풍채였다. 의연했다. 숱한 비바람과 눈보라, 혹한과 혹서가 닦달해도 꿋꿋이 견뎌냈다. 나약함을 모르는 굳은 절개 서릿발 선 청청한 기상이 매웠다. 언제나 그 자리를 지키는 풋풋한 뚝심 푸르디푸르렀다. 가파른 절벽에 버티어 선 소나무도, 호젓한 산모롱을 돌아 외로이 지키고 있는 소나무도, 성황당의 그 화려한 소나무도 운치가 있었다. 오래된 풍경이 걸려있었다. 이 나라 어느 산천이든 뒤덮은 소나무가 있어 고고했다.

문밖을 나서면 앞 뒷산에, 산야로 지천이었다. 불러서 나온 듯 다가와 친근했다. 언제나 솔향을 풍기는 솔바람소리 정갈했다. 푸른 솔숲에 안긴 산방 솔숲에 기대어 살았다.

뻐꾸기 울 때쯤 노란 송홧가루 해종일 쏟아지는 봄날을 보았는가. 텃밭에 강냉이 무성한 날 끄트머리에 매미소리 사태져내리는 오래를 보았는가. 바구니 든 색시야, 불끈거려 땅을 떠이는 발기 실한 송이밭을 보았는가. 황토빛 솔가리 가득 기름기 자르르 깔아놓은 융단을 보았는가. 그리고 저 솔밭에 스며드는 푸르른 달빛을 그대들은 보았는가. 노루, 토끼 뛰놀고 어울려 뒹굴다 지쳐 숨찬 반지랑 나, 꿈결 같은 그림자를.

오늘도 나무는 예전처럼 비탈에 서 있고, 산방 솔밭에 희디흰 학이 훨훨 깃드는 꿈을 꾸었다.

솔밭이 비듬 같은 바람을 털어내고 있었다.

안녕 ____ 12, 21.

어슴푸레한, 아직 해도 뜨지 않았는데 정토사에는 벌써 대엿 승용차가 와있었다. 차를 대고 마당에 들어서자 경내는 언제나처럼 염불소리가 은은히 맴돌았다. 요사채에는 회색 옷을 차려입은 불자들이 열 남짓 정도 모여 담소 중이었다. 모두 합장을 했다.

스님이 반지를 예쁘게 소개하는 배려를 아끼지 않았다. 아무 것도 모르는 철부지라고 낮춘 뒤, 오가는 길에 산방으로 들러달라는, 변변치는 않지만 따끈한 산차 한 잔 대접할 수 있는 기쁨을 달라고 소양의 깍듯한 예를 보였다.

요사채에 들면 기분이 좋았다. 벽에는 지난 여름 박새가 목탁 구멍에 둥지를 틀고 새끼 치는 사진들이 걸려있기 때문이었다. 집짓는 모습부터 나란히, 벌레 물고 오면 일제히 벌리는 노란 주둥이 등을 찍어 확대한 사진이었다. 그 목탁에 새끼를 치는 새 참으로 깜찍했다. 앙증스러웠다. 요청에 의해 비디오 필름도 만들어 나누어주고 있으니 아름다운 세상이었다. 언제 봐도 질리지 않았다.

누나가 왔다. 빠질 리 없었다. 어려서부터 할머니 손에 이끌려 용화산 기슭으로 다니던 예 추억이 포란처럼 깃들어있는 절이었다. 승돈이 내외가 합장, 한 열대엿 명 됨직도 했다. 어제 팥죽 먹으러 오라는 기별에 아이마냥 한없이 어리광스레 기뻤다. 해마다 동짓날에 붉은 팥죽을 보시했다. 누나가 도우미가 되어 익숙한 솜씨로 상을 차렸다.

붉은 빛을 무서워한다는 잡귀를 물리치기 위하여 쑤어 먹었다는 전설이지만, 푹 삶은 팥을 으깨어 체에 걸러 받친 진한 물에 찹쌀이랑 찹쌀가루로 동글동글 빚은 쫀득거리는 새알심을 넣고 끓인 별식이었다. 거기에다 귀한 잣을 듬뿍 집어넣어 정성으로 쑤는데야 기대하는 별미가 아닐 수 없었다. 준 듯이 맛나게 먹고 염치 때문에 망설이다 한 그릇 더 청해 먹기도 했다. 나도 못 이기는 셈 치고 뒷머리를 버릇으로 긁으며 더 받았다. 어쩌다 시내 철다리 밑에서 파는 팥죽을 사 먹어봤다. 들입다 달콤하기만 했지 고소하니 은은히 우러나오는 깊은 맛 감히 비길 바 아니었다. 입맛 돋우는 동치미 국물의 시원함이라니.

동지 차례에 팥죽 갱을 열고 수저를 꽂으니 좀 묽어 자꾸 넘어지기에 자신도 모르게 수저를 쭉 빨고 다시 꽂았다가 호된 꾸지람을 들었다는 이야기와, 어떤 싱겁이가 팥죽 열 두 그릇이나 먹고 문지방을 넘다 걸려 넘어지자 벌떡 일어나며 하는 말, 죽이 뭐 끈기가 있어야지 하더라는, 지긋하신 어느 어른의 우스개에 한바탕 웃어젖혔다.

벽사나 축귀의 의식이야 물론 전설에 의한 주술적 의미지만 동짓날 팥죽을 먹어 한 해를 마무리하는 잔치였다. 여태 소원했던 날들을 조용히 보내는 아쉬운 작별, 안녕이었다. 팥죽을 먹어야 비로소 한 살 더 먹는 작은 설이라 여겼다. 안심해도 된다는 다짐이었고 확인이었다. 장자집 머슴이 이날 사경을 받았다. 그리고 다음 때까지 집에 가 푹 쉰다는 풍습을 들었다.

얼마 전 열반에 든 최고령 불자인 임순덕 할머니의 한 편의 영화 같은 기구한 생을 추모 눈물 뿌리며 한나절 가까이 이런저런 대처 이야기를 듣다가, 더러 고약한 인심 세상 못된 짓거리를 저주했다. 불자 누가 어렵사리 가게를 열었는데 찾아가 부자되라고 합심하자는 둥, 우리가 모르는 형편이 어려운 불자를 진작 찾아 돕자는 둥, 오줌 누고 와 먼먼 예 시절 끔찍스럽던 고단한 이야기도 양념이듯 들었다.

스님 어머니가 과자를 내오면 손들은 자벌레인 양 슬그머니 모여들었다.

이웃에 사는 신혼부부가 사는데 툭하면 티격태격한다는 이야기였다. 신랑은 불교, 신부는 기독교를 믿는데 서로 내 교를 믿으라는 개종을 원했다. 원만치 못한 생활이 뒤엉켜 콩가루 집안이었다. 민주와 공산의 서로 다른 몽상 공생의 동침이었다. 결국 마지막 통첩인 앙숙인 이혼을 서두르는 알력이었다.

답답했다.

불교는 생활이지 종교가 아닌 한낱 미개한 미신의 단체일 뿐이라는 맹목적으로 비하하는 기가 차는 오만 방자함이었다. 그래, 그 잘난 전지전능한 하느님이라면서, 전번 신도를 태운 차가 왜 강물에 빠져 몰살했으며, 해마다 엄습하는 태풍은 왜 못 막느냐는 유치한 비아냥에 발끈 평행선을 무서운 속도로 내달렸다.

종교, 아니 믿음은 저마다 꿈이 이루지기를 바라는 희망사항일 뿐이다. 믿어서 평안을 찾으면 그만인데, 왜 우월성을 앞세워 뭉개려 드는지. 내 것이 중하면 남의 것도 귀한 줄 알아야 하는 게 아닌가.

어처구니없었다.

지난 사월 초파일 잔치는 참으로 아름다운 가슴들이었다고 서로들 다독였다. 내년에도 천주님 신도들이 따스한 마음으로 와 손잡았으면 좋겠다고 그리워했다. 해마다 교류를 맺었음 좋겠다. 초대받은, 곧 다가오는 이웃 성탄절에 몇 불자들은 예와 의식을 익히는 중이라는 소식에 혹여 결례를 걱정했다.

아까부터 반지가 법당 부처님 앞에 눈을 감은 채 합장하는, 한 송이 연꽃으로 함초롬히 피어있었다.

새앙쥐 ____ 12, 23.

더운밥을 손수 지어주신 장모를 납치하듯 양쪽에서 팔을 껴 모시고 옷가게 골목으로 들어갔다. 본디 체면이 많고 눈치가 빠른 분이라 묘안이 없었다. 폐를 끼치는 게 싫어 사위집에 여간해서 안 오셨다.

가뜩이나 한파주의보가 내린 때라 핑계가 좋았다. 그럴듯한 가게에 들어가 보기에도 고급스러운 반외투와 보송보송한 내의 한 벌을 입혀 드렸다. 막무가내는 성미를 살살 달래 휘몰아치느라 바빴다. 남한테는 잘 베풀면서도 남의 신세는 절대 안 지는 어른이셨다. 참 거북한 말로 백여우 꾀듯 했다. 착착 감기는 반지의 재롱에 얼떨결에 넘어갔다. 그만 어쩔 줄 몰라 했다.

처가에 돌아와 부탁한 해물 밑반찬을 차에 실었다. 해산용 미역, 명태, 고등어, 자잘한 쥐치포랑 마른 오징어, 창란젓이랑 젓갈이 가득했다. 하도 가짜에 불량이 판치는 세월이라 내용에 훤한 장모님이 장만했다.

노심초사 늘 반지 걱정이었다. 하나도 힘든데 문득 쌍둥이를 가졌으니 오죽 힘들겠냐며 여자의 운명으로 등을 다독여주었다. 그래도 다행인 건 김씨 가문에 굳건한

대를 이어줄 아들이라니 한 시름 놓는다고 했다. 친딸 같은, 아니 친딸인 반지가 고맙다고 끝내 눈물을 보였다. 그 먼 몽골리아에 아이들이 관광을 오라고 기별이 왔지만, 네 누나 해산바라질 끝날 때까지는 안 가기로 했다는 말에 눈시울이 젖어버린 반지였다. 딸을 묻고 사는 가슴이, 가슴이 아닐진대.

후사경에 손을 흔드는 장모를 뒤로 하고 해안도로를 탔다. 중앙시장 월순네에 들러 이 겨울에도 푸른 푸성귀 몇 단과 아이스크림 몇 통을 얹었다.

어머니가 이따금씩 강릉 내려가 한 동안 먹을거리를 사 이고 들고 왔는데, 눈이라도 푹 빠지면 변방은 꼼짝을 못했다. 추운 겨울 까투리 숨듯 들어앉아 밤톨 좋아하는 새앙쥐처럼 야금야금 먹을 군것질거리였다. 어쩌면 산짐승인 양 형편대로 맞게 꾸려 지냈다. 좋아하는 간식거리였다.

밥벌레 쌀벌레인 인간은 먹어야 산다. 무슨 철학자라도 된 듯 살기 위해 먹느냐, 먹기 위해 사느냐는 명제 앞에 하릴없는 입담을 뱉기도 했다. 이 나라 반이 훨씬 넘는 칠 할 가까이 헐벗고 굶주린 서민들이야 살기 위해 먹지만, 몇 푼 있어 자가용 몰고 맛있는 데를 냄새 맡으며 찾아다니는 몇 마리 안 되는 배불때기들이야 처먹기 위해 사는 것이다.

어차피 세상은 악어와 악어새의 더러운 공생이었다.

벌건 대낮 아랑곳하지 않고 침대 흔들리는 알토란 같은 계집 눌러 정액 쑤셔넣고 온 비린내 짙은 징그러운 사장이거나, 끗발 무딘 투전판에 애꿎은 담배 비비던 모가지가 두려워 늘 미로를 통해 잠입한 부패한 관리가 공작하는 수초 우거진 후미진 늪지대.

등짐으로 휘청거려 근접하는 교자상에 군침 질질 흘리다 미친 듯 달려드는 굶주린 걸신들은 포박한 누우떼를 닥치는대로 먹어치우곤 배설 기다리는, 가쁜 포만감에 늘어져 게슴츠레한 눈으로 동굴보다 음험한 아가리 벌리면, 교태부려야 하는 목구멍이 포도청인 수청이었다. 모골이 송연한 이빨 사이로 배긴 근질거리는 찌꺼기 막장에 탄을 캐듯, 샅샅이 굴진 파헤쳐 백태 낀 혀로 실어내는 역겨운 내 코를 찔러도 참아야하고, 피땀 어려 아픈 살점 기름덩어리 가로채 통째로 목구멍 넘어 삼켜도 설사 한 번 않는, 배때기가 펴올리는 트림소리에도 달관된 허기진 악어새를 아는가. 포원이 져 끝없는 욕심 부리는 재수 없는 악어는 꿈에도 싫지만 악어새도 싫었다.

고달픈 이쑤시개여.

토장국 즐기는 나는 무엇인가.

단단히 성난 동장군이었다. 빙점 15도를 웃도는 기습 한파가 이어 들이닥쳤다. 까칠했다. 종종 걸음쳤다. 보일러에 나무를 터지도록 집어넣었다. 거실을 덥히는 부엌 아궁이에도 꽝꽝 다질렀다. 비닐온실문을 꼭 닫고 헛간 문도 단속한 뒤 김치갓에 솔가리 한 아름 안아다 덮었다. 얼면 큰일이었다. 칼날 바람이 순찰을 돌았다. 모두 웅크려 납작 엎드렸다.

낡은 뒷골목 허름한 술집 영자도 가고 아니 오는 메마른 시절에 멀리 떠나간 명태가 만선으로 상륙했다는 급박한 기별을 신문에서 오려냈으면 좋으련만. 포구는 기다렸다.

거실이 훈훈했다. 춥고 눈 내리는 겨울 먼 산중에서 겨울잠을 자며 호젓하게 살아야 했다. 봄 나면 예쁜 삽사리 한 쌍 사 달라는 꿈꾸는 반지였다.

더욱 납작 엎드린 산방에 이마를 맞댄 순한 새앙쥐 두 마리가 살았다.

겨울 이야기 _____ 12, 25.

드디어. 아무래도 마침내, 라는 이 말이 영락없이 어울리고도 남았다. 며칠 전부터 줄곧 기세등등하게 내습한 한파에 끝내 경포호수가 꽁꽁 얼어붙었다는 뉴스가 그렇게도 반가웠다. 아린 추억이 깊어 은근히 바랐던 얄궂은 속마음이었다. 아마 30년 전쯤 코흘리개 시절만 해도 경포호수는 당연히 얼어붙었다.

겨울방학 동안 경포 외가에 가 살다시피 했다. 외사촌과 동네 또래들과 강아지 모양 한데 어울려 경포호수 얼음판에서 얼음지치기를 했다. 앉은뱅이를 타거나 신나게 스케이트를 탔다. 형편이 어려운 아이들은 장작을 삼각형으로 만들어 철심을 박아 용케도 잘 탔다. 다행히 부유했던 외갓집이라 멋진 스케이트도 얻어 탈 수 있는 행운도 따랐다. 아침에 나가면 아예 점심은 잊고 해종일 즐기다 어두워야 들어오곤 했다.

호숫가에 드문드문 황등불을 질러놓고 쬐다 누군가가 냅다 저 멀리 호수 한 바퀴를 멋진 폼을 재 내달리면 뒤질세라 끈처럼 따라오는 행렬이 참으로 멋있었다. 사람들로 가득한 마치 펭귄 도래지 같은 풍경이었다. 어른 아이 할 것 없이 몰려와 미끄러지며 자빠지며 엉덩방아를 찧을 적마다 깔깔 웃어젖혔다.

어찌 아는지 달콤한 솜사탕, 그 고소한 번데기, 국물 뜨끈한 어묵장사꾼이 때 절은 흰 광목을 둘러친 포장마차에 무럭무럭 김을 뿜아올려 호객했다. 외할머니가, 어머니가 몰래 넣어주던 몇 푼 보란 듯이 우쭐해 아이들을 불러 모았다.

따라 다니는 칼갈이 할아버지가 이따금씩 외치는 소리는 늘 공허했다.

찬바람에 사뭇 타버린 까칠한 얼굴로 오랜만에 산문 안으로 들어오는 나는 길 잃은 토인, 그 새카만 검둥이였다.

늘 흥미로운 일과 신나는 기억들이 요동치는데, 어쩐 일인지 한 두어 해 얼다가 이상하게 결빙이 되지 않았다. 그때부터 화석연료니 온실가스, 온난화니 곧잘 떠들었는데 바라던 은반은 이내 펼쳐지지 않았다. 그때부터인가, 내복을 안 입기 시작했다. 참으로 오랜 세월 기억 저편에 잠자던 지난날이 케케묵은 먼지를 털고 살아났으니 벅찼다. 석류알처럼 가슴에 고스란히 담긴 그 아련한 추억들이 일어서는 그 은반을 다시 미끄러져 질주하고픈 심사는 유아적이어서 애달팠다.

맹추위가 가져다주는 은반은 경포뿐이 아니었다. 경포보다 먼저 남대천 물줄기를 따라 온통 허옇게 얼음장을 깔았다. 털모자를 푹 눌러 쓰고 내달려 저 아래 하구 안목 근처까지 갔다 돌아오는 아이들 입에서 나오는 김이 헉헉거렸다. 1, 4 후퇴 때 거지나 각설이나 다를 바 없는 중공군같이 옷을 잔뜩 껴입은 늙은이는 얼음을 쪼아 구멍치기에 열심이었다. 잡히느니 붕어요, 버들개가 얼음 웅덩이에서 오글오글 맴을 돌았다. 밤이면 얼음 터지는 소리가 쩡쩡 들렸다고 했다.

대단한 추위였다. 쇠로 된 문고리가 쩍쩍 얼어붙었다. 오줌줄기가 얼어붙을 만큼 맹렬한 기세였다. 소나무 잎들이 시퍼렇게 얼고 차가운 바람소리가 예리해 가슴을 베어냈다. 도랑에는 물이라곤 안 보이는 꽁꽁 얼음이었다. 버들순, 개나리 줄기에는 튀는 물방울이 얼어붙어 매달려 마치 붕대를 감은 듯했다. 폭포도 얼음에 싸였다.

아래 선녀탕은 꽤 넓은 은반이었다. 산골 아이는 산토끼털로 만든 귀걸이를 하고 누나와 도랑에서 얼음놀이를 했다.

임영 아파트 앞 둔치에 겨우 차를 댔다. 마음이 급했다. 풍선처럼 잔뜩 설레고 부풀어있는 뚱뚱보 반지를 부축해 내렸다. 오랜만에 조여드는 한파에 유리알같이 질펀하게 꽁꽁 얼어붙은 남대천이었다. 살을 에는 날씨쯤이야 무슨 대수냐는 듯 아랑곳하지 않는 사람들이 모여들어 백차일이었다. 앉은뱅이 타는 아이들, 스케이트를 휘몰아 내달리는 젊은이들, 그냥 신발로 지치는 사람들로 뒤범벅이 되어 왁자지껄했다. 나란히 손잡고 가다 미끄러져 엎어지는, 달리다 아슬아슬 꽝 부딪히는, 미끌미끌 큰 덩지가 냅다 엉덩방아 찧는, 어머나! 어머나! 아무나 붙들고 뒹굴어 웃음을 날리며 신이 났다. 따라 나온 뉘 발바리도 섞여 비틀비틀 엉금엉금 쩔쩔 매었다.

요람 모양의 예쁘고 노란 앉은뱅이를 빌려 둔치 층층대 밑 드디어 얼음판에 내려섰다. 털장갑에 털신에 털모자에 마구 싸매 눈만 겨우 빠꼼한 반지가 올라탔다. 앉은뱅이 전을 꼭 잡은 뒤, 이랴, 소리치곤 웃어젖혔다. 마치 북극을 거침없이 누비는 개썰매였다. 끈을 감아쥐고 당겼다. 미끄러져 따라오는 노란 앉은뱅이 그리고 신바람 난 반지.

뛰뛰 빵빵!

멀리 대관령을 바라보며 잠수교 밑을 지났다. 제법 달렸다. 단오축제가 열리는 남산교를 거슬러 올라 얼음 끝을 빙 돌아 건너 둔치를 따라 바다 쪽으로 내달렸다. 다리를 건너던 사람들이 멈춰 서서 내려다보다 손을 흔들었다. 다시 잠수교를 지났다. 은반의 요정들이 북적거리는 숲을 헤쳐 나와 병자년 포락에 쓸려갔다는 월화정 터 바위를 돌아 높다란 철교를 통과, 광제다리 밑 보를 곱쳐 한 바퀴 돌았다. 춥기는커녕 땀이 났다. 숨이 찼다.

숨 돌려 쉬는 참에 커피를 마셨다.

아까부터 정신없이 찍어대던 아는 촬영기자가 다가왔다. 반갑게 인사를 나누었다.

"선생님의 아기자기한 그림을 촬영했습니다. 오늘 저녁 뉴스에 나갈 겁니다. 괜찮으시죠?"

만류했다.

"부녀가 아주 정다워 보였습니다."

"아니야. 아내야."

"예! 제가 그만 실수를 했습니다. 죄송합니다. 참말로 애처가이시고 미인이십니다. 하지만 나갈 겁니다."

어디선가 걸려온 전화를 받으며 슬그머니 사라졌다.

"어떡해?"

"어떡하긴. 반지, 무열이 근황을 보고 부러워하겠지 뭐."

"맞아. 반지 예쁘지? 반지 사랑하지? 반지 업어줄 거지? 반지 껴안고 잘 거지?"

"암."

"봐라."

사람들을 향해 독백이었다.

정말로 오랜만이었다. 얼음이야 더러 얼기는 했지만 지치기를 못했다. 많이 변했다. 가마에 물을 끓여 염색하던 제방의 그 풍경도 사라졌고, 여름날 게으르게 울던 새까만 염소도 없었다. 그 수없이 많던 조약돌 장광도, 떼지어 몰려다니던 버들개랑, 눈발떼기(송사리)도 사라지고, 지금쯤 오늘 나타났어야 할 구멍치기 할아버지도 없었다. 짱짱 다질러 타오르는 황득불 지피는 사람도 없어 추억만 홀로 아리고 시렸다.

둔치를 점령한 차들만 무심했다.

얼음나라 요정을 태우고 사람들 숲을 요리조리 헤쳐 다녔다. 둔치에, 층층대에 구경꾼들이 늘비했다.

한 번은 못내 아쉬워하는 듯해 한 바퀴 더 돌고 뒤뚱뒤뚱 아장아장 포장마차 어묵집에 들렀다. 사람 꾀는 데는 어김없이 나타나는 떡볶이, 커피, 붕어빵 장사꾼이었다. 어묵에 간장을 찍어 베어 문 꼬치가 눈결에 대 엿, 따끈한 국물을 훌훌 불어 들이마셨다.

꾸역꾸역 모여드는 인파들.

골짜기 그 비망록 ____ 12, 26.

참으로 들뜨고 설렜던, 뜻밖의 호평에 적이 놀랐던 처녀시집 '변방의 달' 이어 두 번째 시집을 꾸몄다. 꼬리마냥 5년이라는 긴 세월이었다. 전에 없이 담담했다. 어렵게 내 고향 언저리에 터를 잡으면서 편안하게 빚은 편린들이었다. 늘 향토적이고, 토속적이고, 서정적이라는 수사가 따라붙는, 그래서 불만인, 진취적이고 발칙하고, 몹시 도발적이라는 시와는 대립되는 사조였다. 얼음처럼 냉정하고 칼날처럼 예리하지 못했다. 그저 인정이 그렁한 따뜻한 시일뿐이었다.

출판사에서 원고를 빨리 보내라는 독촉에 다듬어 점검을 했다.

걸러낸 60 편.

좋은 것도 나쁜 것도 없는 그저 도토리 키 재기였다. 훤칠한 게 도무지 보이지 않았다. 참신하기는커녕 산뜻하지도 않았다. 손질하기엔 이미 굳어버린 미련스런 뚝심만 잔뜩 들어있었다. 물론 소월처럼, 이육사처럼 쓰는 게 아닌 저마다 개성있는 시를 쓰면 되지만 영 탐탁지 않았다.

다만 욕심내지 않고 꿈꾸듯 썼다. 조약돌 같은, 차돌 같은 언어들을 골라 맑은 물에 헹구었다.

먼 산골짜기에 산방 하나 짓고 철부지 아내랑 사는 이야기였다. 청산에 감자, 강냉이 심어 먹고 사는 소꿉놀이였다.

어느 봄날 오후 눈 녹아 넘치는 봄날 도리씻이, 갑문(閘門) 가득한 낙엽의 긴 여정, 청아한 동자승이 숨은 비망록을 노래했다. 예쁜 사돈의 궁둥이 전설이랑 메밀이 들려주는 콧등치기의 익살을 탁본했다. 이슬치기라고 팔자걸음쟁이를 조롱한 그 번뜩임. 풋풋한 향이 이는 속살 싱그러운 고향의 전설이었다.

'골짜기 그 비망록'

두 번째 시집이었다.

쌍둥이들의 발길이 점점 세차진다고 했다. 탄생을 기리는 기념이었음 좋겠다.

예리한 날이서 읽으면 광기가 소용돌이치는 잔인한 시 한 번쯤은 쓰고 싶다. 혀가 채처럼 썰리고 난도질되어 붉은 피 낭자한 시. 소름 끼쳤다. 순리를 쫓고 순응할 뿐 천성이 아니었다.
비정한 저격수가 아니었다. 고독한 테러리스트도 아니었다.

동행 _____ 12, 28.

인적 드문 외딴 변방, 부연동 연화교를 밀쳐 산문 안으로 돌아 극락교, 홍예문 지나 대님끈 길 따라 끝 지붕 낮은 호젓한 산방. 조용한 둥지였다. 빙 둘러 아늑 포근했다. 벽에 걸린 수묵담채화의 풍경이었다. 강아지마냥 빨다 귀여워 어쩔 줄 몰라 풍선처럼 조몰락거리던 어머니의 젖무덤 깊숙이 심장소리를 듣다 잠들던 내 유년의 품속이었다.

반지랑 소꿉놀이하듯 살아가고 있다. 가는 길에 손잡아 곁에 있고, 팔베개 내어주어 품안에 꼬물거렸다. 귀여운 짝꿍이었다. 재롱떨고 응석부리고 칭얼거리는 동행이었다. 아직 서투른 초행길이었다. 떡갈나무 숲 불향(佛香) 그윽한 용화산 골짜기에 솔향기 향긋한 오래에 청랭한 도랑물소리랑 딱따구리 구멍 쪼는 산울림 청아한 산방에 여장을 풀었다.

귀밑머리 마주 푼 어머니랑 아버지의 동행처럼, 쓸고 닦은 둥지에 때 맞춰 불 밝히는 아내가 꽃보다 더 예뻐 몸살나는 젊은 날엔 무르익은 몸뚱아리 터뜨려 향내 맡는 아리따운 사랑으로 살고, 알뜰살뜰 살림 쟁이는 재미, 폭포수 거슬러 튀어오르는 공부하는 아이 뒷바라지랑 변방 갔다 온 녀석 짝 맞출 근심에도 은근히 마음 건네어 곰삭는 늘그막이야, 깊은 맛 우려내는 결 고운 정으로 산다지만 횡재인 듯 만나 살 섞는 소꿉놀이 어디 그리 쉽더냐.

애증으로 뜨개질 한세상이었다.

내 유년의 언덕 너머 그 박차 내달리던 청춘 아득한 날에 가고, 뒷짐 진 갑자도 사라져 먼, 지병처럼 짊어진 한마저 풀어놓은 이제 뒤돌아보는 세월 꾸리 엮는 노을 비낀 저물녘은 쓴 약이듯 그저 법인가 하여 연분 동여맨 태초의 끈으로 산다고 했다.

동행이란 말 참 아름다웠다. 길을 가다 우연히 만난 사람이거나 어디 동참하면 아무 계산 없이 친근해 졌다. 굳이 불가의 이야기를 빌리지 않더라도 묘한 인연이 닿아야 만남이 이루어졌다. 아버지와 어머니가 짝으로 만나 꽁꽁 껴안아 사는 것을 훔쳐보노라면 참 신기했다.

그해 초여름 연화교를 막 지나는데 갑자기 소나기가 쏟아졌다. 피할 데라곤 길옆 복숭아 과수원 원두막 밖에 없는데 냅다 뛰었다. 거기에는 벌써 내 또래의 웬 계집아이가 겁먹은 동그래진 눈으로 나를 주시했다. 아랑곳하지 않고 사다리를 딛고 올라갔다. 지붕에서 아우성치며 쏟아지는 낙숫물을 보며 누구냐고 물어도 대답 않는 아이였다. 머쓱해졌다. 관심 끊고 빗줄기를 바라보았다. 한참 뒤에야 입을 여는 아이였다. 정토사에 있는 스님이 먼 친척인데 기별 전하러 가는 길이었다.

민방위 훈련이 끝난 것처럼 비 그치자 십리 길을 동행했다. 마치 호위병이라도 된 듯 우쭐했다. 그리고 집에 잠깐 들러 식은 밥 나눠 먹고, 정토사까지 바래주었다. 나중에 알았지만 진외가가 있는 산북리 동네 월규라는 아이였고, 공교롭게도 초등학교 백일장에서 만났다. 그날 월규는 장원에 나는 차상, 차하도 아닌 겨우 참방이었다. 황순원의 소나기 같은 추억으로 간직한 동행이었다.

고등학교 여름방학 때, 고랭지 채소로 유명한 안반데기 친구집에 가는데 흡사 먹도둑놈 같은 큰 덩지에 험악한 어떤 아저씨와 우연히 동행을 했다. 별반 대화도 없이 걸었다. 외딴 산중에 해코지 할 것만 같은 내내 겁을 먹고 동행하고 보니 친구 외삼촌이었다.

꽃잠 향기로운 계집아이야.

소꿉놀이처럼 재미있게 살자 재롱이드니, 나무에 걸린 삼백예순날 다 따 내려 이제 까치밥으로 남긴 몇 날 뿐이다.

반지야,

이 행성을 이별하는 날, 우주 공간 광년의 그 빛 속으로 손잡고 영원히 떠날 때까지, 해마다 삼백예순 닷새 동행일러니. 얼른 저 푸른 벽에다 수많은 애증의 새날을 내다 걸으렴.

제비집을 찾아 ____ 12, 29.

대단한 추위였다. 남대천이나 군자호가 거짓말처럼 얼었다는 사실이 지금도 믿기지 않았다. 그럴 때마다 헐벗고 굶주린 천민이 서넛 죽었다는 몇 줄 보도를 흘리는 그 공습경보가 해제되었다. 벌벌 떨며 웅크리고 납작 엎드렸다가 기지개를 켰다. 날씨가 확 풀리고 너그러워졌다. 따뜻했다.

늦은 오후 몇 통 편지를 들고 우체국에 갔다. 세모여서 그런가, 바쁜 사람들이 제법 드나들어 북적거렸다. 실내 온도는 훈훈했고 창구의 아가씨들은 앵무새같이 상냥했다. 한 동안 우표에 매료돼 수집깨나 했는데 하나도 남아있지 않고 없어졌다. 우표를 붙이면서 끈기가 없는 나를 질타 쓴 웃음을 흘렸다. 이유는 우표 하나에 몇 억씩 간다는 말에 혹해 덤빈 거였다. 곰상스레 수집하는 성미가 아니었다.

동창이 있는 이층에 올라갔다. 무심코 들여다 본 거기에는 편지란 편지, 우편물이란 우편물이 다 모여있을 줄은 미처 몰랐다. 노란빛 바구니는 있는 대로 가득가득 담아 경품에 당첨된 듯 즐거워하는 눈치였다. 갈퀴로 다 긁어모은 듯 엄청났다. 마치 내 사는 앞뒤 골짜기에 수북이 쌓인 가랑잎이었다. 바삭거리는 소리 쟁쟁했다. 우체부들이 선별하느라 정신없이 잽싸게 손을 움직였다. 저 수많은 편지가 제대로 찾아갈까 괜히 걱정이 앞섰다.

또박또박 쓴 주소에 이름 석 자 아로새긴 편지였다. 저마다 숱한 사연 은장도처럼 품은 가슴 몰래 간직 자크처럼 입술 꼭 다물었다. 마치 봄을 기다리는 씨앗이었다. 제비가 물어다 주는 박씨였다.

가난한 흥부는 기다림에 젖었다. 떨어져 있어도 궁금한 소식 한 줄쯤은 알고 지내는 이웃이었다. 문득 간질이고 싶었다. 간지러워 견디지 못해 담은 가슴 다문 입술 터뜨려 읽어 보고픈 마음 장난스러웠다. 무슨 이야기로 속삭일까. 갑자기 한 아름 안아다 훅 흩뿌리고 싶었다. 뒹굴고 싶었다. 가득 피어나는 속삭임이 허공에 아득히 향기로울 것 같았다.

"멋진, 아주 멋진, 아니 그럴듯한 얘기 좀 들어 볼래?"

"무슨?"

"내 사는 산문 안에 해마다 가을, 가을에만 골짜기 입구마다 빨간 우체통을 좀 세웠음 해. 그리고 그 옆에는 작은 벤치도."

뜬금없이 친구에게 문득 말했다.

"거긴 너의 집과 절 밖에 없잖아? 그런데 우체통은 왜 세워? 그리고 가을에만 세운다는 건 또 뭐고?"

"산문 안에 가을이 와 봐. 특히 절정에서 만추 때는 숱한 나무들이 고운 사연 적은 엽서를 밤새도록 써 부치려고 무릎 아래로 뚝뚝 따 내려 수북이 쌓아놓지만, 누구 하나 부쳐주지 않아. 훌 날려 보내려다 너무 아까워 바람이 구렁에 쓸어 놔놨어. 숱한, 그 숱한 사연 얼마나 아린지 알아? 골골마다 빨간 우체통이 있다면 누군가 집어넣을 거야. 그리고 엽신을 옆 벤치에 앉아 읽으며 깊은 사색에 젖어봐."

우체통이 없어 올해도 엽서가 골짜기 가득했는데 안타깝게 비에 젖어 썩어버렸다고 짐짓 그럴싸하게 말했다.

"기막힌 상상이야. 해해마다 센치한 가을에 골짜기 입구마다 세워놓으면 빨간 우체통이 고즈넉한 풍경. 아주 고혹적인 생각인데."

"아름다운 단풍이 떨어질 때마다 어디론가, 띄워 보내는 절절한 엽서 애달프고 쓸쓸한 그리움이 있어."

"맞아. 그럴듯해. 단풍 곱게 물든 골짜기마다 빨간 우체통을 다소곳이 세워놓는다면 참으로 아름다울 거야. 매일 하나 가득 차 있을 엽신 우체통. 꿈이 열리는 동화 같은 세상이 될 거야. 물론 시인도 이런 가슴 싸한 사념에 젖었겠지만 이건 분명 부인의 뜻 같은데요. 맞죠?"

모두는 유쾌하게 웃었다.

그대는 산골짜기마다 수북이 쌓인 낙엽을 한 번쯤 엽신으로 생각해 보았는가.

내년 가을에는 드문드문 예쁜 모양의 우체통을 대엿 세워 봤으면 싶다. 지나는 객이 곁에 쉴 수도 있는 벤치도 같이.

연애시절 이름 석 자 주둥이에 물고 용케 산문 용화산 골짜기 외딴 산방으로 찾아온 편지. 반지였다. 가슴 통통 가득 채운 입술 예쁜 희디흰 얼굴이었다. 뽀뽀를 했다. 부드러운 나의 손길에 은근히 속삭였다.

달빛 푸른 객창 외로운 타향에서 받아본 어머니의 그리운 사연에, 사랑하는 반지의 애틋한 애원에 몸부림치는 절규 그 몹쓸 정이었다.

나가는 편지는 늦어도 어김없이 막차를 타고 떠났다. 이별처럼 떠나지만 집집마다 즐거운 소식만 전해주었으면 하는 복잡하고 바쁜 세상이었다.

삭막한 도시 한복판을 떠나지 않고 있는 강남제비에게 스웨터를 떠 입혔으면 마음 편하련만.

오늘도 흥부집은 돌다리 건너 산문 밖을 발돋움했다.

눈나라 _____ 12, 31.

맹추위 끝에 날이 누그러들더니 주춤한다 싶었다. 때가 되면 할머니의 다리 신경통처럼 저려오는 징조였다. 아니나 다를까 짐작대로 함박눈이 신나게 내렸다. 산사의 쇠북소리가 여울지는 골짜기 어스름이 물드는 저녁이었다. 후루룩 후루룩 새들이 찾아들었다. 보일러실이랑 부엌 아궁이에 군불을 미련스레 다질렀다.

벌써 자국눈이 졌다. 눈만 오면 괜히 즐거워하는 반지는 숲속 요정이 되었다. 하얀 마당에 발자국을 탁본했다. 괜히 이끌고 돌다리 건너 흥부집을 들여다보고 헛간도 돌아보고, 비닐온실 안도 돌아보곤 돌아와 숨을 헐떡이며 눈을 털어냈다. 내가 안 보이면 두리번거려 불렀다. 안 띄면 겁 먹은 듯 찾았다. 강아지였다. 늘 한 쌍이었다. 눈이 발자국을 덮었다. 골짜기와 숲은 밀가루를 뒤집어쓰더니 이젠 두툼하니 목화솜을 덮었다. 포근 아늑했다.

언젠가 찬바람에 머리를 풀어 산발한 갈대가 무성한 남대천하구언 어디 가르마 같은 길 따라 그 끝에 갈대 이엉을 덮은 낮은 움막 같은 외딴 찻집에 들렀을 때, 활활 달아오른 난로에 참으로 따뜻했던 기억과 마주 앉아 피어오르던 커피의 맛이 황홀했던 그곳에 가고 싶다.

또 오늘 같은 날엔 사랑하는 이에게 입혀줄 스웨터를 마저 뜨개질하고 싶고, 마당에 나가 통통한 동자승 같은 눈사람 하나쯤 만들어 세우고 싶다.

이리도 자우룩이 눈 내리는 날엔 령 너머 멀리 자작나무밭 구십 리 고원으로 숨어든 벗에게 편지를 써 제비가 그려진 우체국에 가고 싶다는 반지였다. 바구니마다 마다에 수북 수북이 담긴 편지. 그 숱한 사연 토할듯 가슴 가득 담아 입을 다문 수줍은 자태는 막 만개하려는 꽃봉오리라고. 이름표를 달고 어디론가 찾아 떠나는 그리움이 그리움을 담는 연못이라고 했다.

굴뚝에 연기가 모락모락 피어올랐다. 방에 불을 밝혔다. 뒤란 김장갓에서 향긋한 김치를 꺼내왔다. 군침 돌게 잘 삭았다. 맛맛으로 이따금 먹는 꽁보리밥이었다. 먹고는 크는 아이처럼 뽕뽕 방귀를 곧잘 뀌었다. 부끄러워하기는커녕 무공해라는 딱지를 붙여 재롱을 부렸다.

조금은 을씨년스럽고 삭막한 골짜기를 선녀와 천사가 내려와 희디흰 눈으로 도배를 했다. 정토사 스님, 엄마, 오빠랑 셋과 우리 둘이 사는 산문 안이었다. 요정이 사는 머나먼 꿈길 눈나라였다.

밝으면 눈 뜨고 어두면 쫑긋 귀 열어 놓았다. 몰래 속삭인다는 눈 내리는 소리 엿들었다. 선녀와 천사 치맛자락 끌리는 소리 현을 뜯었다. 솔깃했다. 내려 쌓여 야금야금 올라왔다. 뼘 가웃 넘어 장딴지에 눈금이 보였다. 반지 두 뼘도 훨씬 넘었다. 무릎을 기어오르려는 셈이었다.

고요했다. 뽕, 무공해 딱지를 살그머니 붙인 반지의 방귀였다. 호젓했다. 꾸욱, 밖에 노루나 토끼가 신나게 뛰놀며 숨바꼭질하는 소리 같았다.

뻐꾹, 뻐꾹, 열시 깊어갔다.

외딴 산방.

눈에 푹 파묻혔다. 창에 물들인 노란 불 참 따뜻했다. 초봄에 귀염둥이 반지가 왔다. 횡재했다는 소리 우스개로 들었다. 한 이불 덮고 호호 불어 쓰다듬었다. 고소하게 살았다. 뽕이뽕이 살았다. 반디처럼 개똥불 켜고 청개구리처럼 청아한 노래 불렀다. 전이되지 않게 아예 욕심 주머니 떼어내 비린내 풍기지 않았다. 누군가 솔솔 향낭을 달아줬다.

횡재한 화초. 함초롬히 화분에 옮겨 심어 물주고, 가꾸어 황홀한 입김 불어넣어 피워올린 향기로운 한 송이 꽃이었다. 사랑을 오려 아이를 접었다. 반지 배를 어루만졌다. 형제가 열심히 노느라 정신이 없었다.

오늘이 마지막 날, 벽에 걸린 빛바래고 얼룩진 달력을 벗겨 내렸다. 이제 한해를 마무리했다. 아쉬웠다. 떠나보내는 이별을 해야 했다. 이 밤이 지나면 그리도 길게 꾸리 엮어 애증 끓였던 무자년의 정 차마 아려 별세(別歲)라도 했으면 좋으련만. 하지만 운명인 것을 어쩌랴. 매몰차게 새 달력을 걸어 쓰다듬었다.

밤이 깊어갔다. 이렇게 눈이 펑펑 쏟아지는 허출하고 궁금도 한 야심한 밤, 작아야 어울리는 좀 찌그러진 냄비에 라면을 보글보글 금방 끓여 신 김치를 앞에 당겨놓고, 꼭지 쥐고 뒤집은 냄비 뚜껑에 얹어 먹는 그 진미가 아련히 혀끝에 감겨왔다. 겨울밤의 운치 그리운 향수였다.

눈은 여전히 내리고 창에 내부쳤다.

반지랑 살어리랏다. 이슬처럼 맑고 꽃처럼 향기롭게 나비랑 청산에 살어리랏다. 청개구리랑 산새랑 고운 노래, 숲속의 동자승이랑 청아하니 살어리랏다. 밤이면 개똥벌레랑 반짝이는 불 켜고 별 이야기 들으며 살어리랏다. 달 걸어놓고 현을 뜯는 풀벌레, 대롱 부는 매미인 듯 가난하게 살어리랏다. 청산에 살어리랏다.

뒷산 바위 밑 아늑한 구멍 속에 고슴도치 겨울잠 깊이 들면 절골은 온통 하얀 눈나라였다.

산방설화(山房說話) _어느 여인의 산골 일기

2011년 08월 29 일 초판 발행(도서출판 한강)

지은이 김인기
펴낸이 임은석
펴낸곳 도서출판 한강

편집 및 제작 : 도서출판 한강
홈페이지 : www.bookmake25.com
E-mail : hangang25@naver.com
주 소 : 경기도 가평군 청평면 대성리 405-9
TEL : 031-584-8317 FAX : 031-585-8407

ISBN 978-89-966978-3-1 03800

가격은 책 표지에 표시